ミネルヴァ日本評伝選

西郷隆盛

人を相手にせず、天を相手にせよ

家近良樹著

ミネルヴァ書房

刊行の趣意

「学問は歴史に極まり候ことに候」とは、先哲荻生徂徠のことばである。

歴史のなかにこそ人間の智恵は宿されている。人間の愚かさもそこにはあらわだ。この歴史を探り、歴史に学んでこそ、人間はようやくみずからの正体を知り、いくらかは賢くなることができる。新しい勇気を得て未来に向かうことができる。徂徠はそう言いたかったのだろう。

「ミネルヴァ日本評伝選」は、私たちの直接の先人について、この人間知を学びなおそうという試みである。日本列島の過去に生きた人々の言行を、深く、くわしく探って、そこに現代への批判を聴きとろうとする試みである。日本人ばかりではない。列島の歴史にかかわった多くの異国の人々の声にも耳を傾けよう。

先人たちの書き残した文章をそのひだにまで立ち入って読み、彼らの旅した跡をたどりなおし、彼らのなしげた事業を広い文脈のなかで注意深く観察しなおす——そのとき、はじめて先人たちはいまの私たちのかたわらによみがえってくる。彼らのなまの声で歴史の智恵を、また人間であることのよろこびと苦しみを、私たちに伝えてくれもするだろう。

この「評伝選」のつらなりのなかから、列島の歴史はおのずからその複雑さと奥ゆきの深さをもって浮かび上がってくるはずだ。これを読むとき、私たちのなかに新たな自信と勇気が湧いてきて、その矜持と勇気をもって「グローバリゼーション」の世紀に立ち向かってゆくことができる——そのような「ミネルヴァ日本評伝選」にしたいと、私たちは願っている。

平成十五年（二〇〇三）九月

上横手雅敬
芳賀　徹

佐藤均筆「西郷隆盛像」(尚古集成館蔵)

「鳥羽伏見の戦い戦災図」（京都市歴史資料館蔵）

結城素明筆「江戸開城談判」
（明治神宮聖徳記念絵画館蔵）

楊洲周延筆「鹿児島戦争記　熊本城攻城計画」（花岡山群議図）（鹿児島県立図書館蔵）

「西郷札」（鹿児島県歴史資料センター黎明館蔵）

西郷隆盛筆「敬天愛人」（西郷南洲顕彰館蔵）

高村光雲作「西郷隆盛像」

（東京都台東区上野公園）（時事通信フォト）

はしがき

ここ十数年の間に、幕末維新史上にその名を大きく留めた二人の人物についての本を出した。徳川慶喜と西郷隆盛である。しかも、一冊にとどまらず数冊におよんだ。自ら手を挙げて、どうしても書きたいと希望したわけでは必ずしもない。しかし、こういう結果となった。縁としか言い様がない。

両人を図らずも取り上げて分かったことがある。国民の間での人気度の激しい差である。断然人気があるのは西郷の方だ。というか、有り体《あ　てい》に書けば、日本史上、西郷ほど広範な層の日本人に深く愛された歴史上の人物はいないのではないかとすら思わされるレベルの人気である。

「広範な層」と「深く」というのがキーワードとなる。ところが反面、これが西郷隆盛という人物を理解するうえで落とし穴となる。西郷には、一見しただけでは広範な層の人々、つまり誰にでも理解できるような気持ちにさせられるところがある。世間に浸透しているイメージでは、英雄でかつ親しまれるキャラクターの持ち主だろう。

だが、これほど一定の枠組みを設け、その中に押し込めようとしても、収まりきらない人物もいない。必ず、どこかの部分がはみ出るようなところがある。それが西郷という人物の大きな特色である。もっとも、それだからこそ、西郷のことをより深く知りたいという気持ちにさせられるのかもしれない。

また、西郷が残したとされる数々の言葉には、魅力が詰まっている。これは彼が繊細な感性の持ち主だったとともに、たくさんの苦難を経験し、それを乗り越えてきた人物だったからこそ発せられたものであった。そして、そこに多くの人々が西郷に心を奪われる最も大きな要因がある。

さらに、いま一つあえて付け加えると、西郷ファンの特徴は大真面目だということである。およそ、西郷の信奉者ほど、この国の行《ゆ》く末《すえ》や日本人の在り方について憂慮し、なんとかしなければと思っている人たちはいないのではなかろうか。そして、西郷独特の生き方や彼の発したとされる平易で味わい深い言葉には、そうした生真面目な人たちを強く惹き付け、のめり込ませるものがある。

ただし、それは変幻自在なものを多分に含んでおり、そのぶん謎が多いということになる。本書は、こうした実は容易に捉えがたい（理解しがたい）西郷の人物像とその行動の意図を、彼の全生涯を振り返ることで少しでも明らかにしようと試みるものである。

西郷隆盛——人を相手にせず、天を相手にせよ　目次

目　次

図版写真一覧

関係略系図

- 龍右衛門
  - 吉兵衛 = 政佐（マサ）
    - 隆盛
      - 菊次郎（母は愛加那。文久元年一月二日生。第二代目京都市長）
      - 菊草（母は愛加那。文久二年七月五日生。大山誠之助に嫁す）
      - 寅太郎（母は糸。慶応二年七月十五日生）
      - 午次郎（母は糸。明治三年三月生）
      - 酉三（母は糸。明治六年十二月生）
    - 琴 ― 宗介
    - 吉二（次）郎（戊辰戦争で死去）
    - 鷹
    - 安（大山成美に嫁す）
    - 従道（信吾。元帥、海軍大将、侯爵）
    - 小兵衛（西南戦争で死去）
  - 彦八（大山綱方の養子となる）
    - 成美
    - 国子
    - 巌（元帥、陸軍大将、公爵）
    - 誠之助

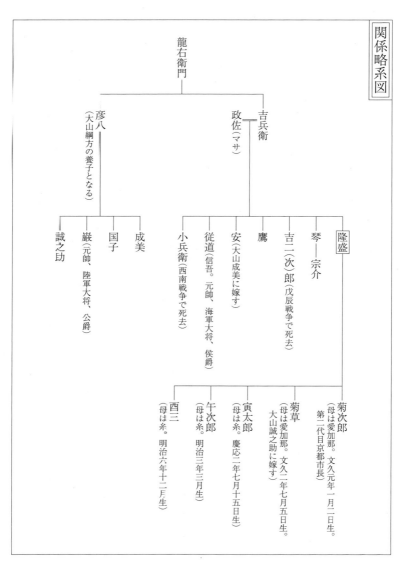

関係地図

箱館(函館)
庄内
会津
新潟
柏崎
京都
江戸
(東京)
駿府
(静岡)
広島
岩国
下関
小倉
太宰府
大坂
(大阪)
土佐
宇和島
田原坂
熊本
可愛嶽
人吉
鹿児島
奄美大島
徳之島
沖永良部島
琉球(沖縄)

序章　西郷とはいかなる人物か

1　日本史上でも有数の人気者

圧倒的な人気

長い歴史を誇る日本史上でも、西郷隆盛ほど多くの人々に親しまれ、語り継がれてきた人物はいないだろう（西郷には、本名とされた隆永を含め、吉之助・善兵衛・吉兵衛などの別名があるが、本書では隆盛に統一する）。さすがに、若い人たちの歴史離れが顕著で深刻なものとなる中、昨今、語り手も聞き手もともに老い、減少する傾向にあるのは否めない。しかし、それでも、いまだに中高年齢層を中心に、その人気は決して低いとはいえない。

国立国会図書館がかつて行った調査によれば、第二次世界大戦前か後かを問わず、当該期に出版された伝記や人物研究の数は西郷が終始第一位であったという。また、聞くところによると、西郷の伝記は、世界中を見渡して、イエス・キリストのそれに次ぐほど数が多いという。もちろん、キリスト伝は、それこそ世界中で綴られ出版されている。それに比し、西郷の伝記は他国でも刊行されてはいようが、日本国内でのものが圧倒的に多くを占めるのは間違いない。ことほどさように、西郷はわが国民の間に絶大な人気を有し、その存在が日本人の心の中で大きな位置を占め続けてきたと見なせる。

敬天愛人

たとえば、そうしたことを明らかにしうる一事例として、西郷が好んだ「敬天愛人」の四語を記した額が、それこそ日本各地の家屋や旅館等に掲げられていることが挙げられる（口絵参照）。これは、本書の後半で改めて取り上げることになるが、明治八年（一八七五）、彼を慕って鹿児島の地にやって来た旧庄内藩（現・山形県鶴岡市）の人士に与えた「教訓」（後に『南洲翁遺訓』として出版され、関係者に配られた）中に見られる言葉によっている。すなわち、「道は天地自然のものにして、人はこれを行うものなれば、天を敬するを目的とす。天は人も我も同一に愛し給う故、我を愛する心を以て人を愛するなり」がそれである。そして、この言葉は、日本漢字文化センター（埼玉県飯能市）によって、二〇一六年の四字熟語にも選ばれた。選考委員によると、「日本人の心のあり方を考える年に」との願いが込められた結果だという。このように、熱烈な西郷ファンは地元のみならず、日本全国至る所にいまでも存在している。

2　西郷隆盛という個性

では、何故こういうことになったのか。これには様々な理由が考えられる。その中で、「いの一番」に挙げられるのが、西郷隆盛の経歴とその人物像が飛び抜けて面白いからだろう。

落差の大きい人生

まず、満五十年近くに及んだ（正確に記せば、四十九歳九カ月）人生の振幅が真に大きい。本書でこれから追々《おいおい》明らかにしていくが、西郷は広く知られているように、武士階級に属した人物としては底辺の階層に生まれた。いってみれば、格式や序列が幅を利かせる時代にあって、そうしたものとはほぼ無縁の、武家社会の最低辺に近いところから、彼が別に望んだわけではなかったものの、結果として這《は》い上がっていくことになった。そして艱難辛苦《かんなんしんく》の末、いわゆる「英雄」の座をつかみ取る。しかし、それも束《つか》の間、十年経つか経たないかの後、国家に反逆した「賊徒」として人生を終えることになる。そのため、西郷の人生を総括して贈られる言葉が、「維新（慶応）の功臣にして明治の賊臣」である。

　こうした落差の大きい波瀾《はらん》にみちた人生は、本人からすれば、二度と経験したくないほど苛酷なものだったろうが、傍目《はため》には大層《たいそう》面白味に満ちたものである。はたまた、多くの人々が西郷に惹き付けられるのは、キャラクターが誰にも真似のできない独特なものであったことに加え、その言動がしばしば謎めいたものであったことにもよろう。とくに比較的シンプルな生き方を貫いたためにわかり易かった前半生に比べ、後半生は彼の置かれた複雑な立場や心境も手伝ってすこぶるわかり難いものとなった。だが、そのため、逆に西郷は論者（評者）の考えや境遇に引き付けられて様々な解釈を投じられることになった。その結果、西郷の評価は論者によって極端に異なることにもなる。封建反動不平士族の棟梁《とうりょう》説と永遠の革命者説との対立などはその最たるものであった。そして、これには、自分だけが西郷のことを本当に理解しうるような気持ちにさせられるところが、西郷にあることが大いに関係していよう。

立派な風貌

勝海舟
（国立国会図書館蔵）

　また西郷は、世間が彼に対して抱くイメージと、その実態（実像）が乖離《かいり》している面がはなはだ多い。たとえば、身なりや容貌に関して言えば、上野公園の西郷像のように、ざっくばらんな恰好をした、顔も身体も大きいごく庶民的なルックスの持ち主であったかのような印象が一般にはある。しかし、間近で接した勝海舟《かつかいしゅう》が後年徳富蘇峰《とくとみそほう》に語ったところによれば、「其の容貌、態度は実に立派なもので、押し出しもよく、著物《きもの》などもちゃんと著《き》て、……。まるで大藩の御家老と云うような感じ」であったという（『西郷隆盛全集』六。以下『全集』とする）。

謹言・実直・生真面目

同じく外見がらみのことを記すと、映像や文学作品に登場する西郷は、肥大な体格のイメージが強すぎるためか、細事に囚《とら》われない、豪放磊落《ごうほうらいらく》で、茫洋《ぼうよう》とした、いかにも大人物風である。だが、西郷と日常的に接した関係者の多くが指摘する彼の実像は、何事においても論理的に物事を考えようとする理詰めの人間であった。また、謹言・実直・生真面目で、融通がきかない「堅《かた》物《ぶつ》」でもあった。このことを伝えるエピソードが残されている。西郷とは同年生でごく親しかった同藩の岩下方平《いわしたまさひら》（一八二七～一九〇〇）が後年語った話によると、西郷は、ふだん親しい友人とは「寝転んで話す」ことがままあったらしい。ところが、何かの拍子に、話題が「国事の事とか何とか（と）云う事になれば、直ぐに起き上って」「しゃんと坐って話」をしたという。つまり、岩下などが、軽い気持ちで深くは考えずに、つい「うっかり（国事について）言い出すと改まって応答するので、気の毒と思った事が度々《たびたび》あ」ったという（同前）。西郷は元来こういった気質の人物だった。

激しい好悪の情

さらに加筆すると、西郷は、物欲が強く、人間性の卑しい人物をひどく嫌悪する、人の好き嫌いが大変激しい人物であった。また一度でも自分を裏切った人間は生涯にわたって許さない（容れない）人物でもあった。当然、「清濁併せ呑む」といったタイプではなかった。いや、むしろ対人関係においては極度の潔癖症といってもよい性分の持ち主だった。したがって、敵と味方を厳しく峻別《しゅんべつ》し、敵と見なした者を激しく憎むことになった。そういう点では、彼は度量が大きい人物では到底なかった。そして、西郷はこうした性分もあって、相手とうまく妥協することができなかった。つまり、ギブアンドテイクをなしえない不器用な人物であった。そのため、本書中で、これからしばしば取り上げることになる島津久光《しまづひさみつ》らとの対立を深め、それが結局、彼の歩もうとした人生のコースを大きく歪《ゆが》めていくことになる。

なお、この点に関わる西郷論として参考にしうるものに、市来四郎《いちきしろう》のそれがある。市来のことは、後に改めて触れることになるが、彼は西郷と相性が良くなかった島津久光寄りの人物であったため、西郷の崇拝者からは毛嫌いされる。だが、何事においても感情的ではなく、冷静に物事の本質を見極めるタイプの人物だったため、市来の西郷評には首肯できるものがある。その市来が挙げる西郷の短所が、自分と考えの違う者とは交わることが少なかった点であった（「丁丑擾乱記」）。これなど、いま先ほど記した西郷の在り方と符合していよう。西郷は、やはり本質的には度量が大きかったとは言い難かった。

西郷固有の特性

もっとも、反面、こうした西郷本来の在り方が、逆に「えも言われぬ」彼の魅力にも繋がったといえる。一部の西郷嫌いを除いて、西郷と接したことのある関係者の多くが、西郷の特性としてほぼ共通して指摘するのは、次の点である。(1)決断力・実行力・勇気がともに他者に抜きん出ていた。「果断」という点で英雄・豪傑型の人物であった。(2)ただし、そのぶん、学問（学識）はそれほどなかった（少なくとも学者レベルに達してはいなかった）。また、このことに比例して、政治家的識見や行政能力は必ずしも高くはなかった。(3)無欲・恬淡《てんたん》（名誉と利益に淡白）で権力欲に乏しく、私生活では贅沢《ぜいたく》を拒み、質朴な暮らしをその死まで貫いた。また、それだからこそ、相手との立場の違い（地位の高低等）によって態度を変えるようなこともなかった。(4)本来、情感がすこぶる豊かな人間で、かつ外見はいかにも豪傑風だが、その内面は非常に繊細（デリケート）であった。すなわち、常に周りに目配り・気配りを欠かさない、神経の真に細やかな人物であった。そのぶん涙もろかった。(5)至って口数が少なく、丁寧に自分の考えを相手に伝えるタイプではなかった。(6)人間的魅力に溢れた人物で、西郷のためには一身を擲《なげう》ってもいいとすら思わせる（崇拝・敬慕の心を自然と起こさせる）ところがあった。なかでもとくに、彼の周りに集《つど》った青年たちにとっては、止まり木のような存在となった。ま

島津久光
（国立国会図書館蔵）

た西郷自身もそうあろうと努めた。

以上、多くの関係者の目に映った西郷の在り方（個性）の特色を列挙したが、(2)と(5)を除けば、あとの四つが、そのまま西郷がいまでも国民各層の間で幅広く人気のある歴史上の人物となりえた理由となろう。なお、ここであえて付け加えると、西郷の人間的魅力を増すことになったのが、「笑顔」と彼独特の「愛嬌《あいきょう》」だったように思われる。西郷という人物は黙っていれば、その肥大な体軀と時に鋭く光る巨眼によって、十分過ぎるほどの威厳があったが、ひとたび打ち解けると、なんともいえない「愛嬌」の感じられる柔和な「笑顔」でもって、相手の心をとろけさす人物であったらしい。

死の壁を乗り越える

それといま一つ、さらに指摘できるのは、西郷以外の人間には滅多《めった》に見られない彼特有の心の在り方である。それは西郷が若き日に「死の壁」を乗り越えたということである。つまり、西郷の行動の前提には、常人にはまず見られない、死への恐怖といったものがほとんど存在しなかった。まったくなかったわけではないにしても極度に乏しかった。これは、西郷が若き日から多くの人々の死と向き合ったことで生じた心境であったと考えられる。当然、親しかった人との別れを経験すれば、その後の人生において先に逝った人のことを思い起こすこともしばしばあったろう。しかも、その数が半端ではなかったので、西郷にとって死はきわめて身近なものになったと想像される。とにかく、西郷ほど、若い時分から多くの親しい人物の死に直面した（向かい合った）人間はいなかった。また、未遂に終わったとはいえ、自殺行為に及んだこともあった。こうしたことが、彼をして、あたかも生死を眼中に置かないかのような振る舞いを常にとらせることになる。

西郷は不思議な男で、情感の豊かなきわめて人間くさい人物でありながら、どこか彼岸《ひがん》（あの世）に片足を乗せていたようなところがあった。すなわち人間そのものでありながら、生身を超越した脱人間的なところを併せ持っていた。いずれにせよ、このような西郷固有の特性と彼の体験をつねに念頭に置くことが、西郷の生涯を読み解くうえでの〝鍵〟となろう。

3　本書の執筆で留意すること

つづいて、これから西郷の評伝を書き進めていくうえで、執筆者として、こだわりたいことを最初に記す。その一は、当然のことだが、できるだけ正確な西郷伝の完成を目指すことである。西郷はなにしろ人気者であり、とくに没後は永遠の変革者と受けとめられることも多く、その時代時代の体制に不満を持つ人物につねに関心を持たれてきた。その際の大きな特色は、西郷を取り上げようとする人物の関心に引き付けられて、彼の行動の意味が解釈されてきたことである。つまり自分にとって都合の良い形で受けとめられてきた。そのため、往々にして正確とは言い難い西郷論が登場することになった。それこそ星の数ほどである。

また、よく目につくのが、一時期の西郷の動向のみ注視して西郷の行動意図を忖度《そんたく》しようとするものである。たとえば、明治六年（一八七三）に征韓論を唱えた際の分析などがこれに該当する。だが、明治期の西郷の行動は、当然のことながら、それ以前の彼の在り方と密接に繋がっていた以上、やはり幕末期以来の流れの中で理解する必要があろう。

二度の流島体験　さらに、西郷の人生をざっと振り返ると、意外なほど彼が幕末維新期の全般を通じて一貫して中央政局に関わりを有したわけではないこともわかる。換言すれば西郷は、諸々の原因によって重要な場（局面）から離れている期間が実に多かった。二回に及んだ流島期間などは、その最たる例であった。また戊辰戦争中、かなりの期間は従軍したものの、その後は鹿児島に引っ込み、明治四年（一八七一）初頭に至るまで中央政局には、いっさい関与しなかった。いってみれば、ここぞというピンポイントの場面で登場し、図抜けた役割を果たした後、すぐに姿を消すといった調子の人生であった。

それゆえ、西郷の足跡のみを辿って記述すると、彼の生きた時代の全体像がわかりづらいというきわめて厄介な問題が生じる。この点が、西郷の評伝を執筆するうえで大きな障害となる。また西郷は、自分の行動の意味をきちんとつねに周りに説明するタイプではなかった（とくに後年はその傾向が激しくなる）。そのうえ、他人の意表を突くことを得意としたため、その言動はなおさらわかりづらくなった。本書は、こうした中、近年の中央政局に関する目覚ましい研究成果の恩恵を受け、かつ時には西郷の心の内（内面）にも迫って、できるだけ正確な西郷隆盛像を描こうと試みるものである。もっとも、西郷に関しては、新たな史料がこれから発掘され提供されることは期待しえない。したがって、これまでに公にされてきた史料等を、いま一度、精読する作業を通じて、この難題に挑戦することにしたい。

西郷の生きた時代の特色

その二は、西郷の生きた時代の特色（時代像）を活き活きと浮かび上がらせることである。彼が生きたのは、国家の体制が鎖国から開国へと大きく転換した時代であった。そして、それは、欧米列強による開国を求める圧力に、どう対処すればいいのかという大問題を突きつけられる形で始まった。すなわち、いかにしたら独立を保てるのか。そのためには、どのような国家体制が望ましいかが盛んに論じられるようになる。また、それに伴い、朝鮮や中国といった周辺諸国との関係も改められることになる。他方、国内に目を転じれば、社会の在り方が大きく変わることで未曾有の混乱が各方面に生じる。本書では、西郷の生涯を辿る過程で、折々《おりおり》、こうしたこの期特有の時代的特色にも筆を及ぼすことにしたい。

西郷と大久保の関係

その三は、西郷と大久保利通《おおくぼとしみち》両者の関係の推移如何を、本書を執筆するうえでの重要な柱の一つとして設定することである。薩摩藩内の両雄と称されたこの両人については、従来の通説的見解では、「竹馬の友」「肝胆あい照らす仲」「兄弟のような関係」「若い頃から苦労を共にしてきた無二《むに》の親友で同志」といった式の評価が支配的である。現に、こうした評価を受けて、近年話題となった中学生向けの教科書では、両人がいかに友好的な関係にあったかが強調され、それが延《ひ》いては維新の実現にも繫がったとする記述が、別項として一頁にわたってなされている。ついで、やはり通説的な見解では、このような両人の関係が明治六年に発生した政変で終わりを告げたといった理解の仕方がなされてきた。本書では、こうした通説的見解に飽き足りない立場から、三歳の年齢差によって、先輩・後輩の関係にあった両人の関係が、幕末期のかなり早い段階から、盟友であるとともに、藩内では一種のライバル関係に入ったとの認識の下、それが薩摩藩のみならず、日本近代史の在り方にも少なからず影響を及ぼしたと見て、時にこの問題にも踏み込むことにしたい。

ところで、よくよく考えてみれば、西郷と大久保の両人はその性格も置かれた立場も大きく異なった。両者とも無口で言葉数が少なく、「威厳」があるという点では共通点を有したが、その他の点では異なった。その最たるものは、先述したように西郷には笑みと涙はつきものだったが、大久保にはこれは限りなく絶無であった。また大久保は、折り合うこと（協調すること）が極度に重視された江戸期の社会にあって、しばしば自説を曲げない「原理主義者」（自分の考えのみを正義として譲らない）となった。そのため、聞く耳をもたず、自分の考えに固執して妥協を拒否することが少なからずあった。これに対し、西郷も「条理」を優先したことでは変わりがなかった。西郷も長いスパンでみれば必ず道理に適うものが勝利を収めるとの信念を持ち、現に幕末最終段階では彼の考える通りになった。しかし、大久保に比べれば、いまだ順応性があった。また、ややもすれば敵を追いつめ破滅させないではおれな

大久保利通
（国立国会図書館蔵）

かった大久保とは違って、自分たちの勝利が明らかになった段階では敵方が残存できる方策を講じた。
さらに、西郷と大久保の両人を大きく分けたのは、執着度と器用度の違いであった。大久保には、自分たちの考えを藩政に反映させるために、非常な粘着力でもって島津久光への接近を試み、それを実現させるといった面があった（佐々木克「大久保利通と囲碁の逸話」）。ところが、西郷にはそのような面がほとんど見られなかった。

そして、こうしたことが両人のその後の歩み方を大きく分けることにもなった。大久保が、「文久二年（一八六二）に頭角を現して以来、一度として左遷・免職の経験がな」かったのに対し、西郷は「島津久光の勘気《かんき》による沖永良部《おきのえらぶ》遠島、征韓論政変による参議辞職」と、重要な局面でしばしば敗者となった（落合弘樹『西南戦争と西郷隆盛』）。そして最後は城山で文字通り敗者そのものとして人生を終える。こうしたこともあって、西郷と大久保の両人は、意外なほど、同時期に同じ場所で手をとりあって、ともに活動するといったことが多くなかった。久光と大久保の両者が主従として同一行動をとることが多かったのに比し、久光と西郷の両人は同時期にともに活動を展開することは案外少なかった。

さらに書き足せば、大久保が維新後、中央政府の官僚として脱薩摩の動きを強めたのに対し、西郷はそうではなかった。彼は薩摩人としての立場をひきずり、配下の島津家武士と最後は運命をともにした。要するに、西郷は近代的な経世家・大政治家に成長していった大久保とは異なり、薩摩に殉じたのである。このような資質の相当異なる両人の交錯する過程をも視野に入れて、西郷隆盛という稀有な人物の苦悩に満ちた生涯の軌跡を、これから辿っていくことにしたい（なお、史料の引用に際しては、原則として、濁点、句読点、送りがなを加えて読み下し文とし、漢字には適宜ルビを付け、カタカナはひらがなに改めた）。

第一章　誕生から青年時に至るまで

1　誕生

下加治屋町に誕生

西郷隆盛が、父吉兵衛と母マサの長男として鹿児島城下の下加治屋町《かじやまち》に生まれたのは、文政十年（一八二七）十二月七日のことであった。加治屋町は、城下の西南地域を流れる甲突《こうつき》川がさらに南へ大きく蛇行するあたりに位置した、貧乏士族が多く住む地域にあった（南日本新聞社編『西郷隆盛伝』。以下『西郷隆盛伝』とのみあるのは本書を指す）。

西郷家は、中世の九州で一大勢力をなした菊池一族の後裔《こうえい》とされる。さらに一族の中には、蒙古襲来時に活躍した者や南北朝時代に北朝方と戦った者がいたともされる。もっとも、菊池一族はその後、戦国時代に散り散りになるが、隆盛はこの菊池一族の出であることをどうやら強く意識していたらしい。このことは、後述する奄美大島に潜伏した時期に菊池源吾と名乗ったことでも明らかである。

父の吉兵衛は、御小姓与《おこしょうぐみ》の勘定方小頭であった。御小姓与は、薩摩藩の士分の家格である城下士と外《と》城士《じょうし》（郷士）、卒・陪臣の内の城下士に属した。藩主の居城近くに住めない外城士に比べて格上とはいえ、城下士の中では与力についで下から二番目の低い家格であった（同前）。薩摩藩は、広く知られて

西郷隆盛生家跡（鹿児島市加治屋町）
（時事通信フォト提供）

いるように、他藩に比べて士族の総人口中に占める割合が際立って高かった（総人口のうち、四分の一の多きを占めたといわれる）。したがって、城下士の底辺に属した西郷家の生活が代々貧窮を極めたことは言うまでもない。西郷家は、父の吉兵衛が家督を相続した弘化四年（一八四七）五月の時点で持高四七石余を所持するにすぎなかった。そして、同年に実施された「家内宗門改《あらため》」（『全集』四）によると、「家内人数」は家族と使用人を合わせて一六人の多きを数えた。それが翌年になると、二人が家を出て一四人となり、持高も四一石余に減少している。

貧窮を極めた生活

それゆえ、西郷家の人々は、現代人の我々《われわれ》では想像すらできないほど極貧そのものの生活を送ることを余儀なくされた。西郷にまつわる笑えない貧乏話が残されている。たとえば、西郷の母が子供七人（隆盛には、弟と妹がそれぞれ三人ずついた。弟妹はやがて隆盛の人生と深い関わりを持つことになる）に語ったとされる言葉などがそれぞれに該当する。「貧乏それ自体は恥ではない。恥ずかしいのは貧乏に敗けることだ」といった趣旨の言葉である。あるいは、西郷家には冬の厳しい寒さをしのぐ蒲団類が充分になかったため、隆盛が弟妹を蒲団に寝かせ、自分は足だけを入れて就寝したといったエピソード類である。

そうした状況下にあった西郷家の人々が糊口《ここう》をしのげたのは、父の吉兵衛が内職に励む一方で、物《もの》頭《がしら》（与力や足軽を総管した）の職にあった赤山靱負《あかやまゆきえ》家の御用人（用頼み）を務めたことによった。これはまた西郷の祖母が島津家の一門で赤山靱負も属した日置《ひおき》家の家来の出であった縁に、どうやらよったらしい。とにかく、こうした方面からの収入によって、辛うじて生活が成り立ったものと想像される。

2 鹿児島（薩摩藩）の置かれた特殊性

英雄誕生の三条件

後に英雄となることを運命づけられた西郷隆盛が生まれたのは、このような経済的にはひどく恵まれない家庭であった。ところで、著名なジャーナリストにして在野の歴史研究家でもあった徳富蘇峰は、英雄が出現する条件を三つ挙げている。時と場所を得て、しかも自分を引き立ててくれる人間に出会うこと、この三条件である。

たしかに、江戸期に時代を限っても、客観的に見れば、能力や胆力の面で英雄になりうる条件を備えた人物は相当数いたであろう。だが、平和時には、そうした人物は別段望まれもしなかったので、世間一般に登場することは稀であった。その点で、西郷は個人的な資質に加えて、まず時に恵まれた。すなわち、幕末維新期という日本史上でも有数の危機の時代に生まれた。言うまでもなく、英雄は動乱の時代に生まれやすい。ついで、後述するように、島津斉彬《なりあきら》（一八〇九〜五八）という、これ以上ない引き立て役にも恵まれた。そして、いま一つ場所にも恵まれた。鹿児島の地である。

琉球を通じて海外と繋がる

薩摩藩は、十七世紀初頭の慶長年間に、大軍でもって進攻して以来、琉球の地を支配下に置いた（もっとも、その支配は琉球の王国体制を温存し、貢納を課すというものであった）。そして、この琉球を通じて、中国（清朝）とも繋がりを持った。ついで、十九世紀になると、やはり琉球を通じて欧米諸国とも、否応《いやおう》なしに接触を深めることになる。

きっかけとなったのは、弘化元年（一八四四）の三月に琉球の那覇《なは》に渡来し、通商とキリスト教の布教を要求したフランスの艦船アルクメーヌ号であった。そして、この時、フランス側からアヘン戦争に敗れた清国が前々年にイギリスに賠償金と土地（香港）を取られたことが伝えられ、琉球がフランスの要求を受け入れるようにと迫られる。ついで琉球側がこれを断ると、宣教師を残して船は出て行ってしまった。翌弘化二年、今度はイギリスの測量船など二隻が相次いで那覇に来航し、さらにその翌三年には海軍伝道会の医師で信者のベッテルハイムら五人がやって来て強引に上陸居住し、船はやはり出て行ってしまった。

すなわち琉球の地は、日本本土の江戸や大坂から見れば、最も遠い辺鄙《へんぴ》な異境に近い地であったが、ヨーロッパや中国・東南アジアからすれば入口にあたった。現に、このあと大きな波紋を引き起こすことになるアメリカ使節のペリー一行は、まず那覇を訪れた後、江戸湾口の浦賀沖に投錨することになる。したがって、この琉球を支配下に置いた薩摩藩が、江戸幕府のみならず日本全国に数多くあった諸藩の中で、最も早い段階で対外危機に見舞われたのは、当然のことであった。

もっとも、より正確に書けば、薩摩藩の本拠地である鹿児島には、これより前、外国船がすでに渡来し、トラブルを引き起こしていた。たとえば、文政七年（一八二四）七月には、吐噶喇《とから》列島の宝島《たからじま》（＝鹿児島郡十島丸《じっとうそん》）にイギリスの捕鯨船が渡来し、食用にするため船員が牛を射殺するという事件が発生した（なお、翌文政八年に江戸幕府がいわゆる外国船打払令《うちはらいれい》を出したのは、この事件に衝撃を受けたためであった）。ついで天保八年（一八三七）七月には、アメリカ商船のモリソン号が大隅半島南端の佐多《さた》沖に現れ、同船を鹿児島湾口の山川《やまがわ》港外で薩摩藩が打ち払うという事件が勃発した。

いずれにせよ、薩摩藩は日本最南端に位置したことで、こうした一連の騒動にまきこまれ、それが結果的に江戸幕府や諸藩に先駆けて海外に目を開き、やがて西洋諸国と結び付くことに繋がった。そして、この地に誕生したのがほかならぬ西郷であった。彼は蘇峰が指摘する英雄になるための三条件を、ここにすべて併せ持つことになったのである。

3　少年時

傷害事件と
その影響

つづいて少年時の西郷についての話に移りたい。少年時の西郷に関して必ず取り上げられることが二つある。一つは、才気煥発といったところが表面的にはまったくなかったため、愚鈍視されたことである。いま一つは、喧嘩をふっかけられ、右腕を負傷したことである。後者は、隆盛が十三歳の時、喧嘩を仕掛けてきた相手を泥水に投げ飛ばした恨みで、その後、物かげから襲われた際、相手の刀が彼の右肘《ひじ》を深く傷つけた事件であった。

この傷害事件は、その後の西郷の進路や彼の人格形成に大きな影響を及ぼしたとされる。後に西郷と初めて出会ったイギリス公使館付通訳のアーネスト・サトウが、その片腕に刀傷があるのにすぐ気づいたというのだから、よほどの深傷を負ったのだろう。とにかく西郷は、右肘が十分に動かなくなったことで、剣術の修行に全力で励むことができなくなった。そこで、いきおい読書に励み習字に努めるようになったという。

郷中教育

ここで少年時の西郷のことを振り返るうえで、どうしても避けて通れない薩摩藩独特の子弟教育制度である郷中《ごじゅう》（伍中とも書く）教育について、ごく簡単に触れておくことにしたい。これは、城下士の住む地区を六つに分け、各地区ごとに「郷中」という結社（組織）を作ったうえでなされた教育であった。すなわち薩摩藩では、六・七歳になると郷中に加名し、爾来《じらい》二十二・三歳に至るまで、この組織から離れることを許さなかった。かつ容易に他の郷中の者と交遊を結ぶことも許さなかった。

そして六、七歳から十二、三歳までを「稚児《ちご》」と称し、十四、五歳から二十三、四歳で妻帯するまでを「二才《にせ》」と称した（『維新前後　実歴史伝』巻之一。以下『実歴史伝』とする）。したがって、同じ郷中で成育する子供は兄弟も同様で、互いに競うように文武の修行をなした。そして、郷中においては、嘘をつくこと、負けること、弱い者いじめをすることが悪いことだとされ、かつ年長者を敬うことが教えこまれた。さらに、「二才」段階では、公平な立場から自由に集団での討議〈問答〉を行うことが奨励され、かつ武芸の修練や忠孝に励むことが求められた。当然、彼らの団結力は鞏固《きょうこ》なものとなった。その結果、この郷中制度は、一朝ことあれば、そのまま戦闘集団に転じうるものとなった（『薩藩の教育と財政並軍備』他）。

西郷もむろん、この郷中教育の中で育った。彼は七歳で郷中入りして漢文の素読をなし、八歳からは郷中教育を受けながら藩の聖堂（＝造士館）に通った。造士館の日課は、午前十時から講習、午後二時まで読書・習字というものであった。そして、講習の中身であるが、これは儒教の教典である四書五経を中心に、朱子学を主に学ぶものであった（『西郷隆盛伝』）。なお、郷中教育では、敵と戦うときは徹底して戦うが、相手が降伏し恭順の意を示したならば、残虐な行為に出ないことが教えこまれたとされるが、これは後年の西郷の在り方（敵に寛容な姿勢を見せる）に繋がったと考えられる。また、造士館では、日を定めて「軍書読み」があり、さらに稚児に課せられた遊戯では相撲（角力）や旗取りなど、勇壮なものが好んで行われた（同前）。西郷は名にし負う相撲好きで知られたが、それはこうした弱年時の教育に、そもそもはよったと思われる。

さらに、こうした郷中教育に加えて、各家庭での教育が、藩主に対する絶対的な服従心を子供たちの心中に培《つちか》うことになった。たとえば、薩摩藩士の一人で、若い時から西郷とも交流のあった海江田信義《かいえだのぶよし》（当時は有村俊斎《ありむらしゅんさい》。一八三二〜一九〇六）などは、「父母」が「その子を育引するに、居常（＝つね日頃）」、「各自の頭上には君主存在したまへり」との「訓言」を与えていたため、「各自の頭上に君主存在す」との思いが自然と植えつけられたと、後年回想している（『実歴史伝』巻之一）。

4　青年時

農村の実情を知る

西郷が藩の役人としての生活を始めたのは、弘化元年、彼が十代後半の時点であった。すなわち西郷は、数えの十八歳で郡方書役助《こおりがたかきやくすけ》に任じられ、藩の行政官僚の末端につらなることになる。この役職は、農政を担当する郡奉行の下で働く役人としては最下級に位置した。そして具体的な仕事の内容は、藩内のあちこちを絶えず巡回して、道路や橋などの普請を行う必要があればそれをなし、また米の出来具合を確かめ、年貢徴収の監督にあたる、まさに実務そのものであった。

西郷が職に就いた時の上司（郡奉行）は、名奉行として知られた迫田太次右衛門《さこだたじうえもん》（一七八六～一八五五）であった。若く多感な年頃であった西郷は、迫田の民を憐《あわ》れむ姿勢と、その清貧な生活ぶりや無欲恬淡《てんたん》な人柄に多大な影響を受けたといわれる。以後、西郷は、約十年間にわたって、このポスト（やがて書役に昇進）を務めることで、諸郷の実情に精通するようになる。それは疲弊した農村と困窮している農民の実態（ひいては農民に対して過酷な藩政の実情）を知るに至ったということでもあった。

他方、十年間もこのような仕事に就いたことは、年貢の算定などの作業で不可欠な計算力も、西郷はそれなりに身につけたことを意味した。若き日の西郷は、刀筆の吏として実務（経理）能力もそれなりに培ったのである。現に、このことは、その後、安政三年（一八五六）の八月頃に島津斉彬に直接提出したとされる西郷の農政に関する上書（意見書）を見ても明らかなことである。彼は空理空論の徒では当初からありえなかった。

また、西郷の十年間に及んだ役人生活に関してよく指摘されることだが、彼に与えられた職務は、農民に対する深い愛情（同情の念）を育てることにもなった。西郷はむろん、当時の武士階級一般と同様、「愚民観」の持ち主であった。しかし、そのぶん、支配階級の末端につらなる者として当然持たねばならない心構え（農民に対して深い愛情を持って接し、彼らを大事に扱う）の持ち主でもあった。

このことに関連して、触れられる有名なエピソードがある。西郷が年貢の徴収作業にあたっていた時、年貢を払えずに愛馬（もちろん農耕馬）を手放さねばならなくなった農民にまつわるエピソードである。すなわち、この農夫が夜中に愛馬との別れを惜しむところをたまたま目撃した西郷が役所に掛け合って年貢の納期を延期してもらったという西郷伝には欠かせないエピソードである。

当時の薩摩藩内に住む農民は、藩によって厳しく搾取されていた（薩摩藩の正租の負担は、天領はもちろんのことながら、他藩に比べても著しく高い八公二民といわれた。これは、そうでもしないと膨大な数にのぼる武士階級の生活を維持できなかったからである。しかし、そのため、百姓の村を離れる流浪や他領への逃散《ちょうさん》が止まらなかった）。このエピソードは、こうした前提のうえに生まれたものであった。これ以外に、この時代の西郷には、自身の立場が悪くなることを顧みず、自らが正しいと信じた意見を行政に反映させようと上司に改善を申し込んだ話が残されている。いや、それどころか若き日の西郷は、職務に忠実に励むあまり、同僚の不正行為（蔵方の役人が上納米の収納にあたって、過分に利をとるなど）を時に糾問するようなこともあったという。そのため、「麁暴《そぼう》、あるいは郡方にて同役の交《まじわ》りも宜しからず」と誹謗《ひぼう》されることにもなる（『西郷隆盛と士族』）。

つづいて、青年時（少年時も含む）の西郷が、どのような種類の勉学や修行に励んだのかという問題に移る。この点に関してまず言えるのは、西郷は他の青少年と同様、ひとまず朱子学から勉学の途に入ったことである。西郷らとは別の郷中出身であったため、青年時から西郷と付き合い始めることになった海江田信義の証言によると、西郷は大久保や海江田らごく数人と、宋の朱熹《しゅき》と呂祖謙《りょそけん》の共著である『近思録』を読んだという。これは、初学者の入門書で、こうした書物を読むことで、彼らは盛んに「志なる者は何ぞや」とか「丹誠とは何ぞや」といったことを議論し合ったらしい（『実歴史伝』巻之一）。

陽明学

ついで西郷の大きな特色として挙げられるのは、陽明学と佐藤一斎《さとういっさい》（一七七二〜一八五九）の学問、それに禅学にのめりこむようになったことである。まず陽明学だが、西郷がそもそも陽明学に惹《ひ》かれた一因はどうやら大塩平八郎への関心によったらしい。大塩平八郎とは、言うまでもなく、天保八年（一八三七）に彼が起こした「大塩の乱」で知られる人物である。この乱は、西郷の数えで十一歳くらいの時に発生したが、その後、続々と鹿児島にもたらされた情報などによって、彼の心の奥底にどうやら深い影響を及ぼしたようである。

西郷は、大塩の著作である『洗心洞箚記《せんしんどうさっき》』を読み、大塩が陽明学者だったこともあってか、次第に陽明学に心惹かれるようになったらしい。そして、西郷は大久保らとともに、嘉永三・四年の頃、薩摩藩内有数の陽明学者であった伊藤茂右衛門《いとうもうえもん》（伊東裕之《すけゆき》）から、明の王陽明《おうようめい》の語録を門人が編集した『伝習録《でんしゅうろく》』などの講義を受けたという（同前）。そして、陽明学の骨格をなす「知行合一」や「致良知」を、自らの行動規範としていった。「知行合一」とは、「知るとは行うことであり、知って行わないのは、いまだ知らないことだ」というものであり、「致良知」とは「良知」に達するために「欲望や私心をひたすら排除して、すがすがしい心の在り方を常に保つことを求める」ものであった。そして、このような心を保つことで得られた良知の示すところに従って行動することが望まれた（なお、西郷の「人を相手にせず、天を相手にする」生き方は、こうした「致良知」の考え方から導き出されたと思われる）。

佐藤一斎

さらに、佐藤一斎との関わりであるが、西郷がいつ頃から一斎の影響を受けだしたのかは判然としない。ただ江戸中・後期の著名な儒学者であった一斎は、林家塾の塾頭で昌平《しょうへい》黌《こう》教授という立場もあって、表向きは朱子学を標榜したが、実際は王陽明の学統に繋がる人物であった。したがって、「陽朱陰王」などと陰口をたたかれた隠れ陽明学者であった。

その一斎の思想は、彼が自分の考えたことを断片的に述べた語録である「言志四録《げんししろく》」（『言志録』『言志後録』『言志晩録』『言志耋録《てつ》』）に最もよく表れているとされる。そして西郷が『言志録』などに強い影響を受けたのは間違いない。彼は、これら書物中に記されている一千余条に及ぶ言葉の内から、自分の心に響いた百一箇条を抜粋して書き写し、座右の銘とした。それは、「士は（権勢ある人や富者に頼らないで）独立自信を貴ぶ」「死生の権は天に在り、当にこれを順受すべし」「漸《ぜん》は必ず事を成し、恵は必ず人を懐《なつ》く」「知行は是二にして一、一にして二なり」といった言葉である（「西郷南洲手抄言志録」『全集』四）。また、こうした言葉から、西郷の行動原理や死生観も窺われる。彼は知行合一を自らの行動の基本に置くとともに、生死を天命に委ねたのである。

禅との関わり

ついで禅との関わりについても触れておきたい。西郷は若い頃から禅に関心を示し、島津家の菩提所であった福昌寺住職の無参禅師《むさんぜんし》（一七八二～一八五一）に学んだ。そして、禅の教えは、彼の好み（体質）によほど合ったのだろう、生涯にわたって禅の修行に励んだようである。西郷のことをよく知る重野安繹《しげのやすつぐ》（一八二七～一九一〇）の証言によれば、「死を見ること帰するが如し」といった西郷の気性を育むうえで、他のどの学問より禅学の果たした役割の方がより大きかったという（『全集』六）。

お由羅騒動

つづいて若き日の西郷にとって大事件となった（心中に大きな傷痕を残すことになったという意味で軽視するわけにはいかない）一大騒動についての話に移る。嘉永二年（一八四九）の十二月から翌年の夏にかけて、相次いで五十名余の人物が切腹、遠島、退隠、謹慎等の処分を受ける藩内訌争が発生した。世にいう「お由羅騒動」「近藤崩《くず》れ」「高崎崩れ」「嘉永朋党《ほうとう》事件」であった。

鶴丸城（鹿児島城）跡（鹿児島市城山町）
（鹿児島市提供）

事件の幕が開く、そもそものきっかけとなったのは、嘉永元年十二月に発生した家老調所広郷《ずしょひろさと》（笑《しょう》左衛門《ざえもん》。一七七六～一八四九）の服毒自殺であった。調所は、時の藩主（第十代）であった島津斉興《なりおき》（一七九一～一八五九）の指令の下、強引な改革によって、危機的な状況下にあった藩財政を建て直したことで知られる人物である。すなわち、天保期に三都（江戸・京都・大坂）の商人らからの巨大な負債によって苦しんでいた薩摩藩を、節倹策や黒糖をはじめとする国産品の専売制および新田開発・税法の改正などを実施する一方、いわば負債を踏み倒す手法で再建した。

借金が新しいものか、それとも古いものかを問わず、借金を五百万両に固定し、それを二百五十年かかって返すという暴令でもって乗り切った。つまり毎年二万両ずつしか払わないのだから、これほど藩にとって都合のいい負債処理の仕方はなかった。しかし、調所の好調さもここまでで、彼は長らく公《おおやけ》には秘していた藩営「抜荷」貿易の件（琉球を拠点とした清国との密貿易で、幕府が禁制とした海産物や薬草類を売った）で幕府の探索を受けたこと、および琉球に派遣していた警備兵の数が幕府に報告したよりも実際は少なかった件が露顕したことの責任をとって江戸薩摩藩邸内での自刃を余儀なくされる。藩主の立場を守るため、事件をうやむやに葬ろうとしての自決であったという（原口虎雄『幕末の薩摩』）。

この調所の死から薩摩藩に激風が吹き荒れることになる。そして、これには藩の跡目をめぐる対立が大きく関係した。藩主の斉興には正室周子《かねこ》（賢章院）との間に儲《もう》けた長男の斉彬がいた。ところが、この斉彬は彼にとって曾祖父にあたる重豪《しげひで》の感化を受け

島津斉彬
（尚古集成館蔵）

て育ったため、金のかかる蘭学趣味の持ち主となっていた。

重豪はすこぶる面白い人物で、洋学に関心を持ち、西洋風の博物館や植物園・天文館・医学校などを造らせる一方で、自らも洋学者に学び、時に蘭語（＝オランダ語）をも口にするような人物であった。たとえば、国外への持ち出しを禁止されていた日本地図を入手したことが発覚して国外追放処分となったことで知られるオランダ商館付の医師で植物学者のシーボルト（一七九六～一八六六）と、文政九年（一八二六）の三月四日に江戸で会見した際がそうであった（シーボルトは、当時、オランダ商館長の参府に伴って江戸にいた）。

この時、重豪はすでに八十二歳の高齢であったが、シーボルトが残した記録によると、彼に対しオランダ語を交えて、いろいろな質問をしたという（田村省三「島津斉彬の集成館事業」）。そして、この会見の席には重豪が溺愛した曾孫《ひまご》の斉彬（当時十七歳）もいた。

そうしたこともあって、斉彬は、この曾祖父の影響を強く受け、いつしか地球的規模で物事を考える人物に成育したといわれる。ついで彼も、やがて洋学方面への多大な出費を惜しまない人間となった。藩主に就任後、急逝するまでの数年間に、反射炉や溶鉱炉の建設、それにガラスや石炭を用いたガス灯の実用化を目指す事業を興した。そのため、「蘭癖《らんぺき》あり」と噂されるまでになる。

そのうえ、父に気に入られなかった。嘉永四年（一八五一）の一月二十九日に認《したた》められた、斉興が息子の島津久光に送った私信によると、父の眼に映った斉彬は、勇気が乏しく「小胆」で、うたぐり深い人物であった。これに比し、斉興がかわいがり、望みを託したのが、側室の由羅《ゆら》に産ませた久光（斉彬より八歳年少）であった。由羅の父に関しては、江戸の大工の棟梁だったとする説や船宿の経営者だったとする説など、諸説がある（芳即正『島津久光と明治維新』）。したがって、血筋からいっても、長幼の順からいっても斉彬が次期藩主となることは当然だとされた。

だが、斉彬を跡継ぎにすれば、これまで血のにじむような思いをして財政再建に努めていた成果が壊されるのではないかとの斉興の不安もあってか、すんなりとは、そういう方向にことは運ばなかった。それと、これには斎興の側室由羅に対する深い愛情が大いに関係したものと思われる。現に斉興は、周子が亡くなった後は正室を迎えなかった。そのため、由羅が事実上正室も同然の立場となる。それほど斉興は由羅に入れ込んだのである。そして、これには、由羅が、当時の史料中に、「おゆらどのは……美にして艶《えん》也」とか「怜悧《れいり》な上に天成の麗質《れいしつ》」とあったように、「賢いチャーミングな美人だった」らしいことが関係したようである（同前）。

また、島津久光もなかなかの勉強家で、儒学・漢詩・和歌・国学に通じる文化人で、かつ高い識見（教養）の持ち主であった。しかも兄の斉彬のように蘭学趣味もなく、十分大藩である薩摩藩の藩主が務まる人物であった。こうしたこともあって、斉興が彼女との間にできた唯一の男子であった久光をことさらかわいがることになったと見られる。また、これは推測の域を出ないが、由羅としても久光を次期藩主にと願う気持ちがなかったとは考えにくい。とにかく、こうした諸々の背景があって、長子斉彬の藩主就任は、殊の外、遅れることになった。

このような中、斉彬を次期藩主に担ごうとする動きが、裏面下で展開されることになる。運動の中心に位置したのは、斉彬支持派の町奉行近藤隆左衛門、江戸詰め家老島津壹岐、町奉行兼家老座書役格高崎五郎右衛門《ごろううえもん》らであった。そして、いま一人、西郷にとって重要な人物が含まれた。赤山靱負（一八二三～五〇）であった。靱負は、先述したように、西郷の祖母との縁で、父の吉兵衛が出入りした日置郷領主島津久風の次男であった。また靱負の弟であった桂久武と西郷はことに親しく、身分の差を超え、生涯を通じての友となった。こうしたことが重なって、西郷は赤山靱負とも親しくなった。

いずれにせよ、藩主斉興の斉彬への冷たい対応や久光が十分に藩主となりうるだけの力量の持ち主であったことなどによって、危機感を極度に強めるに至った近藤ら斉彬擁立派は、斉彬の藩主就任を急ぐ（当時、斉彬は四十代にすでに入っていた）立場から、調所一派の島津兵庫（碇山将曹。調所と姻戚関係にあった）や由羅サイドに立つ実力者で城代家老の島津豊後（久宝《ひさたか》。一八〇二～七三）の打倒を急いだ。しかし、暗殺計画が露見し、既述したような処罰が多くの関係者に対してなされることになる（高崎や近藤らには切腹が命ぜられた）。そして、処罰の対象には西郷が私淑《ししゅく》していた先輩も何人か含まれた。その中でも、とくに赤山靱負の死は大きな衝撃を西郷に及ぼすことになった。

赤山靱負の死

赤山がいよいよ自刃することになった嘉永三年三月四日の様子が語り継がれている。それは、赤山が西郷に対し、身をもって訓戒したというものである。赤山の自刃直後、頼まれて介錯した父の吉兵衛が両手に血染めの裃《かみしも》を持って戻ってきたという。それは、赤山が臨終の場で西郷に渡してくれるように頼んだ形見の品であった。そして、この裃を前に、彼ら父子は二人して号泣したという。赤山が血染めの裃を隆盛に贈ったのは、おそらく自分たちの目的（志）をついでくれることを彼に托する気持ちがあったからであろう。もっとも、当時、若輩そのものだった西郷の立場では、なんら有効な手立てを講じることはできなかったが、ここに西郷と斉彬の接点が生まれることになる。

なお、この大騒動の巻き添えを食ったのが大久保利通であった。彼の父次右衛門《じうえもん》も本事件に連座し、のち喜（鬼）界島に流島となった。そして利通自身も記録所書役助の職を免ぜられ、ここに収入の道を断たれた大久保家の生活は困窮を極め、日々の食事にこと欠くことになる。他方、西郷は後年、慶応元年十二月の時点で、京都に在って事件の主謀者と目された高崎の「十七回忌」を行っている（『全集』

四)。それだけ、西郷にとっても、この事件は生々しく痛ましい「記憶」として残り、尾を引くことになったといえよう。

第二章　将軍継嗣運動に関わる

1　肉親の相次ぐ死と島津斉彬との出会い

斉彬を次期藩主に担ごうとする運動は一頓挫《とんざ》をきたしたものの、やがて斉彬の藩主就任は実現するに至る。斉彬と個人的に親しく、かつ斉彬の襲封に期待するところが大であった時の老中首座阿部正弘《あべまさひろ》が、薩摩側に圧力を加えたことが要因としては大きかった。すなわち阿部政権は、薩摩藩の琉球対策に不適切な点があるとし、さらに嘉永朋党事件を斉興の不手際のせいだとことさら問題視し、隠居を暗に迫った。これを受けて、嘉永四年二月、斉彬が四十三歳にして、ようやく第十一代藩主の座に就く。ついで、この斉彬と西郷が出会い、両人の強力な主従関係に基づく政治運動が展開されることになるが、その前に触れておかねばならないことがある。両親をはじめとする肉親の相次ぐ死であった。

肉親の相次ぐ死

嘉永五年（一八五二）は、西郷にとって生涯忘れることのできない不幸な年となった。まず七月に祖父の西郷龍右衛門が死去する。ついで九月には父吉兵衛が、十一月には母マサが亡くなる。その結果、西郷家には、弟妹を除くと、血を分けた肉親としては唯一人、母方の祖母のみが残されることになる。そして、当然のことながら、この三名の死が、二十代半ばにあった彼に、肉親の死について深く考えさせる契機となっただろうことは容易に想像しうるが、この点に関する史料はない。両親の死後、西郷家の面倒をよく見てくれたのが、大らかで慈悲深い女性だったとされる母の弟、つまり叔父の椎原《しいはら》与右衛門（国幹《くにもと》）と同権兵衛であった。なかでも六歳年長の与右衛門は、西郷にとって終生良き理解者となった。

父が亡くなった直後の九月の時点で、隆盛の家督相続願が叔父両名から出され（『全集』四）、これが翌嘉永六年二月に正式に藩によって認められる。だが叔父等以外に、ここで取り上げねばならない人物がほかにもう一人存在する。西郷にとって最初の妻となった須賀《すが》である。彼女に関する史料は極度に乏しく、鹿児島城下上之園《うえのその》町に居住していた伊集院《いじゅういん》直五郎の長女で、天保三年（一八三二）四月に誕生し、嘉永五年に西郷に嫁いだ後、安政元年（一八五四）に離縁となり、実家に戻ったことぐらいしか明らかではない（山崎有恒〔解題〕『伊集院兼寛関係文書』）。つまり、両人の結婚期間は、わずか二年にすぎなかった。いずれにせよ、西郷は両親が相次いで亡くなった嘉永五年に彼女と結婚し、後述するように、安政元年に藩主島津斉彬の江戸への参勤に従って家を出るまでのごく短い間、生活をともにしたことになる。

隆盛最初の妻

具体的な離縁の理由は確認しえないが、おそらく西郷家の家事その他を長男の嫁として取り仕切る立場にたった娘の置かれた状況を見るに見かねた実家から離縁の相談があり、やむなく西郷家が同意したといった辺りが実情ではなかったかと想像される。あるいは反対に、離縁後二年ほどが経過した安政三年（一八五六）十二月一日付で妹（琴）婿の市来正之丞《まさのじょう》に宛てた西郷の書簡（『全集』一）中に、「たとえ両親よりめとらせ候妻を（両親の）滅後追（い）出し」云々とあるので、彼女とはなにか性格的に相容れないものがあって、それが離縁の一因となったのかもしれない。もっとも、離縁によって、西郷家と伊集院家が、その後、不仲になったといった話はなく、西郷も彼女の弟であった伊集院兼寛《かねひろ》（のち大蔵官僚を経て、貴族院議員となる）とは良好な関係を保つことになった（なお、西郷家は隆盛が妻と別れた翌年〔安政二年〕になると、隆盛の江戸での活動資金を捻出するためもあってか、下加治屋町にあった居屋敷二百五十九坪半を売却して、上之園での借地生活に入った）。

庭方役を拝命

さて、これから、いよいよ西郷の人生を大きく変え、彼をして幕末史上最大の英雄の座に導くことになった運命の人との出会いと、その後の動向についての話に入ることにしたい。西郷が島津斉彬に初めて会ったのは、斉彬再度の出府（江戸行）となった安政元年のことであった。この時、斉彬の一行は一月二十一日に鹿児島を発ち、西郷もこれに同行する。そして、一行が江戸に着いた三月六日から、まもなくして四月に庭方役《にわかた》を西郷は拝命することになる。同役は、幕府の御庭番の制度に倣《なら》って斉彬の時に初めて置かれたものであった。つまり幕府の御庭番と同様、機密の事項に与るポスト（役柄）であった。そして、これは、西郷のような下級の家臣では藩主と面会できず、したがって直接自分の意見を上申しえなかったために斉彬が設けたものであった。

西郷を斉彬に推挙したのは、かつて斉彬の養育掛を務めた関勇助《せきゆうすけ》だったといわれる。関は、嘉永三年四月に嘉永朋党事件に連座して謹慎を命ぜられたが、のち藩主となった斉彬に重く用いられることになった。そして、これより前に西郷は大久保らとともに関の門に学び、彼を大変敬愛するようになっていた。そうした縁で斉彬への推挙となったのである。すなわち関は、自身の老齢を理由に江戸を去って鹿児島に帰る際に、西郷を若いが役に立つ者として斉彬に推挙したといわれる。もっとも、以前から、関は斉彬が新藩主として言路洞開の方針を打ち出したのを、これ幸いと西郷に意見書を提出することを勧めていたという。そこで西郷が農政に関する意見書を何度か提出し、その結果、西郷の存在が斉彬の眼にとまったとされる（『西郷隆盛伝』）。

初めての江戸行

西郷が密室で斉彬とじっくり話し合い、斉彬の意見を拝聴し、かつ自身の考えを言上したのは、これより遅れ安政三年になってからだが、その話に入る前に初めての江戸行となった安政元年時の西郷について記しておきたい。この年は、むろん、前年（嘉永六年）の六月に、アメリカ東インド艦隊司令長官であったペリー一行が浦賀沖に姿を現し、日本の開国を求めた翌年にあたった。つまり、江戸幕府をはじめとする全国の封建支配者が大混乱に陥っていた最中《さなか》であった。こうした年に、中小姓の列に入った西郷は、藩主の護衛を兼ねて初めて江戸の街に乗り込むことになった。当然、下級武士の彼は、この段階では親しく藩主の斉彬と言葉を交わす立場にはなかった。ただ、その代わりに、この年の四月、西郷は憧れの人と会っている。藤田東湖《ふじたとうこ》（一八〇六～五五）である。

藤田東湖に心酔

西郷を東湖に紹介したのは、彼よりも前に上京し、江戸藩邸に勤仕していた同藩の樺山三円《かばやまさんえん》や海江田信義であったとされる。そして、この時、西郷は東湖から人物を認められ、大変感激する体験をした。西郷の感激ぶりを生々しく伝える書簡が残されている。同年の七月二十九日付で椎原与右衛門と同権兵衛の叔父両名に宛てて出された書簡（『全集』一）である。この中で、西郷は次のように東湖との面談時の様子を書き綴っている。

東湖先生も至極丁寧なる事にて、彼の宅へ差し越し申し候と清水に浴し候塩梅《あんばい》にて、心中一点の雲霞《うんか》なく、ただ情浄なる心に相成り、帰路を忘れ候次第に御座候。……自画自讃にて人には申さず候得共、東湖も心に悪《にく》まれ候向きにては御座なく、毎《いつ》も丈夫と呼ばれ、過分の至りに御座候。我がものに一義も引き受けられ、頼母敷《たのもしく》共有難く共申され、身にあまり国家のため悦敷《よろこばしき》次第に御座候。もしや老公（＝徳川斉昭《とくがわなりあき》）鞭《むち》を挙げて異船へ魁《さきがけ》御座候わば、逸散《いっさん》駆け付け、むべ草（＝こもれ畳）に成り共、罷り成り申したく心酔仕り申し候。御一笑下さるべく候。

若き日の西郷がすっかり東湖に魅了され、ペリー来航後、徳川斉昭と藤田東湖によって声高に主張された攘夷（鎖国）論に共鳴していたことがよくわかる書簡である。それはさておき、西郷をすっかり「心酔」させた東湖であるが、彼は尊王攘夷論を核とする後期水戸学の思想を全国に普及させたことで知られる人物である。そして、これには、諸藩の天保期の改革に大きな影響を与えた水戸藩の藩政改革を側近として支えた経歴に加え、彼の著作である『回天詩史』や『常陸帯』『弘道館記述義』が広く全国の志士の間で愛読されていたことによった。

また、東湖という人物に際立つ大きな特色は、サービス精神に溢れていたことである。彼は、自分を慕って全国各地から訪ねて来る人物を、相手の肩書きなどによって差別せず歓待した。そして、応対は迅速で、かつ弁舌は爽やかであった。要するに頭の回転がすこぶる早く、相手の質問に対しては問題の本質を的確に捉えて、即時に返答できたということである。しかも、逞《たくま》しい肉体を持つ大男で、眼は大きく、相手の心を射竦《いすく》める力を持ちながら、どこか「愛嬌」を感じさせる人物であったという。この「愛嬌」という言葉は、彼のことを後年、娘から聞かれた東湖の妻や母が語った話の中にも登場する（鈴木暎一『藤田東湖』）。

いうなれば、豪傑肌の人物で、恐ろしい形相・風体の持ち主だが（現に、初めて小石川の水戸藩邸で東湖に会ったあと、西郷は樺山に対し、「盗賊の親分」のようだとの感想を漏《も》らしたという）、どこか憎めない人物であったということだろう。そうしたこともあって、彼に魅了された著名人の数は多い。すぐに思いつくだけでも横井小楠や佐久間象山、あるいは梁川星巌《やながわせいがん》といった錚々《そうそう》たる人物の名前が挙げられる。

東湖と西郷の共通点

ここまで東湖について記して気づかされたことがある。西郷との共通点が多いのではということである。大男で眼力《めじから》があり、しかも「愛嬌」も感じられるといった点がそうである。さらに書き足すと、明治から大正にかけてのジャーナリスト兼歴史家として知られた山路愛山《やまじあいざん》

（一八六五～一九一七）は、東湖のことを「人たらしの上手なる人物」と評したが（『全集』六）、これは、そっくりそのまま、かなりの程度、西郷にも当てはまったといえよう。強いて言えば、東湖と隆盛の両者が大きく違ったのは、東湖が能弁で見るからに才気が溢れていたのに対し、隆盛がそうではなかったという点であろうか。

いささか東湖に関する記述が長くなりすぎたが、それだけ西郷への感化力が巨大だったことを強調したかったためである。それといま一つ指摘しておきたいのは、このあと西郷は、安政年間に、東湖のみならず、当時第一級と目された人物と接し、やはり強い影響を受けたことである。たとえば、そうした一人に、藤田東湖と並んで水戸の両田と称された戸田銀次郎《とだぎんじろう》（一八〇四～五五）などがいる。そして、このような一流の人物と出会い、強烈な刺激を受けたことが、西郷の視野を広げ、彼をして大きく成長させるとともに、負（マイナス）の要素ともなるが、この点に関しては後に改めて触れることにしよう。

2　斉彬の信頼獲得

暗殺計画を立案

ついで、江戸に乗りこんできてからの西郷にとって重要な意味を持った問題を取り上げることにしたい。城代家老等の暗殺を計画し、実行に移そうとしたことである。そして、これには藩主斉彬にまつわる不幸が大きく関わった。斉彬には計六男五女の子女が誕生したが、結果的に三女・四女・五女のみが十代まで成育した。すなわち、西郷が初めて上京した安政元年の時点で長男から四男までの男児はすべて早死にしていた。そして当時、ただ一人、五男の虎寿丸《とらじゅまる》のみが男児では存命であった。

ところが、斉彬や西郷の江戸到着後、いまだそれほど月日が経過していない閏七月二十四日に虎寿丸が数えの六歳で死去する。これで斉彬の息子は一人もいなくなった。そして、このことが若き日の西郷の神経をひどく痛めつけることになる。というのは、あまりにも不幸な出来事が続いたため、これは斉彬の世子誕生を望まない勢力の呪詛《じゅそ》（呪い）のために、幼子が相次いで亡くなったと噂されたためであった。

なかでも斉彬支持者の間で呪詛の中心にいると目されたのが、斉彬側近の一人だった修験者《しゅげんしゃ》の牧仲太郎であった。牧は息子の久光を次期藩主にしようとした由羅に命じられて、斉彬の子供たちを呪い殺そうとしたと噂された。客観的に見れば、虎寿丸の死因は当時流行していた疫痢《えきり》のためであったと思われる。だが、それまでの深刻な藩内訌争が、このような流言を実《まこと》しやかなものと斉彬支持者に受けとめさせたのである。また、ほかならぬ子供たちの父親であった斉彬自身も、本来は見識の高い人物だったが、気弱になっていたためか、この呪詛説の虜《とりこ》となり、久光生母の由羅への憎しみを隠せなくなる。すなわち、嘉永二年の時点で由羅を「姦女《かんじょ》」と呼び、彼女の「退散」つまり抹殺さえ望むようになった（『島津久光と明治維新』）。

斬奸の対象

こうした中での虎寿丸の死去であったため、西郷は打ちひしがれると同時に、攻撃の矛先をかねてからの敵対勢力に向けることになった。島津豊後（久宝《ひさたか》。一八〇二〜七三）や由羅であった。西郷は、大山綱良《おおやまつなよし》（格之助《かくのすけ》）や有村次左衛門《じざえもん》らの同志と会して、島津豊後グループの打倒（斬奸）を誓いあうことになる。

時系列に沿って、この間の西郷の心情（気持ち）と決意が固まっていく過程が窺える史料をほんの少し取り上げることにしたい。まず虎寿丸の死が西郷に及ぼしたショックの大きさを率直に伝えるのが、虎寿丸が死去してからまもない段階の安政元年八月二日付で、在藩の親友だった福島矢三太《ふくしまやぞうた》に送った西郷書簡（『全集』一）である。その中には次のようにあった。

「御存じのとおり、身命なき下拙《げせつ》（＝自分）に御座候えば、死することは塵埃《じんあい》（＝ちり。ほこり）のごとく、明日を頼まぬ儀に御座候間、いずれなり死の妙所を得て天に飛揚いたし、御国家（＝薩摩藩）の災難を除き申したき儀と堪えかね候処より、相考えおり候儀に御座候。……筆より先に涙にくれ、細事に及ぶ能わず候。……只今生きて在るうちの難儀さ、かえって生を怨《うら》み候胸に相成り、憤《ふん》怒《ぬ》にこがされ申し候」。

西郷の涙

虎寿丸の死に衝撃を受けるとともに、敵対者の除去に向けての決意を、この時点ですでに固めていたことがわかる。と同時に、ここで確認しておきたいのは、若き日から西郷がすぐに涙を流す直情多感で涙もろい青年だったことである。涙は、西郷隆盛という人物の本質を知るうえで、欠かすことのできないキーワードの一つであった。すなわち、西郷の生涯を辿っていると、彼が意外と思えるほど涙を流す人物であったことを知らされる。「落涙」「涕泣《ていきゅう》」は、西郷に付き物の言葉だったのである。これは、それだけ西郷が「烈《はげ》しい」もしくは「豊かな」情感の持ち主だったからにほかならない。したがって、自分の思いが達せられると、彼は素直に喜んだ。西郷の書簡を読むと、「雀《じゃく》躍《やく》」「雀踊」「飛揚」といった言葉が多く発せられているのに気づかされる。西郷が「多情の英雄」と称されるのは、この点によった。

とにもかくにも、西郷らは斬奸計画を実行に移すべく準備を進めていった。このことを裏付けるのが、安政二年六月二十九日付で在藩の同志であった大山綱良に宛てた書簡（同前）である。この中で彼は、「豊印（＝島津豊後）一条、当暮までの内には脈打ち落とし候儀と慥《たし》かに見留め」る計画を告げた。しかし、その後、事態は西郷にとって思わぬ展開となる。西郷らの計画を知った斉彬の「逆鱗《げきりん》常なら」ざる怒りを受けて、やむなく中止に追いこまれることになった（『実歴史伝』巻之二）。

斉彬との濃厚な面談

もっとも、その前に、順序として斉彬が西郷に親しく言葉をかけるようになった段階に一度戻らねばならない。西郷が斉彬の御前に初めて召されたのは、安政三年四月十二日のことだった。それまでは公然たる面談ではなく、庭先での面接であった。しかし、この日以降、両者の面談は、五月四日までの時点で都合四度（毎回現在の時間にして一時間ほど）なされている（安政三年五月四日付大山綱良宛西郷書簡〔『全集』一〕）。

面談時、西郷からは水戸藩の内情等についての言上がなされたといわれる。これは、当時、徳川斉昭以下、水戸藩関係者の動向が天下の耳目を集めていたことによった。そして、先述したように、西郷はすでに藤田東湖らと面識があり、かつ彼らからも信頼される間柄にあった。さらに、そうした縁ですぐに人脈を築くことになる。たとえば、西郷は、江戸に上って来た直後の安政元年四月時点で藤田東湖や戸田銀次郎に面会し、指導を受けるようになったが、この頃から戸田の弟で斉昭の側近でもあった安島《あじま》帯刀《たてわき》（一八二二～五九）などとも親しくなった。ついで、やはり水戸藩の有力者の一人であった武田耕雲斎《たけだこううんさい》（一八〇四～六五）などとも親交を深めることになる。

これには、やはりなんといっても、西郷の人間的な魅力が大いに与ったといえる。藤田東湖が西郷を勇者の風格があると高く評価したのは有名だが、彼がもともと備えていた他人を惹き付ける魅力に加え、向学（上）心も手伝って、安政二年には勉強会も発足する。そして、この月二回定日を決めて朝から開かれた会には水戸藩の原田八兵衛《はらだはちべえ》以外に、福井藩の矢島錦助《やじまきんすけ》や熊本藩の津田山三郎《つだやまさぶろう》らが参加した。

ネットワークの形成

安政二年八月二十日付で同志の樺山三円に宛てて送られた西郷書簡（同前）によると、彼らは、いずれも「水府与《ぐみ》」つまり水戸藩のシンパであった。このように、江戸に到着してから斉彬と親しく話ができるまでの二年間ほどの間に、西郷は敵対者の打倒計画を樹《た》てる一方で、水戸藩士を中核とする他藩士とのネットワークをいち早く築いた。したがって、こうした背景があったから、斉彬は西郷から国内情勢を分析するのに必要な生きた情報を入手しえたといえる。そして以後、両者は互いを不可欠な存在だと認め合う濃厚な主従関係を形成し、斉彬の死去時まで維持されていくことになる。

斉彬の教え

他方、そうした過程で、若き西郷は、国際関係や日本社会、あるいは人間を見る目を斉彬から教わることになった。それは、いってみれば、「書生論」のレベルに止まっていた段階から、西郷が国士のレベルに飛躍を遂げる一階梯《かいてい》ともなった。では、この時、西郷が斉彬から受けた影響の具体的な内実は何だったか。その最たるものは、やはりなんといっても、攘夷一辺倒的な考え方からの脱却であったろう。

後年、西郷が重野安繹に語った「直話」(『全集』六)によると、当初、徳川斉昭を額面通り攘夷一点張りの人物だと思いこんでいたところ、斉彬から「まだ其《その》位のことか」と馬鹿にされ、はたと初めて斉昭に「何か深意」があることに思い至ったという。つまり斉昭が攘夷論を提唱しているのは本心からではなく、別の意図によっていることをそれとなく斉彬から教えられ、物事を多面的に視るようになったらしい。

そして、斉彬が積極的開国論を胸に秘め、地球的規模で日本の行く末を見据えていることなども知る。すなわち斉彬は、欧米諸国を日本から追い出すことはもはや現状では不可能だとしたうえで、今は通商条約をむしろ容認するのが良いとした。具体的には、欧米諸国との交易によって得られる利益でもって、それら諸国から武器や軍艦を購入し、武備充実がなった暁《あかつき》に攘夷の実行もありうるとした(町田明弘『グローバル幕末史』)。とにかく、こうした深謀遠慮な斉彬と接触を持ったことで、西郷の器もその社会観・世界観もともに大きくなった。

3　将軍継嗣問題

ペリー来航後の政治状況

斉彬・西郷間に十分な信頼関係が築かれた後、両者は中央政局の動向に重大な関わりを有する問題に手を携えて取り組むことになる。将軍継嗣問題である。ペリー来航後、阿部老中は、隠居・謹慎を徳川政権から命ぜられ逼塞していた徳川斉昭を幕府の海防参与にし、その高い声望の力を借りようとする。ついで翌年、日米和親条約を締結した後は、ペリーのもたらしたアメリカ合衆国大統領の国書を全国の大名や布衣《ほい》以上の幕臣に示し、対応策について意見を諮問した。従来、外交問題は江戸幕府の専管事項だったが、阿部が、ペリーから突きつけられた開国要求を、たんに幕府のみの問題でなく、朝廷や外様大名などをも含む日本全国の封建支配者全体に関わる民族問題と受けとめた結果であった。そのため、朝廷にもペリー側との交渉のいきさつを報告すると同時に、前々から良き話し相手であり、かつ能力を高くかっていた斉彬にも阿部は相談することとなる。

以後、斉彬は、越前福井藩主であった松平慶永《まつだいらよしなが》（春嶽《しゅんがく》）や宇和島藩主の伊達宗城《だてむねなり》、それに土佐藩主の山内容堂《やまうちようどう》（豊信《とよしげ》）ら、全国にその名を知られた有力諸侯と手を組み、阿部老中が推進した改革を支えるべく活動を始める。そして、やがて十三代将軍の座に就いた徳川家定《いえさだ》が病弱で危機の時代を迎えた幕府の将軍にはふさわしくないとの声が高まると、その跡継ぎ（世子）に当時英明だと噂された一橋《ひとつばし》家の当主慶喜《よしのぶ》を担ぐ運動を積極的に推進する立場となる。

斉彬の立場

ところで、ここで最初に確認しておくべきことがある。それは、斉彬には幕政に積極的に介入する気持ちは少なくとも当初は毛頭なかったことである。ともすれば、幕末期の薩摩藩に関しては、幕府に対する突出した強硬姿勢が強調されるが、それは後述するように、文久二年

（一八六二）に島津久光が多数の兵士を引き連れて江戸に下り、幕政改革を迫って以後のことであった。それまでの薩摩藩は、ひたすら幕府の顔を立てながら、自分たちの考えをいくぶんかでも幕政に反映させようとする立場にとどまった。

これは、言うまでもなく、天皇（朝廷）から大政を委任された幕府が主体となって問題に対処するのを当然だとしたことによった。したがって、しゃしゃり出るといったことはなく、斉彬は将軍の一族として家格が高かった家門筆頭の福井藩主松平慶永を押し立てる形をとった。それに第一、慶喜の擁立も斉彬が最初に言い出したことではなかった。西郷が斉彬から親しく言葉をかけてもらえるようになってから、いまだ一カ月も経過していない安政三年五月四日付で同志の大山綱良に宛てた前掲西郷書簡によると、実情はこうであった。

これより少し前に、西郷と水戸藩の武田耕雲斎や安島帯刀・原田兵介らとの間で、慶喜を将軍継嗣とする計画が持ち上がる。ところが、水戸藩サイドから斉昭の息子である慶喜のことを持ちだすのは、どうにもこうにも都合が悪いということになって、その結果、西郷がこの件で斉彬に斡旋を願い出たのがことの発端だったようである。つまり、この時点の斉彬は、あくまでも受け身であった。そして、むろん斉彬も未曾有の民族危機を前に、幕府内に優秀な将軍を据えることに異存はなく（事実、ペリー来航のあった嘉永六年の時点で、すでに松平慶永との間で、この件が話し合われている）、このあと彼なりの努力をすることになる。ただ、あくまでもそれは幕府を思ってのことであった。

そうした背景があって、西郷が斉彬の手足となって将軍継嗣運動で活躍することになる。これは斉彬が自ら表立って動けば差し障りが生じるためであった。たとえば、大名クラスが直々に会えば、いろいろな憶測がなされるのが江戸期の社会であった。そのため、西郷が斉彬の指令を受けて各所に出向くことになる。すなわち、斉昭や慶永らへの斉彬の伝言や書簡を伝える役割などを果たした。そして、斉彬からすれば、こうした役目を務めるには西郷が適役であった。これは広く知られている有名な言葉だが、ある日、斉彬は慶永に対して、次のように語ったという。「私家来多数あれども、誰も間に合うものなし。西郷一人は薩国貴重の大宝也。しかしながら、彼は独立の気象あるが故に、彼を使う者私ならではあるまじく（下略）」（『逸事史補』）。西郷に対する斉彬の篤《あつ》い信頼とともに、いわば調教の容易ではない荒馬を乗りこなせるのは、自分しかいないという斉彬の自負心の詰まった言葉であろう。

内訌の調停

さて、ここに西郷の八面六臂《はちめんろっぴ》の活躍が幕末史上に見られることになる。その際、斉彬・隆盛主従によってまず取り組まれたのが、水戸藩で発生した内訌の調停であった。水戸藩は、広く知られているように、徳川斉昭の藩主への就任をめぐって藩士同士が激闘を展開して以来、藩内で血みどろの抗争が繰り返された。しかも、悪いことに、安政二年（一八五五）十月に発生した大地震で、藤田東湖と戸田銀次郎の両名が震災死する。これによって、藩政の舵取りを任せられるリーダーを一度に失った結果、水戸藩が迷走しだし、その挙句、斉昭の毒殺を図ったとして門閥派グループに多くの処刑者が出る。いわば、薩摩藩と同様の事態が水戸藩でも発生し、深刻な様相を呈した。しかし、こうした状況を放っておけば、慶喜の将軍継嗣実現に大きな障害となることは目に見えた。そこで斉彬が、事態の打開に向けて、やむなく乗り出すことになる。

安政三年の七月九日、斉彬は西郷を召し出し、兄戸田銀次郎の死後、西郷との交流が深まっていた斉昭の侍臣安島帯刀に、斉彬が水戸藩の内情に大いに苦慮している旨を伝える役目を果たすことを命じる。これは、当然のことながら斉昭を諫《いさ》める内容を含み、「書面にて申し上げ難」かったための措置であった（八月五日付大山綱良宛西郷書簡〔『全集』一〕）。

西郷本来の業務

なお、ここで、ほんの少し、当時の西郷が担当していた本来の業務についても記しておきたい。同年の十一月二十一日付で桜島武村の郷士であった上原伝蔵に宛てて発せられた西郷書簡（『全集』三）から、当時、徒目付《かちめつけ》兼庭方役であった西郷が、大井村（現・東京都品川区）の薩摩藩屋敷（大井御屋敷と呼ばれた）で、鹿児島名産の桜島大根の植え付け作業にあたっていた上原に具体的な指示をなしていることがわかる。つまり西郷は、こうした地道な作業に取り組んでいる最中に、斉彬に呼び出され、密命を授けられたというわけであった。

ついで、西郷は水戸藩関係者に斉彬の意見（考え）を伝えることになったが、この時、水戸藩の江戸若年寄であった武田耕雲斎などにも西郷は直《じか》に会って斉彬の意を伝えた。そして、斉彬の意見を伝えると、武田は「落涙」して、西郷の眼には大いに「感服」したように映った。さらに西郷は、こうした武田の様子を見て、若輩者（西郷は、三十歳そこそこの若者であった）の自分に、父親のような年齢（五十代）で、しかも藩重役の武田が、率直な対応（武田は西郷に対し涙を見せただけでなく、腹の底に秘めた考えを打ち明けた）をしてくれたことを、主君斉彬の御蔭だと深い感謝の念を覚えることになる。

ミイラ取りがミイラになる

こうして西郷は、斉彬の意を受けて、水戸藩の内訌を終わらせるための活動に、ひたすら従事した。それには反面、水戸藩内に、いわゆる肝胆相照《かんたんあいて》らす仲間を見出すとともに、彼らの要求に逆に縛られる結果ともなった。そして、これは、ひとり西郷のみならず、薩摩藩そのものの動向にも大きな影響を及ぼすことになる。具体例を一つ示す。西郷の行動を間近で見ていた海江田信義の後年の回想によると、この段階で西郷と「親善なること膠漆啻《ただ》ならず」ざる関係となったのが桜任蔵《さくらじんぞう》（一八一二〜五九）であった（『実歴史伝』巻之一）。

桜は西郷より十四、五歳ほど年長であったが、やはり東湖の門下生で、当時は攘夷運動に関わっていた。そして西郷は、この桜を「豪傑」で「廉傑《れんけつ》（＝心が清く行いが正しいこと）」の士で、しかも、そのうえ「博識」だと高く評価した（『全集』一）。西郷のお眼鏡にかなったのだから、よほどの人物であったに違いない。事実、桜には「義により真剣の勝負を経験すること三度、身を投げた女を助け、わが子として人に嫁がせること二度等」（『中根雪江先生』）といった、彼の人柄を伝える逸話が残されている（ただ惜しむらくは、後に挙兵を画策したものの、潜伏先の大坂で安政六年に病没する運命にあった）。

そして西郷は、こうした人物から逆に薩摩藩内の「姦党」の駆除を迫られ実行を約束させられることになる。海江田の伝える文言（『実歴史伝』巻之一）によると、それは「余（＝西郷）もとより窃《ひそか》に斬姦の念あり、今又足下（＝桜）の勧告に逢う、如何ぞ猶予すべけんや」というものであった。いうなれば、「ミイラ取りがミイラになった」面があった。

篤姫が将軍の正室となった背景

他方、この安政三年下四半期時点の西郷に関して無視しえないのは、彼が斉彬の養女として第十三代将軍徳川家定の正室となる篤姫《あつひめ》（のちの天璋院《てんしょういん》）の婚礼荷物の準備係として奔走したことである。この縁談に関しては、昔から島津斉彬が一橋慶喜の将軍継嗣を実現するためにしくんだとの理解の仕方がある。だが、これは史実ではない。篤姫の件がそもそも出たのは当該問題が持ち上がる前のことであった。すなわち、嘉永三年（一八五〇）に徳川家定の正室（一条家の出身）が亡くなる。この直後、幕府側から島津家に対し、将軍の正室にふさわしい女性が求められる。どうしてこうなったか。考えられる理由はいくつかある。

その一は、将軍家と島津家がすでに姻戚関係にあったことによる。第五代藩主の継豊《つぐとよ》に第八代将軍徳川吉宗の養女竹姫が享保十四年（一七二九）に輿《こし》入れしてから、島津家は将軍家と姻戚関係に入った。ついで、このあと竹姫の遺言により、一橋徳川家の豊千代（後の第十一代将軍徳川家斉《いえなり》）と竹姫の孫に当たる第八代藩主島津重豪の三女茂姫《しげひめ》（後の広大院《こうだいいん》）との縁組が成立し、両家の繋がりはより強まる（畑尚子『幕末の大奥』）。したがって、こうした縁からの申し出であったことは間違いない。

ついで、その二は、茂姫が健康で、かつ長命であったことによったと考えられる。茂姫は五十年近くもの間、御台所の地位にあった。そのため、彼女の血をひく大名や大名夫人が全国に計十五人もいて、

天璋院（篤姫）（尚古集成館蔵）

しかもそれらの人々が皆元気だったという（徳永和喜「将軍家と島津家との婚姻」他）。当時の特権層の死亡率の異常な高さからいって、これはきわめて特異なケースに属した。それゆえ、こうした面も大いに考慮されての申し出であった可能性がある。

いずれにせよ、島津家出身の女性への縁談は幕府側から持ちこまれた。そして、この申し出に対し、斉彬もどうやら前向きに受けとめたらしい。斉彬は嘉永六年三月に一門の今和泉《いまいずみ》島津家領主忠剛《ただたけ》の娘であった一子を自分の養女として、名を篤姫に改めさせた。ついで幕府へ実子届けを出して輿入《こしい》れの準備を始めた。そして篤姫は、この年の六月に指宿《いぶすき》の今和泉邸より鶴丸城へ移り、その後、十月には江戸の薩摩藩邸に入った（辻ミチ子『和宮』）。

芳即正氏が推測する斉彬の承諾理由は以下の諸点であった。⑴薩摩藩が一手に担当していたものの、とかく幕府の疑惑を招きがちであった琉球問題に良い影響があると考えたこと、⑵篤姫を将軍の正室にしておけば、もしもの場合、薩摩藩に対する幕府の対応に手加減が加えられると期待したこと、⑶斉彬の父である斉興が望んでいた従三位《じゅさんみ》昇進（島津家は四位どまりであった）が可能になると判断したこと（芳即正編著『天璋院篤姫のすべて』）。

嫁入り道具の選定にあたる

さて、このような経緯を経て篤姫は江戸の人となったが、このあとペリー再航や禁裏の炎上、それに各地で大地震が発生したことなどによって、入輿《にゅうよ》どころではなくなる。そして、ようやく阿部老中から、篤姫の将軍家への輿入れ決定が知らされるのは安政三年二月のことであった。ついで家定と篤姫の結婚となるが、この時、斉彬の命令で、篤姫が大奥入輿時に持参する諸々の嫁入り道具の調達にあたったのが西郷であった。それは、簞笥《たんす》や長持・鋏箱《はさみばこ》から櫛・笄《こうがい》・髪飾りなどに至る「姫君の嫁入道具」全般に及んだ。そして、その際、西郷自身が小間物店の暖簾《のれん》を潜って当主と交渉したともいう（雑賀博愛『大西郷全伝』二）。そのため、貧窮家庭出身者の西郷は、本来ならありえない（素人では難しい）高価な貴重品の鑑識眼を身につけることにもなった。

安政三年下四半期の西郷に関していま一つ付け加えておきたいのは、彼が依然として斉彬の世継《よつぎ》問題に心を砕いていたことである。そして、このような仕事に従事している中、斉彬の側室の一人であったおとよの妊娠が判明する。安政三年十二月一日付で妹婿（琴の夫）の市来正之丞に宛てた書簡（『全集』一）には、このことを素直に喜ぶ西郷の姿が鮮明に浮き出ている。すなわち彼は、斉彬の世継ぎとなるべき男児の無事な出生を芝の神明宮に祈り、その代償として生涯女性とは関係を持たないことを神に誓った。西郷がいかに純粋に主君の跡を継ぐ男児の誕生を願ったかを知りうる、切ないエピソードとなろう。

なお、この書簡には少々気になる記述もみられる。それは、「我が命も延び候ても両三年の間と相考え申し候間、此の内、何卒《なにとぞ》御出生を拝見し奉りたく山々に御座候」というものである。これは、桜任蔵への先述の西郷の返答と重ね合わせることで、初めて理解しうることである。この時点の西郷が、薩摩藩内の反斉彬グループの排除を心に強く期していたことが、このような文言となったのである。

4　橋本左内との運命的な出会い

再度江戸へ　翌安政四年に入ると、いよいよ一橋慶喜を将軍の世子にしようとする運動が本格化する。そして、これにはアメリカ側の動向が大きく絡《から》んだ。日米和親条約の規定に基づいて、タウンゼント・ハリスが安政三年七月初代駐日総領事として下田に着任する。ついで彼は、アメリカ大統領の親書を将軍に直接手渡すために江戸に行くことと、通商条約の締結を、ともに執拗に幕府首脳に求めることになる。そして、ここに、ハリスと渡り合うためにも、有能な将軍の登場がいっそう待たれることになる。もっとも、慶喜の将軍世子就任には、慶喜の父である徳川斉昭に対して強い警戒感を抱いていた幕臣や大奥女性が猛烈に反対した。さらに、将軍の徳川家定本人が慶喜をひどく嫌っていた（家近良樹『徳川慶喜（人物叢書）』）。

こうした中、参勤を終えて安政四年の五月二十四日に鹿児島に帰り、在国中であった斉彬が動く（西郷も、斉彬に同行し、この時、約三年ぶりの帰鹿を果たした）。彼は自分が鹿児島を出て周旋活動に乗り出せなかったため、腹心の西郷に事態の打開を託した。すなわち斉彬は、西郷に意をふくめて江戸行を命じた。そこで、江戸詰を命じられた西郷（彼は、十月、御徒《おかち》目付に「役替」となった）は、十一月一日に鹿児島を出発し、江戸へと向かう。

敵と味方を峻別

ところで、江戸下向時の西郷に関して興味深いのは、彼の敵と味方を峻別する本来の在り方が、この時に垣間見られたことである。すなわち西郷は、江戸へ向かう道中で出会った人物に対し、政治的立場を基準に仲間にしうるかどうかの判定を下した。「審察」と題して各人の評価を下した「手控帖」（『全集』四）には、全員に対してではないが、「有志」「正」「人傑」「奸」「奸党」「奸物」といった評価がそれぞれ下されている。こうしたところに、何事においても曖昧にしておくことができない、敵と味方を峻別しないではおれなかった西郷の個性がはからずも浮き彫りとなった。

閑話休題。この後、西郷は江戸で継嗣運動に鋭意携わることになるが、西郷が江戸に到着した十二月上旬は、幕末政治史上でもきわめて重要な時期にあたった。前々月の十月に、福井藩主の松平慶永が従兄弟の徳島藩主蜂須賀斉裕《はちすかなりひろ》（一八二一～六八）と語らって、幕府へ一橋慶喜の擁立を求める建議書を提出した。また、その一方で、慶永は久世広周《くぜひろちか》や堀田正睦《ほったまさよし》といった老中を訪問して、この件での協力を依頼した。他方、ハリスが強引に江戸に乗りこんできたのが、この十月のことであった。そしてハリスは、このあと江戸城に登城し、将軍との面会を果たす。ついで、これを受けて、幕府はハリスとの談判を本格的に開始するとともに、ハリスが話したことを記録したものを諸侯に示して、その意見を徴した。西郷が江戸に到着したのは、まさにこうした一連の動きが見られた直後であった。

燕趙悲歌の士

さて、ここで留意しておかねばならないことがある。それは、主君が在国していたため西郷はいちいち斉彬の指令を仰ぐことができず、独断を下すことを時に余儀なくされたことである。言うまでもなく、他藩士などとの接触を重ねるうちに、早急な判断を求められることが多々あったからである。そして、この運動において西郷がパートナーとして最も頼りにすることになったのが、慶永の懐刀《ふところがたな》であった福井藩士の橋本左内《はしもとさない》（一八三四～五九）であった。左内の「備忘録」によると、彼が初めて水戸藩の原田八兵衛宅で西郷と会ったのは、これより前の安政二年十二月二十七日のことであった。そして、この時、左内は西郷のことを「燕趙悲歌《えんちょうひか》の士」とみた。すなわち、時勢を悲憤慷慨する感情豊かな人物だとの評である。

橋本左内と西郷との出会いに関しては、よく語られる有名な話がある。当時、西郷の活動を真近で見ていた弟分の海江田信義によると、初めて左内に会った時の西郷の対応はそれはそれはひどいものだったらしい。これは、自分よりも年下（六歳下）の若者であったこと、および左内の「状貌」つまりルックスが肉体的にはいかにも虚弱で、そのうえ「言語あたかも婦女子に類」していたためであった。

そのため、西郷はともに語るに値しないと即断し、海江田の眼には、「西郷一見して、これ（＝橋本左内）を愚弄《ぐろう》するの気」がみられたという。いずれにせよ、西郷の応答は「語気頗《すこぶ》る冷然」たるものとなった。とにかく、この時の西郷の態度は冷淡なもので、いろいろと話しかけてくる左内に対し、自分は日々相撲をとることだけしていて、ほかには何もしていないといった旨の発言をしたらしい。むろん左内を小馬鹿にしての発言であった。しかし、その後、左内の真摯《しんし》で若いが深い学識の感じられる発言内容（それは「時事」や「将来の趨勢《すうせい》」に関わるものであった）を聴き、態度をすぐに改めたという。ついで、左内が帰った後、傍《かたわ》らにいた海江田に対し、「今日の談論、余甚《はなは》だ敗せり」と反省の弁を西郷は述べたという（『実歴史伝』巻之二）。

すなわち西郷は、再度繰り返すが、年が自分よりかなり若く、かつはなはだ柔弱に見えた左内に対して、初めは馬鹿にしたが、左内が物事の本質を見抜く秀れた慧眼《けいがん》の持ち主であること、その見識が自分のそれよりはるか上をいく高邁《こうまい》なものであることにすぐに気づき、態度を改めたのである。

これは想像するに、おそらく左内の口から、この時、積極的な開国論や日本全国にまたがる政治改革の構想が語られたことによろう。左内の上司であり、かつ良き理解者でもあった福井藩の中根雪江《なかねせっこう》（一八〇七～七七）によれば、同藩が開国論に転じたのは、「丙辰（＝安政三年）の頃より」のことであった（『続再夢紀事』三）。より具体的に記せば、安政三年十月の時点で攘夷が不可能であることを幕府に建白し、翌安政四年十一月には藩論を積極的開国論に統一した（『中根雪江先生』）。そして、これには、蘭医として西洋の文物に通じた左内などの意見が影響した。したがって、西郷と会った時、左内の口から、西洋諸国の長所（科学軍事技術面）を採って、こうした面での日本国の欠点を補い、ついで国威を海外に輝かさねばならないといった趣旨の論が語られた可能性は十分にある。

また、左内は、遅くとも安政五年当時には、日本全国にまたがる政治改革を構想していた。それは、慶喜を将軍の後継ぎに推戴《すいたい》した後、(1)大大名を老中として幕閣の中心に据える（具体的には徳川斉昭・島津斉彬・松平慶永を国内事務担当、佐賀藩の鍋島斉正《なべしまなりまさ》を対外問題担当とする）、(2)旗本の優秀な官僚と日本全国の優れた学者の中から選ばれた者をもって、新任老中を補佐させるという、真に雄大な構想であった（三谷博『愛国・革命・民主』）。

したがって、西郷との会談の際、切々《せつせつ》とこうした構想が語られた可能性も、当然のことながらあった。そして、もし、そうだとすれば、西郷の対応が急変したのも無理はなかった。西郷は衝撃に近いものを受けたに違いない。それはともかく、以後、西郷は、ことあるごとに藤田東湖と橋本左内の両名を称賛する次のような言を吐いたという。「吾れ、先輩においては東湖先生に服し、同輩においては橋本（左内）を推す。二子の才学器識たる、あに吾輩の企て及ぶ所ならんや」。

西郷の美質

なお、海江田は、自分の対応が間違っていたと判断すれば、すぐに謝罪できた、もしくは対応を改めることのできた西郷を高く評価している。「（この点が）西郷の快男子たる所以にして、しかも欽すべきの美徳とす」。たしかに海江田が指摘するように、他人がなかなか真似のできない西郷の美質は、このような点にこそあったと評せる（『実歴史伝』巻之二）。

大奥工作

西郷は、このようにして出会った左内と、再度、江戸で落ち合った後、ともに手を取りあって一橋慶喜の擁立に向けて画策を行っていくことになる。その際、柱となった活動は、斉彬の指示の下、三名の女性（篤姫・小野島《おのしま》・幾嶋《いくしま》）を通じて大奥工作を展開することであった。小野島は、薩摩藩の出身で、江戸薩摩藩邸の奥老女を務め、かつ斉彬の正室（英姫）付であった。また幾嶋は、島津家より近衛《このえ》忠煕《ただひろ》の許に嫁入りした郁姫《いくぎみ》（島津斉宣の七女で斉彬の姉でもあった）に仕えていた女性であった。そして篤姫が江戸に下ると篤姫付きの老女として江戸に行き、大奥に入った後は御年寄となって篤姫の側近くに仕えた。

西郷はこの三名の女性の力を借りて慶喜の擁立を実現しようとしたが、結論を先に記すと成果はあがらなかった。その最たる理由は、家定の生母である本寿院が継嗣は不要だとの立場にたっていたことである。また彼女も息子の家定も、ともに大の慶喜嫌いであったことが障害となった。そこで、いきおい、西郷らは次なる手を打たねばならなくなる。それが朝廷の力を借りて慶喜の擁立を実現するという方途であった。ところが、この段階で、皮肉なことに、篤姫が朝廷工作に反対だということが明らかとなる。彼女はこともあろうに本寿院と手を組み、養父である近衛忠凞に、継嗣の件で天皇の勅が幕府に降るようなことがないようにとの書簡を出す始末となった(『和宮』)。

この篤姫の対応をどのように受けとめるべきか。ごく普通に考えれば、周りから仲むつまじいと見られた家定との間に実子(次期将軍となりうる男児)を産みたいとの希望が、彼女の中にあったがゆえの行動であったと理解される。したがって仮にそうだったとしたら、西郷らの推し進めようとした方策は、篤姫の思いを十分に汲み取れない、男の論理に基づくものだと非難されても仕方のないものであった。

そうしたことはさておき、慶喜の将軍継嗣を命じる朝(勅)命の降下を求める西郷らの周旋活動は、ことの性格上、極秘裏になされた。後年、明治期に入って島津久光の命令で藩史の編纂に従事することになった市来四郎によると、「密勅下賜の事は、最も機密」に属したので、どうやら「西郷・岩下(方平)・吉井《よしい》(友実《ともざね》)の二・三名」のみが、関わったらしい(「市来四郎君自叙伝(附録)」六〔『鹿児島県史料 忠義公史料』第七巻所収。以下『忠義』とする〕)。

とにかく、安政五年(一八五八)に入ると、隆盛と左内の両者が京都に行って朝廷関係者に働きかけることになる。先に上洛することになったのが左内であった。彼は、安政五年の一月二十六日の夜に認《したた》めた西郷宛の書簡(『橋本景岳全集』上巻)において、自身の京都行を知らせ、かつ自分の留守中は中根雪江と万事逗絡をとりあうように伝えた。中根雪江は、沈静重厚な雰囲気を持ち、口数が少なかった点で西郷と共通項を有する人物であった。そのうえ、左内によれば、おおらかで、細かいことに拘泥しない爽快《そうかい》な気風の持ち主でもあった(『中根雪江先生』)。それゆえ、雪江なら西郷とうまく折り合えると踏んで、左内はこのような通知を西郷に対して発したのであろう。

中川宮の村岡矩子評

ついで、西郷が三月初旬に京都に到着する。その西郷の京都での活動状況であったが、これは鎌倉時代に島津氏が近衛家の荘園があった薩摩・大隅・日向の荘官となって以来、親密な関係にあり、斉彬の姉興子が当主忠凞の妻であった近衛家の老女・村岡（津崎矩子）を介してのものとなった。これより前、二月下旬の時点で、西郷と伊地知正治《いじちまさはる》の両名に宛てて梅田雲浜《うめだうんぴん》の書簡（『全集』五）が送られる。それは、西郷が京都でこれから周旋活動を行ううえでのアドバイスを記したものであった。すなわち梅田は、中川宮（青蓮院宮。のち朝彦親王）から「内々（で）承《うけたまわ》」った情報として近衛家の老女である村岡を通じて近衛忠凞に説かせるのが良策だと伝えた。

余談に属すが、梅田の書簡中に記されている中川宮の村岡評はなかなか面白い。宮によると、彼女は「欲ははなはだ深く候得共、理非の能く分かり候器量者」で「女丈夫」であるとする。この「女丈夫」という評価は確かなものであった。彼女の女傑ぶりは、「作り話」や事実ではない「伝説」を当時すでに生み出すまでに至っていたからである。

たとえば、篤姫の義母として村岡が江戸城に登城した際の話として、将軍や諸大名の面前で七汁二十二菜の御馳走《ごちそう》をたいらげたうえで、近衛家の家臣一名を将軍の側に置かれたいと述べて一同を驚嘆させたといったことが語られた。村岡はむろん篤姫の義母などではなく、江戸城に行ったこともなかったにもかかわらず、こうした話が事実として周辺に伝わったのである（辻ミチ子「近衛家老女・村岡」）。

このような中川宮の評価や村岡にまつわる真っ赤な嘘話から窺われるのは、彼女が豪放な性格の持ち主である一方、頭の切れる、やり手の女性だったらしいことである。そのため、「陽明家（＝近衛家）の清少納言」とも称され、近衛家の当主であった忠凞も彼女の意見をよく聴いたという。とにもかくにも、西郷の京都での活動は、この村岡と後述する僧月照《げっしょう》との親交に基づいてなされることになった。しかし、この京都でも、ことは西郷の思い通りには運ばなかった。彼と左内の活動が幕府側に筒抜けとなり、警戒態勢が布かれ出したからである。そして、これには、この間の朝廷と幕府双方の信頼関係の揺らぎが大きく関わった。再び時間軸を若干過去に戻す。

安政四年六月十七日、老中首座の阿部正弘が三十九歳の若さで死去する。ここから中央政局はさらなる激動の渦中に入りこむ。阿部に代わって老中首座のポストに就いた堀田正睦は、同年の六月下旬から七月上旬の時点で、ハリスの出府希望を受け入れることを表明する。これは、アロー号事件（第二次アヘン戦争）に端を発した英仏両国と清国との戦争が前者の大勝に終わったこと、およびその英仏両国の連合艦隊が近く渡来し、日本に開国を迫るとの情報をハリスから聞かされた堀田政権が、無事な内に幕府の対外政策を根本的に転換した方が得策だと判断した結果であった（『徳川慶喜』〔人物叢書〕）。そして、むろん、堀田政権のこうした対応の前提には、長年の平和によって「平和呆《ぼ》け」している現状では、英・仏をはじめとする欧米諸国との戦争になれば、とても勝算が立たないとの認識があった。

孝明天皇の不承諾

ついで最終的には、ハリスとの十数回にわたる交渉を行ったすえ、日米修好通商条約の締結を決断する。そして、このあと堀田自らが安政五年二月に京都に乗りこみ、孝明《こうめい》天皇（当時は統仁《おさひと》だが、本書では孝明とする）および朝廷上層部の説得にあたることになる。だが、周知のように、この試みは大失敗に終わる。孝明天皇は、幕府が求めた通商条約の締結を即拒絶したわけではなかった（つまり、御三家以下の諸大名の意見をいま一度江戸の徳川政権が聴取して、その結果を天皇に報告することを求めた）が、これ以後、天皇は攘夷を希望する立場から、幕府の要求を拒絶したと各方面で受けとめられることになる。その結果、天皇の攘夷意思を尊重して外国人を日本から追い払おうとする、いわゆる尊王攘夷運動が全国を席巻《せっけん》していくことになる。

孝明天皇が幕府の要求にすんなりと承諾を与えなかった理由としては、自分の代で国のあり方を鎖国体制から開国体制に変えれば歴代天皇の霊に対してすまないとの思いがあったことに加えて、民衆の生活に対する配慮が大きく関わったものと思われる。すなわち、自分が最終的に幕府の要求に応じることで、国を挙げて開国体制になれば、それがこの国に住む民にとってはたして幸せかどうかについて結論を下せなかったことが、不承諾に繋がったと考えられる（家近良樹『幕末の朝廷』）。

朝幕関係の悪化

いずれにせよ、ここに、それまで良好な関係にあった朝廷と幕府の関係は一転して不穏なものとなる。ついで、まもなく両者の関係を救いようのない状態にまで追いやることになったのが、堀田のあと安政五年四月に大老職に就任した彦根藩主井伊《いい》直弼《なおすけ》が採った方策であった。尊王家であった井伊自身は、最後まで天皇の承認を得て、アメリカと修好通商条約を締結すべきだとの立場にこだわったが、いかんせん大老職としての立場がそれを遮った（同年六月に全権井上清直《いのうえきよなお》・岩瀬忠震《いわせただなり》による日米修好通商条約への調印を認め、このあと九月にかけて、蘭・露・英・仏の四カ国とも同様の条約に調印した）。

また、将軍継嗣問題においては、当初から血筋が家定に近い和歌山（紀州）藩主の徳川慶福《よしとみ》（後に家茂《いえもち》）を推す立場であり、結局、同じ段階で慶福を将軍継嗣とする最終決定を下した。しかし、これは彼の希望によっただけでなく、なによりも将軍の徳川家定の意思に基づく決定であった。井伊直弼の基本的な考え方は、臣下がこうした問題には口を挟むべきではなく、あくまで将軍の意思に基づかねばならないというものであった。その家定将軍が慶福を強く推したのだから、井伊にすればこれは当然至極の決定であった。

帰国の途へ

もっとも、継嗣問題に結論が出る前の三月二十日に京都をあとにして江戸に戻っていた西郷は、状況が自分たちにとって不利だと察知していた。このことは、安政五年の五月上旬段階で鹿児島の斉彬に報告書を送り、継嗣問題をめぐる形勢が一変して状況が不利となったことを知らせていることでわかる。ついで西郷は、もはや自分のような下級藩士の出る幕はなくなったと判断したためか、帰鹿して斉彬の指示を直接仰ぐことを決意する。そこで五月十六日に西郷は福井藩邸に赴き、明日帰藩の途につくことを左内に告げた。そして翌日、斉彬宛ての慶永書簡を持参して、雨の降る中、江戸を発ち鹿児島へと向かう。

第三章　二度の流島生活

1　大獄発生直前の政治状況

形勢一変

六月七日に鹿児島に帰着した西郷は、ただちに磯邸に出向き、斉彬に拝謁を願い出る。そして、斉彬に慶永の書簡を呈し、かつ詳細な報告を行った。つづいて六月十六日には、家老から西郷に対し帰府が命じられる。おそらく、斉彬から形勢を挽回するためのプランが提示されての帰府命令であったと思われる。それは、どうやら、斉彬自ら兵を率いて京都に乗りこみ、勅命を奉じて幕政を改革し、そのことで公武一和の実を挙げるとのプランだったらしい。そして、この下準備のためもあってか、西郷の出発が急がれ、彼は六月中旬時点で鹿児島を発ち、七月上旬に大坂に着く。しかし、同地で形勢が一変したことを知らされる。すなわち、井伊政権によって日米修好通商条約の調印と徳川慶福への将軍継嗣決定の表明がなされたのを知り、途方に暮れることになった。

斉彬の急死

ここに政治状況は、当然のことながら、一段と緊迫の度を増すことになる。が、その前に、彼にとって、まったく思いもかけない出来事が生じたことに触れなければなるまい。藩主島津斉彬の突然の死去であった。斉彬の死は傍目《はため》には突然訪れる。斉彬は七月五日、前日に引き続き、城下の天保山にあった調練場で終日諸隊の操練を見守った。炎天下で職務をこなしたため極度の疲労状態となり、帰邸ののち、にわかに病床に臥すことになったのである。そして、十日余りが経過した七月十六日に死を迎えることになる。

もっとも、斉彬の体調は、すでに四年前の安政元年（一八五四）夏の時点で変調を見せていた。同年の八月二日付で郷里に在った福島矢三太に宛てた西郷の前掲書簡によれば、排泄も寝たままで行わねばならないほど体調がひどく、「一《ひ》と通りならざる御煩《おんわずら》い」であった。すなわち、この時、胃腸を患っていた斉彬はかなりの重症に陥り、翌年の春まで病気に苦しめられることになる。現代の医師の見立てによると、これは目眩《めまい》が続いたことなどを考えると、「メニエール氏病」か「良性発作性頭位めまい症」のような「内耳性の病気を併発」していた可能性があるという（篠田達明『偉人たちのカルテ』）。

さらに加筆すると、その後も、斉彬の体調は完全に回復することはなかったらしく、安政四年の七月二十九日付で水戸藩の原田八兵衛に宛てた西郷の書簡（『全集』一）には次のようにあった。「寡君《かくん》（＝島津斉彬）儀も（鹿児島に）着涯《ちゃくぎわ》より不快にて、先月迄は懸念いたし居り候処、最早《もはや》快く罷り成り（下略）」。これによると、斉彬の心身は、静かな調子ながらも、その後、悪化の方向を辿ったようである。

いずれにせよ、斉彬は安政五年七月の時点で死去した。斉彬の直接の死因は当初コレラによると診断されたが、「細菌性赤痢」によるものと改められた（芳即正『島津斉彬』）。そして、死去前日（七月十五日）の夜、臨終に際し、跡継ぎは久光もしくは久光の長男忠徳《ただのり》（茂久《もちひさ》、のち忠義《ただよし》。本書では忠義とする）を希望するとし、斉興に相談して決めるようにと遺言した。また、この時、急を聞いて駆けつけた久光に対して後事を託したとされる。

斉彬と久光の関係

この斉彬の急死に関連して押さえておかねばならないのは、弟との関わり方であった。斉彬と久光両者の関係は、前述の深刻な藩内訌争にもかかわらず良好であった。それは、ひとえに斉彬が久光の学識や能力を評価したことによった。斉彬は、久光を藩主に就任する前の嘉永元年五月の時点で、学問もあり、かつ「表面柔和だが、内心剛直な面があり、政治に集中すればよい結果をえるだろう」と高く評価し、強い期待感を示した（『島津久光と明治維新』）。こうしたこともあって、病床に臥し、死期の近いことを悟ったらしい十五日の夜、急いで駆けつけてきた久光に対し、遺言をすることになったのである。

斉彬の「御遺志」

ついで留意したいのは、斉彬の「御遺志」といわれるものである。これは、斉彬が死去する前の安政五年六月に、もし将軍継嗣が徳川慶福に決まれば、いずれ「天下の禍乱」が発生すると予想して、西郷に対して上洛して朝廷を守護したいと告げたとされるものである。つまり朝廷に緊急事態が発生すれば、自分が率兵して上洛し、有力大名とともに朝廷の守護にあたることを宣告したものであった。したがって、斉彬急死の一因になったと思われる城下天保山調練場での諸隊の操練も、この決意の延長線上でなされたと一般的には理解されている。

ところで、なぜ斉彬（薩摩藩）がこのような決定を密かにしたのか、その背景を簡単に説明しておきたい。孝明天皇の事実上の開国拒否宣言以来、かなりの数の封建支配者（武家や公家）の間で一種の「公論」となったのは、次のような考え方であった。それは、天皇の下に将軍がいて、その将軍が諸大名の意見を聞いて政策を決定し、ついで天皇の承認を得て実行に移すやり方が最も妥当だ（良い）というものであった。それが、たとえいかなる事情があったにせよ、井伊政権によって安政五年時点で否定されたのだから、斉彬（薩摩側）としても、このような決定をなさねばならなくなったのである。

ともかく、ここに斉彬の「御遺志」は、久光以下薩摩藩指導部の行動を縛する根本的な原理（理念）となった。すなわち、京都の天皇・朝廷になにか危急事態が発生すれば、島津久光ら薩摩藩指導部はただちに行動に移る（京都に出兵する）ことが大原則となった。

2　殉死の決意と挙兵計画

一橋派諸侯の蟄居・謹慎

ここで再度、中央政局の動向に眼を転じることにしたい。先述したように、井伊政権は六月段階で和歌山藩主の徳川慶福を将軍世子に決定し公表した。また併せて、日米修好通商条約の締結も公にした。これに対し、一橋派の諸侯であった名古屋（尾張）藩主の徳川慶勝《よしかつ》・松平慶永・徳川斉昭・水戸藩主の徳川慶篤《よしあつ》（慶喜の兄）が公表前日に不時登城して井伊直弼を詰問することになる。江戸城への登城日は、大名ごとに定められていたが、事態が急を要すると判断して、彼らはこのような行動に出た。ところが、井伊政権によって、定められた日以外に登城したとして、翌七月、蟄居・謹慎・隠居・登城停止の処分をくらうことになる。ここに一橋派の運動は明確な形で敗北した。

戊午の密勅

こうした新たな状況の到来に激しく抵抗（抗議）したのが孝明天皇であった。井伊政権の「決断」は、その置かれた事情（背景）を考慮すれば、無理からぬ一面もあったが、天皇にすれば、あからさまに侮辱されたに等しかった。いわばメンツを潰された格好となった天皇は激高し、井伊政権にとって黙認しがたい行動にまもなく打って出る。条約の無勅許調印と一橋派大名の処罰を強く非難し、幕府は攘夷を推進しうるための改革を遂行せよと命じる「御趣意書」（後に「戊午《ぼご》の密勅」と呼ばれることになる）を水戸徳川家と幕府に下した。そして、さらに水戸藩に対し島津家をはじめとする有力藩に勅諚を廻達するように命じた（勅諚は、水戸藩の鵜飼幸吉《うがいこうきち》と薩摩藩の日下部伊三次《くさかべいそうじ》によって江戸にもたらされた）。

これは、禁中並公家諸法度によって、天皇の政治介入と朝廷と諸藩との接触を禁じてきた徳川政権にとって、到底無視できるものではなかった。また勅諚の降下自体が徳川斉昭の「陰謀」によるとされたため、水戸徳川家に対して密勅の返納が命ぜられた。こうした、諸々のことが重なって、ここに、この問題が導火線となって、水戸藩関係者のみならず一橋派に属した他藩士や朝廷関係者等にも弾圧が及ぶことになる。いわゆる「安政の大獄」の開始であった。

密勅の返納

さて、本書の主人公である西郷はこの間どうしていたか。彼は、既述したように、京都に在って月照や村岡を窓口に、近衛家を介して工作活動を展開した。そして、その縁で左大臣の近衛忠熈からきわめて重大な御用を命ぜられることになる。密勅を水戸・名古屋両藩に届けるという役目であった（また、この他、鵜飼幸吉の父である吉左衛門《きちざえもん》を介して鳥取藩等へ密勅の写を送達することも依頼されたようである）。そのため、安政五年の八月二日に京都を出発し、同月七日に江戸に到着する。しかし、両藩ともすでに藩主が処分を受け、井伊政権に迎合的な政治勢力の力が強まっていた。その結果、西郷ももはやどうすることもできず、海江田信義を京都に派遣して密勅を近衛家に返納することになる。すなわち、月照の手を経て近衛忠熈に密勅を返納した。

殉死を決意

西郷が斉彬の急死を知ったのは、この間のことであった。そして、斉彬の死は西郷にこれまでの人生で最大の衝撃を及ぼすことになる。ついで、すぐに西郷は殉死を決意するに至る。当時、西郷と親しい関係にあった海江田は、後年、「西郷は常に言えり、余輩一たび我公（＝斉彬）を喪《うし》なうの不幸に遇わば、余は此生を聊《いささか》せざらん」と語っていたとの憶い出話を伝えている（『実歴史伝』巻之二）。事実、西郷は七月下旬に斉彬が死去したとの報告を受けた際、殉死をただちに決意し、清水寺に住む月照の許を訪れ決意を告げた。そして、月照の慰留を受けて西郷がそれを思い止まるという一幕が続いてみられた（『西郷隆盛と士族』）。

西郷をしてここまで思いつめさせたのには背景があった。西郷は、慶喜を将軍世子とする運動では、とかく独断行為が多いと非難されることもあったらしい。そして、こうした非難は、ほかならぬ身内である薩摩藩内から出た。斉彬は家定と篤姫の間に子供が誕生することを願っているのに、西郷は真逆の行動をなしているとの批判であった。

そのため、西郷自身、大奥工作を展開する過程で、時に斉彬の逆鱗《げきりん》に触れるのではないかと不安の念にかられる時もあったとされる。しかし斉彬は、安政四年十二月二十五日付で幕府に提出した建白書(『大西郷全集』一)で慶喜の世子実現を強く求めた。これは言うまでもなく、苦境にあった西郷を救うものであった。そして、このことを知った西郷はいたく喜び、斉彬への忠誠をいっそう誓うことになる(寺尾美保「晩年の篤姫」)。

このような思いでいた時点での斉彬の急死だったので、西郷は殉死の決意を固めたのである。もっとも、この段階では殉死は思い止まったものの、西郷の心中では、このあとも密かに斉彬に殉じる気持ちは保持されたと想像される。そして、これが西郷の後半生で目につく「自殺願望の常在」という、彼固有の心の在り方(常に心のどこかに死を願っているような在り方)とも繋がった。

西郷のプラン

つづいて、この段階で西郷らによって構想された挙兵計画についても、ごく簡単に説明したい。安政五年八月十一日付で月照に宛てた西郷書簡(『全集』一)によると、西郷は密勅の降下によって、「いずれ成り、遠からず変を引き(起し脱か)候儀相違なく」と踏んだらしい。そこで、さっそく斉彬の「御遺志」に基づき、藩を挙げて禁闕《きんけつ》(=京都御所)の守衛に当たろうとして策を講じる。そして、自藩をして動きやすいようにと、月照に対し、あるプランを提示し、協力を求めた。それは、八月二十六日に江戸を発って鹿児島に帰国する予定の前藩主島津斉興が伏見を通行する際、近衛忠凞の直書でもって、禁闕守衛の兵士を留めるように依頼してほしいという主旨のものであった。また併せて、西郷自身、やがてこの件で上洛するつもりであることが告げられた(なお、このような依頼がなされた理由の一つは、斉彬の急死後、斉興が再び藩政の実権を掌握したためであった)。そして、現にこのあと八月下旬に西郷は京都にやって来る。

だが、西郷を待っていたのは暴風雨にも等しい弾圧の嵐であった。暴風雨が吹き荒れた最初は、京都所司代酒井忠義《さかいただよし》の手による梅田雲浜の逮捕（九月七日）であった。梅田は、皮肉なことに酒井が藩主を務める小浜藩の元藩士で、密勅が出される、そもそものきっかけをつくった人物であった（梅田が中川宮に上呈した意見書が密勅の降下に繋がった）ため、まずは彼の逮捕となったのであろう。以後、密勅降下に関係した水戸藩士や公家らの捕縛が相次ぎ、一橋派や攘夷派にとって冬の時代が始まる。むろん、西郷も対象外ではなかった。

荒唐無稽な挙兵計画

西郷は、こうした状況の急変を受けて急遽《きゅうきょ》鹿児島に返されることになる。在江戸の家老であった島津豊後から八月下旬に帰国を命ぜられたのである（『全集』四）。だが、彼は当初は井伊政権にあくまで抵抗する姿勢をみせた。そして場合によっては武力蜂起も辞さないとの覚悟も固める。すなわち西郷は、安政五年九月十七日付で、江戸在住の同志二名（薩摩藩士の日下部伊三次と堀仲左衛門）に宛てた京都からの書簡（『全集』一）でもって、上洛したあと老中の間部詮勝《まなべあきかつ》が、「もしや暴発」に及べば「直様《すぐさま》義兵を挙」げるとの考えを伝えた。そして、そうなれば大坂城代土屋寅直《ともなお》の兵や名古屋藩士も応じるだろうとしたうえで、「間若（＝間部詮勝と酒井忠義）等の兵は柔弱故に打ち破り申すべく、左候て彦（根）城を乗り落とし候様仕るべく候間、其の節は関東にて兵を合せ打ち崩し候様御責め下さるべく候」と依頼した。それと同時に、関東各地で挙兵行動があれば早々に知らせてほしいこと、そうなれば国元（鹿児島）へ京都への出兵を要請し、これを実現するとの考えも併せ伝えた。

気宇はなはだ壮大ではあるが、荒唐《こうとう》無稽《むけい》な感は否めない。壮年期の西郷に特徴的であった緻密な計略をめぐらす姿は微塵も見受けられない。その最たるものは、土浦藩主の土屋寅直や名古屋藩に一方的な期待をかけていることである。寅直は水戸徳川家の親類大名で、公用人の大久保要《かなめ》が戊午の密勅に関与したことでも明らかなように、尊王攘夷的な考え方の持ち主であった。そのため、大坂城代時に、幕閣が推し進めようとした大坂の開市開港政策に断固反対し、老中への昇進の途《みち》を閉ざされた人物であった（菅良樹『近世京都・大坂の幕府支配機構』）。そういう点で西郷が期待をかけたのも無理からぬものがあったが、それにしても、ごく甘（観念的で杜撰《ずさん》なレベル）で一方的な期待であったことに違いはなかった。西郷も元気は大いにあったが、若くて単純かつ純粋だったということであろう。

それといま一つ注目すべきは、これが武力倒幕論であったのか否か、いささか不明であることである。老中や京都所司代との戦いを想定している以上、幕府本体との全面戦争をも見据えているかと思いきや、徳川御三家の一つである名古屋藩士等の参加（戦）も期待しているので、どうやらそこまで考えてはいなかったきらいもある。それよりも、この時の西郷の主たる打倒目標は井伊直弼が藩主を務める彦根藩だったとみるべきであろう。いずれにしても、後世の我々からすれば、やはりごく甘の挙兵論であったと評さざるをえない。

そして、こうした甘さは、意外にも後々の西郷にも引き継がれることになる。彼は、緻密な計略をめぐらす一方で、自分に都合のよい解釈に基づく杜撰な戦略論を時に樹てた。そして、これは西南戦争時まで継続し、結局こうしたことが西郷にとって命取りとなった。

斉彬の継嗣問題

ところで、西郷がこのような実現性にはなはだ難のある挙兵論を構（夢）想したのには、斉彬の継嗣をめぐる問題が関わったかもしれない。先述したように、斉彬の遺言があった後、久光が辞退したため、結局、次期藩主に島津久光の長男であった忠義が内定した。これは、当時、斉彬の血を承けた男児が一人いた（哲丸。当時三歳）にもかかわらず、幼いとの理由でこうなったものである。そして現に、この年の十二月に忠義が襲封する。

だが、これに対し、西郷の同志であった大山綱良などは「嗣君（＝斉彬の跡継ぎ）御事も是非なき御仕合い、天極まり地尽き、三国（＝薩摩藩）弥《いよいよ》是れ限りにて、只《ただ》声を呑み哭《な》くばかりに御座候」と憤懣《ふんまん》を押さえきれなかった（安政六年一月四日付西郷宛大山書簡〔『全集』五〕）。こうした思いは、おそらく西郷も同様であったと想像される。したがって、西郷の挙兵論が半ばやけくそ気味の感があるのは、このようなところに一因があったかもしれない。

それはともかく、西郷にはノンビリと挙兵構想を練るような暇はなかった。九月十七日付の書簡で自分の構想を伝えた相手である日下部伊三次は、この九月に幕吏に捕えられ年末には牢死を遂げた。また最大の盟友であった橋本左内は翌十月、斬罪に処せられた。そして西郷には幕吏の追及が急となった月照の保護が近衛家から依頼されるに至る。いやそれどころか、西郷本人にも身の危険が及び、彼自身の京都からの退去が避けられなくなる。

かなりの有名人となっていた西郷

これには、彼がすでにこの時点でかなりの有名人になっていたことが大いに関係した。西郷が将軍継嗣運動で名前を知られるようになっていたことは、同志の大

島津忠義（尚古集成館蔵）

大山綱良
（『鹿児島県史　第三巻』より）

山綱良が安政六年一月四日付で西郷に宛てた前掲書簡中に、次のように記していることでもわかる。「京畿今に探索厳密、殊に貴名（＝西郷）広大に成り立ち、京近辺の事、何方へか相潜まり居り、尤《もっと》も多人数召し列れ候て勃興の処、大いに懸念致し候由、兎角《とかく》西郷天下に居る内は世上穏やかならざるとの説、専《もっぱ》らに行われ候由」。

話半分だとしても、幕府サイドからすれば西郷が井伊政権打倒の立場に属する諸藩士や浪士のリーダー格だと見なされ、彼の挙動に警戒の念が寄せられていたことが窺われる。したがって、こうした存在にもはやなっていたので、京都から至急退去しなければならなくなった。だが、それでも西郷は月照とともに京都をすぐに去ることはせず、伏見まで自ら護送にあたった後、自身は京都に引き返し代わりに海江田が大坂まで付き添うことになる。

3 錦江湾での投身と第一次流島時代

月照

ここで遅ればせながら、月照本人および月照と西郷との関係について簡単に振り返っておくことにしたい。月照が塔頭《たっちゅう》（成就院）の住職を務めた京都の清水寺は、法相宗に属し、寺務は成就院が担当し、南都（＝奈良）一乗院の支配下にあった。そして、幕末段階になると近衛家ならびに中川宮との関係を深め、日常の寺務に関しては近衛家と中川宮が相談しながら行うようになる。

近衛家は、先述したような縁で、薩摩藩と姻戚関係にあった。また中川宮は、天保八年（一八三七）十二月に親王宣下を受ける前年（天保七年）の八月に仁孝《にんこう》天皇の養子となり、一乗院の門主に補せられた。そして、この宮は、安政五年段階で、水戸藩士や福井藩士の働きかけを受けて、条約調印反対および一橋慶喜の将軍継嗣に賛同することになる。

その近衛家・中川宮の両者と深い関わりを有する清水寺内の住職だったのが月照と弟の信海《しんかい》であった。彼らは、もともとは大坂の町医者の子供であったが、それぞれ公家の園《その》家と飛鳥井《あすかい》家の「猶子《ゆうし》」となった。「猶子」とは、公家が「猶を《な》（本人を）子のごとく」見なすという存在であった。そして、公家猶子の資格を得たことによって、二人の僧は成就院住職の資格だけでは不可能な近衛家への立ち入りを認められることになる。また中川宮邸へも参入できるようになった（飛鳥井雅道「皇族の政治的登場」）。

いずれにせよ、ここに近衛家当主の忠煕・中川宮・月照・信海のネットワークが形成され、西郷もこの環に連なることで京都での活動がなしえたのである。さらに、薩摩藩の出身で、近衛家に勤めていた原田才輔が清水寺の熱心な信徒で、かつ月照の友人でもあったことが、西郷の活動をよりやりやすくさせた。

西郷の月照への思い

さて、こうして繋がり、ともに国事活動に従事するようになった西郷と月照であったが、月照は西郷にとって、たんに利用価値のある存在にとどまらなかった。西郷が知人に語った興味深い月照への思い（追想）が残されている。このあとすぐに触れることになる、西郷の奄美大島での流謫《るたく》時代に、島で西郷から直々に聴いた重野安繹の証言である（『全集』六）。重野は日本における近代史学の確立者で、帝大文科大学（後の東京帝国大学）国史科の教授となった人物であった。当時はトラブルに巻きこまれて遠島処分となり、大島に流刑中であったが、その重野は西郷から次のような話を親しく聴いたという。「（月照の）人となりは誠に穏やかな人品で、別に奇抜な処などはチットもないが、唯此の和尚ならば生死を共にしようと云う考えが、初対面の時から起こった。……不思議に此の和尚に惚《ほ》れ込んだ」。

慈愛と知恵

月照に関しては、少々印象深い話が残されている。護衛の任にあたった海江田の後年の回想中にみられる話である。それは、九州方面に向かう舟中で、「仏教とは何か」と問うた海江田に対し、月照の与えた返答であった。月照は、この時、仏教とは「慈悲」と「知恵」だと応えたという（『実歴史伝』巻之三）。

「慈悲」は誰でもすぐに納得できようが（理解しえようが）、「知恵」の一語には、なかなかの味わいが感じられる。そして、こうした一見瑣事《さじ》に属するようなエピソード一つをとっても、月照は内面に奥深い豊饒《ほうじょう》な思索の跡を秘めながらも、それを穏やかに包みこんでいるような人柄の持ち主であったのだろう。つまり過激さをもろに出すような人物ではなかった。また、そこが西郷が心魅かれた大きな要因になったと考えられる。

それはともかく、近衛忠熈から月照の保護を頼まれた西郷であったが、やがて、ともに畿内を離れることを決断する。そして月照を連れて京都を発ち、ついで西郷自身はいったん京都に引き返したあと、再び月照と大坂から舟に乗り込み、ひとまず福岡の地に月照を潜ませる手筈を整える（同行の海江田に、この件での周旋を依頼した）。そして西郷は、月照を鹿児島の地に迎え入れる準備のため、一人先に帰国した。

藩論の転換

だが、鹿児島に辿り着いた西郷を待っていたのは藩論の転換に伴う冷たい仕打ちであった。藩論の転換を招いた要因は三つあった。藩主斉彬の急死と幕府の圧力、それに西郷らも信頼を寄せていた家老鎌田正純の病気の進行と死去であった。また、これには斉彬の没後、隠居したはずの斉興が再び藩政の実権を握り、斉彬時の施策を見直した（事実上の否定）ことも大きく関わった。こうした諸々のことが重なって、一橋派および攘夷派に対する幕府の圧力が一段と強まると、井伊政権に迎合しようとする雰囲気が藩内に拡がることになる。その結果、斉彬派に属する家老で、かつ西郷も属した日置派の島津左衛門《さえもん》（久徴《ひさなが》。一八一九～七〇）が免職となる。

入水と蘇生

幕府捕吏の追及の手が身辺に迫る中、福岡に居れなくなった月照が、福岡脱藩士の平野《ひらの》国臣《くにおみ》・僕《しもべ》（下男）の重助とともに、やっとのことで鹿児島の地に入ったのは十一月八日のことであった。しかし、国元では月照や西郷に好意的ではない守旧派の島津豊後派に属する家老の新納駿河《にいろするが》（久仰《ひさのり》）が藩権力を掌握していた。そこで西郷は、前途を悲観して、藩から命じられた日向行（月照を日向に移すというものだが、実質的には藩外追放を意味した）の舟中で、十一月十六日未明、月照を抱き込んで鹿児島湾に飛びこむ始末となった。

この出来事は、周知のように、このあと海中から引き揚げられた二人のうち、月照が死に、西郷が蘇生する結果となった。すなわち、数日にわたって何度も海水を吐いたあと西郷の生命は助かることになる。蘇生した西郷にとって、この事件が心中に大きな疵痕《きずあと》として残ったことは言うまでもない。彼は、この後、月照の後を追おうと試みたものの、結局、いましばらくの間、生き延びる途を選択する。この間の経緯《いきさつ》を簡潔に伝えるのが、安政五年十二月十九日付で、熊本藩の元家老で旧知の長岡監物《ながおかけんもつ》に宛てて送られた書簡（『全集』一）である。

西郷は、この中で次のように、いたたまれない心境を吐露した。「私事、土中の死骨にて、忍ぶべからざる儀を忍び罷《まか》り在り候次第、早《はや》御聞き届け下され候わん。天地に恥《はず》ケ敷《かしき》儀に御座候え共、今更《いまさら》に罷り成り候ては、皇国のために暫く生を貪《むさぼ》り居り候事に御座候」。すなわち、自分一人が助かる形となったことを恥だとしたうえで、近い将来、「皇国」のために尽くすことを目標に、暫時、生き延びる気持ちであることを伝えた。

後悔の念に苛まれる

もっとも、このように、いったん無理やり自分の心を納得させようとはしたものの、この問題がその後も彼の心中に澱《おり》のように沈殿して残ったことは間違いない。このことは、重野の証言によっても裏づけられる。西郷は事件が発生してから数年経った時点でも、後悔の念に苛《さいな》まれていた。すなわち重野によれば、西郷は当時のことを尋ねた重野に対し、「歯嚙《はが》みをなし（＝くやしがって歯をかみしめて）涙を流して」、刀剣ではなく、投身（入水）という「女子のしそうな」手段を講じて、自分だけが生き残ったことを悔いる言葉を吐いたらしい。そして、投身という手段を選んだ理由を、「和尚」が「法体《ほったい》（＝出家姿）」であることを考慮してのものだったとも告げたという。ついで、このことに関連して、重野は、「南洲（＝西郷）は此の事あってより後は、……始終死を急ぐ心持ちがあったものと思われる。其の事は後に追々《おいおい》考え当ることがある」と追記した（『全集』六）。

西郷の同志ではなかった（むしろ後年は反対の立場にたった）ものの、西郷のことをよく知る重野の回想だけに興味深いものがある。西郷には、先述したように、その死に至るまで、どこやら自殺を願望し続けたようなところがあるが、それは恩人島津斉彬の急死時に始まり、この月照との投身後にいっそう深まった感がする。

引き続き奄美大島での流島生活に話を移すことにしたい。西郷が奄美大島で流島生活を送ることになったのは、藩トップの判断によった。安政五年も押しつまった十二月二十九日付で、在藩家老の新納駿河は、藩主に随行して当時江戸に在った家老の島津豊後に対し、この件に関する措置の内容を知らせた（『全集』五）。その内容は、(1)西郷が「存命」となれば、「公辺（＝幕府）」との関係がややこしくなるので、死亡（溺死）したことにする、(2)もし「万一」、幕府サイドが「死体の見分《けんぶん》」のため、「検使」等を派遣してきたら、「近比相果《ちかごろあいはて》て候罪人の死体」を差し出す、(3)西郷本人は、変名のうえ三島（奄美大島、徳之島、喜界島）の内へ移す。ただし、いつまでも在島では不憫《ふびん》なので、事態が落ち着いたら復帰させる、(4)西郷の島での生活費は藩の費用で賄う、というものであった。

大事なポイントは、流島処分とはいえ、罪人扱いではなかったことである。そして、このことが第一次流島時代の西郷を理解するうえで、大事な点となる。つまり、自分は藩命（斉彬の命令）を受けて国事の周旋にあたった人物（いわば国士）であり、罪人などではもちろんないというプライドが、この後の大島での西郷の在り方を規定した。すなわち、西郷は、本来自分はこうした所にいる人間ではないとの不満を強く抱き、その結果、島人への嫌悪感や蔑視の念を爆発させることになった。

脱藩突出策の中止を求める

以下、西郷に肉体的な死ではなく、政治的な死を強いることになった大島での生活についで触れることにしたい。安政五年の十二月末に鹿児島を出発した西郷は、強い風波のために、翌安政六年（一八五九）の正月を本土内の山川港に碇泊した船中で迎えることになる。同港は、外海に帆船が乗り出す際、風波の状態を見定める場所であったため、こうなった。そして西郷がこの山川港に留まっていた時、同志から重要な相談が持ちこまれる。伊地知正治に託した、西郷に宛てた大久保書簡（同前）が届けられたのである。それは、大久保や海江田、それに堀仲左衛門らが脱藩して、江戸にいる有村雄助《ゆうすけ》（海江田の弟）や水戸藩士とともに、井伊大老を襲撃するという計画に対する西郷の意見を求めるものであった。

これに対し西郷は、一月二日付で大久保に宛てた返翰（『全集』二）で、「憤激の余りに事を急ぎ候ては、益《ますます》御難を重ね奉るべく候」と脱藩突出策の中止を求めた。彼は、井伊政権が関係者を処罰した水戸・名古屋・福井の三藩にさらなる暴令を加えれば、三藩も決起して応援を求めてくるだろうから、その時に立ち上がることを提言したのである。

上から目線

ここで留意しておきたいことが二つある。一つは、西郷が井伊政権を打倒する主役の座を幕府サイドに立つ有力藩に譲るべきだと暗に主張したことである。すなわち、薩摩藩などの外様藩は、あくまで主役であるそれら諸藩からの要請を受けて立ち上がるのが筋合い（道理）だとした。これは、おそらく主君であった故斉彬がかつて一橋慶喜を将軍継嗣にしようとした際の指令（家門筆頭の福井藩が運動を引っ張っていくべきだとした）を意識したものだと思われる。いま一つは、この時期の西郷に特有の、上から目（視）線が、彼の返答には感じられることである。つまり、この直前まで中央政局で自分が主役クラスの一員として活動していた経験と、そこから涌いてくる自負の念が、大久保らの突出論を書生論だと諭す内容の返答になったと考えられる。

大島での生活が始まる

さて、こうした返翰を伊地知に持たせた後、西郷を乗せた福徳丸がようやく山川港を離れたのは一月十二日のことであった。そして、今度は順風に恵まれ、翌日にこれからの滞在先となる奄美大島は竜郷《たつごう》の船着き場に到着する。以後、菊池源吾と称した足掛け三年間に及ぶ大島での生活がこの日から始まる。

西郷の大島での生活であったが、これは当初から、戸惑いと苛立《いらだ》ちに満ちたものとなった。まず、いきなり南国特有の気候に悩まされた。西郷が竜郷から同志に宛てた現存最古の書簡（二月十三日付税所《さいしょ》篤《あつし》・大久保利通宛書簡〔同前〕）によると、着島から三十日間にわたって降り続いた、快晴が丸一日続かない天気に、西郷は気が晴れなかったようである。また彼は、初めて接することになった当地の人々の自分に向ける警戒心と、その様相に嫌悪感を抱くことになる。「誠にけとう人（＝毛唐人。島民と接した時、言葉が通じなかったのでこう表現したのであろう）には込《こま》（＝困）り入り申し候。やはり、はぶ性にて食い取ろうと申す念計《おもいばか》り（＝島民がハブのように物陰から西郷の様子を常に窺っている様子を指すか）、然しながら至極御丁寧なる儀にて、とうがらしの下なる塩梅《あんばい》にて痛み入る次第に御座候」。

西郷特有の諧謔《かいぎゃく》精神が溢れた文章だが、島民に対して決して好意的な文面でないことは明らかだろう。後述するように、薩摩藩がそれまで島民に対して行ってきた搾取の実態を知れば、支配者側の一員であった西郷に対する島民の強い警戒は無理もなかったが、入島当初の西郷には理解できなかったのである。いずれにしろ西郷は、言葉も風習も自分たちとは違う島民に対して、対等な気持ちは有しておらず、実際に接触してみたら思ったよりもましだといった程度の評価といえる。

ただ、そうした中、西郷は太陽を浴びて肌が小麦色に輝く島の未婚女性の美しさには驚かされたようである。「島のよめじょ（＝嫁入り前後の女性）たち美しき事、京・大坂抔がかなう丈《だけ》に御座無く候」というのがそれである。江戸や京・大坂といった大都会に住む色白で「柳腰」の女性と接触する機会のあった西郷の眼には、島の若い女性の内地女性とは異なる美しさが、強く印象に残ったというわけであった。また、それは、素朴な美しさに瞠目《どうもく》させられたということでもあった。そして、このことが、このあと記すことになる島娘と所帯を持つことにも繫がったと考えられる。

苛政への怒り

もっとも、これは西郷の人一倍優れたところだが、大島に到着してからまもなく、島の現状を観察する中、島民に対する藩の不当な処遇に怒りを隠せなくなる。西郷が藩の苛政に対して義憤を覚えたことは、島娘の美しさを報じた同じ書簡中に、いち早く見られる。「何方においても苛政の行われ候儀、苦心の至りに御座候。当島の体《てい》、誠に忍びざる次第に御座候。松前の蝦夷人捌《さば》き（＝北海道松前藩のアイヌ人に対する政治）よりはまだ甚《はなはだしく》敷御座候次第、苦中の苦、実に是程丈《これほどだけ》は、これある間敷《まじく》と相考え居り候処、驚き入る次第に御座候」。

薩摩藩の奄美の地における砂糖生産が苛酷を極めたものであったことは、夙《つと》に知られている。同藩がこの地での砂糖の生産に積極的に介入するようになったのは、遠く元禄年間（一七世紀末〜一八世紀初）からであったとされる。それまでは貢納された砂糖や琉球から買い入れた砂糖の他領への売り捌きで利益を上げていたが、極度の藩財政の悪化に直面して、ひたすら増収を策することになる。すなわち、藩が派遣した役人の下、黍横目《きびよこめ》等の島役人を置き、砂糖黍《さとうきび》栽培の監督や砂糖密売の取り締まりに当たらせた。そして、調所広郷が財政改革に取り組むようになると、三島での砂糖の総買い入れ制つまり専売制を敷いた。その結果、薩摩藩は暴利といってもよいほどの利益を上げることになったが、反面島民の生活はいっそう悲惨さを極めた。

島民の砂糖は法外に安く買い上げられる一方、島民の生活に欠くことのできない物品は反対に市価の五倍から十倍ともいわれた法外な高値で藩から配当された。そのため島民は、主食といってもよい唐芋(さつまいも)が不作の年は、有害だが蘇鉄《そてつ》を食べざるをえなかったらしい。いずれにせよ、砂糖の増産を図るため、島中の畑は砂糖黍畑に変えられ、島民は老いも若きも日の出から日没まで働かされることになった。さらに、これに加えて島民を苦しめることになったのが、藩の役人や島役人の暴力を伴う圧制と私腹を肥やすためのごまかし(目方をごまかして、自分の懐を肥やす)であった。血気盛んな西郷が、こうした大島の現状に怒りを覚えたのは、ごく自然なことであったといえよう。そして現に、彼が悪徳役人を懲らしめたとのエピソードが残されている(『西郷隆盛伝』)。

孤独と体調不良

一方、西郷の島での生活は孤独と優れない体調に苦しめられるものとなった。とくに島での生活に、いまだ慣れなかった前半時にそれは目立つことになる。まず孤独感であるが、これは島民との親しい交流がほぼない中、当然のことながら、話し相手が極端に少なかったことによった。当時、知的な会話の交わせる相手はただ一人、重野安繹のみであった。重野は、先述したように、この頃、西郷とは別件の罪で南大島の阿木名《あぎな》に流島の身をかこっていた。その重野が時に訪ねてくるのを除けば、あとは自炊生活をしながら、島役人の子供たちの勉強をみる生活を西郷は送った。このことを伝えるのが、同志に宛てた前掲書簡中に含まれる、次のような西郷の文章である。「誰も咄《はなし》相手もこれなく、……重野(安繹)両三日参り居り候位にて、島人の子三人程是非と申す事にて、相受け取り居り申し候。……朝暮の飯は自分にいたし候得共《えども》、何も苦もこれなく、心配するような事もこれなく(下略)」。

弱音と愚痴

こうしたことを受けて、西郷の体調も不良がちとなり、かつ彼の生涯を通じて最も愚痴をこぼすことにもなる。とにかく、島に着いてから四カ月もすると、西郷の心と体は悲鳴をあげざるをえない状況となった。そのため、大島代官として自分の面倒を見てくれていた吉田七郎《しちろう》に対し弱音を吐き、竜郷以外の場所への転居許可を願い出ることになる。安政六年四月二十一日付で出された書簡（『全集』一）には、「たまり兼ね候儀多々候故、……のし申さず候儀（＝つらいこと）のみこれあり、込《こま》（＝困）り入り候……（薬草を）服用仕り候処、頓《とん》と元気相衰え臥《ふ》し居り候位」と、「場所替《がえ》」を願い出た理由が切々と記された。

西郷がこのようにきわめて率直に苦痛を訴え、転地の実現を要望したのは、むろんそれだけ同地（竜郷）の湿潤な気候風土が彼の身心に合わなかったことによる。しかし、理由はそれだけではなかったと思われる。自分には流島処分に値するような落度《おちど》はなんらないという自負の念が、このような一見わがままな要望を西郷をしてなさしめたのであろう。

ついで、この時点から約一カ月半が経過した（大島滞在期間が半年近くに及んだ）安政六年六月七日付で大久保他計四名の同志に宛てた書簡（同前）になると、愚痴のレベルはいっそうひどくなる。すなわち西郷は、鹿児島城下の政治状況をひたすら気にする一方、江戸で「五・六ケ年（天下の）有志」と交わっていた頃を回顧し、それとの対比で、島民に対し次のような悪態をついた。「此のけとう人（と脱か）の交わり、如何にも難儀至極、気持ちも悪敷《あしく》、唯、残生（＝生き残った自分の人生）恨《うら》むべき儀に御座候」。なかなか帰鹿が実現しないことへの苛立ちと、いま先ほど指摘したような自負心からもたらされたと想像される、強いストレスが感じられる言葉である。

相撲と狩猟

このような状況下にあった西郷が、島内でストレスを発散するために、時に取り組んだのが相撲と狩猟・釣りであった。西郷は、大島に流島中、しょっちゅう島人と相撲を取った。また西郷は、鬱々《うつうつ》とした気持ちを散じるため、火縄銃を使っての鳥・猪猟や烏賊《いか》・鰻などを対象とする釣りに励んだ（石神今太編『南洲翁逸話』）。そして、このことによって、時日が経過すると、かなり心身の状態が改善されたようである。そして、西郷の心身の改善になによりも大きく貢献したと思われるのは愛加那《あいかな》との結婚であった。

愛加那との結婚

西郷は安政六年の十一月八日、大島で親身になって世話をしてくれた龍家の親類筋（二男家である佐恵志の長女）にあたる娘愛加那（一八三七～一九〇二。のち愛子）と結婚する。西郷が数えの三十三歳、愛加那が二十三歳の時のことであった。したがって、西郷の心身は、この結婚で随分、癒されたはずだが、このことを直接裏付ける史料は残されていない。これは、現代人のような、対等な立場の男女が結び付く結婚ではなく、あくまでも島刀自（現地妻）を迎えるといった意識が、西郷あたりでも強かったことによろう。

こうしたことは、結婚後、三年近くが経過した文久二年八月二十日付で大島在住の知人（木場伝内《こばでんない》）に宛てた書簡（『全集』一）中に西郷が愛加那のことを「召し使い置き候女」と記していることでもわかる。彼ら夫婦は、そもそも最初から対等な関係ではなかったのである。それだからこそ、この後すぐに触れることになるが、西郷は新婚ほやほやにもかかわらず復権への期待を抱き続けた。復権して鹿児島へ帰るのは、現地妻を捨て去ることを意味した。そして、これを非情だと責めるのは現代人の感覚である。

生活臭

それはともかく、結婚当初の西郷に関して目につくのは、生活臭が強いことである。たとえば、結婚翌月にあたる十二月十六日付で大島代官（藩が派遣した島の総責任者）の吉田七郎に宛てた書簡（同前）では、国元（鹿児島）に早めに米と味噌・醤油を送ってくれるように頼んでいたにもかかわらず、その三品が舟中に見当たらず、「不安心」だとの苦衷の情が記されている。西郷は囚人扱いではなかったため、家禄米六石が支給されたが、もはや一人暮らしではなくなったので、生活必需品の確保に努めねばならなくなったということだろう。そして、これはいつのものか判然としないが、西郷が近所の富農（とはいっても高《たか》が知れているが）と思われる人物に宛てた書簡（『全集』三）には、次のようなわずかばかりの借米を請い願う文面が綴られている。「何共《なんとも》赤面至極に御座候得共、頓《とん》と飲料払底（＝欠乏）にて……白米三升丈《だけ》御恩借成し下されたく候願い申し上げ候」。

さて、西郷はかように、甘い新婚生活を味わうどころではなく、生命を維持するのに汲々としたらしいが、こうした中、ひたすら復権（帰）への強い願望を抱き続けた。

強い復権願望

そして、新婚まもない西郷をして一時喜びの情を涌き上がらせる事態も生じる。結婚翌月にあたる十二月二十六日付で、吉田七郎に宛てて送られた書簡（『全集』一）には、国元での政治状況の劇的な変化に関する情報を得て、喜びを露《あらわ》にする西郷の姿が垣間見える。

これは安政六年の十二月に自分に宛てて出された大久保書簡（『大久保利通文書』一）によってもたらされた情報によった。すなわち大久保は、本書簡において、十一月五日に藩主の島津忠義から、脱藩突出策を計画した連中に対し、いずれ「時変」が「到来」した節は、故斉彬の「御遺志」を受け継ぎ、藩主を先頭に立ち上がる覚悟でいること、および大久保らを「国家の柱石」と頼りにしているとの諭告書（『忠義』一）が出され、これを受けて脱藩を中止したことが報じられた。また、その後、自分たちの信頼する島津久徴が家老職に返り咲き、憎き島津豊後が退けられたことも報じられた。さらに大久保は、「貴兄も来春中には」帰鹿が叶うだろうとも綴った。こうしたことを受けて西郷は、大久保の書簡中にもあったように、来たる新年の春までには帰藩が赦《ゆる》されるのではとの期待を抱いたようである。

しかし、この後、これが糠《ぬか》喜びであったことを知ると、一転、きわめて暗い内容の書簡を同志に送りつけることになった。万延元年（一八六〇）二月二十八日付で大久保ら鹿児島の同志四名に宛てた書簡（同前）がそれである。以下、いささか長くなるが、いかにも西郷らしさが横溢《おういつ》している文面なので、左に主要な箇所を抜粋して掲げる。

隠然として此の御恥を義挙を以て、取り返され候御謀略願い奉り候。此の豚（＝西郷が自分を卑称したもの）入らざる儀に御座候得共、考えの儘《まま》申し上げ候。…陳《のぶ》れば天下の形勢漸々衰弱の体、実に慨歎《がいたん》の至りに御座候。橋本（＝橋本左内）迄死刑に逢い候儀案外、悲憤千万堪え難き時世《じせい》に御座候。…願わくは此の一ヶ年の間、豚同様にて罷り在り候故、何卒姿を替《か》え走り出でたく、一日三秋にて御呼び返しの期、相待ち居り候処、益《ますます》報い深く罷り成り、尚々恨《うら》みを生じ候時宜《じぎ》にて、野生罷り登り候て又々何様《いかよう》の肝癪《かんしゃく》差し起こし候も計《はか》り難く、幸い孤島に流罪中の事故、黙止候様との猶予不断の輩（＝保守派）吟味相付け候わんかと、苦察いたし居り候儀に御座候。（略）。然る処、容易ならざる御直書（＝藩主忠義直筆の誠忠組への諭告書）迄の一条、夢々斯《ゆめゆめかく》の如き時宜に及び申す間敷と考え居り候処、何とも有難き御事、只々此の死骨さえ落涙仕り候儀に御座候。畢竟《ひっきょう》、諸君の御精忠御感応と飛揚仕り候次第に御座候。御国家の柱石に相成れとの御文言恐れ入り奉り候御事に御座候。…野生御呼び返しこれなき儀は何方に拒《こば》まれ候や、残情此の事に御座候。早《はや》捨て切り居り候命《いのち》、何のため生きながれ（＝生きながらえ）候や（下略）

脱藩突出策の中止と「諭告書」

ここで若干補足説明をしておかねばならないのは、誠忠組《せいちゅうぐみ》の脱藩突出計画が中止されるに至った経緯である。大久保らの脱藩突出計画に関しては、ごく簡単に先述したが、これはその後、藩主父子の知るところとなり阻止された。すなわち、大久保らの計画が藩主に側近から秘かに伝えられると（忠義はただちに父の久光にも知らせた）、安政六年の十一月に、彼らの突出策をとりあえず阻止するために藩主名で「諭告書」が交附されることになる。「諭告書」でなによりも注目すべきは、忠義（事実上は父子）が彼らを「国家の柱石」だとし、「誠忠士」の称号を与えたことであった。つまり彼らの突出策を「義挙」と認めた。また併せてそう遠くはない将来に薩摩藩が国事活動に乗り出すことを約束した。そして、この時に藩が行動を起こすうえでの基本方針とされたのが、故斉彬の「御遺志」であった。つまり久光父子は、島津斉彬の「御遺志」に基づいて今後行動することを、ここに誓ったのである。

そして、この情報はすぐに奄美大島にいた西郷の許に知らされた。しかも、鹿児島の同志は、忠義父子に対し、誠忠組のリーダーとして西郷の名前を挙げた。こうした配慮を伴う報告であったから、西郷としても近いうちの復権を大いに期待したのである。しかし、その後の事態は、西郷の希望通りにはならなかった。それが、こうした内容（鹿児島からの呼び戻しをひたすら待ち望み、それがなかなか実現しないことに「恨」「残情」の念を抱く）の西郷書簡となった。

ストレス太りと自暴自棄気味な精神

この西郷書簡からわかることは次の諸点である。(1)西郷は若き日、一八〇センチ近い長身で、かつ痩躯《そうく》のスマートな男だったが、その彼も奄美大島での食っては寝るだけの生活で、かなり太った（ストレス太り）らしいこと、(2)安政の大獄後の政治状況に憤慨し、絶望していたこと、(3)藩内の対幕協調派への強い不信ならびに反感を抱いていたこと、(4)そういったことを含め、自暴自棄気味の、半ばやけっぱちな気分が彼の心を支配していたこと、等々である。

井伊暗殺を喜ぶ

とにかく、西郷は同志に対し大いに愚痴った。ついで、この直後、藩内の同志（有村次左衛門）も加わる形で、井伊大老の暗殺が万延元年（一八六〇）の三月に成就すると、大いに喜んだものの、「碌々《ろくろく》として潜居」している、わが身の境遇を思い、「堪《た》え難《がた》」さのあまり、「血涙」に「咽《むせ》」ぶことになる（万延元年五月二十五日付大久保宛書簡〔『全集』一〕）。

西郷の見通した今後の日本

もっとも、このような精神状態に陥っていた西郷ではあったが、その一方で冷静さは失っていなかった。すなわち、このあと徳川斉昭が万延元年の八月十五日に病没したとの情報を知らされると、同年の十一月七日付で税所と大久保の両名に宛てた書簡（同前）において、次のような見通しを述べた。

それは、(1)斉昭の死去によって、日本国内が今後「内乱」状態に入ることは間違いない、(2)たとえ一橋慶喜や松平慶永といった人材が、これから幕政を引導するようになったとしても、もはや手遅れである、(3)なぜなら「用に立ち候人々は非命の死を遂げ、持ち起こすべき人才(材)も乏」しいからだ。また将軍の徳川家茂(家定が安政五年の七月に死去した後、十月に将軍に就任した)は幼く、かつ老中や幕臣は「旧習」に泥《なず》み、「英断」を下せる人物はいないからだといった内実のものであった。

最後の(3)などは、惜しんでもあまりある有能な人材の死を、数多く見届けた西郷ならではの実感に基づく見通しであったといえよう。さらに西郷は、本書簡で内乱状態に移行した日本に一番最初に「手を出」す国はイギリスだとした。そして、その先に西郷が見つめていたのは、日本が「清国の覆轍《ふくてつ》」つまり失敗の前例を踏襲《とうしゅう》しかねないことであった。このように、西郷は奄美大島に在って日本の行く末を案じ、やきもきしていたのである。

菊次郎の誕生

だが、その西郷も、大島での生活が三年目に入った文久元年(一八六一)段階になると、半ば諦め気分が漂い、そのぶん、ほんの少しだが気分が気楽になったらしい。これは一つには、この年の一月二日に、彼にとって最初の子供である菊次郎が誕生したことにもよろう。西郷に僅《わず》かだが気持ちの変化が訪れたらしいことを伝えるのが、文久元年三月四日付で、税所と大久保の両者に送った書簡(同前)である。この中で西郷は、前日(三月三日)が井伊暗殺のちょうど一年後に当たった(「斬姦《ざんかん》の一回忌」)ので早朝から終日、焼酎を飲み、祝ったことに触れた後、次のように現在の心境を伝えた。「迚《とて》も当年中には(鹿児島に)召し帰され候儀も六ケ敷《むつかしく》、明《あき》らめ居り申し候。……私には頓《とん》と島人《しまじん》に成り切り、心を苦しめ候事計《ばか》りに御座候」。

4　一時的帰藩

このように、半ば諦めの境地に入りかけていた西郷に、ようやく帰藩命令が出されたのは、文久元年十一月のことであった。もっとも、皮肉なことに西郷の許に帰藩せよとの召喚状が届けられたのは、竜郷に新築の家が建ち、西郷親子が引っ越した翌日（十一月二十三日）であった。このあと西郷は、翌年、奄美大島での最後の正月を妻子と過ごした後、二月中旬に鹿児島に帰着する。ついで、三月中旬に御徒目付に復職する（なお、西郷に対しては、姓名を改めて帰藩せよとの指令が下ったため、しばらく大嶋三右衛門と名乗ることになる。大島にほぼ三年間いたという意味が籠められた改名であった）。

帰藩を許された理由

西郷が帰藩を許された最大の理由は、西郷がかつてリーダーだと目された誠忠組が藩権力を掌握したことを受けて、彼に国事周旋の補佐をさせるためであった。これより前、誠忠組の実質的なリーダーであった大久保利通は、島津久光に面識を得るための接近工作を執拗に試み、それを実現した後、誠忠組による藩政の掌握を達成していた。

おそらく、若き日の「お由羅騒動」に伴う深刻な体験によって、権力の怖さを身をもって知った大久保は、家格が低い自分のような下級武士が、藩内のことのみならず天下の大事をなすためには、「権力者の心」を掌握しないと駄目だと痛感させられ、それが、こうした久光への接近の動きとなったのであろう。そして、安政六年の九月に、斉彬の没後、再度藩権力を掌握していた島津斉興が死去すると、同年の十二月に息子の忠義から藩政の補佐を依頼された島津久光のいよいよ出番となる。その久光に、大久保は、ようやく万延元年の三月に面会し、自分たちの思い（考え）を直接伝えることに成功した。ついで、このあと翌文久元年の四月に、久光が「国父」として藩の最高実力者の座に就くと、誠忠組にとってはは黄金の日々が訪れることになる。

その象徴が、この年の十月下旬に首座家老の島津豊後が久光によって退役させられたことであった。そして代わりに、斉彬に重用された島津左衛門（久徴）が首座家老となる（「大久保利通と囲碁の逸話」）。これは、島津家一門の手から藩政の主導権を奪って、自らの手に移そうと考えた久光が打った最初の一手であった。この結果、誠忠組のメンバーが藩政の中枢に進出し、藩内では主流派の位置を占めることになる。人物面で言えば、すでに五月段階で、それぞれ側役と小納戸《こなんど》頭取に任じられていた小松帯刀《こまつたてわき》と中山中左衛門《なかやまちゅうざえもん》（一八三三〜七八）が新任の家老を補佐し、誠忠組の大久保や堀次郎（後の伊地知貞馨《さだか》）・吉井友実らが下に在って支えるという構成であった。

小松帯刀
（国立国会図書館蔵）

久光の率兵上洛問題

ところが、まもなく激しい対立が生じることになる。きっかけとなったのが、久光の率兵上洛問題であった。これは、故島津斉彬の「御遺志」を実行するとの名目の下に、薩摩藩がイニシアチブをとって、当時、良好な関係であったとは言い難かった朝廷と幕府の間を取り持ち、両者の合体による挙国一致体制の構築を目指すものであった。そして、その前提として朝廷と幕府の双方に改革が求められた。さらにあわよくば薩摩藩の国政への進出の足掛りを築こうとする目論見も隠されていた。

久光がこのような前代未聞の挙に打って出ようとしたのは、井伊大老の暗殺後、もはや旧来の政治体制（それは、幕府が大政を委任され、譜代大名からなる老中が国政を担当する在り方であった）の存続が不可能となる中、王政復古に向かう風潮を押しとどめる必要が生じたためであった。なぜなら、王政復古になれば、久光が最も恐れた封建領主の存在を否定することになりかねなかったからである。そのため、事態がそこまで行かないように大急ぎで公武間の関係の修復が図られた。

また、その他、久光（薩摩側）としても至急行動を起こさねばならない出来事も生じていた。⑴前年の五月に長州藩が直目付の長井雅楽《ながいうた》（一八一九〜六三）を上洛させ、ついで江戸に向かった長井が朝廷と幕府の関係修復に乗り出していたこと、⑵したがって薩摩藩としても遅れをとるわけにはいかなかったこと、⑶大久保らに脱藩突出策の中止を求めた際、近い将来の京都への出兵の可能性をにおわせていたこと、⑷幕府機構の改革（旧来の老中が排他的に幕政を担当する在り方を改め、雄藩が幕政に参画する）なくして幕藩体制の存続はありえないと認識していたこと等がそれであった。いずれにしろ、大久保ら誠忠組のメンバーは、この機会を捉えて久光の率兵上洛を実行に移し、国政レベルでの活躍を期した。

が、これに対し待ったをかけたのが日置派であった。薩摩国日置の郷主であった家老島津左衛門以下、日置派に属する藩士が久光の東上に反対したのである。彼らは、いま久光が東上しても成功は覚束ないとして自重を求めた。そうしたこともあってか、島津左衛門が罷免され、日置派に属した藩士の中に閑職への配転を命ぜられる者も出た。そして、この対立に輪を掛けることになったのが、誠忠組内の過激派であった。すなわち誠忠組内には、有馬新七《しんしち》に代表される過激な挙兵即行論者（勅諚によって老中の安《あん》藤信正《どうまさのぶ》と京都所司代の酒井忠義を征伐することを主張）がいて、彼らは、藩主の「諭告書」が出されたのを受けて脱藩突出策を中止した大久保らに対し、かねてから批判的であった。つまり突出策を捨てきれないでいた。

延期を提言

こうした救いようのない対立状況が藩内に生じていた中、鹿児島城下に戻ってきたのが西郷であった。では彼は、この状況にどう対応したか。引き続き、この点を簡単に見ておくことにしよう。これは、一言で言えば、お手上げだと判断して事態収束に積極的に乗り出さなかったことに尽きた。実際、西郷が後に琉球在住の旧友に宛てた書簡（文久三年九月二十六日付米良助右衛門宛書簡（『全集』一）で正直に告白したように、藩内訌争の酷《ひど》さに「驚き」、いったんは西郷家の土地があった郊外の西別府《にしべっぷ》に「引き籠《こも》る」気持ちになったらしい。

しかし、そうもいかず、自分の考えを表明せざるをえなくなる。それは基本的には、久光によって、いったん排除された日置派の立場を支持するものとなった。つまり、誠忠組の推進していた島津久光を担いで東上する路線に異を唱える（いまだその時期ではないと延期を提言する）ことになった。ついで、このことが西郷から誠忠組の同志や久光に対して告げられることになる。足かけ三年間に及んだ流島生活で、醒めた眼でもって（客観的・冷静に）、国元の政治状況を眺められるようになっていた西郷にすれば、この路線は成算のない無謀な計画であった。下手をすれば、薩摩藩の浮沈に関わりかねない重大な選択が、なんら具体的な裏付けがなされないまま、見切り発車に近い形で行われようとしていると見えた。

もっとも、これは、西郷が知らなかっただけで、久光は東上にあたって、用意周到といえる準備を行っていた。すなわち、文久元年十月に小納戸役に抜擢《ばってき》した堀次郎を江戸に派遣し、来春に迫った藩主忠義の参府延期を実現する活動に従事させた。これは久光が忠義に代わって参府する口実（すなわち率兵上洛にとって必要不可欠な前提条件）を作るためであった。ついで堀には幕府に一橋慶喜と松平慶永の罪を免じて要職に登用するように働きかけよとの新たな使命が託された（町田明広『島津久光＝幕末政治の焦点』）。その一方で、やはり側近の中山中左衛門を京都に派遣して、地均《なら》しをしたうえで、その後、大久保を京都に派遣し、縁家の近衛家を通じて、久光に率兵上洛と京都に滞在して朝廷の守衛を命じる勅諚が下るための活動に従事させた（町田明弘『幕末文久期の国家政略と薩摩藩』）。そして、こうした工作活動をなしたうえで、翌文久二年一月十八日に久光の出府が幕府によって容認されたことと、久光が来《きた》る二月二十五日に鹿児島を出発することが藩内に布達されることになる（『忠義』一）。

したがって、それなりの周到な準備がなされていたが、いかんせん、西郷の眼には彼が最も嫌う「無策」と映った。また彼の眼には、誠忠組のメンバーは、これまで押さえつけられていたのが急に藩権力を掌握する立場となったものだから、「上気」し「世の中に酔い候塩梅《あんばい》、逆上」しているとも映った（文久二年七月頃に、当時大島在住の木場伝内に宛てた長文の書簡〔『全集』二〕中に見られる言葉）。

西郷の問責

そのため、鹿児島に舞い戻って来た時に、同志から計画の実行を告げられると、彼は強く反対することになる。しかも、それは、元来が理詰めに物事を突き詰めて考えるタイプであった西郷の性分を反映して、相手を追いつめる救いようのない糾問に近いものとなった。すなわち西郷は、朝廷関係者に働きかけて幕政改革を命じる詔勅を獲得するには、それ相当の「手づる（＝糸口となりうる有力な縁故者）」がいなくてはならないこと、また老中が承諾する見込みがなければならないが、その辺は一体どうなっているのだと口を開いた。

そして、これに対し、小松・大久保・中山の三者から、その方面にはまったく手をつけていないとの返答がなされると、もし幕府サイドが勅命に応じない場合はどうするのだと、たたみかけた。つまり、こうなれば、「違勅の罪」を責めざるをえなくなり、また禁闕保護のため多くの兵士を京都の藩邸に留めることになる。つづいて京都所司代の追放にも着手せざるをえなくなる。こうしたことに対して、どう考えているのだと問いつめた。そのため、前記の三人は、西郷によれば「一言の返答も出来申さず」、黙りこまざるをえなくなる。たしかに、客観的に見れば久光の東上計画には不十分な面があった。その点で西郷の指摘（批判）は的を射たものであったといってよかった。

久光を痛烈に批判

西郷は、この後、今度は久光に面会を申し込み、後日、自分の抱いた疑問を久光に直接ぶつけることになる。それは、西郷が旧友の木場伝内に宛てた先ほどの書簡中に、「愚考の形行《なりゆき》残さず申し上げ候」とあったように、洗いざらい久光の東上計画が「甚《はなは》だ以て疎《そ》事《じ》の御策」だと批判するものとなった。なお、若き日の西郷は、後年とは違って、大事な場面では、このように自分の考えすべてを吐き出す神経の尖った男だったが、それだけ彼の抱いた危機感も大きかったということであろう。

西郷の主たる批判は次の二点にあった。(1)当時の武家社会で最も重視された官位を有していない、俗にいう「無位無官」の身であった久光には、そもそも中央政局で発言する資格が備わってはいない、(2)また藩主に就いたことが一度もない、したがって、参勤交代などで江戸に行き、同地で政治活動をした経験も、有力諸侯や老中らとの交流を持った体験もともにない久光が、東上しても目的を達することは大変難しい（江戸城への登城すら難しく、事実上、無理だ）。ごく普通の常識論に立てば、西郷の指摘には一パーセントの間違いもなかろう。そして西郷は、久光が当座とらねばならないのは、内は日置派と融和して藩内人心の一致を図ること、外は大藩の有力諸侯と十分に連携して協力態勢を築くことだとした。

それにしても、ここまでの西郷の言動を改めて振り返ると、もう少し上手な対応の仕方はなかったものかと思わされる。西郷の批判は十分に首肯できるものだったが、相手の立場に配慮しない、いってみれば顔をつぶすに等しいものであった。つくづく西郷の要領の悪さ（不器用さ）を感じさせられる。それはそれとして、この後、西郷の意見に加え、久光が住むことになる二の丸の改築が遅れたために、久光は二月二十五日に決まっていた出発日を三月十六日に延期し、かつ西郷に打開策を問うた（『島津久光＝幕末政治の焦点』）。そして、この後、西郷から二策が提示される。第一策は仮病を用いてでも参府を延引すること、第二策はそれが不可能ならば天祐丸《てんゆうまる》に乗船して海路江戸に向かうというものであった。しかし結局、二策とも採用されず、久光は一千名余の兵卒を率いて三月十六日に鹿児島を発つ。

地ゴロ発言

なお、西郷が久光と会見した際、彼の口から有名な言葉が発せられた。「地ゴロ（＝地五郎）」発言である。「地ゴロ」とは薩摩の方言で田舎者という意味であった。すなわち、田舎者の久光が京都や江戸に乗り込んで、なにができるのかといった主旨の発言がなされたらしい。推測するに、西郷の口からこのような言葉が飛び出たのは、おそらく彼が常日頃、故斉彬と久光の両者を、なにかにつけて比較していたことによろう。すべてにおいて都会人の趣の感じられた斉彬に対し、久光は田舎者だと軽《かろ》しめる気持ちが心のどこかに普段あったことが、こうした発言に繫がったと想像される。また、久光配下の臣に対する前述のような批判の背後には、かつて江戸や京都で一流の人士や高貴な方々との交流をもった自分と、国元にいる薩摩人では格が違うといった選良意識があったとみてよい。

それはともかく、この西郷の不躾《ぶしつけ》な発言に、どうやら教養人で感受性の強い久光はいたく傷つけられ、憎悪の念すら植えつけられたらしい。このことは、はるか後年にあたる明治十九年（一八八六）、久光が市来四郎に対し、この時の西郷発言について語っていることでも明らかである。さらに書き足すと、久光の述懐を聞かされた市来は、「畢竟《ひっきょう》久光公始終西郷・大久保に慊然《けんぜん》（＝あきたりない。不満に思う）たらざりしは、一朝一夕のことにあらず。西郷は文久二年初度上京の際、公（＝久光）の出京を拒み」云々と、西郷の文久二年時の発言が、その後の西郷と久光両者の長い対立闘争の開始を告げるゴングとなったことを認めている（「市来四郎君自叙伝（附録）」十〔『忠義』七〕）。

さて、いずれにせよ、西郷は、奄美大島から帰鹿してまもない時点で、久光や誠忠組の推し進めようとした東上計画に対し待ったをかけた。しかし、そのため反発もくらうことになる。小松や大久保の反応は伝わっていないが、おそらく彼らとしても、西郷の論に理があることは認めても、人間である以上、面白くない感情が心中に残ったと想像される。さすがに両人の場合は「遺恨」レベルにまでは達しなかったと思われるが、中山中左衛門の場合はそうはいかなかった。中山は、大久保とともに、そもそも久光の東上計画の作成者であったぶん、恥をかかされたとの思いが人一倍強く残り、この後、藩内における反西郷勢力のリーダー格となり、西郷を大いに苦しめることになる。

話を元のラインに戻す。久光に自分の案を提示したものの採用されなかった西郷は、どう対応したか。

彼は、ひとまず足痛を理由に指宿の温泉に引っ込んだ。これは、抗議の意思表示というよりも、言うべきことはもはや言い尽くしたので、これで隠遁生活に入っても構わないという気持ちからなされた行動であったと解釈される。だが、このあと担ぎ出されることになる。最大の要因は、尊攘激派の薩摩藩士や小松帯刀から久光東上のことを知らされた九州各地の志士が、前々から考えていた挙兵計画を、これを機会に実行に移そうとしたことによった。つまり江戸で老中の安藤信正を、京都で関白の九条尚忠《くじょうひさただ》と京都所司代の酒井忠義を襲撃し、攘夷の先鋒たらんと考えた。むろん、久光や小松ら藩要路は、ここまでは考えていなかった。しかし、とり急ぎ挙兵論を鎮める必要が出てきた。そこで、藩内的には三月十日に他藩の挙兵論者や志士とは文通と往来をしないようにとの訓令が発せられることになる（『鹿児島県史料　玉里島津家史料』一。以下『玉里』とする）。

他方、大久保辺が中心となって、諸藩の攘夷派の間で声望の高かった西郷の力を借りて、挙兵に向けた動きを阻止しようとするプランが浮上してくる。ついで大久保から西郷に協力が求められ、西郷の同意が取りつけられた後、引き続き、大久保から久光への要請がなされた結果、西郷が久光らの出立に先立って鹿児島の地を出発し、九州諸藩の形勢を視察（併せて、有志に対し、過激な行動に出ないように説諭を加える）したうえで、下関で久光一行の到着を待つことになった（この時、村田新八《むらたしんぱち》が西郷に同行した）。

下関ついで大坂へ

こうして三月十三日に鹿児島を出発した西郷は、熊本、福岡の地を経て、在下関の豪商で薩摩藩用達の海運業者でもあった白石正一郎《しらいししょういちろう》宅へ同月二十二日の朝に到着する。そして、この地で、久光の上洛に合わせて大坂城や二条城などを奪取し、天皇による親政をめざす（将軍家の支配を否定）活動を展開しようと目論んでいた福岡脱藩士の平野国臣や、当時、久光一行の出兵に伴う軍用米の買い付けのために下関に来ていた薩摩人の森山新蔵《もりやましんぞう》と会い、彼らから事態の急を告げられる。すなわち、前日（三月二十一日）に、平野や森山に加え、豊後岡藩（現・大分県竹田市）の小河一敏《おごうかずとし》（一八一三〜八六）ら二十数名が白石宅で集会し、当初の計画通り、挙兵のため上坂することを決議する。そして西郷と話し合った後、平野や小河らは上方へ向けて出発した。ついで、こうした状況の到来を受けて、西郷は下関で待機せよとの命令を無視し、即日、海路大坂に向かうことになる。二十二日の夕方、彼は村田と森山の両名を伴って、下関を出立した。

この間の事情については、西郷自身の説明がある。文久二年七月頃の時点で木場伝内に宛てた前掲書簡（『全集』一）中に西郷は次のように記した。それは、久光の上洛に期待して京坂地域に続々と集結していた浪士集団が、皆自分を当てにして、「生国を捨て父母妻子に離れ」て来た「死地の兵」なので、自分が「死地に入らず候わでは……救う事（が）でき」ないと判断しての行動であったとする。

なお、この時、西郷は平野に対し、「其の方（＝平野）と死を共に致すべき我等に相成り候。いづれ決策相立て候わば、共に戦死致すべし」との気持ちを伝えた。平野は、かつて月照とともに入薩し、月照が臨終を迎えた時、西郷の傍らにいた人物であった。いわば、西郷にとって艱難辛苦をともにした間柄だっただけに、このように平野に対して告げたのであろう。そして、この発言をどうやら平野は、西郷が同志とともに決起すると受け取ったらしい。

事実、この下関の地で、西郷とやはり話し合った長州藩の山田亦介《やまだまたすけ》の報告書（『修訂防長回天史』上）によると、西郷はもともと強かった好戦的な気分をいっそう平野らとの会見でかき立てられたようである。ついで西郷は、いま先ほど記したように大坂へ向かった（二十六日着。そのあと二十九日に伏見に至る）。そして、このことが、すぐに大問題となる。西郷の無断上坂を知った島津久光の激しい怒りをかい、あやうく西郷が詰め腹を切らされる（しかも本当に切腹を命じられかねない）事態となったのである。

大久保利通の直話

西南戦争終結後、大久保がわざわざ自宅に招いた重野安繹（当時は修史館の編修官であった）に語った直話（『全集』六）によれば、かねてから西郷に対して嫌悪感を抱いていた久光は、この事実を知ると、大変「立腹」し、西郷に切腹を命ずる決心を固め、大久保らが「どんなに申し上げても、御聞き入れがない」状況になったという。そこでやむなく、西郷と「刺し違えて死ぬつもり」になり、ちょうど自分の泊まっていた兵庫の旅宿（館）に西郷がやって来たので、自分の決意を告げると、西郷は一緒に死ぬことを拒否し、大久保に後事を託し伏罪する考えであることを伝えたという。

さらに、大久保の直話を紹介すると、いま挙げたような会話が両人の間で交わされる直前、西郷は旅宿の玄関で「手を挙げて大笑をなし」、「どうもよい形勢になつて来た、誠に賀すべきことである。今（久光公が）御出になれば機会が至極宜しい」といった主旨の発言をまずしたという。西郷と大久保の両人が京坂地域に滞在中の行動の詳細がわかる史料を欠いているので、証明しえない（現に「大久保の芝居」と見なす研究者もいる）が、もし、この会話が真実を伝えるものだとしたら、西郷は自らの無断上坂をまったく気にとめておらず、成果のみを重視していたことになる。

要するに、西郷の本質が、形式（久光の指示）よりも、実質（成果）をより重視するタイプの人間であったことを、このエピソードは表している。もっとも、右の西郷発言中にあった「よい形勢」とは、具体的にどのようなことを指すのかは、はっきりとしない。当時京坂地域に集合していた過激な攘夷主義者の多くが望んだ、久光を担いでの挙兵にとっての「よい形勢」なのか、それとも決起に奔《はし》ろうとする浪士輩を宥《なだ》め、鎮めるのに成功したことを指すのか。大変重要な点だが、実のところ、その辺がよくわからない。微かに知れるのが、長州藩の大坂藩邸留守居役であった宍戸《ししど》九郎兵衛らと会議を重ね、長井の排撃を決したことぐらいである（『幕末文久期の国家政略と薩摩藩』）。なお、下関で西郷と会ったあと大坂に向かった豊後岡藩の小河一敏の理解では、大坂にやってきた西郷は、討幕論ではなかったものの、「姦吏」の打倒をめざす義挙そのものには同調したことになっている（「義挙録」巻之二）。

それはともかく、この段階の西郷にとって不幸だったのは、詳しく自分の意図を説明（釈明）する時間と場（機会）が持てなかったこともあって、彼の真意が周りに十分伝わらなかったことであった。しかも不運が重なった。西郷が下関で平野と交わした会話の内容を平野が同じ船に乗り合わせた海江田に語り、それが堀と大久保、それに久光にも報告されたのである。ついで、大久保の日記によれば、堀と大久保の両者は四月八日にこの件で話し合い、翌日（四月九日）西郷と大久保両人の対面となったらしい（九日に、騒動となっていることを大久保が伝えると、西郷は「従容《しょうよう》として許諾」したという）。

ところで、西郷は久光の激怒を招いたのは「讒口《ざんこう》」つまり人を陥れるための虚言の所為だと受けとめた。そして、その源は堀や海江田だとみて、以後、彼らをはなはだ憎むことになる。なお、西郷が浪士と結合して暴発の企てをなしたと久光に告げたのは、堀、海江田以外に、いま一人大久保だったとの説がある（『西郷隆盛伝』）。これは、後年、久光が市来四郎に語った直話中にある話だが、大久保日記の内容から考えても、十分にありえたであろう。というのは、四月十一日の条に、西郷らを国元に見送った後、「拙子、大島一条については、初め御請合申し上げ候趣これ有り候に付、……出勤差し控え候」とあるからである。すなわち、大久保としても、西郷はこれから藩の政治活動に不可欠の存在だと久光に申し上げて奄美大島からせっかく呼び戻したにもかかわらず、西郷の独断によって責任を取らされかねない状況に追いこまれたのだから、かばいきれなかったと思われる。

5　再度の流島へ

尋常ではなかった久光の怒り

とにかく、この時点の島津久光の怒り方は尋常ではなかった。五月段階で当時国元の首座家老であった喜入《きいれ》摂津に宛てた書簡（『島津久光公実紀』一）には、西郷が

「実に逆心の者（主君に楯突く者）」で、自分の本心を言えば、「死罪を申し付け」たいほどだが、死一等を減じて遠島処分にすること、しかもそれは「一生（鹿児島に）返らざるの流罪」とすると記された。さらに西郷が、今回の件を「讒口」によると喋ったと久光が聞かされたことによって、その憎しみは倍増することになった。

そして、西郷の罪状は、浪士らと決起を図ったことや下関から勝手に大坂へ飛び出したこと以外、西郷が若い者を煽動《せんどう》した罪や、久光の滞京を画策した〔つまり久光の江戸行に反対した〕罪などとされた。そして、この西郷に対する久光の憎悪は、それだけ久光が今回の率兵上洛を成功させることに必死だったことの裏返しでもあった。

徳之島へ

もっとも、西郷は、自分に下された罪状をいずれも真実ではないと納得しなかったが、彼があえて強弁（釈明）せず、粛々《しゅくしゅく》と伏罪する姿勢を示したことで、ようやく久光の怒りが少し鎮まり、鹿児島への帰国となった。そしてさらに徳之島への流島が命じられることになる。すなわち西郷は、四月十一日、村田新八・森山新蔵の両名とともに海路大坂より山川港まで送られた。だが、自宅に長く滞まることは許されず、西郷自身が八月二十日付で在大島の木場伝内に宛てて送った書簡（『全集』一）で、「三十日も我家に在らずして又遠島と申すは、誠に稀《まれ》成るものに御座候」と嘆いたように、七月初旬に慌《あわ》ただしく徳之島に送られた（ついでに記すと、この段階で西郷家そのものが厳しい「冬の時代」を迎えることになる。長兄の隆盛が罪を得て遠島処分となったため、次弟の吉二郎と四弟の小兵衛は、勤方差控から遠慮の処分を受け、また三弟の信吾〔後の従道《じゅうどう》〕は寺田屋事件に関わったため謹慎を命ぜられたからである。そして、これに伴って、伊集院寺脇村で与えられていた十七石五斗の西郷家の知行およびその他の家財は没収となった。ここに、西郷家は家屋敷を失うことになる〔『全集』四〕）。

沖永良部への再度の流島

こうした中、当時の西郷にとって唯一の嬉しい出来事となったのは、愛加那が二歳半になった菊次郎の手を引き、徳之島にいた西郷を八月下旬に訪ねて来たことであった。そして西郷は、この時、生まれたばかりの長女菊草（のち菊子）を初めて、その胸に抱くことになる。が、しかし、この直後、沖永良部への再度の移島命令が届き、彼は閏八月段階で同島の住人となる。なお、この点に関して真に切ないのは、翌文久三年の三月二十一日付で、大島に滞在中に親子ともども世話になった島役人の得藤長《とくふじなが》に宛てて送られた近況を報じる書簡（『全集』一）中に見られる彼の言葉である。それは、「此の度《たび》は重き遠島故か、年を取り候沙汰か、些《いささ》か気弱く罷り成り、（去年会った）子共（供）の事を思い出され候て、中々《なかなか》のし申さず（＝つらいの薩摩方言）候」。西郷もやはり人の親だったということであろう。

生への執着

再度元のラインに戻る。以上のような経緯を経て西郷の第二次流島生活はここに始まった。そして、当初の西郷に関して注目すべきは、彼が生への執着をみせたことである。この点に関する興味深いエピソードが残されている。西郷が当初流された徳之島から沖永良部島へ移送された際のものである。沖永良部島は、藩にとって死罪を命じられた者につぐ重罪者の流刑地であった。そして、もちろん、西郷は同島へ船で送られたが、この時どうも彼は舟中での刺殺を恐れたらしい。これには、とある虐殺事件が関係した。西郷らが下国した後、四月二十三日に、自分の命令（志士とともに挙兵する計画の中止）に従わなかった有馬新七らを、久光が配下の者をして伏見の寺田屋で上意討するという有名な事件が発生する。

ついで、この後、大坂から海路鹿児島に護送される船中で、事件に関係した田中河内介《たなかかわちのすけ》（但馬国出石出身の攘夷派の志士で、精華中山家の元諸大夫であった）父子らが、久光らの事前了解のもと、薩摩藩士によって殺害される事件が発生する。そして、この報を聞いて、西郷は自分も同じような運命を辿るかもしれないと用心して、舟中に設けられた牢の中では寝ずにずっと端然と坐していたという。要するに、一瞬の隙を突かれて殺されることを防ごうとしたのである。それゆえ、何事もなく無事沖永良部の伊延《いのべ》に着いて「初めて厠《かわや》（＝便所）に入った時の、のうのうとした愉快さは一生忘れられない」ほどだったという（『西郷隆盛伝』）。

心境の変化をきたした背景

あれほど生死の問題に対し恬淡《てんたん》としていた西郷が、なぜ生に執着するようになったのか。この点に関する説明を西郷が自らしたのが、八月二十日付で在大島の木場伝内に宛てた前掲書簡においてであった。すなわち、この中で西郷は、「此の場に相成り、憤激して変死共いたし候ては残恨の次第にて、……変事に当り、色々了簡《りょうけん》（＝考え・思案）も変るものに御座候。また命もおしかるかと申す人もこれある筈に御座候得共《えども》、惜しむは何ケ度《かど》でも惜しむ考えに御座候。御一笑下さるべく候」と、いかにも彼らしい書き方で、直近に心境の大いなる変化があったことを告げている。

むろん、これはたんに生命が惜しくなったためではなかろう。この時の西郷の心境の変化を読み解くカギになると思われる言葉が、やはり右の書簡中に綴られている。今後の政局についての、次のような見通しであった。「此の世の中、如何様保薬《ほやく》を当て候ても、内症外邪治《おさ》むべからずの極《きわ》みに至り候間、三・五年を出ずして変乱に入り候儀相違これなく、其の内は決して当島を出で申さざる考えに御座候」。この箇所から容易に想像しうるのは、西郷が近い将来の内乱に類する事変の発生を予想して、それに備えるべく保命を図っただろうということである。現に、西郷の予想を上回るスピードでこのあと「変乱」が生じ、盤石《ばんじゃく》と思われた江戸幕府の支配が、本書簡が発せられた、わずか五・六年後に突如終了する。

さて、沖永良部での流島生活であったが、これは第一次流島時代と比べても、格段に厳しいものとなった。第一次流島時代は罪人ではなかったぶん、現地妻を迎えることが認められるなど、かなりの自由度があった。だが、今回は明らかに罪人としての流島であったぶん、はるかに厳しいものとならざるをえなかった。このことは、いま挙げた木場伝内宛の書簡中に、下級の島役人などに対し、「様付《さまづ》けにて畏《かしこま》り居り申し候」と、茶化した形で報じたこと一つとってもいえた。西郷は、本来なら見下していた相手に対しても、罪人である我が身に応じて、へり下って接しなければならなくなったのである。

座敷牢での生活

それはさておき、西郷は島に到着後、昼夜を分かたず建設が急がれた在番役場内の新築座敷牢にまもなく収容された。獄舎はわずか二間四方の広さしかなく（一間《いっけん》は約一・八メートル）、しかも厠《かわや》がその中にあった。そのため、鼻を突く臭気が四六時中漂い、その中で食事も摂らなければならなかった。西郷は、この狭い獄舎の中で、髭も剃らず、太陽にあたることもままならない生活を送ることになった。その結果、目にみえて憔悴《しょうすい》ぶりが短時日の間に傍目《はため》にも明らかになったといわれる。

西郷隆盛謫居地（鹿児島県大島郡和泊町）
（和泊町教育委員会提供）

もっとも、この豚小屋同然の粗末な格子牢での生活は、二カ月ほどで終了する。西郷の人柄に魅せられ、やがて兄弟の約を結ぶことになった島役人（地域を総括する与人《よひと》役であった）の土持政照《つちもちまさてる》が自費で購入していた民家を牢舎の隣に移築し、そこに完成した座敷牢に西郷を移らせたからである。後に当時のことを思い出すままに綴った土持の回想（『流謫之南洲翁』）によると、西郷は「言容温乎として春のごとく、また海のごと」き風があったという。すなわち、その言動や振《ふ》る舞《ま》いは穏やかで、海のようなゆったりとした印象を土持に与えたらしい。

新たな宿所（ただし座敷牢であることには変わりがなかった）を得

て、西郷の体調は急速に回復に向かうようになった。土持から食べ物の差し入れがあったうえ、それ以前では考えられなかった湯浴み（入浴）も可能となったからである。とくに最終的には隔日ごとになった入浴は有り難かったようである（『南洲翁逸話』）。このことは、やはり同島の与人役で、西郷とも親交を結んだ蘇廷良に感謝の意をこめて贈った西郷の漢詩（『全集』四）中に、「満垢《まんこう》（＝満身の垢《あか》）湯浴《とうよく》に澆《そそ》ぎ、重愁《じゅうしゅう》（＝深い愁《うれ》い）酒醇《しゅじゅん》（＝結構な酒）に散ず」とあることによってもわかる。

人材から人物レベルへ

ところで、右の土持の回想中にもあったように、この再度の流島生活で西郷は大きく変身し、思慮深く、かつ志操堅固な「人物」のレベルにまで成長していったと見なせる。それまでは、いってみれば「人材」のレベルにとどまっていたのが、豊かな人間力を有する大人物へと飛躍を遂げることになった。そして、これには、西郷が文久三年九月二十六日付で、日置派でかつ旧友でもあった米良助右衛門に宛てた前掲書簡中に、「責《せめ》に逢えば逢うほど、益《ますます》志は堅固に罷り成り申し候」とあったように、やはり、なんといっても、それまでに経験したことのない艱難辛苦が彼を鍛えた面があった。また、その一方で時間だけはたっぷりとある孤島での生活で、これまでの自分の人生（前半生）を深く振り返る時間を持てたことが大きかったと思われる。

　たとえば、そうしたことの一つとして、これまでの元気いっぱいの自分が吐いた過激な言葉（若き日の西郷は、誰にでも直言する人物であった）が己《おの》れの運命を大きく変えた現実を見つめることもあったであろう。そして、それは時に苦い反省を伴うものとなったことは間違いない。その最たるものが、久光の率兵上洛とそれに続く江戸行によってもたらされた、予想外の成果にまつわる思いであった。

　広く知られているように、この前例のない、大胆不敵としか評しえない行動に出た久光は、このあと勅使に任命された大原重徳《おおはらしげとみ》を擁して江戸に下り、徳川将軍家に対して改革を要求した結果、多大な成果を獲得する。すなわち、一橋慶喜の将軍後見職および松平慶永の政事総裁職就任に象徴される、江戸幕府の中枢に、自分の善しとする人物を送りこむことに成功した。これは、未曾有の民族的危機を克服するためには、幕府に政権担当者として変わってもらわねばならないと久光が決断し実行した結果もたらされた成果であった。さらに、これは、幕府創設以来、二百年以上続いてきた譜代大名と上級旗本のみによる国政運営の在り方を否定することに即繋がった。

もっとも、久光のこうした国事周旋行為は、そもそもは幕府を助ける意図から行われたことであり、決して廃幕（幕府政治の否定）を目論むものではなかった。しかし、結果的に外様雄藩が軍事力を背景に中央政局で大きな発言力を持つに至る画期となった。また、久光の激烈な行動は、安政年間に幕府の処分を受けて表舞台から遠ざかった親藩・外様の有力諸侯の政界復帰の流れを呼び込んだ。ついで、これに伴って、朝廷・幕府・藩三者間の関係も大きく変容することになる。とにかく、薩摩藩のような巨大な軍事力を有する有力藩が後ろ楯となれば、それまでの幕藩体制下では想像すらしえなかった新たな状況が生まれることが明らかとなったことで、朝廷や諸藩の国政介入の動きが一段と激しくなってくる。

後年、岩倉具視《いわくらともみ》が小松帯刀や大久保利通に申し送ったところによると、久光のたった一回の江戸行で、幕府が要求を呑むとは夢にも思わなかったという。それどころが、下手をすると、幕府サイドが激怒して勅使を追い返し、久光を幽閉するかもしれないと心底恐れたらしい（『島津久光と明治維新』）。それゆえ、西郷が久光一行の東上を阻止しようとしたのは、常識論からいって当然のことであった。だが、現実は大きく違った。西郷が「地ゴロ」と馬鹿にした久光は、今回の活躍によって、その名が一気に知れわたり、全国的存在となった。

西郷の反省の弁

沖永良部で久光の成功譚《たん》を聞かされた西郷は、おそらく、何事においても緻密な計算の下、物事を推進しようとした、それまでの自分の在り方と対比して、深く感ずるものがあったと考えられる。事実、彼は、後に重野安繹に対し、久光の件で反省の弁を口にしたという。それは、「丁度其時は島から帰って来たところで、英気勃々《ぼつぼつ》として居ったから、憚《はばか》る所なく放言したが、実は過激の至り、無考千万であった」というものだった（『全集』六）。そして、こうした反省のうえに、これ以後の西郷は、理詰めの性分を包み隠し、人間的底力《そこじから》を養いながら茫洋《ぼうよう》とした人物像を可能な限り演じ続けていくことになる。

さらに、この点との関連で注目しておきたいことがある。これが久光のみならず、大久保（プラス堀次郎と中山中左衛門）への敗北となったことである。それまでの斉彬時代には、大久保のはるか先を往っていた西郷は、ライバルとしては、この時、大久保に対し大敗北を喫することになった。すなわち、久光のブレーンとして率兵上洛とその後の江戸行の過程で、きわめて重要な役割を担った大久保にとっても、今回の成果は格別のものであった。このことは大久保が自身の日記の六月二十九日の条に、大原勅使が、この日、江戸城に登営し幕府が勅旨を受け入れた点に触れた後、「実に有り難く、皇国の大慶此上なく、昔年の鬱《うつ》を散じ候心持ち也」と喜びを記したことで、なによりもわかる。これに比し、当時の西郷は江戸から遠く離れた孤島にまもなく向かう落魄《らくはく》の身であった。

大久保との対比はさておき、第二次流島生活に入った西郷は、第一次流島生活が始まった時とは反対に、怨みつらみを周囲に洩らすことはなかった。これからの自分（後半生）に対して心中に期するものが出てきたからであろう。それが真摯《しんし》な生活態度となって現れた。まず、時間の余裕が持てたこともあって、かなりの読書家となる。西郷は、自宅から沖永良部島に携えてきた書籍を精読し終わると、島での「にわか弟子」となった操坦勁《みさおたんけい》（沖永良部島の間切横目《まぎりよこめ》〔与人の補佐役〕であった操坦裁《たんさい》の子供）の家が所蔵していた書物（『韓非子』や『文選《もんぜん》』など）を借り出しては読書に励んだと伝えられている。

川口雪篷との出会い

また、その一方で、同じく沖永良部に流島となっていた川口雪篷《かわぐちせっぽう》（量次郎。一八一八〜九〇）から漢詩や書を習い、この方面の修業にも励んだ。その結果、西郷の書風が変わり、漢詩を詠むことで自分の心を解きほぐせるようになる（なお、川口は大の酒好きで、久光の文庫係をしていた時に久光の蔵書を売りとばして酒代にかえたために流島処分になったとされる人物であった。そして、西郷が沖永良部に流されてくると、座敷牢に入っている西郷の所に昼夜を問わず来て、詩作指導の傍ら、西郷の話し相手となって、随分精神的な面で西郷を助けたという。そのためもあってか、のち鹿児島の西郷隆盛家に同居して、西郷の子供たちの勉学をみる身となった）。

他方、西郷は、島に住む少年の教育にも携わることになった。獄中ではあったが、坦勁ら二十名ほどの子供に『論語』や『孟子』を教えた。なんのことはない、本土の学者の多くが勉学に励む傍らで私塾を開き、そこで子弟の教育にあたったのと、異ならない生活を送るようになった。そのため、文久三年の三月二十一日付で得藤長に宛てた前掲書簡において、座敷牢での生活は、他人からすれば、よほど窮屈に見えるだろうが、かえって「俗事」に気をとられることもないので良いとしたうえで、「余念なく学問壱篇（＝一筋）にて、今通《いまどおり》にては学者に成《な》い（り）そうな塩梅《あんばい》に御座候」だと記すことになった。

もちろん、囚人生活であったので、狩猟や狩りを目的に外出することなどはできなかった。その点で大いなる苦しみは当然あった。だが、西郷は、案外こうした私塾の先生のような生活に次第にそれなりの満足感を覚えるようになったらしい。というのは、得藤長宛の書簡を出してから十カ月ほどが経過した時点で、叔父両人に宛てた書簡（『全集』一）で次のように自分の現状を報じているからである。「書物読みの弟子二十人計りに相成り、至極の繁栄にて鳥なき里（＝鳥も通わない孤島）の蝙蝠《こうもり》と申す儀にて、朝から昼迄素読《そどく》、夜は講釈共仕り候て、学者の塩梅にて独り可笑《おか》しく御座候。然しながら、学問は獄中の御蔭にて上《あが》り申し候。御笑い成し下さるべく候」。

「西郷先生」の感化力

二度目の流島生活にすっかり慣れるとともに、それなりの心の余裕が感じられる文章と内容である。そして、この時の「西郷先生」の少年や島人に及ぼした人格的影響は大きかったようである。そして、これには在島中の西郷自身の努力による人間力の向上（人材レベルから人物レベルへの上昇）と、彼が本来有していた人間的魅力が大いに関わった。

人生哲学の確立

ところで、西郷に心の余裕が生まれた背景であるが、これはなんといっても、この時期に彼の人生哲学（歴史観・人生観・死生観）が確立したことによろう。まず、その一としては、何かをなす時には、「理」と「勢」が大事だということに改めて気づかされたことが挙げられる。たとえば、このことは、かわいがっていた岸良真二郎（妹婿市来六左衛門の甥）に与えた次のような教訓の言葉（『全集』四）によっても窺える。「事の上には必ず理と勢との二つあるべし。……事に関わるものは、理勢を知らずんばあるべからず、只勢いのみを知りて事を為す者は、必ず術に陥るべし。また理のみを以て為すものは、事にゆきあたりて迫《つま》るべし（下略）」。なんだか、この言葉は、理詰めでやってきたこれまでの西郷自身が、直近に先述したような大きな失敗をやらかした反省のうえに吐かれた、自戒の言葉のようにもみえる。

その二は、生死の問題に最終的な決着がついたことによると考えられる。このことは、教え子の操坦勁に語った西郷の言葉（同前）が雄弁に語っている。それは、(1)生死は区別できるものではない（生と死の二つがあるのではない）こと、(2)生死は天命（天理）によるから、死は言ってみれば、天から授かった生を天に「復《かえ》す」にすぎないというものであった。ここには、人間レベルで生死の問題についてあれこれ論じるべきではなく、すべて天命に任せるべきだとする、西郷の死生観が鮮明に浮き出ている。とともに、そのぶん、逆に言えば、「天命を全《まっと》うする」ことの大事（切）さが幼い子供にもわかるように説かれているといえよう。

さて、少年たちへのその他の訓話であったが、これは、文久二年の冬になされた「操坦勁への教訓と経書講義」（同前）によると、「欲」から離れ、「自分勝手」な行動はせずに「誠を尽す」ようにせよといった、すこぶる常識的な内容のものだったようである。他方、島民への訓話であるが、これは島人として生きるうえでの基本的な心構えを説くものとなった。もっとも、これは島人一般に対してではなく、西郷に大いなる魅力を感じて近づいてきた島の指導者に対してのものである。たとえば、その内の一人であった間切横目の土持政照に対しては、農民としての立場を弁《わきま》えることと、島でのリーダー（人の上に立つ島役人）として心がけねばならないことが説かれた（『全集』一）。

西郷の農民観

前者は、彼の農民観が前面に打ち出されたものであった。すなわち西郷は、この世は天命によって万人それぞれの職業が定まっているとする。一番上に立つのは天子だが、天子一人では政治はできないので、諸侯（大名）を立てて各領内の人民を安堵させるように任せている。諸侯もむろん一人では統治できないので、諸有司（諸役人）を置いて、細かな仕事は彼らに依託している。そして、そのうえで百姓（農民）は農作業に従事するのが「職分」だとされた。より具体的に記せば、年貢を滞りなく納め、雑税や夫役に励まねばならないとされた。また、役人は良い役人となって万民のために尽くさねばならないとされた。つまり、ここには後の「敬天愛人」に直結する「敬天愛民」の精神がみられる。

もちろん、こうした西郷の天命思想や農民観に対して、封建的身分制の肯定に基づく農民観の枠からまったく出ていない（それらを打ち破る姿勢がみられない）といった式の批判を下すことは、いとも簡単であろう。だが、このような批判は、西郷が生きていた頃の時代状況を考えれば意味をなさない。それよりも、むしろ西郷が大きな時代的制約の中にあって、社会的弱者（配偶者を失った男女や孤児などを含む）を憐れむ観点から、島役人に仁政を心がけることを求めたこと、および凶作に備えて米穀を貯蔵するための「社倉」設置の必要を訴えたことなどを評価すべきであろう。

西郷崇拝熱

奄美大島時代とは打って変わって、島人に丁寧に接するようになった西郷には、彼らの信頼が寄せられることになった。そして、これが島人の彼に対する好印象、ひいては、後の西郷崇拝熱に繋がった。このような中、穏やかな心境に到達した西郷だったが、時に彼を苦しめるものも登場した。小は、流島の途次、妻子と会ったことで子供への想いが募ったことである。とくに、この頃のものと思われる漢詩（『全集』四）中に、「誰《たれ》か識《し》らん、愁情《しゅうじょう》尤（最）も切なる処、膝前《しつぜん》遊戯嬰《えい》児《じ》（＝自分の膝元で遊びたわむれる乳呑児）を夢みるを」といったものがあるのを見ると、いまだ生後数カ月の乳幼児であった長女を抱いた時の感触等が忘れがたかったようである。

子供への想い

そのためか、彼は文久二年八月二十日に認《したた》められた木場伝内宛の前掲書簡で、妻子のいる奄美大島への転地（島替え）を願うことになった。望みが叶うとは到底考えられない状況下、西郷もそれだけ肉親（なかでも子供）への想いが断ち切れなかったのである。そして、これは、前月（七月）に、やはり木場伝内宛の前掲書簡中に、次のように現在の心境が綴られていたのと対比させると相当深刻なものを感じさせる。「私にも大島へ罷り在り候節は、今日今日と（赦免帰国の報を）相待ち居り候故、肝《かん》（癇）癪《しゃく》も起こり、一日が苦にこれ有り候処、此の度《たび》は徳之島より二度と出で申さずと明《あき》らめ候処、何の苦もこれなく安心なものに御座候。……（乱の発生しない）平常に候わば譬《たと》え御赦免を蒙《こうむ》り候ても、滞島相願い申すべき含みに御座候」。大人物になる発展途上で、西郷も徳之島から沖永良部に島替えとなり、さらにこの間、なまじっか生まれたばかりの愛児を抱いたために、かなり精神的に不安定になる時があったということであろう。

生麦事件

西郷を苦しめることになった大なる要因は、薩摩藩にふりかかった禍《わざわい》に流島の身であったために対処しえなかったことによった。これより前、江戸の地で大いなる成果をかちとった久光の一行は、文久二年の八月二十一日、東海道中の生麦《なまむぎ》（現・横浜市）で、行列を前に下馬しなかったイギリス人商人ら三名を殺傷する事件を起こした。

この事件は、しばしば薩摩藩の攘夷意思を反映したものと受けとられる。だが、これは史実とは大きく異なる評価であった。薩摩藩は事件発生前の七月五日、諸藩が自由に外国から艦船を購入することを認める老中達《たつ》しが出されたのを受けて、さっそくジャーディン・マセソン商会の横浜支店を介して、艦船の購入を図った。そして八月十四日、ファイアリ・クロス号（永平丸）の引き渡しを受けた。

興味深いのは、島津久光が、経費を抑える必要もあってか、どうやら、この船に乗船しての帰国を目論んだらしいことである。ところが、この計画は、老中が陸路での帰藩を命じたため中止となる（『グローバル幕末史』）。ということは、もし久光一行が当初の計画通りに海路を採っていたら、生麦事件は発生しなかったということになる。

それはさておき、この不幸な事件は、イギリスには初めて自国の民間人が日本で殺害されたケースとなった。そのため、イギリスの薩摩藩への憎しみがかき立てられ、このあと犯人の逮捕・引き渡し（処刑）と巨額な扶助料（賠償金）の要求となる。ついで、英国艦隊が報復のため、いつ鹿児島を襲うかわからなかったために、久光一行があわてて京都・大坂を経由して帰国することになる。その結果、京都はますます過激な攘夷即行論者が支配する地となり、そのことが、翌文久三年の三月に将軍の徳川家茂が上洛すると、家茂への征夷大将軍委任と引き換えに、攘夷の実行を徳川政権が約束させられることにも繋がった。

さらに、これを受けて、長州藩が、外国側とのトラブルを引き起こすことで幕府を弱体化させることを狙って、同年の五月十日、下関海峡を通行中のアメリカ商船に対して砲撃を加える事態となる。このように、西郷が流島中の本土では、外国側を巻き込み、緊張状態が極度に高まることになった。

薩英戦争と西郷

では、こうした中、西郷の心境にどのような変化が生じたか。彼は、文字通り、胸を焦がし、身悶《みもだ》えするほどの苦しみに苛《さいな》まれることになった。なかでも、ひどい様相を呈することになったのが文久三年の七月初旬に勃発した薩英戦争時であった。西郷は、鹿児島に来航したイギリス艦隊との間で戦闘が始まり、同艦隊の砲撃によって鹿児島市街の大半が焼かれたとの情報がもたらされると、自分が戦闘に参加できない現実を呪うことになった。

当時の彼がいてもたってもいられない自分の気持ちを周囲に洩らした書簡が幾通か残されている。「順聖公（＝斉彬）御鴻恩《こうおん》戴き奉り居り候得ば、御国家（＝薩摩藩）の御災難、只々《ただただ》傍観仕り候いわれこれなく、憤怒《ふんぬ》脳を焦《こ》がし候事に御座候」（文久三年九月二十六日付で米良助右衛門に宛てた書簡中に見られる言葉〔『全集』一〕）。「前之浜において、炮戦の噂承り、髪冠《はつかんむり》を突き候仕合《しあ》いに御座候」（文久三年十一月二十日付で喜界島に流島中の村田新八に宛てた書簡中に見られる言葉〔同前〕）。

両書簡からは、沖永良部島に流されているため戦闘に参加できず、「傍観」者たらざるをえない状況にやり場のない「憤怒」を抱き、地団駄《じだんだ》を踏んでいる西郷の姿が鮮明に浮かび上がってくる。そして、類いまれな戦争好き（根っからの軍人精神の持ち主）であった西郷の本性も図らずも明らかとなる。先述したように、外国との深刻なトラブルが薩摩藩に波及しない間は、復権を諦め、比較的穏やかな心境に達しつつあった西郷ではあったが、国元でいざ戦争が始まると、そうした殊勝《しゅしょう》な思いは一気に吹っ飛んで、彼の本性が露《あらわ》となる。

すなわち西郷は、文久三年の十一月十七日付で得藤長に宛てた書簡（同前）において、次のように抑えきれない現時点での気持ちを相手に伝えた。「もうは、何様《いかよう》の事これあり候ても、大和（＝鹿児島）には罷り登らざる考えにて御座候得共《えども》、ケ様軍《かよういくさ》の世間に相成り候えば、又登りたく相成り申し候。（今《こん》生《じょう》の）名残りの狂言に軍迄いたして見申したくと思い返し、右の事に御座候」。

そして、このような西郷の苦しみを知った土持政照が鹿児島へ渡るための船造りを思い立ち、その資として、自分に隷属する女性奉公人を売ったといわれる（『全集』四）。むろん、これは土持が西郷とともに対英戦に参加する気持ちになったためであった。

なお、この間、沖永良部島に流罪中だったため西郷は関わりを持つことはなかったが、薩摩藩にとって、薩英戦争と並んで大きな意味を有することになる大事件が出来《しゅったい》した。文久三年の八月十八日に発生した文久政変（八月十八日の政変などともいわれる）がそれである。

文久政変と薩摩藩

これより前、長州藩を代表とする攘夷即行派が、攘夷をなかなか実行しえない徳川政権に見切りをつけて、皇国（日本国）を一気に対外戦にもっていくべく、朝廷工作を展開した。孝明天皇を京都から奈良など他の地域に連れ出し、攘夷親征に当らせようとする計画であった。

しかし、これを嫌った天皇が、中川宮を介して計画を阻止することになる。すなわち、宮の支持を得た後、藩主の松平容保が京都守護職を務める会津藩と、長州藩と敵対的な関係に入りつつあった薩摩藩がともに協力し合って、多くの長州藩士と三条実美ら攘夷即行派の公卿七名を京坂地域から追放することに成功した。

その結果、薩摩・会津の両藩が、これ以後、京都に在って支配的な地位を築くことになる。もっとも、このことは、薩摩藩にとっては負の遺産をも残すことになった。長州藩の憎しみを、会津藩とともに、猛烈に受けることとなったからである。

第四章　流島生活の終焉と中央政局への再登場

1　再度の召還

西郷の赦免を求める動き

西郷の召還を求める声が沸き上がってくるのは、文久三年（一八六三）秋・冬時点のことであった。すなわち、薩英戦争後、薩摩藩がイギリス側の報復に脅える中、復興に全力で取り組まねばならなくなった時であった。いうなれば、藩の危機がいっそう深まる中、藩をまとめる適材（人物）として西郷の再登場が望まれた。もっとも、これ以前から、いち早く有志の間では西郷を召還すべきだとの声は上がっていた。たとえば、文久二年に島津久光が率兵上洛した際、美玉三平《みたまさんぺい》（高橋親輔）などは、東久世通禧《ひがしくぜみちとみ》らの公卿に働きかけ、朝命の力を借りて西郷を再び京坂地域に呼び戻そうと試みた（『西郷隆盛伝』）。

しかし、この試みは功を奏せず、西郷の流島生活は継続されることになった。そして再度、西郷の召還を求める声が本格的に上がり出すのが、薩英戦争後であった。召還運動の先頭に立ったのは、戦争終結後、一段と発言力を増すことになった旧誠忠組系の藩士だった。が、この時、高崎猪太郎（五六）らが、西郷はもはや悔悟していると考えられるので、ぜひ赦免の許可をお願いしたいと申し出ると、久光はそれに強く反対したという。

だが、なにしろ西郷が有志の間で「人望」があったために、久光もいつまでも拒否し続けるわけにもいかず、吉井友実らを派遣して西郷の真意を確認させることになる。すなわち、西郷が十分にこれまでのことを反省していることが明らかになれば、赦免するとようやく妥協した。しかし、この段階に至っても久光の西郷に対する警戒心は強く、このことは、元治元年（一八六四）一月二十五日付で久光が忠義に発した書簡中に、西郷を赦免した後、裏目《うらめ》に出たら「国乱」つまり藩内が大いにもめるのは「必定」で、この件が「治乱の界《さかい》」だとまで記したことでわかる（芳前掲書。同「薩摩藩と薩長盟約の実行」）。

西郷の存在は、久光にとって、これほどまでに大きなものだったのである。そして、吉井から西郷が十分に反省しているとの報告がなされたのであろう、元治元年の一月下旬に忠義が西郷の赦免に同意し、久光が追認することになる。ここに、ようやく西郷の約一年半に及んだ再度の流島生活に終わりが告げられた。

妻子との対面

召還の知らせが西郷の許に届いたのは、同年二月二十日のことであったとされる。使者として来島したのは、吉井と実弟の西郷信吾（後の従道）、それにいま一人京都にあって西郷赦免の運動を始めた福山清蔵《ふくやませいぞう》であった。ついで、西郷を乗せた藩船（蒸気船）の胡蝶丸が翌日伊延港を出帆し、二十二日昼頃竜郷に到着し、妻子と対面することになる。そして以後、数日にわたって西郷は妻子と過ごすことになるが、これが島刀自（＝現地妻）であった愛加那との最後の同宿となった。現地妻との夫婦関係は在島期間中だけに限られ、鹿児島（本土）に連れて帰ることは許されていなかったためである。二十六日の朝に奄美大島を出発した西郷が喜界島に船を寄せ、同じく流謫《るたく》の厄にあっていた村田新八を赦免状が出ていないにもかかわらず伴い、指宿の山川港に到着するのは、二月二十八日朝のことであった。

さて、このあと西郷は、一日置いた三月一日に、先君島津斉彬の墓所があった福昌寺《ふくしょうじ》に詣でることになる。が、この時の彼は、着岸した港（海岸）から自宅まで歩けないほど脚力が弱っていたため、参詣には駕籠を雇わねばならなかった。罪人として座敷牢から出ることのなかった生活が、西郷をしてこのように足・腰・膝をひどく弱らせたのである。と同時に、沖永良部在島中の西郷が、時に彼としては珍しく情緒面での不安定さを一瞬といえども見せたのも、こうした長時日にわたった閉所生活が大いに関係したであろうとの想像がつく。

いずれにせよ、帰国早々での斉彬墓所への参詣は、西郷が土持政照に送った三月二十一日付の書簡（『全集』二）中に、「哀《あわれ》なる為体《ていたらく》（＝あわれな姿）にて御座候。……漸々這《ようようは》い付《つ》き候事にて、難渋の事にて御座候」と記したように、実に情けない有様を呈した（なお、西郷は、こうした体調でありながら、帰宅すると、すぐに藩庁への上申書（『全集』一）を提出した。それは、奄美大島等での砂糖専売制の苛酷さを告発し、島民への仁政を求めるものであった。具体的には、藩による砂糖の買い上げ方が法外な利益を求めるものであることと〔すなわち、適正な利潤を得るという線から大きく逸脱していること〕、そのため島人が真に可哀想《かわいそう》な生活を送ることを余儀なくされていることなどを指摘し、至急なんらかの対策を確立することを求めるものであった）。

2　京都へ

軍賦役に就任

西郷が政局の表舞台である京都に戻ってきたのは、禁門《きんもん》の変前の三月だった。彼は自宅に居ることわずか四日の三月四日に鹿児島を発し、同月十四日に上洛したあと十九日に軍賦役兼諸藩応接係に任ぜられることで復帰を果たす。この役は地位そのものは決して高くはなかったものの、藩主名代の下で政治・軍事上の実質的な支配権を与えられたに等しい重要なポストであった。

スピード出世

再上洛後の西郷に関して目立つのは、短時日の間に異例のスピード出世を遂げていくことである。西郷は、上洛翌月の四月八日には、徒目付から一代新番（薩摩藩士の家格で、平士では中位であった）に家格が上がり、小納戸頭取・御用取次見習に昇進する。さらに五月十五日には一代小番（新番より一つ上位）・小納戸頭取、同十月には代々小番・側役と急スピードでその地位を上げていった。最後の側役は家老に次ぐポストであった。そして、これに伴い姓を大島吉之助から本名の西郷に復し、京都に在って藩を代表する人物として活躍するようになるが、その前に触れておかねばならないことがある。久光との関係である。これまでの本書中での叙述からも明らかなごとく、西郷と久光との関係は険悪そのものであった。それゆえ、上洛してきた西郷が久光に対して、どのような態度に出るかについては、一抹の不安を抱く関係者は少なくなかった。

久光に対する慎重な姿勢

ところが、再度の復帰を果たした段階の西郷は、当初から前代とは見違える印象を周りに与えた。たとえば、元治元年の三月十八日に久光と会見した折には、二年前とは打って変わった姿勢を見せる。このことは傍らで心配げに見ていた大久保利通の証言で明らかとなる。すなわち大久保は、四月二日付で江戸留守居の新納嘉藤次《かとうじ》に宛てた書簡（『大久保利通文書』一）において、「大島（＝西郷）義も上京にて、早速（久光に）拝謁仰せ付けられ、御軍賦役にて応答掛り仰せ付けられ、此の節は、いったい議論もおとなしく、少しも懸念これ無く、安心仕り候」と報じた。このように、久光に対する西郷の発言と行動は、舌禍《ぜっか》経験とその後の再度の流島体験を経て格段に慎重となった。

これは多分に西郷の「演技」によったと考えられる。おそらく桂久武に宛てたと思われる上洛まもない頃の書簡（『全集』一）に、このことが窺われる記述がある。本書簡によると、西郷は京都市中に入る前、「大坂伏見」でかつての同志と「面会」し、「昔日に相替ら」ない態度を示すと、彼らは「どうか心持ちも悪《あ》し」くみえる反応を示したという。つまり気持ち悪がったということである。

言うまでもなく、伏見は寺田屋事件の発生した場所であった。そして、この事件が発生する前に、上方での周旋活動で過激な挙兵論者との関わり方を問題視された西郷が、再度流島処分を受けたことは先述した通りであった。したがって、ここに記されている、かつての同志とは、この件で西郷に憎まれる側の人物であったことは間違いない。そして、これらの人物からすれば、西郷が流島になった怨みを晴らすような態度に出るかと思いきや、そうではなかったので気味悪がったと西郷の眼には映ったというわけであった。そして西郷は、上洛後のことも含めて次のように記した。「至極乙名敷《しごくおとなしく》いたし居り候処、余り程《ほど》能きが過ぎて御機嫌取りと相成り、度々の御役替にて、はじまらぬ事に御座候。御笑察下さるべく候」。

「演技派」として再登場

要するに、相手の意表を突く形で普段通り接したところ、かえって相手側が困惑し気味悪がった結果が、短時日での異例の好待遇になったと西郷はみた。ここには、変身を遂げたあとの西郷に目につく対応の仕方が窺われる。あえて謙《へりくだ》った姿勢を見せることで相手の反応を探るという対応の仕方だった。これは、それまでの西郷にはあまり見出せない対応の仕方であったといえる。西郷は以前のように赤裸々《せきらら》に自分の感情を相手にぶつけることはせず、本心（音）を心の奥深くにしまって対応することが再上洛後は格段に多くなったのである。いわば「演技」派としての登場であった。そして、これが、いきなり京都に在って藩を代表する存在となる西郷の、以後の慎重な対応ぶりともなった。

参預会議の成立

ところで、久し振りに上洛した西郷だったが、これはいわゆる参預《さんよ》会議が解体に向かう時期にあたった。参預会議とは、そもそもは島津久光の宿願で設置をみたものであった。当時の久光は、将軍家への大政委任は至当だとしながらも、朝廷と幕府のみでなく、薩摩藩を筆頭とする有力藩が国政に参画する形での公武合体を一段と志向するようになっていた。つまり、全封建領主と上級廷臣を網羅《もうら》した国家体制（挙国一致体制）を確立することで、対外危機を乗り切ろうとしたといえる。そこで、幕府に対しては老中に大身の大名の起用を要求することを思いついたらしい。これは、もちろん、旧来の譜代大名が老中に就任し、幕政のみならず国政を排他的に担当する既存の在り方（譜代専制）を「幕私」として否定し、有力大名の国政参画を求めるものであった。

一方、久光は、優柔不断で何事も決定・実行しえない朝廷に対しても、やはり旧来の在り方の改変を望み、その一環として武家の代表が朝議に参画できる体制の創出に熱心に取り組んだ。そして、その実現のために、久光は将軍の徳川家茂および彼が仲間だと認めていた実力者の上洛を求めた。ついで、こうした経緯を経て相次いで上洛して来た有力者が朝廷から朝議参預を命ぜられ、ここに参預会議が成立する。すなわち、一橋慶喜・松平容保《かたもり》・松平慶永・伊達宗城・山内容堂が文久三年十二月晦日に、提唱者の久光が遅れて文久四年一月十三日に、それぞれ参預に任命されることになった。

参預会議の解体

つづいて、彼ら武家からなる参預は、新しく関白に就任した二条斉敬《にじょうなりゆき》（左大臣兼任）・右大臣の徳大寺公純《とくだいじきんいと》・内大臣の近衛忠房《ただふさ》や中川宮らと、小御所などで開催される朝議に参加することになる。つまり、朝廷の最高意思決定の場に、ごく少数者（雄藩）の意見という限定はつくものの、彼らの考えが反映される可能性が出てきたという点で、画期的な意義を有した。

もっとも参預会議は、(1)文久四年の一月十五日に徳川家茂が京都に到着すると、老中の水野忠精《みずのただきよ》が、将軍が上洛した以上、参預諸侯が朝議に列席して国政に関わる評議を行う必要はないと拒否反応を示したこと（佐藤隆一『幕末期の老中と情報』）、(2)中川宮や廷臣が彼らの朝議出席を好まなかったこと、および参預会議が「諮問」を受けて意見を開陳する場に止まり、相互の発展的な話し合いの場とはならなかったこと、(3)当時大問題となった横浜鎖港の実施をめぐって、久光らと慶喜らとの間で意見が対立した

（現行の通商条約は容認せざるをえない〔したがって、横浜鎖港はもはや不可能だ〕とする久光〔薩摩側〕らと、せめて横浜一港だけでも閉ざすことで天皇の攘夷意思に応えようとした慶喜との意見が分かれた）こと、⑷慶喜および幕府側に久光（薩摩藩）に対する嫌疑が生じたこと、などによって三月中に事実上崩壊する。

⑷には、少々複雑な背景があった。そして、これには宸翰《しんかん》（勅諭）の問題が絡んだ。上洛したあと参内した将軍に対し、きわめて重要な意味を持つ宸翰（勅諭）が、一月二十一日と二十七日に下る。それは文久三年五月に長州藩が下関で行った外国船への一方的な攻撃を「無謀」だと批判したうえで、まず武備を充実し、しかる後に攘夷に及べという、これまで孝明天皇が発していた勅諚（そして、これは幕府側も正式に受け入れ奉承していた）とは大いに異なる内容のものであった。また、この宸翰では、家茂に対し朝廷・幕府・諸藩の三者が力を合わせて国政を挽回することが望まれた。

ところが、まもなくこの宸翰が、薩摩藩から提出された草案（中川宮からの依頼を受けた薩摩側が起草）をほぼそのまま採用したものだということが露見する。すると、慶喜は、事態をこのまま放っておけば、天皇（朝廷）が久光（薩摩藩）の意向に取り込まれ、政局の主導権が彼らに掌握されかねないと、参預諸侯の中でも、とくに久光への警戒（不信感）を強めていくことになる（原口清「参預考」）。そして、これが参預会議の解体に直結した。

一橋（徳川）慶喜
（茨城県立歴史館蔵）

慶喜は三月に入ると率先して参預を辞することを表明し、事実上、久光らが後に続くことを促した（『徳川慶喜（人物叢書）』）。この慶喜の作戦が功を奏し、このあと事態は一気に瓦解の方向に向かって走り出すことになる。そして最終的に久光は朝議参預を辞退し、大久保らを伴って鹿児島に帰ることになった（四月十八日に京都を出発）。ついで、二日後の四月二十日、参内した将軍の家茂に対し、大政（政務）が再び委任された（『孝明天皇紀』五）。そして、これ以降、京都がすっかり中心地となった中央政局は、中川宮と関白の二条斉敬、それに彼らと強く結び付いた一会桑《いちかいそう》勢力（後述する）の手に委ねられることになる。

西郷の暗い見通し

以上、いささか長い説明となったが、西郷が上洛した時点の京都は、このように、せっかく創設された参預会議が、久光（薩摩藩）への一橋慶喜（幕府側）の疑念等によって、まさに崩壊寸前の段階にあった。そして実際、まもなく崩壊し、薩摩側は幕府とは明らかに距離を置くようになる。そのため、西郷の情勢認識も当然のことながら暗いものとなった。すなわち、先ほど挙げた桂久武に宛てたと思われる書簡には、(1)朝廷が「確乎たる基本」方針を打ち出せずにいること、(2)幕府も「詐謀勝《さぼうかち》」でどうしようもないこと、(3)参預諸侯が「幕府離間《りかん》の策」に陥って参預会議が瓦解したことが記され、それゆえ、自分としても、お手上げ（「頓《とん》と致し方」がない）で、「いずれ変乱相待つ外」ないとの、嘆息の声と絶望的な将来の見通しが併記されることになった。

長崎丸事件

西郷の上洛と新たな役職への就任は、このように島津久光および薩摩藩関係者にとって難しい舵取りを求められる段階にあたった。そして西郷は、ごく親しい知人には、お手上げだと伝えながら、すぐに事態の打開に向けて動き出す。まず彼が最初に取り組んだのは長州問題であった。これより前、西郷の流島時のことであったが、薩摩藩にとって真に厄介な問題が発生した。文久三年の十二月二十四日、薩摩藩の傭船《ようせん》長崎丸が繰綿などを積載して兵庫から長崎へ廻航の途中、長州藩の奇兵隊士などによる砲撃を受けて、乗組員六十八名中二十八名が死亡（溺死）するという大事件が起こった。ついで翌年の一月には長崎に船で向かう途上の薩摩藩士大谷仲之進が長州藩士によって殺害され、大坂の東本願寺前にその首が晒《さら》される事件が出来《しゅったい》した。いずれも薩摩藩が外国商人と長崎で交易して利益を上げているのを懲《こ》らしめるとの名目の下になされたテロ行為であった。

当時は外国貿易によって、日本の必需品が海外に流出し、その結果、物価高が招来されたとの批判が強く、それがこうした形での抗議となったのである。むろん、これは多大な被害を蒙った薩摩側の長州藩への猛反発を招くことになった。長州側の行為は、明らかに文久政変で薩摩藩関係者が先述したように重要な役割を演じたことへの報復措置にほかならなかったからである。

西郷の奇策

そして、このあと薩摩側には長州への出兵論が渦巻いたが、「内乱」の発生を極度に恐れる久光が押さえた。こうした中、上洛してきたのが西郷であった。そして、この問題は西郷にとって至急解決すべきものと考えられたようである。そこで西郷から奇策が提案されることになる。すなわち、長州の支藩主である岩国藩主の吉川経幹《きっかわつねまさ》が着坂したとの情報を得た西郷は、大坂の長州藩邸に単身乗り込み同藩関係者と話し合いたいとの考えを在京薩摩藩幹部に伝えた。そして彼らの同意を得た後、久光の意見を聴いて決定することになる。

そこで西郷が待機していたところ、久光が会うということになり、西郷は自分の考えを伝えた。だが、西郷の所見（意見）を詳しく聴いた久光の返答は、「殊勝の事ながら、此の度は先ず見合わせ」るようにというものであった。この久光の回答（指示）を受けて、「是非長に入《い》りて殺されたいと願」った西郷の計画はあえなく断念されることになる（元治元年四月十日前後に某氏〔おそらく桂久武〕に宛てたと思われる前掲西郷書簡）。

西郷がなぜ上洛早々このような考えを表明したのか。彼自身の説明によると、それは次のような見込みに基づくものであった。「（長州藩関係者を）迚《とて》も説得いたし付け候儀は六ケ敷《むつかしく》候得共、承引致さず候迚《とて》空敷帰し申す間敷《まじく》、（自分を）殺し候えば長には人心を失い申すべし、御親切の意相顕《あらわ》れ候処相尽すべきと思い居り候」というものであった（同前）。ここには、前時に比べ格段に慎重な姿勢に転じたとはいえ、「策」を講じるのがなによりも好きであった西郷の本質がよく出ていよう。それとともに、いかにも西郷らしい問題解決の手法が打ち出されている。自らを死地にあえて放り出し、問題の解決を図るという手法である。

言うまでもなく、この手法は、文久二年（一八六二）の三月時に平野国臣に対して語られた言葉に相通じるものであった。また、後年、遣韓使節を志望した際にも鮮明にみられた手法であった。いずれにせよ、この時点で、西郷は、単身で相手の懐《ふところ》に飛び込み、交渉が決裂して殺害されたら、それはそれでよし（相手を討つだけの大義名分が獲得できる）とする考え方を披瀝《ひれき》したものの、久光の反対にあって、あえなく撤回せざるをえなくなった。策略好きの西郷としては、きわめて残念な思いが残ったことであろう。

久光の帰国

それはさておき、久光が京坂地域を去った後の西郷は、慎重な姿勢を保持し続けることになる。これは、やはり一つには久光の指示によったと思われる。参預会議の失敗によって政治活動への熱意が以前に比べ失せた久光は、以後、当初からの方針であった禁裏の守衛にのみ自藩の目標を限定するようになる。その結果、自分に代わって京都に置いた小松や西郷らに対して、この目標以外で安易に動くことを禁じ、西郷らにそれを誓わせる。そして、御所を守衛するのに最小限必要な兵士を残して、自身は、四月十八日、鹿児島に向けて旅立った。

薩摩藩に対する嫌疑

小松らとともに京都で指揮をとることになった西郷のこれ以後の活動の柱は、大きく分ければ三つとなった。その第一は、薩摩藩に対する嫌疑を解く（もしくは薄める）ための活動であった。久光（薩摩藩）に対する一橋慶喜の嫌疑が参預会議の解体に繋がったことは先述した。だが、このほかにも薩摩側にとって決して軽視しえない同藩に対する嫌疑が存在した。薩英戦争後、薩摩藩は岩下方平らを横浜に派遣し、生麦事件の被害者への賠償金の支払いに応じることで、イギリス側と講和を成立させた（ただし、賠償金として求められた二万五千ポンドは、幕府から借り入れて支払うことになった）。

しかし、こうしたことが周辺に洩れ、薩摩藩は孝明天皇の望む攘夷に反対だとの疑惑が世間に広まることになる。そして、この疑惑が、攘夷運動の先頭に立った長州藩関係者のみならず、鳥取・岡山・水戸・名古屋藩など、攘夷派諸藩関係者の薩摩藩への嫌疑と反発を招くことになった。したがって、上洛後の西郷が取り組まねばならなくなった最大の課題の一つは、当然この問題であった。

ところで、この問題に関連して目につくのは、もちろん攻撃を仕掛けてくる中心であった長州藩への反感のみならず、幕府本体への強い不信が西郷の心中に生じたことである。たとえば、五月十二日付で大久保に宛てて発せられた書簡（『全集』一）において、西郷は、「近比《ちかごろ》御屋敷（＝薩摩藩）悪評甚《はなはだしく》敷起り、畢竟《ひっきょう》幕府より出候事多くこれある向きに相聞かれ申し候」と報じた。これは具体的には、上海において薩摩藩が「茶等の品を以て盛んに交易」を始めだしたと幕府が吹聴《ふいちょう》していると批判したものであった。この頃の西郷は、久光と同様、一橋慶喜および幕府本体を助けるという、それまでの扶幕的な姿勢を改め、はっきりとこれらとは距離を置きだしたが、それはこうしたことにもよった。

さらに、本書簡では、いかにも西郷らしい対応を採ったことが国元に報じられた。それは、久光の指令に基づき調練に努める以外は、いっさい目立つ活動は停止し、攘夷主義者から議論をふっかけられた際は、「因循説」つまり攘夷論で「押し通し」ているため、相手も突っ込みようがなく、困惑しているという主旨のものであった。実際、当時の西郷は、薩摩藩が外国商人と通商関係にあるとの風評が高まったのを受けて、輸出用の茶の買い入れのために上坂中の薩摩商人の取り締まりを大坂留守居の木場伝内に命じたりした（『全集』五）。

もっとも西郷は、この時点では、もはや開国は避けられないと認識していたが、攘夷的風潮が支配的である現実を考慮して、嫌疑をかけられる芽を着実に摘み取ることに抜かりはなかったのである（西郷が開国論の立場にすでになっていたことは、六月二十一日付で大久保に宛てた書簡〔『全集』二〕中に、「いずれ此の形勢、迚《とて》も……鎖国いたし候儀は相調《かな》い申す間敷《まじく》候間、自然開国の勢いに相成り申すべしと相考え居り申し候」とあることでわかる）。

西郷は、このように、いずれ開国体制に移行することは免れないとしながらも、当面は薩摩藩への嫌疑を薄めるために、打算的な措置を講じた。現に右の大久保宛の書簡においても、西郷は開国体制となれば、「茶・生蠟《きろう》等の品は余程《よほど》」利益を生むので、藩が直々に交易に乗り出す必要があること、しかしそれまでは当分、藩内の商人が外国商人と交易するのは厳しく取り締まるべきことを藩当局に要望した。

なお、念のために付け加えると、京都に残った西郷からは、当該期さかんに大久保に宛てた書簡が発せられるが、これは言うまでもなく、たんなる私信ではなかった。禁門の変前から後にかけて、大久保に宛てて発せられた西郷書簡は、その数といい分量といい、通常では考えられないほど多い。これは、むろん当該期が極度に緊迫した政治状況下にあったことが大きく関係した。しかし、理由はそれだけではない。これは明らかに、西郷が自分の書簡が大久保の背後に控える久光・忠義父子や藩重役（なかでも久光）に読まれると踏んだことによった。そのため書簡の内容は、いずれも詳細で、かつわかりやすいものとなった。そして、こうしたところに西郷が第二次流島時代に学んだ成果が反映されたとみてよい。とにかく、当該期の西郷は、あらぬ疑いを招かないためにも、説明責任を果たすことに熱心であった。このことを確認して、次に西郷の京都時代になされた活動の柱の第二となったものに話を移す。

朝廷上層部への接近

その第二は、たとえ名目上にせよ、国政の中枢に位置するようになった朝廷内の支配者（上級廷臣）らへの接近を図ったことである。そして、これには、京都に在って、いきなり藩を代表する存在となった西郷の体験も大きく関わったと思われる。再復帰後の西郷が、すぐに重要な舵取りを任せられる立場となったことをよく物語る話がある。西郷が京都に到着してまもない段階（三月中）でのエピソードである。二条関白から呼び出された西郷は、⑴久光の帰国は認められないこと、⑵久光以外に「四・五侯」を在京させるので、推挙するようにと告げられたのである（『続再夢紀事』三）。

よくよく考えれば、二条関白の指令は、丸投げに近い無責任極まりないものであった。いかに武家に関する知識・情報が乏しかったにせよ、調査をすれば朝議の相談をなしうる有力諸侯の存在は把握しえたであろう。もっとも、このような相談自体、久光および薩摩藩への迎合（御機嫌とり）と受けとれなくもないが、朝廷上層部の力量不足をさらけ出したに等しかったことは間違いない。そして、この申し出に対し、西郷は、「京師に留め置かるべき諸侯の選択は仕りがたし」と断る。まずは賢明な返答であったといえる。

そして、どうやら西郷は、こうした体験などを通じて、関白以下の朝廷上層部の実力不足を痛感したようである。それが中川宮への接近工作となる。宮は、安政の大獄で隠居・永蟄居の処分を受けた後、文久二年四月に永蟄居を免ぜられ青蓮院に還住した。ついで朝政への影響力を確保するために強力なパートナーを必要とした薩摩藩の猛烈な働きかけで、翌文久三年に還俗《げんぞく》した（僧籍を離れて、俗人にかえる）。そのため薩摩藩との良好な関係が築かれたが、朔平門外の変（姉小路公知《あねがこうじきんとも》の暗殺事件）後、テロ実行犯に薩摩藩士が目されたことなどもあって、一時同藩と距離を置くようにもなった。しかし、宮は、朝廷内で大きな発言力を有していたので、宮への積極的な接近が改めて図られたのである。

このことに関連して少々興味深い話が残されている。文久三年頃、中川宮の「近侍」に「十八歳位」の並河靖之《なみかわやすゆき》なる人物がいて、京都に上ってきたあとの西郷が、この靖之を「祇園の奈良富や一力などに」連れていき、「茶屋遊び」をさせたとの話が、靖之から娘の徳子に「自慢話の一つ」として語られたという。これは、おそらく、中川宮と親しい関係を築くための先行投資であったと思われるが、とにかく靖之は、西郷の手ほどきで「茶屋酒の味を覚え」たとされる（並河徳子遺稿『父をかたる』）。ことの真偽はむろん確かめようがないが、「策」を講ずるのがすこぶる好きだった西郷なら、いかにもありそうな話ではある。とにかく、西郷が中川宮との関係強化を図ったのは事実であった。これは、孝明天皇や近衛忠熙の支持が宮に寄せられていた以上、宮と太いパイプを通じておくことが必要不可欠だったからである。

対長州問題

つづいて、西郷が取り組んだ仕事の第三としては、やはりなんといっても、長州藩兵の相次ぐ上洛と彼らの要求に、薩摩藩として、どう対応するかという問題が挙げられる。長州藩が前年の政変で多くの藩士を追放された後、京都での復権を求めて、家老の国司信濃《くにししなの》（一八四二～六四）に上洛を命じたのは元治元年五月二十七日のことであった。ついで同月晦日には、同じく家老の福原越後《ふくはらえちご》（一八一五～六四）に江戸出府を命じる。さらに六月四日には、世子毛利元徳《もうりもとのり》（定広《さだひろ》。広封《ひろあつ》。一八三九～九六）を上洛させることも決定する。

池田屋事件

こうしたところに、京都からもたらされたのが池田屋事件の報であった。この事件は、六月五日に発生した会津藩配下の新撰組による過激な攘夷主義者の虐殺事件として広く知られているが、事件の報が山口に伝わると、長州藩は、即日、家老の益田右衛門介《ますだうえもんのすけ》（一八三三～六四）に上洛を命じた。ここに長州藩は、いわば藩を挙げて京都に乗りこむ形となる。そして、六月二十四日の夕方に福原に引率された一行が伏見に到着する。

長州藩の会津藩孤立策

以後、続々と京都に到着した長州藩兵は、嵯峨の天龍寺や山崎の天王山等に陣を構え、自分たちの要求を朝廷に認めさせようとした。そして、同藩が戦略面で巧妙だったのは、敵を会津一藩に絞りこんだことである。すなわち、会津藩が京都守護職を務める藩主松平容保の指揮下、尊王攘夷派を弾圧していると激しく批判し、容保の洛外への追放を求めた。こうした戦略が功を奏し、ことは長州と会津両藩間の個別的な問題だと受けとめる向きが多くなった。

むろん、これは、諸藩の多くにとって煩わしい問題に関わらないで済む有り難い戦略でもあった。「傍観」者であることが公然と許されたからである。しかし、そのぶん、会津藩は孤立感を深めることになった。そのような過程で、朝廷内から、長州藩の主張を受け入れて容保を洛外に追放し、そこで長州と会津の両者を戦わせたらよいとの声が高まってくる（『続再夢紀事』五）。これは、(1)攘夷論が大勢を占めていた（世論であった）朝廷内では、そもそも長州藩に対して同情論が多かったこと、(2)京都守護職として、京都の新たな支配者の一員に加わった会津藩に対する反発が強かったこと、などによった。

西郷らの対応

では、こうした中、西郷は同僚とどのような対応を採ったか。彼も、中立的立場を守るとの名目の下、当初は傍観を決めこんだ。それが、幕府からの出兵要請を受けた際、薩摩側が即断ることとなった。西郷らは池田屋事件の発生を重視し、このことをもって、今回の件は長州と会津の私戦（「全く長会の死闘」）だから「無名の軍を動かし候場合にこれなく」と受けとめた（六月二十五日付大久保宛書簡（『全集』一））。そして自分たちは、すでに藩の方針として確立されていた故島津斉彬の「御遺策（志）」に基づいて行動するとした。すなわち、禁闕の守護を最優先課題として、中立的な立場を守るということである。

松平容保
（国立国会図書館蔵）

もっとも、そのため、薩摩藩の存在は、西郷によれば、会津（幕府）と長州の双方から、味方としての期待をかけられることになる。そして、これを受けて、在京薩摩藩邸内でも、長州と会津のどちらを支援すべきかをめぐって論争が展開されることにもなる。だが、この後、長州藩および同藩を支援する勢力が兵威をもって朝廷に圧力をかけ、朝廷を文久政変以前の状況に引き戻そうとするに至って、西郷らは方針を変えることになる。

方針転換

転機となったのが西郷への諮問であった。六月二十七日、対長州問題に関わる朝議が開らかれる。そして、この朝議の席で、議奏の正親町三条実愛《おおぎまちさんじょうさねなる》から、長州藩主父子の上洛と、その後の朝敵処分の解除を求める意見が出され、朝議はこれに決定をみる（ただし三条実美《さんじょうさねとみ》以下の脱走公卿に対しては、依然としてその罪を許さないことになった）。この決定に対し、同日の夕方、一橋慶喜が参内して抗議を行う。その主旨は、まず長州サイドの動きを、「兵器を携え来り、朝廷に相迫り候儀、臣子の分《ぶん》を越え、甚だ以て不遵《ふじゅん》（＝不敵な振る舞い）」だとしたうえで、長州藩兵の京都からの退去を命じる通知を発することを朝廷に求めるものであった。そして、さらに慶喜は、自分たちの要求が採用されない場合は、一会桑三者は揃って辞職するほかないと脅した。

ここに朝廷上層部は混乱に陥り、そうした中、薩摩藩の縁家当主であった内大臣の近衛忠房から午後十時頃に西郷が呼び出され、彼の意見が聴取されることになる。そして、この時、西郷は慶喜の論が妥当だとし、長州側が承諾せず「暴発」したら、長州藩の罪状を明記した追討令を諸藩に発令すれば、「名義」も正しく、かつ「朝威」も振るうと返答した。

西郷の意見がどれほどの効力を有したかはわからないが、このあと朝議は「一橋の論」に決定をみる。すなわち、「和戦共、一橋の見込（み）を以て所置致すべき旨御委任」となった。そして、これとともに在京薩藩首脳の方針もほぼ固まる。もっとも、この後、江戸の情勢が変化したことを受けて慶喜の対応が旗幟《きし》鮮明とはいかなくなる。これは、慶喜とともに横浜鎖港論の急先鋒であった政事総裁職の松平直克《なおかつ》（松平慶永の辞任後に就任）が退役したため、慶喜が動揺したことによったらしい。ついで、慶喜が長州藩と手を組むのではといった憶測も流れることになる。

西郷が収集した情報によると、当時の京都では、⑴長州藩兵が嵯峨、伏見、山崎天王山に駐屯、⑵鳥取藩は親長州、⑶公卿は「長州一味」の者が多い、⑷正親町三条実愛は福原越後の入洛許可論等だったという。そして、こうした状況を総合的に分析して、西郷は、七月四日時点で、もはや戦闘の開始は不可避だとの判断を下し、「今明日《こんみょうにち》の挙動を只相待つ計《ばか》り」だとの心境に達する（七月四日付大久保宛西郷書簡〔『全集』二〕）。

負傷・落馬

こうした中、七月十八日夜から翌日未明にかけて、ついに長州側が動くことになる。国司信濃の率いる長州藩兵が、嵯峨の地を出て会津藩兵の守る蛤《はまぐり》御門《ごもん》への進撃を開始したのである。この時、薩摩藩は主として乾《いぬい》門の警護にあたっていたが、会津藩の応援に駆けつけ、これによって敵兵を退けることに成功した。むろん西郷は、この戦闘に奮って参戦した。戦闘が終結した翌日（七月二十日）、いまだ興奮冷めやらない段階で大久保に報じた西郷書簡（同前）によると、彼は、唐門（公家門）まで押し寄せてきた敵兵を、今度は薩摩藩の軍勢のみで打ち破り退けたという。そして、この後、鷹司邸内へ逃げ込んだ相手を砲撃で火攻めにしたところ、堪り兼ねて敵兵は早々に退去したとも記す。

もし、これがほぼ百パーセント真実を伝えるものだとしたら、禁門の変時に発生した、京都の街の過半を焼くことになった火災の一因は、薩摩藩兵らによる鷹司邸への砲撃にあったことになる。それはともかく、この書簡からは、西郷の天性といってもよい「戦好き」の性分が十分過ぎるほど滲み出ていよう。もっとも、この時の戦闘で、西郷は大事には至らなかったものの、流れ弾で足をやられ落馬することになる（なお、この時の戦いで脇腹を打ち貫かれ、西郷と同様落馬し、その後、自刃したのが、敵将の来島又兵衛《きじままたべえ》であった）。

蛤御門（京都市上京区烏丸通下長者町下ル）

初めての戦闘体験

ところで、西郷にとって初めての戦闘体験になったこの禁門（蛤御門）の変で、彼が部下を率いて勇敢に戦ったのは、次のような計算があったからである。西郷は、禁門の変勃発後、ほぼ一カ月が経過した八月十七日付で大久保に宛てて送った書簡（同前）中に、次のように記した。「此の度《たび》の戦い迄、目覚《めざま》しき軍《いくさ》をいたし、（その後）混《ひた》と（じっと）乙名敷《おとなしく》いたし居り候わば、天下中の人も如何程《いかほど》か恐れを成し候わん」。西郷は、かように計算高い男だったのである。

さらに、この禁門の変時、西郷が体得した実感で軽視しえないのは、長州藩兵への侮蔑観であった。すなわち西郷は、七月二十四日付で木場伝内に宛てた書簡（同前）において、前々日の七月二十二日、幕府が長州藩大坂留守居の北条瀬兵衛《ほうじょうせべえ》に退去を命じ、そのあと藩邸を壊して邸内に在った穀類を没収した際、何の抵抗もしなかったことに触れ、次のような感想を記した。「（こうした対応は）人臣の義を誤つものに御座候。此の度《たび》に付いては義死の者少なく、一国の風推計《おしはか》られ候」。この禁門の変時に図らずも得た感慨が、その後の西郷の対長州藩（人）認識に及ぼした影響は決して軽いものではなかったと思われる。

3　第一次長州戦争と西郷隆盛

長州藩が「朝敵」となる

禁門の変は、周知のように、わずか一日だけの戦闘で終わった。そして、長州藩兵が御所に向かって発砲し、そのうえ戦闘の最中、長州藩主父子が京都に派遣した家老の国司信濃に授けた軍令状（具体的な作戦内容を指示したものであった）が薩摩藩士によって発見されたことで、長州藩は「朝敵」となる。すなわち、彼らが初めから軍事力によって目的を達成する計画であったことが明らかとなった。ここに、七月二十三日、長州藩追討の朝命が慶喜に下り、翌二十四日、幕府から中国・四国・九州地方の計二十一藩に出兵令が出される。そこで、引き続き、これから長州藩の処分問題についての話に入るが、その前に西郷に訪れた変化についても記しておくことにしたい。そして、これには盟友である大久保との関係の微妙な変化が伴った。

大久保に対し再度先行することになった西郷

これより前、大久保が島津久光を担いで上洛し、参預会議の創設にまで漕ぎ着けたものの、一橋慶喜の反撃にあって、あえなく京都から撤退を余儀なくされた経緯については先述した。したがって、禁門の変での勝利は、薩摩藩にとって中央での失地を劇的に回復するものとなった。そして、この点で西郷の果たした役割はすこぶる大きかったといえる。とにかく、西郷の活躍による禁門の変での勝利によって、薩摩藩はその軍事的・政治的地位を大きく回復（もしくは飛躍）させることになった。

側役に昇進

もっとも、惨めな気持ちで帰鹿したであろう久光や大久保が、西郷への、ある種の妬ましさをまったく感じずに、禁門の変後の薩摩藩をとりまく状況の変化を、藩のために良かったと素直に受け容れることができたかどうかは、実のところよくわからない。ただ今回の件で、それまで大久保に大きく引き離されていた西郷が、大久保に対し再び先行する立場にたったことは否めない。禁門の変直後、大久保に宛てて発せられた西郷の書簡は、戦勝の余威に基づく気宇広大な気分を濃厚に漂わせたものだったが、こうした書簡を送りつけられた大久保の心持ちは、いかなるものであったろうか。興味が尽きないが、ひとまず西郷は藩内的にも大勝利を収めた。そして、これが、まもなく彼の昇進へと繋がる。すなわち西郷は、禁門の変での戦功によって、元治元年の十月二日、軍賦役から側役への昇進を遂げる。また、これに伴って、彼の弟であった吉二郎や信吾も、それぞれ昇格（進）を遂げた。西郷家にとっても一気に春を迎えたのである。

開国へのチャンス到来

ところで、禁門の変によって攘夷即行派のリーダーであった長州藩関係者が京都を追い払われ、かつ「朝敵」となったことは、客観的にみれば、日本国を開国体制に転換する願ってもないチャンスの到来となった。そして、このことを自覚し、行動に移したのが松平慶永であった。慶永は、禁門の変後いまだ一カ月に満たない八月十五日付で、一橋慶喜に「意見書」を提出したが（『続再夢紀事』三）、その中で今がそのチャンスだと慶喜に訴えた。

具体的には、(1)日本全国の有力諸侯を京都に呼び集め、開国か鎖国かのどちらを選択すべきかを議論させる、(2)ついで将軍を早く上洛させ、将軍のリーダーシップの下、この問題を話し合い、一定の方針を打ち出す、(3)そのうえで、天皇の面前で最終的に国是（国の方針）を確定すれば、「天下の人心」も定まるというものであった。

将軍の進発を強く求める

この意見書では、慶永は用心深く自らの立場が開国論であるとも攘夷論であるとも明示してはいないが、これを機に日本国を一気に開国体制にもっていこうとの狙いが隠されていたことは言うまでもない。そして、久光不在中の京都を預かる立場にあった西郷の考えも、基本的にはこのラインに繋がるものであったことは間違いない。彼も将軍の進発を強く求めたのである。

すなわち、禁門の変直後と言ってよい七月二十三日、朝廷から禁裏御守衛総督・摂海防禦指揮の一橋慶喜に対し、長州藩追討のため将軍が江戸を進発することが要請されると、西郷は薩摩藩を代表して熊本などの有力外様藩や、一会桑三者および紀州徳川家などとともに、将軍の進発を求めた。

なぜ家茂の進発を求めたか

では、なぜ西郷らは一致して早い段階での家茂の進発を求めたか。その理由は、(1)将軍がただちに再度上洛して天皇を支え、そのことで朝廷と幕府が協調関係にあることを広く世間に示す必要があると判断したこと、(2)当時、長州藩への報復の動きをみせていた欧米諸国が長州への攻撃をしかける前に、速やかに長州藩の処分を行わねば、外国の力を借りて同胞を討ったとの批判を招くと恐れたこと（現に、イギリスの海軍中将キューパーを総司令官とする四国連合艦隊の下関攻撃がまもなく〔八月上旬に〕始まった）、(3)長州藩内が大混乱に陥っているうちに将軍が有力諸侯（島津久光・松平慶永・伊達宗城ら）とともに上洛して同藩の処分を早急に行うことが望ましいと考えたこと、などによった（『徳川慶喜〔人物叢書〕』）。いずれにせよ、西郷は禁門の変後、将軍の上洛を促すことに熱心となった。

対長州強硬論

禁門の変後の西郷に関してぜひ押さえておかねばならないことがほかにもある。その一は、征長戦が想定された当初の段階では、西郷は武力行使論者（対長州強硬論者）だったことである。このことは、元治元年九月七日付で国元の大久保に送った書簡（『全集』一）中に、「是非兵力を以て相迫り、其の上降を乞い候わば僅かに領地を与え、東国辺へ国替《くにがえ》（＝毛利家の転封《てんぽう》）迄は仰せ付けられず候わでは、往先《ゆくさき》御国（＝薩摩藩）の災害を成し、御手の延び兼ね候儀も計り難く」云々と記していることで容易にわかる。

西郷が厳しい条件での長州藩の処分を当然だとしたのは、禁門の変後、この戦いが一般的に長州藩対薩摩・会津両藩のそれだったと受けとめられるようになったことにもよった。たとえば小倉藩領内の庄屋の日記の元治元年七月二十九日の条には、「風聞には……薩州勢・会津勢（長州勢を）打ち払い候由」とあった（『小森承之助日記』四）。むろん、こうした受け止め方は、敗者となった長州側にも強くあった。そのため、同藩では「薩賊・会奸」のスローガンの下、薩・会両藩への憎しみが継続されていくことになる。

勝海舟と会う

その二は、勝海舟（一八二三～九九）と出会い、海舟の考えにいたく影響を受けたことである。そもそも西郷が勝海舟と会うようになったのは、福井藩側から、福井・薩摩両藩の代表者が、近く江戸に帰ることになっていた海舟に同行し、将軍の上洛をともに促そうとの案を提示されたことによった。西郷はただちに同意し、彼らと九月に海舟と初めて会うことになる。

当時、海舟は幕府の軍艦奉行であったが、西郷らが帰府周旋のプランを提示すると、それを無意味だと拒否した。そして、さらに幕府に政権担当能力がない以上、薩摩や福井などの雄藩が奮発して長州征伐を行い、かつ幕吏の淘汰《とうた》を実施したうえで、有力諸侯（「明賢の諸侯四・五人」）が「会盟」つまり話し合い協力して欧米諸国に対処し、彼らの主導の下、新たに条約を結び直し、国是（国の方針）を定めるべきだといった構想を、西郷らに語ったという（九月十六日付大久保宛西郷書簡〔『全集』一〕）。

また、この日にそうした話が出たかどうか定かではないが、海舟はかねがね李氏朝鮮や清国といったアジア諸国と同盟を結び、海軍を充実させることでヨーロッパ諸国と対峙する必要があると主張していた（『幕末日記』）。とにかく発想のスケールがとてつもなく大きく、これに西郷がひどく驚かされ、他方海舟も西郷の傑物であることをいち早く見抜き、翌十月に軍艦奉行を罷免されると、門人の坂本龍馬《さかもとりょうま》ら浪士集団の庇護を薩摩藩に依頼し、小松や西郷がそれを引き受けたのは、幕末史ではあまりにも有名な出来事である（なお、西郷らが引き受けたのは、文久三年末に発生した長崎丸の沈没事件によって多くの汽船乗組員を失ったことが大いに関係した。つまり勝の許で航海術を学んだ龍馬らを、代替的存在として活用しようと考えたということである）。

褒賞問題の発生

その三は、島津久光との関係において、赤信号が再び点《とも》りかけたことである。そして、これには、西郷個人の考えや、久光不在中の京都において西郷らが独自の判断を早急に下さねばならなかったことが大いに関わった。前者が原因となったのは、褒賞《ほうしょう》（論功行賞）問題に端を発する国元との意見の衝突であった。禁門の変後、朝廷は、禁闕の守護と長州藩兵の駐屯する天龍寺攻めの、それぞれ総大将を務めた島津図書（久治。久光の次男）と島津備後（珍彦《うずひこ》。久光の三男）に対し、すぐに嘉賞した。とくに島津図書に対しては、七月二十二日、その功をさらに賞して錦二巻を下賜した。ついで、これに伴う形で、一般将兵への褒賞が藩主名代の島津図書からなされる。

当然、一般将兵への褒賞には西郷の判断が大きく関わった。だが、のち、この問題が国元で大問題となる。そこで西郷は、釈明のため、大久保に書簡（八月十七日付書簡〔同前〕）を送ったが、その中には次のような文言が含まれた。「御褒賞の儀に付いては、引き続き戦争相成る模様にて、一戦の処は直様《すぐさま》賞し置かれ候様《よう》の事に運ばず候わでは、兵気も相振《ふる》わず、御名代（藩主忠義の名代。島津図書）の兵権丈《だけ》は非常の節は相付けず候わでは、一体（＝全軍）の御指揮もおくれ候事のみ罷《まか》り成るべく候に付き、戦功丈《だ》けは当座相賞され、軍威相立ち候様御処置相成りたる事に御座候（下略）」。西郷の簡潔な説明で十分理解されるように、将兵の褒賞は将来にわたって兵卒の士気を鼓舞するためにも急がれたのである。

坂本龍馬
（国立国会図書館蔵）

しかし、それにもかかわらず、このことが鹿児島で大問題となったのは、藩主と藩士の上下関係を維持していくうえで、褒賞が重要な位置を占めたからであった。すなわち、このような大事なことを出先（在京薩藩指導者）の一存で行ったことが越権行為だと批判された。批判の中心として考えられるのは、久光の側近である。なかでも、大久保利通あたりが、久光への影響力という点で最も深く関わった可能性がある。『西郷隆盛全集』の解説（同前）でも、「在藩の島津久光や大久保などから異見が出されたらしく」云々とある。

越権問題

後者は、将軍の上洛を求める活動に絡まるトラブルであった。すなわち、元治元年十月初旬段階で、西郷は近衛忠房からの依頼を受けて、将軍の上洛を求める使者を江戸に派遣した。ところが、こうした行為が越権行為だと国元で問題にされ、久光は配下の奈良原《なら はら》繁《しげる》を京都に派遣し、西郷に帰国を命じる事態にまでなる。

久光が越権行為だと見なしたのは、近衛忠房の依頼は藩主に対するものであって、西郷ごときが勝手に独断で対応しうるものではないと判断したためであった（町田明弘「第一次長州征伐における薩摩藩」）。そのため西郷は、十月八日付で大久保に書簡（同前）を送り、ここに至った事情を説明した。

もっとも、これより前、京都では、九月二十八日に大坂に到着し、ついで上洛した家老の小松帯刀と在京薩藩指導者が協議し、西郷の帰国をひとまず見合わせることで決着がついていた。異類の昇進を遂げたとはいえ、一介の藩士にすぎなかった西郷だけでは即帰国となっただろうが、小松らの支援を得たことで、このような強気な決定がなされたのである。

帰国が先送りされる

また西郷の帰国を先送りすることになったのには、当時の京坂地域をめぐる政治状況の緊迫化が大いに関係した。すなわち、当時、欧米諸国の艦隊が大挙して大坂湾に渡来する可能性があった。これは、この直前に、外国艦隊の攻撃を下関で受けて降伏した際、長州藩から自分たちの前年の攘夷行動が朝廷と幕府双方の命令に基づくものだとの主張がなされたためであった。長州藩の主張によって幕府への不信感を募《つの》らせた外国側は、このあと幕府首脳に対し、大坂湾に来航し天皇と直接交渉して新たな条約を結ぶことを宣言する。そして、こうした情報が九月下旬に老中の阿部正外《まさと》から朝廷に報じられ、ついで近衛忠房から西郷らの許に知らされた（十月八日付大久保宛西郷書簡〔同前〕）。

一方、これとは別に、征長戦がいつ実行に移されるかわからない政治状況も存在した。また、江戸の幕閣と一橋慶喜との対立が深まったとも噂されるようになった。このような複雑な政治状況下、将兵に徳望のある西郷が京都を離れるのは困ると判断した京都藩邸では、西郷の帰国を十一月いっぱいまで見合わせることに決したのである。そして、この薩摩藩が取り囲まれた切迫した政治状況と、西郷の書簡をもってした説明が功を奏したためか、なんとか、この件は収まったらしく、西郷の帰国は翌年の一月まで延びることになった。

自らの判断を優先

さて、禁門の変後の西郷は、このように、相変わらず久光の鋭い監視の眼を意識しながら、京都に在って薩摩藩のための活動に従事することになった。しかし、そうだからといって西郷の活動が委縮したものになったわけではなかった。彼は、総合的に判断して、たとえ久光の指示（考え）に基づくものではあっても、藩にとってそれが不利益になると確信の持てたものに対しては、自らの判断を優先した。その一例として挙げられるのは、禁門の変前に作成されていた国元からの建言書（藩主名で朝廷へ差し出す予定のものであった）を、西郷の一存で朝廷に提出するのを見送ったことである。建言書の内容は伝わらないが、おそらく、攘夷路線の転換を図ることを朝廷に説き、そのことで当時実行に移されようとしていた欧米諸国による長州藩への報復攻撃を押し止めようとしたものだったと考えられる。

ところが、この建言書の内容では、禁門の変後、長州側に圧力をかけ、問題を一気に解決しようとした西郷の目論見とは大いに齟齬《そご》した。また、すでに四カ国連合艦隊の長州藩への攻撃も終了し、両者の和議が成立したとの情報（ただし、この時点では噂）も西郷の許に届いていた。そこで西郷は、九月七日付の大久保宛前掲書簡で、こうした情報を記し、併せて提出を見送りたいとの自らの考えを伝え、実際その通りにした。さらに禁門の変後、久光に対して朝廷から至急上洛が求められたが、これに対しても西郷は異論を唱えることになった。

西郷が理由として挙げたのは、先ほど記したような混沌とした国内情勢であった。すなわち、大坂湾に外国人が開国の勅許を求めて来航するかもしれない一方で、やはり朝廷からの要請を受けて将軍の徳川家茂が再度上洛するかもしれないといった風説（情報）が飛びかっている状況下、慌てて久光が上洛しても国事周旋の目途《めど》が簡単には立たないだろうということであった。とにかく西郷は、こうした理由を挙げて久光の上洛を当面延期した方がよいと国元に申し送ったのである。いずれも、戦略家としての西郷の本性がよく窺われる冷静な分析に基づく意見だったと思われるが、これでは久光や側近の大久保らにとって、自分たちの意見が無視されたに等しかったといえよう。

さらに、この当時の西郷は、イギリス側と横浜で軍艦購入の交渉にあたっていた藩探索方の南部弥八郎が、九月七日に同地から上洛して来ると、すぐに南部に対し、「軍艦の儀は誠に当時態、要因の第一に候」との観点から、軍艦の購入に関して詳細な指示を与えた。そして、このことを翌九月八日付の大久保宛の書簡（同前）でもって報告し、事後承諾を求めた。西郷は、このように、藩のために善いとの確信が持てれば、独断専行も辞さなかった。

長州藩処分問題

取り上げるのが遅くなったが、これから、禁門の変後、朝廷・幕府・諸藩三者にとって至急解決を求められた長州藩処分問題について見ていくことにしたい。禁門の変後、長州藩が「朝敵」となり、長州征討令が出されたことまでは先述した。そのため、本来なら朝廷から大政を委任された将軍がイニシアチブをとって、この問題にすぐに対応すべきであった。

ところが、先の上洛で莫大な失費を強いられたうえ、将軍の家茂がいわば「人質」同然の状態となり、なった。

朝廷サイドの要求（すなわち横浜鎖港の実施）を呑まされるという、直近の苦い体験が、江戸の幕府首脳や幕臣の、この問題への対応を著しく後らせることになった。幕府は主導権を回復するチャンスを「棚からぼたもち」式に得たが、いかんせん問題を解決する処理のスピードに乏しかった。そのため、みすみすチャンスを失い、このことが最終的には、江戸幕府の長期間に及んだ支配を終焉《しゅうえん》に導く要因ともなった。

事実、徳川政権が朝廷や有力藩等が強く望んだ将軍の上洛を素早く決行しておれば、幕府の命運は延びたことであろう。少なくとも、その後の歴史は、我々の知っているそれとは変わったものになったと想像される。そして、このことは、幕府側に在って、危機察知能力を相当程度有していた幕臣の大久保一翁《いちおう》（一八一七〜八八）が、慶応二年（一八六六）一月四日、自分を訪ねて来た福井藩の中根雪江に対し、次のように語ったことでも明らかであった。「元来、長人等（＝）昨年京師に闌入《らんにゅう》（＝許可なしに入る）し、天下挙《こぞ》って討伐すべしと申し時、大樹公（＝将軍の家茂）御進発あらば、其の御職掌にも適《かな》い、且は御威光も立べかりしに、当時、其《その》事に及ばれず」（『続再夢紀事』五）。大久保一翁がごく簡潔に語ったように、幕府は延命できる好機を自ら逸したのである。

征長総督が徳川慶勝に決定

こうして、将軍の上洛と進軍が決定をみない中、将軍に代わって征長戦の指揮を執る人物の人選が急がれた。だが、有力候補の名が挙がっても、本人の相次ぐ辞退で、なかなか決定をみなかった。征長軍の総督候補者として名前が挙がったのは、一橋慶喜や松平慶永、それに和歌山藩主の徳川茂承《もちつぐ》であった。すなわち、一橋慶喜を松平容保と定敬《さだあき》と名古屋藩が、松平慶永を慶喜と山内容堂と在京幕閣が、徳川茂承を幕府首脳が、それぞれ推したものの、本人の固辞や周りの反対によって、いずれも潰《つい》えた。なかでも強く辞退したのが慶喜であった。慶喜は幕臣から将軍職就任の野望があると疑われたことを厭い、表立つ活動を控えたほどであった。そして、最終的には前名古屋藩主の徳川慶勝（副総督は福井藩主の松平茂昭《もちあき》）でようやく決着する。

西郷が征長を急いだ理由

ところで、この問題に対する西郷の考えであったが、彼は当初、会・桑両藩等が推す慶喜擁立派であった。だが、まもなく、慶喜就任の可能性は低いと判断して、征長軍の副総督に八月四日命ぜられた松平茂昭を担ぐことを考え始める。そして、これには福井藩の君臣がともに朝敵追討の使命に燃えていたことが大いに関係した。つまり副総督の茂昭を事実上総督と同様の存在とし、彼の指揮の下、征長の実施を急ごうとした（九月七日付大久保宛前掲西郷書簡〔『全集』一〕）。それだけ西郷は征長を急ごうとしたといえる。

むろん、そのように判断した理由の一つは、先述したように、四カ国連合艦隊による長州藩への攻撃が始まる前に事態を収束しなければ、国内各層からの反発が寄せられることを恐れたためであった。しかし、西郷が征長を急いだ理由はそれだけではなかった。彼はなによりも「勢い」を重視したのである。すなわち、禁門の変での勝利の余勢を駆って長州藩に臨めば、大きな成果をすぐに引き出せると踏んだ。また薩摩一藩の権益を見据え、薩摩藩が征長戦で主役として活動し、そのあと引っ込めば、「天下の胆を挫《くじ》」くような効果を上げられるとも考えた。いずれにせよ西郷は、薩摩藩がどのような行動をとったら世間から最も高い評価を獲得できるかをつねに計算して動こうとした。これは、まさに「演出家」の視点に立つ計算であったとみなせる。

征長軍の事実上の参謀に就任

つづいて、このあとの西郷は、広く知られているように、実際、主役の座に就くことになる。征長軍の事実上の参謀役に就任したのである。これより前、九月になって、ようやく徳川慶勝が征長総督への就任を受諾し、これが公表される。ついで十月二十二日、大坂城において、副将の松平茂昭をはじめ、幕府の大目付や征長戦に参加する諸藩の代表を集めた軍議が開かれることになる（この日、西郷も小松の指示で吉井とともに出席した）。そして、この席で、慶勝から征討に関する勅旨が伝えられ、かつ将軍家茂の委任状（十月四日に軍事委任の朱印状を慶勝に交付した）が示される。ついで、翌々日（二十四日）の夜に、すでに十月十五日に下坂していた西郷が初めて慶勝と面談し、この席で征長に関する西郷の意見が問われ、彼が自分の考えを述べることになる。

この時、慶勝に対して告げられた西郷の意見は、いかにも彼らしいものであった。それは簡潔に記すと、憎々しい長州藩を一度は痛い目に遭わせねばならないが、やり過ぎは駄目だというものであった。具体的には次の諸点が柱をなした。(1)早期決着を図るべきである（できるだけ早く長州藩に謝罪させる）、(2)そのためには長州藩を消滅させるような策（長州藩を「死地」に追い込み、藩を挙げての抵抗を招くような策）はとらない、(3)それよりも、長州藩内の穏健派を支援することで過激派を孤立させ、藩として謝罪させる（十月二十五日付小松帯刀宛書簡〔『全集』一〕）。

注目すべきは(2)である。というのは、当時、藩から命ぜられて、村田新八・川村純義《かわむらすみよし》とともに岩国に派遣された伊集院兼寛は、後日、西郷から長州藩内の抵抗勢力をことごとく処罰すれば、必ず幕府から次の矛先が薩摩藩に向かうようになるだろうとの弁を聞かされているからである（「伊集院兼寛日誌」）。

西郷が起用された理由　十月二十四日の面談で自分の考えを披瀝《ひれき》し、慶勝の同意と問題の解決を托された西郷は、さっそく、かねてからの「策」を実行に移すことになる。が、その前に、なぜ彼が征長総督府の事実上の参謀に起用されたのかについても、触れないわけにはいくまい。そして、これにはいくつかの理由が考えられる。その一は、名古屋藩サイドには、同藩だけでは長州征伐の遂行が難しく、しかも諸藩からは攻め口の変更等の難題を突きつけられ、このうえは薩摩藩を取り込まなければ首尾を全《まっと》うすることができないとの判断があっただろうことである（「第一次長州征伐における薩摩藩」）。

その二は、徳川慶勝がかつて一橋派に属したことからくる因縁によっただろうということである。すなわち、安政期の将軍継嗣問題では、西郷らは近衛忠煕を介して、孝明天皇から降った「密勅」を慶勝に渡そうとしたものの、すでに慶勝が隠居謹慎を命じられていたために、それが不可能になった経緯があった。

その三は、禁門の変時の戦いで薩摩藩兵の勇猛さが知れわたったこと、その統率に西郷があたったことが挙げられる。また、薩摩藩が征長に熱心だと受けとられたことも軽視しえない要素となろう。それにいま一つ、巨大な軍事力を有し、かつ諸藩への影響力が図抜けていた薩摩藩を味方につける必要もあったであろう。

その四は、征長総督府を内から支えねばならない立場にあった尾張徳川家の人材不足が挙げられる。この点に関しては、前宇和島藩主の伊達宗城に対して、松平慶永が慶応元年一月時点の書簡でもって伝えた次の言葉（『続再夢紀事』四）が端的に物語っている。「全く督府一人も人材これ無し、丁寧着実の田宮如雲一人事を執るの趣、如雲なるもの断決は薄き方にて候。……此の人一人にして、他は地を払い、それゆえ（督府が）因循に相成り候事と考えられ申し候」。御側側用人（参政）の田宮如雲《じょうん》は、西郷の若い時分に交友関係にあり、その縁で西郷を慶勝に紹介したとされる人物だが、総督府の内情は実際このようなものであった。もっとも、それだからこそ、諸藩士の間に名望があった西郷が起用され、その後、総督府の参謀格として比較的自由に振る舞えたといってよい。

岩国行と特有の対応

いずれにせよ、西郷はほとんど全権を委任されたに等しい形で、以後活動することになった。そして、その活動は、長州藩内に在って、征長軍に対し当初から恭順・和議を唱えた岩国領主（長州三支藩の一つであった）の吉川経幹《きっかわつねまさ》（一八二九〜六九）と手を組むことを柱として展開された。西郷は徳川慶勝と話しあった二日後の十月二十六日に、吉井友実と税所篤を伴って、まずは広島へと向かう（十一月二日着）。ついで、まもなく岩国で吉川経幹と会い、総攻撃の時期が迫っていると告げたうえで、なるべく早く長州藩が禁門の変を引き起こした責任者の処罰と恭順謝罪の姿勢を示すことを求め、経幹の同意を得る。

もっとも、その一方で、相手が降参したら寛容な姿勢を示すという、西郷ならではとなる対応を、この会談の場で初めてみせた。経幹は禁門の変の責任を三家老がとることには同意したものの、彼らを斬に処し首を差し出すことには抵抗した。これは責任をとるにしても、名誉の保てる切腹方式に固執したためであった。そして、この考えに対し、西郷は経幹の意のあるところを察して同意する。そして、この後、西郷は十一月六日に岩国から広島に戻り、征長総督の到着を待った。ついで徳川慶勝の広島到着（十一月十六日）後の十八日、十一月十一日と十二日に自刃させた三家老等の首実検がなされ、併せて吉川経幹が征長総督の前に参上し伏罪の姿勢を示したことで処罰が完了する（こうしたことを踏まえて、徳川慶勝はこのあと十八日の総攻撃を延期し、ついで朝廷と幕府の双方に進撃猶予を建議した）。

なお、この広島の地でも、西郷は経幹に対して協力的な姿勢を示した。十一月十六日に国泰寺《こくたいじ》で開かれた経幹引見の場で、詰問役を務めることになった幕府大目付の永井尚志《なおゆき》が、経幹に「開城・面縛」を通告し、経幹がこれを受け入れがたいと反発した際、経幹の肩を持ったのである。すなわち西郷は、名古屋藩附家老の成瀬《なるせ》正肥《まさみつ》以下、幕府の大目付・目付が居並ぶ中、この件での意見を問われると、経幹を擁護することになる。

開城とは徹底して戦った後、余儀なく城を相手側に明け渡すことであった。また、面縛とは、降伏した者の後手を縛り、その顔を他人の前に晒《さら》させる行為であった。したがって、これらは、ともに、いまだ一戦もしていない段階の長州藩関係者にとって、到底プライド面で受け入れることのできない通知であった。ましてや、藩主父子が「面縛」の対象となる可能性すらあった以上、なおさら受け入れが難しかった。そこで西郷は、こんな条件では「談判は無用」だとして経幹の味方をしたのである（『越前藩幕末維新公用日記』）。そして、このあと永井と西郷両者のやりとりによって、永井の要求は引っ込められ、寛典論に落ち着くことになる（高村直助『永井尚志』）。ついで西郷の意見に説得力があったためか、総督の徳川慶勝はこれを採用した。

ところで、いま挙げた西郷の意見は、彼が理性的な判断で動く人間であったことを改めて示していよう。また、この時の体験が、後述する戊辰戦争時の庄内藩処遇の在り方と直結したことも窺える。さらに加筆すると、この時の対応で永井は、相当な好印象を西郷に対し持ったらしい。そして、この体験が、のち兵庫開港問題をめぐって幕府と薩摩藩との関係が極度に悪化した時点で、永井をして西郷と長州問題で「相談」したいとの思いをかきたてさせ、それを実現させるに至る（『続再夢紀事』六）。

三家老の首実検

話が少々こみいってしまった。先に進むことにしよう。三家老等の首実検が行われた翌十九日、吉川経幹に首級が返還されるとともに、総督令が伝えられた。それは、(1)長州藩主父子直筆の請書を提出すること、(2)三条実美ら五卿（京都を逃れた七卿のうち、沢宣嘉《さわのぶよし》は文久三年十月に長州を脱走し、ついで錦小路頼徳《にしきのこうじよりのり》は元治元年四月に病死し、五卿となっていた）を福岡藩などに引き渡すこと、(3)山口に新しく築かれた城を破却することの三カ条からなっていた。そして、これを経幹が受諾したことで、総督府は攻撃予定日の延期を征長戦に参加していた諸藩に布達することになる。

素早い対応

事態がこのように進捗《しんちょく》するうえで、西郷の果たした役割はきわめて大きかった。彼は何事も早急に決定しえない優柔不断な総督府のスタッフに愛想をつかし、首実検の行われた十一月十八日、幕府大目付の永井尚志、それに目付戸川安愛《とがわやすなる》の両人と話し合って、長州藩へ突きつける征長軍を解兵する条件を決定した。それは、総督府の考えていた処分案と少し異なる点があったが、結局、慶勝が西郷らの意見を汲み、前記のような条件の提示となった（十一月十九日付小松帯刀宛西郷書簡〔『全集』一〕）。

そして、この後の西郷の行動が素早かった。彼はすぐに広島を発ち、薩摩藩の本営が置かれ、かつ征長軍副総督の松平茂昭が滞陣していた小倉へと向かう（茂昭一行は、十一月三日に大坂を発し、十一日に小倉に着陣した）。ついで、二十三日に小倉に到着した西郷は、同日夕方、茂昭と会い、広島の地で決定をみた長州藩の処分方針への了解を求めた。併せて対長州強硬論を唱えていた福井・熊本藩士などとも談合し、説得に努めた。そして、つづいて自ら長州藩領に乗りこむことになる。

西郷らが吉川経幹に要求し、経幹も呑んだ諸条件のうち、最も受け入れが困難だとみられた五卿問題を解決するためであった。長州側にあって、五卿の長州領外への移転に強硬に反対したのは、自らを正義（論）党と称した高杉晋作をリーダーとする奇兵隊以下の諸隊であった。彼らにすれば、三条らは攘夷運動を率先して行ってきた長州藩の行動を正当化するうえで象徴的存在だったからである。

そこで、当然のことながら、彼らの執拗な抵抗が事前に予想された。そして、この時、いかにも西郷らしい提案がなされる。護衛もつけずに、単身敵地である長州領内（下関）に乗り込むというプランだった。禁門の変以来、長州藩士が「薩賊会奸」のスローガンを掲げ、薩摩藩をひどく怨むようになったことは先述した。なかでも、西郷は禁門の変時、指揮官だっただけに、ひときわ大きな怨みを買う存在であった。したがって、その西郷が単身、長州領内に乗り込めば、奇兵隊等によって殺害される危険性は相当程度あった。そのため、征長総督の徳川慶勝をはじめ反対する声も高かった。しかし、それにもかかわらず、西郷は自分の考えを貫くことになる。この時に詠んだとみられる漢詩が残されている。唐代に敵対勢力と話し合うために相手方に乗り込み、留め置かれた後、殺害される運命にあった書家の顔《がん》真卿《しんけい》に、自らをなぞらえて詠んだものである（『全集』四）。

誓って長城（＝長州の城）に入る身を顧《かえり》みず、唯皇国を愁《うれ》いて和親を説く。
譬《たとい》首《こうべ》を投じて（顔）真卿の血と作《な》るとも、是《これ》より多年賊人を駭《おどろ》かさん。

独特の問題解決法

ここには、たびたび触れたように、西郷の人生（ことに、その後半生）に顕著な、彼独特の問題解決法のエキスとでもいったものがみられよう。自分の生命を投げ捨てることで、相手の虚をつき、問題を一気に解決するという手法である。当時、西郷は彼の渡関に反対する征長総督に対し、次のように言上したという。「彼、もし我を殺さば、曲すなわち彼にあり、速かに令を下し、進取を謀るべし、今日の処、曲直（＝不正と正）いまだ判然せず、故に予が身を俎上《そじょう》に置て以て曲直を決せんと請う所以なり」（『伊集院兼寛日誌』）。

これは後年、西郷が朝鮮使節を志願した際とまったく同様の発想である点で興味深い。それはともかく、こうした問題解決法は、生に執着しない西郷ならではの手法で、余人にはとうてい真似のできないものであった。ついで、この後、西郷は実際に下関に乗り込むことになる（ただし、単身というわけにはいかず、彼の身の安全を心配した吉井と税所の両名が同行することになった）。

もっとも、その前に、西郷はやるべきことはやっていた。征長総督から島津家出身の福岡藩主黒田《くろだ》斉《なが》溥《ひろ》（島津重豪の第九子。一八一一〜八七）に対し、五卿の件で周旋を命じる達書を下すように依頼し、実現していたのである。すなわち同藩に、長州藩領内を出た五卿の預託をとりあえず引き受け入れさせるためであった。また、福岡藩士の月形洗蔵《つきがたせんぞう》らから個人的レベルで斡旋したいとの申し出がなされると、それを受け入れ、まずは彼らに任せた。ついで月形らは、十二月三日、長府の功山《こうざん》寺《じ》に居た五卿を訪問し、三条から西郷に宛てた書面を渡される。それは五卿が長州を離れることに同意する旨のものであった。

下関行

さらに、同じ頃、西郷は五卿に付き添っていた土佐脱藩の浪人であった中岡慎太郎《なかおかしんたろう》（一八三八〜六七）の訪問を受け、五卿の処遇について話し合う。そして、この後、一度、下関に来てほしいとの月形の申し出もあって、いよいよ十二月十一日夜、西郷の下関訪問となる（この時、先述したように、吉井と税所の両名が西郷に同行することになったが、彼らは当初反対した。それゆえ、彼らの反対を押し切っての下関行となった）。ついで西郷は、翌日、この下関の地で、五卿の移転に反対する諸隊の幹部と会って、彼らとの間で征長軍の解兵後に五卿を福岡の地に移すことで妥協する（なお、この時、西郷は、月形の紹介で高杉晋作と密かに会い、五卿の動座と解兵問題について話し合ったと諸書に記されているが、こうした史実はない〔梅溪昇『高杉晋作』〕。後世に創られた典型的な英雄譚の一つである）。

そして翌十二日、小倉に帰った西郷は、下関での交渉の結果を副総督の松平茂昭に報告した後、税所とともに岩国に向けて発ち、十二月二十日、吉川経幹に経過を伝えると同時に、今後のさらなる協力を要請する。つづいて、広島へ戻った西郷は、征長総督の徳川慶勝に同様の報告をなし、ここにひとまず西郷はその使命を果たした。

もっとも、使命を果たしたとはいえ、それは西郷にとって百パーセント満足できるものではなかった。この間に生じた大きな不都合にあえて目をつぶっての妥協の結果だったからである。大きな不都合とは、萩の藩庁に反旗をひるがえして挙兵した高杉らの行動を指す。高杉らは、十一月中旬、三条らを擁して山口から長府へ走り、功山寺に立て籠った。

高杉晋作らの挙兵

ついで、十二月十六日には下関に在った藩庁の支所を襲撃し、萩の政府との全面戦争に入る。したがって、高杉らの挙兵は、西郷にすれば、せっかくここまで事態を引っ張ってきた自分たちの努力を御破算にしかねない点で憎むべきものだったが、あえて無視した。この抗争は、長州藩内の問題だとみなすことで、介入を避けたのである。そして、総督府も同様の態度をとった。すなわち、五日に伏罪書が総督府に届けられると、同月の十九日から二十三日にかけて、長州藩が伏罪しているかどうかを形式的に確かめるために巡検使の一行（名古屋藩家老の石河《いしこ》光晃《みつあき》や幕府目付の戸川安愛など）を山口・萩に派遣する。そして彼らは山口城破却の模様を見、萩における藩主父子の謹慎生活を確認した後、十二月二十七日、広島に帰着する。彼らも、西郷と同様、高杉らの挙兵という不都合な事実にあえて目をつぶり、決着を急いだのである。

第一次長州戦争終結

そして、この巡検使一行の形ばかりの報告を受けて、十二月二十七日、熊本・薩摩以下の諸藩に撤兵が命じられる。そこで西郷は翌日に広島を発ち、小倉に寄って征長副総督と薩摩藩先鋒隊の許を訪れ、撤兵に至った事情を伝えた後、帰国の途につく。こうして、西郷の奮闘によって第一次長州戦争は流血の事態をまぬがれ終結を迎えた。あとは、征長総督の長州処分案（慶勝は、幕府に毛利敬親《たかちか》父子の落飾退隠と十万石の削減を柱とする処分案を上申した）が江戸の幕府首脳に受け入れられれば、実行（長州側に通知して受諾を迫る）を待つのみとなった。

感（謝）状の授与

ところが、右の結末に対しては賛否両論の意見が渦巻くことになった。諸手《もろて》（両手）を挙げて讃美してくれたのは、鹿児島に居た藩主父子であった。そして、このことによって、鹿児島における西郷への不平不満がいくぶんか和らぐと同時に、彼の藩内での基盤が強固なものとなる。すなわち、元治二年（一八六五）一月十五日に帰鹿した西郷に対し、藩主父子から感（謝）状が授けられるが、その理由は、実際に兵戈《へいか》を交えることなく、事態を収束させたことにあった。つまり、刃《やいば》に血を塗らないで、「平治、解兵」にもっていった「功労」が「比類無」いとされたのである（「藩内雑報（道島家記抄）」〔『忠義』三〕）。

久光が息子の忠義とともに、西郷のもたらした成果を称賛したのは、前々から強調してきたように、内乱の発生と、それに引き続くであろう欧米諸国の国政への介入という事態の発生をなによりも恐れていたからである。そうした彼にとって、内乱を未然に防止した西郷の功績は、文字通り比類のないものとなった。

もっとも、藩主父子には大いに受け入れられた総督府の解決策であったが、藩外では強い嫌疑と批判を浴びることになる。解決策が事実上西郷の建言を受け入れたものだということが知られるにつれ、西郷が長州藩に恩を売り、それによって討幕を考えているのではといった疑惑の声が上がり出す（「第一次長州征伐における薩摩藩」）。しかも、それは幅広い層からのものとなった。

たとえば、少々意外なことに、かつて西郷が運動をともにした旧一橋派の諸侯クラスからも批判が寄せられることになる。元治元年の十二月から、翌年の一月にかけて、伊達宗城は「失望……督府姑息《こそく》、言語絶候」、松平慶永は「督府甚《はなは》だ因循」、山内容堂は「長賊いまだ結局に至らずして督府はじめ帰陣、……合点《がてん》ゆかぬこと也」との感想を、それぞれ表明した（『続再夢紀事』四）。これは、彼らが、いずれも長州藩に対し強硬な姿勢で臨み（場合によっては一戦も辞さない）、相手を屈服させるハッキリとした形での結末を望んだためであった。中途半端な処理では、かえって後日に禍根《かこん》を残すとみなしたのである。

一会桑三者と幕府首脳の不同意

旧一橋派に属した諸侯クラスですら、このような批判を口にしたぐらいだから、他は推して知るべしである。なかでも、その最たる存在となったのは、京都の一会桑三者と江戸の幕府首脳であった。元治元年に将軍後見職を辞して禁裏御守衛総督・摂海防禦指揮に就任した一橋慶喜と、文久二年と元治元年に、藩主の松平容保と松平定敬が、それぞれ京都守護職と京都所司代に任命された会津・桑名両藩の計三者によって構成された一会桑勢力は、禁門の変後、京都の政界を牛耳《ぎゅうじ》る存在となっていた。彼らは、京都に在って、同地の治安維持を一手に担当し、かつ、その一方で朝廷と幕府の結合（両者間の融和関係の創出・強化・充実）に努めた。この一会桑勢力と江戸の幕府首脳が征長総督の処分に同意しなかった。

不同意の理由

彼らが同意しなかった理由は、大きくいって二つあった。一つは、長州領内で勃発した内乱によって藩の方針が劇的に変化したことであった。高杉の率いる諸隊が、禁門の変後の萩に成立した、いわゆる「俗論派」政権の派遣した軍隊を打ち破って藩権力を掌握すると、長州藩の政策に著しい変化が見られることになる。防長二州の武装化を徹底し、武備恭順を旗印に、これ以上の譲歩は許さないとの姿勢を確固たるものとしたのである。このような長州藩内の動きをもって、一会桑三者と幕府首脳は長州藩の謝罪が十分ではないと見なした。

いま一つは、征長総督の徳川慶勝が、問題の解決を幕府以外に朝廷と諸藩にも委《ゆだ》ねようとしたことによった。長州で勃発した騒乱にはあえて目をつぶって、長州処分の完了を急ごうとした徳川慶勝は、元治二年の一月二十四日に上洛し、朝廷に対し、朝廷が主導権を発揮して諸藩を召集し、今後の長州処分の在り方について意見を徴することを願い出る。これは明らかに、大政委任を受けた幕府が単独で問題を処理（解決）するのではなく、むしろ朝廷が主となって問題を処理することを求めたものであった。そして、これには徳川家がもはや政権を単独では維持しえないとの認識を慶勝が有していたことが大きく関わった。慶勝クラスには、この時点になると、幕府が全国政権としての実力をもはや喪失しているとの認識があり、それがこのような形での朝廷への依存となったのである。そして、こうした行動に出た慶勝を背後で支えたのが薩摩藩であった。

深刻な対立状況の発生

ここに寛大な条件でもって長州問題の速やかな幕切れを図ろうとする薩摩藩およびそれに同調する政治勢力と、諸藩会議による長州処分の決定方式を断乎阻止しようとする一会桑三者や幕府首脳との間で深刻な対立状況が生まれる。前者の薩摩藩に同調することになる政治勢力には、福井藩等が含まれた。同藩は、第一次長州戦争時、副総督であった藩主松平茂昭の戦果を否定するかのごとき幕命（後述）に反発し、その後、長州再征の動きが出てくると、それが十分な証拠もなく、名義も不十分であるとして、当初から異を唱えた（高木不二『日本近世社会と明治維新』）。しかし、そうした話に入る前に、順を追って西郷のその後の動向を簡単に見ておくことにしよう。

4　再度の上洛と薩摩藩の出兵拒否

帰郷

西郷が、鹿児島に帰着した後、藩主から感（謝）状を受け取ったことまでは先述した。そして、この直前、三条ら五卿は長州を去り、黒崎、赤間を経由して、太宰府へと向かった。したがって、五卿側は西郷らとの約束を守ったことになるが、まもなく五卿に関わる深刻な事態が発生する。当初、五卿を受け入れる際、福岡藩は五卿に対し、それ相応の好待遇を約束したものの、実際は守られなかった。貧相な茅葺きのあばら家に泊めたり、八畳間に五卿全員を押しこんだりした。これは幕府や会津藩等からの脅しがあったためだとされる。

ついで、まもなく幕府本体から、五卿に関わるより深刻な指令が発せられることになる。同年の二月五日に徳川政権が名古屋藩に対し、長州藩主父子の江戸出府の警護にあたることを命じたのである。また併せて、五卿の江戸護送の際の警護を薩摩・福岡・熊本・久留米・佐賀の五藩に命じた。これは、長州藩の処分は京都ではなく江戸で行うとの徳川政権の意思表示でもあった。また、将軍が江戸を離れないことを暗に表明したものでもあった。そして、朝廷を再度幕府の管理下に置こうとしたためか、老中の本荘宗秀《ほんじょうむねひで》と阿部正外が、それぞれ多くの将兵を率いて二月五日と七日に京都入りする。

再度京都へ

こうした一連の流れを受けて、いったん鹿児島に帰っていた西郷が問題に対処するために藩命で福岡に出張することになる。そして、二月二十四日に太宰府に到着すると、さっそく徳川政権から五卿の護送を命じられた五藩の代表による会議が開かれ、この日の話し合いで西郷や福岡藩士の筑紫衛《まもる》などが上洛し、五卿問題に関して斡旋することが決定をみる。さらに西郷は、京都留守居の吉井から上洛を求められたこともあって、三月五日に博多を出発し、同月十一日に京都に入る。そして周旋活動に従事することになるが、この頃の西郷に関して、ぜひ触れておきたいのは、彼が父としての顔を再び見せることである。すなわち、多忙を極めた中にあって、西郷は、大島竜郷の横目で子供たちが世話になっていた得藤長に対して、三月二十一日付で書簡（『全集』二）を送り、次のような子供への思いを伝え、なおかつ子供への贈り物（「反物二反」）を渡してくれるように依頼した。「拙者子供の儀、始終心懸り相成り居り、京都へ相詰め居り候ても、折々《おりおり》思い出し候事のみにて、何がな差し送るべき含み罷り在り候処、……（とにかく国事で忙しく）心に任せ申さず、（下略）」。

再　婚

ここには、子供のことしか記されていないが、むろん現地妻であった愛加那への思いも秘められていたことは疑いない。それが、自分の無事を家族に知らせてくれるようにと、遠慮がちに併記されていることでわかる。なお、叙述の都合上ここで書き足すことになったが、これより前、西郷はいったん帰国した折の一月二十八日、御家老座書役であった岩山八郎太（直温《なおあつ》）の二女糸《いと》（一八四三～一九二二）と再婚した。したがって、この得藤長宛ての書簡を記すにあたって、西郷の心中には複雑な思いがよぎったことだろうが、もちろん自身の再婚のことは本書簡中に記されることはなかった。

ところで、京都には西郷より約一カ月前に大久保が来ていた（二月七日上洛）。これは、幕府から元治元年の九月に出された、参勤交代・大名妻子在府制度を元に戻すという命令を廃令に追いこむ活動に主として従事するためであった。参勤交代に関しては、文久二年に成立した慶永・慶喜政権によって大幅な緩和がなされた。すなわち、諸大名の参勤条件を二年から三年に緩《ゆる》め、かつ大名妻子の国元での居住を許すこととなった。むろん、これは、大名の経済的負担を減らすことで、そのぶん、全国の武備充実を図るためであった。

幕命停止工作

しかし、この政策によって、首都である江戸の街の活気が失われ、幕府の威権も大きく低下した。そこで、徳川政権は第一次長州戦争で長州藩が伏罪したのを好機と捉え、このような復古策を採用したのである。だが、参勤交代制度に関わる右のような根本的な変革は、元はと言えば島津久光の率兵上洛とそれに引き続く江戸下向によって実現をみたものだっただけに、薩摩側の猛反発を招き、それが大久保の京都派遣となった。

上洛後の大久保は、小松帯刀とともに二月二十三日に関白の二条斉敬を訪ね、参勤交代に関する幕命を朝廷の力によって停止させてほしいと懇願した。また併せて、長州藩主父子ならびに五卿の江戸への護送を命じた幕命を朝廷が拒否することも要請した。そして、この件を朝議の席で話し合うことを関白が承諾することになる（元治二年二月二十四日付蓑田伝兵衛・西郷宛大久保書簡〔『大久保利通文書』一〕）。時あたかも、二人の老中が上洛してきた際であったので、二条関白から強い調子で、このことが彼らに対し告げられる。そして、阿部が江戸に帰り、本荘が大坂に留まることになった。

また、大久保が小松とともに二条関白や中川宮へ執拗に働きかけた結果、きわめて大きな成果を獲得する。御沙汰書の発布に成功したのである。すなわち、三月二日に京都所司代の松平定敬を召して御沙汰書が与えられた。それは、長州藩主父子および三条ら五卿の江戸召喚の件はしばらく見合わせること、参勤復旧令は停止することを命じる内容のものであった。そして、これは薩摩藩が作成した御沙汰書案をもとに作成されたものであった。もっとも、この御沙汰書に対しては、一会桑の三者が猛反発することになる。言うまでもなく、この御沙汰書は、京都の治安維持にあたる禁裏御守衛総督・京都守護職・京都所司代の同意を得ずに、彼らの頭越しに出されたものだったからである。そのため、御沙汰書は幕府へ伝達されず、当分京都所司代の手元に留め置かれることになった。その代わり、老中の本荘に旨を授け、江戸に帰らせることになる。

幕命拒絶

西郷が福岡の地を経て京都にやって来たのは、大久保がその非常なる執着《しゅうじゃく》力でもって、このような多大な成果を獲得した直後にあたった。そして、三月二十三日に離京した大久

薩摩藩邸跡
（京都市上京区烏丸通今出川上ル。現・同志社大学）

保に代わって、このあと約四十日ほど京都に残ることになる。その彼の京都滞在中における最大の仕事は、五卿問題に取り組んだこと以外では、筑波挙兵組に関する幕命を拒絶したことであった。前年の三月末、藤田東湖の四男であった小四郎《こしろう》らが徳川斉昭の遺志を継いで、攘夷を決行すべく挙兵する。ついで、元執政の武田耕雲斎をリーダーとして担ぐことになった彼らは、当時京都に居た一橋慶喜に自分たちの思いを伝えるために十一月に入ると西上を開始する。しかし、筑波挙兵組に荷担するとみられた慶喜は、保身もあってか、彼らが西上を開始した時点で鎮圧する側にまわる。そして、このことを知った筑波挙兵組は、水戸藩の出身で、いわば主君筋にあたる慶喜に刃向かうことはできないとの名目の下、征討軍に加わっていた金沢藩に投降することになる。そして最終的には、翌元治二年二月に武田ら三百五十余人が斬罪に処せられた（『徳川慶喜（人物叢書）』）。

この時、幕府サイドから薩摩藩に対し、斬罪を免れた四百五十余人のうち三十五人を鹿児島に流すので、迎えの船を敦賀《つるが》へ廻航させ受け取るようにとの通告が京都の薩摩藩邸になされる。これに対し、在京薩摩藩指導部は幕命を拒絶する旨の上書を提出することになるが、この文章を起草したのが西郷であった（『全集』二）。なお、この件に関しては、西郷と大久保の両者がともに憤慨し、彼らの幕府離れを、いっそう加速させることになる。西郷らが憤ったのは、降参した者を「私怨」によって残酷に取り扱ったためであった。戦闘前は強硬な姿勢を崩さないものの、相手が降伏すると、とたんに寛容な姿勢に転じるようになった西郷にすれば、幕府サイドのこのような残忍な振る舞いは、人一倍許せなかったのである。

大番頭に昇進

小松・西郷の両人が鹿児島から上洛してきた家老の島津広兼《ひろかね》および内田政風《うちだまさかぜ》（京都留守居に新たに任命された）と交代して帰途についたのは、慶応元年四月二十二日であった（この時、彼らには坂本龍馬が同行した）。ついで彼らは、五月一日に帰鹿する。その西郷を待っていたのは、昇進を命じる通知であった。すなわち西郷は、五月九日付で側役から大番頭へ「役替」となる。昇進理由は、「年功」つまり多年の功労ではなく、先述したような彼の対長州戦での直近の功績によった（『全集』四）。そして、一代限りではあるが御家老座への出席を命じられることになる。ここに西郷は家老並みの権力を掌握する立場となった。

だが、西郷はこの異例の好待遇を好まず、「以前の通りに戻してほしい」と願い出て、後に「格外の思し召しをもって」聞き届けられることになる。ただ傍《はた》から見れば、西郷のこの謙虚そのものの行為も、素直には受け取られなかったらしい。ごく普通の常識を有する者にとっては、理解に苦しむ行為だったからである。また、このような抜擢は、それだけ大きな期待をかけられた証《あかし》なのだから、そのぶん、いっそう藩主父子のために頑張るべきなのに、けしからぬといった批判も招くことになる。

西郷が事実上の家老職拝命を辞退した理由はわからないが、おそらく、この当時、目立つようになってくる彼の体調不良と、その独特な厭世的気質が、こうした選択をさせたのだろう。それはさておき、西郷が帰鹿した後の薩摩藩全体に関わる大問題となったのが、将軍の上洛（進発）問題であった。禁門の変後、西郷が他藩士らとともに将軍の上洛を江戸の幕府首脳に働きかけたものの、彼らが容易に応じようとはしなかったことについては既述した。ところが、第一次長州戦争が西郷らの懸命な尽力によって勃発には至らずに済むと、再び将軍の上洛が強く求められるに至る。征長軍に加わっていた諸藩の解兵で問題が一件落着となったわけではなかったからである。すなわち、長州藩が降伏した後、具体的な長州藩の処分内容を決定し、それを長州側に通知する課題が残された。そして、この点との関係で改めて急がれることになったのが、将軍の再上洛であった。

将軍上洛問題

だが、これが真に厄介な問題となった。薩摩藩をはじめとする対長州戦に関係した藩の多くは、一会桑三者も含めて、将軍が京都にやってきて、天皇や関白以下の朝廷上層部および対長州戦に関係した諸藩と話し合って今後の対策を決定し、それを実行に移すことがなによりも重要だという点で意見は一致した。しかし、肝心要《かなめ》の幕府首脳がそれでも動かなかった。いやそれどころか、元治二年の一月十五日に、長州藩の処分は江戸で行うことを布告する。言うまでもなく、将軍上洛の要請を阻止するためであった。

上洛から進発へ

だが、このあと上洛した老中の阿部正外が二条関白の指令を受け帰府すると、幕府首脳の対応が違ってくる。阿部の帰府後、徳川政権内で将軍の今後の動向をめぐって抗争が勃発し、最終的には長州藩を再度討つために将軍が江戸を出発すべきだとする進発推進派の老中（阿部正外や松前崇広《たかひろ》ら）が勝利を収める。もっとも、薩摩藩などの雄藩や朝廷サイドが徳川政権に求めたのは、将軍の上洛であって進発ではなかった。したがって、薩摩藩らが求めた、将軍が京都にやって来て朝廷関係者や有力藩と十分に話しあって、最終的な長州処分案を決定し、その後それを実行に移すというプランとは、相当な開きがあった。

こうした中、慶応元年の四月十九日に、幕府から諸藩に対し、長州藩に「容易ならざる企て」があるとの名目の下、将軍が五月十六日に「進発」することが布達される。併せて長州再征のための出兵が命じられる。しかし、将軍が上洛するかどうか明示されなかったうえ、初めから長州再征を目的としての進発とされたため、朝廷の内外で激しい反発が生じることになる。朝廷側としては、長州処分の具体的な内容を話し合うために、将軍の上洛を要請したのに、そうならなかったからである。また、初めから長州再征のための将軍進発（＝出陣）だとしたことは、内乱状態に陥ることを恐れて、三家老の切腹などで事態を収拾した、第一次長州戦争時の解決策そのものを否定する点で、当然のことながら、第一次長州戦争で主役をつとめた西郷隆盛の出身母体である薩摩藩の反発をかうことになった。

また、正直なところ、将軍が出陣しても、幕府側の権威が著しく衰えていた当時にあって、幕府側の勝利は覚束ないと冷静に見つめていた封建支配者もいた。たとえば、その内の一人に一橋慶喜ともごく親しかった長岡良之助がいた。熊本藩主の弟であった彼は、慶応元年五月十一日付で松平慶永に宛てた書簡（『続再夢紀事』四）において、「長防の勢」を「探索」した結果、「地理の険」ならびに「必死」になって抗戦の覚悟を固めている長州藩兵を前に、「幕習の兵士」では勝利を収められないだろうと見通していた。

つまり、これまで長期政権のうえに胡坐《あぐら》をかき、緊張感に乏しい幕府側の将兵では、勝利は無理だと踏んだ。また、伊達宗城などは、慶応元年七月頃にやはり慶永に宛てた書簡（同前）において、幕府がもし「此度数万の御軍勢」でもって朝廷を「圧倒」する時は、「徳川の御威力隆盛にも恐れぬ諸藩は沈黙は仕りまじく」と見ていた。いずれにせよ、彼らは長州再征のための将軍の進発は功を奏さないという点で意見は一致していた。

一会桑三者の斡旋

他方、この点に関する一会桑三者の立場であったが、彼らとて長州再征のための将軍の進発を望んだわけではなかった。とくに慶喜は、五月六日付で松平慶永に宛てた書簡（同前）中に、「（降伏条件をのんだ後、長州藩に）なんら（反逆の）形跡もこれ無きに、ただちに御征伐と申すは、いかなる事に候哉。何分にも解し難し」との声が朝廷内にあることを伝えた。暗に、自分も長州再征を目的とする将軍の進発は疑問だと言明したのである。そして、この点では、容保（会津藩）も、程度の差はあれ同様であった。

だが、会津側は、慶喜とは異なって、幕府から厚い信頼を寄せられる立場にあった。そのため、四月二十一日、容保は家臣の広沢安任《ひろさわやすとう》を福井へ派遣し、慶永の上洛と彼の支援を求めた。しかし慶永は、断然出馬を辞退したうえで、容保に対し長州再征の不可を説く書簡を発することになる（『中根雪江先生』）。

とにかく、こうした行動も含め、一会桑三者のなかでもとくに会津藩が間に立って、この問題では大いに幕府のために弁明に努めた。すなわち、朝廷上層部に対して、幕府首脳を問い詰めると将軍の出発そのものが中止になりかねないので、あえて不問にしてほしいと嘆願した。そして、この難題に対し、将軍が西日本最大の軍事拠点である大坂城に入る前に参内して、天皇（朝廷）尊奉の態度を示すように持っていくことで、最終的にはなんとか折り合いをつけた。

このことが話し合われ決着をみたのが四月二十八日であった。すなわち、二条関白以下の朝廷上層部と一会桑の三者がこの日参内し、朝議が開かれる。そして朝議では、家茂の江戸出発を「差し留め」るべきだとの意見が出されると、一会桑三者から、とりあえず将軍の進発を黙認し、将軍が上坂したうえで京都に召す（呼ぶ）形にしてほしいとの嘆願がなされ、朝議はこれに決定する（四月三十日付大久保・西郷宛岩下方平書簡〔『全集』五〕）。

西郷の猛反発

さて、このようにして、ようやくにして将軍の進発が決定をみ、諸藩に対して幕府から出兵が通達された。西郷が、この通達に対し、他の誰よりも強く反発したことは言うまでもない。幕府の通達は、慶応元年五月七日付で松平慶永に宛てた山階宮の書簡（『続再夢紀事』四）中に、「尾（張）心配も、大島吉之助（＝西郷）の尽力も水の泡と相成候」とあったように、西郷の大いなる努力をまったく無駄なものとしたからである。したがって、いわばメンツ（顔）を潰された格好となった西郷は、薩摩藩内にあってひときわ反発を強めることになる。

そして、この後、いかにも西郷らしい言葉が発せられることになった。彼は、閏五月五日付で小松帯刀に送った書簡（『全集』二）中に、次のように自分の怒りをぶつけたのである。「（家茂の江戸発足は）自ら禍《わざわい》を迎え候と申すべく、幕威を張るどころの事にては御座ある間敷《まじく》、是より天下の動乱と罷り成り、徳川氏の衰運此の時と存じ奉り候。……此の節の進発、天下のため雀踊此事と存じ奉り候」。

ついで、この西郷の言葉に導かれたかのように（もちろん藩主父子の同意があったが）、薩摩藩は幕府に対し、征長軍への参加をこのあと頑《かたく》なに拒否し続けることになる。やはり西郷の言葉を借用すれば、「弊藩抔《など》は、如何様《いかよう》軍兵を（幕府が）相募《つの》り候共、私戦に差し向くべき道理これなく候間、断然と断り切る賦《つもり》に決定」したのである（四月二十五日付月形洗蔵宛西郷書簡〔『全集』二〕中に記された言葉）。むろん、これは、それまでなんとか佐幕の立場に踏みとどまっていた薩摩藩が幕府を見限る大きな転換点となった。同藩は、これ以後、幕府とははっきりと距離を置きだす。

諸藩が長州再征に反対した理由

ここで西郷の個人的な思いから離れ、多くの藩が長州再征に反対せざるをえなかった（少なくとも積極的に賛同しえなかった）理由についても記しておきたい。そのまず第一に挙げられるのは、文久元年以来の飢饉と物価高騰による世情不安であった。飢饉の発生はともかく、米価の高騰は明らかに第一次長州戦争の余波を受けたものであった。すなわち諸藩は、征長戦の実施に向けて米穀の確保に務めた。これは、将兵と武器・弾薬・食糧を運ぶ人夫を征長軍に提供することが確実視された藩に止まらなかった。傍観者的な位置を占めた諸藩の間でも、これから米価が一段と高騰するだろうとみて、米穀の囲い込み（大坂市場への米穀輸送の中止もしくは縮小等も含む）に奔《はし》った。

また、長州支藩領域内にあった馬関で、日本海ルートを通って大坂市場に運ばれる米穀が押さえられれば、米穀不足に拍車がかかるのは目にみえた。それに悪徳商人による米穀の買い占めも進められた。こうした諸々の結果が深刻な米穀不足に繋がった。そのため、この年から、京坂地域を中心とする各地で、米穀商などを標的とした打ち壊しや一揆が相次ぐことになる。そして、これは翌慶応二年にかけてピークを迎える。

むろん、鹿児島の城下においても、米価をはじめとする物価の高騰は深刻な様相を呈した。いや領内の多くが米の生産に向かない火山灰地であった薩摩藩においては、その深刻さの度合いは他藩の比ではなかったといった方がより正確であった。そのため、城下では慶応元年の三月から四カ月ほどの間に、米の値段は二倍強に暴騰したといわれる。そして、これを受けて、七月下旬から八月初めにかけて、藩が所有する囲い米が御救米として臨時に放出されることになった（『西郷隆盛伝』）。

5　藩政改革と西郷

つづいて、これから、西郷の帰国後、彼をリーダーの一員として、一段と本格的に推進されることになった藩政改革について、紙幅を割くことにしたい。参預会議の解体後、帰鹿した島津久光に、それまでの扶（助）幕的な姿勢とともに、中央での政治活動への熱意を大きく後退させることになる。その代わり一藩規模での富国強兵に以前より本腰を入れて取り組むようになる。

従来の薩摩藩に関する研究においては、慶応期に至る同藩は、天皇へ主権を一元化した統一国家の形成や幕府の独占支配に代わる全国的市場組織の形成を目指したとされるが、実態はそうではなかった。この段階の薩摩藩はひたすら国元にあって一藩規模での富国強兵に取り組んだのである（高木不二「慶応期薩摩藩における経済・外交路線と国家構想」）。

留学生のイギリスへの派遣　こうした同藩の姿勢は、洋学研究とそれに引き続くイギリスへの留学生・監督者の派遣となった。すなわち、イギリスとの講和を成立させた薩摩藩は、薩英戦争によって攘夷の困難なことを思い知らされた（大砲一つとっても、イギリスのそれは飛距離や命中率等が格段に秀れるアームストロング砲の段階に達していた）後、洋学を本格的に取り入れることを決定し、元治元年六月に開成所を設立する。欧米諸国の軍事技術やその他諸々の科学を研究するための機関としてであった。

ついでイギリスへの接近の動きをいっそう強め、それが五代友厚《ごだいともあつ》の建言を入れてイギリスに留学生を派遣することに繋がった。森有礼《もりありのり》ら十五名が留学生に選ばれ、これに監督者として新納中三《にいろなかぞう》（久脩《ひさのぶ》）や町田久成、それに五代らが同行することになる。彼らは翌元治二年の三月に鹿児島を出航し、同年の五月末にロンドンに到着する。そして、彼らのその後の働きもあって、諸藩中断トツとなる大量の蒸気船が購入されることになった。

その一方で、深刻な様相を呈するようになった財政状況の好転が図られた。薩摩藩も、他藩と同様に早い段階から深刻な財政危機に直面した。そして、深刻この上ない財政状況の悪化を受けて天保期に改革が始まり、この時の改革によって、財政面での余裕が生じることになる。だが、幕末最終段階に達すると、その余裕も完全に吹っ飛ぶことになった。同藩は文久二年の島津久光の中央政局への登場以後、政治活動に伴う多額の出費に加えて、洋式軍備の整備充実や薩英戦争の発生による膨大な戦費の調達などもあって、財政状況が極度に悪化した。また幕府との関係悪化がより軍備増強を促すことになった。こうしたことを受けて、西郷が国元に帰った慶応元年頃から再び本格的な改革が始まることになる。

藩際交易

また、この年（慶応元年）、薩摩藩は積極的な藩際交易を展開する。すなわち広島藩等との交易を継続して行う一方で、長州藩との交易を再開した。長州藩は、薩摩藩にとってきわめて重要な牛馬骨の仕入れ先であった。藩領の多くが火山灰のシラス台地で土地の生産力が低かった鹿児島にあっては、田畑の肥料（骨粉肥料）にするため長州産の牛馬骨は欠かせなかった。あるいは、砂《さ》糖黍《とうきび》の肥料としても必要であった（布引敏雄『長州藩部落解放史研究』）。また、海外との関係に眼を転じると、この段階の薩摩藩は、イギリス資本の「ゴロウル商社」および「オランダ貿易会社」と契約を結び、彼らから得た資金でもって諸藩と直接取り引きを行い、そこで買い入れた産物を国外に輸出して利益を生もうとすらした（『日本近世社会と明治維新』）。

兵制改革

翌慶応二年に入ると、改革路線はさらに力を込めて推進される。この時実施された改革の最大の特徴は、兵制改革に力点が置かれたことである。すなわち、兵制はイギリス式の編成に基づくものが採用され、諸郷に常備隊が置かれ訓練が強化された。こうしたことは、慶応二年五月十日付で吉井友実が大久保利通他に宛てた書簡（『大久保利通関係文書』五）中に、「当地もこの節は大変革あい始まり、海・陸軍等それぞれ御掛りにて振興のはず、就いては君辺より非常の御取り縮めあらせられ、御役人定数あい定められ、海・陸軍に振り向けられ候つもりに御内定あい成り居り申し候」とあることで裏づけられる。

6　西郷の再上洛と長州再征をめぐる動き

さて、西郷の帰国後、鹿児島では久光の主導下、西郷なども少しの間、加わって藩政改革（なかでも海陸軍の整備）が急がれたが、やがて京都から西郷の上洛を求める声が国元に届くことになる。久光や西郷が国元に引っ込んで藩政改革に取り組んでいた間も、むろん政局の新たな中心地となった京坂地域では様々な動きがみられた。その中で最たる位置を占めたのは、長州再征に向けて事態が一段と動き出したことであった。すなわち、慶応元年五月十六日に将軍の徳川家茂一行が江戸を出発し、長州再征の可能性が現実味を帯びてくる。そのため、長州再征に反対する薩摩藩としても、事態に対処せざるをえなくなる。そこで、まず側役の大久保を京都に向けて送り出した。そして、これと入れ替わる形で岩下方平が西郷の上洛を促すために、五月二十四日、帰藩の途につく。ついで閏五月六日に岩下が土佐脱藩の浪士であった中岡慎太郎を伴って帰鹿し、西郷の上洛を求めることになる。

再上洛とすっぽかし事件

こうした在京薩藩指導部の要請に対して、参預会議の解体後、すっかり政局の前途に失望し、再上洛の望みを断ち切った久光は、自分に代わり、西郷を京都へ派遣し、長州再征阻止の周旋を行わせることになる。その西郷が鹿児島を出発し、京都に到着したのは、慶応元年閏五月二十三日のことであった。もっとも、その前に、ここで西郷が上洛する直前に発生した出来事について触れないわけにはいかない。有名な西郷の「すっぽかし事件」である。

この出来事は、薩長両藩の提携を図る運動と大いに関わった。これより前、第一次長州戦争の最中《さなか》から終了後にかけての時点で、薩摩藩と長州藩の和解を画策する動きが出てくる。中核を担ったのは、月形洗蔵や早川養敬《はやかわようけい》（勇）ら福岡藩の勤王派および中岡慎太郎や土方久元《ひじかたひさもと》・坂本龍馬ら土佐脱藩グループであった。そして、中岡が西郷に和睦を呼びかける役目を帯びて鹿児島にやって来る。土方の回顧談（「薩長同盟実歴談」）によると、中岡が岩下とともに鹿児島に入って、長州藩の形勢を伝えるとともに、薩長両藩の提携関係樹立の必要性を西郷に訴え、「ようやく納得させ」たという。この「ようやく納得させ」たというのが事実だとしたら、この時点の西郷が長州藩との提携にそれほど熱心ではなかったことになる。

木戸孝允（桂小五郎）
（国立国会図書館蔵）

西郷の言い分

中岡が西郷にやっとのことで承諾させたとされる案件は、西郷が上洛する途次、下関に立ち寄り、木戸《きど》孝允《たかよし》（正確には桂《かつら》小五郎《こごろう》。この年の九月に改名した）と会談するというものであった（木戸は、禁門の変後、亡命生活を送ったすえ同年（慶応元年）四月に山口に戻り、藩執行部に返り咲いていた。そして、閏五月に初めて会った龍馬と面談して、西郷の到着を待つことで合意したとされる）。ところが、中岡とともに閏五月十五日、海路東上した西郷は、佐賀関に着くと、中岡がいくら説得しても、どうしても木戸の待っている下関に行くことを承諾しなかったという。土方が、中岡から後日、聞いた西郷の言い分は次のようなものであった。

幕府が二度目の長州征伐をするということは無謀も甚だしい。これは無名の師である。前の長州征伐の時には我が薩摩も出兵はしたけれども、今度は出兵するにはあたらない。それにつけては関白を始め朝廷の人々がしっかりして居て貰わなければ困る。就いては桂と会見も大事であるが、このことがより大事であるから予《あらかじ》め朝議を固めて置かねばならぬ。一刻もじっとしては居られぬ、早々京都へ上らねば不可《い》けぬ（下略）。

そして西郷は、中岡らの懸命の説得にもかかわらず、「断乎として動か」ず、佐賀関から「京都を指して直航した」。そのため、木戸が「色を作《な》して」むくれ、同人のこの後の上洛を実現させるのに手間を要したという。

西郷がすっぽかした理由

本件に関しては、他に直接関係する史料も見当たらないので、ことの真相はいまだに解明しえない。ただ慶応元年閏五月十五日付で小松から大久保に宛てて送られた書簡（『忠義』四）によると、将軍進発が確実だとの報に接した薩摩側は、「何分この節の機は、容易ならざる一大事の場合」「この節は誠に重事」と受け止めて、西郷の上洛を決定したらしい。しかも、それは、国元において軍事改革をはじめ、「万事大御変革も急々なくては叶《かなわ》ん時機にて、是非（西郷を）曳《ひ》き止めたきは山々に御座候得ども、……拠《よ》んどころなき訳合にて差し出され候筋に決定」をみたものであった。それゆえ、こうした事情の下で京都に派遣されることになった西郷としては、なにを差し置いても上洛を急ぐことになったと思われる。

　もっとも、この点に関しては、長年の幕末政治史研究では不可思議なこととされている。たとえば、代表的な幕末維新期の長州藩研究者の一人である三宅紹宣氏などは、「西郷が特に急いで上京しなければならない情勢ではないので、これまでの研究においては様々な憶測を呼んでいる」として、その理由をあれこれと推測している（『幕長戦争』）。しかし、いま挙げたように、長州再征をめぐる動きは急を告げており、西郷としても上洛を急がねばならない立場にあった。したがって、西郷がもしこのような釈明をしたとしても、なんら不思議ではないと考える。彼には、当然のことながら、優先順位があったからである。

　それといま一つ、西郷が、木戸との下関での会見を心の底から了承し、望んだかどうかは疑わしい。下関で木戸と会見するとなれば、当然、島津久光・忠義父子の同意を得なければならないからである。もし西郷に木戸との会見をなにがなんでも実現したいという強い希望があれば、京都ではなく下関で薩長間の盟約が結ばれた可能性もあったが、西郷にはそうした危険な選択をする気持ちは、この時点ではなかったものと思われる。当時の島津久光に長州藩との提携に向けた意欲が見られなかった以上、西郷としても文久二年時の失敗（独断で下関から上坂したため、久光の激しい怒りを買い、徳之島〔のち沖永良部島〕への流島を余儀なくされた）に鑑みて、あえて無謀な選択をしなかった面があったものと想像される。

西郷不在中の京坂地域の政治状況

　さて、このような経緯を経て上洛して来た西郷を待ち受けていたのが、当然のことながら、長州再征をめぐる慌しい動きであった。ここで西郷が京都を離れていた間の京坂地域の政治状況を簡単に振り返っておく必要があろう。西郷が離京する直前の京都では、一会桑三者の奮闘ぶりがとにかく目立った。いまだ将軍の進発が公表されない前、彼らは天皇（朝廷）の力を借りて将軍上洛の実現を達成しようとした。これが四月十日に、改めて幕府に対し、将軍の上洛を求める御沙汰書の発布となった。そして、御沙汰書の文面を慶喜が作成したことでも明らかなように、これは一会桑三者の意向を受けて出されたものであった（久住真也『長州戦争と徳川将軍』）。このことからも明らかなように、当時の一会桑三者は、薩摩藩と対抗する姿勢を強める中、朝廷内に自分たちの勢力を扶植することに成功しつつあった。いや、それどころか、かなりの程度、自分たちの思いのまま朝廷を操れるようになっていた。その理由の一つが、孝明天皇や朝廷上層部の支持を得たことであった。

天皇・朝廷上層部の一会桑への依存

孝明天皇は、島津久光が京都を去った後、それまでの久光に依頼する姿勢を弱め、一会桑の三者に大きく依存するようになる。そして、こうした天皇の姿勢が関白以下にも影響を及ぼすことになる。すなわち、朝廷上層部の一会桑三者への依存がハッキリとする。まず、議奏の六条有容《ろくじょうありおさ》が四月四日に中川宮に送った書簡において、「自来、大小（の）事にかかわらず、武家（への）御沙汰の義はすべて一会桑え御打ち合わせのうえ、御沙汰にあい成り候ては如何あらせられ候哉」との提言を行う（『朝彦親王日記』一）。そして、やはり六条が中川宮に宛てた四月十一日時点の書簡によると、一会桑三者へ内々で事前相談に及ぶ件は、議奏一同（ただし、所労中の正親町三条実愛《おおぎまちさんじょうさねなる》は除く）の同意を得た。ついで二条関白も、家茂が上洛してくるまでは武家に関する問題を朝議で取り上げる際は、一会桑三者と打ち合わせることに同意する（同前）。ここからは、朝廷と幕府の協調体制を強固なものとするために、一会桑の三者に依存しようとする朝廷上層部の姿が浮かび上がってくる。

江戸幕閣と会津藩との関係修復

つづいて、前述したように、江戸における将軍の進発表明となるが、これに深く関わることになったのが、一会桑三者の中でも会津藩であった。そして、これには慶応元年三月末から四月初めの間に、幕府首脳の同藩に対する姿勢が突如変わったことが関係した。すなわち、四月一日、会津藩の江戸留守居が大老の酒井忠績《ただしげ》や老中の水野忠精に相次いで呼ばれ、彼らの口から直接謝罪の言葉が発せられる。それは、会津藩が一橋慶喜と組んで反幕府的な行動をとっているとの流言（浮説）を信じ、容保の書簡をこれまで将軍に見せず、自分たちも返事を出さなかったが、容保への嫌疑が晴れたので、これからは対応を改めることにしたとの発言であった。さらに、そのうえで、将軍が上洛し、諸藩の力を借りずに幕府単独で長州藩内の過激派を鎮撫するつもりであることが告げられた（四月二日付で出された「尊攘録探索書」〔『改訂肥後藩国事史料』五〕）。

将軍の進発は、こうした江戸幕閣と会津藩との関係修復のうえに発表された。もっとも、何故この時点で突如江戸幕閣の会津藩への対応が変わったのか謎は残るが、これには次のような江戸幕閣の置かれた事情がおそらく関わったと思われる。それは、長州征伐を打ち出さないと幕臣が出兵に同意しなかったこと、長州藩に対し、それなりの処罰（削地など）を命じ相手に受け入れさせるのが一番妥当な処分だといった共通認識が諸藩の間に広くみられたこと等である。こうしたことが、会津藩の手を借りて、将軍の進発を至急朝廷に認めさせようとする江戸幕閣の思惑に繋がったと想像される。

しかし、前述したように、将軍がいきなり長州征伐のために出兵するとの方針を打ち出し、その後実行に移したことで、戸惑いや不審が生じたのも事実であった。このような中、西郷が再び京都に姿を表し、藩を代表して問題の対応にあたることになった。既述したように、西郷が再度の上洛を果たしたのは、慶応元年の閏五月二十三日だったが、奇しくも前日に将軍徳川家茂の一行が京都に到着する。そして、この後ただちに家茂が参内し、進発するに至った理由を奏上すると、一会桑三者らとかねてから打ち合わせていた通り、天皇から将軍が大坂城に留まり、衆議を遂げて長州処分方針を決定し言上するようにとの勅語が下る。また併せてこれからは一会桑三者や徳川慶勝などと諸事相談するようにとの勅語も下る（「国事文書写」「朝彦親王御記」〔『孝明天皇紀』五〕）。

長州再征を阻止する活動に取り組む

後者は、孝明天皇が代弁者として一会桑三者らを指名したと同時に、一会桑三者らの意見を幕府が受け入れ、幕政に反映させることを求めたものであった。

そして、これを受けて、これまた当初の予定通り家茂一行が閏五月二十五日に大坂に下る。ついで家茂は、大坂城に在って対長州戦の陣頭指揮を執る構えをみせ、また大坂の地で長州藩に対する具体的な処分の内容が評議されることになる。こうした緊迫感の漂う中、西郷は上洛してきた。

その西郷が、これ以前から京都に留まっていた大久保らとともに、幕府が推し進めようとした長州再征を阻止する活動に全力で取り組むことになったのは言うまでもない。しかし、彼らの活動は思うようにはいかなかった。理由の一つは、京都ではなく大坂の地で幕府サイドの会議が開かれたことであった。幕議の参加者は、五月十二日に征長先鋒総督に任命された和歌山藩主の徳川茂承、前名古屋藩主の徳川茂徳《もちなが》、在坂老中の阿部正外・松前崇広らに、一橋慶喜や松平容保であった（ただし、慶喜と容保は、両人がともに京都を留守にしてはならないとする孝明天皇の強い要望を受けたため、交互に下坂して幕議に加わった）。

処分に至る手順が決定

そして、閏五月下旬から六月にかけて大坂城の御用部屋で断続的に開かれた評議の席で、処分に至るまでの段取りが決まる。つまり、岩国藩主の吉川経幹と、長州藩の末家にあたる徳山藩主の毛利元蕃《もとみつ》の両名を大坂に呼び出し、長州藩に関わる疑問点を問い質し、そのうえで最終的な処分に及ぶことになった。長州藩に関わる疑問点とは、(1)高杉らの挙兵にまつわる件、(2)同藩が外国から兵器を購入している件、(3)ならびに密貿易を行っている件（長州藩は元治二年二月に大村益次郎《おおむらますじろう》を上海に派遣し、藩所有の蒸気船を売却し、その利益でもって銃器の購入を図った）、等であった。そして、これら諸点について明確な回答がない場合は、再討をも含む決断を下すことになった。ついで、この方針を携えて、六月十七日、一会桑の三者と老中の阿部正外が揃って参内し、朝廷の許可を獲得する。ここに、形のうえでは、朝幕双方の合意に基づく長州藩処分に至る手順が決定した。あとは、長州側が吉川経幹らを上坂させ、幕命を受諾すれば、ことは収まるはずであった。

長州側の拒絶

だが、長州側は、三月下旬段階で、幕府に対して恭順姿勢は崩さないものの、攻撃を受ければ闘うとの方針を確立し、これに閏五月、岩国藩も同意したこともあって（『幕長戦争』）、吉川らの上坂を理由（病気）を設けて八月中旬段階で拒絶した。そのため、幕府側は、八月十八日、徳川政権と長州藩との中次ぎ役を務めていた広島藩主に対し、吉川経幹と毛利元蕃の両名が上坂できなければ、九月二十七日を期限に、長府・清末の両末家当主および本藩家老のうち一人が上坂するように長州側に通知することを命じる。また、同月二十三日には、大坂滞陣中の諸藩に対し、右の期限が守られない時は山口に向かって進攻するので、その準備をしておくようにと達した。ここに、長州藩の使者が出頭してこない場合、幕府側としても、強硬策をとらざるをえない、のっぴきならない状況に追いこまれた。あくまで結果論だが、慶喜や容保らの読みが甘かったと言わざるをえない。

再征への流れが固まる

慶喜らの計算違いは、対長州藩においてだけで済まなかった。再び老中や幕臣の猛反発を招き、この面でも一会桑三者（なかでも慶喜）を追いつめることになる。すなわち、幕閣と一会桑三者の関係は急激に悪化する。将軍を一会桑三者が無理やり大坂に引き留め、多くの将兵が出兵もせずに大坂城に滞陣したため、かえって将兵の志気の低下と、経済的な疲弊を招くことになったとの不平・不満が、徐々に高まった結果であった。さらに、長州側が再度の幕命に応じる気配をみせない中、長州問題に深い関わりを有した諸藩（熊本藩や会津・桑名藩）の家臣団の間で、状況を打開するために、将軍の即時進発を主張する急進論が台頭してくる。そして、この論の是非をめぐって、意見の対立が、それら諸藩内でも生じた。

そこで九月二十一日、家茂が慶喜や容保らを従えて参内し、征長のやむをえない事情を奏聞することになる。天皇（朝廷）の許可を得ることで異論を封じ込め、最終的な決着をつけようとしたのである。そして、孝明天皇が幕府側の要請を許可し、家茂は同月二十三日に大坂に戻る。ここに事実上、長州再征への流れが固まり、事態は後戻りを許されなくなった。

江戸藩邸の減員問題

さて、ここでさらなるステージに入る前に、再上洛したあとの西郷にとって軽視しえない問題をひとまず振り返っておくことにしたい。江戸薩摩藩邸の減員問題である。江戸には薩摩藩の屋敷がいくつかあったが、なかでも江戸に上った時に藩主の居住する芝屋敷の存在が大きかった。同屋敷自体、一万三千坪を超す広大な地所を有した。さらに、この芝屋敷には、藩主の島津継《つぐ》豊《とよ》が将軍家の養女竹姫を正室に迎えた際、隣接地（北側）に「御住居《おすまい》」が設けられた。そのため、竹姫付の驚くほど多くの奥女中と彼女らに仕える女性（二百名を超えたという）や、やはりお付きの役人がこの屋敷に入ることになった。そして彼らには、「職階に応じた給与が支払われ」たとされる（「将軍家と島津家との婚姻」）。

もっとも、将軍の「姫君様」には、数十人のお供が普通で、かつ幕臣・幕府女中の俸禄等は幕府から支給されるのが原則だったので、実態は多少異なったかもしれない（関口すみ子『御一新とジェンダー』）。ただ薩摩側が多大な犠牲を強いられたことは確かであった。

西郷は、こうした状況が時代にそぐわないとして、どうも国元にいた元治元年から再上洛を果たした翌元治二（慶応元）年にかけての時点で、とりあえず芝の屋敷を除く他の屋敷（渋谷の藩邸など）を閉鎖して、吏員や奥女中を国元に引き揚げることを画策したらしい。そして、この画策に関しては、「薩藩が徳川氏と君臣の名義を公然解除」しようとした「大胆な所為」であったと見なす向きもある（勝田孫弥『西郷隆盛伝』）。そうした評価が妥当かどうかはともかく、この計画の中心に西郷がいたことは、彼が慶応元年十二月六日付で久光の側近であった蓑田《みのだ》伝兵衛《でんべえ》に宛てた書簡（『全集』二）中に、「江戸表御役所等御引き払いの一条、……此の一条に付いては、専《もっぱ》ら私主張いたし候訳にて御座候」と記していることでわかる。

さらに加筆すると、これは西郷の先見の明に基づく独断専行だったと評せるレベルのものではなかった。福井藩などでは、すでに安政五年から行われた節倹政治で、「大奥春嶽（＝慶永）夫人付の女中など、総数二十人」が減らされていたからである。また安政三年の三月には、藩主留守中の江戸藩邸の留守居の家臣は最小限にするとされた（『中根雪江先生』）。つまり、こうした減員策はなにも薩摩藩に限ったことではなく、財政立て直し策として当然採択しうるものであった。ところが、薩摩藩の場合は、将軍徳川家定の正室であった天璋院が江戸にいまだ在住していたため、猛反発をかうことになる。

元治二年三月七日付で西郷に宛てた桂久武の書簡（『全集』五）によると、当時江戸から国元に帰っていた藩主夫人サイドから桂久武が呼びつけられ、西郷が奥女中に暇を出した件で抗議を受ける。そして、この時の藩主夫人の発言は、「（江戸に）残りたく存じ候者は残し、帰りたき者は帰り候間、其の通り承知致し候様」にとの、半ば通告に近いものであったという。そして、こうした夫人の発言の背後にはどうやら天璋院の不満があったらしい。それはともかく、この発言に対し桂久武が反撃に転じ、藩政改革の主旨からいって同意できない旨「諫争《かんそう》」に及ぶ。ついで、この問題に困り果てたらしい島津久光が桂久武を呼び、妥協案を提示（江戸の藩邸で暇を告げられた奥女中を、国元で新たに召しつかうようにしたらどうかというものであった）したものの、久武の拒否にあって断念する事態となる。

なお、この時に妥協案を拒否されると、久光は「夫《それ》ならば、此の上は決して、もうは此の事は申す間敷」との言葉を吐いたという。ここで注目すべきは、久光が怒ったかどうかではなく、藩政改革の必要性を強く前面に打ち出されると、たとえ久光や藩主夫人といえどもそれに逆らえない現実が存在したことである。すなわち、久光や藩主夫人の意見（希望）がすべて通ったわけではなく、藩の方針や利益が優先された。しかし、そこは人間であった。芳氏によると、西郷が主導した、この奥女中引き揚げ策は、久光の眼には西郷の独断専行と映り、久光の機嫌を損じたという（『島津久光と明治維新』）。

7 条約勅許

四カ国艦隊の兵庫渡来

以上、西郷が危うく深手を負いそうになった騒動について記したが、元のラインに再び戻ることにしたい。長州再征への流れがもはや阻止しがたくなる中、予期しえぬハプニングが徳川政権側に生じた。あろうことか、家茂が将軍職の辞退を突如朝廷に申し出たのである。ことの発端は、英・仏・米・蘭四カ国連合艦隊九隻の兵庫沖への渡来であった。すなわち、四カ国公使（ただし蘭・米は代理公使）を乗せた外国艦隊が、天皇による条約の承認や兵庫の先期開港（同地の開港は、文久二年五月に結ばれたロンドン覚書により、文久三年から五年間延期するとなっていたのを改め、期を早めて開港する）などを求めて、九月十三日に横浜を出港し、同月十六日に兵庫沖に到着する。

そして、このあと老中の阿部正外に対し右の要求を突きつけ、もしこの問題を幕府が決定できないのなら、すぐに天皇の承認を得るために京都へ出向くことを宣告する。そこで兵庫から帰坂した阿部を交えて大坂城で開かれた会議の席で、阿部といま一人の老中であった松前崇広から幕府専断での兵庫開港もやむをえないとの主張がなされるに至る。ついで京都から駆けつけた一橋慶喜が強く異論を唱え、二老中との間で激論が展開されることになる。

二老中の官位剝奪

慶喜が主張したのは、自分は兵庫開港それ自体に反対するのではなく、朝廷と幕府との協調体制を維持するためには、天皇の承認を得ること（勅許）が欠かせないということであった。そして、この主張の前提には、天皇（朝廷）の支持のない幕府限りでの決定では、とうてい世論を納得させえないとの冷静な判断があった。ここに事態は深刻な様相を呈するに至ったが、幸い四カ国側から十日間の回答猶予が認められたため、慶喜が京都に戻って天皇の承認を得ることになった。ところが、老中の主張に関わる情報が京都に伝わると、関白の二条斉敬や中川宮らの反発を呼び起こすことになる。そして両者は、兵庫開港の容認を主張した二人の老中（阿部と松前）の処分を主張し、これが朝議で決定をみる。すなわち、老中両人の官位剝奪と国元での謹慎を命じる朝命が下る。朝令によって現職の老中二人が直接処罰（罷免）されるという、前代未聞の事態が生じたのである。

将軍の辞表提出

そして、この朝命が下る直前に、将軍の徳川家茂から、征夷大将軍職を辞《や》めたいこと、代わりに慶喜に将軍職を委譲したいことを記した辞表が作成される。ついで、この辞表を託された徳川茂徳が京都へと向かい、十月三日、朝廷にこれを提出した（『徳川慶喜公伝』史料篇第二巻）。つまり将軍の徳川家茂は、これまで通説とされてきた二老中の処分に反発して将軍職の辞表を提出したわけではなく、なにか考えるところがあって、この時点で将軍職を辞退する気持ちになったということである（奈良勝司『明治維新と世界認識体系』）。

それが何によるのかは特定しえないが、この後、この降って湧いた騒動によって、慶喜の置かれた状況が一気に緊迫の度を増すことになった。二老中の処分は、朝廷に対する幕臣の反発を招いただけでなく、天皇（朝廷）を後ろ楯にして、慶喜が徳川政権を困らせようとしたものと、彼らの間で受け止められたからである。また、家茂の将軍職辞退を受けて、天皇（朝廷）がただちに慶喜に将軍職を宣下するとの噂も流れた（『小笠原壱岐守長行』）。

辞表撤回と勅許奏請

大混乱の中、慶喜は容保・定敬の両者とともに、東海道を経由して江戸に帰るべく、十月三日の夜に伏見に到着した家茂に対し、懸命に説得に努め、その結果、家茂は辞意を撤回することになる。ついで、一会桑の三者（なかでも一橋慶喜）は、これまでの成り行きと四カ国公使への回答期限が迫っていたこともあって、条約勅許を朝廷に願い出ることになる。すなわち、十月四日に参内し、外国艦隊の兵庫からの退去を請け負う条件として、箱館・横浜・長崎三港の開港を認めてほしいと願い出た。

そして、この要請を受けて急遽《きゅうきょ》開かれた同日の朝議では結論を下すことができず、そうこうしている内に、いったん大原重徳に薩摩藩兵を付けて兵庫に派遣し、外国側と交渉することに決定をみ、薩摩側が請書を提出する事態となる。しかし、これを慶喜が阻止し、彼が在京諸藩の意見を聴取することを提言したのを受けて、在京諸藩士が召集され、彼らの意見が問われることになる。そして、五日に行われた諮問の席では、大多数の者が条約許容論を表明し、この後押しが天皇の条約勅許に繋がった(「朝彦親王御記」〔『孝明天皇紀』五〕)。

なお、この時、薩摩藩を代表して発言したのが内田政風であった。彼は、有力諸侯を急いで京都に召集し、彼らの同意を得た後、朝命でもって(すなわち、朝廷が主体となって)通商条約を許容することを是とした。むろん、この事実上の開国論は、内田個人の意見ではなく、薩摩藩のそれでもあった(慶応元年十月六日付在藩側役宛内田政風書簡『玉里』四)。さらに内田は、この席でどうやら薩摩藩が責任をもって外国艦隊を「退帆」させる旨の発言をしたらしいが、参列者から「見込み」を尋ねられると、「無策」だと応えざるをえなかった。

こうした薩摩藩士をも含む諸藩士の発言や、これから取り上げる一橋慶喜の脅しによって、孝明天皇もやむなく条約を勅許することになる。慶喜の脅しは、まず御簾《みす》内の天皇に向かって発せられた。彼は、条約を勅許しなければ、「はなはだ恐れ入る次第」だが、「天子をも外夷(=外国人)」は「なで殺し」にするだろうと脅迫した(前掲「朝彦親王御記」)。

条約勅許

ついで慶喜は、四日の朝議が紛糾し、夜も更《ふ》けたため関白以下が退散しようとした際、国家の重大事を前に退散する者は、このままでは済まさないと脅した。さらに、そのうえで、朝廷が条約を許可しない場合は自決するつもりだが、そうなれば家臣がなにをしでかすか保障しないと上級廷臣に向かって追い撃ちをかけた。このような強引なやり方で、慶喜は五日の夜になって条約勅許を勝ちとることになる（『徳川慶喜（人物叢書）』）。

もっとも、いま少し孝明天皇の意を忖度《そんたく》すると、天皇は慶喜の脅迫に屈服して条約を勅許したとばかりはいえないであろう。孝明天皇自身、安政五年の時点で、幕府の求めた開国路線を即承認はしなかったものの、心底攘夷を望んだかどうか、どうもわからないところがあったからである。孝明天皇にも攘夷を決行すれば欧米諸国との間で全面戦争になり、それがこの国に住む民にとって不幸な事態を招くであろうことは十分に予測しえた。

したがって、天皇自身も開国には踏み切れなかったが、さりとて条約破棄つまり攘夷も決断できなかったといった辺が、正直なところ真実であったろう。そういう中で、諸藩士の言明や一橋慶喜の脅迫がなされたので、天皇も通商条約に勅許を下したと想像される。そして天皇も多少の意地を通し、京都にほど近い兵庫の開港は認めず、慶喜もこの点では妥協を余儀なくされた。

勅許の歴史的意義

条約勅許は、言うまでもなく、幕末政治史上において画期をなした。その一は、安政五年以来、七年あまりにわたって、最大の政治課題となっていた開鎖問題に、条約勅許という形で最終的な決着がつけられたことであった。むろん、条約が勅許されたとはいえ、当時の日本人は、自分の属する階層の如何を問わず、概して攘夷家だったので、すんなりと開国を受け容れられたわけではなかった。だが、条約勅許によって、反幕派が幕府を追いつめる格好の攻め道具を失ったのは事実であった。彼らは、以後、「攘夷」を口実とした反幕活動を封印されることになる。

その二は、条約勅許に至る過程で、朝廷を掌握している政治勢力が一会桑の三者（なかでも一会両者）であることが改めて白日のもとにさらされたことである。このことは、慶応元年九月八日付で、島津久光に宛てて出された山階宮《やましなのみや》の書簡（『玉里』四）でも報じられた。すなわち宮は、本書簡で、朝廷の現状は「軽事」は一会両者の周旋方が二条関白や中川宮を訪問して「内々言上」し、「重事」は慶喜と容保が関白に直接「言上」するような「振合《ふりあい》」だと知らせた。そして、さらに、国事掛の公卿へも、一応一通りの説明はあるものの、それは機密に属するものではないと伝えた。要するに、山階宮によれば、朝廷の現状は、「いよいよ一会桑ぇ（二条関白より）御任かせにあい成り」といった状況下に陥った。

こうした状況の到来を受けて、松平慶永からやはり山階宮に宛てて送られた十月十一日付の書簡（『続再夢紀事』四）中に、「とにかく一会桑周旋尽力もとよりに候得共、幕の老中を差し置き候様《よう》の事これ有り候ては、迚《とて》も々々（朝廷と幕府の）御真和如何やと御案じ申し上げ候。何卒《なにとぞ》……一会桑を計《ばか》り御用いこれなく、……老中へも御相談あらせられたく」との要請がなされるまでに至る。それほど一会桑の三者は朝廷内にしっかりとした基盤を築くことに成功した。

その三は、大久保や西郷らに深い絶望（敗北）感をもたらしたことである。彼らは、かねがね幕府が欧米列強から押しつけられて結んだ現行の通商条約をいったん破棄し、朝廷主導で条約を結び直すことを望んでいた。これは、一つには、幕府から外交権を取り上げることで幕府を諸侯の列に下し、自分たちと対等の立場に据《す》えることを目指したことによった。要するに国家の真の主権者を天皇とする王政復古を目論むものであった。

いま一つは、切実な経済的欲求によった。朝廷が主導する形での開国体制の成立によって、薩摩藩がおおっぴらに外国と交易し、そのことで一藩規模での富国強兵策を促進しようとしたのである。ところが、慶喜の猪突猛進的な行動の前に、その目論見は脆くも潰《つい》え去った。そして、このことが大久保や西郷らをして、慶喜の脅迫によって、条約を勅許した朝廷内の専制支配者（二条関白や中川宮ら）への反発をより激しいものとさせた。と同時に、長年のライバルであった長州藩への接近の動きをも生み出していくことになる。

大久保の勇猛な阻止活動

しかし、その前に、いま一度、彼らが敗北した過程を振り返っておくことにしたい。長州再征を朝廷が認可するに至る前から条約勅許にかけての過程で、最も勇猛に反幕府的な活動に従事したのは、西郷ではなく、九月に再び上洛して来たばかりの大久保であった。大久保が西郷に宛てた九月二十三日付の書簡（『大久保利通文書』二）によると、同月二十一日の長州再征の許可を求めた将軍参内の前に、大久保は行動を起こした。まず中川宮を訪問し、「一己の存慮《ぞんりょ》」つまり自分だけの考えを「言上」した。それは、諸侯をいますぐ京都に召集し、彼らの「公論」でもって諸々の問題を解決すべきだとの主張であった。むろん、これは、かねてから西郷も同意していた論であった。

ところが、中川宮が、諸侯の召集には、「市（一）会桑」の三者が反対であること、諸侯を京都に召集することになれば、「大いに時日」を要し、その内にどのような差し障りが生じるかわからないこと、こうしたやり方を採用すれば「幕（府）の職掌も相い立た」ないことを述べて同意しなかった。しかし、大久保は執拗に自分の意見を主張し、辟易《へきえき》とした宮は、その圧力に押され、二条関白宛の直書を書かされ、この後それをもって大久保が関白邸に押しかけることになる。こうした押しの強さは西郷には見られないものであり、後に改めて触れることになるが、西郷と大久保の両人がともに京都に滞在中（案外少なかった）は、大久保が前面に出て、西郷が後《うし》ろに控える場面が多くなるのは、この点とも大いに関わった。

それはともかく、関白邸で大久保は、幕府の対応が「時世（勢）」に合わないものだと強く批判することで長州再征を阻止しようとしたが、これも、むろん西郷の考えと同様のものであった。すなわち大久保は、長州藩サイドが「謝罪」したのを受けて、第一次長州戦を実行に移さなかったのは、「時世に応じ」ての「寛大の御処置」だったと主張した。そして、政策を決定し実行する立場にある者は、「時世に依《よ》り、大小軽重の取捨ある事には、これある間敷や」と訴えた。

正論

真に正論というべきものであった。そのため、二条関白も、大久保の主張に「成る程、尤《もっと》も」だと返答したが、すでに「一会桑に同意」し、事実上「（長州再征の）御内定迄相成り居り候」状況なので、どうしたらよかろうかと「尋」ねる始末となった。大久保は、ここまで関白を追いこんだのである。こうした圧迫面接は、西郷にはとうてい真似のできない大久保ならではの芸当であった。ついで、この後、二条関白は、この日（九月二十一日）の午後六時頃、遅れて参内し、征長問題をもう一度原点に戻って審議し直すことを提案したらしい。が、一橋慶喜の強硬な反対によって、いったん朝議が停止され、その後、「叡断」を仰ぐことになる。

叡断で長州再征が決定

すなわち、孝明天皇の考え（叡慮）によって長州再征を許可するかどうかが決められることになった。そして、このあと天皇の許可が得られたことで、長州再征が実行に移されることになる。この決定方式に対しては、さすがの大久保も、「恐れ入り奉り候外これなく」と受けとめざるをえなかった。なにしろ、「叡（聖）断」によって決まったことなので、大久保としてもこれ以上は手の打ちようがなかったのである。

もっとも、この後、大久保は西郷や吉井と善後策を協議し、長州再征へと向かう流れを阻止するための新たな状況打開策を立案する。それが、政局に大きな発言（影響）力を有する島津久光や伊達宗城、それに松平慶永といった有力諸侯を至急上洛させて、対長州戦を阻止するというプランであった。そして、このプランを実現させるべく、さっそく彼らは手分けして有力諸侯の上洛を促すことになる。すなわち、吉井が宗城の、大久保が慶永の、西郷が久光の、それぞれ上洛を促すために、宇和島・福井・鹿児島へと旅立つことになった。

西郷の伝言

西郷が坂本龍馬らを伴って京都を出発したのは、九月二十四日のことであった。そして西郷は、そのまま鹿児島へと向かい十月四日に帰着するが、龍馬は途中で下船し、山口におもむいた。ついで長州藩関係者に西郷の伝言を伝えた。それは次のようなものであった。「（長州再征阻止に向けて自分たちは）大いに尽力致し候得ども、その詮《せん》これ無し、右に付……早急帰国率兵（して再び）登坂、兵力をもって（長州再征を）再度押し止めたく……然る処、薩藩粮米《りょうまい》不足に付、これ馬関（＝下関）において乞い請けたく」（慶応元年十月四日付木戸孝允宛山田宇右衛門他書簡〔『修訂防長回天史』下巻〕）。要は、藩兵を上洛させるにあたって粮米の確保を緊急課題とした西郷らが、その調達を坂本龍馬を介して長州藩に依頼したものであった。

さて、西郷は、このように一路帰鹿し久光父子に京都の状況を報告し、久光の上洛と京坂地域への出兵を促したが、即久光の上洛・出兵とはいかなかった。藩主父子の名でもって、連合艦隊の兵庫沖への渡来などという重大な事態が生じる政治状況なので、情勢の推移によっては藩主父子が上洛することもありうるとして、藩士層に準備万端ととのえておくようにとの指令が出されたに止まった（『鹿児島県史料　小松帯刀伝』）。ここに、至急、島津久光か、もしくは忠義の率兵上洛を実現しようとした西郷らの目論見は外れたと見なしてよい。

慶喜に対する底知れぬ恐れの念

また、この間、先述したように、京都では恫喝《どうかつ》も交えた強引な手法によって一橋慶喜が条約勅許の獲得に成功したが、この情報を西郷は十月七日付で京都から発せられた大久保の書簡（『大久保利通文書』一）でもって知らされる。そして、この情報はおそらく国元に在った西郷に大きなダメージを与えることになったと想像される。さらに加筆すると、慶喜による条約勅許は、西郷と大久保に、慶喜に対する反発とともに、その能力および政治力（西郷らからすれば奸智・奸勇）に対する底知れぬ恐怖の念を生じさせたと思われる。

というのも、これまで条約勅許を頑《かたく》なに拒んできた孝明天皇を、なんだかんだといっても説得することに成功し、誰もが成しえなかった難題（条約勅許）を一気に解決したからである。そのため、これ以後、「一印（＝慶喜）は猾智《かっち》侮りがたき御方、いまだ兵馬の権これ無き分かりに御座候」（慶応元年十一月二十六日付大久保利通宛新納嘉藤二書簡〔『大久保利通関係文書』五〕）といった評価が定着する。それは、換言すれば、固有の軍事力を持たない一橋家の当主である慶喜が、もし強大な軍事力を保有する立場（すなわち将軍職への就任）になれば末恐ろしいとの思いに繋がった。そして、実際に、慶喜が第十五代将軍の座に就くと、その強力な指導力によって、幕府の慶応改革が大いに進展しているとの錯角《さっかく》（実態よりも過大な評価）を西郷や大久保らの間に生じさせることになる。

第五章　新たな段階へ——打倒一会桑をめざす

1　状況打開策を模索

以上みてきたように、再上洛後の西郷は手痛い敗北を喫した。ついで西郷らが画策した諸侯召集論は、久光と宗城の同意を得られなかった（ただし、久光の場合は、上洛そのものを拒否したわけではなく、条件が揃えば上洛もありうるとした）。他方、慶永は大久保の説得に応じて福井を十月一日に発ったものの、途中から引き返すことになった。京都藩邸からの使者が、今は急いで上洛する時ではないと注進してきたからである。また、遠く九州の地にあっては、五卿を預かっていた福岡藩の藩論が大きく変わった。佐幕派が藩論を支配するようになり、それにつれて月形洗蔵や加藤司書といった薩摩藩に協調する人物への弾圧が加えられ、彼らはやがて自刃に追いこまれていく。とにかく西郷にとっては計算外のことが生じた。

新方針　こうした中、対長州問題において、さらなる進展がみられることになる。すなわち、この間、主として一会桑三者の提案に基づいて新たなプランが練り出される。毛利家の家臣を大坂に呼びつけるのではなく、幕臣を広島に派遣し、そこで訊問し、ことの次第によっては将軍を広島まで進出させるとの新たな方針であった。これは、むろん、西郷ら在京薩摩藩士が画策していた諸藩会議の召集による長州処分問題解決方式を断固として断ち切るためのものであった。そして、この新方針が十月十八日、朝廷によって認められる。

これを受けて十月二十七日に、幕府は広島藩を介して長州藩に支藩藩主・本藩家老らの広島への出頭を命じる（ただし、期限は十一月中とした）。そして、十一月六日には大目付の永井尚志と目付両名（戸川安愛・松野孫八郎）が大坂を出発し、彼らは十六日に広島に到着した後、二十日から同地の国泰寺で長州藩使者（正使）の宍戸備後助の訊問を開始した。

妥協に終始した訊問

永井の訊問は征長軍解兵後の長州領内の状況に関わるものであったが、彼は長州側の主張（藩主以下関係者は謹慎を続けており、再征を受けるいわれはないとする）にあえて反論しなかった。つまり妥協に終始した訊問となった。そして訊問を終えた永井は、宍戸に長州藩主父子が謹慎伏罪しているとの書を提出させ、それを携えて十二月十七日に大坂に帰着する。ついで大坂の地で、永井の報告を受けた二閣老（板倉勝静《かつきよ》・小笠原長行《ながみち》）と一橋慶喜・松平容保の間で今後の方針が話し合われた。ところが、長州藩の処分をめぐって二老中と一会桑三者との間で意見の衝突をきたすことになる。永井の報告に基づいて穏和な内容での処分でことを済まそうとする二老中と、それに異を唱えた一会桑三者との対立の再燃であった。

冷静な現状分析

つづいて、このような諸々の条件下、西郷の策略家としての本性《ほんしょう》が発揮されることになる。そして、これは後半生の西郷に特有のことであったが、こうした苦しい状況下になればなるほど、彼はめげることなく強気の姿勢に徹した。そして、冷静な現状分析から対策を講じることになる。すなわち、まず彼は、現状は一会桑の三者が苦境下にあるとした。つまり、一見では全盛を誇っているかのようだが、実は困っているのだとみた。この点を考察するうえで重要なのは、慶応元年十一月十一日付で蓑田伝兵衛に宛てて出された西郷書簡（『全集』二）である。この中で西郷は、一会桑の三者が中心になって推し進められた幕府の対長州策に関して次のように報じた。大事な認識が示されているので、些か長くて煩わしいが該当する箇所を掲げる。

一・会・桑の作略も皆崩れ立ち、天下の人心も相離れ、致し方なき処より頻《しき》りに会（津）人此の御邸《やしき》（＝在京薩摩藩邸）へ出で媚《こ》び候事共笑うに堪えず候。……橋・会・桑困窮の事に御座候由、……大坂においても粮食《りょうしょく》も乏《とぼし》く敷、当年中相支え候儀も六ヶ敷、況《いわん》や西に兵を進め候儀、万々覚束《おぼつか》なき事と相聞かれ申し候、攻口《せめぐち》等の儀各藩へ通達相成り候え共、人数を繰り出せと申（す）儀はこれなく、手数迄の計にて、退き口の謀と相察せられ申し候、此の上、戦《いくさ》を初め出し候わば、直様《すぐさま》紛乱の勢い眼前に相見得申し候、……当分の処、一言発すれば名分大義を明らかにし、義を以て立ち、確乎として動かず、諸藩を圧倒いたし候姿もこれあり候。変に入る入らぬの境肝要の場合にて、至極謹慎を加え、評議を尽し候事共に御座候（下略）。

この蓑田宛ての書簡は、たびたび強調しているように、たんに個人に宛てたものでなく、蓑田の背後に控える島津久光・忠義父子以下、国元の藩重臣の眼を強く意識して記されたものであった。したがって、自由な立場から百パーセント、自分の考え（本音）を率直に述べたものでは、もちろんない。しかし、かなりの程度、当時の西郷（および在京薩摩藩指導部）の政局への見通しを正確に伝えるものであった。

その一は、一会桑三者が推進してきた長州再征路線がもはや崩落寸前だとの見通しであった。そして、この根拠として、会津側が薩摩側に対し擦《す》り寄る姿勢を見せたことなどが挙げられた。また西郷は、幕府の現状を熟視して、第二次長州戦争が行われない可能性もかなりあると指摘した。これは、大坂に滞陣中の幕府側将兵の間に漂う厭戦気分や、食糧不足を視野に入れてのものであった。さらに、戦争が実行に移されても、幕府側の勝利は覚束ないともみていた。そして、こうした冷静な現状分析のうえに、あえて傍観者的な立場に自分たちは踏みとどまる（形勢を観望する）ことが国元に対して報じられた。

西郷の計算

ここで留意しておきたいのは、右のような中立的な立場をあえてとると国元に報じた背後に隠されていた西郷の計算である。それは、かつて禁門の変前の西郷がそうだったように、こうした立場に留まることが、薩摩藩への恐れもしくは不気味《ぶきみ》さといったものを周辺に掻き立てさせ、結果的に藩を利することになるとの計算であった。そして、このような計略を常にめぐらして動くことが、西郷の西郷たる所以《ゆえん》であった。ついで、この段階の西郷に関して押さえておかねばならないのは、彼が挙兵路線に舵をとったか否かの問題である。そして、この点との関わりで興味深いのは、宮地正人氏によって紹介された、慶応元年十二月二十六日付で京都の染物商であった池村久兵衛邦則から、旧知の中津川宿本陣の市岡殷政《いちおかしげまさ》や問屋の間秀矩《はざまひでのり》らに宛てて出された書簡（宮地正人「中津川国学者と薩長同盟」）である。

本書簡には、国事活動のために密かに太宰府におもむき、慶応元年十二月二十四日に帰洛した二人の水戸藩士から、池村が聴き取った話が記されている。それによると、下関で会った薩摩藩士の黒田清隆から水戸藩士両名に対して次のような秘話が語られたという。「（西郷）よりの内意と申すは、長と心を一つにして、……会一橋を踏みつぶすべし、本圀寺（＝本圀寺詰の水戸藩士。当時、慶喜実兄の徳川昭武《あきたけ》の指揮のもと禁裏の守衛にあたっていた）は定て橋に付くべし、左候はば是も同様、それを機会として、防長二ケ国より起り、その頃まで麦（＝幕府。この場合は将軍の徳川家茂および幕臣）滞在なれば、是も乗っ取る手筈、……近々桂氏（＝木戸孝允）は弊藩の舟に乗り、内々上京、（下略）」。

右の書簡中に記されているのは、当時山口に居た黒田が語った西郷の思惑である。これによると、慶応元年下四半期時点の西郷は、どうみても挙兵論者である。それゆえ、この書簡をもって宮地氏は、この時点の西郷が武力倒幕論者であったと断定した。だが、賢明な読み手ならばすぐにわかるように、この思惑は同時期に発せられた前掲の蓑田宛の西郷書簡中に記された彼のそれとは著しく異なる。蓑田宛ての書簡に示されている西郷の思惑や情勢認識は、決して過激なものではなく、ごく穏やかな調子のものであった。

一方、中津川宿の民間人の許にもたらされた情報中に姿を現した西郷は、大変過激な挙兵論者である。いったい、どちらを西郷の基本的な立場と受け取ればいいのか正直に言って戸惑《とまど》うばかりである。民間人の書簡中に記されている過激な考え方が、もし西郷の本音だとみなせば、蓑田宛ての書簡で示された西郷の思惑および認識は、蓑田の背後に控える島津久光らの眼を強く意識して記された虚偽の内容だったということになる。

討幕（一会桑）願望

そこで仮に、この両方が西郷の思惑ならびに当時の政治状況に対する彼の認識を、ともに比較的正確に伝えたものだとすれば（すなわち、一見矛盾するかに見えるものが、双方とも西郷の実態をかなりの程度反映したものだとすれば）、次のように考えるのが一番妥当な解釈ではなかろうか（西郷の面白いところは、自分が信頼しうると判断した相手には、ごくあっさりと自分の考えや希望を語ることが多かった点である。これは、口が軽いというよりも、どうも秘密が苦手だったことによったらしい。しかし、そのぶん、西郷には図抜けて過激かつ興味深い発言がたくさん残ることになった）。

その一は、黒田の水戸藩士への発言は、限りなく西郷の本音（より正確に書けば、こうあってほしいとの願望）に近いものだったろうということである。つまり、西郷の周辺にいた人物の中では、黒田は長州藩との提携に最も熱心であった。また西郷は、これまで記述することはなかったが、この間、慶応元年の六月二十四日に上洛していた坂本龍馬と中岡慎太郎の両名と会い、薩摩藩の名義で武器を購入したいとの長州側の希望を伝えられ、それを快諾した。

長州側がこのような希望を薩摩側に申し入れたのは、同藩の下関—上海経由での武器購入が、フランス公使ロッシュの画策によって断たれたからであった（勝田政治『〈政事家〉大久保利通』）。それはともかく、こうしたことを受けて、七月下旬に、長崎に在った長州藩士の井上馨《かおる》が、小松帯刀とともに同地から鹿児島へおもむき、家老の桂久武や大久保利通との会談に臨んだ。そして、井上は長崎へいったん戻った後、八月下旬に数千挺の銃（ミニエ銃四千三百挺、ゲベール銃三千挺）を搭載した薩摩藩船胡蝶丸に乗り込み、三田尻《みたじり》へ帰ってくる（『維新史』第四巻。『修訂防長回天史』下巻）。

こうした背景があったから、黒田の唱える長州藩との提携話は西郷には許容できる選択肢の一つに当然なっていた。また黒田は、長州藩との提携論にとどまらず、対一会桑戦や対幕戦も希望していた。そのような黒田が過激な挙兵論を口にした際に、西郷がそれに同意する弁を吐いたとしても、なんら不思議ではない。西郷にも、幕府本体との戦いはともかく、京都（中央）政局を牛耳《ぎゅうじ》っていた一会桑勢力を打倒（排除）しなければならないとの思いは、人一倍あったからである。だが、それは、自分の周りにいる、ごく親しい、心を許せる若者に対して、密室的環境の中で時に漏らされる弁であった。このことを忘れてはなるまい。

挙兵論と距離を置く形勢観望論

その二は、挙兵論とは距離を置く形勢観望論は、京都に在って藩の命運を委ねられた西郷にとっては、これまた当然採るべき選択肢の一つだったろうということである。すなわち、藩の存続をなによりも優先した当時の武家社会においては、藩の存続を脅《おびや》かしかねない危険な要素は最初に除去（排除）しておかねばならなかった。そのうえで藩にとって利益をもたらすであろう、より良い選択をなすことが指導者には求められた。したがって、蓑田に宛てて発せられた書箇中に記された形勢観望論こそ、とりあえず、こうした条件に適う選択だと西郷らが判断したのも、ごく自然なことであった。いずれにせよ、以上のようなことを考慮すれば、一見相矛盾する西郷の主張は、ともになんら不可思議なものではなかったと結論づけられる。

なお、この点との関わりで取り上げねばならないのは、慶応元年十二月七日付で蓑田伝兵衛が京都の西郷と大久保の両者に宛てて発した書簡（『全集』五）である。本書簡で、蓑田は現時点での国元の方針を次のように伝えた。「（京都から一報がある）迄は御一統様御見合わせ相成り、機会に依っては断然御引き払いにも相成り候わん」。ここには、京都への出兵どころか、逆に京都からの撤兵の可能性がかなり大である（国元での富国強兵に改めて全力を注ぐ）ことが示されている。蓑田が藩主父子にとって側近中の側近だったことを考えれば、これは久光らの構想でもあったとみなせる。

久光と西郷の将来構想が同じか否か

つづいて、ここで一度立ち止まって検討を加えておきたいのは、島津久光と西郷との将来構想が同じだったのか、それとも異なっていたのかという問題である。この点に関しては、政権を実際に担当していた幕府首脳が他の誰よりも関心を示した。長州再征への協力を断固として拒絶する在京薩藩指導者と、国元の島津久光の考えが、同一かどうかを彼らは重大視した。そこで薩摩藩の内情に詳しい福井藩士からの事情聴取がなされることになる。これを受けて、薩摩藩の内情に通じていた中根雪江から、在坂老中の小笠原長行に対し、慶応元年の十二月十九日に、大坂城で興味深い情報が提示されることになる（『続再夢紀事』四）。

それは、(1)西郷や大久保・吉井といった在京薩摩藩邸内の指導者が、幕府や一会桑三者の推し進めようとする長州再征を阻止すべく、有力諸侯（久光・宗城・慶永）の上洛を画策し、実行に移したこと、(2)彼らが自分たちの裁量でこのような行動に出たのは、㋐「最早《もはや》、天下は大乱に至るべし」と見通したこと、㋑そのうえ外国の軍艦が兵庫に「滞泊」していること、㋒幕府が二条関白を落飾《らくしょく》（出家。この場合は辞職）に追い込み、かつ中川宮を幽閉するとの「訛言《かげん》」があること、㋓対立関係にある会津藩に対して「兵威を示す」必要があると判断したのによること、(3)しかし、こうした「在京重臣の決議」は島津久光の考えとは違うというものであった。

福井藩士の久光擁護

目を留めておかねばならないのは(3)に関わる情報である。すなわち中根は、久光を次のように擁護した。「昨春、参預諸侯上京中の如き、他の藩々には名目のみの尽力と見えしもなきにあらざりしが、大隅守殿（＝久光）に至りては決して去る軽薄の意なく、朝廷の御為め幕府の御為め、専《もっぱ》ら力を入れて周旋せられ、殊《こと》に幕府の御為めには厚く御続柄（＝徳川家と島津家とは「広大院様・天璋院様の御続きありて外ならぬ御間柄」）をも思われたるものと拝察（下略）」。

ここで大事なことは、在京薩藩指導者の考えと、久光のそれが大きく違うとの指摘である。また中根は、年を越した慶応二年一月四日にも、小笠原に対し、問われるまま、小松帯刀に反幕的意思（「異心」）がまったくないことを詳しく説明した（『続再夢紀事』五）。そして、久光に反幕的な行動に出る意思がないことは、中根雪江以外、やはり福井藩士の毛受洪《めんじゅひろし》も慶応元年十二月十三日時点で板倉老中に対して断言している（『続再夢紀事』四）。中根や毛受は、京都にあって日常的に在京薩藩指導者と接触する関係にあった。また松平慶永を通じて久光や小松の考え方に通暁《つうぎょう》していた。そうした人物の観察であるだけに、これは信用しうる証言であったとみてよい。

挙兵論に不同意だった久光

慶応元年下四半期の島津久光が挙兵論に同意していなかったことは、他の史料でも裏付けられる。なかでも、この点との関わりで目を引くのは、慶応元年十二月十七日付で伊達宗城から島津久光へ送られた書簡（『玉里』四）である。本書簡中には、「近日」西郷が「頗《すこぶ》る暴論」に「変化」しているらしいとしたうえで、自分（伊達宗城）は久光・忠義父子が「御依然持重と心得候」とあった（市村哲二「企画展『玉里島津家資料から見る島津久光と幕末維新』展示資料に関する調査報告」)。この短い文章からは、これより前、在京薩藩指導部が宇和島に派遣した使者（吉井友実）から上洛要請を受けた際、伊達宗城が西郷が「頗る暴論」つまり挙兵路線に舵《かじ》をとったと受け止めた可能性が窺われる。あるいは、まったく別のルートから得た情報中に、そうした内容のものが含まれていたのかもしれない。

いずれにしても、宗城は至急この情報を鹿児島にいる久光に知らさねばならないと考えて、久光宛ての書簡を発したという次第であった。さらに、宗城が久光父子が「御依然持重と（自分は）心得候」と記していることからは、久光が相変わらず挙兵路線などとは縁遠い、慎重な姿勢をとり続けていると理解していたことも判明する（そして、むろん、これは宗城の立場・方針でもあった）。

ついで、こうした緊急情報を伝えられた久光は、至急対策を講じねばならないと判断したらしく、すぐに西郷とごく親しかった家老の桂久武を京都に派遣し、西郷や大久保らが幕府を度外視し、過激な言動や行動に出ることを強く戒めた。久光の恐れた西郷らの過激な言動や行動とは、具体的に記せば、対一会桑（場合によっては幕府本体も含む）との武力衝突の決意に繋がりかねないものであった。なにしろ、久光にすれば、西郷はなにをしでかすかわからない危険な男だった以上、こうした措置をいち早く講ぜざるをえなかったのである。そして西郷らは、久光の指令に従うことを桂久武に対して宣言させられた（『西郷隆盛と幕末維新の政局』）。

さらに補筆すると、西郷は年も押し詰まった十二月二十六日付で蓑田に宛てた書簡（『全集』六）において、徳川政権（老中）サイドと一橋慶喜との関係がひどく悪化しているとしたうえで、自分は、「一方に片寄らず、朝廷遵奉の筋を押し立て、道を以って事を断じ、正義を踏ん」で物事を処すつもりだとの考えを改めて伝えた。これは、むろん久光の自分に向けた疑惑の眼と江戸藩邸の減員問題で久光の不興《ふきょう》を買ったらしいことを強く意識しての見解表明（釈明）であった。

2 薩長盟約と西郷

特別視される盟約

さて、ことの序《ついで》に、ここで、かの有名な薩長盟約（一般的には、いまでも薩長同盟と呼ばれることが多いが、同盟といわれるだけの内実を有してはいないので、本書では学界で用いられている盟約という表現を用いる）と西郷および木戸や久光らとの関わり方についても検討を加えておきたい。薩長盟約とは、言うまでもなく、慶応二年（一八六六）の一月下旬に京都の小松帯刀寓《ぐう》居《きょ》（近衛家別邸）で長州藩の木戸孝允と、西郷や小松らとの間に結ばれたとされる盟約である。

そして、この盟約は、幕末政治史上でも画期をなすとされてきた。すなわち、土佐の脱藩浪士であった坂本龍馬らの斡旋によって盟約が締結された時点から、薩摩・長州の両藩が武力倒幕（王政復古）を視野に入れながら、協力しあって、慶応二・三年の政治闘争を展開したと見て、そのきっかけを作った盟約がことさら重視されてきた。

筆者も薩長間に緩《ゆる》やかな連携がなったこと、および龍馬らがそれに貢献したことを否定する者ではない。薩長間に緩やかな連携が成立したことは、やはりそれなりに幕末史において大きな意義を有したであろう。

ただ、盟約の成立によって薩長間に強固な同盟的関係が樹立され、そのことが、以後の討幕戦において両藩が勝利を収めるうえで決定的な役割を果たしたとまで過大視する（盟約を幕末史上において画期的なものだと位置づける）ことには慎重にならざるをえない。以下、この点を検討することにしたい。

木戸上洛に至る経緯

盟約問題でまず最初に取り上げねばならないのは、木戸が上洛するまでの経緯である。木戸の上洛に関しては、坂本龍馬から薩長両藩提携の必要性を説かれた薩摩藩の黒田清隆が、西郷の同意を得たうえで単身山口に乗り込み、木戸の上洛を促したとする説が昔からある（勝田孫弥『西郷隆盛伝』）。が、これはしっかりとした裏付けを得られない説である。確かなこととして断定しうるのは、黒田が、単身、山口に乗りこんで、奇兵隊士などが反対する中、木戸に上洛を強く要請し、木戸がこれに応じたということである。筆者は、西郷本人が木戸に上洛を要請したわけではなかったのではないかと推測する。そう判断するのは、次の二点による。

木戸の後年の回想

第一点は、後年の木戸の回想に、そのように受けとれる記述があることである。西郷が西南戦争の首謀者であることが判明した直後に記された木戸の書簡（明治十年二月二十六日付小幡高政七・伊勢華宛書簡（『木戸孝允文書』七））中に、「（慶応二年）の春、弟（＝木戸）黒田（清隆）等の催促にて上京せし節は」云々とあるのが、それにあたる。また、やはり木戸が後年自ら書いた手記（「薩長両藩盟約に関する自叙」（『木戸孝允文書』八））には、「（慶応元年）十二月、薩黒田了介、余を尋《たず》ねて馬関に至る、談話一日切に余に上京を促がす」と、同様の憶い出が記されている。

そして、後者の「手記」では「等」はなく、木戸の上洛を促した薩摩藩士は黒田のみとされている。さらに手記には、このあと坂本龍馬も来関し、「頻《しき》りに黒田と共に上京の事を論ず」とあるので、木戸書簡中の「黒田等」の「等」は龍馬のことを指すと考えてよかろう。いずれにせよ、木戸の認識では、彼の上洛を促した薩摩藩士は黒田のみであった。

第二点は、木戸を同伴して慶応二年の一月七日に大坂に着いた黒田から、西郷に対して出迎えの要請がなされたことである。すなわち黒田は、この時、西郷に宛てた書簡（『全集』五）において、木戸が西郷を「慕」っていることに触れた後、伏見の藩邸までの出迎えを求めた。もし仮に、西郷が木戸の上洛を働きかけた中心人物だったならば、黒田が西郷の出迎えを実現するために木戸が西郷を「慕」っているといったこと（理由）をわざわざ記す必要はなかったであろう。本書中で、これまで強調してきた

（あるいはこれからも強調する）ように、目配り・気配りの人であった西郷ならば、黒田の要請を待つまでもなく、自ら迎えに出向くのが一番想定しえる方途だった。

また、この当時の西郷らには、木戸の上洛を必要とする案件もなかった。こうした諸々のことから、木戸の上洛を少なくとも西郷が熱心に望んで黒田を派遣したわけではなかった（木戸の上洛が実現をみたのは、黒田の独断専行にどうやらよった）らしいと推測する。このことを確認して、つづいて西郷が伏見で木戸を出迎えた後、西郷・小松らと木戸との間でなされた話し合いの内実についての話に移りたい。

有名なエピソード

この点に関しては、広く知られている有名なエピソードがある。要点は次の三点である。(1)上洛して来た木戸に対し、西郷（および藩家老の小松帯刀）が徳川政権が近く下す長州処分令をいまは忍んで受け入れるように勧めたこと、(2)それに対して、木戸がもはや三家老の首級の提出で長州藩の処分は済んだとの認識を示して断固拒絶し、以後、丁寧な饗応《きょうおう》はなされたものの、両者の話し合いがストップしたこと、(3)遅れて京都にやって来た坂本龍馬が、木戸から帰国の意思を告げられると西郷を一喝《いっかつ》（叱咤《しった》）し、その結果、盟約が締結された（西郷から木戸に対し六カ条にわたり、長州藩の復権に向けて周旋するとの約束がなされた）ことである。

在京薩藩指導部の考え

まず検討すべきは、西郷や小松（在京薩藩指導部）がなぜ木戸に対して長州処分令の受け入れを勧めたのか、その理由（背景）である。この点については、慶応二年一月一日に、自分を訪ねて来た福井藩の中根雪江に対して告げられた小松帯刀の言葉（『続再夢紀事』五）が参考になる。それは、先述したように、薩摩側が幕府から外交権を奪って王政復古への道筋をつけようとしたものの、一橋慶喜の前に幕府主導での条約勅許という形で明確な敗北を喫した後の段階での発言であった。

すなわち小松は、中根に対し久光が政局に絶望して国政への介入意欲を失っていること、および幕府の今後の対応が十分でなければ薩摩藩はすでに着手している海軍の整備（ひいては一藩規模での富国強兵策）に全力で取り組む覚悟であると告げた。そして、このあと当面の懸案事項である長州藩の処分問題に関しては、なんらかの処罰（「相当の御所置」）を下すことは当然だとした。

これは、薩摩側がこのあと木戸が強く主張することになる三家老の切腹等を第一次長州戦争の解兵条件にすぎないとみていたことによった。すなわち薩摩側は、あくまでも長州藩士がかつて禁裏に向けて発砲した以上、なんらかの処分は当然だと認識していた。これが木戸への勧告となったのである。

ところで、在京薩藩指導部が当然だとした長州藩への処罰の中身であったが、これは一月二十三日に国元に帰るために京都を発った大久保が、この日、やはり中根雪江に対し、「此節の幕議は削地廃立の事あるよしなるが、是は薩も同議なり」（同前）と語っていたことで、ある程度、察しがつく。大久保が京都を発つ前日（二十二日）、幕府側から提示された長州処分案への勅許がなされる。それは、一月十九日に在坂老中の板倉勝静《かつきよ》と小笠原長行《ながみち》の両名が一橋慶喜と協議し、ようやくにして決定をみた案に対してのものであった。具体的に記すと、長州側の反発を招く「朝敵」といった表現は避けつつ、(1)長州藩主父子の隠居・永蟄居《ちっきょ》としかるべき後継者への相続、(2)石高の十万石削減、(3)禁門の変を首謀した三家老の家名永世断絶を、長州側に命じるという内容のものであった。

長州処分令の内容

薩摩藩の当時の情報収集網の幅の広さと深さから考えれば、大久保発言は、ほぼ間違いなく幕府の長州処分案の内容を察知したうえでなされたものであった。

もっとも、大久保が幕府の長州処分案が勅許されたとの報を得たのは、鹿児島に向かう途中の大坂であったから（『〈政事家〉大久保利通』）、厳密に言えば大久保は勅許を得た長州処分令の内実を知ったうえで、この発言をしたわけではない。それはともかく、この大久保発言からは、対幕強硬派の中でも、その言動が群を抜いて激烈であった大久保あたりですら、「削地廃立」が建前のうえでは妥当なものだと認めていたことがわかる。そして実際に長州処分令の内実が明らかになると、薩摩藩と友好的な関係にあった福井藩関係者などは、松平慶永を筆頭に、これを大いに歓迎し、長州藩サイドがこの処分令を受け入れることを望んだ（『続再夢紀事』五）。

なぜ木戸に処分令の受け入れを勧めたのか

とにかく、こうした背景を考えれば、西郷らが木戸に対し幕府が近く下す長州処分令の受け入れを勧めたのは、その内実をほぼ把握したうえで在京薩藩指導部の総意としてなされたのは確かであった。ではなぜ、西郷らはこのような勧告を木戸に向かって行ったのか。いま先ほど挙げた理由以外に何が考えられるか。

以下この点をもう少し深く掘り下げて検討したい。考えられる最たる理由は、長州サイドが幕府の下す処分令を受け入れても、その後の自分たちの対応次第で内実を骨抜きできると踏んだからであろう。たとえば、第一次長州戦争時、征長軍の事実上の参謀役を務めた西郷らと長州側の代表として交渉役を果たした岩国藩主吉川経幹との間で、いったん長州藩の石高を削減した後、それを岩国藩に預けるというったプランが話し合われたことがある（慶応二年二月一日条の『続再夢紀事』）。

このプランは、言うまでもなく、表面上は削地だが、実質的には長州藩総体としての石高にはなんら変更がないという点で、長州側も受け入れ可能なものであった。それゆえ、西郷らにすれば、このようなプランも含め、長州側に損にはならない形で事態を収束させる方向にもっていく自信が大いにあったかと思われる。いってみれば、西郷には、ここが恰好《かっこう》の落とし所であったがゆえに、木戸に処分令の受け入れを勧めたと想像される。

また当時、会津藩や在坂老中の板倉・小笠原の両名が、薩摩藩に対して擦《す》り寄る姿勢を見せてもいた。なかでも板倉らは、慶応元年十二月段階で、幕臣の柴田剛五郎を介して、薩摩藩の要求を受け入れる心積りでいることを薩摩側に伝えていた。これは、板倉らが、いまや公然と幕府を批判するようになっていた薩摩藩をなんとか幕府サイドにつなぎ止めようとしたためであった。そして、そのため、大目付の永井尚志らと同様に、長州寛大処分論の立場となっていた（『永井尚志』）。

こうした中、西郷には薩摩側が幕府や会津藩と長州藩との間に立って周旋すれば、長州側も受け入れ可能な線で妥協が成立すると見通した可能性は大いにある。あるいは、長州側が幕府の処分案を拒否すれば戦争に即なると判断し、そうした事態の到来を避けようとしたためだとも考えられる（そして、これは幕府との武力衝突による内乱の発生を嫌った島津久光の意向にそうものでもあった）。いずれにせよ、こうした思いも重なって木戸への勧告となったのであろう。さらに、これ以外に、こと西郷個人の心情に則して言えば、長州側が処分令を受け入れ、第二次長州戦争の発生（長州再征）を阻止できれば、第一次長州戦争の勃発を未然に防いだ西郷の功績が輝きを失わないで済むとの思いも強かったことであろう。

深い絶望

ところが、木戸が聞く耳を持たず拒否したために、西郷としてもお手上げ状態となった。それが西郷の中で強い不満となり、この後の彼の対応に繋がったと想像される。すなわち西郷は、木戸の拒否に遭うと押し黙ってしまった。そして、このあと接待はするものの、なんら内実の伴う発言をしなかった。その理由としては、これまで随分長い間、西郷と木戸が互いに面子《メンツ》にこだわったがゆえであったなどとされてきた。自ら頭を下げることを潔《いさぎよ》しとしなかったとか、あるいは将来の主導権掌握を見据えてのことであったと解釈されてきた。

たしかに四面楚歌《しめんそか》の状況下にあった長州藩には、「自ら助援を乞うに似た」（前掲「手記」中に見られる木戸の言葉）行為には出られない面があったであろう。その点で、木戸が押し黙ったのは、十分に首肯できる。だが、なんの落ち度もなく、「公然」たる活動のできた薩摩藩には、面子にこだわる必要などさらさらなかった。

西郷が口を開かなかったのは、このような些々《ささ》たる理由によったとは思われない。やはり木戸が形だけでもいいから幕府が近く下す処分令を受諾すれば、あとはできうる限り長州側にとって軽微な処罰にもっていこうとした（そして、これによって事態を丸く収めようとした）のが、頑《かたく》なな木戸の対応によって、すべておじゃんになったことに対しての絶望感が西郷の口を重くしたと考えるべきであろう。

ついで検討しなければならないのは、盟約話を持ち出さない西郷を坂本龍馬が「一喝」したことで盟約が成立したとの旧くからある説である。しかし、この点に関しては、近年の研究で龍馬が西郷を「一喝」した史実が存在しないことが明らかにされた（知野文哉『「坂本龍馬」の誕生』）。したがって、京都入りした坂本龍馬の仲介説得がそれなりの役割を果たしたにせよ、慶応二年一月下旬段階で、西郷が木戸に対して有名な六カ条を口にした主たる理由は別にあったと見ざるをえない。

もっとも、その問題に入る前に、検討しておかねばならない大問題がある。それは、京都から山口に帰る途上の大坂で、木戸が薩摩側から受けた説明内容の確認を坂本龍馬に求めた一月二十三日付の書簡（宮内庁書陵部蔵）以外に、薩長間の直接的な結び付きを証明するに足る史料が残されていないのは何故《なにゆえ》かという問題である。

本書簡は改めて説明するまでもないぐらい幕末史では有名な存在で、西郷らから六カ条に及ぶ自分たちがこれからとろうとする方策についての説明を受けた木戸が、この内容で間違いないかどうかを龍馬に質《ただ》し、それに龍馬が間違いない旨の裏書を付して送り返したものであった。そして、この書簡以外に盟約の存在を裏付ける有力な第一次史料は、まったく残されていない。

そして、この点に関しては、従来、薩長間の盟約成立を具体的に証明する書簡が、たまたま（偶然）一点だけ残ったと解釈されてきた。そのため珍重され、幕末政治史の記述において特別扱いされてきた（本書簡をもって国宝級のものだと評価する研究者や歴史愛好家すらいる）。だが、冷静に眺めれば本書簡の内容および本書簡が発せられたことにまつわる状況には不可思議な点がはなはだ多い。以下、いくつか疑問点を挙げたい。

不可思議な点

まずその一は、先ほども指摘したように、薩摩側には盟約の成立を窺わせる史料がまったく残されていないことである。もし、薩長両藩の間に、攻守（軍事）同盟か、もしくはそれに準ずるような画期的な内容の盟約が結ばれたのであれば、当然なんらかの関連史料が薩摩側に残っていてもおかしくない。が、いっさい、そうしたものは残されていない。もっとも、この点に関しては、きわめて重要な約束がなされたので極秘扱いとされ、それが関連史料の不在に繋がったとされてきた。しかし、関係者にとって重要であればあるほど秘密は洩れやすいというのは、長年にわたる歴史が我々に教えてくれるところである。

さらに、いささかしつこくなるが、この点に関連する疑問を付け加えると、画期的と評せるような重大な盟約が、この時点で締結されたとしたら、ただちに国元に報告がなされたはずである。現に、このあと当事者の西郷は、少し間をおいて鹿児島に帰国した。ところが、この件に関する西郷の報告および藩主父子らの反応を具体的に示す史料はない。そして、このことに対し、幕末薩摩藩研究の第一人者であった芳即正氏などは、「ということは、特に藩当局から異論はでなかった、と理解してよかろう」と、ごくあっさりと済ませた（「薩摩藩と薩長盟約の実行」）。

だが、慶応三年（一八六七）六月時点で、京都在住の薩摩・土佐両藩首脳の間で結ばれた「薩土盟約」（後述する）に関しては、六月二十七日付で忠義に宛てた久光書簡に盟約に関わる土佐側の原案である「約定の大綱」と、それに加筆添削した「約定書」が添付され、今も保存されている（鹿児島県歴史資料センター黎明館蔵玉里島津家史料）。したがって、こうしたことと対比させると、「薩長盟約」に関する史料が薩摩側にいっさい残されていないのは、どう考えてもあまりに不自然だと受け止めざるをえない。

異様さに満ちた書簡

その二は、冷静かつ客観的に眺めれば、木戸書簡の内容が実に奇妙奇天烈《きてれつ》だということである。この龍馬に宛てて発せられた書簡をじっくり眺めればすぐにわかることだが、木戸は繰り返し繰り返し、四カ所にわたって、西郷の口から発せられた六カ条が「皇国の大事件」に関わる重大なものだと、その重要性をひたすら強調した。同様に、木戸は龍馬の「裏書」を執拗に求めた(やはり四カ所にわたって)。

普通、同一書簡において、相手に自分の考えを伝える、もしくは何かを依頼するとしても、せいぜい二度繰り返して記すぐらいであろう。それがともに四度もなされている。これは明らかに常軌《じょうき》を逸している。さらに書き足すと、木戸は、どうして、わざわざ龍馬に西郷の発した弁の内容確認と、それを証明する裏書を求めたのかとの疑問がわく。つまり、こうした回りくどいことをせずに、発言内容を確認したかったのであれば、直接西郷や同席した小松に問えばことは簡単に済んだはずである。現にそのための時間はあった。

盟約の締結日に関しては、二十一日説と二十二日説の双方があるが、龍馬宛ての木戸書簡が発せられたのは二十三日だから、木戸には京都で西郷らに確認する時間は十分にあった。もっとも、この点に関しては木戸が大坂に下った時点で思いついたとの解釈も成り立つであろう。しかし、仮にそうであるならば、今度はなぜ木戸がこのようなプランを思い立ち、実行に移したのかという問題が新たに浮かび上がってくる。つづいて、この点に関する筆者の解釈(推測)を次に掲げることにしたい。考えられるのは次の二点である。

手柄を必要とした木戸

第一点は、上洛に反対する声が渦巻く中、「公命(＝藩主の命令)」を受けて京都に派遣された木戸の置かれた立場に関わる理由である。すなわち木戸には、手ぶらで、すごすごと帰国することは許されず、かつ藩主にきちんと報告する義務があった。言い換えれば、木戸には藩庁に復命書を提出するにあたって、はっきりとわかる絶大な出張の成果が必要だった。そうした木戸の置かれた立場が、まず龍馬に対して薩摩側の発言がきわめて重要な歴史的意義を有するものだとの過度の強調に繋がったと解釈できる。また帰藩後の長州藩内での自身の立場をより強固なものとするうえでも、木戸には大きな手柄が必要であった。

さらに穿《うが》った見方をすれば、新撰組の池田屋襲撃時にすぐさま同家を脱出して屋根伝いに対馬屋敷へ逃れたという負い目のあった（この時も含め、木戸はその生涯にわたって「逃げの小五郎」と揶揄《やゆ》される行動をしばしばとった）彼には、失地を劇的に回復するための大いなる成果が必要とされたのかもしれない（中村武生『池田屋事件の研究』）。

言質をとる必要があった

第二点は、西郷（薩摩側）が口頭で伝えた発言内容を文書（成文）化する必要が木戸にはあったことである。これは、むろん、口頭での約束（口約束）では、将来状況が変われば、その実行が保証されないという木戸の不安（もしくは薩摩側への不信）に基づいた行為であったと考えられる。そのため、龍馬を生き証人にして、西郷の発言を文書化する必要が木戸にはあった。身も蓋《ふた》もない書き方をあえてすれば、木戸には龍馬の「裏書」を獲得することで、薩摩側から逃れられない言質《げんち》をとる必要があった。すなわち木戸は、将来における薩摩側の約束の履行を確実なものとするため、熟考のすえ、このような手段にあえて打って出たとみなせる。

このことを裏付けるのが、二月二十二日付で龍馬に書き送った礼状（『木戸孝允文書』二）である。この中で、木戸は「御裏書拝見、安堵仕り居り申し候」と記した。「安堵」の二文字はまさに木戸の本心を語っている（なお、本書簡は、伏見の寺田屋で発生した龍馬の遭難・負傷事件への見舞いを兼ねたものだったが、分量は常識的な範囲内にとどまった。所期の目的を達した以上、木戸としてももはや長々と書き連ねる必要はなかったということであろう）。

木戸書簡の
巨大な影響

以上、盟約について論じる場合、我々が唯一無二の史料としてきた坂本龍馬宛木戸孝允書簡が、木戸の思惑たっぷりの異様さに満ちたものであったことを指摘した。そして、盟約の意義がことさら強調された、この木戸書簡のみを相手にして、これまで議論がなされてきた。また木戸が、後に西郷との京都での会談の意義をやはりことさら強調したことで、なおさら後世の我々は巨大な影響を受け続けてきたともいえる。

すなわち木戸は、西郷が明治十年、鹿児島の地で挙兵すると、三月時点で関係者に宛てた一連の書簡(『木戸孝允文書』七)において、このことをさかんに吹聴した。「(慶応二年)西郷伏水(=伏見)まで迎いに来り、是より和会候て、終に両藩相合し……薩人中にも西郷なかりせば、決して長薩和会、同力は万々六つケ敷(=難しく)」「十二年前……始めて薩摩と長州と前途を相約し、終に御一新の盛業も成就……当時西郷なかりせば決して他の薩人にては万々六つケ敷事は……確信いたし申し候」「西郷ありてこそ、孝允も薩と合力いたし」。

もっとも、木戸に好意的な見方をすれば、彼自身がこの慶応二年一月段階での西郷らとの会見の歴史的意義を信じて疑わなかったのかもしれない。やはり木戸の日記に同様の思い出が記されているからである。たとえば、明治十年二月二十五日の条には、次のような感慨が綴られている。「長州と薩州と合力同盟せしは、余と同氏(=西郷)と丙寅の歳、京都に於いて誓いしを始とす。其よりして終に薩長同力戊辰一新の大業をなせり」。

しかし、言うまでもなく、これは、明治十年当時の木戸の立場を考えれば、後世の人間の眼に触れることを強く意識して書かれたものであった。したがって、こうした点を割り引いて、この箇所は読まねばならないであろう。いずれにせよ、盟約に関しては、ひとり木戸の行為とその後の発言によって、西郷らが発した六カ条が幕末政治史においてきわめて大きな歴史的意義を有するとの認識が広く定着することになった。そして、こと西郷との関連においても、彼の最大の業績とされ、今日に至っている。

六カ条の内容

引き続き、六カ条の説明に移りたい。もっとも、六カ条とはいっても、最後の第六条は、長州藩の冤罪《えんざい》（無実の罪）が朝廷によって認められたら、薩長両藩が以後ともに皇国のために尽力しようと呼びかけたにすぎないので、ここではその前の五カ条が問題となる。ところで、この五カ条に関しては、すでにこれまで何度か拙著（『江戸幕府崩壊』他）で取り上げたので、本書ではエキス部分のみを記すことにしたい。木戸によれば、西郷が発した五カ条は、箇条書きにすれば次のようなものであった。

(1)第二次長州戦争が始まれば、薩摩藩は二千名ほどの兵士を国元から上洛させ、京都にいる兵士と合体させる。さらに大坂にも千名ほどを割き置いて幕府側に圧力をかける。

(2)戦争が発生して、長州側が勝利を収めそうな勢いになった時は、薩摩側は長州藩の復権を朝廷側に働きかける。

(3)長州側の旗色が悪くても、一年や半年ぐらいで長州藩が潰れはしないだろう。だから、その間に薩摩側は長州藩のために何等かの手立てをきっと講じる。

(4)幕府側の将兵が、征長戦を行わないで江戸に帰ったら、必ず薩摩藩が朝廷に申し上げて、すぐさま長州藩の冤罪を朝廷に認めてもらえるように尽力する。

(5)在京薩藩指導者が、兵隊を鹿児島から関西に連れてきたうえで、橋会桑（一会桑）の三者らが、いままでのように朝廷を抱えこんで、薩摩藩が長州藩を許してやってほしいとの働きかけを朝廷にするのを遮《さえぎ》る時は戦う、「決戦」の外ないと考えている。

この一連の西郷発言を貫いているのは、第二次長州戦争が勃発するか否かに関わりなく、薩摩側がいかにして長州藩の赦免実現に尽力するか、その方策についての説明であった。より具体的に記せば、禁門の変で生じた長州藩の朝敵としての罪は、第一次長州戦争時の三家老の処分等ですでに決着がついているとの木戸の主張を受け入れたうえで、朝廷関係者に働きかけて、長州藩主父子の官位復旧や入洛許可など、長州藩の復権に向けて薩摩側が尽力することを約束したものであった。すなわち、父子の官位の停止《ちょうじ》によって領外での公然たる政治活動が不可能となっていた毛利家が再び京都等で活動できるために尽力周旋することを誓った。したがって、こうしたことを表明した盟約を画期的だと評価する識者は、以後、薩摩側は藩を挙げて約束の履行を一貫して誠実に果たしたとみる。

一会桑三者との戦い

ついで、西郷の発言中、従来、最も注目されてきたのが「決戦」云々の箇所であった。すなわち、文中に「決戦」とあることに注目し、それを薩摩側が武力倒幕に向けての決意を表明したものだと長年にわたって受け止めてきた。だが、西郷が発したのは、もし「橋会桑等」が薩摩藩の「周旋尽力の道をあい遮」る時は、「決戦に及び候外これ無」いというもので、これは明らかに一会桑三者との戦いを念頭において発せられたものであった。

そして、一会桑三者との「決戦」の覚悟は、すでにこれ以前の段階で、西郷らが心ひそかに決心していたことである。つまり木戸からの働きかけを受けて、新たに決意したことなどではなかった。たとえば、西郷の盟友であった大久保などは、慶応二年一月二日に、吉井友実や内田政風とともに、福井藩の中根雪江を訪問した際、中根に対し、「方今京師の形状、朝廷はあれどもなきに斉しく、百事一会桑の心のままなるよし、如何にも憤激に堪えず」と語っていた（『続再夢紀事』五）。このような憤激の情は、むろん西郷のそれでもあった。西郷らは、近き日になるか、遠き日になるかはともかくとして、一会桑勢力との対決（正面衝突）の覚悟を固めつつあったのである。

もっとも、ここには一会桑三者とあるが、一橋家が固有の家臣団も軍事力もともにないに等しかったことを考慮すれば、西郷らが真に闘う相手に想定したのは会津・桑名の両藩であったと見なしてよかろう。なかでも、とくに戦闘の相手として具体的に想定されたのは会津藩であったと言ってよい。なぜなら、西郷の口から六カ条発言が発せられる直前の慶応二年一月四日、老中の小笠原長行と会った中根雪江は、小笠原に対し、「諸藩はいずれも」長州再征を忌避する中、ひとり会津藩だけが再戦に固執し、開戦となればいとも簡単に勝利を収められるとの見込みを有していることに苦衷の声（「いかにも了解に苦しまるるなり」）を洩《も》らしていたからである（同前）。つまり、この段階で空気の読めない問題児として大きく意識されていたのは、事実上会津藩のみだった。

薩摩側にとって、会津・桑名両藩と薩（長）の戦いは藩同士の戦いだから、十分に勝利を収めうる可能性があった。ましてや多くの同志の支援を受ければ、その可能性はいっそう高まった。こうした諸々のことが、西郷の口から一会桑三者との「決戦」云々の発言が吐き出される背景になったと想像される。いずれにしても、これは一会桑三者との「決戦」の可能性に触れたものであって、幕府本体との戦いを想定したものではなかった。そして、このことは、大久保が、一月二十三日に中根雪江に会った際、「この程」つまりごく最近、大原重徳から「討幕の論」を聴かされたが、いまは武力倒幕を行う段階ではないと「弁論」に努めたと語っていることと符合する（同前）。

もっとも、「決戦」の二文字にあまり囚《とら》われすぎると西郷発言全体の主旨を見誤ることになる。西郷らは第二次長州戦争が勃発しない可能性も十分に視野に入れていたからである。いや、むしろ、西郷らは第二次長州戦争が実行に移されないだろうと踏んでいたようである。たとえば、これより前、情報収集活動に従事するために、前年の十一月九日に京都を出発し、大坂に下った薩摩藩の使番兼軍賦役の黒田清綱《きよつな》は、同月十五日付で西郷に宛てた書簡（『全集』五）において、大目付の永井尚志らが広島に向けて出発したことに触れた後、次のような見通しを伝えた。「せっかく丁寧説得の趣意相含み、差し越し候よう永井へ密達これあり候由、然る時は内には無事寛典を好み候に相違これなく、右通り人数繰り出し、騒が敷《しく》表向きに見せ掛け候は、例の婦女子を畏（おど?）す虚唱《きょしょう》と相見得（下略）」。

長州再征の可能性は低いと判断

そして、このような類いの各種情報をその後も継続して収集した結果、木戸が帰藩した直後にあたる慶応二年二月六日の時点で、国元の蓑田に宛てた書簡（『全集』二）で、西郷も「此の度は、幕府においては万々（＝万一にも。よもや）戦を始め候様子相見得申さず」と報じるに至る。この二月六日は、長州藩処分についての勅許を得た徳川政権が、これを長州側に通達し、受け容れさせるために老中の小笠原と大目付の永井を広島に派遣した直後にあたった（小笠原は将軍の家茂から処分通告に関する全権を付与されて、永井とともに二月四日に大坂を出発し、七日に広島に到着した）。したがって、西郷の見通しは、当然、このことを視野に入れてのものであった。とにかく、西郷が六カ条発言をなした前後の段階では、在京薩藩指導部は、ほぼ第二次長州戦争はありえないと判断していた。それゆえ、六カ条中に含まれる「決戦」発言を、極度に好戦的な文脈の中で捉えない方が妥当であろう。

さらに、この点との関連でここで確認しておきたいのは、西郷らは、長州藩の復権に向けて朝廷工作を展開すること、幕府側が征長戦に全力投球ができないように軍事的な圧力を加えることは約束したものの、長州藩とともに戦うといったことは、いっさい宣告していないことである。あくまで西郷らは、中立を守って幕府側には立たないこと、および薩摩藩が長州藩のための支援活動に従事する心積りでいることを、一方的に（片務的に）木戸に伝えた。それゆえ、両藩の間に同盟関係が結ばれた（ましてや軍事同盟が）などといえる代物《しろもの》では到底《とうてい》なかった。

したがって、以上のようなことを総合的に考察すれば、五カ条は大きく括《くく》ればすべて前々からの薩摩藩の方針の延長線上に位置づけることができる。第一条に掲げられた京坂地域への出兵も、京都（御所）警護の必要があれば実施に移すとの薩摩藩のかねてからの決定方針の範囲内での発言であったと解せる（事実、退京にあたって、久光が在京藩士に言い残したのも、この枠内での周旋活動であった）。また第二条から第四条にかけての長州藩の復権に協力（長州藩を支援）することも、これまた薩摩藩にとって、ハッキリとは打ち出してはいなかったものの、藩主父子を含む藩指導部の間では既定に近い方針であった。さらに第五条の一会桑勢力との対決も、近い将来、避けては通れないとの見通しはほぼついていた（『西郷隆盛と幕末維新の政局』）。

久光の指令とそれへの服従

このこととの関連で、ついでに確認しておきたいのは、西郷らは木戸（長州側）に対して、武力倒幕の決意などは語れない境遇下にあったことである。これより前、先述したように、慶応元年十二月十七日付で伊達宗城から自分に向けて送られた書簡でもって、島津久光は西郷が挙兵路線に舵《かじ》をとるかもしれないとの情報を伝えられ、さっそく対策を講じていたからである。すなわち久光は、西郷と親しかった桂久武を京都に派遣し、西郷や在京藩士が過激な活動に出ないようにと釘を刺した。そして、この久光の指令に対し、西郷らは絶対的な服従を誓っていた。

いずれにせよ、このような背景をも加味すれば、慶応二年一月時点の西郷の発言が、木戸が後々まで強調するほど画期的な意義を有するものになったはずはなかった。現に、通説的見解に立てば、盟約成立直後ともいってよい段階である慶応二年二月六日付で、在長崎の伊地知壮之丞に宛てた桂久武書簡（『忠義』四）には、「只今まで……（京都に）永滞留、大（退）屈いたし候」とあった。長州問題の推移を見守るために京都に居残った桂久武は、「永滞留」で退屈していたのである。もし、西郷発言が過激なものだと桂久武が受けとめていたとしたら、このような感想が記されることはなかったであろう。なにしろ彼は、西郷の傍《かたわ》らで西郷の言動を見守る立場だったからである。

リップサービス

では、なぜ西郷らが六カ条発言をなしたのか。これは、おそらく、西郷らにしても長州藩を大きな意味で味方につけておきたいとの深謀遠慮があったことに加え、この範囲内ならば、久光の指令にも背かない（事後承諾も得られる）と判断して行ったのであろう。また、心配りの人であった西郷にすれば、これぐらいの発言をしなければ、木戸の「顔」も立たないだろうとの、いわばリップサービスによったと考えられる。とにかく、西郷らは自分たちが画期的な約束をしたとまでは受け止めなかった。そして、それだからこそ、薩摩側に関連史料が残っていない謎も解明できる。西郷らが自分たちの発言を画期的なものだと取り立てて意識していなかったなら、彼らの念頭に強く留まるはずはなく、ついで盟約に関する史料が薩摩側に残るはずはなかったからである。

ただ、そうした中、木戸が西郷らに対して、明らかに勝ち取ったといえる成果は、長州側が処分令を受け入れないだろうと、薩摩側に強く思わせたことである。事実、このことは、二月一日、中根に対する小松帯刀の発言（『続再夢紀事』五）となって現れる。それは、「長防の御所置、すでに御奏聞を済され、近々毛利家へ達せらるるよしなれど、拙生は二州の士民容易に承伏すまじと考えらるるなり」というものであった。そして以後、小松や西郷・大久保らは、このことを絶えず念頭において物事を推し進めていくことになる。このことが、京都にやって来た木戸が長州藩にもたらした最大の成果であったと評せる。

さらに申し添えると、木戸の上洛は、彼が西郷と顔見知りになったという点で、薩長両藩の関係強化には結び付いたことであろう。ただし、どういうわけか、西郷と木戸の両者は、これ以後、親密な間柄になったわけではない。彼ら両者の相性は最初から良くなく、やがて明治期に入ると、考え方の違いも重なって決定的な対立を招くことになる。そして、こうしたことは、両者間の手紙のやりとり一つとっても言えた。大久保が木戸に宛てた書簡が数多く残っているのに比し、西郷が木戸に宛てた現存書簡はわずかに二通を数えるにすぎない。

以上、殊の外、盟約に関わる記述が長くなってしまった。これは、先ほどもほんの少し触れたように、西郷と言えば、この盟約締結が彼の業績の一つとして挙げられるからである。だが、いままで述べてきたように、これは長州側には得るものが大いにあったかもしれないが、薩摩側にとっては画期的と評せるほどの歴史的意義を有するものではなかった。このことを確認して次の段階へ移ることにしよう。

3　離京（鹿児島への帰国）

西郷は、木戸との会見を終えた後、二月二十一日に、再度京都にやって来た大久保と入れ替わる形で、同月末に京都を発ち、帰藩することになる。西郷に同行したのは、桂久武と小松帯刀の両人であった。なお、帰国途中の西郷に関して注目しておかねばならないのは、彼が長州藩士の暴走を阻止しようと気を配ったことである。すなわち西郷は、京都を出発した後、木戸を送って山口まで行っていた黒田清隆と大坂で再会する。そして、この時、京都行きを望み黒田とともに上坂して来た長州藩士の品川弥二郎から、薩摩藩邸に潜ませてほしいとの要望を受け、やむなく承諾する。しかし彼は、この時、品川が過激な行動に出ないように、きつく言い聞かせ、この旨を京都にいる大久保に伝えた。西郷は将来をにらんで、品川が短慮のあまり「過激の振る舞い」に出ることを強く危惧したのである（三月四日付大久保宛書簡〔『全集』二〕）。そして、三月十一日に鹿児島に帰りつく。西郷の帰藩は、前年に桂久武が上洛した時点で決定をみていたが、上方の政治状況によって、それが延期されていた。したがって、西郷の帰藩そのものは予定通りになされたものであった。

長州藩士を手厚く処遇

つづいて、このあと七カ月余りに及ぶことになる国元での西郷の動向と、西郷不在中の京坂地域の政治状況について、できるだけ簡潔に記すことにしたい。西郷が京都を離れていた間、同地にあって在京薩藩指導部を強引に自分の思う方向に引っ張っていったのが大久保であった。大久保は再上洛後、薩摩藩の支援にすがって相次いで上洛して来た長州藩士を匿《かくま》うことになる。その最初が慶応二年の三月六日に京都入りした品川であった。ついで、四月から五月にかけて、井上聞多《ぶんた》（馨）・伊藤俊輔《しゅんすけ》（博文《ひろぶみ》）・山県狂介《やまがたきょうすけ》（有朋《ありとも》）らが続々と上洛し、薩摩藩邸に匿われることになる。そして彼らは、京都にあって京坂地域の状況の探索と長州藩の士民が藩主の冤罪を解くために決死の覚悟でいることを記した『長防士民合議書』（印刷物）を各方面に配る活動に従事した（佐々木克『幕末政治と薩摩藩』）。そして、在京薩摩藩邸内にあって、もっぱら長州藩士への手厚い処遇に努めたのは大久保であった。

長州への出兵を拒否

その大久保は、併せて長州再征の動きを阻止するためにも熱心に動いた。また江戸幕府から政治権力や外交（貿易独占）権を奪うための活動にも従事した。具体的には徳川家から将軍職を奪って諸侯の列に下し、条約の締結権を朝廷に収めることを目的とするものであった。しかし、外様藩の側役にすぎない大久保には、この活動は荷が重すぎた。そこで彼は、まず幕府サイドが進める長州再征の動きを先頭に立って阻もうとした。それが、徳川政権から要請された出兵を藩主に代わって拒否したことに繋がった。すなわち、慶応二年四月十四日に大坂城で老中の板倉勝静と対面し、これ以前に幕府側から要請されていた長州への出兵を藩として拒否する旨の上申書を提出し、さらに同月十九日、板倉に対し出兵拒否の理由を陳述した（井上勲『王政復古』）。

当時大坂留守居であった木場伝内の名前でもって提出された「出兵拒否の建言書」（『全集』二）は、元治元年段階で長州藩が「伏罪」し「解兵」に至ったのを無視し、再征を行おうとするのは「天下の乱階を開」くも同様の愚かな行為で「天理」にもとると激しく批判したものであった。そして、これは「京都詰重役共より申し上げ候」ように、国元から言ってきたものだとされた。むろん、この「京都詰重役共」の中心に位置したのが大久保だったことは言うまでもない。ついで、この後、建言書の受け取りをめぐってトラブルが発生し、大久保の独走（暴走？）気味の活動が展開されることになるが、その前に、やはり順序として西郷の国元での活動について記さねばなるまい。

西郷が呼び戻された理由

鹿児島に西郷が呼び戻された最大の理由は、彼が中心となって藩政改革を行うためであった。すなわち、西郷の帰国は、強大な勢力を藩内にあって占め、改革にも及び腰であった守旧派に対抗して藩政改革を推進するために求められた。現に、西郷が帰藩すると、待ちかねたように、すぐに五月一日、改革が実行に移され、これは家老による新たな事務分担制の決定となって結実する。これまでの月番家老が政務をすべて担当するという制度を改め、各家老が割り振られた事務を分担して担当することになった。小松帯刀が海軍掛兼集成館・開成所・他国修業掛を、岩下方平が陸軍掛造士館等を、桂久武が勝手掛勧農方等を、新納久脩が外国掛兼外国人応接等を、それぞれ担当することになる。そして彼ら家老は、出勤日以外でも自宅で事務を処理することを求められ、これにより責任の所在が明らかとなり、かつ事務処理のスピードも格段にアップすると期待された。

ハリー・パークス

他方、西郷は家老を支える側にまわり、薩摩藩の富国強兵の実現に向けて、一路邁進《まいしん》することになる。とくに西郷が指導したのが、イギリス式の歩兵・砲兵隊の編成や西洋の優れた機械を導入した紡績工場の建設等であった。そして、この延長線上にイギリス公使ハリー・パークス一行の招聘がなされることになる。実は、これより前、薩摩藩とイギリスの間に暗雲が立ちこめた。薩英戦争後、両者の間は小康状態が続いたが、慶応元年の九月に英仏米蘭の四カ国艦隊が大坂湾に渡来して以来、薩摩藩に対する同国の疑念が生じたためであった。

ことの発端は、薩摩藩の家老であった岩下方平が、この時点（九月末）で、京都留守居役の内田政風の名で、不法行為を行っている外国人に対しては断然打ち払うべし、との建白書を朝廷に提出したことによった。これが幕府から仏公使のレオン・ロッシュを経て、イギリス公使のパークスに知れたのである。怒り狂ったパークスは岩下を問いつめ、岩下は建白書の主旨は外国人が無法な振る舞いに及んだ時のことを言ったまでで、決して他意（開港反対など）はないと弁明に努めた。しかし、こうしたパークスの怒りを受けて薩摩側は動揺することになる。ついで、イギリス側から薩摩藩主への拝謁希望が出され、これを失地挽回のチャンスと受けとめた薩摩側は、パークス一行の鹿児島来航に同意する。

ところが、薩英戦争によって惨禍を被った記憶がいまだ生々しかった鹿児島では反発の動きが急激に高まることになった。イギリス側との和親（ひいては薩摩藩の藩レベルでの開国）を望んだのは藩首脳に限られ、一般藩士の間には攘夷論の立場からイギリスを仇敵視する雰囲気が依然として濃厚だったからである。したがって、帰藩した小松や西郷らには、こうした藩内の攘夷的（反開国的）な雰囲気を打ち破るための活動も求められた。

パークス一行の鹿児島訪問

いずれにせよ、いま挙げたような事情によって、パークスに対し薩摩側から正式に招待状を出すことになった。そして、西郷が応接掛を仰せつかることになる。ついでパークスは、五月十三日、江戸において、それまで幕府が諸大名に強要してきた、諸藩の代理人が貿易活動に参加することや外国船を購入すること等への制限を撤廃させることに成功（「江戸協約」や「改税約書」と呼ばれる）した後、六月十六日に軍艦三隻を率いて鹿児島を訪問する。いってみれば、薩摩側が求めていた、外国貿易の恩恵にこれから薩摩藩も公然と与《あずか》れるようになるという御土産《おみやげ》を手に鹿児島を訪問することになった。

パークスに同行したのは、夫人や長崎在住の商人トーマス・グラバーらであった。もっとも、パークスは、鹿児島を訪問するにあたっては、いったん長崎に寄港し、あえて長崎奉行に鹿児島行きの許可を求め容認された。すなわち、幕府を無視もしくは軽視するかのような態度はとらなかった。彼は、あくまでも英国の交渉相手は江戸幕府だとする本国政府の意向に忠実に従い、徳川政権に配慮する姿勢を示した。

つまりパークスは、イギリス外務省と同様に、条約上の主権者は将軍だとし、幕府と結んだ現行の条約を否定するかのような態度はとらなかった。したがって、パークス一行の鹿児島訪問は、あくまでも交流を図るという立場からなされた儀式レベルから大きく外れるものではなかった。他方、招いた側の薩摩藩にしても、パークス一行の招待はあくまで政治的な思惑に基づくものにとどまった。そして、このことは（薩摩側の友好的な態度が表面的なものにすぎない）ことは、パークスも見抜いていた（鵜飼政志『明治維新の国際舞台』）。

「英国策論」　しかし、パークス一行の鹿児島訪問は、実態が周辺に十分に理解されず、虚像が一人歩きし、その結果、幕府や多くの諸藩に巨大な衝撃を及ぼすことになる。そして、これには、イギリスの駐日公使館日本語通訳官であったアーネスト・サトウの記した「英国策論」が広く読まれていたことが大きく関わった。サトウの主張は、徳川将軍（大君）が大領主の一人にすぎず、ミカド（天皇）こそ国家元首だとして、有力諸侯から成る大名連合（諸侯会議）が幕府に取って代わる必要性を明言したものであった（同前）。またパークス一行の鹿児島訪問は、ちょうど第二次長州戦争が勃発した（六月七日、幕府軍の長州領内への進攻によって戦闘が始まった）直後にあたったため、征長軍への参加を断っていた薩摩藩をイギリスがあたかも支持するかのような印象を周りに与えた。

そして、こうしたことが先ほども少し指摘したように、その実態以上にイギリスと薩摩藩が急接近し、親密な関係に入った（すなわち、イギリス側が薩摩藩に一方的に肩入れするようになった）かのような印象を徳川政権や多くの藩に与えることになった。さらに、薩摩藩に限って言えば、同藩が幕府の管轄下から離脱しようとする意思を鮮明に打ち出したのが、パークス一行の鹿児島訪問の承諾だと受けとられた。

さて、こうして外野席が騒々しくなる中、パークス一行は六月十七日に来鹿し、二十二日まで鹿児島に在ったが、藩主父子は、まもなくパークスの搭乗していたプリンセス・ロイヤル号を表敬訪問し、ついでその日の午後に島津家の磯別邸にパークスらを招き、接待に努めることになる。攘夷派の藩士が「無類の御馳走」「類いなき御馳走」をもってする歓待だと失望したのは、この接待を指す（『西郷隆盛と幕末維新の政局』）。

西郷とパークスの応答

つづいて、西郷がいよいよ姿を現すのは、その翌日（十八日）のことであった。この日、先月下旬に一年間のイギリス滞在を終えて帰国したばかりの松木弘安（後の寺島宗則《てらしまむねのり》）が同席する中、プリンセス・ロイヤル号上で正式の談判が開かれた。そして、この席で、西郷とパークスとの間で兵庫開港問題についての応答がなされることになる。この応答においてどのような会話が両人の間で交わされたかについては、西郷が京都在勤の家老であった岩下方平に報告した書簡（『全集』二）で、ほぼ全容がわかる。

この日、西郷はまず最初に、徳川政権が「上《かみ》は天子より下《しも》は万民」に至るまでを「欺」いて結んだこれまでの条約は、「万国普通の条約」とはいえないと批判した。むろん、これは天皇の名前で新たに条約を締結し直す必要性を訴えたものであった。ところが、これに対し、パークスは我々は江戸幕府と条約を結んでいるので勅許を要するといった「内輪《うちわ》」の問題には関心がないと言明した。すなわち、西郷が相手の反応を試《ため》すためにとりあえず放ったパンチは、簡単にかわされたとみてよい。そのため、この時点で、いったん両者の話し合いは、「破談の勢い」となる。

だが、ここから西郷の粘りが発揮されることになる。彼は、「得《とく》と日本の情実を申し解き、其の上利害得失を委敷《くわしく》申し聞」かせる戦術に打って出た。これは、具体的に記せば、いま江戸幕府が外交権（条約批准の権）を有しているため、幕府の役人が賄賂をとったりしているが、外交権が朝廷に帰すと、そうしたこともなくなるといったことを諄々《じゅんじゅん》と申し立てたものであった。そして、こうした西郷の説明を受けて、パークスは「初めて会得《えとく》いたし、夫《それ》より彼の意底残らず打ち明け候向き」になったという。つまり、「幕府の失体」なども話題となるなど、「全く熟話の都合に成り行き候事」になったという。

また、つづけて、パークスからは、外交権が朝廷に移ったら公卿との談判になるのかと問われ、これに対して西郷は、その節は朝廷から交渉を命じられた「五・六藩の諸侯」がもっぱら担当するので心配ないと返答したらしい。とにかく、この日の談判は、後日、西郷が大久保に宛てた書簡（同前）中に、「大概、見込み通りは、やり付け候賦《つもり》に御座候、……随分幕手を英は打ち離し候賦に御座候（＝イギリスの心がだいぶん幕府から離れたようである）」と記したように、彼によれば成功裡に終わったとされる。

もっとも、これは西郷の一方的な受け止め方なので、どこまで両者が胸襟を開いて本音を語り合ったかどうかは疑わしい。そして、このことは、ほかならぬ西郷も感じたらしく、いま挙げた自画自賛気味の文章に、「欺《あざむ》かれ候えば致し方なく」云々と加筆していることでもわかる。なにしろ相手も海千山千のイギリスの外交官だっただけに、西郷の不安（いまいち確信をもてなかった）は当然のことであったといえる。

それに、冷静に考えれば、パークスも英国公使としての立場を弁《わきま》えていたはずだし、時に相手の話に合わす外交術も当然のことながら備えていたであろう。したがって、西郷一流の自慢話も割り引いて評価しなければなるまい。が、これまでの西郷伝は、おしなべて西郷の外交交渉術が長《た》けていたことを強調するものばかりである。その点はともかく、この日の両者の会談で、西郷の名前と顔が外国側にも一気に知られることになったのは間違いない。

大目付役を辞退

ついでパークスとの会談を無事に終えた西郷は、九月に大目付兼陸軍掛に任命され家老座への出席を命ぜられたものの、大目付役の返上を藩に願い出て、十月に許可される。西郷が大目付役を辞退したのは、彼が栄転に伴う堅苦しい生き方や、周りの妬《ねた》みを招くことを嫌ったためだと思われる。また、その他の要因としては、彼の体調不良問題も考えられる。西郷は大島流罪中にかかったフィラリアにその後苦しめ続けられたといわれる。これは、間欠的に高熱に襲われ、肩や胸に痛みが走る、真に厄介な病気であった。そのためもあって、今回鹿児島に帰国した後、西郷はしばしば湯治に出かけている。現に、八月中旬には小松帯刀とともに日当山《ひなたやま》温泉に向かい、九月になっても自宅に戻ることができなかった。

深刻となった体調不良

とにかく、こうした体調不良が、九月二十五日付で、当時、藩の軍賦役頭取で陸軍職を兼ねていた黒田清綱に対して、しばらく回復の見込めない「不快」な状態であることを理由に、黒田が「陸軍方の諸書付類」に目を通し、そのあと家老の島津伊勢（後の諏訪甚六）に提出してほしいとの依頼をなさしめることになる（『全集』二）。このように、当時の西郷の体調不良はかなり深刻なものであったと想像されるが、まもなく彼は、小松とともに鹿児島を発ち、再び京都に向かうことになる。西郷が鹿児島に帰国中に、中央政局に生じた想定外の事態に、小松とともに、リーダーとして対処するためであった。

西郷不在中の中央政局

西郷や小松が京都を去った後、同地の藩邸内にあって、もっぱら藩を代表して征長戦を阻止すべく活動したのは大久保であった。そして、彼の手によって、幕府から要請された征長軍に島津家が参加することを断る書面が、先述したように、四月段階で出されることになる。ところが、この四月時点の薩摩藩の出兵拒否は、在京薩藩首脳の意思に基づくものであって国元のそれではないとされ、在坂老中から受け取りを拒まれた。そこで、大久保が岩下方平と相談して、藩主名で翌五月下旬に再度拒否する旨の書面を提出したが、これも鹿児島までの往復の日数を数えたらありえないと、やはり受け取りを拒絶された（『全集』二）。

そうこうする内に、六月七日にとうとう第二次長州戦争の幕が切って落とされることになる。そして、これは、先述したように、大久保や西郷らの当初の予想と反するものであった。彼らは、いずれも実際に戦争が開始されるとは読んでいなかった。在坂老中は、「決戦」の覚悟をちらつかせはするものの、そのうち妥協路線に転じるだろうとみていたからである（五月十日付大久保宛西郷書簡〔同前〕）。そのため、開戦の直前、幕府サイドに出兵の動きが濃厚になると、驚きの情を隠せなくなる（五月二十九日付大久保宛西郷書簡〔同前〕）。

ついで戦闘が始まると、西郷は国元にあって改めて薩摩側が征長戦には協力しないことを幕府側に伝える活動に取り組むことになった。その結果、藩主父子の連名で、第二次長州戦争の即時中止を求める建白書が朝廷に対して出されることになる（これが京都に到着し、二条関白を通じて朝廷に提出されたのは七月二十日のことであった）。

想定外の政治状況が突如出現

このように、薩摩側は止戦に向けての運動を、国元と京都の双方で展開したが、結果はまったく想定外の要因で止戦となった。前月に始まった戦闘で幕府側の旗色が次第に悪くなる中、七月二十日に将軍の徳川家茂が滞在先の大坂城で脚気衝心《かっけしょうしん》のために、二十一歳の若さで亡くなる。ついで、擦《す》った揉《も》んだした挙句に一橋慶喜が徳川家の相続を承諾したものの、将軍職への就任を固辞する事態となる。そして慶喜サイドから将軍名代として（家茂に代わって）、慶喜が自ら長州へ出陣することが表明される。

慶喜が自身の出陣にこだわったのは、領外に進出した長州藩兵をいったん領地内に押し戻してからでなければ、長州側と十分な話し合いをもてないと判断したためであった（なお、慶喜は自身の出陣表明に伴って、禁裏御守衛総督職の辞表を提出し、これは八月八日に勅許となる）。だが、まもなく将軍死去の情報が九州にもたらされると、幕府側の要請によって出陣していた、熊本藩や柳川・久留米藩等の諸藩が、広島から小倉の地に渡り九州方面の征長軍の指揮にあたっていた小笠原長行になんの断りもなしに戦線を離脱する。ついで、この報を知らされると、突如、慶喜は自身の出陣中止を表明する。そのため征長および慶喜の出陣をともに認めた二条関白以下の朝廷上層部の責任問題が浮上し、つづいて関白と中川宮が辞職を申請し、両人が参内を停止するという状況が生まれる。ここに、幕府に将軍が、朝廷に関白がともに不在という、異常事態が出現することになった。俗に「将軍空位期」といわれる新たな状況の出現であった（『徳川慶喜〔人物叢書〕』）。

京都に在った大久保利通は、西郷に宛てた九月八日付の書簡（『大久保利通文書』一）中に、「御当地（＝京都）の形行《なりゆき》、不思議の変態と罷り成り」云々と記したが、まさに「変態」そのものの政治状況が突然生まれたのである。また、慶喜の変説は、それまで慶喜とともにタッグを組んでいた会桑両藩（なかでも会津藩）との深刻な対立を生み出すことにもなった。会津藩は藩主の松平容保が慶喜の新方針にいったん同意したものの、家臣団の猛反発にあって以後、家臣団にひきずられる形で、慶喜サイドとは大きな距離を置くようになる。これに対し、桑名藩は若き藩主であった松平定敬が家臣団の猛反発をなんとか押さえこみ、これ以降、実兄の容保の代わりを京都で果たしていくことになる。

久光らへの上洛要請

ところで、こうした激震を生み出す震源（張本人）となった徳川慶喜であったが、彼は自身（江戸幕府）の責任を認めたうえで、急いで有力諸侯を京都に召集し、征長を中止するか否か（戦闘継続か解兵か）の問題を含め、重要な案件を彼らと話し合って決定したい旨を公にする。

そして慶喜は、このあと腹心の梅沢孫太郎に直書を持たせて鹿児島・高知・佐賀・熊本に派遣し、島津久光や山内容堂らの早急な上洛を促す行動に出た（『徳川慶喜〔人物叢書〕』）。

なお、このあと諸侯の召集を朝命をもってするかどうかをめぐって対立が生じることになる。朝命での召集を主張したのは、いままでの流れから当然予想されるように薩摩藩と福井藩であった。これに対し、朝命での召集を好まないとしたのは会津藩や二条関白・中川宮であった。会津藩の反対は、徳川家が大政委任を受けている以上、徳川家が召集の主体となるのは当然だとするものだったが、注目すべきは二条関白と中川宮のそれであった。

彼らは、本音を記すと、朝命での召集となれば自分たちが課題をさばかねばならなくなり、そうした難儀《なんぎ》なことを抱えこむのは「はなはだ迷惑」だと反対したのである。そして、このような思いが慶喜の将軍職を彼らが依然として希望することに繫がった。すなわち、国政を担当するなどという、わずらわしくて厄介な問題に関わりたくなかったがためであった。そうしたトラブルは生じたものの、この問題は、慶喜サイドが朝命での召集に同意したため、八月晦日の朝議の席でほぼ朝命での召集が確定する（『続再夢紀事』六）。

ついで、武家伝奏をもって薩摩側に通達がなされたのは九月七日のことであった。そして翌日、岩下方平が久光に下った沙汰書を持参して西下する。しかし、鹿児島では、これまでの一橋慶喜に対する不信の念が強かったため、久光以下、小松や西郷は、鹿児島にやって来た梅沢の弁を容易に信じようとはしなかった。また、久光の症状がひどいうえに、これから寒期に向かうことも考慮されて、久光の上洛を命じる朝命がその後に出されたものの、久光のこの時点の上洛は結局見送られることになった。

もっとも、在京の薩摩藩指導者（岩下や大久保ら）は、今回は久光に上洛を求めるべきだと朝命の出た段階で一決し、久光宛の慶永書簡を福井藩側に求めた（同前）。大久保らは、はたして慶喜が「賢侯の公論」を採用するかどうかについてまったく確信が持てないながらも、「共和の大策を施し、征夷府（＝幕府）の権を破り、皇威」を回復・伸張させるうえで、「誠に失すべからざる機会」と捉え、久光の上洛を求めることになったのである（前掲九月八日付西郷宛大久保書簡）。

大久保が久光の上洛を求めたのは彼なりの計算があったためだった。それは、久光の上洛後、薩摩藩が中心となる形で国政を運営する方式を確立するというものであった。そして、そのためには、有力諸侯が上洛してくるまでは、とにかく現状維持に努め、国事に関することは何事も停止することが不可欠だと考えて、大久保は山階宮や内大臣の近衛忠房にこのことを働きかける。

そうした大久保にとって障壁となる人物と目されたのが、慶喜のブレーンであった原市之進《はらいちのしん》であった。その原は、大久保の眼からすれば、家茂の忌明《きあ》け後、慶喜が参内し、将軍同様の扱いを受けることで、実質上慶喜を第十五代将軍の座に就かせようと画策する「実に悪むべき」人物であった。ついで大久保は、原は二条関白と中川宮の出仕に尽力し、彼らを通して慶喜に将軍職が命じられるように持っていくだろうと見た。そして、こうなれば、「何も（かも）水泡と相成」るので、とにかく久光の「一日にても速やか」な上洛の実現を西郷らに求めた（九月二十三日付西郷宛大久保書簡〔『大久保利通文書』一〕）。

そして、こうした大久保らの懸命な働きかけに加えて、朝命が下った以上、薩摩側としても、これ以上無視するわけにもいかず、小松と西郷の両者が上洛して断りを申し上げ、かつ「当今の成り行き」を見守ることになった（慶応二年十一月五日に西郷が福井藩士の青山小三郎に語った言葉〔『全集』六〕）。

4　再び京都へ

小松・西郷・大久保三者の京都集合

西郷が小松とともに藩の汽船三邦丸で鹿児島の地をあとにして京都に向かったのは、慶応二年十月十五日のことであった。ついで同月二十六日に彼らは京都入りする。ここに、小松・西郷・大久保の三者が再び京都に集合することになった。西郷らが再上洛した時点の京坂地域の政治状況の特色としては、まず旧一会桑勢力の一桑と会との分裂という、薩摩藩にとっては願ってもないチャンスが到来していたことが挙げられる。だが、その一方で、朝命を受けて上洛してくる有力諸侯の数は少なく、薩摩藩としても動きづらい状況が存続した。

そうした中、小松・西郷の両者を交えて京都藩邸内で会議が開かれたが、明確な今後の方針を打ち出すまでには至らなかった。ただ、こうした中、薩摩藩関係者が等しく関心を寄せた当座の大問題が家茂の跡を継ぐ次期将軍が誰になるのかという問題であった。では、この点に関して、西郷を含む薩摩藩関係者はどのように考えたか。ほんの少しここで検討しておくことにしたい。次期将軍については、松平慶永などは、旧例により徳川家に宣下となるのか、それとも他藩へ宣下されるのか、それは「叡慮《えいりょ》」つまり天皇の考え方次第だとした（慶応二年八月五日付慶喜宛慶永書簡〔『続再夢紀事』五〕）。しかし、これは多分に慶喜を意識しての発言であって、慶永自身はかなりの確率で徳川家関係者（なかでも慶喜）が継ぐものと想定していたことは疑いない。

その慶永が大事だとしたのは、決定の方式であった。すなわち彼は、「徳川家へ強いて命ぜら」れるようになったとしても、有力諸侯によって構成される諸侯会議での議を経たうえで次期将軍を決定するのが筋だとした。そして、この方式による次期将軍の決定は、おそらく久光や西郷の希望にも合致するものであったと思われる。

このこととの関連で興味深いのは、慶応二年の八月二日、自分たちを訪ねてきた福井藩士両名（本多修理・酒井十之丞）に対し、会津藩の手代木直右衛門《てしろぎすぐえもん》らが語った話の中に、「薩よりも天璋院殿の御許へ人を遣わし、何とか申し上げし由」云々とあったことである（同前）。もし、これが史実だとしたら、薩摩側は慶喜以外の徳川家関係者を新将軍に推そうとして行動を起こしたと考えられる。むろん、それが誰かは特定しえないが、少なくとも慶喜以外であったことは間違いない。なにしろ、天璋院の慶喜嫌いは有名だったからである。そうした眼で眺めれば、薩摩藩関係者が望んだと思われる次期将軍の候補者としては、徳川慶勝や田安《たやす》家当主の徳川亀之助《かめのすけ》（後の家達《いえさと》）あたりが想定しうる。

それはさておき、次期将軍の候補者としては、一橋慶喜のほかに、徳川慶勝や同茂承（和歌山藩主）・徳川茂徳（慶勝のあとの名古屋藩主）など複数の人物名が挙がったが、その中で最も有力な候補者が慶喜だったことは確かであった。だが、その慶喜は、先ほども記したように頑なに将軍職への就任を拒絶し続けた。こうした事態の到来を、朝廷や薩摩藩が国政の主導権を掌握しうる未曾有のチャンス到来だと捉えたのが大久保であった。そこで大久保は、慶喜の将軍職への就任を阻止する活動に全力を傾注することになる。その大久保が熱心に取り組んだのが慶喜の参内問題であった。すなわち、慶喜サイドには徳川家の相続を天皇に認めてもらった御礼に早く参内したいとの願いがあった。また、参内を済ませないでは、上洛して来た（来る）諸侯と公然と面会もなしがたいとの思いもあった（『続再夢紀事』六）。

ついで大久保は、自らの考えに基づく阻止活動が失敗に終わり、十月二十六日に慶喜の参内が実現すると、引き続き慶喜への将軍職任命を断固阻止する作戦に打って出る。そして、ここに慶喜側近の原市之進と大久保との暗闘が展開され、事態は膠着《こうちゃく》状態となった。

形勢を観望

そこに上洛して来たのが小松と西郷であった。したがって、彼らを交えた在京薩摩藩邸内の会議で今後の明確な方針が打ち出せなかったのも真に無理はなかったといえる。いずれにせよ、このような諸々の要因（背景）があったため、朝幕の双方から要請のあった島津久光の上洛を見合わせ、当面は情勢の推移を見守ることになった。その結果、十月二十八日、朝廷から久光の上洛を「催促」する「御書付」が出されたのに対し、十一月二日、とりあえず武家伝奏へそれを断る旨の書面（『玉里』十）を提出することになる。

このような対応を薩摩側がとったのは、ほかにも理由があった。山階宮等の処分に彼らが当惑し、反発したからである。慶喜の突然の変説による大混乱が朝廷内に生じた後の八月晦日、朝廷改革や中川宮らの処分を求めて正親町三条実愛・中御門経之《なかみかどつねゆき》・大原重徳らが朝廷に押しかけた。そして、こうした彼らの主張を山階宮が支持した。が、十月二十七日、山階宮らに対して、蟄居・遠慮閉門等の処分が下る。彼らの「徒党」して「言上に及」んだ行為が「朝憲をはばから」ない「不敬」なものだというのが処分の理由であった（『孝明天皇紀』第五巻。『続再夢紀事』六）。ついで、十一月初旬、長らく引き籠っていた二条関白が参内する。かねてから、近衛忠房を介して、二条関白に出仕しないように働きかけ、同人の承諾を得ていた薩摩側はこれにも反発することになる（関白が参内したのは、孝明天皇からの執拗な出仕要請があったためであった）。

すなわち、慶応二年十一月十二日付で、国元の家老桂久武に宛てて出された小松帯刀の書簡（『玉里』十）によると、彼らは、とくに宮らの処分を「なんとも心外の次第」と受け止めた。「諸藩の見込みは聞こし召されたく、建言の堂上方は閉門」というのでは、まったく「平仄《ひょうそく》の合わん事」つまり、つじつまが合わないと考えたためであった。そこで、彼らは、いったん「何も周旋は打ち捨て、この節、海軍隊人数残し置かれ、交代と申す場合にて、外は総て引き払い候方、かえって宜《よろ》しかるべしと評決」する。いっさいの国事周旋活動から手を引き、国元での一藩規模での富国強兵路線を、さらに推進する方針を改めて確認したということである。

さて、このように、小松・西郷の両者が再上洛してからの在京薩藩指導部は、当初総体としては形勢観望を決め込み、場合によっては中央政局からの撤退も視野に入れた。しかし、そうはいっても、これまでの薩摩藩の実績に対する未練もあってか、一方では妥協（現実）的な動きもみせた。この方面の主たる担い手となったのが小松であった。そして、これには小松に対する慶喜サイドの積極的な働きかけが大きく関わった。「将軍空位期」の終盤にあたる慶応二年十一月十二日、慶喜が新将軍に就く可能性が高まる中、この日、老中の板倉勝静が小松を呼び、久光の上洛が遅れている理由を問い質し、あわせて慶喜が久光の上洛を強く待ち望んでいるので、小松から久光の上洛を働きかけてくれるようにとの依頼がなされた。また、この日、兵庫開港問題について、小松がどのように考えているかとの質問が板倉からなされる（『忠義』四）。

原市之進と小松帯刀

そして、この頃から、慶喜側近の原市之進と小松帯刀両者の密接な交流が始（深）まる。原は、水戸藩の出身で、元治元年に慶喜が禁裏御守衛総督職に就くと、請われて一橋家の雇（一橋付用人ついで御側御用取扱）となった人物であった。そして以後、慶喜の懐刀《ふところがたな》として活動した。他方、小松は、徳川慶喜にとって、禁門の変時ともに戦って以来、親しい気持ちを抱け、かつ信頼を寄せることのできる数少ない人物であった。また、慶喜サイドから好意を寄せられた小松自身、「人の話をよく聞き」、また「廻りの者に心配りして感情的対立を緩和」しうる人物（高村直助『小松帯刀』）だった。したがって、有力者の中でも、とりわけその再上洛が強く待ち望まれた久光のそれを実現するためには、小松がうってつけの人物とみられたのである。こうしたことによって、小松が薩摩側と幕府側の橋渡し役を務めることになる。

三条実美らの帰洛問題

事実、将軍空位期の慶喜サイドは、当初は、ほぼ小松一人を対手に相談をもちかけることとなった。そして、ここに注目すべきは、この小松と慶喜サイドとの交渉で事態が大きく進展した問題もあったことである。その最たるものは、当時太宰府に滞在中であった三条実美《さねとみ》ら五卿の帰洛問題であった。三条らの帰洛は、長州戦争の最終的な解決にも繋がる重要な政治課題であった。つまり、三条らが京都に戻ることは、文久政変および禁門の変以来の政治的混乱に、一応の決着がつく形となる点で大きな意味をもった。また三条らが帰洛すれば、朝廷の政治的権威の上昇や有力諸侯の国政上の発言力向上を求める政治勢力（ほかならぬ薩摩藩がその代表であった）を勇気づけることになるのは容易に想像できた。こういう点でも、薩摩側にとって実現が望まれた案件であった。

そして小松は、慶応二年十二月中旬の時点で、この五卿問題が慶喜側が薩摩側の建言をこれから本当に採用してくれるかどうかの判断材料（試金石）になるだろうと認識していた。ついで、慶喜サイドの誠意は現実のものとなる。薩摩側は、小松と大山綱良の両名が窓口になって原と話し合い、新将軍の徳川慶喜が十二月十五日に参内して、朝廷に五卿の帰洛を願い出ることで合意した（慶応二年十二月二十九日付桂久武宛小松書簡〔『忠義』四〕）。

幽閉公卿の赦免と解兵令

もっとも、この問題は、後述するように、孝明天皇の急死という、想定外の事態が生じたことによって一時頓挫するが、そのあと再び順調に推移していく。すなわち、翌慶応三年に入り、天皇の死に伴う喪があけると、三条らの帰洛が実現する方向に事態が大きく進展していく。また、これと相前後して、慶応三年の一月十五日には、政治的発言や活動を行ったために、幽閉されていた公卿が一斉に赦免される。ついで、第三次長州戦争の可能性を最終的に消滅させる解兵令が一月二十三日に発令される。そして、この双方に小松と慶喜サイドの話し合いが深く関わった。

すなわち、前者に関しては、慶応三年一月十八日付で大久保に宛てた中御門経之の書簡（『大久保利通関係文書』五）中に、「三ヶ度幽閉人々の内出仕仰せ出だされ、まず恐悦の事に候、まったく貴藩御周旋の廉《かど》と深々かたじけなく存じ候」とあったように、薩摩藩（すなわち小松）の周旋が大きくあずかった。また後者に関しては、当時、京都にあって、熱心に情報を収集していた長州藩士の報告に、「三征（＝第三次長州戦争）の事に付ては、一節京師にて少々議論もこれ有り候由に候得ども、当節にては、さらに消え尽し候との事に御座候。それにつき、薩の小松帯刀より板周（＝板倉周防守。勝静）と原市（＝原市之進）え討論にあい成り……（三征などは）いっさい御座無しとの返答と申す事に御座候」（慶応二年十二月十七日付木戸・井上馨宛河北義次郎書簡〔『木戸孝允関係文書』三〕）とあったように、やはり小松の尽力が大きく関わった。

小松尽力の成果

とにかく、このように、もっぱら小松の周旋によって、薩摩側にとっても少なからぬ実益がもたらされた。だが、ここで問題となるのは、こうした小松の動きが大久保のそれと著しく異なることである。すなわち、既述したように、この間、大久保は慶喜の将軍職就任の阻止に向けて全力を傾けた。それは、当然のことながら、小松とは違って、慶喜側近の原市之進と激しく衝突したということでもある。現に原は、十月十二日、山階宮を訪問し、「市之進限りの愚策」つまり自分だけの考えを披瀝《ひれき》したが、その中に「薩州」が「陰険」である根拠の一つとして、「今度中納言（慶喜）の参内に議論を立る」ことを挙げた（『続再夢紀事』六）。これは、明らかに大久保の行動と主張を主として指していよう。そして大久保は、原がこのように不満を山階宮に洩らした後も、その持ち前の執拗な粘りでもって、慶喜の参内と将軍職への就任阻止活動に従事した。

したがって、問題は、この大久保の活動と小松のそれを、どのように位置づけたらよいのかということである。旧来の幕末政治史では、どういうわけか小松の活動はほとんど無視されてきた。これは、おそらく大久保の活動こそが薩摩藩の方針に基づくもので、小松のそれは詐謀に近いものと受けとられてきたためであろう。だが、小松の上述の活動は詐謀によるものだと決めつけることはできない。このことは、小松の発言がよく物語っている。すなわち、小松自身が再上洛してからまもない段階で、同藩の藤井宮内をもって、薩摩藩と縁故の深い近衛忠熈・忠房父子に対し報じたところによると、在京薩藩指導者は次のような認識のもとに新たな方策を採用したというのである。

新たな方策を採用

それは、⑴小松らが上洛したところ、国元で聞いていた「京師の情態」と大いに違っており、久光の命令通りにはいかなくなった。⑵薩摩藩に対してはこれまで、「嫌疑」が強かったが、これからはその「嫌疑」を解くことをまず優先してやる。具体的には、「是迄は朝廷その外え建白」してきたが、それが様々な「嫌疑」を招く原因となったので、これからは「幕（府）え直ちに建言」する「心得」である。⑶「上様（＝徳川慶喜）」は、島津久光がもともと中央政界に担ぎ出した「御方」であることを忘れてはいけないので、「いづく迄も幕府の御為、よろしきように仕るべき積り」である、という内容のものであった。

この通知内容は、福井側の史料によっても裏付けられる。慶応三年の四月十七日に、福井側に招かれた小松帯刀は、松平慶永らに対し、やはり同様のことを語っているからである。すなわち小松は、この時、去年十月に上洛して以来、今年の二月まで、薩摩藩と関係の深い「近衛殿をはじめ公卿方」のもとには出向かず、「もつぱら原監察（＝原市之進）等へ相談」してやってきたと語った（『続再夢紀事』六）。薩摩藩と近衛家ならびに福井藩との強い結び付きからいって、両者に対する小松の発言が、なにか含むところのある意図的なものであったとは考えにくい。それと、これは明らかに小松の個人的な判断でなされたものではない。在京薩摩藩首脳の間で話し合われ、その結果、採択された方針だったことは明らかである。したがって、小松の活動の方こそむしろ薩摩藩のそれとして重視すべきであろう。それになにより小松は京都にあって久光の代理を務める立場にあった重臣だった。

では、なぜ、大久保の言（活）動と大きな差異が生じたのか。これは、おそらく、先述した国元に宛てた西郷の報告中にあった、当分は形勢を観望するつもりだとの彼らの方針と密接に繋がっていよう。すなわち、形勢を観望するとは明確な方針を打ち出さないということであって、藩士個々人の活動をいっさい封じ込むということではなかった。それゆえ、大久保のような言（活）動もありえたのであろう。とくに大久保の場合は、容易に自説を曲げない「原理主義者」で聞く耳を持たないところが大いにあったこと、そのうえ特異なキャラクターの持ち主で、言動を押さえつけがたかったことが、要因としては大きかったと思われる。

西郷の印象が薄い理由

ついで、新たに問題となるのが、では西郷は小松・大久保両者の間にあって、どのような対応をとったのかということである。実は、この点に関しては判然としない。再上洛後の西郷に関して目につくのは、彼の存在感があまり感じられないことである。より正直に書けば、その言（活）動がとかく目立つのは大久保と小松両人のそれであって、西郷は両人の間にあって、埋没しているかのような感がある。

これはどうしてか。憶測を重ねることになるが、もともと要請がなければシャシャリでない西郷の性格に加えて、やはり明確な意思表示がしにくかった彼の置かれた状況にもよろう。この時点の西郷の立ち位置は、強烈な対幕強硬論者であった大久保と、幕府側との融和関係を保つことで藩に実利をもたらそうとする現実主義者小松との、間を取りもつ役目を果たすところにあったと思われる。これまでの通説的な理解の仕方では、西郷は大久保の方策に肩入れしてもよさそうなものだが、そのように受けとれる発言の類は見出せない。いや反対に、池辺三山《いけべさんざん》（明治時代の著名なジャーナリスト）が、後年、品川弥二郎から聞いたところでは、「慶応三年の初め頃」対幕強硬論を唱える大久保に対し西郷は、慶喜は

「人傑」だが、いずれ「遣《や》り損じるのは明瞭」だから、「そのやりしくじった時期を待とう」と諭したという（『全集』六）。同様の話（ただし時期は慶応二年十月頃）は、勝田孫弥著『西郷隆盛伝』にも載っている。

むろん真偽は不明だが、これは西郷にとって、藩重役で彼の上司にあたった小松の意見を尊重しなければならなかった以上、当然の説諭であった。それはさておき、とにかく、この時点の西郷には大久保とともに慶喜の将軍職就任の阻止に向けて走りまわった痕跡は見られない。他方、小松との関係であるが、小松の行動（方針）と彼がもたらした成果を西郷が高く評価し、かつ積極的に小松をサポートしたことを窺わせる痕跡も、これまた見出せない。

このことは、当該期の西郷が、事態がどう動くか形勢を観望しながら、両者の間に立ち、双方を包みこむ役割を自然な形で果たしていた結果だと考えられる。そして、これが当時の西郷の印象が薄い、最たる理由に繋がったと思われる。

慶喜への将軍宣下と天皇の急死

なお、この間、幕末の政局に大きな変化が訪れ、事態は目まぐるしく動くことになった。まず慶応二年十二月五日に、孝明天皇の強い希望で徳川慶喜への将軍宣下（同時に内大臣に補任）がなされる。ここに慶喜は第十五代将軍となり、四カ月以上にも及んだ「将軍空位期」は終わりを告げる。ついで孝明天皇が同月二十五日、急に死去（崩御）する。随分、長い間、孝明天皇の死は毒殺によると受けとる向きが多かったが、原口清氏が明らかにしたように、同天皇の死は、出血性痘瘡による病死であった（「孝明天皇の死因について」）。

そして、このあと皇太子の祐宮（睦仁《むつひと》親王）が翌慶応三年一月九日に践祚《せんそ》（即位）し、二条斉敬が摂政の職に就く。さらに一月十五日には、孝明天皇の怒りに触れて譴責を受けた九条尚忠以下十三名の公卿の処分が解かれる。つづいて同月（一月）の二十三日に解兵令が出され、二十七日には孝明天皇の葬儀が挙行される。すなわち、慶応二年の十二月から翌慶応三年の一月にかけて、政情はこれ以上ないほど大きく変わった。したがって、小松が指導した在京薩摩藩首脳の路線変更も、こうした政情変化の影響を当然のことながら受けてのものだったと解釈できる（少なくとも、その変更を後押ししたといえる）。

5　国元に帰る

在京薩藩指導部の新たな選択

このように政治状況が目まぐるしく変わる中、在京薩藩指導部は、それまでの傍観者的立場をかなぐり捨てて新たな選択をすることになった。島津久光をはじめとする有力者を再び京都に呼び、朝廷と幕府双方のトップと彼らを交えた話し合いの場を設定しようと図った。すなわち、この場で今後の国政運営の在り方を徹底して討議してもらい、ここで決議された方針でもって、これからはやっていくべきだと考えた。そこで、とりあえず島津久光の上洛を促すことになり、これは西郷が担当することになった。ついで彼は慶応三年一月二十二日に京都を発った（鹿児島到着は二月一日）。

西郷が帰国するに至った背景

ここに至る背景については、小松自身が語った証言がある。慶応三年二月九日に、彼を訪ねてきた福井藩の酒井十之丞に対し、小松は次のように自分たちが決定した事項の内実を語った（『続再夢紀事』六）。それは、(1)慶応二年末から翌慶応三年初めにかけての状況を「実に危難の世態」と受け止めたこと、(2)そこで「今日の御場合、（久光が）速に上京し、国家の御為め」尽力する必要があると決議したこと、(3)ついで「過日」西郷を国元に派遣したが、西郷が鹿児島に到着後、「国議一定（＝藩の方針確定）」のうえは、久光は「必ず上京」すると考えていること、(4)ただ久光一人だけが上洛しても「補佐」の任は果たしえないので、松平慶永・山内容堂・伊達宗城の三者にも、

「予《あらか》じめ使者を差し出し、同じく御上京在らせらるよう御相談に及ぶ」つもりでいること、(5)福井には自分（＝小松）が、土佐と宇和島には西郷が「帰京の途次」赴くつもりだ、(6)ただ、以上のことは秘密にしており、議に与ったのは自分と大久保・西郷のほかにはいないので、その心得でいてほしい。

帰鹿後の西郷の動向

この小松発言が、西郷が帰国するに至った背景を的確に語っている。もっとも、彼らの決議を待つまでもなく、久光が上洛せざるをえない状況も一方では生まれていた。孝明天皇の崩御によって、国元の鹿児島では、久光か忠義のうち、どちらか一人が上洛せざるをえないとすでに判断していたからである（慶応三年一月二十六日付西郷・大久保宛蓑田伝兵衛書簡〔『全集』五〕）。では、つづいて、重大な使命を帯びて国元にもどった西郷の動向について簡単に振り返っておくことにしたい。この点に関して目に付くのは、鹿児島に帰着した西郷が、すぐさま久光に会って上洛を促すような行動には出なかったことである。このことは、西郷が二月晦日付で京都の大久保に宛てて発した書簡〔『全集』二〕によって判明する。「（鹿児島に帰着後）三・四日は病気にて引き入れ居り、（久光）御上京の説は直様《すぐさま》言上仕らず、一同の評議に掛け、一決の処を以て言上の含みに御座候（下略）」。

西郷が重大な使命を帯びて帰藩したにもかかわらず、すぐに久光と会って上洛を要請しなかったのは、鹿児島在住の重役（家老ら）に、まずはこの問題の処理を任せ、彼らの同意を得たうえで、重役から久光に願い出る形をとった方がよいと判断したためだと思われる。そして併せて、この時の西郷は重役や久光・忠義父子から異議が出たら、自分は藩政の表舞台からさっさと引っ込む決意（すなわち退職）を固めたらしい。

久光の上洛が決定

この時にとられた西郷の手法は、従前の西郷には見られなかった行動パターンであった。以前の彼だったら、直情径行《けいこう》型の行動に出たであろう。すなわち、自分が正しいと思うことを直ちに久光に言上したものと思われる。ところが、この段階の西郷は、京都藩邸内の一部の者による独断専行だとの誹《そし》りを免れるために、あえてこのような慎重な姿勢を持したと考えられる。明らかに西郷は政治家としての成長を示し変わった。そして、西郷のこうした目論見は、ものの見事に成功する。国元で開かれた家老と側役全員による重役会議で、在京薩藩指導部から出された提案が承認され、重臣一同から久光への説得がなされたのである。そして、久光が速やかにこれを受け入れて、彼の上洛が決定をみる。

国元でこのような決定が下された要因については、慶応三年二月晦日付で小松に宛てて出された桂久武書簡（『玉里』五）によって判明する。すなわち桂久武は、「此度の（久光）御上京は屹《きっ》と詮立ち候のようこれ無く候わではあい済まず、十に八・九は難渋に御座候得ども、随分思し召しの六・七には至り申すべき機会歟とは存じ奉り候」と小松に伝えた。

新たな状況が到来した中、もはや「傍観」は許されないとの判断があってなされた決断であった。また前途の困難は十分に予想されるものの、成算もそれなりにあって、久光の上洛は決定されたのである。そして、藩内に根強い反対論があったにもかかわらず、自身の上洛に承諾を与えた久光は、ともに手を組み仲間となる有力諸侯の上洛を促すために、西郷を高知と宇和島に派遣する。その結果、山内容堂からは早い段階での上洛が、伊達宗城からは曖昧ながらなんとか上洛の同意が取りつけられる。

なお、西郷の有名なエピソードが中岡慎太郎の日記（三月三日条）に記され、後世に知られることになったのが、宇和島訪問時であった。後日、訪ねて来た中岡に対し、西郷が語った直話によると、「酒宴」の席で、西郷は宗城から「京都に愛女が有るか」と問われ、いると応えると、宗城はさらにその名を問うたという。この時、西郷は真にそっけない返辞をしたらしい。「此れは申し上げましたとて何にも相成らざる事故、今少し何か御為に相成ることを御尋ね下されたし」。酒席なので、たわいのない会話をすればよさそうなものだが、国事関連の行動をしている際は、西郷はこのような四角四面な態度に終始する男だったのである。それと、自身の上洛に煮え切らない反応を示した宗城に対する苛立ちも関係したと思われる。

第六章　旧体制の打倒を実現

1　島津久光の再上洛

久光上洛

四国の地より鹿児島に戻った西郷から容堂と宗城両者の上洛同意を取り付けたとの報告を聞かされた久光が、鹿児島を出発するのは三月二十五日のことであった。ついで久光は、四月十二日に参預会議の解体以来、実に丸三年ぶりの上洛を果たす。

ところで、鹿児島を出発するにあたっての薩摩側（久光ら）の方針（考え）は、西郷が土佐で「人払い」のうえ、山内容堂に「言上」したという次の言葉（『改訂肥後藩国事史料』七）に尽きている。「天下切迫の形勢、長州・兵庫の両条、傍観仕り候訳に御座無く候間、幕府の輔《たす》（助）くべきはあい輔け、保つべきはあい保ち、自然幕力及び申さざる節は、なり代りて隅州（＝島津久光）尽力の覚悟に御座候」。

これは、改めて強調するまでもなく、武力倒幕的な考えを微塵も含むものではなく、むしろ新将軍の慶喜を有力諸侯と協力して助けるという扶幕論の立場にたつものであった。むろん、この西郷発言は、相手が慶喜ともごく親しかった扶幕論者の山内容堂だったことを考慮すれば、割り引いてみなければなるまい（すなわち額面通りには受けとれない）。現に、久光や西郷らの要請を受けて即上洛することを決意した容堂だが、上洛するにあたっての彼の思いは、「薩の姦計」が「出来ぬように取り押え候て、幕府に窃《ひそ》かに心を通《かよ》わして応援をなさんと」する点にあった（「登京日記」）。

「薩の奸計」

容堂が感じとった「薩の奸計」が何を指すのかは明確にしえないが、おそらく薩摩藩が国政上での主導権を掌握するため、なんらかの企みを抱いていると容堂は見てとったのだろう。ただ西郷個人に限れば、前述の京都時代の在り方から考えて、この段階では即武力倒幕論を心の内に秘めていたとは思われない。また、客観的に見ても、西郷らが武力倒幕を想定しなければならない状況には当時なかった。それどころか、むしろ西郷の容堂への発言中にあったように、これから先の状況が見えにくい中、とりあえず表面的にせよ、慶喜に協力した方が得策だと久光や西郷らが考えたとみなした方が妥当であろう。

この間、前に記したように、小松と慶喜サイドの交渉によって、慶応三年一月から二月にかけての時点で三条実美らの京都への帰郷が決定をみたりなどしていたからである。さらに、この年の三月には原市之進の依頼を受けた薩摩藩の大山綱良が山口に赴き、幕長間の関係改善に向けての斡旋を行うに至っていた（『改訂肥後藩国事史料』七）。

幕府単独での
兵庫開港勅許要請

したがって、京都に到着するまでの久光や西郷らは、慶喜に協力することで恩を売り、併せて国政上での発言力を確保（あわよくば国政を主導する立場にたつ）する目論見を有していたことと思われる。だが、こうした中、いざ上洛してみると、思わぬ事態が島津久光一行を待ち受けていた。久光らの上洛の遅れを待ち切れなかった新将軍の徳川慶喜が、幕府単独で兵庫開港の勅許を朝廷に要請していたのである。

実は、これより前の二月六、七日に、大坂城において慶喜がフランス公使のロッシュと会見した際に、ロッシュから先年（慶応元年）の条約勅許の際に見送られた兵庫開港が強く求められた。また、文久二年の「ロンドン覚書」で決定をみていた兵庫開港を半年前に関係各国に布告する期限も間近（慶応三年六月七日）に迫っていた。こうしたことを受けて、もはや近い将来の兵庫開港が避けられないと判断した徳川慶喜が、変説後にこれからは諸侯（なかでも有力者）の意見を聴取して国政を運営していきたいと表明した手前、とりあえず久光以下の有力者に三月二十日までに意見があれば書面でもって申し出るようにとの封書を、二月中旬段階で老中の板倉勝静の名でもって通告する。それは、⑴兵庫開港の期限が迫っていること、⑵これ以上、期限を先き延ばしにはできないこと、⑶将軍である自分は兵庫開港を「許容」する考えであることを明示したうえでなされた諮問であった（『続再夢紀事』六）。

薩摩サイドの猛反発

だが、久光らの上洛はない、もしくははなはだ遅れると踏んだためか、慶喜はこれ以上待てないと判断して、三月五日に幕府単独で朝廷に同港の開港許可を願い出ることになる。「堅艦利器、彼（＝西洋諸国）の長所を取り、皇国の富強を謀り候は今日の急務」なので、兵庫を開港するのが「至当」だとして、勅許を奏請したのである（同前）。

この辺が徳川慶喜のやり方のいかにもまずいところで、三月二十日までに兵庫開港について意見があればそれを書面に纏《まと》めて提出するようにと命じたのだから、三月下旬段階まで待つべきであったろう。しかし、元来が「いらち」な性格の慶喜は、そこまで待てなかった。そのため、久光（薩摩側）は猛反発することになる。その際、批判の口実とされたのが、自分たちの意見を聴く前に幕府単独で朝廷に兵庫の開港を願い出たことと、慶喜の下坂にあたって朝廷には目的は将軍の代替りを告知するためだと告げながら、内実は開港の談判を目指したことであった。つまり慶喜の行動は、朝廷と自分たちを、それぞれ欺くものだと批判した（「登京日記」）。

たしかに、三月十八日、京都所司代が、武家伝奏に対し、将軍が下坂し各国公使に面会することを申し出るが、それは兵庫開港問題の談判を目的とするものではなく、代替りの挨拶を将軍が直接行うための面会であると伝えていた。ところが、この約束は、慶喜が三月二十八日から四月一日にかけて、大坂城で英仏米蘭の公使や領事を引見した際、兵庫を期限通り開港すると公言したため破られることになった。

もっとも、久光一行が上洛する前、朝廷は、三月十九日、兵庫開港は認めないとの沙汰を下し、これを受けて、三月二十二日、慶喜が再び兵庫開港の勅許を奏請するという事態の展開がみられた。それゆえ、薩摩側の反発は、結果的にこうした朝廷の姿勢を背後から支える形となった。だが、これは本来、久光（薩摩側）としても不本意なことであったと思われる。

当時、京都藩邸の諸藩応接掛で山階宮付でもあった高崎正風《たかさきまさかぜ》が、前年（慶応二年）の九月二十八日時点で、松平慶永に対して、「今度諸侯方御参集の時は兵庫開港を決定せらるる事、第一の要件なるべし」といった提案をなしていたことなどからも明らかなように（『続再夢紀事』六）、薩摩側としても、久光の上洛を機に全面的な開国体制への移行を狙う思惑があったからである。

すなわち、将軍（幕府）ではなく、天皇（朝廷）が直接欧米諸国と条約を結ぶことを希望していた。したがって、島津久光がもっと早く上洛しておれば、あるいは徳川慶喜が幕府単独での兵庫開港の勅許奏請をいま少しの間、控えておれば、その後のトラブルは避けられたかもしれない。歴史に「もしも」はないが、久光の上洛が遅れたことは、幕末政治史に少なからぬ影響を及ぼすことになったのである。

2　徳川慶喜と島津久光（薩摩側）の対立

小松発言と原の「当惑」

以上の経緯からして容易にわかるように、島津久光（薩摩側）は上洛そうそう、徳川慶喜サイドと激しくぶつかることになった。当然、このことは、それまで小松・原両者の個人的な関係に基づく幕薩間の融和路線を頓挫させ、幕薩間の緊張を再び高めることになった。そして、このことを如実に示す光景がまもなく垣間みられることになる。薩摩側は、対外交易に割り込むことを公然と表明するに至ったのである。すなわち、上洛してまもない段階で、原から招かれた小松は、原に対し、「当時、万国の形勢、とても兵庫開港くらいの事にてはあい済み申さず、幕府は幕府、八百万石だけの交易を致し、諸藩は諸藩、銘々の高に応じ、それぞれの交易いたし、今まで固陋《ころう》の風習一変致し候よう大改革これ有る」べきだとの考えを披瀝《ひれき》し、原をして「余程《よほど》当惑」させることになる（『改訂肥後藩国事史料』七）。

四侯の京都集合

島津久光が上洛してからまもなく、四月十五日には伊達宗城が、翌十六日には松平慶永が、そして五月一日には山内容堂が京都に到着する。ここに、俗に「四侯」と言われた有力者が京都に出揃うことになった。そして彼らは、五月四日に会合し、自分たちの意見を朝政に反映させるために、議奏にふさわしい人物として正親町三条実愛らを二条摂政に推薦することを申し合わせた（『伊達宗城在京日記』）。ついで、久光（薩摩側）は二条摂政に対し、中御門経之と大原重徳両人の起用を提言することになる。

パークスの敦賀行問題

この点に関しては説明が必要となろう。実は、これより前、慶喜サイドと在京薩摩藩士を中心とする反幕勢力との間で、新たな対立の火種となる問題が勃発していた。イギリス公使パークス一行の敦賀への旅行問題であった。慶応三年の四月に入り、突如パークスが徳川政権に対して京都を見学したうえで、越前の敦賀へ旅行したいとの希望を伝える。これを受けて、四月十二日に老中の板倉勝静が大坂に下り、翌十三日のパークスとの会談で、京都市中に立ち寄らないことを条件に、公使一行の敦賀行を了承する。そして、四月十五日に公使一行は大坂を出発し敦賀に向かうが、この日、京都所司代から武家伝奏に対し、一行の伏見通行を許可した旨の通知がなされる。

議奏・武家伝奏の解職

パークスが敦賀行を希望したのは、幕府との間で結んだ条約で候補に挙がった新潟（イギリスは日本海側に開港地をかねてから求めていた）の代港候補として浮上した敦賀を視察するためであった。すなわちパークスは、外交官に与えられた国内旅行特権を行使して、新将軍の徳川慶喜による謁見式に参加するために訪れていた大坂から陸路を通って敦賀に行こうとした（『明治維新の国際舞台』）。

ところが、この問題が朝廷内に大混乱を派生させることになる。幕府の通知を黙認し、京都に近い大津を通過させたのは、議奏・武家伝奏の落ち度だとして、彼らの責任を問う声があがり、その結果、十七日に議奏三名（広橋胤保《ひろはしたねやす》・六条有容《ろくじょうありおさ》・久世通熙《くぜみちさと》）と武家伝奏一名（野宮定功《ののみやさだいさ》）が解職となる。四名は、いずれも「幕府方」と見られていた人物であった。また、この十七日には、薩摩・鳥取・岡山の三藩に対し、外国人が潜伏しているかもしれないとの理由で、京都市中および伏見・大津両駅の警備を命じる朝命が下る。そして、この一連の出来事に関しては、薩摩藩が幕府や会津藩を追いつめるために仕組んだ「奸術」によると噂された（「下許武兵衛日記」の四月二十七日条〔『山内家史料　幕末維新』六〕）。

徳川慶喜の激怒

四月十日に小松や西郷らが大坂湾上のイギリス艦を訪問してパークスと会い、そのあとパークスが敦賀行きを希望したため、パークス一行の敦賀行は薩摩側の「勧誘」によったと見なされたのである。もっとも、パークスの一件はともかく、朝廷が薩摩藩以下の三藩に対して出した指令に関しては、久光は「軽率の至り」「笑止千万」な措置だと批判した（『続再夢紀事』六）。久光は冷静であった。

ついで、朝廷の措置に対して、新将軍の徳川慶喜が猛烈な怒りをみせることになる。彼は激怒のあまり、皇太子の践祚《せんそ》後、関白から摂政に転じていた二条斉敬の邸に乗りこみ、抗議の言葉を吐き散らすとともに、四名の復職を求めた。その際、二条摂政が反幕派廷臣の働きかけを受けて朝幕間の融合に努めていた廷臣を簡単に罷免したこと、幕府を飛び越えて三藩に直接京都市中などの警備を命じたことを、朝廷が幕府を信用していない措置にほかならないと、激しく抗議したという。そして、こうした慶喜の抗議を受けて、早くも十八日に三藩への指令が取り消される。また、二条摂政から混乱を招いた責任をとって翌十九日、辞職の申し出がなされた。

このように、朝廷人事をめぐって、公卿四名の復職を求める慶喜側とそれに否定的な薩摩藩など雄藩との間で対立抗争が生じたが、これは、それだけ両職の果たす役割が大きくなっていたことによった。なかでも天皇と日常的に接するポストであった議奏職をめぐる攻防は激戦の様相を呈した。これは安政五年以後、「近臣中の近臣」といわれた議奏が、天皇と京都所司代の双方から依存されるようになり、朝議への影響力を格段に強めたことによった（仙波ひとみ「幕末における議奏の政治的浮上について」）。しかも相手は若い少年天皇に代わっていた。それだけに、慶喜側と薩摩側の双方とも孝明天皇の没後、朝議に自派の意見を反映させるためには、欠員となっていた両職（とくに議奏職）に代弁者を送り込む必要性がいっそう増していた。こうしたことが、激しい対立抗争に繋がった。

以後、如上のような経緯によって、四侯サイドの中でも、久光（薩摩側）が最も強硬な慶喜批判を繰り返すことになる。四月二十一日には、慶永と宗城の両者が久光を訪問して開かれた会議の席で、小松がアーネスト・サトウから内々で聞いた話が紹介される。それは、大坂での四カ国公使の謁見式で将軍の徳川慶喜が兵庫を必ず開港すると公言したというものであった。そして、これを久光は、兵庫開港の件は、幕府から朝廷に対していまだ奏請中であること、諸藩にも意見を聴取中であることを理由に厳しく批判した。かつ、そのうえで幕府が「神戸・大坂」にて「外人居留の為（の）地所」を「貸し渡」す準備を進めていることを批判した（『続再夢紀事』六）。

大久保への批判

ついで久光は、慶喜から要請された二条城への登営を容堂の上洛がまだなされていないことなどを理由に断り続けるが、久光を背後にあって支えたのが大久保であった。このことは、福井藩の中根雪江が五月六日に慶永の意を受けて原市之進を訪問し、彼に対して語った発言の内容から明らかとなる。すなわち中根は、この日、原に対し、「方今、世上に風波を起すは……諸藩中にも薩藩」が第一であること、しかし久光には「邪曲の念」はなく、「其の臣僚」こそ「今日風波を起す」源だと断じた。そして、さらに中根は、一昨日（五月四日）に福井藩邸で開かれた四侯の会議（容堂も出席し、四侯会議がこの日スタートした）について触れ、議奏人事について二条摂政に言上することになったのも、久光の意見によったのではなく「臣僚」らが「朝廷へ有力の人物を置き、幕威を圧せんとする」目的の下に、久光らに働きかけ、そのようになったとの内幕話を洩らした。

中根が批判した薩摩藩の「臣僚」が、小松・大久保の両者（とくに大久保）を指していることは明白である。五月四日の会議に出席した久光に随伴した薩摩藩士は大久保だったからである。もっとも、この中根のごく率直な内幕話を聞かされた原は、小松をかばい、大久保をのみ痛烈に批判した。「小松帯刀は能く世とともに変化する所あれども、大久保一蔵は頑然動かず、終には天下の害を惹《ひ》き起すべし」。そして、この原発言に対し、中根は、「いかにも帯刀、一蔵は姦雄なり、故に此《この》姦をして手を空しくせしめられざれば、天下は治まらざるべし」と応じた（同前）。

西郷と小松・大久保との違い

ここで興味深いのは、一人西郷が彼らのいう「姦雄」の列から切り離されていることである。これはどうしてか。その理由の一つは、久光との関わり方の違いによろう。久光と西郷の両者が長年にわたって不和そのものの関係にあったことは、本書中でも、これまでしつこいくらい触れてきた。これに対し、小松・大久保両人と久光の関係は、うんと良好で密接なものがあった。たとえば、小松と大久保の両人は何か意見があれば直接久光に言上した。ところが、西郷の場合は、呼ばれて意見を求められた際はともかく、自ら進んで意見を述べるといったことは、ごく少なかった。

したがって、もしどうしても久光に意見を伝えたい時は、建白という形をとることが多くなる。久光が再上洛を果たした、この慶応三年時がまさにそうであった。西郷は慶応三年の五月上旬から中旬にかけて、何度か久光へ建言書を提出した（『玉里』五）。それは、当時、天下の懸案となっていた議奏や伝奏の人選・兵庫開港と長州処分のどちらを先に解決すべきかをめぐる問題・五卿の帰洛問題等にまつわるものであった。つまり西郷は、この際、外交権を幕府から取り上げて朝廷主導での兵庫開港にもっていく必要があること、久光が慶喜に政権返上を勧告する（徳川氏が「一大諸侯に下」り、他の諸侯とともに朝廷を補佐する体制を確立する）こと、長州藩の冤罪を解くのが天下の人心が定まるうえで大事であること等を提言した。彼はこうした提言を久光に直接口頭で伝えるようなことはせず、文書でもって行ったのである。

もちろん大変重要な提言だからこそ、あえて文書でもってなしたとの解釈も成り立つだろうが、久光・西郷両人の相性が良くなかったからこそ、このような手段が採択された面もあろう。それと、いま一つ、久光と小松・大久保がともに京都に在る間は、彼らに任せれば善いとの判断が西郷をして「遠慮」させた面は否めない。

さらに加筆すると、西郷は、小松・大久保の両人と比べると、政治的討論の術《すべ》に長《た》けていたわけではなかった。もともと西郷は言葉数がごく少なく、性格的にも淡白であった。また西郷は、長い時間をかけて丁寧に交渉するタイプではなかったとされる。こうした西郷とは違い、大久保は押しが強く、粘っこく交渉することを厭わなかった。そのうえ、しばしば強烈な突破力でもって自説を有無をいわせず相手に押しつけた。他方、小松は、既述したように、育ちの良さからくる人間的魅力（包容力）に加え、爽やかな弁舌の力でもって、相手とスムーズに交渉ができた。それゆえ、西郷が頻繁になされた交渉の場から外れ、そのぶん、彼の印象が薄まったのは、ある種、自然なことであったといえよう。もっとも、そのため、この時点の彼は「姦雄」扱いされることから免れた。

大久保の強引な手法

いずれにせよ、久光の上洛後、小松と大久保（とくに大久保）が先頭になって政局を主導していくことになる。大久保は、久光を通じて、中御門経之や中山忠能《なかやまただやす》・大原重徳といった薩摩寄りで攘夷派の人物を朝政の中枢に送りこむことを画策し、二条摂政が要求をのまないと、家臣である自分たちが直接摂政と交渉することを求めるまでに至る。もっとも、さすがに、こうした要求に対しては、四侯の一人であった松平慶永などは、「朝廷如何に因循なればとて家来を出し迫り奉るは不敬の恐れあり」と難色を示した（『続再夢紀事』六）。だが、大久保はそうした異論をあえて押し切り、五月七日に宇和島藩士らとともに摂政邸に押しかけ、自分たちの要求を突きつけた（なお、西郷は近衛家へ参上し同様の要求を述べた）。

このような行動力の背後にあったのが、公家は圧力をかけると弱いとの大久保の計算であった。しかし、こうした大久保の強引な手法は、縁家の近衛家関係者からすら厳しい批判を浴びることになる。すなわち五月十二日、近衛邸を訪問した中根雪江に対し、前関白の近衛忠凞は次のような痛罵《つうば》の言葉を発した。「当節、薩の大久保一蔵全権にて頻《しき》りに諸方へ手を廻し尽力周旋に及び、朝憲を立るを名として却《かえ》って朝憲を乱す事、少なからず」（同前）。

ついで、こうした発言を受けて、中根雪江は翌十三日に会った原市之進に対し、「仮藩（＝薩摩藩）にて姦謀を逞《たくま》しくするは独り大久保一蔵有るのみ」と大久保を名指しで批判するに至る。慶永に命じられて幕府と薩摩藩との調和を図っていた中根あたりは、この段階で大久保に対する極度の不快感をもはや隠せなくなったのである（同前）。しかし大久保は、その後も手を緩《ゆる》めなかった。大久保は、久光を押し立てて、いま一つ当時の大問題であった兵庫開港と長州処分の両問題のどちらを優先するかの問題に対しても、口を挟《さしはさ》むことになる。

対立点

もっとも、その前に、右の問題に関して若干の説明をしておく必要があろう。慶喜と上洛して来た四侯（なかでも島津久光と伊達宗城の両者）の間に生じた対立点は二つあった。第一点は、兵庫開港と長州処分のどちらを優先して解決すべきかをめぐる対立であった。この点に関しては、久光や宗城・慶永は、国内問題の解決を優先すべきだとして、まず長州藩の冤罪《えんざい》を解く処分（具体的には藩主父子の官位を旧に戻し、先に同藩に命じた十万石の削封処分を撤回するなど）を行い、そのあと兵庫開港のことに及ぶようにと主張した。これに対し慶喜は同意せず、兵庫開港問題の解決が欧米諸国との関係で急がれていると主張した。

慶喜が、このような主張を行った理由は二つほど考えられる。その第一点は、各国公使から兵庫開港を強く迫られ、かつ同港の開港を半年前に公告するとの欧米諸国に対する約束を履行する日が目前に迫っていたことである。兵庫開港予定日である慶応三年十二月七日から半年前は六月七日にあたった。この点で、慶喜としても時間的には待ったなしの制約下にあった。その二は、久光らが求める無条件での長州藩への寛大な処分では、幕府側の降参も同然であり、結果として第二次征長戦を認可・推進した孝明天皇と家茂将軍の責任が問われかねないと恐れたことである。また慶喜は、後述するように、幕府のみならず長州藩にも、それ相応の罪があると考えていたので、無条件で冤罪処分を解くことに同意できず、処分をなす前提として、長州側から寛大な処分を求める嘆願書を提出させることにこだわった。

第二点は、兵庫開港の承認の仕方をめぐる対立であった。四侯サイドは、これより前から兵庫開港を是認する立場にあった。なぜなら、彼らは外国との交易によって藩財政を潤《うるお》そうと考えていたからである。したがって、問題はどういう形で兵庫開港を実現するかにあった。この点に関しては、久光・宗城・慶永の三者は勅命降下（勅許）方式の採用を願った。つまり、将軍と諸侯（四侯）が協議した結果を踏まえて、天皇がそれに勅許を与える形式での兵庫開港となることを求めた。これに対し、慶喜サイドは、慶喜が四侯と話し合って兵庫開港で合意し、そのうえで将軍の上奏→勅許という形にもっていこうとした。言うまでもなく、前者の形式では将軍と四侯は同列であったが、後者の形式ではあくまでも将軍が上位に立った。

慶喜の内幕話

なお、慶喜と四侯との対話が二条城で初めてなされた五月十四日を皮切りに、以後数回にわたって行われた慶喜と四侯（もしくは二・三侯）との話し合いに関しては、先行研究において両者の対立面ばかりが強調されるが、これ以外の面にも目を向けるべきであろう。その最たるものとして指摘できるのは、四侯（なかでも久光）と朝廷上層部との対立であった。

この点を考えるうえで参考になるのは、五月十四日の会議であった。この日、慶喜から四侯側に対し、なぜ兵庫の開港を急ぐのかについての説明がなされた。その際、慶喜が二条摂政に兵庫開港の許可を願い出た際の内幕話が紹介された。それは、二条から朝廷が開港を「断然」たる調子で表明できないとの返答がなされたことに関わるものであった。すなわち、二条は次のような発言をしたという。「朝廷より断然仰せ出だされ候ては、後日、物議を生じ候節、御迷惑故、おのおの（＝諸大名。なかでも四侯）の所存、御尋ねにて、開港然るべしと申し出でられ候わば、それにて決すべく候」（『伊達宗城在京日記』）。

堂上への「説得」要請

この時点では、さすがに朝廷側でも、二条摂政をはじめとして、兵庫開港をやむをえないと考える公卿が、それなりの数いた。現に、五月三日、前関白の近衛忠熈は、自邸に慶永と宗城の両者を招き話し合いの場を持ったが、この時同席していた息子で前左大臣の近衛忠房から四侯が参内した節、堂上全員にも参内を命じるので、その時に四侯から兵庫を開港せざるをえない必然性を「説得」してほしいとの依頼がなされた（『続再夢紀事』六）。

こうした前関白や前左大臣の態度からも明らかなように、彼ら上級廷臣には、自分たちが責任をもって問題を処理するという気概はまったくなかった。彼らは、なによりも朝廷が先頭に立って兵庫開港を認めることで、災いが朝廷に及ぶ（朝廷の内外に多数いた攘夷論者の批判をもろに浴びる）ことを恐れたのである。それが勅命降下方式による兵庫開港の拒否と四侯サイドへの「説得」要請に繋がった。

むろん、朝廷が主体となって兵庫開港を断然布告することを求める四侯側と、この朝廷上層部の在り方は、衝突せざるをえない。また、朝廷の在り方に絶望した四侯サイド（なかでも薩摩藩）が、議奏をはじめとする廷臣の人事に口を挟まざるをえなかったのには、こうした背景もあった。もっとも、その四侯側にしても、兵庫開港を率先して提唱することで「世人」の憎しみが自分たちに向かうことを恐れた。米価をはじめとする物価の高騰を「交易開港」のせいだと受けとめる者が多くいた当時の状況下では、兵庫開港の必要性を積極的に唱えて「世人」の憎しみを浴びる、つまり貧乏くじを引きたくないという点では、四侯側も朝廷関係者と同様であった（したがって、近衛父子から「説得」の要請を受けた慶永・宗城の両者は、むろん即断ることになった）。

四侯間の意見の相違

ついで目を付けねばならないのは、四侯間の意見の相違である。四侯の間でも重要な点で意見の相違がみられた。その中でもとくに目立つのは、山内容堂と島津久光両者のそれである。容堂は早い段階から開国論の立場に立っていたがゆえに（文久二年七月三条実美宛容堂書簡〔『岩倉具視関係史料』下〕）、兵庫開港問題の速やかな解決を望んだ。さらに山内家は、外様大名とはいえ、藩祖の山内一豊《かずとよ》（一五四六～一六〇五）が関ヶ原の戦い後、わずか五万石の遠江《とおとうみ》掛川城主から、二十万石の高知城主へと栄転を遂げ、徳川氏に恩義を感じ続けていたこともあって、容堂は兵庫開港の勅許を望む慶喜には好意的であった。また容堂は、永井の後年の回想によると、「性質快活にして隠匿《いんとく》の風」がなかったため、慶喜とは「特に……親しか」ったという（『永井尚志』）。

ところが、この容堂が久光（薩摩藩）に対しては前々から強い不信感を抱いていた。そして五月十五日、彼は慶永一人を招き、久光（薩摩藩）に対する疑惑を打ちあけ、自分の善しとするプランを提示した。それは、兵庫開港の布告を慶喜が急ぐあまり、「朝廷を強迫」したり、あるいは「幕（府）限りで布告」するといった「失策」をやらかせば、「芋の策（薩摩藩の姦策）」に陥るので、中根雪江を明日板倉老中の許に派遣して、注意を促してほしいとの依頼であった（『中根雪江先生』）。

同時奏聞案

このような四侯間の意見の相違や、久光と慶喜との間の合意不成立といった状況下、慶永から兵庫開港問題と長州処分問題の同時奏聞をしたらどうかとの妥協案が出される。そして、このプランが、五月十九日に、容堂を除く三侯が二条城に登営した際、慶喜に対して提示され、慶喜も賛成し、久光・宗城らも「御同意の体」つまり同意の様子（態度）をみせる（『続再夢紀事』六）。ついで翌五月二十日、慶永と宗城の両者が土佐藩邸を訪れ、容堂を交えて話し合った結果、容堂の同意も得られた（同前）。

だが、五月二十二日、大久保が福井藩邸にやって来て、慶永に対し二件同時勅許に反対するとの薩摩藩の立場を表明する。あくまで推測の域を出ないが、久光の帰邸後、大久保辺が異議を唱えて振り出しに戻した可能性が高い。なお、藩士が直接藩主クラスに会い意見を具申することは異例だったが、大久保は、この日、これを成し遂げ、かつ「一蔵（＝大久保利通）限り」の考えも慶永に伝えた（同前）。

二件同時勅許に関しては、幕府側は将軍の慶喜をはじめ老中の板倉勝静も、停滞状況を打破する妙案として大いに歓迎した。したがって、いってみれば、これが恰好《かっこう》の落とし所であったのに、薩摩側は白紙に戻したのである。そして、これは落とし所を探るという日本人的な対処法を得意とした西郷では、とうていなしえない芸当であった。

3　兵庫開港勅許と在京薩摩藩邸内での決議

二件同時勅許

さて、以上見てきたように、四侯上洛後の京都では、慶喜サイドと、とくに久光サイドとの間で意見の相違が目立つことになった。そして、この対立は、よく知られているように、五月下旬に決着する。五月二十三日、慶喜が、老中の板倉勝静や所司代の松平定敬、それに慶永らを従えて参内する（宗城は、このあと遅れて二十四日の午前一時頃に参内したが、久光は参内しなかった）。そして、この日から翌日にかけて、夜を徹して開かれた朝議の席で、兵庫開港が天皇によって承認される。と同時に、長州処分は寛大な処置とするとの御沙汰も下る。つまり、二件が同時に勅許となった。

関係史料によると、二日にまたがった朝議の席では、慶喜の奮闘ぶりが、とにかく目立った。二条摂政以下朝廷上層部は、久光の参内拒否に象徴される薩摩藩の抱く思惑への懸念や反幕（攘夷）派公卿の兵庫開港反対論もあって、容易に勅許を下さなかった。これに対し慶喜は、前年上洛してきた諸藩も、最近京都にやってきた薩摩・土佐・福井・宇和島の四藩も、長州藩の寛大な処置と兵庫開港に同意していると熱弁をふるった。そして、審議が完全にストップした後、最後に若き天皇の判断を仰ぐことになった。ついで天皇が兵庫を開港するとの聖断を下し、ここに二十四日の夜に入って、ようやく勅許となる（『続再夢紀事』六）。擦《す》った揉《も》んだの挙句に、ようやく全面的な開国体制が確立することになった。

また朝廷上層部との関係で言えば、彼らは、かねてからの予定通り、将軍も諸藩も兵庫開港の必要を「言上」したので、ばんやむなく兵庫開港を勅許したという形式をとることで、とりあえず責めを逃れたとみなせる。だが、そうした背景を知らされていなかった反幕（攘夷）派の公卿は慶喜の行為にのみ批判を加えた。たとえば、中山忠能や大原重徳は、開港勅許を慶喜の「強請《ゆすり》」「傍若無人《ぼうじゃくぶじん》の振る舞い」の結果と受けとめ、反発を強めた（『中山忠能日記』四、『岩倉具視関係史料』上）。

つづいて、四侯側（ただし、容堂の名前は薩摩藩が勝手に付け加えた）も、これまた大いに予想しえた内容の抗議書を朝廷に提出することになる。「このたびの勅命の御文面、……断然たる御英断の筋はこれ無く、ただただ他人の申すに随《したが》い、やむをえず御許可等のようにあい聞く。別して四藩同様申し上げ候間云々と云うに至って、はなはだ然るべからず」というのが、抗議内容の骨子であった（『寺村左膳道成日記』三）。

とにかく、朝廷上層部も四侯（正確には三侯）側も、ともに逃げた結果が、こうした形での兵庫開港の是認となった。ここに、横浜に続き、兵庫も幕府主導型での開港となった。また、将軍ではなく天皇が主体となって（国家主権者として）、幕府の結んだ通商条約をいったん破棄し、新たに通商条約を結び直すという西郷ら薩摩藩関係者が強く望んだ主張も葬り去られた。

さらに付け加えれば、開港勅許は、孝明天皇没後の朝政の主導権掌握に、新将軍の徳川慶喜が成功したことを意味した。これは、言い換えれば、これから慶喜が朝議を導き続けるであろう可能性が非常に高まったことを意味した。そのため、薩摩藩関係者は絶望感を深め、軍事力を背景にした朝政（廷）改革を真剣に志向するようになる。また、長州藩処分に関しては、寛大な所置をなすべしとしか御沙汰が下らなかったことを薩摩側は問題視した。なぜなら、これでは薩摩側が要求した具体的な内容がまったく示されなかったからである。

先述したように、薩摩側が求めた長州藩に対する寛大な処分とは、長州藩主父子の官位を文久政変以前のものに復旧することなどであった。だが、そうしたことは、いっさい御沙汰書には盛りこまれなかった。これは、ひとえに朝廷上層部や徳川慶喜が、具体的な内容を記すことで、対長州戦争に参戦した諸藩や反長州の立場にたつ政治勢力の自分たちに対する批判が呼び起こされることを恐れたためであった。それがこうした曖昧な表現となった。そのため、五月二十五日、小松と大久保の両者は伊達宗城と松平慶永に対し、この点を問題視する四侯連名の「伺書」の「草案」を持参して採択を迫ることになる。ついで、広く知られているように、四侯連名の「伺書」が朝廷に対して提出される（『続再夢紀事』六）。

その一方で、皮肉なことに、このようなきわめて曖昧な表現にとどまったとはいえ、寛大な内容の長州処分を命じる勅命が下ったことを、慶喜が四侯側に歩み寄った結果だと受けとめた会津藩側が、いっそう慶喜への反発を強めることになる（会津側は前年の八月になされた慶喜の「変説」後、慶喜との対立を深めていた）。

慶喜との関係の極度の悪化

いずれにせよ、慶喜が強引な手法で兵庫開港の勅許を獲得して以後、多方面に及ぶ対立状況が生まれた。その中で深刻さの度合いが最も高かったのは、言うまでもなく薩摩藩と慶喜サイドとのそれであった。両者の関係は、かつてなかったほど悪化する。在京薩摩藩士中の対幕強硬派（その代表が大久保や西郷）が尋常ならざる決意を固め、これ以前から目立つようになっていた、彼らの長州藩への接近の動きを一段と強め、やがて挙兵計画が立てられるまでに至る。また、急進派公卿の間に将軍職の徳川慶喜以外への委譲を画策する動きをも生み出す。それは、江戸期の社会が、いまだ経験したことのないほど険悪なものとなった。

さらに筆を加えれば、大久保や西郷らが、それまで閉じていた挙兵の二文字を口にするようになったのは、慶喜「変説」後の政治状況を未曾有のチャンス到来と捉え、島津久光を国元から引っ張り出してきたにもかかわらず、慶喜の前に、またしても敗北したためであった。藩内（鹿児島の地元）に根強い出兵反対論が渦巻いていたのを、あえて押し切って出国してきた以上、彼らとしても、おめおめと帰国はできなかった（『西郷隆盛と幕末維新の政局』）。国元での反発を考えれば、鹿児島に再び撤退して、一藩規模での富国強兵路線に立ち戻ることは、もはや許されなかったのである。

長州藩とともに「挙事」

以上、島津久光はもちろんのこと、西郷や大久保が徳川慶喜の前に敗北した（土俵ぎわまで一気に押しやられ、あやうく俵の外に出かかった）ところまで記述した。ここに在京薩藩指導部は、慶喜の圧力に屈した朝廷への絶望感を深め、軍事力を背景にした朝政（廷）改革を真剣に志向するようになる。すなわち、五月二十五日に、京都藩邸内で今後の対策が話し合われた。出席者は、小松・西郷・大久保の三者と関山糺《せきやまただす》（大目付兼家老事務取扱）・田尻務《たじりつかさ》（側役）・蓑田伝兵衛（同）・吉井友実（同）・内田政風（留守居）・新納嘉藤次《かとうじ》（留守居兼勝手掛）の計九名であった。そして、この日の評議で、長州藩とともに「挙事」することが「粗《ほぼ》定る」。長州藩との共闘による現状の打破が目指されることになったのである。

なお、会議の内容を記録した新納の日記（『大久保利通文書』二）では、久光の面前で評議がなされたのか否かが判然としない。「伊地知正治心得を聞て達　尊聴、御決着の賦《つもり》也」としか書かれていないからである。すなわち、評議が「御座の間」で行われたと見なす研究者は、右の「心得」を久光のそれだと解し、「尊聴」を国元の藩主島津忠義と結び付ける。しかし、もしそうだとすれば、「心得」の前に「御」の一字が付せられて然るべきであろう。また、久光の「御心得」をわざわざ聞くということは、当然のことながら久光が評議の席にいなかったことになる。それはそれとして、つづいて、この点との関連で、ここで確認および検討しておかねばならないのは次の二点である。

第一点は、この段階で初めて長州藩が真の提携相手として薩摩側に意識され出すことである。なぜなら、軍事力を背景として朝幕の双方に圧力を加えるためには、より多くの軍事力を必要としたからである。また国元の鹿児島から京坂地域に多くの藩兵を動員するためには、途中に中継地（休息可能な場所および物資の補給地）が必要であった。こうした理由から長州藩の協力が不可欠となってくる。

第二点は検討を要する課題である。従来の幕末政治史では、強引な手法で慶喜が兵庫開港の勅許を獲得した時点で、薩摩藩は藩として武力倒幕を決意したとみる。すなわち、島津久光以下、大久保や西郷らは慶応三年五月下旬の時点で武力倒幕を決断したと捉える。たとえば、これまでの研究者の中で最も正確な島津久光への理解をトータルでは示したと高く評価できる芳即正氏は、五月二十五日の「会議の結果を久光も受け入れ……藩として長州藩と共同の『幕府との武力対決倒幕路線』を決定した」とみる（「薩摩藩と薩長盟約の実行」）。

久光と長州藩士との会見

さらに、島津久光以下、大久保や西郷らが武力倒幕を決意した根拠として大きく取り上げられるのが、六月十六日に行われた有名な会見である。すなわち、この日、島津久光から前月（五月）、中村半次郎（後の桐野利秋《きりのとしあき》）に伴われて上洛し当時薩摩藩邸内に匿われていた山県有朋と、それ以前から同藩邸内に潜伏し情報の収集にあたっていた品川弥二郎両名に対し、「不日、特に西郷を山口に遣わし与《とも》に議する所あらんとす」との通知がなされる（『修訂防長回天史』下）。これは、もともと、ひとまず帰国して京都の情勢を国元に報知しようと考えた両人が、薩摩側に「見込み」のほどを包み隠さず承りたいと懇願してなったものであった（六月十六日付で品川・山県両人名で藩庁に提出された報告書〈同前〉）。

そして、この席で西郷をして長州側と相談させるので、その前に両人が山口に帰国して藩主父子にこの旨を伝えるようにとの依頼がなされたわけだが、この久光発言に対して、高橋秀直氏などは、「長州が薩摩の挙兵決意を聴かされた」もの、と受けとった（『幕末維新の政治と天皇』）。また芳氏は、この時、久光が山県に六連発の短銃（ピストル）を恵与したことを重視し、これをもって、「六月中旬には久光の（幕府との武力対決の）決意も固まっていたと思われる」とした（『島津久光と明治維新』）。

このように、六月十六日に行われた久光と山県・品川両人との会見は、薩摩藩（なかでも島津久光）が幕府との武力対決（すなわち武力倒幕）路線に転換したことを示す有力な根拠とされた。しかし、こうした見方（旧来の幕末政治史の支配的な見解）は、はたして妥当なものであろうか。大いなる疑問点も見出せる。以下、順を追って検証したい。

疑問点

疑問点の第一は、五月二十五日の会議で決定をみた長州藩と共に「挙事」するの「挙事」は、文字通り、長州藩と協力してことを挙げるという意味であって、これをもって即武力発動（武力倒幕）と受けとるのは飛躍が過ぎることである。冷静に判断すれば、この日の会議で決定をみたのは、薩摩一藩（もしくは福井藩や宇和島藩も含む数藩）の力では、慶喜（幕府）とは対抗できないので、新たに強大な軍事力を有する長州藩と手を組み、両藩の軍事力を背景に、朝政（廷）改革を迫るということであった。さらに補筆すれば、薩摩側が朝政の改革を問題にしたのは、兵庫開港勅許を朝廷上層部が慶喜の圧力に屈した結果と受けとめたためであった。それゆえ、朝政に自分たちの意思を反映させるためには、大きな軍事力を有する存在と手を組み圧力をかけることが必要となり、その相手が長州藩だったということになる。

つづいて問題となるのが、久光と長州藩士両人との会見だが、これも冷静に判断すれば、右の域を出ないものであったとみなせる。長州藩側に残っている史料（『修訂防長回天史』下）からいえるのは、この時、久光の口から発せられたのは、上洛して「土・越・宇」の三侯とともに、「皇国の為め、微力を尽」したが、「幕府我（が）建言を容れず、然れども更に層《ママ》一層力を国事に尽さんと欲す」との決意表明に止まるものであって、武力発動（ましてや武力倒幕）の類を明言したものではなかった。したがって、この日の久光発言は、さらなる尽力をなす決意を彼らに表明したものと受けとめるべきであろう。

そして、この点との関連で重要なのは、慶応三年六月段階で発せられた大久保書簡（『大久保利通文書』一）である。大久保は、本書簡中に、「このうえは兵力を備え、声援を張り、御決策の色を顕わされ、朝廷に御尽し御座無く候わんでは、なかなか動きあい付き兼ね候故、…長州えも御使差し立てられ（候）御賦《つもり》にて」云々と記した。これは、むろん在京薩摩藩邸での決議内容を国元に報じたものであった（なお、この書簡は蓑田伝兵衛宛と見なされているが、これは間違いである。蓑田は京都にいたからである）。それはさておき、ここでも薩摩藩がこれからとろうとする新方針は、即武力発動路線とは記されておらず、あくまで軍事力を背景に朝政（廷）改革を迫るという域を出ないものであった。つまり大久保の認識でもこの範囲内で長州藩を仲間に引きずりこもうとするものだった。

さらに本書簡で注目すべきは、かねてからの藩の方針（京都の情勢如何によって藩主自らが率兵上洛する）にそえば、今回は忠義が上洛することになろうが、その前に藩主の代わりとして島津備後（重富領主。久光三男）が、「ひとまず軍艦三艘を以、一大隊の兵士」を率いて上洛してほしいと要請されたことである。そして今回、国元では忠義が「神（迅）速御上京ならでは済ませられざる段、衆議も相起」ることだろうが、そうした世論を押さえ、ぜひこのような方策を実行し、そのあと藩主の忠義が「堂々御出馬」という形をとってもらいたいと要請した。

むろん、これは久光の同意を得た（正確に記せば、久光の指示によった）ものであった。六月十八日付で、久光は息子の忠義に対し、同様のことを申し送っているからである（「薩摩藩と薩長盟約の実行」）。それゆえ、問題にすべきは、もし久光が五月下旬の時点で武力倒幕を決断したのであれば、このような指示はありえなかっただろうということである。やはり、藩主自らが大軍を率いて即上洛する形をとるのが一番自然な選択であったろう。だが、久光は忠義の早期出陣を求めるどころか、逆に圧《お》さえにかかった。これは、まず軍事的圧力を朝廷にかけ、朝政（廷）改革を迫るという狙いがあったためだと思われる。とにかく、大久保や島津久光の書簡からは、薩摩藩がこれからとろうとする新方針が、即武力発動（武力倒幕）だとは受け取れない。

「三都一時（に）事を挙げ候策略」

もっとも、久光とは違って、西郷には個人的な希望としては、挙兵によって状況を根本的に変えたいとの気持ち（思い）がなかったとはいえまい。そして、このことは、やはり幕末政治史上でも特筆される、八月段階でなされた彼の有名な発言によって裏付けられる。すなわち、八月十四日の夜に、久光が六月時点で西郷を山口に派遣すると告げながら、それが果たされなかった理由を聞き出すために京都に派遣された長州藩の使者に対して、小松帯刀の寓居で、西郷から、後に「三都一時（に）事を挙げ候策略」と称されることになるプランが提示される（「柏村日記」）。これは、この日の夜に、西郷が長州藩士に対し、「最早《もはや》人事口頭」つまり口先だけの言葉では「迚《とて》も（自分たちの考えを）貫徹」できないので、「此の上は兵力を以て」やりこめる以外に「手段」がないと語ったのに対し、具体策を問いつめられた西郷が発した策略であった。

策略の内実と注目点

その内実は、京都藩邸在住の兵士千名を三分し、御所の守衛と会津邸の急襲ならびに幕兵屯所の焼き討ちにあてること、国元へ申し遣し三千名の兵士を上坂させ大坂城他を襲撃すること、江戸藩邸などに居住している兵士や水戸浪士ら千名でもって甲府城を占拠し、旗本が京都に繰り込むのを阻止すること、ただし薩摩藩は自身の手では討幕戦までは行わないという挙兵プランであった。この西郷発言の字句をそのまま素直に受け取れば、京都・大坂・江戸（関東）での対徳川全面戦争（武力倒幕）計画であったことは疑いない。また、この西郷発言からは、その他、次の諸点も辛うじて推測し得る。(1)挙兵計画がごく少数者の間で立案された（換言すれば、多数の同意を得たものではなかった）こと、(2)西郷らが、どうやら挙兵後に関しては明確な見通しを持ってはいなかった（せいぜい同志公卿の協力を得て、挙兵後、討幕を命じる綸旨を入手できる見通しを有していた程度であった）らしいこと、(3)薩摩側は単独での挙兵を考えていたこと（西郷は「万一」土佐側の協力を得られない場合は、「弊藩一手にて」挙兵すると柏村数馬《かしわむらかずま》らに伝えた。すなわち、長州側に対して軍事力の提供など直接的な協力はいっさい求めないで、薩摩藩のみで「事を挙げ候心組み」であることを伝えた)。

以上が有名な「三都一時(に)事を挙げ候策略」にまつわる注目点であるが、それにしても、ざっくりしたと言えば聞こえは良いが、随分粗い挙兵計画だなとの印象を受ける。というのも、対徳川全面戦争を口にしながら、その一方で、西郷は、この日、「ただ、敵対する者は会藩に付き、是を程能《ほどよ》く突き破りさえ致し候得ば宜敷《よろしく》と存じ居り候」と語っているからである(これより前から、薩摩藩は会津藩との対立を深めていた。すでに慶喜の「変説」前から、世間一般では第二次長州戦争の遂行に最も熱心なのが会津藩だとされ、そのため同戦争に批判的な立場をとった薩摩藩との武力衝突の可能性が、真剣に取り沙汰されるまでになっていた)。

これでは対会津戦をのみ重視している(つまり幕府本体との戦いまでは想定していない)ことになる。いやはや、なんとも中途半端で不可思議な戦略だと評さざるをえない。したがって、この挙兵計画に対しては、「相当にずさんであり、軍事的・政治的リスクが大きく、強行すると自爆に終わる可能性が大きかった」といった評価が下される(『小松帯刀』)。当然なされて然るべき評価であろう。敵に対処するにあたってはきわめて緻密な対策を樹てる(練る)のが西郷の真骨頂だが、この曖昧さは一体どのように受けとめたらいいのであろうか。

ひょっとすると、この日、薩摩藩にとって「目の上のたんこぶ」的な存在であった原市之進が、身内ともいうべき幕臣三名によって殺害されたことに伴う精神的高揚が、西郷をしてこのような杜撰な計画を口にさせたのかもしれない。それはともかく、こうした支離滅裂ぶりが、西郷の摩訶不思議な発言(「弊藩において討幕は仕らず」)、つまり薩摩藩は討幕戦までは行わないという先ほどの発言に繋がった。

もっとも、この発言に関しては合理的な解釈が可能となろう。たとえば、西郷が自分たちが動員しうるのが事実上薩摩藩の軍事力のみであること、しかも藩を挙げてのものではなく、限られた人数を動員しての挙兵となることを事前に予想しえたがゆえであるといったものである。このあと改めて触れることになるが、薩摩藩内には西郷らの推進する対幕強硬路線に異を唱える声がはなはだ多かった。こうしたことを考慮すれば、西郷としても、このような限定発言を付け加えねばならなかったと想像される。

なお、ここで改めて確認することになるが、この日の西郷発言からは、慶応二年一月に薩長間に軍事同盟の類が成立しなかったことが改めて明らかとなる。というのは、もし薩長両藩の間に、軍事同盟の類が結ばれていたとするなら、西郷が薩摩藩が単独で挙兵するといった主旨の発言をすることは、ありえないからである。この時、西郷らが挙兵する際の同志藩として大いに期待していたのは、長州藩ではなく土佐藩であった。

薩土盟約の締結　実は、挙兵計画が長州藩士に対して語られる前に、西郷らは土佐藩側と重要な盟約を結んでいた。六月十三日に坂本龍馬とともに長崎から上洛して来た土佐藩仕置役の後藤象二郎《ごとうしょうじろう》（一八三八〜九七）は、十七日に寺村左膳《てらむらさぜん》ら在京土佐藩重役三名に対し、自らが考案した挙兵に代わる新たな状況打開策について詳しい説明を行った。方今天下の人心が定まらないのは、朝廷と幕府の双方から政令が出ているからだとしたうえで、政権の返上を将軍に働きかけ、ついでそれ（＝王政復古）が実現をみた後、朝廷内に新たに設置される議事院（上・下の二院からなる議会）の手に国政の運営を任せるというプランであった（『寺村左膳道成日記』三）。

後藤は上級廷臣が国政を担うだけの実力も意欲もともにないことを見きわめたうえで、事実上、諸侯や藩士らによって構成される議事院に国事の決定を委ねることを提案したといえる。そして後藤は、この論を国元の山内容堂（容堂は持病の再発と、見切るのが早い彼の性格もあって、五月二十七日に離京していた）に示し、容堂の同意を得た後、土佐の藩論として幕府に建白する構想を表明し、京都詰土佐藩重役の同意（大賛成）を獲得する。ついで、後藤の構想を推進することで意見の一致をみた彼らは、まず伊達宗城に、引き続き薩摩側に計画を打ち明け、その結果、六月二十二日、浪士の代表として招かれた坂本龍馬・中岡慎太郎の両名が見守る中、盟約が在京薩土両藩首脳（小松・西郷・大久保と後藤・福岡藤次《ふくおかとうじ》・真辺《まなべ》栄三郎《えいざぶろう》・寺村左膳）の間で締結される。

西郷が後藤と会ったのはこの時が最初であった。そして、初めての会見時、後藤は大きな視点に立って物事を見る必要を西郷らに訴えた。すなわち彼は、兵庫開港問題や長州処分問題は「枝葉」の問題であり、より解決を急ぐべき根本的な問題は「皇国の国体」の「変革」にあると主張した。さらに彼は、いま挙げたように、将軍に朝廷へ政権を返上させ、その後、朝廷が中心となって議事院を設立し、万国に対峙できる強力な中央集権国家を樹立すべきだとの考えを薩摩側に提示した。むろん、これは政権を平和裡に交代させ、そのことで日本を内乱の危機から救うべく提案されたものであった。

「渡りに船」と飛びつく

では、これに対し、西郷はどのように対応したか。窮地に陥っていた西郷は、土佐側の提案に「実に渡りに船を得候心地致し、直様《すぐさま》同意致し候」と飛びついた。それはどうしてか。理由の第一は、慶喜政権の打倒および朝政（廷）改革という目標は掲げたものの、その後の明確なヴィジョンを欠いていた西郷に、議事院の設立を柱とする今後とるべき具体的な政治構想を提示したことである。

理由の第二は、土佐側の提案には血気に逸《はや》る西郷を引きつけるだけの「からくり」が隠されていたことである。それは、将軍に政権返上を求める建白をしてもどうせ応じないだろうから、それを機に（大義名分を得て）挙兵すべきだとする、シナリオ（戦術）の提示であった。すなわち西郷は、後藤から、「素《もと》より其の策（＝政権返上論）を持ち出し候ても、幕府に採用これなきは必然に付き、右を塩に（＝これを機会に）幕と手切れの策」だとの説明を受け、納得した（「柏村日記」慶応三年八月十四日の条）。

むろん、これは、挙兵に逸る西郷らに自分たちのプランを受け入れさせるための方便であった。しかし、西郷の方にも、土佐藩の建白が失敗した暁《あかつき》には、同藩の協力が得られるとの計算も当然あった。そのため、妥協が即座に成立した。とにもかくにも、こうした内実を有する土佐側の提案を西郷らは積極的に受け入れた。ところが、その結果、後藤が帰藩後の土佐藩の動向を見守る必要が生じ、西郷自身が山口に行くことができなくなる。そして、その代わりに村田新八が七月に同地に派遣されることになった。

ついで、このあと薩土両藩在京首脳の間で合意をみた内容をまとめた「約定書」が土佐側から西郷の許に届けられ、これに久光も目を通し、「此策《このさく》断然あい行われ候えば、実に皇国挽回《ばんかい》の基本」ともなるとの感想を付して、在鹿児島の島津忠義の許に送られる（六月二十七日付忠義宛久光書簡〔『鹿児島県史料玉里島津家史料補遺　南部弥八郎報告書二』〕）。

久光は、本心から言えば、封建制を否定する王政復古（領主制に代わる新たな国家体制の樹立）には内心同意できなかったものの、西郷と同様に打開策を模索していた最中にあったので、徳川慶喜に政権返上を求める建白書を提出する案を歓迎し、これに同意したのである。そこで久光の同意を得た西郷や大久保らは、七月一日、建白の趣旨に藩として同意することを土佐側に回答する。つづいて後藤は、山内容堂の同意を得て土佐藩論を最終的に建白論に統一するため帰藩することになり、七月三日に寺村らとともに京都を出立した（帰洛予定は二十日後であった）。また、このあと「約定書」の写しが、長州藩の品川と山県にも見せられることになる（七月七日付品川・山県宛西郷書簡〔『全集』二〕）。

いずれにせよ、こうした経緯があったから、西郷はいざ挙兵するとなれば、長州藩ではなく、土佐藩に大いに期待したのである。それゆえ、西郷による策略発言がなされた二日後にあたる八月十六日付で大久保に宛てて発せられた書簡（同前）中に、西郷が、「（後藤が）遠からず上京相成る事と待ち遠しき事には御座候」と記されることになった。すなわち、この時点の西郷は、後藤が多数の土佐藩兵を帯同して上洛して来ることを待ち望んでいた。

久光は承認したのか否か

つづいて、ここで、荒唐無稽といってもよい西郷の策略に関わる発言と久光との関係についても触れないわけにはいくまい。というのは、長州藩側の史料によると、この日、西郷は長州藩士に対し、きわめて注目すべき発言をなしているからである。それが、この挙兵計画の内容を知っているのは、「君侯以下両三輩の外、預り聞き候者はこれ無し」との発言であった。そして、この発言が重視されて、策略（挙兵計画）は、久光の承認を得た薩摩藩の方針表明だと理解されることになった。

だが、この西郷発言は、はたして真実を伝えるものであっただろうか。いくつかの疑問点が浮かぶ。そのまず第一に挙げられるのは、西郷らが自分たちの挙兵計画（あくまでも計画）を久光に伝えていなかったと想像されることである。この点を考えるうえで無視しえないのは、土佐藩の寺村左膳が薩摩藩出身の田中幸助《こうすけ》（後の中井弘《なかいひろむ》。一八三八〜九四）となした問答である。田中は面白い経歴の持ち主で、薩摩藩士の家に生まれながら、たびたび脱藩したあと土佐に渡り、後藤に救われた男であった。そして、この縁で後藤の出資で慶応二年に渡英し、翌年帰国した。

こうした経歴からもわかるように、田中は後藤とはすこぶる親しく、上洛してきた後藤とは毎日のように出会し、「後藤氏の大議論」にもすぐに「同意」した。さらに彼は後藤に薩摩側の情勢を伝える役割も果たした。そうした情報の中に、西郷が「彼是《かれこれ》議論するも益なし、早々兵端を開き、幕府を討ん」というものがあった（『寺村左膳道成日記』六月十八日条）。したがって、後藤の薩摩側への働きかけは、この田中からもたらされた情報に触発されたものであった。

薩土盟約の破棄

とにかく、田中と後藤の関係は、このように親密であった。こうした両者の関係を念頭において話を進めたい。薩土盟約が結ばれた後、九月に入ると、ようやく山内容堂の承諾を得て後藤が再上洛を果たす（ただし、建白論には賛同したものの、あくまで説得によるべきとした容堂は、多数の兵士の即時派遣は認めなかった）。ところが、この後藤に対し、西郷らは一方的に盟約の破棄を告げ、再び挙兵論を口にしだす。そして小松が、自分たちの下した決議を、大坂にいる久光（久光は極度の体調不良に陥ったため、当時、京都より温暖な大坂に移っていた）に報告する旨を土佐側に通知する。

この時、他の土佐藩メンバーと同様、薩摩側が「盟約」を破棄したことに「愕然《がくぜん》」とし、「意外」だと受けとめた寺村左膳は、ここに至る経緯にどうしても納得できなかったため、田中幸助に対し、「是程の大事件、今迄君公御存知これ無しと申す儀はこれ有る間敷」との率直な疑問を伝えることになる（「日記」の九月七日条）。そしてこれに対する田中の返答は次のようなものであった。「隅州公（＝島津久光）には真に是程の事とは御存知これ無し、もし前以って申し上げたらば、忽《たちま》ち御差留に成り候は顕然の事故、事急迫に成りて后《のち》に申し上るの策也」（「寺村左膳手記」）。

虚偽発言の可能性

以上、いささか前置きが長くなったが、田中の返答は、西郷が前月（八月）に長州藩の使者に対して発した言葉の一部に重大な虚偽が含まれている可能性を指し示している。言うまでもなく、久光が三都で同時挙兵の計画を知らされていなかったということである。そして、もし仮にそうであるならば、八月十四日の西郷らとの会談に先立ち、久光との会見を求めた長州藩の使者に対し、久光の病気を理由に西郷らがそれを頑なに断ったことも首肯できる。

久光の深刻な体調不良

もっとも、ここで考慮しなければならないのは、当時の久光がきわめて深刻な体調不良に苦しめられていた（腰と脚の痛みに悩まされていた）ことである。したがって、もちろん、このような久光の体調不良が長州藩の使者両名（御堀耕助《みほりこうすけ》と柏村数馬《かしわむらかずま》）との会見を著しく困難にさせた（あるいは、後述するように下坂前で彼らと会う時間が持てなかった）だろうことは疑いない。だが、久光と会わせれば秘密を曝露されかねない恐れがあった以上、久光との会見を、西郷らが避けたのは当然だったとも解せる。また、後に改めて触れることになるが、当時の鹿児島では挙兵に立ち上がりかねない西郷ら在京薩藩指導部への警戒心が強まっていた。さらに、ほかならぬ京都藩邸内でも西郷らの挙兵論には強い反対論があった。こうした面でも久光の承諾を得られるような状況では到底なかったといえる。

ところで、西郷が重大な虚偽発言をあえて長州藩の使者に対して行ったとすれば、それはどうしてか。つづいて、この点についても簡単に検討しておくことにしたい。考えられる要因の第一は、久光の同意云々を持ち出さなければ、長州側が納得しなかっただろうということである。すなわち、客観的に判断すれば、西郷らの挙兵計画は、先程来たびたび強調しているように、相当杜撰なものであった。それゆえ、こうした計画を小松・西郷・大久保の三者のみで立案したと正直に話せば、長州側に相手にされないのは至極当たり前のことであった。長州側を納得させるためには、どうしても久光の参画を示唆《しさ》する（久光が計画を承認したと言明する）ことは欠かせなかった。

計画を告げた相手

それといま一つは、西郷が自分たちの計画を告げた相手が御堀耕助だったことである。この点を考えるうえで参考になるのは、慶応四年二月二十九日の夜半に記された、岩倉具視家の執事に宛てた田中光顕《みつあき》の書簡である（『岩倉具視関係史料』上）。当然、これは具視に読まれることを想定して書かれたものであった。田中光顕は脱藩して政治運動に従事した元土佐藩士だったが、彼はこの時点で、ほんの「三・四年前」のことを次のように回顧した。それは、木戸が黒田清隆の働きかけで慶応元年の末に上洛を決意した際、御堀が反対派のリーダー（「異論の巨魁《きょかい》」）で、あくまで木戸の上洛を阻止しようとしたとの憶い出話であった。

ここからは、御堀耕助がかねてから薩摩側への強い不信感を抱き、木戸の上洛を徹底して阻もうとしたという史実が明らかとなる。したがって、こうした立場にあった長州藩の使者に対し、西郷が、相手の警戒心を解き、かつ長州側の協力を得るために、久光の件をあえて加えたとしても、なんら不思議ではなかろう。西郷にすれば、戦略的見地からいえば、当然許される範囲内での虚偽だと考えたのではなかろうか。それに第一、こうしたことは、相手との駆け引きを展開する中、自分たちに有利な状況に事態をもっていくうえで、時に必要とされる高度な政治技術（スキル）の一つでもあった。後世の我々が考えるようなレベルでの恥ずべき虚偽発言とは違った。

以上、慶応三年五月下旬に徳川慶喜の強引な手法によって兵庫開港の勅許が獲得された後、薩摩藩関係者が慶喜への反発を強めたものの、藩を挙げて武力倒幕路線にまで踏み込んだとは考えられないことを記した。ただ、そうした中にあって、西郷ら一部の有志が挙兵のチャンスを窺ったことは、やはり事実として認められねばなるまい。このような史実を前提に、つづいて、その後の薩摩藩に関わる政治情勢についての話に移ることにしたい。

近藤勇の発言

この点との関連で、まず最初に着目にしておきたいのは、新撰組の長であった近藤勇の言動である。近藤は、六月十七日の夜に開かれた幕府親藩の集会の場に姿を現す。会津藩の小野権之丞を訪ねるためであった。そして、この席で長州藩主父子の官位を復旧しようとする薩摩藩らの動きに対し、怒りの言葉を発することになる。それは、長州藩の無罪放免を意味する官位復旧となれば、たちまち長州藩が第二次長州戦争を幕府の引き起こした「妄挙」だと攻撃し、京都で再び騒動を引き起こすことは「眼前」だとするものであった。そして、この近藤の弁に小野は同意し、集会の席で「喋々弁論に及」ぶことになる（『続再夢紀事』六）。在京薩藩指導部が反幕的姿勢を強める中、同藩にとって、かねてから最大の敵対勢力と位置づけていた会津藩および同調勢力の存在が、再び大きく浮上してきたのである。

4　薩摩藩内における挙兵反対論の高まり

西郷を弾劾

他方、西郷ら対幕強硬論者にとって真に厄介で恐ろしい存在（意見）が藩内に台頭し、彼らを大いに苦しめることになる。国元と京都の藩邸内で沸き起こった挙兵反対論であった。この点を知るうえで大いに参考になるのが道島某の日記（「道島家記」〔『大日本維新史料稿本』〕）である。道島は、どうやら、かねてから鹿児島に在って、西郷らの言動を藩にとって重大な危機を招く冒険主義的なものだと批判する立場にある人物だったらしい。その道島は、日記の慶応三年八月一日の条に次のように記した。それは、(1)京都において二条城を襲撃するなど、「討幕」を企てた「張本」人が、「西郷・吉井・伊地知」であるらしいこと、(2)これに対し、「関山・田尻・蓑田」が「諫争《かんそう》」し、討幕路線が阻止されたらしいこと、(3)大久保・小松の両人は、この時点では挙兵には慎重らしいことに、それぞれ触れる。

そして、この後、道島は次のように討幕論を痛烈に批判した。「すなわち長州が二の舞にて、一葉兵気は強くとも、直に兵糧切れに相成り、皆殺しに成り候儀は疑い無き事に候処、何の見当に右（の）次第暴挙の心生じ候や、実に国家（＝薩摩藩）の大賊憎むべきの者共に候」。ここでは、小松・大久保・西郷三者の中で、一人西郷のみが挙兵論者として弾劾されていることにまずは注目しておきたい。

道島某の得た情報

つづいて道島は、「八月六日、承り候まま記し置き候事」として、さらに次のような情報を、その日記に綴った（勝田孫弥『大久保利通伝』中巻）。それは、まず西郷が武力倒幕論を提唱した理由に関する家老関山糺の推測について触れる。関山によれば、西郷が二条城の襲撃といった「暴論」を吐き、長州藩を助けようとしているのは、第一次長州戦争時に三家老の自刃でことを収めると豪語した（受けあった）にもかかわらず、第二次長州戦争が始まったことによるという。つまり、長州側に対して「道理」が立たなくなったため、やむなく西郷は挙兵論を提唱し出したとする。そして、これに対し関山が猛烈に諫めたため、ことは収まったと道島は記す。その際、「（関山が）もし此事宜しからずとの（久光）思し召しに候わば、御手討にも成さらるべき旨、極諫致たされ候処、この道理には（西郷は）一言もこれ無く、終に正論の方に相片付き候よし」。

この情報が、細部はともかく大筋で正確なものだとしたら、西郷が長州藩の使者に対し挙兵論を吐いた理由の一斑が図らずも示されていると言ってよい。すなわち、第一次長州戦争時に、前述のような降伏条件を提示し、なんとか事を収めた西郷にとって、第二次長州戦争の勃発は長州側に対して信義を失うと同時に、たしかに自身のメンツがつぶれる事態ではあったろうからである。また、そうしたことはともかく、この道島某が摑んだ情報によると、久光が挙兵論にいまだ承諾を与えていない（少なくとも家老の関山糺あたりですら、そのように受けとっていた）らしいこともわかる。さらに、道島の得た情報では、挙兵をめぐって「関山氏と小松と大論これ有り」、その結果「小松を討て討てと申す事共」にもなったという。関山は、万延元年三月段階の大久保が、桂久武と並んで「第一人望帰服、天下の形勢も心得候者」と高く評価し、久光に推賞したほどの人物であった（「大久保利通日記」三月十一日条）。

奈良原の西郷刺殺発言

したがって、このような人物から猛烈に批判されたのだから、西郷はひどく追いつめられたといってよかろう。そして、こうした京都藩邸内の対立が国元にも波及し、鹿児島では首席家老の島津久治《ひさはる》（図書。久光の次男。宮之城領主。一八四一～七二）と島津珍彦（備後。久光の三男。大隅重富領主。一八四七～一九一〇）との間で、京都出兵の可否をめぐる対立が派生し、さらに奈良原繁などは、次のような言葉まで口にしたとされる。「此節、是非（京都へ）罷り登るべく、拙者罷り登り候わば、何事も平和に罷り成るべく……、西郷など万一聞き入れこれ無く候わば、差（刺し）殺し申すべき考えなり」。

島津久治は、禁門の変時に薩摩藩の軍事責任者を務めたことで、長州藩が朝敵となる過程をまざまざと目にした。それだけに軽率な決断をすれば、禁門の変時の長州藩と同様の運命を辿り、七百年の伝統を誇る薩摩藩を滅亡の危機に追いやると恐れ、猛烈な出兵反対論を唱えた。また奈良原は、久光の意に反した有馬新七らを寺田屋で斬殺した人物だけに、彼の発言には凄みが感じられる。いずれにせよ、八月十四日に西郷の策略発言がなされた前後の薩摩藩内の状況は、このようなものであった。それゆえ、冷静かつ客観的に判断すれば策略のようなことを事前に西郷らが久光に語り、それに久光が承認を与えたとはやはり考えにくい。すなわち、策略が島津久光の同意を得て発せられた可能性は限りなく低いとみざるをえない。

挙兵反対論が高まった背景

では、何故、西郷らの挙兵論にこれほどまで反発する声が高まったのか。その背景を説明しておきたい。候補としてはいくつか挙げられる。その一は、薩摩藩は外様藩とはいっても、長州藩とは大いに違って、関ヶ原の戦いで敗北した後、実質的な被害は受けなかったことである。すなわち長州藩は、関ヶ原で敗北した後、中国地方全体に及ぶ大藩から、いまの山口県地域に押し込められた。これに比し、薩摩藩は、長州藩と同様、徳川方に敵対したにもかかわらず、罰せられることもなく本領を安堵された。また、既述したように、島津家は歴代将軍の御台所に二人の女性（広大院と天璋院）を送り込んでいた徳川家の親戚でもあった。こうした点を考慮すれば、なにを好き好んで、文久期にともに中央政局に登場して以来、憎々しさを抱くことこそあれ、親しみのまったく感じられない長州藩のために尽くさねばならないのだとの批判（反感）が薩摩藩内から湧き出ても、いっこうに不思議ではなかった。

その二は、幕府本体との戦いは、薩摩藩士が自らを獅子（ライオン）に喩《たと》えたとしても、巨象に挑むに等しい無謀な行為にほかならないと、ごく一般の藩士には受けとめられたであろうことである。むろん、戦いに敗れれば藩自体の滅亡はおろか、藩士や家族の生命は保障されなかった。こうした面からの反発が当然のことながら大きかったと考えられる。

その三は、出兵に伴う経済的な負担を藩当局も藩士個々人もともに厭ったことである。京坂地域への出兵となれば、もちろん藩の財政的負担はとてつもなく大きくなる。そのため、各郷に軍資金を割り当てたりした。また藩士も藩当局から多少の手当ては支給されたが、それは十分なものではなかった。出征兵士は借金を重ねざるをえず、それは、後々まで彼らを苦しめることになった。したがって、こうした面からも反対論が渦巻くことになった（現に病気を理由とする従軍辞退が相次いだ）。

その四は、京都と国元間の意思の疎通がうまくいかなかったことである。京都では久光以下が対幕強硬論を打ち出さねばならなかったが、京坂地域から遠く離れた国元では、久光不在中の留守をあずかる立場にあった要路者ですら、京都で時々刻々と起こっている政情の変化を十分に理解し得ていなかった。こうしたことが、京都から一報があれば藩主が上洛する手筈となっているにもかかわらず、出兵に異を唱える声が多いことに繋がった。

5　島津久光の帰国とその後の政治状況

土佐藩兵の上洛を待ち望む

いずれにせよ、慶応三年七月・八月時点の西郷は、京都と国元の双方で激しい批判を浴び、その結果、孤立した。このような状況に追い込まれた西郷がひたすら待ち望んだのが多数の兵士を引き連れて後藤が上洛してくることであった。とくに、この思いは、八月上旬段階で、土佐側から「後藤象二郎（の）大議論」を「容堂侯」が「御許容」になったとの情報を入手してからは、より強くなる(八月四日付桂久武宛西郷書簡〔『全集』二〕)。

もっとも、後藤の上洛は、当初西郷が想定していたよりも大幅に遅れることになった。これは、長崎で七月六日にイギリス人水夫が殺害された事件の犯人に土佐人(海援隊士)が目されたため、イギリス公使のパークスが土佐に尋問を目的にやって来て、後藤がその対応にあたらざるをえなくなったためであった。むろん、この件で後藤の上洛が予定よりも遅れるとの情報は、西郷にもすぐに知らされ、彼も了承した。そのため、西郷は、後藤が藩兵を引き連れて上洛するのを待ちながら、その一方で、極度に追いつめられつつあったこともあって、挙兵に向けての準備をどうやら進めたらしい。

このことをボンヤリとだが窺わせるのが、彼が小松や大久保とともに島津久光に帰国を勧めたことである。久光は文久三年の十月から翌元治元年の四月にかけて、半年余京都に滞在した時から、体調不良に苦しめられ続けた。そして、再上洛を果たした慶応三年の「六月以来、脚気症《かっけ》に悩み」、以後、「ますます不快を感ずるを以て、朝廷に申請して大坂に下」ることになる(『実歴史伝』巻之七)。これは、先述したように、京都に比べてまだ温暖だった同地で養生するためであった。

脚気は後世の我々が考えるよりも、はるかに恐ろしい病気だった。いまではビタミンB_1の欠乏による疾患であることはよく知られているが、むろん当時はいまだ明確な原因は解明されておらず、重症となれば末梢神経を犯されて下肢が麻痺し、歩行が困難となった。そして、進行すると心臓を衝かれ、呼吸促迫となり、死に至った。小松帯刀の証言(慶応二年十一月十二日付桂久武宛小松書簡〔『忠義』四〕)によると、慶応二年時点で久光の病気は「持病」化し、「腰肺(背)痛」に苦しめられるようになっていた。ついで、翌慶応三年の秋になると病勢がより悪化し、脚が麻痺《まひ》したこともあって、まったく歩行がままならぬ状態となる。加齢に政治活動に伴う強いストレスが加わって、より悪化したことは確実であった。

そして、ここに注目しなければならないのは、病気の進行が久光の気力を萎《な》えさせ、十二分に政務を執ることを不可能にしたことである。そのため、久光の名でもって朝廷に対し大坂での療養許可願いが出され（八月十二日）、いったん下坂（八月十五日）した後、九月にはとうとう鹿児島への帰国を余儀なくされることになった。

久光に帰国を勧める

そうした病歴を辿った久光に医師から鹿児島への帰国が勧告されたのは、慶応三年八月のことであった。すなわち、八月十二日に大久保が伊達宗城を訪問して語った話（『伊達宗城在京日記』）によると、久光の脚気による体調不良に対し、医師から「一旦《いったん》は養生のため、帰国相成りたし」との進言がなされると、小松・西郷・大久保の三人はそれに同意し、久光に帰国を勧めた。もちろん、これは久光のことを思っての進言であったとみなせるが、西郷の心情の奥深いところに目を注ぐと、それはかりで発せられた言だったとは考えられない。当時の久光が、体調不良にひどく苦しめられながらも、挙兵路線に対してはあくまで慎重な姿勢を崩してはいなかったからである。

久光が五月下旬以降もどうやら武力倒幕路線に舵をとったわけではなかったらしいことは既述したが、これは久光のその後の対応によっても、さらに裏付けられる。それは、久光が、自分たちの周旋活動が失敗に終わった現実を前に帰国を決意した松平慶永および伊達宗城（山内容堂は、先述したように早々と帰国していた）の京都出発を全力でもって阻止しようとしたことである。すなわち、慶応三年後半の時点で、すべて自分の意思に基づいて行動する慶喜の前にな術《すべ》を失った福井藩サイドから、慶永の帰国決心を告げられた久光は、直ちに小松を福井藩邸に派遣して阻止する作戦に打って出る。七月十七日に自分を訪ねて来た福井藩の酒井十之丞に、久光に伺ったうえで小松が語ったところによると、「大隅守にも術計に尽たるは（慶永と）御同様の事なれども、今日は危急の場合故、今暫らく時機を見合わせたし」との理由の下、改めて酒井に慶永の退京中止を求める斡旋の依頼がなされる（『続再夢紀事』六）。ついで翌十八日、福井藩邸に招かれた小松は、自分限りの意見だとしたうえで慶永の暫時滞京を求めた。そして翌十九日には、慶永の退京猶予を求める久光の書簡を持参して、小松が再度福井藩邸を訪問する。そして小松は、慶永と会って直々に滞京を要請した（同前）。

挙兵を考えていなかった久光

このことは何を物語るか。久光が七月も中旬を過ぎようかという時点に至っても、挙兵を考えてはいなかったということである。すなわち、もし五月下旬から六月上旬の時点で、通説的な見解が提示するように、久光が武力倒幕の決意を固めたとしたら、このようなまどろっこしい対応は解せない。武力倒幕に向けての準備を着々と進めればよかったからである。したがって、久光が慶永の帰国をなにがなんでも阻止しようとしたのは、機が熟し、宗城を含む三者が揃って帰国するという形にもっていきたかったからにほかなるまい。

そして、この間に、久光がなんとか帰国しうるだけの大義名分を獲得できれば、真に有り難いというのが本音であったと思われる。このことは、七月二十日に福井藩邸を訪れ、慶永に久光の心情について次のように語った伊達宗城の言（『続再夢紀事』六）によっても、確かめられる。「大隅守にも帰心は矢の如くなれども、最前上京の際、別に藩論ありしを、（小松）帯刀等の勧めにより強て発途ありし事故、今日何等《なんら》の功もなく引（き）取る事には至りがたく、甚だ心配致し居るよし」。

すなわち、久光としても、鹿児島に帰りたい気持ちはやまやまだったものの、いま少し今後の状況を観望している間に、朝廷や幕府サイドから自分たちの顔が立つような妥協策が提示されるのを期待したがゆえに、このような働きかけが福井側に対しなされたといえよう。

いずれにせよ、ここには、一日も早く国元に帰りたかった（久光一行の京都滞在が長引けば長引くほど、費用の負担増は深刻なものとなった）にもかかわらず、なんら成果を上げられないために、その決断を下せないでいる久光の姿が痛いほど鮮明に浮かび上がってくる。それは、いってみれば途方に暮れている姿である。おそらく、久光の生涯で、これほど追い詰められた経験はなかったと思われる。もっとも、こうした中、八月六日にとうとう慶永が京都を去る（八月九日福井着）。ついで、八月十八日には、久光にとっていま一人の盟友であった伊達宗城も退京する（この間、宗城に対しても薩摩側は執拗にその出京を止めようとしたが及ばなかった）。

さて、このような史実の内に久光の言動を改めて位置づけると、どのようなことが見えてくるか。久光は極度の苦悩（苦慮）の中にあって、体調不良という爆弾を抱えながらも、国元においそれとは帰れなかったことである。それが、西郷らから帰国を勧められた際、その進言を遮《さえぎ》って、下坂して暫らく養生するとの考えを彼らに伝え、その旨を朝廷に申し入れさせることに繋がった。また、これは憶測の域を出ないが、久光が西郷らの進言にたやすく首を縦に振らなかったのには、久光が西郷らの進言になにやら胡散《うさん》臭さを感じて、抵抗を試みたのではとの想像もはたらく。つまり、医師の進言をこれ幸いと久光の帰国を実現させようと考えたのではといった類の邪推である。

挙兵に向けての動き

事実、八月半ばの時点で好戦的な気持ちを抑えられなくなっていた西郷は、久光が下坂し、そのあと鹿児島へ帰ることが決定をみた段階で、挙兵に向けての動きをみせる。九月六日、島津珍彦が禁裏守衛のため千余名の兵士を率いて大坂に到着すると、久光は翌々日（九月八日）に朝廷へ帰国して療養に専念したいとの願書を提出し、これが九月十日に許可を得る。この直前、土佐から大坂に到着したのが後藤であった。そして、この大坂の地で、九月三日、後藤から土佐側が建白論に「いよいよ一定」したとの報告を受けた西郷は、「三・四日の内」に自分たちの方針を「一決」して返答すると後藤に伝えた。

ところで、先行研究においては、後藤と久し振りに再会した西郷は、彼が兵士を引率して来なかったことに大変失望し、それが薩土盟約の破棄に繋がったとする見方が支配的である。だが、どういうわけか、九月五日に京都に戻った西郷から翌日、会談の詳細を聞き出した品川弥二郎の日記（九月六日条）を読むと、西郷が土佐藩論が建白論でまとまったとの後藤の報告に好意的であったことがわかりこそすれ、決して非難めいた気持ちを抱いたとは受けとれない。

しかし、西郷は、島津珍彦の一行が大坂に着いた当日にあたる九月七日、小松とともに後藤に会った際には、京都の情勢が大いに変化したことを理由に、来る九月二十日までに挙兵するとの方針を伝えることになる（『寺村左膳道成日記（三）』）。そして翌八日、長州藩および広島藩との間で、王政復古に向けての取り決めを交わし、薩長芸三藩の兵士が大坂に着船したとの一報があり次第、「朝廷向断然の御尽力」に乗り出す手筈を整える（青山忠正『明治維新と国家形成』）。ついで、こうした経緯を経たうえで、九月九日、小松・西郷・大久保の三者は土佐側に対し、薩土盟約の破棄を告げ、そのあと十一日頃に、小松が下坂して自分たちの下した決議を久光に報告するとの情報を土佐側に洩らす（「寺村左膳手記」）。そして実際に小松は下坂し、十六日夜に帰洛する（なお、この間、九月十五日に久光は汽船でもって大坂の地を離れ、鹿児島へと向かった）。

挙兵を急いだ理由

以上のように、九月上旬から下旬にかけて、西郷は真に慌ただしい動きをみせたが、この一連の動向から、いったい何が読み取れるか。そのまず第一は、薩長芸三藩間の共同出兵計画案が九月八日に策定されていることから、西郷らが久光の帰国を見越して行動を起こしただろうことが判明する。そして土佐側（後藤）への挙兵通知は、同藩が挙兵に加われるか否かの判断の下になされたものだったことも判明する。つまり後藤がかつて約束した二大隊の兵士を伴わないで再上洛したことをもって西郷らが土佐藩の即参加はありえないと判断した結果だということである。さらに、薄々とだがわかるのは、土佐側の提示した戦略構想（建白書の提出後、将軍が受理を拒否すればそれを挙兵の理由とする）の実行をもはや待ち切れないほど、西郷らが追いつめられていたことである。

これには、薩摩藩邸に匿われていた長州藩士らの突き上げも要因の一つに数えられる。それに挙兵するにあたって、なにより重視されるべきは、相手の不意を突くことであったが、こうした面での理由も当然考えられる。ところが、現状は西郷らの不穏な動きはすでに幕府側に察知されており、警戒が強められつつあった（そのなによりの象徴は、将軍職に就いた後も、二条城脇の酒井家屋敷に居住し続けていた徳川慶喜が、朝廷から内大臣に任ぜられ、「大将故の如しと仰せ出され」た九月二十一日に、二条城に移ったことであった。これは、言うまでもなく、薩摩藩などの武力蜂起の動きに備えてのものであった）。こうした諸々の事情が、西郷をして挙兵に向けての準備を急がせ、久光の帰国がほぼ確定した時点での土佐側への盟約破棄（挙兵通知）になったものと想像される。

なお、先ほどの土佐側に対する小松発言からは、これまで久光の許には、少なくとも正式には挙兵論が報じられていなかったらしいこともわかる。そして、このことが前に挙げた土佐藩在京重役の寺村左膳と元薩摩藩士の田中幸助との問答に繋がったわけだが、では小松の久光への発言が具体的にはどのような内実のものとなったのかについては一切わからない。ということは、小松から久光に彼らの決議（＝挙兵論）について正確に報告されたのかどうかすら判然としないことを意味する。つまり、六月段階で決定をみた線以上の報告がなされなかった可能性も、当然のことながら、あるということである（それは、広島藩が新たに加わったとしても、長州藩と手を組んで朝幕双方にいっそう圧力をかけるといったランク以上に出ない構想であり、即武力倒幕論ではなかった）。

久光の帰国

そして、この時点の久光は、なんら自分の考えを表明することなく、あとは小松らに任せて大坂を去って帰国した。九月十八・十九日頃に、小松が後藤に語ったところでは、久光は「小松、西郷、大久保三人より申し出の義」に「同意」し、「京師の時情の儀は備後公子（＝島津珍彦）竝《ならび》に重臣へ御委任にて御出帆成さられ候」ことになったのである（「寺村左膳手記」）。小松が土佐側に伝えた情報が正しいとすれば、久光は、事実上、白紙委任をした形で帰国したに等しかったといえる。そして、これは九月七日付で大久保に宛てた書簡（『全集』二）中に、西郷が「御跡の処（＝久光帰藩後の処置）、全く御委任在らせられ候えば、何篇都合宜《よろ》しかるべきと愚考仕り候」と記していたように、久光の白紙委任を受けたうえでの帰国を望んでいた西郷にとって、願ってもないことであった。

ところで、久光がなんとも中途半端な対応をした（今後の方針を明示することなく、小松らにあとを任せて帰国した）最大の理由は、もちろん彼の体調悪化であった。が、それ以外に、要因としてやはり大きかったのは、久光自身に明確な今後の方針が依然として確立しえていなかったことであろう。また、いま一つ、久光をして明確な方針を打ち出せなかった理由としては、彼が藩の分裂を心配したことが考えられる。つまり、藩内に対幕強硬論者と穏健論者が存在していたため、明確な方針を打ち出せない面があったと想像される。いずれにせよ、こうしたことが重なった結果、久光には真に不似合いなきわめて中途半端な対応で大坂の地を出ることになった。島津珍彦に京都の警護を命じた以外は、なんら具体的な指示ができずに京坂地域をいわば逃れるように去った。実質的には京都に残った小松らに丸投げに近い形であとを任し、帰国したといえる。先ほども少し触れたように、久光にとって、不本意であったという点で、人生で最初の大きな敗北体験になったと思われる。

薩長芸三藩の出兵協定

とにもかくにも、島津久光は国元に去り、以後、中央政局は久光を抜きに進展することになった。まず久光が大坂を出帆した日と同日の九月十五日、大久保が伊藤俊輔（博文）と品川弥二郎の両名を伴って薩摩藩の汽船（豊瑞丸）で長州へ向かった。言うまでもなく、今後のことを長州側と打ち合わせるためであった。そして九月十八日に長州藩主父子と会見した後、木戸孝允や広沢真臣《さねおみ》らとの間で出兵問題が話し合われ、翌十九日薩長両藩の間に協定が結ばれる。(1)幕府から処分伝達のため、長州藩に対し支藩主および本藩家老等の上坂命令が出されていたのを口実に、長州側が京坂地域に出兵すること、(2)九月二十五・二十六日頃までに薩摩藩兵を乗せた艦船が三田尻に到着し、そのあと薩長両藩兵が大坂に乗り込むことが決議された。つづいて九月二十日、これに広島（芸州）藩士の植田乙次郎《おとじろう》らが加わり、薩長芸三藩の間に正式に出兵協定が結ばれることになる。

なお、この間、京都では九月十九日、二月末に大目付から若年寄格に栄転していた永井尚志から土佐藩の寺村に対し、建白書を早く提出するようにとの督促がなされた。そして四日後の二十三日、今度は土佐藩側から薩摩藩側に建白書案が示され、薩摩側の同意を獲得しようとする動きが見られる（この日、大久保が帰洛する）。そして、これに対し西郷は、建白書を提出されたら、「幕（府）にも万事覚悟いたし、弊藩挙兵の妨げにも」なるので、やめてほしいと明確に反対の意思を表明する（『寺村左膳道成日記』三）。

出兵反対論が渦巻く

ここまで事態は急激な進展を見せた。が、このあと西郷にとって思わぬ事態の展開が待ち受けていた。一つは薩摩藩内に、いま一つは徳川慶喜に発生源があった。前者から見ていくことにしよう。西郷らが挙兵路線をとったとの情報が鹿児島に伝わった後、首席家老の島津久治らが猛反対を唱えることになった所までは既述した。京坂地域への出兵に反対する声は久光の帰国後も鎮まることはなかった。いや、いっそう高まることになったといった方が正確だった。一大隊の兵士の上洛と、そのあと久光の代わりに藩主島津忠義の上洛が求められたためであった。

とにかく、国元の鹿児島では久光の帰国後、一大隊の兵士の上洛と忠義の上洛に反対する声が急激に高まることになる。その結果、小松・西郷・大久保の三者から強く望まれた一大隊の兵士の京坂地域への派遣を先送りする代わりに、若年寄の島津主殿（永吉郷領主。久籌。又七）をとりあえず上洛させることが決定をみる。ところが、これに対しても「大議論」が藩内に巻き起こることになる（「島津主殿上京ニ就テ諸説（或人日記抄）」〔『忠義』四〕）。

反対運動の先頭に立ったのは、川上助八郎や川畑伊右衛門らであった。川上に関して少し記すと、彼は、禁門の変後の元治元年十一月二十一日夜に、農兵を率いて出陣中に川上と会い話し合った小倉領内の庄屋の証言（『中村平左衛門日記』十）によると、禁門の変時の京都で、長州藩士の「菊原小七郎と申すものを討ち取」ったものの、「左の腕に太刀疵《きず》一ケ所」と「肩と横腹に二ケ所鉄砲かすり疵を負」ったという。これによると、彼は出兵反対論を唱えたことから容易に想像しうる臆病者などではなく、むしろ猛者《もさ》だったようである。そして、この禁門の変時での刀剣を用いての奮闘によって、当時かなりの有名人となっていたようである。だからこそ、小倉の庄屋が興味を抱いて接近してきたのである。

それはともかく、この川上などが、さかんに九月末時点で出兵反対の建白等をしたことによって、どうやら十月一日に三役などが総登城して緊急の会議が開かれたらしい。そして、この席で島津久治が、殊の外、強硬な反対論を唱えたという（『忠義』四）。ついで彼らの主張には多くの賛同が寄せられた。それは、「諸士中にも十分の九分だけは正義（の）徒にて、決死の者少なからず、それゆえ、建白等おびただしく」と、前掲の「島津主殿上京ニ就テ諸説」中にあったように、藩士中の多勢を占めた。

ところで、川上らが島津主殿一行の進発阻止に必死になったのは、彼らが鹿児島を出帆後、長州側と「三田尻へ会兵して摂坂の間へ大挙し、直ちに京師へ寄て討幕の策」を実行に移すべく話し合いを行うと噂されたからであった。なんのことはない、秘密にされたはずの薩長芸三藩の出兵協定が鹿児島にいとも簡単に洩れ伝わり、激しい反対運動を招いたというわけであった。そして、この反対運動の根底にあったのが、先述したように、長州藩と手を携えて討幕行動に立ち上がれば、島津家を毛利家の直近のような運命に陥らせるとの危惧《きぐ》の念であった。また依然として薩摩藩内に根強くあった長州藩に対する敵愾心《てきがいしん》も、このことと大いに関係した。そのうえ、軍制改革やたびたびの出兵、あるいは諸藩中断トツとなる多くの艦船の購入等による藩財政の窮乏が、藩士にさらなる犠牲を強いることへの反発も大きく関わった。

さて、こうした中、事態を鎮めるうえで決定的ともいうべき役割を果たすことになったのが、病床にあった島津久光であった。久光は、帰鹿後も相変わらず「脚気症」の進行による深刻な体調不良状態によって、起居も歩行もともにままならず、かつ気力も失せていた。しかし、このような体調下、彼があえて気力を振り絞って取り組んだのが、出兵反対論が渦巻く藩内の不穏な情勢を早急に鎮静化させることであった。すなわち、病床にあった久光は、島津久治から「無名の出兵相い成らず候」との「直諫」がなされ、かつ「諸士の建白」が相次いで提出され、「事起るの勢」が現れたのを見て、出兵が武力倒幕を目的とするものではないとの「御書取」を発した。そして、これによって事態が「稍《やや》鎮静」する。

武力倒幕を明確に否定した久光

忠義との連名で出されたそれは、京都への出兵が、この先いかなる事態が発生するかわからないことに備えてのものである（したがって前々からの藩の方針である禁裏守衛の趣旨に沿ったものである）ことを強調したものであった（『忠義』四）。言い換えれば、武力倒幕を明確に否定したものであった。とともに、今後、やはり「禁廷御警衛のため、時宜に依《よ》り」藩主の忠義が出兵上洛することもありうること、忠義の上洛に先立って島津主殿を京都に派遣することが告げられた（同前）。そして、これらの書面が藩内一統へ見せられたことで、事態がようやく鎮静化の方向へと向かう。

ついで、こうした経緯を経たうえで、島津主殿に率いられた薩摩藩兵六百名が十月三日に藩船二艘で鹿児島を出発することになる（この間、薩摩藩の軍艦が約束通りに来なかったために、長州藩では十月三日になって時期を失したとして出兵方針を取り消した。そして直後、長州藩は、このことを伝えるために鹿児島と京都の薩摩藩邸へ使者を派遣した）。

なお後日談となるが、西郷はこの時なされた島津久治の出兵反対論に相当な憾《うら》みを持ったらしい。明治五年（一八七二）の一月三日に久治はピストルによる自殺を遂げる。かなりの時日が経過してから、この事実を知らされた西郷は、大久保宛ての二月十五日付の書簡（『全集』三）でもって、この件での感想を付した。それは、「御案内（＝御承知の通り）御小気の御方」「御小胆の御質」であるが故の自殺だと、彼としては珍しく突き放した、はなはだ冷淡な調子のものであった。よほどの憾みが、後年まで残ったということであろう。

京都藩邸内での深刻な対立

ともあれ、出兵を阻止しようとする動きが藩内で沸騰したことを受けて、藩主父子両名から急遽武力倒幕を否定する声明が藩内に対して出された。むろん、これによって藩内抗争が完全に収まったわけではないが、とにかくやや鎮まった。だが、この一連の騒動が、鹿児島在住の穏和派（藩士一般）の在京藩指導部に対する不信の念を強めたことは確かであった。そして、この大騒動がもたらしたマイナス面は、たんに国元での対立激化および京都・鹿児島間の藩士の対立に止まらなかった。抗争のそもそもの震源地であった京都藩邸内でも深刻な対立を生み出すことになったのである。

このことは、いち早く土佐側にも察知された。「寺村左膳手記」の九月二十六日と二十七日の条には、それぞれ次のようにあった。「薩の情実を探るに、此頃鹿児島表国論二端に分かれ、京師の論と表裏せりと、依《より》て京師邸も亦随て二タ派に成れりと聞こえり」「薩邸を探るに、備後公子と小松とは大いに高崎輩に説かれたりと」。この情報からは、まず⑴鹿児島において出兵をめぐって推進派と反対派の両派に分かれたこと、⑵国元での対立が京都にも波及し、その結果、京都藩邸でも両派に分かれたことが確認できる。むろんこれは正確な情報であった。

ついで問題になるのは、京都藩邸内では「高崎輩」が島津備後と小松帯刀の説得に成功したとの記述である。寺村左膳の日記（九月二十六日条）では「高崎輩」は「高崎伊太郎」すなわち猪太郎（五六）で、西郷とは意見が合わず、土佐藩論に同意したと記されている。したがって、彼が中心であったことは間違いないが、「輩」つまり仲間とあるので彼以外の複数の関係者がともに説得に加わったことも疑いない。

そして、その有力な候補者と考えられるのが、同姓の高崎正風（一八三六～一九一二）であった。正風は父の五郎右衛門が「お由羅騒動」での主謀者の一人と目され、追罰を受けて墓を発《あば》かれるという、悲惨な体験を有した人物であった。そして正風本人は、一五歳になるのを待って大島に流された。こうした悲惨な体験をした苦労人だったぶん、慎重な姿勢の持ち主となり、説得工作に関わった可能性は十分にある。また高崎は、文久政変においては、会津藩の秋月悌次郎《あきづきていじろう》らと協力して長州藩の京都からの追放に成功した。すなわち、政変の陰《かげ》の主役であった。そして、この功績によって、在京薩摩藩邸の諸藩応接掛・京都留守居役に任じられた。

ということは、やり手であるとともに、長州藩サイドからすれば憎むべき敵であった。そして、このことは、ほかならぬ高崎自身も自覚していたであろう。いずれにせよ、こうした面からも、高崎正風は西郷らの挙兵論に反対せざるをえなかったと考えられる。そして、大事なことは、こうした「高崎輩」の説得がどうやら功を奏して、後日、薩摩側から土佐側に対し、土佐藩が建白書を提出することを了承する旨の返答がなされたことである（『寺村左膳道成日記（三）』）。

建白書提出に同意

実は、これより前、九月二十七日の時点で、土佐側は大久保に対し、改めて建白書の提出について同意を求めていた。これに対し、大久保は熟慮のすえ、建白書を土佐側に提出させてもよいと判断し、この自分の考えを吉井友実を介して西郷に伝えた。ついで西郷は、九月二十九日付の大久保宛ての書簡（『全集』二）でもって同意を表明し、本日その旨を土佐側に「返答」したと伝えた。このような経緯を経ての薩摩側の同意であった（そして、これを受けて、十月三日、後藤と福岡孝弟《たかちか》の両名は、老中の板倉に政権返上を求める土佐藩の建白書を提出する）。

なお、挙兵論の立場に凝り固まっていたと思われる西郷が、建白書の提出に同意したのには、広島藩の動向も関係したと思われる。同藩は、土佐藩とはまた別に、六月時点で将軍に政権返上を働きかける計画を推進し始めた。そして、土佐藩関係者のみならず、小松とも接触し、両者の賛同を得た。ついで、九月中旬段階になると広島藩家老の辻将曹《つじまさとも》が小松と会談し、長州と提携した形での京坂地域への出兵策を協議するに至る（青山忠正「慶応三年一二月九日の政変」）。ところが、その辻将曹を九月二十三日の夕方に訪問した西郷は、辻から、あくまでも「建白書をもって尽力する」方針であること、したがって「討幕等の儀は存じ掛けもこれ無し」と聞かされ、土佐藩が入手した情報によると、「大いに相驚」くに至る（「寺村左膳手記」）。この辻発言が西郷らが土佐側の建白書提出に同意を表する少し前であったことを考えると、西郷への影響は少なくなかったと思われる（このあと広島藩は十月六日に藩主浅野長訓《ながみち》の名でもって政権返上の必要を将軍に対して建白する）。

八方塞がりの状況

以上、九月下旬段階の西郷は、まさに絶望的といってもよい八方塞がりの状況に陥った。当然、こうした状況は、政局の最前線に在った在京薩摩藩邸内の動向にもただちに影響を及ぼした。このことがよくわかるのが、当時、京都にいた新納嘉藤次が、十月五日付で藩庁に宛てたと思われる意見書（『大久保利通関係文書』五）である。新納は、大久保の姉婿で、かつ樺山三円の兄でもあった。したがって、元来、西郷らに対して好意的な立場にたつ人物であった。その新納は、本書簡において次のように薩摩藩の置かれている現状を分析し、国元に報じた。(1)久光の帰国後、藩を取り巻く状況が変わったこと（「中将様御帰国後、土州は異論相生じ、芸州は断然変約に及び、稍《やや》我国孤立の姿に相い成り候」）、(2)さらに、そのうえ「邸中（＝京都藩邸）」が「人気紛乱」の状態であり、(3)このような「不和の孤兵」で「仕掛」けても、成功は覚束ない。

挙兵路線に理解を示したと思われる新納あたりですら、このように慎重論に転じた。西郷らの即時挙兵論は、国元のみならず京都藩邸内でも強固な支持を得られるどころか、一段と孤立無援気味となったといえる。そして、こうした有様は、このあと極限状態にまで達する。在京薩摩藩邸では、十月中旬、挙兵に反対する藩兵が西郷宅に押し掛け、倒幕挙兵には大義名分がないと西郷へ詰め寄り、西郷を殺害しかねない状況となった（高橋裕文「武力倒幕方針をめぐる薩摩藩内反対派の動向」）。

もっとも、このような絶体絶命といってもよい状況に追いつめられてから、西郷は反撃に転じた。その一は、中央政局に関する楽観的な情報を国元に報じたことである。すなわち、九月二十九日付で在鹿児島の田尻務と蓑田伝兵衛の両名に対し、京都の情勢を西郷は次のように書き送った（『全集』二）。それは、(1)京都の形勢は、これまでと「格別相変り候儀も」ないこと、(2)彦根・大垣の両藩に出兵の動きがみられるものの、徳川政権のお膝元である関東の形勢は、人心がますます幕府から離れ、そのため「義挙」を起こす動きは、「不日」つまり近い内にあると聞いているといった内容のものであった。

たしかに、西郷の報じたような動きはみられたかもしれないが、それにしても随分、自分にとって都合の良い楽観的な情勢報告だとの印象は免れない。これは田尻と蓑田がともに久光の側近（側役）であったことを考慮すれば、藩主父子に対する、ある種の思惑の下に発せられた書簡であったと見られる。言うまでもなく、それは対幕強硬路線を捨て去ってはならないとのメッセージであった。

討幕の密勅

西郷による反撃の二は、逆境から脱出するための「奇策」であった。それが同志の公卿から「討幕の密勅」を下賜してもらって、事態を打開する方策であった。これより前、先程のような発言を西郷になした広島藩の辻将曹に対して、長州藩の広沢真臣から自分たちの側に再度入るようにとの説得がなされ、辻もこれを承諾する。そして、これを受けて、十月八日に西郷・大久保・小松それに辻や広沢らが薩摩藩の京都藩邸で会合し、三藩が連合して王政復古の実現に尽すとの決議がなされる（『全集』五）。

そして、この後、小松・西郷・大久保三者の名でもって、中山忠能・正親町三条実愛・中御門経之に宛てた「歎願書」と討幕の必要を記した「趣意書」が出されることになる（『全集』三）。後者の「趣意書」には、ペリー来航以来の幕府のこれまでの失策が縷々《るる》数え上げられ、「干戈《かんか》（＝武器）を以て」幕府の「罪を討」つ、すなわち武力倒幕を行う必要が記された。そして、これを若き天皇に奏上することが求められた。ついで翌九日、薩長芸三藩をそれぞれ代表する大久保利通・広沢真臣・植田乙次郎から、中御門に対し、「討幕」の詔書を下賜せられんことが申請される。ところが、この九日の夜に出兵の中止を伝える長州藩の使者（福田俠平《きょうへい》）が京都に到着する。

密勅を携えて帰国

ここに西郷は、小松・大久保の両者と十月十一日の早朝、じっくりと話し合い、自分たち三人が揃って帰国して京都の形勢を申し上げ、藩主の島津忠義へ出兵上洛を要請するため、近く帰国することを決定する（「大久保利通日記」）。彼ら三人が揃って鹿児島への帰国を決めたのは、おそらく忠義の率兵上洛を求めれば、再度国論が沸騰するとみての判断であったと思われる。そして、この後、同日中に小松は、土佐側に対し、(1)とりあえず「挙兵は然るべからず」と自分たちが決定したこと、(2)しかし、土佐藩が政権の返上を求める建白書を提出し、「幕府」がそれを「御採用これ無き時」は、薩摩側は「本国より挙兵」することを通知した。そして併せて、(3)「其時は土兵（＝土佐藩兵）も勿論」出兵するだろうと、かねてからの土佐側との約束の履行を求めた。ついで十月十三日に藩主父子両名（忠義と久光）に宛てた「討幕の密勅」と会桑両藩主への加誅を命じる「沙汰書」が忠能・実愛・経之三者の名前でもって出されることになる。そして西郷らはこれを携えて一路鹿児島へと向かうことになった（なお長州藩側にも同様のものが渡された）。

6 政権返上（大政奉還）とその影響

政権返上

ところが、この段階で西郷らが十分に予想していなかった事態が生じる。徳川慶喜が土佐藩の建白を受け入れる形で、十月十二と十三の両日、それぞれ幕臣と諸藩士に対して、政権を返上する決意を老中を介して告げたのである。なお、これまで長年にわたって、慶喜が政権返上を行った理由に関しては、朝廷が国政を運営できないことを見越して、幕府への政権再委任があるとの予断のもとに行った（すなわち、そうしたことを期待してのものだった）と見る説が有力であった。

しかし、これは史実ではない。なぜなら、土佐藩の政権返上建白を受け入れた後の慶喜は、側近の永井尚志を通して、小松や後藤に二条摂政邸に赴き、朝廷が政権返上を受け入れるように勧告させているからである。小松は、西郷や大久保の挙兵路線を危ぶみ、それを抑えるために一刻も早い政権返上の朝廷による承認を求めた（『永井尚志』）。それが、こうした小松への要請となった。

そして、このあと小松と後藤の両名は、根回しのために二条邸に直行した。しかし、朝政を担当していた摂政の二条斉敬は、慶喜が本気で政権を返上するとは考えておらず、また自分たちが国政をこれから担うことも願っていなかった。厄介で煩わしい仕事だと受けとめていたからである。そのため容易に首肯せず、小松らは説得に苦労したが、彼ら両人の恐喝まがいの強圧的な言動によって、ようやく受諾に漕ぎつけることができた。そして、このあと開かれた朝議の席で政権返上がようやく認められるに至る。したがって、もし、慶喜が朝廷からの再委任を期待していたならば、このような結果に辿り着くことはなかったであろう。また幕臣の多くや会津藩関係者などは朝議で政権返上が受け入れられた後も、将軍への再度の大政委任を求めて画策したが、慶喜はこれを強く押しとどめた。

さらに慶喜は、この間、十月二十四日に征夷大将軍職の辞任も朝廷に申し入れたが、これも本気で政権を返上しようとした証左として挙げられる。将軍職を辞すということは、諸大名に対する軍事指揮権も投げ出すということであった。つまり、政権と将軍職をともに投げだせば、あとは一大名としての徳川家が残るだけだった。それゆえ、この時点の慶喜は、徳川家の存続を図ることと、徳川家の当主として王政復古によって新しく誕生する体制を支える側に廻ることを、決意したと評せる（『徳川慶喜（人物叢書）』）。

先見性に富む決断

そうしたことはさておき、ここにまたまた西郷は新たな対応をとることを余儀なくされたといってよい。そして、さらに補筆すれば、西郷が慶喜に対し、心の底から恐怖感もしくは不気味さめいたものを感じたのは、この段階ではなかったかと想像される。慶喜の政権返上は、これより前、「幕私」を去ることに熱心で政権返上をも視野に入れていたとされる松平慶永などですら、時期尚早だと受けとめたほど過激な決断であった。慶応二年下半期の時点で、慶永は、「不用意な大政奉還は、却《かえ》って天下の動乱を招き、朝廷の受入態勢が整っていない現在は、まだ時期尚早だと認識していた」（『中根雪江先生』）。

また、慶喜の決断は西郷らがこれからやろうとしていた維新の変革の先取りにほかならなかった。旧体制が崩壊してまもない明治二年五月段階で、和歌山藩主の徳川茂承は、朝廷に版籍奉還のすみやかなる実施を訴えた「上書」を提出したが、そこには維新の変革で目指されている万国並立や郡県制の樹立が、「是即《これすなわち》徳川慶喜（が）政権（を）奉還」したことに「因（っ）て来る所」だと記されていた。この茂承の認識からも明らかなように、政権返上（大政奉還）こそ維新の起点だと位置づける見方は、明治の早い時期から市民権を得つつあった（平良聡弘「旧紀州藩の明治維新観」）。

それぐらい慶喜の政権返上は先見性に富む決断であった。だが、それだけに西郷らに与えたダメージも大きかったと見なせる。すなわち、政権返上の持つあまりの正当性と革新性の前に、いったんは挙兵を決意した西郷らは、慶喜の政権返上と朝廷による受理がなされると、自らが主導権を発揮して政局をリードする構想をまたまた阻まれた。

それに、再度よくよく考えれば、これまでの薩摩藩は慶喜一人の前に翻弄《ほんろう》され続けた。その最たるものが参預会議の解体であり、通商条約と兵庫開港の勅許であった。いずれの過程でも、慶喜の強引な手法によって、薩摩側が狙った政局の主導権掌握が阻止され、達成できなかった。そして、またしても今回そうなった。

常識人と無常識人

こうした苦い体験は、西郷に慶喜に対する必要以上の警戒心を育てることになったと思われる。そして、これには西郷と慶喜両人の、そもそもの発想の根本的な相違が関係したと考えられる。西郷は、本書中でも、これまで時に触れてきたように、事前に対策を綿密に樹てるのがすこぶる好きな人物であった。しかもそれは常識的な判断の下になされた。自分の所に集まってきた各種の情報を客観的に理詰めに分析し、そのうえで相手の意表に出るのを得意とした。

他方、慶喜は、西郷と同じく高所（高い位置）から物事を俯瞰《ふかん》できる能力の持ち主であった。だが、西郷とは違って、順を追って丁寧に物事の筋道を辿り、それに随時対応していくタイプではなかった（これには、むろん、慶喜が実務を担当することなどありえない貴人であったことが大きく関わった。当然、時勢や人情には疎《うと》くなる）。そのため、時に飛躍することになる。つまり、いきなり結論を下し、決行することになった。

たとえば、慶応二年八月の「変説」時がそうであった。自らの出陣を急遽取り止め、まったく新しい方針でこれからいくことを決断したのであれば、まず周辺の者に事情を説明し、納得してもらうのが常識のある人間の本来の在り方だが、彼はそうしなかった。いや性格的にも出来なかった。また今回の政権返上にしても然りで、その決断が尋常でなかったぶん、それ相応の時間をかけての周辺への説得工作は不可欠だったろう。

ところが、やはりそうはしなかった。もちろん、そうしたことをなしえない状況下（時間的猶予のなさなど）にあったことが要因としては大きかったが、筆者はこうした慶喜の在り方を、突然結論を打ち出し実行するという点で、いわば「ドカン病」とでもいえると旧著に記したことがある。とにかく政権返上は、その最たるケースになった。当然、このような決断をするうえで慶喜には慶喜なりの理由づけはあったが、いかんせん、途中経過の説明がないものだから、周辺は慌てふためくことになる。

慶喜に対する極度の恐怖心

そして、こうしたことが度重なると、慶喜に対する極度の恐怖心を生むことにもなる。特異な人間が周囲に与える恐怖の中で、大きなウェイトを占めるのは、何を考えているのかわからない得体の知れない（正体《しょうたい》が見定め難い）部分であろう。常識人そのものであった西郷が慶喜に対して感じたであろう恐怖心は多分にこの点によったと思われる。西郷が、これまで出会ったのは、その器（能力や人間的容量）の大きい小さいはあるものの、概して彼にすれば十分理解可能な人物であった。ところが一人慶喜に至っては、西郷の常識が通用せず、いわば無常識なる人物であった。そのぶん、慶喜のさらなる行動が読めず、そのつど、辛酸を舐《な》め、それが慶喜に対する極度の恐怖感となったと思われる。もっとも、そうしたことが、ハッキリとした形になって表れるのは、この後のことであった。すなわち、王政復古クーデター後に大問題となる慶喜の辞官納地問題、および戊辰戦争の初期に生じる慶喜の処遇をめぐる問題の発生時であった。しかし、これらの問題を取り上げる前に、辿っておかねばならない歴史過程が存在する。ひとまず、そちらを優先することにしよう。

小松との関係に変化が生じる

とにかく、慶喜が突然表明した政権返上によって、西郷らは自分たちが決死の覚悟で採択した路線を否応なしに見合わせざるをえなくなる。再度記すまでもなく、

「討幕の密勅」をもってしてまで幕府勢力の打倒を図ったプランの修正であった。そして、いま一つ西郷にとって大きな誤算(打撃)となったのが、小松帯刀との関係の在り方の激変であった。それまで、なんだかんだといっても盟友に近い関係(正確には親密な上司と部下)といってよかった小松との関係は、慶喜が政権返上を表明し、小松がその後、周旋工作に従事した時点で大きく変わることになる。

土佐藩の後藤と同様に、長年にわたる武家政治に自らの決断で終止符を打った徳川慶喜を小松は高く評価し、これから誕生する新政体の中心に彼を据えようとすら考えるに至る。ついで、朝廷は大名会議開催までの過渡期の庶(諸)政を幕府にとりあえず委任するとの決定を下したが、その段取りをつけたのは周旋能力の高かった小松であった。そのため、このあと対幕強硬策に反対するようになった小松と西郷・大久保両者は、その歩む方向性を異にするようになる。

このことが窺われる書簡が残されている。慶応四年一月十八日付で西郷に宛てて発せられた桂久武書簡(『全集』五)である。この中で、桂は「追啓」として次のように記した。「小松家にも此の度は至極振りはまり、決して御掛念の廉《かど》御座なく候。……余計の申し事(かもしれないが)……何も旧事は取り捨て、尚深く御談じ下されたく御願い申し上げ候」。

この箇所からは、幕末最終段階になって小松が挙兵路線に反対し、西郷との間に蟠《わだかま》りが生じたことがわかる。したがって、鳥羽伏見戦争によって王倒的な勝利を収めた段階で、いち早く桂は西郷に対し小松を許すように勧告したのである。もっとも、これとほぼ同文のものが「年月日不詳」の西郷宛岩下方平書簡として、『西郷隆盛全集』の第五巻に収載されている。すると、前掲のような書簡を発したのは岩下方平もそうだということになるが、いずれにせよ、小松と西郷との間に挙兵をめぐるトラブルが生じたことは間違いない(なお、文意がわかりやすいように、前掲の桂久武書簡には、岩下方平書簡から適切な言葉を補い、かつ削除も若干行った)。

小松の興味深い発言

さて、かように、小松は西郷らとたとえ一時期にせよ離れた。だが、こうした小松とは違って西郷・大久保の両者は、政権返上後もさらなる誠意の実行を慶喜に求め、慶喜を政治過程から完全に排除する（「討幕の密勅」の力を借りて慶喜を討つ）ことを容易に諦めようとはしなかった。このことを念頭において眺めると興味深いのが、十月十六日に小松が発したとされる言である。この日、小松は、後藤や坂本龍馬、それに辻将曹らと平和的な形で王政復古を達成することで合意し、久光・容堂に上洛を求めるために、明日離京する旨を告げた（『永井尚志』）。その十六日に、小松は薩摩藩と縁家の関係にあった近衛家当主の忠房を訪問し、次のように語ったという（「王政復古帳」〔『改訂肥後藩国事史料』七〕）。

此の節大樹公政権を朝廷に帰えされ候儀は非常の御英断にて、実に皇国挽回の機会に候えば、聊《いささか》も御手障りに相成り候様の義これ有り候ては決して相い成らず、然る処、西郷吉之助・大久保市蔵はかねがね暴激の議論主張致し候者共に付、京師え残し置き候ては如何の所業仕り候哉も計りがたく、はなはだ懸念仕り候に付、此の節帯刀一同帰国申し付け候、（下略）

これは津藩の深井半左衛門が近衛忠房から直々に聴いた話を、その後、熊本藩関係者に洩らした情報であった。さらに、この情報には、これ以外にも注目すべき小松の発言が載っている。それは慶喜に将軍職の辞任（政権の朝廷への返上）を求め、それが実行されないのを見届けて直ちに挙兵するというシナリオが一気に崩れたことで困惑している西郷・大久保両人の在り方に関わるものであった。すなわち小松は、政権返上によって、薩摩側が「差し寄り暴発の手談（続）を失い候姿に相い成り、西郷・大久保は勿論、邸内の抑揚はなはだ困窮の勢に成」ったと正直に近衛忠房に打ち明けたらしい。

これらが正確な史実を伝えるものだとしたら、小松が西郷と大久保の両人を京都に残せば絶望のあまり何をしでかすかわからないと危ぶんで、三人揃っての帰国になったというのも十分に首肯できる。つまり、この段階の小松は、穏やかな形での新国家の樹立を強く望み、そのため過激論者の西郷と大久保を京都から引き離す必要もあって、三人揃っての帰国を急ぐことになった可能性は相当程度高いといってよい。

三人揃って帰国

もっとも、近衛忠房に対して、このように告げたらしい小松だったが、本質はバランスをとることに秀でる調整型の政治家であった彼は、西郷や大久保と露骨な対立関係に入ることは避けた。それが三人揃っての「討幕の密勅」を携えての帰国となった。ついで、彼ら三人は京都を十月十七日に長州藩士の広沢・福田らとともに出発し、山口を経て同月二十六日に鹿児島に帰着する。そして、さっそく藩主父子に対して、この間の経緯を逐一言上した。つづいて翌二十七日に重臣一同による衆議がなされ、ここでの決定に基づき翌二十八日、桂久武と小松の両名から藩主父子に対し一同の考えが伝えられる。そして、このあと忠義の率兵上洛が決定(十一月四日出発)をみ、藩中一同に布告されることになる(『忠義』四)。

政権返上を歓迎した久光

忠義の上洛が容易に決定をみた最大の要因は、やはりなんといっても久光が徳川慶喜の政権返上を大いに歓迎し、病床にあって指揮を執れない自分に代わって、藩主忠義の上洛をいち早く認めたことによる。このことは、慶応三年十一月十二日付で小松帯刀が後藤象二郎に送った書簡(同前)中に小松が藩主父子に帰国後、「此節の形行《なりゆき》」を「詳細」に「申し上げ候処、(政権返上は)御案外の事にて、別て御大悦に御座候。実に天下挽回の時節に立ち至り、大隅守様(=久光)には御病中にて、修理大夫様(=忠義)直様御上京の御決着に相い成」り云々とあることで判明する。

久光が政権返上を歓迎したのは、これによって彼が長年にわたって求めてきた本来の正しい状態に返る（徳川家が諸藩とともに朝廷を敬い、その意見を尊重して政治を行う）ことが実現するとみたからである。また久光が忠義の上洛に同意した理由としては、政権返上によって朝廷がこれから誕生する国家の中心に位置することが明確となったのを受けて、この新たな政治状況の中で、薩摩藩が主導権を掌握するためにも、同人の上洛は不可欠だと判断したことが当然考えられよう。すなわち、これから創設される新政府で然るべき発言力を確保するためには忠義の上洛を急いだ方が得策だと判断したということである。

忠義の上洛が決定をみた諸々の理由

忠義の上洛が容易に決定をみた、その他の理由としては、次の諸点が挙げられる。(1)政権返上勅許後すぐの十月十五日に、十万石以上の諸侯に対して上洛を命じる朝命が下ったこと、(2)忠義にかねてから強い上洛志向と国事周旋意欲があったことに加え、大久保らが忠義の上洛を求めたこと、(3)慶応三年二月の時点で、すでに「時宜に仍ては」忠義の上洛が行われるとの方針が打ち出されていたこと、(4)新政府が有力諸侯の上洛を待って創設される手筈となっていたため、忠義の上洛遅延が許されなかったこと、(5)実際のところ、久光が病床にあった以上、忠義の上洛以外に選択肢がなかったこと、(6)「討幕の密勅」がもたらされ、薩摩側としても藩主クラスの人物の上洛が必要となったこと、(7)中山忠能から忠義の上洛を求める要請が再三にわたってあったこと、(8)これ以前に、明確に討幕を否定する藩主父子の「諭告書」が出され、反対運動が沈静化していたこと（『西郷隆盛と幕末維新の政局』）。

さらに、この点との関連で、ここで付け加えておかねばならないのは、「討幕の密勅」との関わりである。通説的な理解の仕方では、これまで忠義の上洛決定については、十月下旬に西郷らが国元にもたらした「討幕の密勅」の果たした決定的な役割のみが過大に評価されてきた。すなわち、密勅の力によって国元の出兵反対論を押さえることができ、薩摩藩の武力倒幕の方向性が確定したとする評価である。むろん、密勅の影響は軽視しえないが、これによって薩摩藩の武力倒幕の方向性が確定したとまでは見なすことはできない。なぜなら、疑問点が多々存在するからである。

西郷の従軍を拒んだ久光

その一は、忠義の上洛にあたって久光が西郷の同行を当初拒否したことである。すなわち久光は、忠義の京都への派遣が決定をみた時点で西郷の従軍を差し止めた。これは、過激な挙兵論者と目された西郷を再度上洛させれば、政権返上によって中央の政治状況がようやく自分の望む方向に向かいだしたのが阻止されかねないと、久光が危惧したためだったと思われる。だが、西郷擁護論が高まり、病中の久光もそれに押されて結局は西郷の随行を認めることになった。すなわち、藩主出立の当日になって急に西郷の上洛が命ぜられた（「武力倒幕方針をめぐる薩摩藩内反対派の動向」）。そして、これには、後述する小松の上洛が見送られたことが、当然大きく関わったであろう。つまり、重大な局面に対処するためには、小松に代わりうるような大物が必要とされ、それが西郷にほかならなかったということである（もっとも、表面的には家老の岩下方平が小松の代わりとされた）。

その二は、武力倒幕の動きを警戒して京坂地域への出兵に強く反対した島津久治や川上助八郎らを、帰鹿後の久光が押さえこんだ痕跡がまったく認められないことである。もし、武力倒幕が藩の方針として確立されたのであれば、当然のことながら、出兵に反対した彼らを敵対者として排除してもおかしくはなかった（いやむしろ、そうした行為に出る方が自然であったろう）が、いっさい、そのような措置は講じられていない。

小松の上洛断念

その三は、小松帯刀の動向による。小松は、京都を出発する前、後藤と、再び上洛した後、ともに協力しあって新体制づくりに勤《いそ》しむことを固く約束したとされる。だが、持病の足痛がよりいっそう悪化し、自身の即時上洛を断念せざるをえなくなる。そこで後藤に詫びの書簡を発することになるが、ここで取り上げねばならないのは、十一月十二日付で西郷に宛てて送った小松書簡（『全集』五）である。

本書簡によると、小松は桜島の古里《ふるさと》温泉で湯治し、「少々にても快方に相成り候わば、……此の節は是非（藩主の一行に）随従の心得」であったが、この十二日の時点で最終的にそれを断念したらしい。小松本人が「進退起居も六ケ敷《むつかしく》、臥床《がしょう》いたし、漸々入湯の節丈《だけ》、両杖にて一寸やりにて可成り入湯出来候事に御座候」と記したように、極度の足痛が彼の望みを阻止したのである。小松はギリギリまで自身の上洛の可能性を探ったものの、やむなく、この時点で断念せざるをえなかったというわけであった。

もっとも、小松は、それでも遠く鹿児島に在って、後藤らを援護しようとした。そうしたことが、この西郷宛の書簡によって明らかとなる。すなわち小松は、西郷に対し、彼の上洛後、「芸土両藩」との「御親睦」が「成り、少々にても（両藩を）御助け相成り候様これありたく存じ奉り候」と依頼した。そして、本書簡の後半部分においても、再度「御上京の上は、芸土両藩へ宜敷《よろしく》御伝達下さるべく候」と、同様の依頼を繰り返した。対象が薩摩藩と同様に密勅の下った長州藩ではなく、広島・土佐両藩であったことに注目しておきたい。通説的な見解が提示したような、密勅によって薩摩藩の武力倒幕路線が確定していたとしたら、このような西郷への小松の依頼はなされなかったであろう。

以上、藩主一行の上洛が武力倒幕を目指してのものであったとは考えられない理由をいくつか列挙した。ただ後述するように、政権返上に反対する政治勢力が京坂地域に数多く存在し、また江戸から政権返上に反対し、将軍の東帰を望む使者が京坂地域に続々と到着しつつあったため、薩摩側としても緊急事態の発生に備えねばならなかった。それが多数の兵士を伴っての藩主島津忠義の上洛および長州・広島両藩との協力体制の樹立となった。

7　王政復古クーデター

藩主一行の鹿児島出発

このような経緯を経た後、十一月十三日に島津忠義の一行は三千名ともいわれた多数の兵士を軍船三隻に分乗させて鹿児島を出航する。そして、この藩主一行の上洛に西郷や大久保も同行した。ついで同月十七日、藩主一行は長州藩領内の三田尻に到着する。そして翌日、この地で同藩世子の毛利広封と島津忠義の初会見が組まれ、薩長両藩士の間で今後の行動についての打ち合わせがなされる。なお、西郷が長州藩の家老だった毛利内匠（親信）らと協議し、薩長両藩のこれからの担当部署を決定したのは、この日（十一月十八日）のことであった（ついで、このあと広島藩も加わる）。それは、薩摩藩がもっぱら京都方面を担当すること、忠義一行が上洛したあと長州藩兵を載せた船舶が三田尻を出帆し、西宮に到着後、薩摩藩より連絡があり次第上洛するといった主旨のものであった。

他方、西郷のパートナーであった大久保は、藩主一行に先立って三田尻の地を離れ、十一月十五日に京都に入る。つづいて、西郷が藩主一行とともに、十一月二十三日に大坂を経由して京都に乗りこんでくる。こうして、ようやく、まもなく討幕芝居の三役を演じることになる両人が再び京都に出揃うことになった。しかし、彼らを待ち受けていたのは、またしても予期しえぬ事態であった。

予期しえぬ事態

その一つは、この間、中山忠能をはじめとする同志の公卿が、徳川慶喜の政権返上を受けて即時挙兵の見合わせを命じる勅命を秘密裡に作成していたことである。そして大久保は、このことを入洛翌日の十六日に岩倉具視から知らされ愕然とする。いま一つは、小松以下三者が不在中の京都藩邸内にあって中心的位置を占めた関山糺・吉井友実・伊地知正治らが、十一月に入って徳川（慶喜）方との融和関係の樹立に熱心になり出していたことであった。

なかでも、ここで注目しておきたいのは伊地知正治の意見である。伊地知は西郷や大久保それに小松などと比べると知名度は格段に低いが、幕末維新期の薩摩藩にあっては、彼らに次ぐ存在であった。そして、彼の何よりも大きな特質は、文武の双方に通じていたことである。すなわち、薩摩藩内にあって最も秀れた軍略家であっただけでなく、学芸・思想面においても抜きん出た存在であった。

その伊地知は慶喜によって政権返上がなされると、それを大歓迎し、大久保に宛てた長文の書簡(『大久保利通関係文書』一)において、明確に武力倒幕を否定した。それどころか、大久保が当時主張しだした辞官納地(この問題に関しては後述する)にも強く反対し、慶喜を「諸侯の上席」に据えることを提案した。すなわち、徳川家をも「公平」に取りこむ形での新政体の樹立を図るべきだと主張した。そして、こうした伊地知の主張の背後には、後藤の提唱した「上下議事院」の設立に賛同する思いがあった。

クーデター計画の作成

こうした動きや声を受けて、大久保は、慶喜への疑念は相変わらず持しながらも、即時挙兵論を放棄し新たな可能性を探るに至る。なお、この点との関連で興味深いのは、品川弥二郎の「実話」として伝えられているエピソードである。品川は三田尻で大久保と会った際、大久保から内幕話を告げられたという。それは、即時挙兵への同意を求めた大久保に対して、西郷がいまはまだその「時機」ではないと「折り合」わなかったというものであった。

伊地知正治

(国立国会図書館蔵)

西郷が大久保に語った理由は、「徳川氏の政治は到底挽回《ばんかい》すべきにあらず。慶喜公の英明を以てすと雖《いえど》も、必ず遠からずして破綻《はたん》百出すべきにより、薩長連合軍は其の時を俟《ま》ちて動」くべきだというものだった。そして大久保も、この西郷の論に「余儀なく……同意」したというのが内幕話の骨子であった（奥谷松治『品川弥二郎伝』）。ほぼ同様の話を先にも取り上げたが（二一六～二一七頁）、この段階でも再度繰り返されたのか、それとも両者が同一のものであったのかどうかはわからない。いずれにせよ、この段階で、西郷がこのような慎重な発言をなしたとすれば、久光の指令（存在）が関係したものと思われる。

それはともかく、藩主一行が上洛した後の十一月二十五日に、忠義の面前で評議がなされ、その結果、改めて新たな方策が樹てられることになる。それがクーデター計画であった。すなわち、薩摩藩兵らが京都御所を軍事的に制圧したあと太政官を立て、ついで徳川家を諸侯の列に下し、会桑両藩の職を奪って帰国を命じ、その代わりに長州藩兵の入洛を許すという計画であった。つまり、十二月九日に挙行されることになるクーデターの原案がここに作成された。

慶喜への根深い不信感

このクーデター計画（構想）は、次の二点において重要な特色を有した（『幕末維新の政治と天皇』）。第一点は、大政奉還を行った徳川慶喜が、はたして新政体の樹立（＝王政復古）を本当に願っているのかどうか、その真意を確かめるのを目的としたことである。もっとも、この点に関しては、慶応三年十一月二十五日付で、国元の桂久武と小松帯刀の両人に宛てて送られた在京家老の島津伊勢（諏訪甚六）の書簡（『桂久武書類』）中に、「徳川内府公（＝徳川慶喜）にも虚心いよいよ復古の心底と聞かれ申し候」とあったように、当時、京都藩邸に詰めていた薩摩藩士が入手した情報によって、慶喜への疑念はほぼなくなっていた。したがって、そうした状況にあった（政権返上は慶喜の真意であると認められるようになっていた）にもかかわらず、それを上洛して来た大久保らが改めて争点として提案し、クーデター実施の必要性を訴えたのである。それだけ、大久保や西郷らの慶喜への長年にわたって蓄積されてきた不信感には、根深いものがあったということであろう。

なお、この点を考えるうえで興味深いのは、もし仮に忠義ではなく久光がこの評議の席に臨み、小松も同席していれば、はたして、このような主旨に基づく大久保らのクーデター計画がすんなりと承認されたかどうか定かではないことである。こうしたことを考えれば、久光・小松両人の体調不良による再上洛の停止ならびに延期という事態は、幕末史においてやはり格別な意味をもったといわざるをえない。

新政権からの慶喜排除

第二点は、来るべき新政体での薩摩藩の発言力をより拡大させるという権力闘争的動機と、右の計画は結び付いていたことである。クーデター計画の柱の一つは、新しく誕生する政権から徳川家当主の慶喜を排除することであった。これは、ごく普通の常識から考えて、多くの支持を得られる選択肢ではなかった。新政権が樹立されるうえでの最大の功労者は、言うまでもなく、政権返上を決断した徳川慶喜にほかならなかったからである。

したがって、大久保らが立案した徳川慶喜の新政権からの排除は、明らかに薩摩藩が新政権で主導権を握るうえで最大のライバルとなることが確実視された人物を、最初から排除するという権力闘争的な目的を有するものであった。そして、クーデター後に大問題となる、徳川慶喜サイドに対する辞官（慶応三年九月に慶喜に与えられた内大臣の辞退を求める）・納地（徳川家の領地を朝廷に返上させる）の要求にも、当然のことながら、これは連なっていた。

摂関家の朝廷支配を否定

さらに、これ以外に注目しておかねばならないのは次の二点である。その一は、これまで摂関家が朝廷を支配してきた伝統的な在り方を否定することが、クーデター計画において大きなウェイトを占めたことである。そして、これには、朝政を担当してきた摂政・関白・左大臣・右大臣、それに武家伝奏や議奏といった存在（公家）に対する大久保や西郷らの強い不信感が大きく関わった。幕末期の京都に集合した諸藩士（なかでも薩摩藩など自藩の発言力の増大を求める有力藩のリーダー）の眼から見れば、彼ら朝政を担当する上級廷臣は、概して問題処理能力に欠け、また政治的改革を成し遂げようとする意欲にも乏しかった。そのことを大久保や西郷らに直近で痛感させたのが、兵庫開港勅許時であった。

先述したように、五月二十三日から二十四日にかけて、夜を徹して行われた朝議の席で、摂政以下、宮から武家伝奏・議奏両職に至るまでの宮・公家は、自分たちでは結論を下せず、結局、最後は徳川慶喜の恫喝《どうかつ》と若き天皇の聖断によって兵庫の開港を認めた。こうした生々しく苦い経験が直近にあったから、大久保や西郷らは、新政府の誕生にあたって、このような上級廷臣がそのままスライドして旧態然と君臨する事態の出現をなんとしても避けようとした。さらに書き足せば、大久保や西郷らには、岩倉具視ら実力を有する中下級廷臣による公家社会の主導権掌握を望む気持ちがあったと想像される。いずれにせよ、こうした諸々のことが重なって、朝廷機構の改革が求められた。すなわち、旧来の朝廷の職制の廃止もしくは大幅な改変、ならびに摂籙門流制《せつろくもんりゅう》（摂関家が他家を支配する体制）の廃止など朝廷機構の抜本的な改革が求められた。

岩倉具視（国立国会図書館蔵）

会・桑両藩の排除

その二は、摂政・関白以下の朝廷上層部と深く結び付き、政権返上にも反発した会津・桑名両藩の排除が目指されたことである。薩摩藩は、文久政変から禁門の変後にかけての時点では、会・桑両藩と友好的な関係にあった。それが、一会桑三者が朝廷をその支配（影響）下に置くようになると、次第に距離を置き始める。そして第二次長州戦争前になると、会津藩との対決色を強めることになった。一会桑三者の中でもとくに会津藩が、文久政変・禁門の変以来の宿怨《しゅくえん》もあって、「速に御征長の説」（『改訂肥後藩国事史料』六）を推進する立場を採ったからである。こうしたことを受けて、慶応二年の七月中旬から下旬になると、薩摩藩が夥《おびただ》しい数の藩兵を、「禁闕守衛のため」に国元から京都に呼びよせ、その数が在京藩士と合わせて「一万六千人程」と噂されると、七月二十三日、「会津屋敷、薩摩屋敷（の）双方共、武備（を）厳重」にし、そのため「市中大騒動」となる（「時勢叢談」〔『大日本維新史料稿本』二六五二〕）。

このような薩摩藩と会津藩の対立は、一橋慶喜の止戦表明以後、いっそう鮮明になった。会津藩の公用人が止戦に強く反対したからである。ついで、慶喜が政権返上の決意を表明し、それが朝廷によって受理されると、再度幕府へ大政が委任されるように求める運動の先頭に同藩関係者が立つことになる。また同藩は、慶応三年の下四半期に至っても、依然として削地など長州藩の厳酷な処分を望んでいた（『徳川慶喜〔人物叢書〕』）。

こうして、会津藩の存在は、政権返上と長州藩の寛大な処分にともに最も難色を示す存在として、改めてクローズアップされてくる。岩倉具視が盟友の大久保に対し、「大樹は政権を奉還し、反正（＝正にかえる）の意を表すといえども、会桑二藩は大樹をして再び政権を執らしめんことを熱望せり、此《この》処置を如何せば可ならん」との相談を行ったのは、大久保が京都に戻ってきた翌日にあたる十一月十六日のことであった（『岩倉公実記』下）。

この点に関連して、さらに加筆すると、松平慶永は、慶応三年の十一月から十二月の時点において、政権返上に難色を示し、かつ厳酷な長州藩処分を求める会津藩に、ほとほと手を焼いていた徳川慶喜から、「会藩の頑固、甚だもって困り申し候。このうえは討つより外なし」との言を聞かされたという（慶応四年五月二十三日付松平茂昭宛慶永書簡〔『越前松平家家譜　慶永4』〕）。とにかく、このように、会桑両藩（なかでも会津藩）の存在が、新政権の誕生を前に抵抗勢力として大きくクローズアップされてくる。当然のことながら、それは、かねてから薩摩藩と会津藩の対立は、たんなる個別藩の対立に止まらず、「天下の対立」だと目されていた以上、薩会両藩の近い内での激突を招くことになると周囲に心配された。

そうした中、両藩の対立は、慶応三年十月に、島津主殿が多数の兵士を引き連れて上洛したことで一段と高まった。すなわち会津藩は、薩摩藩兵の上洛に備えて臨戦態勢を布き、そのことを知った在京薩摩藩邸は吉井友実を大坂に派遣し、在京兵力の増強を図ることになった。そしてちょうどこの頃、岩倉具視が、小松・大久保・西郷の三人を討つため会津藩士が薩摩藩邸を襲撃するとの極秘情報を大久保に伝え、大久保らの速やかな帰国を勧めることも起こる（慶応三年十月十六日付大久保宛岩倉書簡〔『大久保利通関係文書』一〕）。また、このあと十一月十五日に坂本龍馬が暗殺されるが、その実行犯には会津藩御預りの壬生浪士（新撰組）が想定された。こうした諸々のことが積み重なって、上洛してきた大久保や西郷らは、会津（プラス桑名）藩の京坂地域からの排除（松平容保と同定敬の京都守護職・京都所司代罷免）を急がねばならなくなってくる。

対会桑戦を想定

さらに、この点との関連で目を引くのは、西郷と大久保の両者が、クーデターを決行することで、会桑両藩（とくに会津藩）が軍事的行動に出る可能性を、かなりの確率で想定（予想）していたことである。ついで、そうなれば、薩摩藩の軍事力をもって制圧しようと、どうやら決意したらしい。そして会桑両藩との戦いが勃発しても勝利を収められるとの確信も抱いたようである。

このことは、クーデター決行直前段階の西郷書簡によって窺われる。西郷は、十二月五日付で郷里の蓑田伝兵衛に宛てた書簡（『全集』二）において、京都の昨今の情勢を伝えた。その中で最も重要な位置を占めたのは、クーデター直前段階の諸藩の動向の分析であった。西郷たち在京薩藩指導部は、当然のことながら、クーデターを決行するにあたって、どの藩がどのように動くかを福井藩関係者などから入手した情報を参考に前もって分析した。その結果、幕府への再度の大政委任を望み運動を展開していた和歌山藩も熊本藩も久留米藩も、その他、大垣・藤堂・柳川といった諸藩も、今はそうした思いを断念し大丈夫だ、つまりクーデターをやっても挙兵しないとの結論に達する。そして、そのうえで、「只今の処にては、会・桑に限り、俗論（＝幕府への再度の大政委任論）持定いたし居り申し候」とみた。

要するに、徳川慶喜が政権を返上し、朝廷が新たに政治の中心になることとなった。新しい政治状況が到来した中、異議を唱えているのは会津藩と桑名藩だけだというのである。たとえば、このことは、会津藩の重臣であった手代木直右衛門が、当時、「なかなか王政復古など思いも寄り申さず候。彼を思い是を思い候ても、旧幕の制度より外に治平の見込みはこれ無し」と、王政復古それ自体を認めようとはしなかったこと一つとっても言えた（「春嶽私記」〔『復古記』第一冊〕）。

手代木の発言はともかく、諸藩の動向を報じた後、西郷は大変重要な情報を付け加えた。十二月二日の夜に開かれた朝議の席で、次のようなことがあったと国元に知らせたのである。「至極、大樹も心配いたし居り候段、全く相離れ反正（本来の正しい状態に返る。つまり王政復古を是認した）の姿相顕われ候処、初めて殿下（摂政の二条斉敬）抔《など》思し召し付けられ候て、会・桑の論は幕府の趣意に相反し候儀を御存じ付けられ（下略）」。

西郷は、こう記したうえで、さらに「此の上は、十分王政復古の御基本は罷り立ち申すべき勢い」だと書き足した。つまり西郷は、いままでの幕府政治は良くないとする徳川慶喜の考え方がはっきりしてきた、そして二条摂政も慶喜が昔の政治体制に戻すという考えを持っていないこと、および旧い体制でやっていこうという会津・桑名の論が幕府（慶喜）の考え方ではないことが初めてわかったのだと報じた。ついで、これを受けて王政復古クーデターの成功はほぼ間違いないとしたうえで西郷は、「会・桑の処は、如何にも安心は出来申す間敷《まじき》か、動くものならば、此の両藩かと相察せられ申し候」（傍点引用者）と断じた。

西郷がこのように判断したのには、いま一つ根拠があった。それは長州藩兵の上洛をめぐる問題に関わった。十一月二十九日に長州藩兵が阪神間の打出浜《うちでばま》（現・芦屋市）に上陸し、その後、西宮に進駐した。ついで、当然のことながら、この長州藩兵の上洛を認めるかどうかが京都で大問題となる。十二月三日、品川弥二郎から西宮の長州藩陣営に宛てて送られた書簡（『修訂防長回天史』下）によると、中川宮や二条摂政は長州藩兵を帰国させるとの考えだったが、これを背後で支えたのが会津藩であったという。そして、中川宮らは十二月二日夜の朝議の席でこの論を展開したが、結局、長州藩兵に対しては大坂に至り同地で指示を待てとの朝命が下ることになる。こうした情報は、むろん薩摩側から品川に知らされたものであった。

いずれにせよ、西郷はこのような品川が「会の周旋至れり尽せり」と評した会津藩の裏面での周旋工作を視野に入れて、クーデターを挙行しても旧幕府軍との戦いはないものの、会桑両藩とは戦闘になる可能性があると考えた。

同様の認識は、情報を共有していた以上、もちろん大久保にもあった。そして、大久保の場合は、西郷よりも、より戦いの相手を絞っていた。会津藩である。このことは、大久保が十二月五日付の蓑田伝兵衛に宛てた書簡（『大久保利通文書』二）中に次のように記していることで判明する。「会桑に至りては今に周旋もいたし、反正の廉《かど》これ無く、……御発動の日にいたり候得ば、幕（府）に於いて究めて干戈《かんか》（=武器）をもって動き候義は万々御座無く、今は会のみの事にあい成り候得ば、少々動き候ても差し知れたる事と愚考仕り候」。

「御発動の日」とは、言うまでもなく王政復古クーデターを決行する日であった。大久保の認識では、クーデターをやっても、幕府は兵を挙げて動くことは「万々御座無く」、絶対になかった。それゆえ、大久保は、クーデター後に挙兵するとしたら会津藩のみだとみて、同藩との戦いには十分勝利できると踏んだ（「差し知れたる事」）。

戦闘を望んだか否か

ところで、ここに新たに問題となるのは、西郷や大久保は積極的に会津藩（プラス桑名藩）との戦闘を望んだのか否かということである。これは容易に判定を下しかねる問題である。そして、学界の主流は、この問題に関しては否定的な見方が支配的なようである。つまり、大久保や西郷らは、できれば戦闘の発生は避けたかったとする。だが、もし仮に、彼らが会桑両藩（なかでも会津藩）との戦闘を望まなかったとしても、決してはなはだ厭ったわけではなかったのも事実である。このことは、クーデター決行前日にあたる十二月八日付で、岩下・西郷・大久保三者の名前でもって岩倉具視に宛てて送られた書簡（『全集』二）によって裏付けられる。

武力発動に伴う効果を重視

すなわち、西郷らは、本書簡の冒頭部で、まず、今回、王政復古の大号令を発するにあたっては、「一混乱」が生じるかもしれないとの考えを岩倉に伝えた。そして西郷らは、このことをむしろチャンスだと捉えているとの自分たちの思いも併せて伝えた。なぜなら、「二百有余年」にわたって天下泰平の世を気楽に生きた人々の状況（「太平の旧習に汚染仕り候人心」）を考えれば、「一度干戈を動かし候」て、「天下の耳目を一新」することがむしろ必要だとしたからである。いかにも西郷が好みそうな表現だが、彼らは「戦いを決し候て死中活を得るの御着眼」が「最も急務」だとした。とにかく、西郷らは穏和なやり方で新しい国家を「創業」していくことは大変難しいと考えた。そして、話し合いで、つまり「公論」でもって、新国家のことを議論された日には、中途半端な国家しか生み出しえないと思いこんでいた。そして、それは「戦いよりも亦《また》難」しいと見なし、以上の自分たちの思いを岩倉に対して伝えたのである。

ここからわかるのは、クーデター直前段階の西郷らが、武力発動そのものより武力発動に伴う効果をより重視していたらしいということである。したがって、新政権の発足にあたって、あえてクーデター方式を西郷らがとったのも、この点との関わりがやはり大きかったと見なせる。筆者は、これまでに発表した旧著において、「ショック療法」と名付けたことがあるが、慣れ合い精神の充満する中で新政権を樹立すれば、旧来の朝廷政治・武家政治の継続に堕しかねないとの強い危機意識が、クーデター方式という、多くの関係者に衝撃を与え覚醒効果の期待できる方策の採用となったと考える。

むろん、そうした西郷らの判断の仕方は、武力発動の可能性を否定するものではなかった。また、当時の西郷らは、ごく近い内での長州藩兵の上洛を見据えていた。つまり、長州藩兵はすでに西宮に進駐しており、薩摩側としても有力な援兵を確保しえていた。

西郷の計算

こうしたことと、西郷が生来無類の「戦好き《いくさずき》」だったことなどを併せ考えると、西郷や大久保が遅くともクーデター直前の段階で、会桑両藩（なかでも会津藩）との戦闘を、その心中に密かに「期」したとしても、ごく自然なことであったと思われる。そして、これは決して荒唐無稽な想像ではないと考える。ついで、もし仮にそうだとすれば、それは会桑両藩に対する私怨の類に基づくものではなかったとも断言しうる。西郷らの頭の中を占めていたのは、王政復古に難色を示す会津・桑名両藩を叩き潰すことができれば、王政復古に難色を示す政治勢力に潰滅的な打撃を与え、そのあと王政復古の理念に基づく新国家を「創業」しやすくなるとの計算があったことはほぼ確かなことであろう。

さて、こうして、並々ならぬ決意を胸に秘めて、大久保や西郷らはクーデター計画を立案し、実行に向けて準備を進めていった。そして、彼らが手を組む相手にまず想定したのは土佐藩であった。十二月二日、彼らは後藤にクーデター計画を伝える。ついで計画を持ち掛けられた土佐側は、クーデターの決行日を薩摩側が求めた日時よりも若干遅い十二月九日に変更することを要求した以外は、大筋で同意した。土佐側が十二月九日にこだわったのは、この日に山内容堂が上洛して来る予定だったからである。

そして、つづいて後藤ら土佐側の要求によって名古屋・福井・広島の三藩がクーデターの決行に加わることになる。土佐側と薩摩側の双方が、三藩のクーデター参加で合意をみたのは、土佐側はクーデターが開戦に繋がるのを予防するため、薩摩側は武力衝突に備えるため、仲間となる藩が多い方が得策だと、それぞれ、おそらく判断したためだと思われる。

他方、福井藩以下の三藩がクーデターに参加したのは、一つは、クーデターが武力による旧幕府の否定を目的としたものではないと受けとったことによったと思われる。それに第一、武力倒幕を目指したものであれば、徳川御三家の名古屋藩と家門筆頭の福井藩に対し、クーデターへの参加が要請できるはずはなかった。いま一つは、朝幕双方における旧体制の廃止（摂関制と幕府制の廃止）と新政権（＝王政復古政府）の発足を、スピーディーに行い、かつ劇的に成立を印象づけるためには、クーデター方式というショック療法の採用が必要だとの認識を共有できたことによったと思われる。

クーデター計画を事前に知らされた慶喜

なお、クーデターを決行する三日前にあたる十二月六日、前日に後藤から政変計画を打ち明けられた松平慶永は、中根雪江を二条城にいた徳川慶喜の許に派遣し、クーデター計画のことを伝えさせた。このあと帰邸した中根が慶永に報告したところによると、さすがに慶喜も顔色を変え、茫然自失かつ当惑の態《てい》であったが、それでもなんら行動を起こさなかった。もちろん、二条摂政や会津藩に通知すれば、いとも簡単にクーデターを阻止できたが、そうした行動には出なかった。

この日、中川宮や山階宮、それに左大臣以下、武家伝奏や議奏が、摂政の二条斉敬邸で協議し、長州藩主父子の赦免を内定したこともあって、いまさら、この場に及んでは致し方がないと受けとめたからであろう。すなわち、長州藩の赦免はもはや逆らえない時勢の結果だと受けとったことに加え、もし自分がクーデター計画を潰《つぶ》すような行動に出れば、内乱がひき続き発生し、甚大な被害が出る（ひいては欧米諸国の軍事介入を招くことにもなりかねない）と見通したためであったかと思われる。

そして、慶喜がクーデター計画を黙認した（事態の推移を見守った）ことで、十二月八日の朝議で長州藩主父子および三末家当主の官位復旧と彼らの上洛許可等が正式に決まる。ここに長州藩の復権が完全になされた。また併せて岩倉具視らの赦免も決定をみる。いずれにせよ、慶喜がクーデター計画を黙認しなければ、クーデターが成功裡に終わることは絶対になかった。それは、十二月十一日付の蓑田宛西郷書簡（『全集』二）中に、「其の節（＝クーデター決行時）、彼（会津藩や旧幕府側）より早く固め付けられ候えば致し方なき処にて、危うき場合に御座候得共」云々とあったように、クーデターが成功裡に終わるうえで、決定的な要因となったのである（『徳川慶喜〔人物叢書〕』）。

8 クーデター後の政治状況

クーデター決行

十二月九日に、徹夜の会議が終わり、御所に詰めていた廷臣が退出したのを見届けて、クーデターは決行された。もっとも、クーデター派に属した中山忠能や正親町三条実愛らの廷臣、および名古屋・福井・広島藩をそれぞれ代表した徳川慶勝・松平慶永・浅野長勲は、そのまま御所に留まった。その後、大久保を介してクーデターに参画することになった岩倉具視が、衣冠を着し、王政復古の宣言文ならびに関連書類を文箱に入れて参内してくる。そして、西郷に率いられた薩摩藩兵が御所内に入り警備につく。

当日、警備面で最も重要な役割を担ったのは薩摩藩であった。クーデター決行前、禁裏御所（御所六門）内で通行が予定されたのは、清所（御台所）門と唐（公家）門の二門であったが、清所門は薩摩藩の担当となった。そして、いま一つの唐門は土佐藩の担当となったが、薩摩側はその門前の警備も担当した。さらに反対（東）側にあった建春（日）門の警備も薩摩藩は担当した。要するに薩摩藩は禁裏御門の東西の門を抑えた。そして、薩摩藩兵に続いて、土佐藩以下四藩の兵が九門内に入って、かねてから打ち合わせていた所定の場所の警護にあたった（『王政復古』）。

参与となる

クーデター派に属した諸藩兵が禁裏御所を固めた後、天子睦仁の名でもって召集された公家と武家が参内し、小御所に列座することになる。そして、彼らに対し、摂政・関白ならびに幕府は廃絶すること、これからは公家・武家の別なく、「至当の公議」に基づいて国政が運営されるといったことなどを告げる王政復古の宣言がなされた。また併せて総裁・議定・参与からなる三職の新設が布達された。すなわち、総裁には有栖川宮《ありすがわのみや》熾仁《たるひと》親王（一八三五〜九五）が、議定には嘉彰《よしあき》親王や山階宮《やましなのみや》晃《あきら》親王、それに中山忠能・島津忠義・松平慶永・山内容堂など十名が任命された。ついで島津忠義や山内容堂・松平慶永などの推挙で、西郷や大久保、それに後藤や中根雪江など五藩から計十五名の藩士が参与職に就くことになる（参与職には、他に大原重徳や岩倉具視など五名の廷臣も任ぜられた）。つまりクーデターに参加した五藩が宮や公家を支える形で新政が開始されることになった。そして、こうしたことと引き替えに、幕府寄りだとされた中川宮や二条斉敬らの参内停止および京都守護職や京都所司代等の廃絶が宣告される。

予想が外れる

ところで、先ほど、クーデターの決行にあたって、西郷らがかなりの確率で会桑両藩との戦闘を覚悟したのではないかと書いたが、戦闘とはならなかった。そして、このことを西郷はどうやら意外だと受けとめたらしい。すなわち西郷は、クーデター直後といってもよい十二月十一日の夜に認《したた》められた、郷里の蓑田伝兵衛に宛てた書簡（『全集』二）において、次のように自分の予想が外れたことを正直に伝えた。「（クーデター当日御所を）俄《にわか》に薩兵を以て固め付け候処、些《いささ》かも動かれず、会・桑の兵も一時は仰天の様子、前以ては会・桑より暴発いたすとの説、喧敷《かまびすしき》（＝さわがしい）事にて御座候得共、其の時に臨み候処、案外気おくれいたし、早々人数を引き纏《まと》め、二条城に両藩共引き込み候事に御座候」。

「前以ては会・桑より暴発」云々の箇所からは、西郷がクーデターを決行すれば、会桑両藩が軍事行動を起こすであろうと、かなりの確率で考えていたことが判明する。そして、本書簡では、クーデター決行後、(1)長州藩兵が九門内に警備のために入ったこと、(2)「会・桑の両藩」のみが騒いでいるものの、他藩は「傍観の姿」であること、(3)「会桑（両藩が京都から）引き払い候えば、忽《たちま》ち鎮火の模様」であること、(4)「両日中には（両藩が）帰国」するとの噂（慶喜は、新政府の決定を待たずに、容保・定敬の両人を自主的に罷免し、このことを山陵奉行の戸田忠至《ただゆき》を通じて御所側に申し出た）だが、いまだ未確認であることを伝えた。西郷の心中に占める会桑両藩の比重の大きさに改めて気づかされる。

同じく大久保も、十二月十二日付のやはり蓑田宛の書簡（『大久保利通文書』二）で、「右御発表に就いては、一混雑は生ずべくと期し居りたることに御坐候処、会桑の処、右様（帰国の方向へ）あい運び候て、案外無事にあい済み」との感想を洩らした。この大久保の書簡中に、「一混雑は生ずべくと期し居り」云々とあることに着目したい。「期」す、つまり「期する」とは、「ある事をやりとげようと、前もって覚悟する」ことにほかならなかったからである。ということは、大久保などはクーデターを決行することで会桑両藩を挑発し、そのあと叩きのめしてやろうと待ち構えていたのに、慶喜の措置によってかわされた可能性が大であったことになる。むろん、こうした大久保の思いは、西郷のそれでもあった。

慶喜一行の下坂

では、なぜ会桑両藩が挑発にのらなかったのか。最大の理由は徳川慶喜が必死になって抑えたことによった。そして、こうしたことが可能になったのは、先述したように、クーデター情報が事前に慶喜の許にもたらされていたためであった。すなわち慶喜は、クーデター決行予定日の三日前に情報を入手していたために、わずか三日間とはいえ、クーデター後に起こりうる事態をあらかじめ予想しえた。クーデターによって旧幕臣や会桑両藩士らが激怒するであろうこと等である。そして、このことがクーデター後になされた慶喜の決断に繋がった。彼は、予想通り薩摩藩らに対する怒りが沸騰点に達した段階（十二月十二日）で、旧幕臣や会桑両藩士らを引き連れて京都を発ち、大坂へと向かった。もちろん、こうした行動を慶喜がとったのは、とりあえず京都での武力衝突の発生を防止するためであった。

慶喜に有利な状況の到来

そして慶喜がどこまで意識（自覚）していたかはともかく、慶喜のこの決断は彼に有利な状況を生み出すことになる。軍事的にも経済的にも重要な場所であった大坂を押さえたことで、まず京都に成立した新政権への軍事的な圧力をかけることができた。また京都への物資の輸送を大坂で阻止しうることで、京都に住む人々の生殺与奪《せいさつよだつ》の権も握れた。つまり、軍事面でも経済面でも戦略上重要な「拠点」を図らずも手に入れることになった。もっとも、その一方で、京都から離れたことで、慶喜の復権を画策する政治勢力との連携を著しく困難にさせることにもなった。が、しかし、当座は前者の側面のみが目立つことになる。

もっとも、慶喜は容保らを伴って下坂したものの、クーデターそのものに対しての反感は、やはり彼も人の子であった以上、隠せなかった。慶喜と側近の永井尚志は、ともども、政権を返上した慶喜が新政府から完全に排除されたことに怒った（『永井尚志』）。それが、大目付の戸川安愛が、大坂城中でクーデターを激しく非難し、謀略の座元だと見なした薩摩藩への抗戦を主張すると、その主張を暗に認める行為となった。すなわち戸川が「挙正退奸」の奏聞書を自ら持参して朝廷に提出したいと願い出ると、慶喜は黙認した。その一方で、十二月十六日には、大坂城において英・仏・米ら六カ国の外交官を引見し、クーデターを「公議を待たず」に「数名の諸侯」が行った暴挙だと非難するとともに、当面は旧将軍である自分が対外問題を責任をもって処理する覚悟であることを告げた。

このことを押さえたうえで再び眼を京都に転じることにする。慶喜一行の下坂後、京都に成立した王政復古政府内では、旧幕府側と融和的な関係を維持しようとする土佐藩の後藤象二郎をはじめとする勢力（公議政体派といわれた）と、大久保や西郷らとの間で激しい攻防が展開されることになる。ついで、広く知られているように、大久保や西郷は公議政体派の攻勢の前に次第《しだい》に追い詰められていくことになる。この過程を、以下、順を追って、できるだけ簡潔に記すことにしたい。

新政府の財源問題

成立したばかりの王政復古政府にとって、緊急に解決しなければならない課題の最たるものは、新政府の財源をどこに求めるかという問題であった。そして、このことが旧幕府側に対する辞官納地の要求となった。つまり、先述したように、まず慶喜に対して与えられた内大臣の官位を一等下し、他の大名並みの官位に引き下げることが求められた。そして、この点に関しては、政権を返上（大政奉還）した以上、妥協が可能であった。

納地問題

より大きな問題となったのは納地問題であった。旧幕府側に対してのみ、領地の返上が一方的に求められたからである。辞官納地の必要を強硬に主張したのは、大久保や西郷らであった。そして、このことは、前掲の十二月八日付で出された岩倉宛ての西郷らの書簡中に、すでに記された。ついで、クーデター後、彼らによって改めて正式に提議されることになる。しかし、これ（とくに納地問題）に対しては猛反発が寄せられることになる。新政府を支える費用が、広く諸藩一般に対してではなく、徳川家にだけ突きつけられたからである。すなわち、大久保や西郷らは、徳川家に「領地返上」を命じる朝命を下し、それによって新政府の財源を確保すると同時に、慶喜の真（深）意を図る試金石とすべきだと主張した。しかし、この薩摩側の要求は、土佐藩以下、徳川氏に同情的な政治勢力（公議政体派）から猛反発を受けることになる。

先頭に立ったのは、土佐藩の後藤であった。そして、これには理由があった。それは、薩土盟約で決められた事項を纏めた「約定書」中に、「我が皇国の制度法則いっさいの万機、京師の議事堂より出るを要す。一、議事院を建立《こんりゅう》するは、宜《よろ》しく諸藩より其の入費を貢献すべし」とあったからである（尚古集成館所蔵「島津久光公書翰」）。そして、この方針は、島津久光や山内容堂にも受け入れられた。つまり、薩土両藩首脳の間では、いったん新政権は広く諸藩すべてから経済的支援を受けることで意見の一致をみていた。そして、これは、「至当の公議」に基づく政治をこれからは行っていくと高らかに宣言した王政復古の精神とも合致した。その点で薩摩側の主張は、土佐藩関係者をはじめとするクーデター参加藩の支持を得られず、大久保や西郷らは王政復古政府内で孤立することになる。

王政復古政府内で孤立

そこで、西郷と大久保の両者は、万《ばん》やむをえず、公議政体派にも大いに人望があった小松帯刀の再上洛を求めざるをえなくなる（十二月二十八日付桂久武宛大久保書簡〔『大久保利通文書』二〕、同二十八日付蓑田伝兵衛宛前掲西郷書簡）。幕末最終段階にあって、西郷と大久保の両人は小松と相当考えが異なることになったが、両人がそれだけ追いつめられたということでもあった。

西郷らの敗北

再びもとのラインに戻る。大久保らが折れた結果、十二月二十三・二十四の両日に開催された三職会議で、慶喜に前内大臣と称することを許すとともに、徳川家にのみ経済的負担を強いることが取り止めとなる。すなわち、政府の入費は、「天下の公論」をもって確定する（徳川家のみでなく、全国の諸侯が、その石高に応じて負担する）こととなった。そして、この問題については、徳川家の親族であった名古屋・福井の両藩に周旋を委ねることになる。ついで、十二月二十六日に松平慶永と徳川慶勝の代理（名代）である成瀬《なるせ》正肥《まさみつ》が大坂に下り、大坂城でこの主旨を記した御沙汰書を慶喜に渡し、二十八日に同人の同意を得る。ここに慶喜のごく近い内での上洛と議定職への就任という、平穏な形での事態収拾の見通しが立った。そこで慶永らは大坂を発ち、京都へ戻ることになる。こうしたことは、むろん西郷らの敗北であった。

また、参与も上・下に分けられ、藩士クラスは「下の参与」に任ぜられた。これは彼らをより下位に位置づけることで、その発言を封じ込めようとの狙いが隠されたものであった。と同時に、この「下の参与」には、熊本藩の溝口孤雲《みぞぐちこうん》や津田信弘《のぶひろ》らが起用されることになる。これも西郷らの敗北を意味した。なぜなら、西郷らは、薩摩藩の在り方がそうであったように、ごく一部の同志とのみ手を組んでやっていこうとする姿勢の持ち主だったからである。すなわち、そうした西郷らにとってみれば、溝口や津田らの起用は、自分たちの許容範囲を越えて、政権の基盤を拡大しようとする（したがって、そのぶん、自分たちの権限が薄められる）志向性の反映にほかならなかった。

苛立つ

こうしたことからくる西郷の苛立ちが一気に吐き出されたのが、十二月二十八日付で国元の側役・蓑田に宛てて出された書簡（『全集』二）であった。西郷はこの書簡で次のように苦衷を洩らし、併せて前日に帰洛した三条実美らの存在にあえて希望を見出そうとする自分の現在の心中を伝えた。

陳《のぶ》れば、爰許（＝京都）の儀、墓々敷《はかばかしく》運び兼《か》ね申さず、……土（佐）・芸（州両藩が）此説（＝「所領は矢張《やはり》徳川氏のものにいたし置き、御政務に付いては御用途丈《だ》け差し出すとの趣意」）を助けて頻《しき》りに御周旋相成り候処、……是より慶喜を議定に引き出し、何とか策を廻し候わんかと大いに苦心仕り候事に御座候。然しながら（三条実美ら）五卿方も昨日御着京相成り、……後藤（象二郎）の奸策も行われ申す間《ま》敷《じく》と存じ奉り候。……土州の論、勤幕か勤王か訳が分り申さず候。……然しながら追々《おいおい》長人も出で来たり、五卿方も御着き相成り候故、少しは後藤めも落胆致すべき事と相考え申し候。

本書簡では、ひたすら後藤象二郎の動きを槍玉にあげ、彼を執拗に批判しているが、これは一つには山内容堂への批判が憚《はばか》られたためであろう。議定に就任した容堂は、当時、諸藩士からなる「下の参与」を排除して、宮や公家、それに藩主クラスからなる議定の手に権限を限ろうと、さかんに画策していた。そうした動きを苦々しく思っていた西郷だっただけに、このような、やや感情的な後藤批判が展開されることになったのであろう。

大久保・西郷への痛烈な批判

もっとも、このことは、それだけ当時の西郷が追いつめられていたことを表していた。また、西郷にとっての敵は、藩外だけでなく藩内にも存在した。この頃のものと思われる西郷書簡（『全集』二の追啓）には、前にも登場したことのある高崎正風が「一蔵（＝大久保）と私（＝西郷）両人の処、相除き候えば、邸中（＝在京薩摩藩邸）は決して暴論にてこれなく抔申し触れ」、かつ「後藤辺と相合し」、自分たちへの敵対行動をとっていると激しく非難する内容のものがある。

この高崎発言は、根拠のない荒唐無稽《こうとうむけい》なものではなかった。ほかにも同様の証言が見られるからである。たとえば、王政復古クーデター後、国元にいた藩主の松平茂昭に宛てて送られた父松平慶永の書簡（『松平春嶽未公刊書簡集』）には、大久保と西郷の両名が諸藩の憎しみを一身に浴びる存在であること、この両人が薩摩藩を代表して独断的な言動をなしていることを批判する文言が綴られていた。

ところで、ここで確認しておかねばならないのは、激しく追いつめられたとはいえ、西郷自身は、盟友の大久保とは異なり、武力倒幕の決意をこの時点で固めたわけではなかったことである。というのは、苛立ちを率直に表した右の二十八日付の蓑田宛の書簡で、西郷は近い内の帰国を望む心境を伝えているからである。すなわち西郷は、当時「昼夜寸暇」なく「下の参与」としての職務に励み、かつ徹夜続きの朝議にも加わっていると記したうえで、このことに大いに「難儀」を感じ、「少し道が付き候わば」帰国したいとの希望を蓑田に伝えた。

従来の幕末史では、しばしば西郷がこの時点で徳川方との戦闘の決意を固めたことが強調されるが、西郷が帰国を希望したのが真実であれば、そうしたことはありえない。それよりも、ここで目につくのは、過酷な勤務状況に加え、後藤ら公議政体派の攻勢を受けて望むような政治体制の樹立が思い描けないことなどが重なって、さすがの西郷も相当程度弱っていた（神経的に参っていた）とみられることである。西郷は文字通り心身両面で、絶望の淵に沈みつつあった。

江戸薩摩藩邸焼き打ち事件

だが、このように、地獄に危うく墜ちそうになっていた西郷を、一転して天国へ通じる扉の前に立たせることになったのが、三田にあった薩摩藩江戸藩邸の焼き打ち事件であった。この事件は慶応三年十二月二十五日に発生した。これより前、江戸の薩摩藩邸内に匿われていた浪士が、この年の十一月下旬以来、江戸や関東各地で豪商や豪農を襲撃する。そして、このことは、浪士集団を追尾していた関係者の眼に当然のことながら留まることになる。

しかも、あろうことか、浪士は幕府から江戸市中の取り締まりを一任されていた庄（荘）内藩兵の屯所（巡邏《じゅんら》兵の詰所）にも発砲するに及んだ。また、この直前（十二月二十三日の午前六時頃）に、江戸城二の丸から火が出て、そのあと全焼した。この二の丸には、文久三年の十一月に本丸が炎上し、その後、再建されなかったため、天璋院が住んでいた。そこで、これは彼女を奪おうとする薩摩藩邸内に住む浪士の仕業だとされた。すなわち、彼らが大奥女中を介して二の丸に放火させたと噂された。さらに、当時の江戸市中には薩摩藩に対する憎しみの情が充満していた。

ことここに至って、庄内藩から幕府に対し同藩邸への尋問決行の要求がなされ、ついで幕府から十二月二十四日の夜に庄内藩や幕府歩兵隊に浪士逮捕の命が下る。その結果、庄内藩兵らは薩摩藩邸へ浪士の引き渡しを要求し、それが拒否されると、つづいて薩摩藩邸および支藩佐土原《さどわら》藩邸の焼き打ちが引き起こされることになる。

西郷にとって計算外の出来事

なお、この事件は、長年、西郷の謀略に起因したとみなされてきた。すなわち西郷が、九月段階で配下の伊牟田尚平《いむたしょうへい》（一八三二〜六八）と益満休之助《ますみつきゅうのすけ》（一八四一〜六八）を江戸に派遣し、浪士たちを指揮させて攪乱《かくらん》工作にあたらせた結果だとされた。つまり、彼らに江戸市中と関東地域を騒がせて徳川家を挑発し、東西呼応して武力倒幕にもっていこうとしたのだとされた。そして幕府側が西郷の仕掛けた挑発にマンマと引っ掛かったとされてきた。

だが、近年の研究では、こうした見方を修正する見解も出されつつある。最大の根拠は、西郷が、当初はともかくとして、徳川慶喜の政権返上後は攪乱工作の見合わせを伊牟田・益満に指示したことである。したがって、十一月下旬から関東各地で始まった浪士集団による攪乱工作は、西郷の命令に従わなかった現地指導者独自の判断によったと考えられるようになった。

新たに登場してきた見解は正しいと思われる。それは、薩摩藩邸焼き打ちの情報を知らされた直後の、慶応四年一月一日付で蓑田伝兵衛に宛てて発せられた西郷書簡（『全集』二）中に、次のようにあるからである。「（事件の報を受けて）大いに驚駭《きょうがい》いたし候仕合いに御座候。……江戸において諸方へ浪士相起《た》ち動乱に及び候趣に相聞かれ候間、必ず諸方へ義挙いたし候事かと相察せられ申し候。……爰許《ここもと》にて壮士の者暴発致さざる様御達し御座候得共、いまだ訳も相分からず、……其の内決して暴動は致さざる段御届け申し出で置き候儀に御座候。……百五十人計《ばか》り罷り居り候て決して暴挙いたす賦《つもり》とは相見得ず、京師の暴動に依り如何様共致すべくとの様子にて、乙名敷《おとなしく》罷り在り候趣は近比《ちかごろ》迄相聞こ得《え》居り候処、……残念千万の次第に御座候」。

事件発生の情報を知らされた西郷が、「残念千万」とごく親しい人物に対して書き送ったことは軽視しえない。すなわち江戸の薩摩藩邸焼き打ち事件は、西郷の想定外の出来事で、彼は今後、旧幕府サイドから薩摩藩の責任を追及する声が高まることを恐れた（憂慮した）かのような調子である。それはともかく、西郷が王政復古クーデター後も武力倒幕の機会をずっと窺っていたとしたら、再度繰り返すことになるが、前掲蓑田宛の書簡中に、ほんの少しでも目処《めど》がついたら帰国したいと、自分の希望を記すようなことはなかったであろう。

この時点の西郷は、後世の我々が想像するよりも、もっと淡白であった。換言すれば西郷は、目的を達成するためには手段を選ばない、極悪非道なあくどい人物ではなかった。西郷の名誉のため、この点を指摘しておきたい（もっとも、その一方で、西郷は、事件が実際に発生すると、大いに苦しんでいただけに、苦境から脱出するチャンスが到来したと受けとめたようである。つまり旧幕府との戦いにもっていけると歓迎した面もあった）。

9　鳥羽伏見戦争の勃発

江戸薩摩藩邸焼き打ち事件は幕末政治史上において、画期をなすきわめて大きな出来事となった。なぜなら、鳥羽伏見戦争を誘発する導火線となり、その後、西郷らと慶喜ら旧幕府側とがそれぞれ置かれていた状況（前者の後者に対する劣位）を、一気に逆転させることになったからである。

討薩の動き

この間の経緯を簡単に纏めると、以下のようになる。まず、事件に関する情報が十二月晦日に大坂に伝えられると、この直前頃に江戸から大坂に着いた大目付の滝川具挙《たきがわともたか》が煽動したことなどもあって、事態は一気に討薩に向かって動き出す。この時、旧幕府サイドが敵として意識したのは、事実上、薩摩藩のみであった。このことは、情報の集積地と化していた大坂に在って、薩摩藩の留守居を務めていた木場伝内が摑んだ情報中に、次のようなものがあったこと一つとってもわかる。それは、木場が入手した津和野藩士から出た情報で、慶応四年一月三日の夜に徳川家が譜代藩や外様薩藩の留守居を呼び出し、「薩州誅戮《ちゅうりく》」「薩州追討」の勅許を奏請しているので、薩摩藩との戦いの用意をしておけと命じたというものであった（慶応四年一月八日付西郷宛木場伝内書簡〔『全集』五〕）。

つまり徳川方は、江戸において捕縛した浪士の自白から薩摩藩の罪状が知れたとして、薩摩藩との戦争の準備に本格的に取り掛かった（これより前、彼らの間では、前年の十二月半ば頃から京都への出兵計画があった）。そして、こうした動きを、当時風邪で病の床に臥《ふ》していたとされる慶喜も止めようとはしなかった。この段階の慶喜は、彼なりに薩摩藩に対する強い憤りを抑止することがもはやできなくなったためであろう。そして、これが王政復古クーデター時以来の薩摩藩の陰謀を痛烈に批判し、そのうえで同藩内の奸臣（すなわち大久保や西郷ら）の引き渡しを朝廷に求める徳川慶喜名の「討薩の表」の作成に繋がった。

いずれにせよ、王政復古クーデター時以来高まっていた旧幕臣や会桑両藩士らの打倒島津の意欲が江戸での一連の騒動でもって著しく掻き立てられ、それが大坂城内での薩摩藩の責任を問う論の噴出となった。ついでこれを受けて、鳥羽伏見での戦いが始まる前日（一月二日）に実質的な戦争状態に突入する。すなわち、この日の夕刻、神戸沖を航行していた薩摩藩船（平運丸）が幕府の軍艦（蟠竜丸）から砲撃され、ここに事実上、旧幕府側と薩摩側との間に戦闘が開始されることになった。

対徳川戦の決意が固まる

このことは、当然のことながら、京都で進行していた徳川慶喜の新政府入りの計画にストップをかけることになった。正月元旦から岩倉具視と松平慶永の命を受けた中根雪江らとの間でなされた相談で、慶喜の軽装での再入洛・参内・議定職への就任の順序がほぼ確定しつつあったが、旧幕府軍の進発が伝えられると協議は中断することになる。その一方で、江戸薩摩藩邸の焼き打ち情報が、大坂の地を経由して京都にもたらされると、市来四郎が、その自叙伝（「市来四郎君自叙伝（附録）」一九〔『忠義』七〕）中に、「この挙京都に聞ゆ、本藩戦意を決す、翌年一月三日の開戦を見たるは、この挙の発因に依れり」と記したように、薩摩藩の藩を挙げての対徳川戦決行の決意を固めさせることにもなった。もちろん、それは慎重かつ十分な考慮を経たうえでの決断ではなく、いわば否応なしの決定であった（なお、市来の後年の認識では、鳥羽伏見戦争は、対会桑および徳川方との戦争と位置づけられた。けだし、当然のことであろう）。

戦闘開始

とにもかくにも、この江戸の三田薩摩藩邸焼き打ち事件によって、薩摩藩と旧幕府側の双方は、戦争という形で最終決着をつけることになった。したがって、慶応四年一月三日、近々新政府入りする徳川慶喜の警衛先供を務めるとの名目の下、「討薩の表」を携えて、京都に至る主要な通路であった鳥羽街道を北上して来た徳川軍に対し、薩摩側から攻撃が仕掛けられ戦闘が始まったのは至極自然な成り行きであったといえる。もっとも西郷は、土佐藩士に対しては兵端を開いたのは相手方の発砲によるとした（一月七日付本田勘解由宛書簡〔『全集』二〕）が、戦闘は、鳥羽口の関門での入洛の許可をめぐる双方の談判中に、薩摩藩の大砲が火を噴いたことで始まったのは明らかであった。たとえば、このことを裏付けるものに、開戦直後に会津藩兵などを率いて、鳥羽・伏見両街道から京都に上ろうとした若年寄並陸軍奉行の竹中重固《しげかた》が、一月三日付で同僚に報じた書簡（『幕末風聞集』）がある。そこには、「今夕刻、手配図面等取調中、先方より打ち懸け、俄《にわか》に戦争始り、只今最中」とあった。これが限りなく史実に近かったと思われる。

そして、このことに大いに関係したと思われるのが、一月三日の早朝になされたと考えられる大久保と西郷両者の会談であった。すなわち、前日の一月二日、大久保は西郷に宛てて書簡（『大久保利通文料』一）を発し、江戸薩摩藩邸焼き打ち事件を念頭に、この事件が大問題となる（慶喜が上洛して薩摩藩の罪を大々的に問う）前に、機先を制して自分は武力倒幕を行うとの決意を伝え、「明朝早目《はやめ》」に西郷の所に「参上」することを通知した。こうした大久保の決意が、薩摩側による発砲に繋がった可能性は十分にありうるであろう。それはそれとして、ともかく戦争が鳥羽・伏見で始まった。そして、この後、不意を衝《つ》かれる形となった徳川方が緒戦で敗北したことが、その後の両陣営の運命を大きく分けることになったのは広く知られている通りである。

西郷の大悦び

そして、戦争の勃発は西郷を心底悦《よろこ》ばせることになった。かつての義弟で、西郷が親しく世話をしていた伊集院兼寛の日誌によると、西郷は、それまでの「宮中の形勢」は、「西郷、大久保」を「蛇蝎《だかつ》の如く」つまりヘビやサソリのように忌み嫌う者がいる有様だったのが、勝利が確実になると、彼らに面会を請う者が続出し、「煩《はん》に堪えず」との弁を伊集院に向かって発したという。そしてさらに、「鳥羽一発の砲声は、百万の味方（を）得たるよりも嬉しかりし」との言葉を伊集院らに笑いながら発したともいう。これは偽らざる西郷の本音であったとみてよい。

ついで西郷は、「戦さ好き」の本性をもろにさらけ出すことになる。彼は、一月三日、戦闘が始まると、朝廷向きのことは大久保に一任して、戦況視察の名目の下、伏見まで出かけた。これは、同日付で大久保に宛てた書簡（『全集』二）中に、「戦《いくさ》の左右《そう》（＝初戦で大勝したとの報告）を承り候処、たまり兼ね」云々とあったように、どうにもこうにも抑えがたい衝動にかられての事実上の出陣であった。

もっとも、その一方で、西郷は、戦争が始まった時点では最終的な勝敗がどちらに転ぶかわからないとみて、岩倉に対して幕府軍が入洛するような事態になれば、若き明治天皇を女装させて、山陰・山陽方面にひそかに連れ出す計画を提案し、長州藩の広沢真臣をも交えて「密議」をこらしたという（『明治天皇紀』一）。策略家ならではの発想であった。

それはさておき、西郷は先の大久保宛ての書簡で、追討将軍をいち早く任命し、明日には「錦旗《きんき》を押し立て」て出陣し、東寺を本陣とすべきだとの考えを伝え、大久保に然るべき尽力を依頼した。そして、この西郷の要請を受ける形で、翌四日、仁和寺宮嘉彰親王《にんなじのみやよしあきしんのう》が征討大将軍に任ぜられ、宮に錦旗・節刀《せっとう》が与えられた。つまり、ここに薩摩軍は、ほとんど労せずして「官軍」の立場を手に入れた。直後、宮は大命を拝して直ちに進軍し、東寺を本陣と定めた。

陣頭指揮をとる

なお、西郷は、その後、藩主の稲葉正邦が現役の老中である淀城の攻撃に取りかかるべく準備をしたが、淀藩が新政府側に寝返ったため、その必要がなくなった。すなわち、藩主留守中の領国を預かっていた同藩の国家老は、緒戦での薩摩側勝利の情報を得て城門を閉鎖し、敗走してきた旧幕府軍の入城を拒絶した。また山崎の関門を守衛していた津（藤堂）藩も寝返った。こうしたことによって、旧幕府側が体制を立て直すことができず、以後、敗北を重ねることになる。そして西郷自身は、どうやら五日の夜に本陣を抜け出し、新たな戦いの場となった八幡で陣頭指揮をとったらしい。しかし、この行動に対して藩主から「大いに御叱りを蒙」ることになる（一月十日付川口雪篷宛西郷書簡〔『全集』二〕）。そのため、結局、西郷が不十分ながらも戦場に駆け付けられたのは、二回にとどまった。

歴史的大勝利

西郷個人の心情に即して書けば、このように、鳥羽伏見戦争は、武人としての彼にとっては、とうてい満足できない関わり方となった。だが、薩摩藩にとっては、きわめて満足すべき歴史的大勝利となった。まず徳川慶喜および徳川方、会・桑両藩との関係では、敵方の大坂からの退却という成果を引き出した。すなわち、朝敵となることを恐れた徳川慶喜が六日夜に旧幕府側将兵らを大坂城に置き去りにして、老中の板倉勝静や松平容保・松平定敬ら、ごく一部の者だけを伴って、あたふたと大坂城を去って軍艦で江戸に逃げ帰った。ついで、その後、慶喜はひたすら恭順を貫くことを表明し、二月十二日には江戸城を出て、上野寛永寺内にあった大慈院《だいじいん》の一室で謹慎生活を始めることになる（『徳川慶喜（人物叢書）』）。

公議政体派の凋落

他方、王政復古政府内で西郷らに対して優位さを確立しつつあった公議政体派は、徳川方のしくじりによって一気にその優位さを失い、反対に大久保や西郷らが、いわば敵失といってもよい僥倖《ぎょうこう》によって、不利な形勢から優位（しかも圧倒的な）に立つことになる。つまり、潮目があっという間に変わった。このことをなによりもよく物語ったのが、岩倉具視の対応ぶりの急変であった。岩倉は、一月六日夜、戦争に決着がついた段階で土佐藩邸を訪れ、それまで扶幕的な発言がとかく目立った山内容堂に対し、「このうえ扶幕の御考」であれば、早々と下坂して慶喜を助けよと冷たく言い放ったのである。そして、これに対し、さすがの容堂も、「このうえは、朝廷（の）御沙汰次第畏り奉るべ」しと応えざるをえなかった（慶応四年一月十日付蓑田伝兵衛宛大久保書簡〔『大久保利通文書』二〕）。このことを聴いた西郷の評が残されている。それは、「容堂公には岩倉卿より大議論を成され、夫《それ》より降伏の姿に御座候」というものであった（慶応四年一月十六日付蓑田伝兵衛宛西郷書簡〔『全集』二〕）。まさに、状況は、ごく短時日の間に劇的に変化したのである。ついで翌一月七日には慶喜追討令が発せられ、こうしたことに伴い、それまで形勢を観望していた中立派や日和見主義諸藩の、新政府支持の動向が決定する。

喜びの爆発

このような自分たちにとって大変有利な状況が、これほど急に到来するとは、西郷も思っていなかったのであろう、それが喜びの爆発に繋がった。さすがの西郷も極度の興奮を抑えかねたのである。このことがよくわかるのが、一月十日付で郷里の桂久武に宛てた近況報告を兼ねた書簡（同前）であった。この中で西郷は、ごく直近の鳥羽伏見戦争について、次のように報じた。「（開戦以来、敵軍を）追い巻《ま》くり候……。三日より六日迄の連戦、一歩も退《しりぞ》かず、少しの敗けなく、勝ち通しの軍《いくさ》は未だ曾《かつ》てこれあらざるの戦いにて御座候。皇国のため御悦び下さるべく候。人数多少を比較いたし候得ば、賊軍は五増倍の事に御座候得共、かくの如き勝利はいまだ聞かざる儀に御座候」。

戦好きの西郷にとって、この数日間にわたった戦闘ほど、血がわき、胸がおどる会心の戦いとなったことはなかったといえる。文字通り、彼の五十年近くに及んだ人生の中で、またと得られない喜びに満ちた日々になったのである。そして、これ以後の数カ月間が、彼の人生にとって最も得意満面の時期となった。

第七章　明治初年の西郷隆盛

1　戊辰戦争と西郷

西郷の存在と名前が一気に全国区に

さて、これ以降、翌年（明治二年）五月の北海道戦争（箱館五稜郭の戦い）に至るまでの間、俗に戊辰戦争といわれる、旧幕府軍や会津藩をはじめとする東北諸藩軍対新政府軍との戦いが東日本各地で展開される。もちろん西郷は、この戦争に関わりを持つことになった。そして、世間的にはいまだ無名に近かった西郷の存在が、急速に知られるようになるのは、この戊辰戦争期においてであった。すなわち、西郷の存在は、中央政界においては比較的早くから知られていたが、庶民の間にはまったくといってよいほど知名度はなかった。高久嶺之介氏によると、「京都の幕末時の町人の日記を見る限り西郷の記述はなく、その意味で西郷は庶民的には無名であった」という（拙著の書評）。それが、この戊辰戦争期に彼の名前と存在が庶民レベルにまで一気に広く浸透していくことになる。それは、西郷が日本史上でも類をみない大英雄として祭り上げられていく過程でもあった。

東征大総督府参謀に就任

西郷は、慶応四年の二月三日、東征（天皇親征）の大号令が発せられると、十四日、東征大総督府の下参謀に任命される。もっとも、新政府軍は、これより前の同月十一日、東海、東山、北陸の三道から東征の途についていた。ついで東征大総督に任ぜられた有栖川宮熾仁親王が同十五日に京都を出発する。また二月二十六日には九条道孝《みちたか》が鎮撫使総督、沢宣嘉が副総督、醍《だい》醐忠敬《ごただおさ》が上参謀、大山綱良と世良修蔵《せらしゅうぞう》が下参謀に、それぞれ任命された。大山が薩摩藩士、世良が長州藩士であったことからも明らかなように、新政府が東日本地域の制圧にあたって最も期待したのは薩長両藩の軍事力であった。

ところで、大総督府の下参謀に任命された西郷であったが、この段階でいかにも彼らしい独断的行動に打って出る。参謀の身でありながら、親王出発の三日前に薩摩藩の差配者という資格でもって先発したのである。そして、これには西郷が本来備えていた性分と戦略家としての在り方が大いに関係した。まず前者の性分との関わりであるが、西郷という人物に特有なのは、ひどく宮仕えを嫌ったことである。これは、規律に則《のっと》って四角四面な生き方を強制される窮屈さを厭ったことによった。また西郷は、後方に在って指示を下すタイプの指揮官ではなく、常に前線の指揮官として兵士とともに戦場に在ることを望んだ。

独特の死生観

そして、これには西郷独特の死生観が関わった。西郷に際立つ特色は、自らの行動の前提に自身の死が置かれていた（ここで自分が死ぬことを決めてから行動した）ことである。ごく普通の人間に限らず、かなり英雄的だと見られる人物でも、生と死は区分されている。ところが、西郷の場合は生と死の境目《さかいめ》が曖昧であった。生イコール死、死イコール生といった、いわば塩梅《あんばい》であった。そして、この余人の及びもつかない生死の問題に対する恬淡さが、西郷の行動を理解するうえで格別重要になってくる。幕末維新期にあって、およそ西郷ほどあえて危地に身を置くことを好む志向性を内に秘めた人物はいなかった。そして、こうした在り方が、たんに戦地に赴くだけでなく、彼をして戦死にこだわらせることになる。西郷が常に「戦陣の心持」を「失なわざる様」に心がけたことは疑いない（明治元年十月二十五日付有川七之助宛書簡〔『全集』二〕）。だが、それ以上にこだわったのが戦死であった。このことは、西郷が戊辰戦争に弟たちとともに従軍する際、「戦死を第一の功とし、負傷を第二の功、無事生還を第三の功」としようと誓い合ったとされることでも明瞭である（『全集』六）。

では、なぜ西郷はここまで戦死にこだわったのか。解答として考えられるのは、西郷に固有の問題であった。これまで見てきたように、西郷ほど若き日から、肉親のみならず、敬愛する人物やいとおしい人物との別れに直面してきた人間はいない。しかも、その多くは、政治闘争を中心に、いってみれば戦闘で死んだも同様の死であった。したがって、自分もその「戦死の系譜」の中で死にたいとの思いが、人一倍西郷には強かったと想像される。

慶喜の追討問題

さて、戦闘で華々しい死を遂げることを秘かに心中に期しながら、西郷は戊辰戦争に関わっていくことになった。その彼が全力で取り組むことになったのが、対徳川・会津戦争であった。なかでも、まず真剣になったのが徳川慶喜の追討問題であった。すなわち西郷は、大総督府の下参謀に就任したあとは、朝敵となった徳川慶喜の処刑ならびに江戸総攻撃に熱意を抱くことになる。

江戸に逃げ帰った慶喜が、その後、新政府に抵抗する意思がないのを示すために上野の寛永寺内で謹慎生活を始めたことまでは先述した。もちろん、慶喜の恭順表明には自らの処刑を免れようとする意図が見え見えであった。だが西郷は、これを許さなかった。「慶喜退隠の歎願、甚だ以て不届き千万、是非切腹迄には参り申さず候わでは相済まず」というのが、慶応四年二月二日時点の西郷の考えであった（二月二日付大久保宛書簡〔『全集』二〕）。

厳酷な処分にこだわる

これは、一つには「数百年来の積弊を一洗し、維新変革の実をあげる」ためには強硬策を貫かねばならないと西郷が考えていたためであった。それと、やはり慶喜に対する恐怖心が彼の中に、依然として色濃く残っていたことも大いに関係していよう。それが大久保に宛てた書簡中の次のような言葉となって吐き出されることになる。「断然追討在らせられたき事と存じ奉り候。かく迄押し詰め候処を、寛《ゆる》やかに流し候ては、再びほぞをかむ（＝後悔する）とも益なき訳に到り候わん」（同前）。そして、このような西郷の強い要望を受けて、翌三日、親征の詔が発せられることになる。ついで、いま挙げたような心境にあった西郷は、三月三日に、駿府（静岡）に到着した後、同地にあって、三月五日に大総督の有栖川熾仁親王が到着すると、同藩の吉井友実（当時、軍防事務局判事であった）に宛てた書簡（同前）において、「もふ（う）は進めとの一令相発し候わば、直様（江戸へ）打ち入る計りに罷り成り居り候」との覚悟を伝える。

武人としての希望

なお、この書簡には、優位な立場にたつに至った西郷の武人としての希望が記された。それは次のようなものであった。「賊軍には智将もこれあり、大久保（忠寛）も勝（海舟）も参政に出候由に御座候間、決して油断は相成らず候。両人を相手に勝負を決め候儀、実に面白かるべきと是のみ相願い居り申し候。敵方に智勇の将を置き戦《いくさ》を成し候儀、合戦中の一楽、此の事に御座候」。

この余裕綽々《しゃくしゃく》とした感のある文章からは、読み方によれば、西郷があたかも相手をのんでかかっているかのような厭味を感じる向きもあるかもしれない。事実、そうした面は客観的に見て否定できない。だが、西郷が右の文面に続けて、親友でもあった吉井に対し、「（戦死して）地獄にて御待ち付け申し上げ居り候」云々と綴っていることと重ね合わせると、若干解釈も変わってこよう。もろろん、戦死云々には冗談めかしたものが多分に含まれてはいるが、ごく素直に考えれば、智略を尽し、もし戦死を遂げることになっても、大久保忠寛や勝海舟が相手であれば、なんら不足不満はないという西郷の偽らざる心情（決意）が色濃く反映されていると見なしうる。現に、この書簡が発せられたのは、江戸総攻撃が近日に予定されていた段階であった。

薩摩藩に反発する声

このように、西郷は戊辰戦争当初、対徳川戦に熱意を抱き、かつ徳川慶喜への厳酷な処分にこだわったが、反面、戦争を遂行する過程で、彼の性分も鮮明に浮かび上がってくることになる。その最たるものの一つが、彼の目配り気配りの凄さであった。幕末維新期にあって、旧体制の崩壊に一番大きく関わったのが薩摩藩であったことについては、誰も異論はなかろう。だが、それは、薩摩藩に対する反発が、そのぶん、大きくなったことを意味した。とくに旧幕府側に対する勝利がほぼ確定する段階になると、このことが目立つようになる。ついで新政府の中心に薩摩藩関係者が坐り、戊辰戦争でも同藩が中核的役割を担うようになると、反発の声は、前にも増して、ひときわ高くなる。

たとえば、そうした声を挙げた人物の一人に熊本藩の世子であった細川護久《ほそかわもりひさ》（一八三九〜九三）がいた。慶応四年の元旦に大坂に到着し、その直後、鳥羽伏見戦争に遭遇した彼は、この戦争を旧幕府と薩摩藩との私闘だと断じて憚らなかった（藤井貞文「解題」）。

またこの直後、薩摩藩に対する不信感を強めることになったのが、薩摩側（大久保利通）より一月中旬から下旬の時点で提案された大坂への行幸（親征）と遷都を求める意見であった。そして、これに対し、前内大臣の久我建通《こがたけみち》や中山忠能をはじめとする公家らの間で、これは天皇を奪い覇権《はけん》を握ろうとする薩摩藩の陰謀から出たものだとの非難の声が一気に高まることになる（友田昌宏『戊辰雪冤』）。そして、これには、京都から一度も出たことがなかった明治天皇がひどく大坂への遷都を嫌ったという事情も関係したらしい（高橋秀直「二都物語」）。なにしろ中山忠能は天皇の祖父にあたったからである。

さらに二月二十八日には、京都の三条大橋のすぐそばに掲げられた張紙（「幕末風聞集」）中に「薩賊……（浪華への）御親征御軍議の旨を唱え、幼帝を本国に奪い去り、勅命を名とし、力を外異（＝外国人。

イギリスあたりを指すか）に借り、私欲を運せんとするの奸計顕然」だと記されるに至る。そして、そのうえで、「同心の諸藩、力を合せ、奸賊の巣窟まで」進撃する「義挙」の実行が呼びかけられた。

反薩摩の動き

このような中、京都では西南諸藩や奥羽諸藩関係者の間で、慶応四年の早い段階から反薩摩の動きが目立つようになってくる。これを受けて、米沢藩士の宮島誠一郎が「今日の形勢、薩は孤立の姿にあい成り申し候、然し長（州）は拠んどころなく薩州に同意致し候気味合いもあい見得候」との京都情報を入手するのは、慶応四年二月段階のことであった。つづいて、やはり米沢藩士の甘糟備後が、閏四月八日付の書簡で、国元に「京都の形勢……薩人の悪《にく》まること元《げん》のごとし。勢威稍《やや》衰う」と報じたような状況が生まれる（栗原伸一郎「米沢藩の諸藩連携構想と『奥羽越』列藩同盟」）。

もっとも、薩摩藩の「勢威」が「やや」つまり、ほんの少しばかりでも衰えたとは思えない（実際、この間、反対意見を押し切って、二月十九日に大阪への行幸を決定し、ついで三月十五日には大坂親征の日程が発表された）が、同藩が新政権の御膝元である京都でも、ひどく憎まれ出したことは事実であった。薩摩藩が、「王政復古」をクーデターを決行する際の大義名分（スローガン）として利用したとか、「私怨」から討幕府や討会津を強硬に推し進めようとしていると見て、それは「真の王政復古」ではないと反発を強めた（友田昌宏『未完の国家構造』）。むろん、こうした反発は、扶幕派に属した諸藩の間では、ことに強かったが、徐々にその範囲内に止まらなくなってくる。

それまで薩摩寄りと見られた藩の間でも、維新の精神ともいうべき「公議輿論《よろん》」を重視する立場から、とかく専横ぶりが目立つようになってきた薩摩打倒を画策する動きが出てくる。すなわち、討薩を合言葉に共同戦線を張ろうと模索する動きが広く見られだす。そして、同年の六月段階になると、熊本藩・広島藩・長州藩らが奥羽越列藩同盟に呼応して、討薩の準備をしている、あるいは後藤が「もっぱら討薩論を主張」しているといった京都情報が、やはり米沢藩の小島龍三郎によって国元に伝えられる（「米沢藩の諸藩連携構想と『奥羽越』列藩同盟」）。

孤立を深めつつあった薩摩藩

なお、いささかしつこくなるが、いかに当時の薩摩藩が新政府の内外で孤立を深めつつあったかを理解してもらうために、親薩摩と見られていた著名人の発言や有力藩の動向も、この際、紹介しておくことにしたい。まず土佐藩の板垣退助《いたがきたいすけ》である。板垣は、明治元年十月晦日、宮島らに対し、「実は弊藩は薩と内情不和にこれ有り候得ども」と語り、会津藩が鳥羽伏見戦争の直後に謝罪していれば、土佐藩が戦争を回避するための周旋を行ったのにといったことを口にしたらしい。そして、この時、板垣は薩摩を足利尊氏になぞらえたともいう（同前）。言うまでもなく、尊氏は後醍醐天皇に反旗を翻した逆臣であった。

また、本来は仲間であるはずの長州藩兵の間にも、薩摩藩に対する反発が高じた。維新政府内にあってともにスクラムを組む相手であった長州藩兵の中に反薩摩感情が強まったのは、一つには、犠牲者をこれまで多く出してきた長州藩に対し、薩摩藩はそうではないとの思いがあったことによった。さらに、鳥羽伏見戦争以来、いわば連戦連勝で敵無しの戦いを展開していた薩摩藩兵の傲《おご》りも頂点に達していた。こうした諸々のことからくる反発によって、長州藩兵の中に、堪り兼ねて慶応四年四月上旬頃の時点で、副総裁の岩倉具視に対し、直接会って、「薩兵の処、驕傲《きょうごう》圧倒の気味これ有り、諸藩に於いて大いに異論を生じ、かつ総督の命令も奉ぜざる様《よう》の儀もこれ有り」といった憤懣を漏らす者も出てくる（慶応四年四月四日付「長藩木原又右衛門上申の大要覚書」〔『大久保利通史料』一〕）。

長州側のこうした不満の声が、後年、集約されて綴られたのが、『木戸孝允日記』の明治十年二月五日の条であった。すなわち木戸は、その日の条で次のように昔年のことを振り返った。「薩州は一新前、国難なくして、一新の際、兵隊の力を以、一時大いに功を奏し、然して其驕傲するも其害を慮《おもんばか》るもの少し」。ここには薩摩藩に対する長州側の反発要因のエキスとでもいうべきものが、簡略に記されていよう。これらは、いずれも支配者側に属する諸藩や旧幕関係者からの反発であったが、むろん薩摩に対する反発は武士層に止まらなかった。いわゆる「御一新」が進展するとともに、全国各地の民衆の間に、「薩長は徳川氏に劣り、王政は幕政にしかず」と批判する者も出てくる（田中彰『明治維新観の研究』）。

対応に苦慮した西郷

さて、薩摩藩内に在って、このような反薩摩感情の高まりに人一倍気をもみ、対応に苦慮したのが西郷であった。むろん西郷には、倒幕がなったのは薩摩藩の力によるとの思いは誰にも負けないぐらい強かったが、自藩の力を誇示することは、藩のためにも、また成立したばかりの新政府にとっても得策ではないとの判断を下し、なんとか諸藩の反発をかわそうとした。そこで彼が最初に打った一手が、役職（朝臣職）の辞退であった。すなわち、鳥羽伏見戦争直後といってよい一月十七日、藩主の島津忠義が海陸軍総督、西郷が海陸軍掛と徴士に、それぞれ任ぜられる。だが、西郷は藩主の忠義を説得し、その結果、翌日彼らは揃ってそれを辞退することになる。彼らが揃って朝臣職に就くことで、薩摩藩が新政府を操り、徳川の天下を奪おうとしているといった世人の猜疑《さいぎ》を払拭するためであった。

その一方で、西郷は薩摩藩士の動向にも眼を光らせ、問題が生じると判断すれば適切な措置を講じた。一例として挙げられるのが、折田年秀《おりたとしひで》の件である。折田は後に湊川神社の宮司になった人物だが、慶応四年一月、山陰道鎮撫総督に任ぜられた西園寺公望《さいおんじきんもち》（一八四九〜一九四〇）に従い、山陰道に入った。そして、もともとは生野《いくの》代官所の所領であった生野銀山の接収を行うことになる。この時、折田は、二月六日付で西郷と大久保の両者に宛てた書簡（『全集』五）を発し、同銀山を薩摩藩の支配下に収めることの許可を暗に求めた。しかし西郷は、当該地の住民とトラブルを起こした折田を召還したうえで、この要求を承諾しなかった。彼は、「代官所処置振りの儀は、近隣の諸侯へ命ぜられ（て）然るべき事」との自分の考えを大久保に伝え、至急その線での御沙汰を下すことを大久保に依頼した。折田は接収した生野銀山の支配権を薩摩藩が握ることを画策したが、こうしたことを認めれば、いっそう薩摩藩の立場を悪くするとの判断が、大久保への依頼になったと考えられる。

なお、この間、西郷は、一月十六日付で国元の蓑田に宛てた書簡（『全集』二）において、対会津戦に勝利を収めるための策として、東日本地域に住む「諸侯は勿論民心」を旧幕府サイドから「離し候策」として、旧幕府領や旗本領の租税を新政府側につけば半減するといったプランを提示した。すなわち、徳川方およびその支援勢力を「孤立」させる策として、こうしたことが有効だろうとするプランの提示であった。

脱走ついで江戸総攻撃へ

いかにも西郷ならではのプランだが、彼は自らの置かれた立場上、いま挙げたような対応をとらざるをえなくなった。そして、この後、先述したように、大総督府の下参謀に任ぜられたものの、大総督の有栖川宮熾仁親王一行に先立って二月十二日、薩摩藩兵を引率して京都を出発する。本来、参謀役に就任したからには、宮に付き添い、ともに行軍しなければならなかったが、三月五日付で駿河（現・静岡）の本陣から吉井友実に宛てた前掲書簡中に、「名古屋より脱走いたし候」とあったように、これは事実上「脱走」行為にほかならなかった。西郷が参謀という窮屈な役職に就くこと（宮仕え）を厭ったとともに、前線で戦闘を指揮することをいかに強く願ったかがわかる。ついで西郷は、いよいよ本来の望みである徳川慶喜の征討（江戸総攻撃）の準備に取りかかる。そして、三月六日に開かれた軍議の席で、江戸総攻撃を三月十五日に実行することが決定をみる。

戦い（維新）の精神

再度ここで指摘することになるが、西郷が旧幕府方との戦闘を強く主張したのは、そうしたことによってしか旧体制の徹底した破壊はできない（換言すれば新政権の成立にあたっては、暴力的行為が不可欠だ）と考えていたためであった。すなわち、この時点でよりハッキリとする偸安《とうあん》（＝安楽をむさぼり、将来を考えないこと）を断固として拒絶する西郷の「戦いの精神」は、彼にとって「維新の精神」そのものといってよいものであった。天皇を支配の頂点にいただく新しい国家を創出していくためには、緊張感を失ってはならないというのが、この当時の西郷を律する信条であった。だからこそ、この後すぐ記すことになる上野に立て籠《こも》った旧幕府軍との戦闘を西郷は不可欠（避）なものと位置づけた。

もっとも、改めて記すまでもないことだが、西郷がこのように「戦いの精神」を持すことを常に自らにも他者にも求めたことは、その後の彼にとって大きなストレス源になったと考えられる。こうした心意気は、当然のことながら、永遠に継続して保有しなければならない精神（維新の精神）であったぶん、西郷にとって落ち着かない、つらい課題となったからである。それはさておき、満々たる「戦いの精神」の下、一路江戸に向かって進軍した西郷は、結局、江戸総攻撃を中止せざるをえなくなる。中止を余儀なくされた要因はいくつか考えられる。

江戸総攻撃の中止

その一は、天璋院（篤姫）から三月上旬段階で、名指しこそなされてはいないが、西郷に対し徳川家の存続を依頼する書状が出されたことである。これは、軍事面で実質的に新政府軍の最高責任者だった西郷の心情に届くことを狙って出されたものであった。つまり、斉彬を主君と仰いでいた西郷をターゲットとして発したものであった（『晩年の篤姫』）。

その二は、イギリス公使パークスの反対であった。彼が反対した最大の理由は、慶喜が対外和親の実現に貢献してきたことと、慶喜らを征討するに至った経緯をきちんとこれまで新政府サイドが欧米諸国に対し説明していなかったミスによった（『徳川慶喜（人物叢書）』）。さらに、江戸総攻撃で日本が内乱状態に移行することによって生じる、貿易上の多大な損失を憂慮した。こうした諸々のことに起因するパークスの反対が、新政府軍の江戸総攻撃を抑止する要因の一つとなった。

その三は、これまで江戸総攻撃の中止要因として最もよく語られ続けてきた勝海舟らの尽力である。三月五日、勝は初めて旗本の山岡鉄舟（鉄太郎）と会う。そして、この山岡から江戸薩摩藩邸焼き打ち事件の際、捕縛された益満休之助を同伴して駿府に行き、徳川慶喜および徳川家の救済を西郷に申し込むプランを提示され、海舟が了承する（「勝海舟日記」同日の条）。ついで山岡は、益満とともに駿府に赴いて三月九日に西郷と初めて会い、海舟の西郷に宛てた書面を提出するとともに、慶喜の恭順謝罪の意思が真実であることと江戸の現状を述べて、穏便な処置がなされることを請うた。そして、これを受けて開かれた参謀会議で協議がなされ、その後、大総督の決裁を経て七カ条にまたがる処分案が山岡に提示される。それは、慶喜の岡山藩への預託や、江戸城ならびに幕府軍艦の譲渡等と引き換えに、徳川家の存続を認めるという内容のものであった。

西郷南洲・勝海舟会見之地
（東京都港区芝）

そして、このあと山岡との応答によって若干の修正がなされた（慶喜の岡山藩への預託の中止など）後、西郷はただちに駿河を出発し、三月十二日に江戸郊外の池上本門寺にあった東海道先鋒軍総督府の本営に入った。その結果、品川宿に達した東海道先鋒軍、同じく板橋と内藤新宿にそれぞれ達した中山道先鋒軍と甲州道先鋒軍ともども江戸の街を包囲する形となる。そして、江戸総攻撃の日と定められた三月十五日が目前に迫った。

勝海舟との面談

こうした中、三月十三日、西郷が品川に到着したとの報に接した勝海舟が芝高輪《たかなわ》の薩摩藩邸に出向き、勝・西郷両者の四年ぶりの面談がなされる（ただし、この日は非公式なものにとどまった）。つづいて翌十四日、田町の藩邸近くにあった橋本屋という、しもた屋で両者の正式な会見がなされ、海舟が前日と同様に「全力を以て談判」した結果、明日に予定されていた江戸城総攻撃がひとまず見合わせとなる（「勝海舟関係資料海舟日記」（三））。

柔らかな対応

夕暮れにようやく終わった、この日の会談に臨んだ西郷の態度は、後年の勝の回想によると、ひどく「おおらか」で寛大なものだったらしい。ことの重大さから考えて、気色《けしき》ばんでも一向におかしくはなかったが、西郷の物腰はきわめて柔らかく穏やかな調子のものであったという。そのため、勝は心中ひそかに驚くことになる。それにしても、ここには懐に入ってきた窮鳥に対する西郷特有の対応の仕方が見てとれる。そして、西郷のこのような対応は、大久保利通や木戸孝允では到底なしえなかったものだと評しうる。

大久保は、西郷に劣らない「胆力」の持ち主ではあったが、彼では西郷のような柔らかな対応はなしえなかったであろう。ましてや、「逃げの小五郎」といわれた木戸の「胆力」では西郷の真似はとうていできなかったと見なせる。まさに心中に余裕のある千両役者なればこそとりうる風格の漂う対応となった。そして、これは、後に改めて取り上げることになる、西郷の言葉を旧庄内藩士が纏めた『南洲翁遺訓』中の次のような豪語に寸分も違わぬ対応ぶりであった。「平日、道を践《ふ》まざる人は事に臨みて狼狽《ろうばい》し、処分（＝物事の取り捌き）の出来ぬものなり」。

駿府、京都、駿府へ

つづいて、このあと西郷は、すぐにさらなる行動に移る。翌十五日、江戸を発ち駿府に戻ったのである。そして、ここで大総督府宮に謁見し、海舟との会談の内容を報じ、慶喜の処分案等を議した。しかし、ことにきわめて重要な案件なので朝議にかけねばならないとの判断が下され、西郷は京都に向かうことになる。そして、三月二十日に上洛した西郷を交えて朝議が開かれ、大筋において西郷がもたらした意見が採用されることになる（三月二十日に慶喜の寛大な処分を決定）。ついで三月二十二日、西郷は京都を発し、同月二十五日の朝に駿府に到着し、宮に復命する。

江戸城に乗り込む

このように、海舟と会談した後の西郷の行動は、迅速そのものであった。そして、この延長線上に、四月四日、江戸城の引き渡しを命じる勅書を幕府側に渡すために江戸城に乗り込むことになる。もっとも、西郷にやや批判的なことを記すと、西郷に固有のある種の「いやらしさ」も、この日、滲《にじ》み出ることになった。それは、あえて自分を死地に置くことで、相手の度肝を抜くというやり方に伴うものであった。すなわち西郷は、彼の性分もあって、雪崩《なだれ》を打ったように西日本諸藩の新政府支持と同政府への協力が表明される中、自らは安全な場所にいて指揮を執ることを潔《いさぎよ》しとしなかった。西郷が常に戦場に在ろうとしたのも、このような彼の性分もしくは考え（方針）によった。そして、こうした西郷のあり方が、天下に示されることになったのが、この四月四日のことであった。

江戸城（東京都千代田区千代田）

彼は、海江田信義らほんのわずかな人数（数名）を伴って、この日、勅使の東海道先鋒総督橋本実梁《さねやな》・同副総督柳原前光《やなぎはらさきみつ》とともに江戸城に乗り込んだ。兵士を引率せず、ごく少人数で入城したということは、彼が多くの旧幕府方の将兵が居並ぶ中、いつ殺されてもおかしくはない状況をあえて選択したことを意味した。これは、いわゆる官軍（なかでも薩摩藩）に対する嫌悪の情が旧幕府側に強い中、兵威を示すような行為が、かえって猛反発を招くことを考慮（計算）しての選択であった。しかも西郷は、江戸城に乗り込む前に、自分が殺されても大丈夫なように然るべき手は打っていた。翌四月五日付で大久保に宛てた書簡(『全集』二)で、西郷は次のような対策を講じているので安心されたしと伝えたのである。それは、江戸の街を官軍が四方から取り囲んでいるので、いざとなれば「風上より火攻めの術を用い」て「打ちたて」るので、「御安神(心)下され候」というものであった。西郷は、このように、江戸市街の焼き払いも含め、抜け目なく事前に周到な対策を樹てて江戸城へと乗り込んだのである。

ある種の「いやらしさ」

先ほど、江戸城に乗り込んだ時点の西郷には、ある種の「いやらしさ」が窺えると記した。これは、西郷ならではの相手の意表を突くという計算が、これでもかこれでもかといった形で表れた一日になったからである。そして、自らの策(計算)がものの見事に功を奏したことを西郷は素直に喜んだ。すなわち、大久保に宛てた前掲書簡において、西郷は次のように報じた。「纔《わず》か計りの御供にて、天下に敵なきの御仕向き(=意向)を以て擒《とりこ》と成らせられ候決心にて、此の上ながら十分賊軍に面を当て候御賦に御座候得共、却って落胆の模様(=緊張していたのが気合い抜けした様子)に相見え申し候」。

書簡を発した相手が大久保だったからこそ、西郷はこうした自慢話と受けとられかねないことを記したのだろうが、ここには、ある種の「いやらしさ」が透けて見えよう。そして、これは、『南洲翁遺訓』中にある、西郷の次の言葉とは著しく矛盾する。「人の意表に出て一時の快適を好むは未熟の事なり。戒むべし」。『南洲翁遺訓』に記されている西郷の言葉は、すべて彼の実態を反映したものではなかったということである。

有名なエピソード

いずれにせよ、西郷は常にどんな場面にあっても、自分がどのような行動や発言をすれば、一番効果的かを考えていた男であった。西郷は、ことほどさように「計算高い」人物だった。したがって、このような視点から眺めれば、この日の西郷に関連して、しばしば取り上げられる有名なエピソードも、また違ってみえるかもしれない。有名なエピソードとは、この日、勅使を務めた橋本・柳原両者の態度が、傍目《はため》にも「戦々兢々《せんせんきょうきょう》として声も揮《ふる》いて、所謂肌に粟《あわ》を生ずの景況」を呈したあと見られたものであった。すなわち、この日、西郷は勅使が旨を伝え、その後ただちに退城したにもかかわらず、大広間に端然《たんぜん》と着座し続け、「いつまでたっても帰」る素振りをみせなかったらしい。そこで「余りに見かねて」、幕臣の大久保忠寛が西郷の前に出ていき、「勅使已《すで》に退散せり。西郷公何ぞ御用これ有り候哉」と問うたところ、西郷の返事が「帰りを忘れたり。只今此《この》釘かくしの数をかぞえ居れり」というものであったという。そして、この西郷の返答ぶりに大久保も「流石《さすが》に英雄の景況なり」と「感賞」し、ことの次第を勝海舟に語ったのが、エピソードの全体であった（『逸事史補』）。西郷が余人の及びもつかない豪傑であった（つまり生死の問題に関して際立って恬淡であった）ことを前提に、彼のある種の「いやらしさ」も加味して考えれば、このエピソードには、かなりの演技があるように筆者には感じられる。

再び京都へ

話を次の段階に進めたい。このあと四月十一日に江戸城を無事に受けとった西郷だったが、彼にとって少々計算違いのことが生じる。旧幕府の海軍副総裁であった榎本武揚《えのもとたけあき》（一八三六～一九〇八）が、徳川家の領地が確定をみないうちは旧幕府が保有していた軍艦をすべて引き渡すことはできないとして、新政府の海軍先鋒であった大原俊実に嘆願書を提出し、結局、四月二十四日に開陽丸以下最新鋭の軍艦四隻のとりあえずの保有が認められる事態となる（のち榎本らは、徳川家当主の家達《いえさと》が静岡に到着したのを見届けたうえで、同年八月に開陽丸以下の軍艦を率いて江戸湾を脱し、十月に箱館に入る）。

こうした西郷にとっては軽視しえない状況が突発する中、彼は四月二十九日に江戸を発ち、大坂を経由して閏四月五日の夜に京都に入る。そして、このあと開催された朝議の席で、相続は田安家当主の亀之助（後の徳川家達）、禄高は七十万石で城は駿府といった処分案が一応打ち出される。しかし、京都では決断を下せないので三条実美を関東監察使に任じて江戸に派遣し、現地の様子を見て最終的な措置を講じることになった。その結果、閏四月二十三日、三条と西郷の両名は江戸に到着する（ついで同月二十九日に田安亀之助に宗家相続が命ぜられる）。

江戸へ戻る

ここに、西郷の江戸での生活が再開されるが、この段階の西郷に関してまずいえるのは、江戸市街の完全なる制圧を推し進めるとともに、幕末期以来最大の懸案事項となっていた会津藩との闘いに勝利を収めようと目指したことであった。というのは、当時の江戸では「会（津）勢」が江戸城を取り返そうとしているとの説がある一方、会津寄りのグループが「ますます奮発」し、次のような行動に出ていたとされたからである。それは、「朝敵会津」と記した「旗《はた》」や「吹き流し」を掲げた「浪士」が江戸周辺に「押し懸け」、「京都え附くか」、それとも「朝敵の会津え附くか」を問い、もし京都へ附くと答えれば、「余儀なく一戦を為すべし抔と申」しているとするものであった。さらに、当然のことながら、多くの会津藩兵が江戸府内に入りこみ、一官軍も同藩には悉く恐れ居り、行違いの節は官軍の方より片寄り通り候得共、ややもすれば会津に殺され申し候」といった状況も生まれたとされる（「慶応四年四月二十二日出　江戸表書状写」〔「幕末風聞集」〕）。

このような中、江戸に入った西郷は、相変わらず自らを死の淵に追いやろうとした。すなわち、当時、現在の茨城県や栃木県、それに福島県で勃発していた旧幕府軍等との戦闘に、自ら薩摩藩兵を引率して出陣しようとした。だが、西郷のこの切なる要望は、軍防事務局判事加勢兼江戸府判事の大村益次郎（一八二四〜六九）によって聞き入れられなかった。そのため、強いストレスを西郷は感じることになる。

こうした過程で、緊急に解決を要する大問題として浮上してくるのが彰義隊《しょうぎたい》の問題であった。旧幕臣によって、この年の二月に結成された彰義隊は、当初は屯所を浅草の本願寺に置いた。その後、分裂騒動もあったが、旧幕府の脱走兵などが徐々に加わって増え、本体と附属の諸隊を合わせて二千名ほどの隊士を数えるに至る。ついで上野の東叡山寛永寺を本拠として、江戸市中の巡回警護に当たった。しかし、そのため官軍（新政府軍）と各所でトラブルを起こすことになる。そうした中、五月七日には薩摩藩兵や佐賀藩兵が彰義隊員によって殺傷される事件も発生した。

上野戦争

もっとも、西郷は戦闘行為に発展しないように求める総督府からの通達もあって、薩摩藩兵に対しては、「私闘に陥入り候ては相済まず候」と、当初は主戦論を抑える立場を持した（五月十日頃に発せられた大久保宛書簡〔『全集』二〕）。だが、やがて大村益次郎が彰義隊の討伐を企画すると、それに協力することになる。しかも薩摩藩兵が多大な犠牲を求められる形での協力であった。すなわち、最も激戦が予想された黒門口の攻撃を薩摩藩は鳥取・佐賀両藩とともに担当することになった。そして五月十五日、西郷は上野山内に立て籠った彰義隊士を掃討する作戦の陣頭指揮を執ることになり、ここに戦端が開かれた。後日（五月二十日付）、大久保と吉井の両名に宛てた書簡（『全集』二）で報じたように、この日の戦闘は午前六時頃より始まり、午後五時にまで及ぶ、西郷にとって「誠に長い戦」となった。そのため、「大いに労《つか》れ」ることになる。しかも、この日の戦いは、いわゆる市街戦となり、敵兵がどこから飛び出してくるかわからない困難を極めたものとなった。しかし西郷らは、事前に十分な準備をして彰義隊士との戦いに臨んだこともあって大勝利を収める。

勝利の立役者

なお、この日の勝利の立役者が西郷だったことは間違いない。そして、このことは、当時江戸に居た三条実美が京都の岩倉具視に対し、五月十八日付の書簡（同前）でもって、「西郷吉之助が兵隊、黒門の激戦は実に目醒《めざま》しき戦にて諸人大感心仕り候」と報じたように、強い印象を関係者に残すことになった。もっとも、反面、西郷は、この上野戦争では心に深い傷を負うことにもなった。彼は希望通り、ようやく実戦に参加しえたものの、かわいがっていた部下を戦死させることになったからである。部下とは、益満休之助、竹下猪之丞、奥新五左衛門らであった。なかでも、竹下、奥両人の戦死には、「両人共戦死致され、実に力を落し申し候」と、大久保宛ての書簡中で告げたように、西郷は衝撃を受けることになった。

詳細な指示

ところで、この上野戦争前後の西郷に関して少々興味深いのは、豪傑肌の人物とはとうてい思われない、細かなことにまで目の行き届く、いかにも西郷らしい一面が垣間見られたことである。たとえば、横浜港に荷揚げされた弾薬を運搬するためか、閏四月下旬の時点で、江戸から横浜へ派遣された臨時雇いの軍夫の「給金（＝手当）」に関して、西郷は七日分ごとにきちんと支払うようにといった指示を薩摩藩の小荷駄方《こにだがた》（物品の運搬や兵糧の確保、あるいは弾薬の補給など、多岐にわたる戦争の裏方業務を担った）に対して行っている（閏四月二十五日付の指令〔同前〕）。

また戦争直前の五月十三日には、大砲を引く馬が疲れているようだから、今夜から馬に大豆や糠《ぬか》などの飼料を十分にやってくれとの指示をやはり小荷駄方に出している（同前）。そして、いよいよ戦争に突入すると、西郷の指示はさらに行き届くことになる。上野戦争は日本史上で初めて従軍看護婦が活躍したことで知られる。当然このことを弁《わきま》えていた西郷は、いち早く小荷駄方に対し彼女らの処遇について指示した。それは彼女らの「給金」が「何程《いかほど》」つまり、どれくらいかを問い、もし確定していないのであれば「一日何程と申す儀（を）相定め候て、五日目毎に相払い候様（に）御計らい下さるべく候」との依頼であった（同前）。

神経のこまやかさ

戦線の最先端に立つ指揮官がここまで配慮するかと思わせる指示の内容である。また西郷の指示は、これのみならず、上野戦争で使った臨時の人足、土工、隊付の夫卒の給料の支払い方にまで及んだ。実に細かいというか、余裕があるというか、これが西郷という人物の基本的な性格だったのである（なお、いささか蛇足気味のさらなる指摘となるが、西郷の指示は、捕虜への手当ての件にまで及んだ。この戦争では、何かの用に捕虜を使用したらしいが、西郷はこれに対しても給金を支払うように命じた。また、戦争後、京都に立ち寄った際には、薩摩藩兵が駐留していた同地の施設から引き揚げることに関連して、建具類や畳等の処置、あるいは飛脚の経費等の問題一つ一つに対して、担当者に詳細な指示を出している（同前）。いやはや恐るべき緻密《ちみつ》な神経の持ち主であった）。いずれにせよ、西郷は世間一般の人々が彼に対して抱く、のほほんとした無頓着な人物ではとうていなかったのである。

上野戦争で勝利を収め、江戸の街をようやく不完全ながらも掌握しえた西郷らは、五月二十四日、いまだ伝えていなかった徳川家の処分方針を同家に通達する。それは、徳川家に駿府国を中心に石高七十万石の地を下賜するという先述した方針であった（駿河国一円と、他は遠江・陸奥両国の一部）。ついで、このあと西郷は、五月二十八日に江戸を発ち、京都へいったん戻った。これは、会津藩の処遇をめぐって、当時、新政府軍と対峙するようになっていた、仙台藩をはじめとする東北諸藩の問題を京都の新政府首脳と協議するためであった。

忠義の出征を止める

上洛後の西郷には注目すべき動きがみられた。彼が京都に到着する前の五月二十日、藩主の島津忠義に対し江戸に行き東征大総督と協議して東北の平定に尽力するようにとの朝命が下る（『島津久光と明治維新』）。そして、藩主一行は六月五日に出発することとなったが、この日の朝に上洛した西郷は忠義の出陣を止める行動に出る。すなわち、(1)東北の平定は急を要するので、とりあえず家老の島津伊勢に在京中の藩兵を引率して同地に出征させること、(2)忠義は帰藩して鹿児島で兵士を集め、そのあと再度上洛し、「時宜次第」つまりほどよい頃合《ころあい》をはかって「御東下」すべきだと訴え、忠義の同意を得ることに成功する。

もちろん、朝命がすでに下った後だったので、両者の話し合いだけで決着がつけられるはずはなかった。そこで西郷は、吉井と同道して六月七日の夕方に岩倉を訪問し、説得に努めることになった。ついで、忠義の帰国決定となるが、ここで問題にすべきは、なぜ西郷が忠義の即時出征に反対したのか、その理由であろう。というのは、このあと忠義の帰国を迎えた国元では疑問の声が上がることになったからである。

たとえば、「道島家記」には、「或（る）人の噺《はなし》」として、忠義に「錦の御旗」や「直垂《ひたたれ》」等が与えられ、「既に御出馬」とまで成っていたのに、「何様《いかよう》の訳にて候欤《か》、（上洛して来た西郷が）関東御下向を差し留め、俄《にわか》に御下向（＝帰国に）相成候よし」とあった。この在鹿児島人の疑問は、シンプルなものだけに逆に無理からぬ疑問だと受けとれる。いずれにせよ、そうしたこともあってか、この「道島家記」には、「人皆疑惑を生じ候よし」と綴られた後、少し間隔を空けて、「一時の権変（か）も知るべからず、後事を見るべし」と記されることになった（『忠義』五）。

さて、このように、西郷の再上洛後、忠義の即時出征が中止となったが、これはむろん江戸の大総督宮や三条実美らの同意を得たうえでなされたものだった。だが、仮にそうだとしても、提唱したのが西郷であったことは間違いない。また西郷は、忠義の即時出征を止める理由の一つに、討会津戦が九月以降にもつれこむと東北の厳しい「寒気」に苦しむことになるので、その前の八月中に「賊徒」の「平治」をすべて終えたいことを挙げた（同前）。すると、とかく時間がかかることが予想される藩主を伴っての東征を避けたかった理由もわからなくはない。ただ、こうしたことは、忠義の即時出征を阻止するための口実の一つにすぎないとの解釈も可能となろう。

では、もしそうだったならば、西郷が忠義の即時出征に反対した本当の理由はいったい何であったか。これはやはり、先述したように、諸藩の薩摩藩に対する嫌疑を避ける狙いの下になされたとみざるをえない。これより前、慶応四年五月段階の越後（新潟）では、会津・米沢等の奥羽諸藩と新政府軍との間で激しい戦闘が展開されていた。すなわち、新発田《しばた》・村上・長岡等の北越地域の諸藩が、いま挙げた奥羽諸藩と同盟を結び、政府軍に抗戦していた。かたや新政府軍の参謀として、参戦を命ぜられた西日本諸藩を指揮したのが、薩摩藩の黒田清隆や長州藩の山県有朋らであった。つまり、ここでも薩長両藩が先頭に立って奥羽越の諸藩と対峙することになった。

　ところが、自分たちが中核的な役割を担っているとの自負心もあって、新政府軍に加わっていた諸藩サイドからすれば、耐え難い横暴さを薩長両藩兵が見せることになる。このことを具体的に物語る一証拠が、五月下旬に福井藩士の南部彦助が、越後から京都に戻ってきた時に伝えた現地の情勢であった。それは、「薩長の兵士等、殊の外粗暴、越後全国を敵と見做《みな》し、一兵をも残さず刈り尽すべき胸算」であること、それ「故に、帰順の志を懐ける藩々なきにあらざるも、遂に敵方に同盟する事とな」ったとの情報であった。そして、さらに南部は、「越後在陣の（新政府側の）各藩兵は、都《すべ》て薩・長に駆使せらるる勢にて、意見あるも陳述するを得ず」との状況を訴えた。そこで福井藩関係者は、「さては無謀不仁の所為というべし、我藩に於ても、茂昭公（＝藩主の松平茂昭）不日出馬せらるる筈なるが、さる無謀不仁の所為には同意」できないと反発することになった（『越前松平家家譜　慶永4』）。

藩主に随行しての帰藩

　こうした本来は仲間内に属する藩の間でも高まった反薩摩感情を、鋭敏な西郷が見逃すはずはなかった。彼は、反薩摩感情が高まる中、藩主の島津忠義が東征軍の先頭に立って東北地域に乗り込めば、さらなる反発を招くことをおそらく恐れ、それが忠義への即時出征の中止要請となったと想像される。また、年も若く、戦場での軍事経験のまったくない忠義が、現場に居ても実際のところ迷惑であった。警備にそれなりの人数をさかねばならないなど足手纏《あしでまと》いとなるだけであった。そうしたことも、藩主抜きでの出征の決定に繋がったのであろう。西郷の真意（心の奥底）はむろんわからないが、とにかく西郷は、このあと六月九日に忠義とともに京都を発ち、鹿児島へと向かうことになる。

西郷の当初の構想では、彼が事実上藩主に代わって京都に居た藩兵を引率して、ただちに進軍する予定だったと思われるが、現実は忠義に随行しての帰藩となった。これは、どうやら鹿児島での反発を考慮しての行動だったようである。反発が国元で沸き上がれば、新たな従軍兵士の募集どころでなくなるからである。そこで異論が発生すれば自ら説得にあたる覚悟で帰藩を決意したものと思われる。だが、そのために、西郷は結果として個人的にはマイナス要素を抱えこむことになった。あれだけ参戦し多大な軍事的成果を得ることを望んでいたのに、その願いを叶えることができなくなったからである。すなわち、戦線に駆け付けるのが、後述するように、はなはだ遅れることになった。

鮮明となった体調不良

もっとも、出軍が遅れた理由は、それだけではなかった。いったん鹿児島に戻った西郷に関して目につくのは、彼の体調不良が鮮明となることである。二度に及んだ流島生活とその後の老化の進行によって、すっかり足腰が弱ったらしい西郷は、帰国そうそう体調不良のため湯治を余儀なくされることになった。すなわち、六月十四日に鹿児島に帰着した西郷は、健康状態が思わしくなかったため、藩から暇をもらい日当山《ひなたやま》温泉（隼人町）での療養に専念しなければならなくなった。そのため、北越出征軍の総差引（司令官に該当）を命ぜられた西郷が、春日丸で越後に向け鹿児島を出発するのが八月六日にずれこむことになる。

柏崎ついで新潟へ

さて、これ以降、西郷は戦地での生活を過ごすことになるが、この時の彼の行跡をごく簡単に辿っておくことにする。西郷が国民各層から広く愛されるようになり、ひいては薩摩藩への悪感情を大きく減らすことになる有名なエピソードが生まれたのが、この時のことだったからである。一大隊の薩摩藩兵を乗せた春日丸で鹿児島を出発した西郷が、越後の柏崎（桑名藩の飛地があり、江戸を逃れた藩主の定敬が、この新潟の地で七月まで徹底抗戦の構えをみせていた）に上陸し、総督宮に謁したのは八月十日のことであった。が、しかし、戊辰戦争の中でもひときわ名高い、長岡の争奪をめぐる長岡藩の執政・河井継之助《かわいつぐのすけ》（一八二七〜六八）と新政府軍との激闘は、六月・七月と展開された後、七月二十九日に新政府軍が河井の指揮する長岡藩兵を破って長岡を取り返したことで、ほぼ収束していた。そして、まもなく新潟も平定された。したがって、西郷らは、なんらなす術《すべ》を知らぬまま、すごすごと新潟に回航し、松ヶ崎に滞陣することになる。そして、ここに、八月二十二日以来総督府の置かれていた新発田から参謀の黒田清隆、吉井友実、山県有朋らが打ち合わせのために、代わる代わるやって来る。

米沢を経由して庄内へ

彼らの間で話し合われたのは庄内の攻略であった。庄内は、既述したように、慶応三年末に勃発した薩摩藩の江戸藩邸焼き打ち事件以来、薩摩藩にとって仇敵同然の間柄にあった。しかし、庄内盆地は三方を峻嶮《しゅんけん》な山岳地帯に囲まれていて、守るに易く攻めるに難い地勢であった。事実、新政府軍側は、四月以来、同地に攻勢を仕掛けたものの、なかなか攻略の緒《いとぐち》を見出せないでいた。そこで、西郷が前線を視察して形勢を判断したのち、攻撃をしかけることになった。ついで九月九日に松ヶ崎を発った西郷は、米沢を経由して九月二十七日に庄内に入る。

ところが、この地でも西郷は武人としては役立たずで終わった。庄内藩は、同盟関係にあった仙台藩が米沢藩に続き九月十四日に降伏謝罪の意を表明したこともあって、すでに九月二十二日に降伏・開城していたからである（なお、会津藩の降伏・開城もほぼ同時期のことであった）。西郷が庄内に入るわずか五日前のことであった。こうして、西郷は戦闘らしい戦闘をしないまま、北越と東北の地での軍事活動を終えることになる。

すこぶる寛大な措置

では、つづいて、西郷の存在と国民的人気を不動のものとするうえで大きな役割を果たした、庄内での彼の行動について触れることにしよう。実は、西郷が庄内にいたのは、ほんの数日間であった。西郷は、庄内に到着後、黒田清隆らと城内に入り、武器・弾薬等を点検した後、それを新発田の総督府に送った。だが、彼はこれ以上の行為には出なかった。

庄内側は、これまでの経緯《いきさつ》もあって残酷な仕返しを覚悟したが、その彼らの予想とは違って、藩主の酒井忠篤《ただずみ》（一八五三〜一九一五）は面縛の辱《はずかし》めを受けず、家臣団も双刀を取り上げられることはなく自宅謹慎処分に止まった。また、市井の民も通常の商売を許された。さらに薩摩藩兵による暴掠事件も発生しなかった。つまり、西郷が庄内に入ってからの措置は、すこぶる寛大で平和的なものとなった。そして西郷は、庄内まで率いて来た兵士を黒田に引き渡すと、さっさと庄内を離れた。

西郷に対する敬愛の念

もっとも、庄内の人々が、このような寛大な措置（異例そのものの降伏条件）が、西郷の指示によるものだと理解しえたのは、翌明治二年（一八六九）初めのことであった。すなわち、この年の一月に、庄内藩の家老であった菅実秀《すげさねひで》（一八三〇〜一九〇三）が会津征討越後口参謀であった黒田清隆に会い、前年のことで謝意を述べたところ、寛大な措置がすべて西郷の指示の下になされたことを知らされた時点であった。そして、このことを聞いた庄内の人々は、以後、西郷に対する敬愛の念を抱き続け、西郷と積極的に交渉を持つようになる。

それはまず、明治三年（一八七〇）の下四半期に旧藩主の酒井忠篤（彼は弟の忠宝《ただみち》に家督を譲った）自身が藩士七十余名を伴って鹿児島入りし、数カ月間にわたって兵学の実習を受けるとともに、西郷の教えを乞う行動となった。当時の忠篤はいまだ十代の少年であったが、彼は自藩士と寝食をともにして練兵に従事する経験を鹿児島の地で持つことになる。さらに、菅が翌明治四年の四月に西郷と初めて会い、以後、両人は「徳をもってする交わり」と称された深い交友関係を結ぶことになる。その結果、西南戦争を挟んで、明治二十二年（一八八九）二月十一日、憲法が発布された日に西郷の賊名が解かれると、旧庄内藩士の手によって西郷の語録として読み継がれることになる『南洲翁遺訓』が発刊されることになる。こうした縁が結ばれる、そもそもの契機となったのが、この遠征時であった。

なお、西郷が庄内人に対し、寛容な措置を講じた理由であるが、これはむろん彼固有の相手が白旗を掲げれば許すという考え方によったことは言うまでもない。さらに少々穿《うが》った見方を付け加えれば、西郷の心の中のどこかに、庄内藩兵による江戸薩摩藩邸の焼き打ちが、自分が置かれていた危機的な状況を救ってくれたという、感謝の念めいたものがあり、それが西郷をしてきわめて寛大な条件での降伏措置をとらせた一因になったかもしれない。そうしたことは、もちろん確認のしようがないが、十分ありえることだろう。

美談の影響

もっとも、西郷の庄内での措置は、西郷自身が、おそらく、まったく思ってもみなかったであろう想定外の影響を、その後に及ぼすことになる。革命（とくに明治維新のような巨大な革命）においては、時に残酷な暴力性がむき出しになることは避けがたかった。だが、西郷の存在がそうした革命に付き物の残酷なイメージを払拭《ふっしょく》した面がある。そして、要因の一つになったのが、この庄内での件であった。

とにかく、庄内での西郷の行動が徐々に美談として周辺に語られ出し、それが西郷のみならず、彼の出身母体である薩摩藩に対する世間一般の憎しみの情を減少させることになった。そして、このことは、やはり世間一般の憎しみを集める対象となっていた長州藩との著しい差を招くことの一因となった。たとえば、同藩の場合は、会津藩が降伏謝罪を受け入れたにもかかわらず、対会津に対する寛大な処分を拒み、その結果、仙台藩をはじめとする奥羽諸藩を敵方に追いやった、奥羽鎮撫総督府の参謀世良修蔵（一八三五〜六八）の存在などが大きくクローズアップされ、それが長州藩のイメージを形づくるとともに、その後の長年にわたる旧長州・会津出身者間の確執の継続に繋がった。そうしたこととの対比で、明治期に入ってからの西郷人気には凄まじいものがあるが、おそらくその人気を国民各層の間に生じさせた要因の一つは、この庄内での彼の措置が広く知れ渡ったことによろう。それといま一つは、江戸の街が戦禍を免れ、市民百万人の生命が救われた理由として、西郷の決断の及ぼした影響が、これまた広く語られだしたことも、やはり大きく関係していよう。

西郷の庄内での行動が、急激に、しかも広く知れ渡ったことは事実であった。たとえば、このことは次のような事例一つとってもわかる。明治期の著名な自由民権運動家の一人に杉田定一《すぎたていいち》なる人物がいる。この杉田は、明治十年（一八七七）に西南戦争が勃発すると、すぐに仲間とともに西郷軍を後援するための活動を始めた。その彼が、最初に遊説の地に選んだのが庄内であった。そして菅実秀と会って決起を促そうとしたが、結局会えずに彼らの目論見は失敗に終わる（家近良樹『ある豪農一家の近代』）。この杉田らの行動は、遅くとも明治十年の時点で、西郷の庄内での美談が全国に知れ渡っていたことを我々に教えてくれる（杉田定一は福井県人であった）。

さらに、西郷の美談とともに、薩摩藩への憎しみの情が少しは薄れたのではと思わされるのが、会津藩家老であった西郷頼母《たのも》（一八三〇～一九〇三）の行為である。頼母は、会津戦争で母・妻・娘をはじめ一族の女性二十一名が差し違えて自決するという凄惨な運命に遭遇したことで知られる人物である。そうした忌まわしい過去を直近に持つ人物が、一面識もない西郷に、明治四年（一八七一）五月二十一日付の書簡（『全集』六）でもって、自分の子供の西郷の許での勉学許可の依頼を行う。これなどは、まさに西郷の庄内人に対する措置を念頭においてなされた依頼であろう。と同時に、薩摩藩に対する強い憎しみが西郷頼母の中にあれば、決してなされない要請でもあったといえる。

薩摩藩は、本書中にこれまで記してきたように、長州藩とともに会津藩を潰滅状態に追い込んだ藩であったが、この時点で早や、そうした怨みつらみは相当程度減じていたと考えられる（むろん、それは軽減されたということで、なくなったわけではない。現に、西南戦争が勃発すると、旧会津藩士の佐川官兵衛や山川浩が警視隊や別働隊の幹部として多くの旧藩士を引き連れて参戦し、勇猛な戦いを展開したことはよく知られている）。これに比し、会津人がしつこくその後も怨み続けたのは、いま先ほども記したように長州人に対してであった。

次弟吉二郎の戦死　西郷の北越・東北の地での軍事活動についての記述を終える前に触れておかねばならないのは、弟の戦死である。西郷は、越後での戦いで弟の吉二（次）郎を喪《うしな》った。吉二郎は西郷にとってすぐ下の弟であったが、西郷が長年にわたって藩外での活動に従事したこともあって、不在中の長兄に代わって、一家の面倒を見ることになった。すなわち、農作業への従事や、いまだ幼かった弟妹の養育にあたった。そのため西郷は、かねてから吉二郎に対しては常に感謝の気持ちを忘れず、兄事に近い心情すら抱いていたとされる。その弟を戦死という形で喪うことになったため、西郷の受けたダメージには図り知れないものがあった。現に彼は、この後、実弟の命日には精進して謹慎し、猟には出なかった（また吉二郎以外に、西郷は、この時の戦争でかわいがっていた甥の市来嘉《いちきか》納次《のうじ》〔妹琴の嫡子〕も喪った）。

2 帰郷

帰鹿と参政職への就任　このように、西郷は戦闘に加われず、かつ実弟や甥の戦死という悲しみ極まりない現実に遭遇し、東北の地を去ることになった。そして彼は、このあと江戸・京都を経由して、明治元年の十一月初旬に鹿児島に帰ってくる。ついで四、五十日ほど日当山での湯治生活を送った後、翌明治二年二月、藩政に関わることになる（二月下旬に参政に任ぜられた。なお、この直後の西郷〔家〕にとって軽視しえないのは、初めて耕地と家屋敷を所有するようになったことである。すなわち、明治二年の五月に西別府村〔鹿児島の郊外〕に耕作地〔持高五斗八升余り〕を、同七月に武村にあった屋敷を、それぞれ購入し、上之園の借家から武村に移り住むことになった。『全集』四）。武村は、東に錦江湾ごしに桜島を望む、のどかな田園地帯にあった。

帰鹿直後の西郷は隠居生活に入ることを希望したといわれる。これには彼の体調が思わしくなかったことが関係したらしい。それと、いま一つ、大島に残してきた子供たち（菊次郎と菊草）との再会を、この機会に果たしたいとの願望もこのことに関係した。西郷は、翌年の春、海面が静かになり、気候も温暖になるのを待って、大島に渡航しようと思いたったようである（明治二年三月二十日付得藤長宛西郷書簡〔『全集』三〕）。ところが、藩主直々の依頼によって、参政に就任せざるをえなくなり、隠居と大島渡島をともに断念したというのが、ことの次第であった。

西郷が参政職に就かざるをえなくなった、そもそものきっかけは前年にあった。まずその一は、明治元年十月二十八日に「藩治職制」が制定され、政府の直轄地である府県と、諸侯の支配地である藩に対し、慣例や家格にこだわらない人事や制度の改革が促されたことである。これを受けて、藩でも翌明治二年二月に「藩治職制」に基づく改革が発表されることになる。すなわち、藩主の島津忠義名で制度改革と人事刷新が藩内に布告された。

より具体的に記せば、家老以下の職制に根本的な改革を加え藩政と島津家の家政を分離し、前者は知政所が後者は内務局が管轄することになる。そして知政所には執政・参政・公議人以下の役職が置かれたが、この段階ではとりあえず執政は欠員になった。したがって、執政が欠員である以上、参政職の西郷が、参政職に就いた同僚とともに、形のうえでは藩政の最高ポストの座に就いたことになる。

凱旋兵士の改革要求

その二は、前年に戦地から帰ってきた凱旋兵士（下級士族）の動向と関わった。彼らは、鳥羽伏見戦争後の連戦連勝の余勢に乗じて、帰藩後、藩当局に対し様々な要求を突き付けた。中核をなしたのは、門閥打破・人材登用・藩政の全面的改革の要求であった。そして、このような要求を行ったのは、西郷を慕う下級藩士であった。すなわち、川村純義や野津鎮雄《のづしずお》、それに伊集院兼寛らの青年将校が中心となって根本的な政治改革を要求し、やがて彼らが門閥守旧派と見なした人物の藩政からの追放が目指されることになる。

つまり、幕末時に挙兵に異を唱えた人物が根こそぎ狙われ、攻撃を受けることになった。その結果、明治元年に参政に任ぜられ藩政改革に従事した伊地知貞馨（壮之丞）や奈良原繁、島津久光の次男で家老であった島津久治が、幕末最終段階で出兵に反対したということで、藩主忠義の面前で川村純義（西郷の親族でもあった）らに詰問され、明治二年二月に辞職せざるをえなくなる。要するに、西郷と反《そ》りが合わなくなっていた人物がいっせいに退けられたのである。その代わりに参政職に就いたのが西郷であり、戊辰戦争で大きな功績を上げた伊地知正治や旧友の桂久武、それに凱旋兵士のリーダーであった伊集院兼寛であった。

蝦夷（北海道）へ

下級藩士が中心になって展開された藩政改革の要求は、むろん旧来の身分・格式（藩主や家老中心の在り方）を大きく突き崩しかねないものであった。したがって、こうした状況を考慮すれば、新たに参政職に就任した西郷にとっては、きわめて難しい時期での藩政への関与となったと見なすことができる。もっとも、当初は、西郷の藩政への関与はそれほど深くはなかった。同年（明治二年）の五月には箱館戦争に従軍すべく蝦夷（北海道）へと向かうことになったからである。すなわち西郷は、五月一日に薩摩藩船の三邦丸で鹿児島を出航し、五日に品川に到着する。そして、どうやら大村益次郎からは出軍するほどのことはないと言われたらしいが、五月十六日に銃隊一大隊、大砲隊一小隊を率いて北海道に向かうことになる。だが、五月二十五日に箱館に到着してみると、またしても平定後のことであった（同地では、榎本武揚らが五月中旬段階ですでに降伏していた）。それゆえ、ただちに東京に引き返し、このあと新政府入りすることもなく鹿児島に帰ることになる。ここに彼の戊辰戦争は終了した。

以上、長々と見てきたことからも明らかなように、西郷の戊辰戦争との関わりは、当初は順調で大きな成果を収めたものの、後は個人の心情レベルからすれば、きわめて不満足な結果に終わった。このことは、明治二年七月八日付で桂久武に宛てて発した書簡（『全集』三）中に、「此のたびの東行不都合、散々《さんざん》の仕合にて早や帰国仕り候次第に御座候」とあること一つとってもいえた。西郷は、軍人としての出番がまったくないまま戊辰戦争の後半時を過ごし、空しく鹿児島へと最終的には帰ることになったのである。

中央政府入りしなかった理由

さて、ここで帰鹿後の西郷の動向について触れる前に、ひとまず検討しておかねばならない問題がある。西郷は何故《なにゆえ》この時点で中央政府入りをしなかったのかという問題である。先ほどの桂久武宛て書簡によると、西郷の帰鹿にあたっては政府首脳から兵隊の帰国を見合わせるようにとの依頼がなされたようである。そこで西郷は、このまま東京でぐずぐずしておれば、彼自身も引き留められるのは確実だと判断して、それが兵士全員を伴っての帰国となったらしい。

では、なぜ西郷が中央政府入りを事実上拒んだか、その理由であるが、これには様々な理由が考えられる。そうした中、やはりいの一番に挙げられるのは、彼の仕官嫌い（窮屈な役人生活を嫌った）の性格であろう。西郷が自らの心情を詠んだ漢詩を眺めると、宮仕えや都会暮らしを厭《いと》うものが多い。ついで考えられるのは、明治初年の西郷にとくに顕著にみられる、諸藩の薩摩藩への嫌疑を避けようとする志向との関わりである。すなわち西郷は、すでに中央政府入りしていた大久保と自分の両名が二人揃って中央政府の中枢に坐る形になると、薩摩藩にとってまずいことになるといった判断を下し、そうしたことが大きく関係したものと想像される。

島津久光との関係

それといま一つ、ここで目を留めねばならないのは島津久光との関係であろう。久光と西郷の関係は、王政復古クーデターから戊辰戦争当初にかけての時期はひとまず良好なものとなった。久光にとっても、西郷らの武功によって藩を取り巻く危機的な状況がとっ払らわれ、安心感を覚えたためであった。しかし、その後、凱旋兵士が帰国し改革を強硬に要求し出すと様相が変わってくる。彼らの要求が、久光が最も嫌う藩内の身分秩序を乱す（それも激しく）ものだったからである。とにかく久光は、下位身分の者による上位身分の者への挑戦、ならびに凱旋兵士による藩政掌握（利権奪取）の動きだと受けとめた。そして久光は、それら兵士の背後に西郷の指図があるとみて問題視した。

　こうした背景があったものだから、まず明治二年の二月、西郷に対し、その意見が書面（『全集』五）でもって問われることになる。すなわち久光は、川村純義らが、「方今の形勢、貴賤に拘《かかわ》らず、（藩政府に人材を）登庸《とうよう》の儀（は）当然に付き、門閥」の廃止を求めていることに対して、西郷の意見を問うた。もっとも、これは、西郷の「存慮（＝意見・考え）」を「十分（に）承りたく」としながら、藩の門閥制度の存在意義を認める主旨を久光は書面上に記しているので、暗に西郷をして凱旋兵士の要求を抑えることを促したものともみられる。いずれにせよ、この頃から両者の関係は再び目に見えて険悪なものとなってくる。

　したがって、西郷が中央政府入りを事実上拒否した理由としては、この久光の存在が大きく関わったと考えられる。つまり、自分が中央政府入りすることで、いわば「朝臣」身分となれば、西郷をあくまで「藩臣」身分として自己の管轄下に押しとどめておきたい久光の、さらなる反発を招きかねないことを憂慮しての一面があったと思われる。すなわち、再度、なにかと西郷の行動を邪推するようになった久光に対し、鹿児島に引っ込むことで、自分になんら他意がないことを示そうとしたと考えられる。

　さらに、論述の都合上、いま少し久光との関係について加筆しておきたい。この後、久光・忠義父子から中央政府入りしていた小松・吉井・大久保に対し帰藩が要請され、明治二年の二月に勅使の柳原前光に従って帰藩した大久保らが門閥守旧派と凱旋兵士との間に立って妥協を模索した（凱旋兵士側に譲歩を求めた）が、うまくいかなかった。また、この時、改めて藩主忠義の上京が勅使から要請されたが、これに対し猶予願いが出される。

表向きの理由は、忠義の上京によって、せっかく取り組んでいる藩政改革が中途半端に終わることを危惧するというものであった。そして帰京後の大久保は、在鹿時に西郷と話し合っていたこともあって、藩主名で出された上京の猶予に関わる要望の受理を岩倉具視に求めることになる。その結果、大久保・岩倉両者の間で六月中の上京で妥協が成立する（明治二年三月十九日付西郷他宛大久保書簡〔『大久保利通文書』三〕）。すなわち西郷らは、忠義の背後に控える久光にひどく気を遣って、なんとか折り合いをつけようとした。

ところで、ここで西郷が中央政府入りをしなかったことで得られたメリットについても、ほんの少し言及しておきたい。その最たるものは、やはりなんといっても、維新政府がとらざるをえなかった「裏切り」行為に加担しなくてすんだことだろう。「裏切り」行為とは、維新政府入りしたリーダーの多くが攘夷の実行と王政への復古を掲げて徳川政権を倒しながら、慶応四年に入るとすぐに欧米諸国との開国和親路線に転じ、そのうえで急進的な開化政策を積極的に推進したことである。そして、周知のように、この裏切り行為に対しては、明治初年に猛烈な反発が幅広い層の間から巻き起こることになる。だが、維新政府入りをしなかったことで、西郷はこの災厄から逃れることができた。また、彼が明治初年にあって、新政に反感を抱く者から期待を寄せられるようになったのも、この点と無関係ではない。

下級士族優遇策

それはそれとして、西郷は、このあと箱館戦争への従軍による空白期間を挟んで同地から戻ってくると、凱旋兵士の圧力を利用して藩政全般にまたがる改革を主導することになる。そうした中、版籍奉還後の明治三年の四月に「職制」が改正されたのを受けて、同年閏七月三日、新たに設けられた執務役（のち大参事）に西郷一人が任命される。そして、彼を支える権大参事に桂久武・伊地知正治・伊集院兼寛ら親西郷派の人士が多数起用された（計六名）。そのうえで、藩の職制や禄制の改革、それに家格の廃止等士族身分に関わる変革をはじめ、軍備の改編、神仏分離、学制改革、検地の実施などが矢継ぎ早に行われることになる（ただし、一部は着手のみに止まった）。

その結果（なかでも家格の廃止によって）、武士はすべて士族となり、外城士（郷士）は城下士と同格とされ、私領主の家臣（陪臣）は直臣（外城士）に編入された。また、この時の改革で注目されるのは、一門以下の禄高を削減したのに対し、一般諸士は定限二百石と定め、それ以下に削減を及ぼさなかったことである。もっとも、他藩でも上士の家禄を圧縮する一方、下士のそれには手をつけないケースが目立つが、薩摩藩では、かなり極端な下級士族への優遇措置がとられた（藤野保『近世国家解体過程の研究』後編）。

西郷に対する猛反発

そのため、鹿児島では士族の数が急激に増加するという、他藩ではおよそ見られなかった現象が出現する。そして、こうした性格を有する改革が、薩摩藩に負（マイナス）の遺産を残すことになる。その一は、島津久光および久光側近グループ（その多くは門閥守旧派に属した）らを大いに刺激し、彼らの西郷に対する猛烈な反感を招くようになったことである。なかでも、深刻さを極めることになったのが、久光との泥沼化することになる対立であった。

久光は前述したように、旧来の幕府独裁政治の継続は拒否したものの、個別領主権の廃止を伴う新たな国家体制の確立（すなわち王政復古）は本来望まなかった。あくまでも封建体制そのものの存続を望んだ。そして、優秀な下級藩士の登用は当然だとしながらも、門閥制度そのものの継続は望んだ。つまり久光が望んだのは、封建的身分制度の廃止などという革命ではなく、人事制度の一定程度の改変・改良（漸進）を認めるという、藩内レベルでの限定的な改革にとどまった（家近良樹「島津久光の政治構想について」)。

道の前には誰もが平等

ところが、西郷は、『南洲翁遺訓』中に、「道を行うには尊卑貴賤の差別なし」とあったように、「道」の前には誰もが平等だとの考え方の持ち主であった。しかも、戊辰戦争に多くの下級士族が積極的に参加し、彼らが自らの生命を投げ出したことで旧幕府方との戦闘に勝利を収めたとの強い思いを持っていた。そして、こうした思いが叙上の他藩には類をみない下級士族への優遇策の採用となった。また西郷も、自分を慕って集まってくる下級藩士をはなはだ愛した。そのため、下級藩士の方でも、西郷のために生命を投げ出すような関係ができた。それは、後年の松平慶永が、回顧録(『逸事史補』)の中で、「兵隊の西郷に服するや実に驚くべき也」と驚嘆したように、強固な結び付きとなった。しかし、下級藩士と強く結び付いたぶん、門閥守旧派のさらなる反発を招くことにもなる。負(マイナス)の遺産のその二は、こうして前代よりも数的に多くなり、かつ西郷支持の姿勢を一段と強めることになった下級藩士の面倒を、西郷が責任をもってみなければならなくなったことである。そして、このことが、その後の西郷の、ポリス(巡査。警察)への鹿児島士族の積極的な採用や、台湾出兵への同意、あるいは征韓論的な主張と結び付くことになった。また、こうしたことによって、木戸孝允を筆頭とする長州派人士の猛反発を招くことにもなった。ひいては新しく成立した天皇政府の基盤を大きく揺るがす一因ともなった。

体調のさらなる悪化

以上、明治二年の六月に帰鹿した後の西郷に関して、ひとまず留意しておかねばならない点を列挙した。しかし、いま一つ、さらに目を留めねばならないものが残されている。体調不良問題である。明治元年の末に、いったん鹿児島に帰った西郷は、体調がすぐれなかったこともあって日当山温泉に直行し、相当長期間滞在したようである(明治二年一月段階で伊地知正治が大久保に宛てて発した書簡〔『大久保利通関係文書』一〕によって判断)。

当時の温泉行は、たんなる気分転換のためのものではなく療養を目的としたものであった。そして西郷は、翌明治二年に箱館から帰ってくると、今度はただちに日向（現・宮崎県）の吉田温泉に向かった。これは、同年の七月八日付で桂久武に宛てた前掲書簡中に、次のようにあったごとく、鹿児島から新潟・東北、ついで鹿児島から箱館へという、二度にまたがった長い往復の道中で、彼の心身が著しく傷《いた》められたことによった。「（船で箱館へ往復するという）長船中にて大いに草臥《くたびれ》候に付、一封の御届も申し上げず、直様湯治御暇申し上げ候義に御座候（＝藩庁に復命書も提出しないで、すぐに日向の吉田温泉に湯治のために直行した）」。

再度の従軍行を終えて鹿児島に帰ってきた時点の西郷は、心身両面でひどく弱っていたのである。なにしろ二年間に及んだ戊辰戦争では唯一上野戦争を除いて、自らが陣頭に立って作戦を指揮することはなかった。また、親しい部下と頼りにしていた実弟らをともに喪うという悲劇にも見舞われた。しかも、そのうえ、帰鹿後、参政・大参事として藩政改革にあたる過程で島津久光およびそのブレーンたち（藩内の門閥守旧派）との対立を深めた。

こうしたことが西郷の体調をさらに一段と悪化させることになる。たとえば、このことは、湯治で訪れていた日向の吉田温泉から七月八日付で桂久武に宛てて発した前掲書簡中に、西郷が次のように記していることで判明する。「（入湯して）四・五日跡（後）より大熱発起いたし候に付き、如何成り行き候わんと案じ煩《わずら》い居り申し候処、翌日より熱気相散じ、腹痛に相変じ、難儀仕り候処、大瀉《おおくだ》しに相成り、是れ以て余程薄く相成り、所々腫物《はれもの》出来、湯当《あた》りの上腫物発し候事にて、相応疑なしと至極相楽しみ居り候事共に御座候。昼夜には二十四・五度の瀉し方にて、間には下血いたし候得共、頓《とん》と気分は相変らず、却《かえ》って快晴に相成り候心持に御座候間、是迄染み付き居り候悪湿、都《すべ》て相発し候わんかと相考え居り申し候。恐れながら御安慮成し下さるべく候」。

これは、むろん、西郷が自らの症状の深刻さを同僚の桂に訴えるためのものではなかった。むしろ彼は、湯治による効果を懸命に桂に伝えようと努めているとも受けとれる。だが、この書簡は図らずも西郷の症状の一段の悪化を伝えるものとなった。前々から西郷の書簡中によく見られる「腹痛」によるひどい下痢症状以外に、ここで初めて登場する単語があるからである。「下血」である。つまり、下痢と下痢の間に下血があった。当然、ここで問題となってくるのは、「下血」の原因である。これにはむろん様々な理由が考えられる。痔疾（それも頑固な痔疾）による出血以外に、深刻な病因も想定しうる。大腸癌、大腸ポリープ、炎症性腸疾患（潰瘍性《かいようせい》大腸炎、クローン病、虚血性腸炎）等による出血がそれである。

下血

強烈なストレス源

また、ひとまず「下血」の問題から離れて西郷の病因を考えると、ストレスからくる原因が当然挙げられよう。たとえば、腹痛と下痢を繰り返す過敏性腸症候群などが、それに該当する。そして、いま挙げた腸関係の病気は、いずれも脳が強いストレスを受けることで、自律神経で繋がった腸の運動が異常になり、その結果、内臓感覚も過敏になりやすいために起こるとされている。そして、これらの病気は、真面目で神経の細やかな人間（感受性が豊かで、他人に対しての心遣いが細やかな人間）がなりやすいとされている。つまり、鈍感ではなく、よく気のつく優秀な人間に多いといわれる。これは本書でこれまで幾度となく見てきたように、西郷にまさにピタリとあてはまる条件であった。

西郷は、本書中で折に触れ説明してきたように、常人をはるかに凌ぐ繊細な心の持ち主であった。このことは、そのぶん、ストレスを感じやすかったということでもある。もちろん、西郷が常人と比べてストレスに弱かったとは思えないが、なにしろストレス源の強烈さの度合い、ストレスの度合いが常人のそれとは格段に違った。老子に「大象無形」という言葉があると聞く。「本当に大きなものは形がとらえられない」といった意味らしい。後世の我々が抱く西郷のイメージは、これに限りなく近いであろう。しかし、いくら西郷が歴史上に名を残した大人物であったとはいえ、生身の人間だった以上、ストレスに大いに苦しめられたのはむしろ当然であった。

加齢による免疫力の低下

いずれにせよ、西郷が腸関係の疾患による出血に直面した可能性は当然のことながら大いにあった。また、これに加えて、西郷の場合、加齢による免疫力の低下も下血に関係したと思われる。さらに、ここで西郷が胸痛に悩まされていたことを思い起こす必要もあろう。患者が胸痛を訴えた場合、医師がまず挙げるのは、一に心臓、二に食道、三にストレスである。また、西郷は大の愛煙家だったので、動脈硬化等以外に、タバコによる胸痛も要因として考えられる。その他、大変な犬好きであった西郷は、座敷にあげた犬としばしば同居するなど現代人からすれば不潔となりがちな生活を送っていたので、こうしたことも西郷の体調に悪影響を及ぼした可能性がある。

以上、西郷を苦しめることになった病気の原因を探ったが、残念ながら彼が医者の診断を嫌ったことなどもあって、治療カルテ等の類は残存していない。ましてや心の問題に関するデータなどはまったくない。したがって、西郷の病因は特定できない。もっとも、たとえ残存していたとしても、そうしたものによって病気の真の原因が百パーセント解明できるとは思われない。しかし、免疫力の高い若い時代はともかく、遅くとも明治に入ってからの西郷が病気による相当ひどい苦しみに直面するようになっていたことだけは間違いない。そして、こうしたことが、これから先の西郷の行動を理解するうえで不可欠の前提条件となる。

菊次郎を引き取る

さて、鹿児島に帰ってきた西郷は、形のうえでは、藩権力を掌握する立場にたったとはいえ、体調不良に苦しめられるようになったという点では、後半生で最も苦しい時期に入ることになった。そのような西郷にとって、ほとんど唯一といってもよい嬉しい出来事は、奄美大島にいた菊次郎を引き取り、同居するようになったことである。後年、菊次郎が母の愛加那に送った書簡(『全集』五)によると、西郷が帰鹿した頃(明治二年六月頃)に菊次郎は母の許を離れ、鹿児島の地を踏んだようである。そして、この時、西郷は、息子の眼から見れば、「甚だ御悦《よろこ》び遊ばされ」た(なお、明治二年の七月、先述したように、西郷は鹿児島郊外の武村に家屋敷を買って移り住むことになる。この時の作と思われる西郷の漢詩に、「市利《しり》朝名《ちょうめい》(=市中で富家になり朝に在って顕官となること)は我が志に非ず、千金抛ち去って林泉《りんせん》(=林や泉のある閑静な土地)を買う」というのがある。したがって、西郷は、大金を投じたこの新居で愛息との生活を始めたことになる。また西郷は、この頃〔六月〕に出された詔書でもって、官位の昇進と賞典禄の下賜を政府から告げられた〔ちなみに記すと、西郷には諸藩の家臣としては最高の永世賞典禄二千石が、大久保と木戸、広沢真臣には、それぞれ千八百石が与えられた。彼は、並み居《い》るライバルを押しのけて、藩士レベルとしては一人最高の評価を維新政府から受けた〕)。

だが、そうした喜びも束の間、西郷は久光および側近グループからの執拗な攻撃に苦しめられるようになる。そして、こうしたことを受けて、先ほど来、たびたび取り上げている桂久武宛の七月八日付の西郷書簡中に、島津久光との関係が良くなく、ただ忠孝大義の観点から、それに耐えているとの記述がみられるに至る(「全く君臣の情義は相通ずべき道理にこれなく、義の一字のみにて相勤め居り候次第」)。そして西郷の遠慮は、賞典禄と正三位の位階(西郷は、九月に入り藩主の島津忠義より上級の正三位の位階を授けられた)を、ともに辞退する形となって現れた。

参政辞任

ついで西郷は、翌明治三年一月に参政を辞任することになる。こうした苦衷の極みにあった西郷を辛うじて支えていたのが、「先君の御鴻恩《ごこうおん》」つまり故島津斉彬に対する忠義立てであった。西郷は、前記桂宛の書簡中に次のように記していた。「(たとえ讒言《ざんげん》からであっても)一度賊臣の名を蒙《こうむ》り獄中迄打ち込められ候に付き、其の儘朽ち果て候ては、先君公(=島津斉彬)へ申し訳これなく、一度国家（＝薩摩藩）の大節に臨み、賊臣の御疑惑を相晴らし候えば、泉下の君（＝島津斉彬）へ謁し奉り口をつぐみ申間敷（ママ）（べくか）と、是のみ相考え罷り在り候事に御座候。只是計《こればかり》の思い込みにて御奉公仕り居り、（下略）」。鹿児島に帰国した後の、西郷のストレスの強さが窺える文面である。なお、当時の西郷は、久光にとかく疎《うと》んじられている苦しさのあまり、従弟（実父が西郷の父の弟）の大山巌《いわお》に対し、「時には、自分の進退に何とか始末を付けなければ到底堪えられない、と言って嘆いた」こともあったようである（『全集』六）。真に無理もない思いであった。

もっとも、島津久光の不満は西郷一人に対してのみ向けられたわけではなかった。明治の新政に対しても強烈な不満・不信の思いが向けられた。それが、西郷と同時期（明治二年六月）に官位の昇進と賞典禄の下賜が告げられると（久光には権大納言従二位、忠義には参議従三位の官位昇進と、各十万石の永世下賜が告知された）、すぐに辞退を申し出る行為となった。むろん、これは維新政府に対する嫌悪感によった。

大久保の鹿児島への派遣

そのため、久光を朝廷に召し出すべく、前述したように、大久保利通が明治二年の二月、勅使の柳原前光に随行する形で、鹿児島に派遣されることになる。ついで二月十三日に大久保は鹿児島に到着し、久光の説得にあたり、京都まで連れ出すことには成功したものの、その後は鹿児島に帰られてしまった。しかし、より一層の反政府機運の高まりを前に、再度久光（および西郷）を政府に登用しようという動きが出てくる。またしても、その任を担うことになったのが大久保であった。彼は、明治二年十二月中旬に政府の使者として東京を出発する。そして、明治三年一月十九日に鹿児島に到着すると、翌日、久光・忠義父子と会って勅命を伝え、かつ天下の形勢や東京の事情を説き、久光の上京を促したものの、病気を理由に断られた。また、この時、同時に要請された西郷の上京も薩摩藩内の事情等によって実現をみなかった。そのため大久保は、一カ月以上、鹿児島に留まったものの、同年の二月二十六日に鹿児島を出発せざるをえなかった（この二日前の二月二十四日に大久保は久

大隈重信
(国立国会図書館蔵)

光と会見し、両者は新政の在り方をめぐって激論を闘わせた)。

西郷の上京が求められた背景

政府が大久保を再度鹿児島に派遣し、久光・西郷の両人を上京させようとしたのにはほかにも大きな理由があった。版籍奉還(明治二年六月)後、中央政府は二官六省制を採用した。すなわち、神祇・太政の二官と六省(民部・大蔵・兵部・刑部・宮内・外務の六省)によって中央政府が構成されることになり、政府内の中枢権力は大臣・納言・参議からなる太政官が掌握することになった。だが、政府要路の目論見通りにことは運ばなかった。

政府の会計・財政を掌握した佐賀藩出身の会計官大隈重信《おおくましげのぶ》のもとに、井上馨・伊藤博文・五代友厚といった開明派の官僚が藩の壁を越えて結集し、彼らが民部・大蔵両省の権限を一手に握ったため、大臣以下が中央政府を統括できない事態となったからである。また民部・大蔵の両省に、政府財政の安定化を急務の課題としたため、府県からの租税収奪を強行し、そのことで府県との激しい対立を招いた。そして、これに伴って新政を批判する農民闘争が各地で頻発することになった(『西郷隆盛と幕末維新の政局』)。

こうしたことを受けて、大隈らの推進する急進的な開化政策を支持する木戸孝允らと、それに反発する大久保利通らとの間で、深刻な対立抗争が引き起こされる。政府内がこのような状況に立ち至ったため、諸藩の中でも最大の軍事力を誇る薩摩藩のリーダー(西郷隆盛)と島津久光を中央政府に迎え入れて、政府の安定強化を図ろうとする動きが出てきたのである。それが大久保の鹿児島への派遣となった。

さて、明治三年段階に至って、東京の政府首脳から久光とともに上京することを求められた西郷であったが、この年（明治三年）の西郷の動向について以下簡単に振り返っておくことにしたい。というのは、この年の末に西郷は中央政府入りすることになるからである。すなわち、県政トップの座から中央政府トップの座へと、その置かれた立場が大きく変わる、西郷の人生にとって重要な転換期となったのが、この明治三年であった。

山口に赴く

まず、この年の西郷に関して目につくのは、二月上旬から中旬にかけて山口に赴いたことである。これは、そもそもは長州藩の兵制改革に端を発した大騒動によった。長州藩は、周知のように、幕末期、征長戦に備えるために奇兵隊以下の諸隊を編成した。ついで、明治期に入ると、これら諸隊を解散し、改めて常備兵を設置しようとした。ところが、その際、論功の評価や常備兵を選抜する仕方、あるいは軍律などをめぐって疑惑が生じ、紛争が発生することになる。長州藩においても、薩摩藩と同様、一般兵士の戦勝気分はすこぶる高く、そのため戊辰戦争から帰ってくると、好待遇を得られるものと信じこんでいたのが、そうはならなかったために強い不満が生じ、結果的に兵士約二千名が脱走することになった。

元来がこうした騒動に無関心ではおれなかった西郷は、支援要請もあって、二月六日に大山巌や村田新八・桐野利秋らごく少人数の側近を伴って山口に向かうことになる。まずは状況の視察から始め、必要があれば薩摩藩兵を鎮圧のために出そうと考えたためである。しかし、長州藩の領袖《りょうしゅう》としての立場と威信にこだわった木戸孝允が踏ん張り、反乱軍を強引に鎮圧したことで、なんとか紛争は終焉を迎えた。ついで木戸は、二月十一日、中関に滞在中の西郷を訪ね、彼の調停がもはや必要ではなくなったと告げた。そのため西郷は、同月の十七日に鹿児島に帰着することになる（もっとも、長州藩領と接する小倉の地では、「長州本藩と寄兵《ママ》隊と取合戦争これ有る噂」が流れ、その直後に「薩州〔が〕中に入」り、「砲止めに相成」ったとの噂が、二月中旬段階で駆けめぐった。つまり、西郷らが山口に乗り込んだことで紛争が収まったと受けとめられた（『小森承之助日記』五）。

西郷の山口行の真意をどのように理解したらいいか少々難しいが、とにかく彼は周辺地域に流れた情報とは異なり、調停者としての役割をなんら果たすことはなかった。その点で、西郷の心中に多少の不満が残ったかもしれないが、反面思いもかけない成果も手に入れることになる。西郷の理解では、藩当局（およびその背後に控えていた維新政府）へ武力でもって抵抗した反乱軍が鎮圧されたことで、国元の久光の反政府的な行動にブレーキがかかることになったのである。すなわち、これまたいかにも西郷らしい表現の仕方であるが、「老公（＝島津久光）御肝癪《かんしゃく》も長州変動丸《へんどうがん》大いに適当いたし、其の後何の音も御座なく大慶此の事に御座候」（明治三年三月二十三日付で東京の大久保に宛てた書簡〔『全集』三〕中に見られる西郷の言葉）。言うまでもなく、「長州変動丸」とは上記の脱隊騒動のことを指す。脱隊騒動が久光の暴言を抑えるのに効き目があったとの見方である。

西郷の神経を傷つける

西郷のこうした見方がはたして妥当なものであったか否かはともかく、鹿児島においては、この段階では不平党による暴発は発生しなかった。もっとも、そのぶん、西郷に向ける久光の眼はより悪意に満ちたものとなった。そして、繊細な神経の持ち主である西郷には、殊の外、このことがこたえたものと思われる。というのは、先の大久保宛ての書簡中に、西郷は次のように久光の動向と絡ませて自分の心情を綴っているからである。

御詩作抔の儀も、今更《いまさら》御後悔と相聞かれ申し候。其の儀は家令迄御話御座候由、返《かえ》す返《がえ》すも大発にも到らず、大幸の事に御座候。いずれ暴言の苦薬進上仕るべき事（＝暴言をもって諫言《かんげん》を申し上げるつもりである）と明らめ（＝諦め）居り候得共、又棚の中に格護（＝覚悟）仕り候。御安心下さるべく候。然しながら他邦へは難説色々相発せられ候わん。残念の至りに御座候。先ず大破に及ばず候故、又々持ち立て申すべきか、暫時の柔《やわら》ぎか、程合いは相知れず候。

一見余裕の感じられる書き方だが、西郷が相当精神的にまいっていることは明らかであろう。なかでも、西郷が大いに弱ったと思われるのが久光の詩作であった。これは「他邦へは難説色々」云々とあることから判断すると、おそらく時勢に憤慨した（中央政府への不満・不信を吐露した）内容のものであったと想像される。そして、これは世上に流布したのだろう。なにしろ久光への反政府グループの関心や期待が高まっていた時だっただけに、それは広範囲に及んだものと思われる。そして、こうしたことは、他国（藩）人の薩摩藩に寄せる疑惑の念を人一倍気にしていた西郷にすれば、ことさらその神経を傷つける一因となったであろうことは間違いない。

位階を辞退

もっとも、一介の薩摩藩士として主君に楯突《たてつ》く気持ちなど毛頭なかった西郷は、久光に忠告や抗議をするようなことは、いっさいなかった。いや、それどころか、三月初めに再び西郷に賞典禄と高い官位を授与しようとする問題が持ち上がると、西郷はすぐにそれを辞退した。これは、彼が官位などにまったく興味がなく別段有り難いとも思わなかったことと、当時朝廷の官職に就いてもいない自分に位階を授けるのは筋が立たないと見なしたこと以外に、いま一つ次のような配慮によった。それは、先ほど来、引用している大久保宛の書簡中に、「少弟位階の儀、君公より御辞表を以て仰せ立てられ相成り候……此の節は又々御申し立て相成り候由」とあったように、久光（ただし表面的には忠義）の自分に向ける悪意を十分に意識しての辞退だったことである。また西郷の辞退には、彼が封建的身分制に基づく主従間の上下関係を打破する考えが微塵《みじん》もなかったことも大いに関係した。

とにもかくにも、西郷は、こうした自分の思い（考え）を籠《こ》めた言葉を大久保に向かって吐き出した。

「諸侯の上なれば（＝大名であれば）兎《と》も角《かく》も、藩士の者に高位を授けられ、知事公（＝従三位の藩主島津忠義）より高位を命ぜられ候ても、御受け出来難きは臣子の当然に御座候。……畢竟以来の処も、御藩内の者官職もなきに位を授けられ候ては、朝廷の人にて藩内の処置は受けず（＝自分は朝臣であるから藩の命令は受けない）抔と、不心得の者必ず出来候は案中の事に候間、その手初《てはじ》めいたし候ては実にあい済まず」。そして、西郷のこの切なる希望が受け入れられ、五月二日付で「位記返上」は許可される。

大参事職に就任

西郷がこのような立場を持していた以上、朝臣職への就任を優先した大久保とは違って、久光との衝突を避けたのは、ごく自然なことであった。もっとも、藩内に留まったぶん、大久保と比べると、ストレスが内にたまりやすくなり、その結果、久光の攻撃を浴びて辟易《へきえき》とした姿を色濃く見せることにもなる。そして、言うまでもなく、このような在り方は西郷の肉体と精神を確実に蝕《むしば》んでいった。とくに、この後、先述したように、明治三年の七月三日に執務役ついで八月十五日に大参事に任命され、藩庁の最高責任者の座に就いてからは、そのストレスの度合いは一段と強まることになる。

西郷が大参事職に就かざるをえなかった薩摩藩内の状況については、当時藩政担当者の一人であった大山綱良が明治三年七月十二日付で大久保に宛てて送った書簡（『大久保利通文書』三）が参考になる。大山は、大久保に対し、⑴鹿児島の国元は「実に累卵《るいらん》の危と申す程の形勢」にあること、⑵島津久光父子の機嫌が悪く、「百事」にわたって、「御逆鱗《げきりん》（＝激しい御怒り）の件々」が少なくなく、「当惑」していること、⑶そこで、大山が西郷に訴え、西郷が「大奮発」して大参事職に就いたこと、⑷それでもって、いま現在なんとか小康状態を保てるようになり少しホッとしている、と報じた。この書簡からは、藩首脳が島津久光の前で畏縮している様子が目に浮かぶ。また、西郷の大参事職就任によって藩政が少し落ち着きを取り戻したらしいことも判明する。

苦衷を洩らす

もっとも、大山が大久保に伝えたように、藩政が安定した状態に向かうようになったとまで言えるかどうかは疑わしい。西郷が、明治三年八月三日付でやはり大久保に宛てた書簡（『全集』三）において、次のように自分の苦衷ぶりをやんわりと洩らしているからである。「（大参事職に就任したが）実に難渋の場合、行き廻り候時機にて、只一人にて（久光の）御疑惑を積み、夫故《それ》（久光の）御悪みも一人に止まり候次第に御座候。いずれ此の上は御疑惑を解き候か、又は斃《たお》れ候かの両様に相決し、毎日死を極め、今日限りと定め候て出勤仕り候処、頓《とん》と苦労もこれなく、御存じ通りの疎暴者も、余程物毎《ごと》に念を入れ候故、却って仕え安く覚え候事に御座候。いまだ一事も成らず、……難事を分ち候人もこれ無く、……困難の仕合い、少しは御憐察下さるべく候」。

西郷の緊張感

本書簡からは、西郷一流のどこか余裕を持たせた書き方ながら、彼の孤独と、島津久光の猜疑と憎悪を一身に受けていることを彼が強く自覚していたことが読み取れる。それに、なにより、小康状態を保っていると大久保に伝えながら、西郷の緊張感が色濃く漂っている。なお、当時の西郷が、それでも若干の心の余裕を持ちえた理由の一つとしては、この頃、彼の藩外での声望が著しく高まったことも多少関係したかと思われる。

このことは、この年（明治三年）の五月七日付で大久保に送った書簡（同前）中に、諸侯や外国人の来訪のみならず、先述した前庄内藩主酒井忠篤ら七十余名の庄内藩関係者の来鹿について報じられていることでもわかる。他人から慕われることを喜んだ西郷にとって、こうしたことが鬱散じの効果を彼にもたらしたであろうと、容易に想像できるからである。現に、このことが満更《まんざら》でもなかったことは、「賑々敷《にぎにぎしき》様子に御座候。只名計《なばか》りは高くて其の実はこれなく、汗顔の仕合いに御座候」との文言が、なによりも、よく語っている。

3　中央政府入り

以上みてきたように、明治三年段階の西郷は、久光との関係において、このように大いに苦しめられ続けたが、その一方で中央政府に対しても、決して好意的な気持ちにはなれなかったものと思われる。理由の一つとして挙げられるのが福岡藩の贋札《がんさつ》問題であった。福岡藩は、他藩と同様、幕末維新時に多額の負債を抱え、にっちもさっちも行かなくなる。殊に戊辰戦争への参加は、藩財政の著しい悪化を招いた。そこで、この苦境を打開するため、太政官札の贋造に手を染めた。それが明治三年に発覚し、政府の追及を受けることになる。この時、同藩は救いを薩摩藩に求めることになった。

贋札問題

福岡藩がこうした行動に出たのには理由があった。その最たるものは、同藩の前藩主黒田長溥《ながひろ》（一八一一～八七。明治二年に隠居）が島津家の出身（島津重豪の第九子で、斉彬・久光の大叔父にあたった）だったことである。しかも、この人物は、かつて斉彬の襲封において尽力してくれた。すなわち、時の老中首座であった阿部正弘に、斉彬の藩主就任の必要性を説き、斉彬の襲封を実現させるうえで功労があった。そのうえ、お由羅騒動が発生した際には、鹿児島を逃れた亡命者四人を庇護し、ついで、彼らがこの件で罪を赦《ゆる》されるように図り、それを実現させた（勝田孫弥『西郷隆盛伝』）。また、第一次長州戦争時には五卿の移転問題で西郷を助けた。

このような人物からの依頼であっただけに、薩摩藩サイドでも断ることができず、それが西郷をして同藩の救済活動を熱心に行わせることに繋がった。また、薩摩藩としても、福岡藩の救済を図らねばならない事情が存在した。薩摩藩も幕末維新期に膨大な出費を補うために、三百万両から四百五十万両に及ぶといわれる贋貨を鋳造し、政府が増発を禁止した藩札も大量に発行していたからである。つまり、福岡藩と同じく臑《すね》に傷を持つ身であった。もっとも、新政府入りした大久保などは、その立場上、出身藩である薩摩藩の藩庁に対し、明治二年四月時点で意見書を送り、贋貨鋳造の停止を勧告した。

福岡に赴く

そうした背景があったものだから、西郷は久光・忠義父子の命令を受けて七月下旬に福岡に赴くことになる。しかし、すでに時遅く、弾正台の使者が嫌疑者を縛して小倉に引き揚げた後であった。そのため、西郷はただちに小倉に駆け付け交渉にあたったが、事態は彼の望む方向に運ばなかった。実は、西郷から累が藩主父子に及ばないようにとの要望を受けた大久保らであったが、いま挙げたような事情で、このような結果になった。すなわち大久保らは、あくまで福岡藩の贋札問題を法令順守のための見せしめとして利用しようとした。そして結局、明治四年（一八七一）の七月二日、同藩の大参事であった立花増実らが斬罪に処せられ、併せて知藩事の黒田長知《ながとも》が罷免・閉門となり知藩事職を免ぜられることになる（代わって、有栖川宮熾仁親王が知事に任ぜられた）。

激烈な政府批判

さて、こうしたことからくる反発も加わってか、薩摩藩は、明治三年九月、東京に派遣していた徴兵二大隊千名余の兵士を交代の兵士を待たないで帰藩させることになる。そして、これは国元の薩摩藩関係者（なかでも西郷）の政府批判と連動した措置であったと見なせる。明治三年八月・九月当時の西郷が、強烈な政府批判者であったことは、史料面ではっきりと裏づけられる。たとえば、すこぶる有名なものでは、前庄内藩主の酒井忠篤が鹿児島に派遣した犬塚盛巍《いぬつかもりたか》に対して、西郷が明治三年八月の時点で発したとされる言葉（『全集』三）がある。「当今（の）朝廷の役人」が「月給を貪《むさぼ》り、大名屋敷に居住し、何一つ」政策面でさしたる成果をあげてはいないこと、「自分に（このような）政府に仕えろということは泥棒の仲間と成れと申すようなもの」だと批判したとされる発言である。

この逸話に代表されるように、当時の西郷が、岩倉以下、大久保や木戸らによって構成される政府に対しひどく幻滅し、不信感を強めつつあったことは紛《まぎ》れもない事実であった。したがって、それだからこそ鹿児島兵を国元に引き上げ、さらに鹿児島出身の政府役人を国元に呼び戻そうと画策した。このことは、明治三年九月二日付の書簡（同前）で、当時政府の役人であった親族の大山彦八（従弟で、妹安の夫）に帰郷を勧めたことで明らかとなる。すなわち西郷は、本書簡で、東京から帰ってきたごく親しい伊地知正治から「日々人心は（政府から）相離れ、役人中は益《ますます》貪婪《どんりん》の令を発し、……誠に歎息の至り」だと聴かされたとしたうえで、次のように大山に要請した。それは鹿児島出身の「兵隊」のみならず「役人の処も都《すべ》て引き取りたく御座候得共」、そういうわけにもいかないので、「せめては貴公丈《だ》け成り共……民心の相離れぬ内に御帰国の処渇望」しているとの、真に過激な内容のものであった。当時の西郷は、心底、政府の内実に失望していたのである。

久光・西郷への強い期待

そして、このような、島津久光に止まらず、西郷も政府に対して批判的であるとの情報が各地に伝わると、徴兵兵士の帰国問題も世間一般には薩摩藩による政府への痛烈な批判意思の表明と受けとられることになった。そして、それに伴って、「薩（摩藩）が大兵を挙げて朝廷を一変する」といった噂が流れ（『大久保利通日記』明治三年十月十日の条）、新聞紙上にも掲載されることになる。事実、明治三年の終盤に入ると、薩摩藩が武力蜂起を起こすことを期待して、山口を脱藩した諸隊関係者が九州方面に集結した。いずれにせよ、当時、全国的に広く存在した反政府グループは、薩摩藩および久光や西郷に強い期待を寄せた。すなわち、島津久光の支持の下、西郷に率いられた薩摩藩が、その兵力でもって旧体制を復活させ、政府を一新してくれるのではないかとの期待が生じた。しかし、その一方で、同じ頃、西郷および兵隊グループと島津久光との対立の有様も周辺諸藩に伝わる。ついで薩摩藩自体への疑惑が大きくなり、かつ西郷一派と久光との対立が、このあと東京にも伝わると

西郷従道
（国立国会図書館蔵）

岩倉と大久保は対応を急がねばならなくなる。

大久保の目論見

もっとも、岩倉などは、事態が深刻な様相を帯びだす前から、西郷を中央政府に引っ張り出すことに熱心であった。彼は、すでに明治二年の早い段階から、大久保に対して西郷の上京が実現するように希望する旨の書簡を発し続けていた。こうしたこともあって、大久保は、この年（明治三年）の八月下旬段階から九月上旬段階で、鹿児島の反政府的な態度を抑え、そのうえで薩摩藩の力を引き出して、政府の主体的力量を強化すべく再度動き出す。そして、そのためには長州側の協力が不可欠だと判断して九月十四日に木戸と会見し、自分の意向（帰藩して島津久光と西郷を説得し、彼らの上京を促す）を伝えた。また同日、大久保は西郷従道と黒田清綱（嘉右衛門）を鹿児島に帰し、情報の収集にあたらせた。

西郷従道は、これより前、欧州から帰朝し国元への帰省を願っていたが、大久保は、この機会を利用し、新たに兵部権大丞に任命された従道に、兄が中央政府入りを承諾するように、その説得方を依頼した（従道は十月十四日に東京を出発して鹿児島に帰り、兄に欧州の形勢や政府の実情等について報告し、奮起《ふんき》を促した）。ついで、このあと農民騒擾が日田や松代など各地で激化する中、大久保・木戸の両人は、十一月二十九日に、それぞれ国元に向かって東京を出発する。

岩倉勅使の鹿児島派遣

大久保には自ら鹿児島行きを志願した岩倉が勅使として同行した。彼らの目的は、明治三年十一月十三日付で大久保に宛てて発せられた岩倉具視の書簡（『大久保利通文書』四）中の次の文面に尽きている。「いよいよ両国（＝薩長両藩）共に奉命、仮令ば両老公（＝島津久光と毛利敬親）西郷顧問尾州越前鍋島土州等麝《じゃ》香間《こうのま》国事諮詢《しじゅん》云々等にて政令出る時は、亦憂うる処なく存じ候」。薩長を中心に、旧体制を打倒するうえで重要な役割を果たした諸藩（名古屋・福井・佐賀・土佐藩等）が再び結集することで、反政府運動を鎮めるとともに、政府本体の強化を図ったのである。

西郷が要望した改革案の骨子

こうした経緯を経て明治三年の十二月十八日に鹿児島に到着した勅使の岩倉は、むろん島津久光と西郷隆盛の両者に上京を強く促した。その際、西郷が岩倉に提出した（もしくは岩倉の諮問に西郷が答えたものを筆記した）と思われる長文の意見書が残されている（『全集』三）。これは、当時の西郷の国政全般に関わる考え方が示されている点できわめて重要なものである。そこで、大事だと思われるポイントを箇条書きにして掲示したい。

(1)「皇国」を「維持」するためには、「海陸軍」を「保護」しなければならない。その海陸軍の「兵制」を定めるうえで参考にしなければならないのは、西洋各国の制度である（ただし、留意しなければならないのは、「国力に……堪える処を以て兵制を立」てることである。つまり、一年間の国家予算を確定し、その制限内で軍備の充実を図るべきだ）。

(2)朝廷の意向を全国に貫徹させるためには、「朝廷に兵権」がなければならない。そのため、「強大」な藩から「精兵一万余人」を献上させ、それを親兵とする。

(3)国家を支える人物は、任期として設定された四年に限らず、もっと長期間にまたがって任用すべきである。

(4)政府が掌握すべき権限は、「政度・紀律・賞罰・与奪等の権」に限り、その他の米価や金銀の相場あるいは商売等に関しては口を挟むべきではない。

(5)外国との交際では、「一事たりとも信義を誤り礼節を失」ってはならない。また相手が「兵威を以て約定外の事を」押しつけてきたら、「条理（を）分明に示諭し、少しも」怯《ひる》むべきではない。「若し戦の一字を恐れ、枉《ま》げて彼の説に従っては」国体が立たない。いずれにせよ、対外方針は、道（道理）に従って「斃《たお》れなば遺憾なきものに定むべ」きである。

(6)外国の「盛大を羨《うらや》」むあまり、「財力を省りみず」急進的な欧化政策に走ることは止めるべきである。

(7)政府の中枢に位置する要路の者は、「驕奢《きょうしゃ》」つまり贅沢《ぜいたく》な生活を送ることは止め、質朴の風を守るべきである。

注目点　以上が、岩倉勅使に対し西郷が要望した改革案の骨子だったが、ここに注目すべきは次の諸点である。第一点は、西郷が海陸軍の整備充実の必要性を強調しながらも、国力（国の経済力）を度外視する、無茶苦茶な軍備拡張論者ではなかったことである。

第二点は、外国と交際するにあたって、ひたすら「信義」と「礼節」を重視したことである。つまり、道（道理）に基づいた対外関係の樹立がなによりも大事だとした。反面、相手国が道理に悖《もと》る主張や行動に出た場合は、戦いも辞さない覚悟が重要だとした。そして、そのためにたとえ国が亡んでも仕方ないとした。随分思い切った主張だが、これはほんの数年前に藩の存亡をかけた戦いをなした経験が言わせた言葉でもあろう。

第三点は、西郷が依然として儒教的な為政者観の持ち主だったことである。つまり西郷は、既述したように、自分たち士族が政治を担当し、農民等がその支配に服すのは当然だとした。しかし、そのためには為政者として上に立つ者は身辺を清潔にしなければならないと改めてこの段階で強く主張した。そして、この主張の前提には当時の政府指導者のうち、少なからざる数の者が傲《おご》りたかぶり贅沢な生活を送っているとの彼の認識があった。

さて、勅使の岩倉に対し、西郷はこうした内容の意見を具申した。そして岩倉は、ただちにこれを受け入れ、ついで西郷は中央政府入りを承諾することになる。ところで、このあとの西郷の行動についての記述に入る前に、ここで西郷が中央政府入りを承諾した理由(背景)について簡単に説明しておきたい。これにはいくつかの候補があるが、まずその一として挙げられるのは、西郷が請われると断り切れない性格の持ち主だったことである。すなわち、頼られると、ついその気になってしまうタイプであったことによった。

その二は、西郷にはもともと断固として中央政府入りを拒否するという気持ちがなかったと思われることである。このことは、先ほど取り上げた犬塚盛巍に対して発した彼の言葉の中に、「只今(東京の中央政府に)出候共、畢竟議論に過ぎ申さず、追って其の機会の出候節は、決して傍観仕らず候」とあったことでも察しうる。ここでの西郷は、頑なに中央政府入りを拒否するのではなく、機運が熟したならば傍観者的な立場から離れると宣言しているからである。したがって、中央政府内の最高権力者の一人であった岩倉が、自分の意見を全面的に採用してくれるのであれば、政府入りする条件が整ったと西郷が判断したとしても、いっこうに不思議ではない。

その三は、久光との関係からくるものであった。つまり、西郷は鹿児島にあって、当時、久光および側近グループとの抜き差しならぬ対立によって、息が詰まる状態にあった。それゆえ、彼としても、なんらかの打開策を至急打ち出さねばならない状況下にはあった。それが、こうした中央政府入りの呼びかけに割合簡単に応じた理由の一つになったと想像される。

その四は、自分が中央政府入りすることで、鹿児島士族をこれから親兵として給養しうると考えたこと、および新たな就職先を確保できると踏んだだろうことである。たとえば、そうした候補の一つとして想定しうるのは警察であった。西郷は、明治四年四月、自らが上京する際、かつての部下であった山下龍右衛門らにも上京を命じた。これは、東京府内の取り締まりのために警察制度を創設し、それに山下らを用いるためであった。もっとも、この考えは、いまだ時期尚早であったため、翌五月に、ひとまず彼らを帰国させることになる（五月十七日付山下宛西郷書簡〔『全集』三〕）。

急進的集権化を決定

以上の四点が、西郷が中央政府入りを承諾した主な理由であったと考えられるが、このあと島津久光も自身の上京を承諾する。すなわち岩倉具視は、島津久光から西郷の上京承認と自身の明春上京の約束を取りつけ、また西郷からは藩兵を東京に派遣するとの回答を得ることに成功した。そこで岩倉勅使は、大久保と西郷を伴って鹿児島を発ち、明治四年の一月に山口に入る。そして、一月六日と八日に木戸・西郷・大久保三者の会談が持たれ、急進的集権化の方向性が打ち出される。つまり、ここに藩の存続は認めるものの、その自立性をかなりの程度制限することと、改革を遂行するための軍事的保障として雄藩の兵士一万人の政府直属（＝親兵の設置）の方針が決定する。そして、この時、薩長両藩以外に土佐藩をも加えることで合意をみ、さっそく実行に移される（この後、西郷は大久保や木戸とともに高知に向かい、同地で土佐藩関係者の賛同を得たうえで二月二日東京に到着した）。

木戸とともに参議に就任

こうした経緯を経て中央政府入りした西郷だったが、以後、広く知られているように、苦難の途を歩まざるをえなくなる。東京に到着した西郷は、すぐに長土両藩をそれぞれ代表する杉孫七郎と板垣退助を伴って太政大臣の三条実美をその邸に訪れ、三藩の間で合意をみた方針を伝えた。そして、このあと久光に政治上の大改革を実施するので親兵を引率して至急上京せよとの勅命を伝えるため国元にいったん戻る。ついで病床にあった久光に代わる藩主島津忠義とともに、親兵とすべき多数の兵士（約三千名）を引率して鹿児島を発ち、四月二十一日に東京に到着する。そして、六月一日、山口から帰京したばかりの大久保を訪問し、政府の基礎を確固たるものとするためには、この際、木戸を首班とし、他の有力者が各省のトップに就いて木戸を支える体制を創出すべきだと提案し、大久保の同意を得る。

ところが、この後、木戸の拒否にあって、結局、長土両藩兵らの上京を見届けたあとの六月二十五日に西郷は木戸と二人参議に就任（木戸は復職）することとなる。そして七月上旬、野村靖《やすし》と鳥尾小弥太《こやた》両者の会話の結果を受けた長州藩の山県有朋から突如提示された廃藩の実行が必要だとの意見を即座に受け入れることになる。このように、中央政府入りを決定した後の西郷は、真に慌《あわただ》しい政治日程の渦中に投げこまれることになった。

断然廃藩に同意

山県が西郷に廃藩の必要性を言上したのは、言うまでもなく、西郷が同意しなければまったくことが始まらなかったからである。そして、この件に関しては、山県は西郷が到底同意しないだろうとみていたようである。なぜなら、西郷の出身母体である薩摩藩は、たびたび強調したように、他藩に比べて武士（士族）の数が断然多かったからである。しかも、下級武士優遇策を採用した結果、その数は飛躍的に増えた。したがって、廃藩を実行すれば職を失う者が他藩よりも多く出るのは目に見えていた。そうした薩摩藩士族（なかでも下級士族）のリーダーが西郷であった以上、山県は当然のことながら、西郷が異を唱えるだろうと踏んだ。だが、西郷は説明を受けると、ただちに同意した。山県が西郷に廃藩論をぶつけ西郷の同意を得た直後の七月七日に、廃藩置県実行提唱者の一人であった井上馨が木戸孝允に報じたところによると、西郷は、「断然同意の返答」を行ったという（『木戸孝允日記』二）。

そして、この時の有名なエピソードが残されている。山県が西郷に、いまが廃藩置県実施の時機だと訴えると、西郷は「木戸さんが賛成ならば宜《よろ》しう御坐んしょう」と即答したという。が、山県は、西郷の「返答が余り簡単で容易である」ため、かえってうろたえ、これは西郷がことの重大性を認識していないためではないかと疑い、再度説明を行ったらしい。すなわち、廃藩置県の実行によって、「或（い）は流血を見るの已《や》むを得ざるやも知れず」といったことを「附言」した。ところが西郷は、「左様で御座りますな」と言ったのみであった。このような芸当が、ごく自然にできるのは西郷しかいなかった。そして、西郷の西郷たる特色は、この後の彼の行動が真に素早かったことである。西郷はすぐに大久保に相談し、「薩州系の筋々へも速かに手配をし」、ここに廃藩置県が「支障なく実行され」ることになった（『全集』六）。

なぜ同意したのか

つづいて、記述上の流れからいって、当然、ここで検討しておかねばならないのは、士族の救済問題に人一倍熱心であった西郷が、なぜ士族の特権を全面的に否定することになる廃藩クーデターに同意したのかという問題である。この点を解明するうえでまず参考にしなければならないのは、廃藩直後に郷里の親友である桂久武に宛てて送られた西郷の七月二十日付の書簡（『全集』三）である。そこには廃藩に同意した彼の心境が次のように綴られていた。長くなるが、重要なので大事な箇所を以下に抄録することにしたい。

天下の形勢、余程進歩いたし、是迄《これまで》因循の藩々、却《かえ》って奮励いたし、尾張を始め、阿州・因州等の五・六藩建言に及び、大同小異はこれあり候得共、大体郡県の趣意、日々御催促申し上げ候位《くらい》、殊に中国辺より以東は、大体郡県の体裁に倣《なら》い候模様に成り立ち、既に長州侯（＝毛利元徳《もとのり》）は知事職を辞せられ、庶人と成らせらるべき思食《おぼしめ》しにて、御草稿（＝廃藩願いの草稿）迄も出来居り候由に御座候。封土返献天下に魁《かい》（＝さきがけ）たる四藩、其の実蹟（績）相挙らず候わでは大いに天下の嘲笑《ちょうしょう》を蒙り候のみならず、……当時は（＝現在は）万国に対立し、気運開き立ち候わでは、迚《とて》も勢い防ぎ難き次第に御座候間、断然公議を以て郡県の制度に復され候事に相成り、命令を下され候時機にて、……天下一般比《かく》の如き世運と相成り、如何申しても（＝どう反対しても）十年は防がれ申す間敷、此の運転は人力の及ばざる処と存じ奉り候。

ここから明らかとなるのは、名古屋・徳島・鳥取といった有力藩から、藩知事の辞職論や廃藩建白が相次いで出される中、「万国」と「対立（対峙）」するためにも、藩を廃し中央集権国家を樹立することは逆らえない時代の流れだと西郷が冷静に受け止めての同意だったことである。また西郷にとって軽視しえなかったのは、長州藩の動向であった。すなわち西郷は、長州藩主名で廃藩を願い出る動きが出ていることを重視し、薩摩藩としても後《おく》れをとるわけにはいかないと判断しただろうということである。

さらに長州藩との関係で言えば、木戸とともに参議であったことも大きく関わったと思われる。つまり、もともと良好とはいえなかった木戸との関係を、決定的に悪化させないためにも、廃藩への同意は避けがたい面があったと想像される。すなわち、長州藩関係者が主導したこの件へ理解を示し協力することで、とかく不協和音が生じがちであった薩長両藩の協力態勢を維持することを図った面もあったかと思われる。

それと、西郷が封建的領有体制の廃絶に同意した理由としては、二年前の版籍奉還の段階で封建的な領有制を解体する方向性がすでに打ち出されていたこと、彪大な数にのぼった鹿児島士族の給養を保証することが薩摩一藩の力ではもはや難しいと考えたであろうといったことも理由として挙げられよう（とくに西郷個人に関して言えば、後者の理由が大きかったと思われる）。そして、このことは、西郷がいち早く、失職した下級藩士の再就職先を確保しようとした動きなどから窺える。

明治四年の十月、西郷は東京府に邏卒《らそつ》制度を創設し、鹿児島から二千名、各府県から千名を採用した。そして、翌明治五年三月にはさらに千名を増員し、計四千名とした。そして、これは、彼ら邏卒（警察官）を統括する六名の「総長」職に、川路利良《かわじとしよし》や坂元純熙《すみひろ》らの鹿児島人を任命したことから明らかなように鹿児島内では下級藩士が就職先を見つけられない現状をみすえての西郷の指示に基づく措置であった（伊牟田比呂多「西郷下野に伴い辞職した警察官、明治中・後期に警察トップへ復活の背景」）。

廃藩の立役者

いずれにせよ西郷は、山県から廃藩の提議がなされた時、以上列記したような諸々のことを瞬時に考え合わせて決断を下したと思われる。そして、むろん、これには、主導権を長州藩をも含む有力藩に奪われず、これからも自分たちが保持し続けるためには、率先して廃藩を実行しなければならないとの西郷なりの計算が関係したであろうことは言うまでもない。

とにかく、日本史上でも指折りの転換点となった廃藩置県は、西郷の積極的な同意によって最終的に実施に移される（七月十四日）ことになった。廃藩クーデターの意見が長州グループから提示される前に、西郷がこの計画に関わった証拠は見出せないが、廃藩置県は西郷の同意を得られた時点で初めて実施が可能となったことは間違いない。そういう意味では廃藩置県が実現を見た最大の功労者は、ほかならぬ西郷隆盛であったと評せる。そして、多くの政府関係者の眼前で、このことが改めて再確認されることになったのが、七月十五日のことであった。すなわち、廃藩（知藩事の一斉免官と、政府による一元的な全国支配）が布告された翌日にあたる、この日、「大臣・納言・参議・諸省長次官等」の間で、廃藩置県後の処置をめぐって「議論紛紜《ふんうん》」があった際、遅れてやって来た西郷が大声で、「このうえ、もし各藩にて異議等起り候はば、兵を以て撃ち潰しますの外ありません」との「一言」を発したことで、議論が「忽《たちま》ち……止」んだという（『保古飛呂比――佐佐木高行日記』五）。

こうした緊迫した場面で、西郷がこのような大胆な発言をして瞬時に反対意見を抑えこんだことで、以後、比較的スムーズに廃藩に向けての作業が進展することになる。もちろん、廃藩置県が割合容易に行われた最大の要因は、諸藩が抱えた膨大な借財を政府が肩代わりすると表明したことによった。しかし、そうしたことに劣らず、親兵の事実上の統率者であった西郷の一喝《いっかつ》も大きく関わったのである。

ついで、このあと七月二十九日に太政官《だいじょうかん》制が改正され、新たに正院《しょういん》・左院・右院が設置されることになる（正院には太政大臣・納言・参議が置かれ、西郷は参議に就任する）。そして、この三院制の下、欧米諸国の制度を模した、いわゆる国民国家の枠組みづくりが本格的に開始されることになる。柱となった政策は、国家を支える同質・均一の国民を早急に生み出すための四民平等政策と、左院が中心となって担当した立憲制の実現を目指す政策であった。そして、後者の政策においては西郷の盟友であった伊地知正治が重要な役割を演じていくことになる。すなわち、明治四年の十月四日に左院の中議官に任ぜられた伊地知は、翌明治五年の四月末に副議長に、ついで明治七年四月に議長に就任する（古賀勝次郎「伊地知正治と立憲構想」）。

激しい憎悪を浴びる

もちろん、こうした政策を打ち出せたのは、西郷がもはや封建制から立憲制への移行（すなわち国体の変革）は避けがたいと認識できたことによった。しかし、そのため、容易に想像しうるように、西郷に対する不満をかきたてることになった。なかでも、酷い様相を呈したのが出身母体であった薩摩藩内のそれであった。西郷は、これら一連の件で島津久光および近臣の激しい憎悪をもろに浴びることになる。

中央政府入りすることで政府の顔として日本国の統治責任者の座に登りつめることになった西郷は、因果なことに出身藩の権益を擁護することばかり努めるわけにはいかなくなる。そして、それが廃藩置県に象徴される、日本を封建国家から中央集権的統一国家体制（近代天皇制）へと急激に転換させることへの同意に繋がった。すなわち西郷は、その立場上、封建体制を短時日の間に解体する役割を、飛び切りの主役として担うことになった。

このような立場に立たされた西郷に、もともと天皇を実質の伴う政治君主として担ぐ強力な中央集権国家の樹立までは望んでいなかった（あくまで武家による統治つまり藩体制の存続を願っていた）久光が鋭く嚙みついた。それは、西郷ののどぼとけに喰らいつく狼のような激しさを伴っていた。むろん、有力藩の藩士が「朝臣」として中央政府の高官となるケースは西郷に限らなかった。長州藩の木戸孝允にしても伊藤博文にしても、あるいは佐賀藩の副島種臣《そえじまたねおみ》にしても、皆然りであった。そして彼らは、いずれも朝臣身分と藩臣身分の問題で悩むことになる。しかし、西郷の場合ほど深刻なものとはならなかった。長州藩の毛利敬親・広封父子や佐賀藩の鍋島直正《なおまさ》・直大《なおひろ》父子は、久光のような態度を示すことはなく、自藩出身の「朝臣」に対して一定程度の配慮をみせたからである。

久光の激怒

これに対し久光は、廃藩置県が実施に移されると文字通り激怒する。前々年（明治二年）の版籍奉還によって藩国家の明治政府への編入という重大な変化があったが、この時の久光は大いに怒ったものの、怒りを爆発させないで済んだ。これは、一つには東京にいた大久保の配慮の結果でもあった。すなわち大久保は、明治二年六月十一日、三条実美を訪ね、版籍奉還後も藩主をそのまま知藩事に任用するように論じ、ついで翌十二日の政府内の会議でもそのことを主張した。つまり、この日の大久保は、「断然郡県」という急進論を批判し、その強圧的な政治力でもって自分の要求を通した。そして、これが島津久光らへの配慮によったことは言うまでもない（松尾正人『木戸孝允』）。しかし、今回はそうはいかなかった。版籍奉還時には容認された藩体制の存続が一気に否定されたからである。東京からの廃藩置県情報を得た久光が、「積憤」が重なっていたあまり、「不満に堪えられず」、その日の夜、「邸中に花火を揚《あ》げ」させたというのは、あまりにも有名なエピソードである（『忠義』七）。

西郷に対する「詰問」状

これより前から、久光が維新政府の推し進める政策（なかでも開化政策）に強い反感を抱いていたことは間違いない。だが、それはまだ静かなものであった。それが廃藩の決定と実施によって一気に爆発する。そして久光の憎悪といってもよい激しい怒りは、中央政府高官の中でも、とくに西郷（および大隈重信）に対して集中して向けられた。廃藩後、久光は西郷に対する「詰問」状を発する（『玉里』六）。それは、全部で計十四カ条にわたって、西郷の在り方を厳しく問いつめる内容のものであった。

そして、こうした久光の激怒から西郷を辛うじて守ったのが、明治四年八月十七日付で西郷に宛てて発せられた桂久武書簡（同前）によると、西郷配下の兵隊であった。すなわち桂は、とかく自分の要求が通らないことに不満を洩らす久光に対し、久光の望み通りにすれば、「兵隊（が）沸騰（すること）を口実」として久光を抑えにかかっていた。もっとも、そのぶん、西郷や桂は鹿児島士族（とくに中下層士族・卒）の救済に熱心に取り組まざるをえなくなる。そして、廃藩置県後から明治七年（一八七四）時にかけて、西郷が後述するように征韓論を提唱し、台湾出兵へ協力したのには、このような事情が深く関わった。

他方、そうはいっても、兵隊が西郷にとって、有り難いだけの存在だったわけではない。廃藩置県後、階級に応じて待遇に著しい差があることに強い不満を抱いていた鹿児島出身の親兵らが、廃藩に対する不満もあって、続々と東京を去って帰国していたからである。こうした不平連が、今後どう出るかで、鹿児島の状況は予断を許さないものがあった。

天皇の臨幸を希望

このような中、明治四年九月十四日付の大久保宛の書簡（『全集』三）で、西郷の要望が伝えられる。それは、九月十三日、再度政府から久光に従三位から従二位へ、忠義に従四位から従三位への、官位の昇進を告げる宣下があったことに関わるものであった（また、この直前の九月十日に、久光を慰撫するために、大久保の要請によって、久光の分家を認め、島津家の戊辰戦争賞典禄十万石のうち五万石を分与するとの通知がなされていた）。西郷によると、当時東京にいた忠義は、この官位昇進を告げる宣旨を素直に喜んだが、忠義は父の久光がまた辞退するのではないかと心配したという。むろん、こうした心配は西郷のそれでもあった。そこで西郷が、大久保に対し、「此の機会」に鹿児島・山口・高知三県への天皇の「御臨幸」を希望するとの意見を述べたのが前記の書簡であった。

西郷の当時の気持ち（苦しみ）は、九月二十八日付で桂久武に宛てて送られた書簡（同前）でより明らかとなる。本書簡には注目すべき内容がいくつか含まれている。その中で、まず最初に注目したいのは、冒頭部に記されている、久し振りに東京で勝海舟と交わした際の対談の中身である。対談の際、西郷と勝の両人は互いにほんの数年前に遭遇した「危き」体験を話し合ったらしい。そして、この時、西郷の口から「その時に死んでいた方が『まし』だった（良かった）」との言葉が発せられる。これは勝が相手だからこそ語られた西郷の言葉であったといえよう。つまり限りなく本音に近いものだったろうということである。

西郷の苦しみと本音

ついで注目したいのは、廃藩置県によって旧藩主の一家に東京への移住が命ぜられたにもかかわらず、薩摩藩の場合は、久光の反対によって忠義の家族の東京への移住が阻まれていることを西郷が「実に致し方これなき次第、驚き入り候仕合いに御座候。……只心痛のみにて頓《とん》と手も出し兼《か》ね候……苦々敷《にがにがしき》次第に候」と嘆いていることである。さらに、そのうえで、次のような愚痴が桂を相手に吐き出された。「副城公（＝島津久光）如何《いかが》の御機嫌に御座候やと、恐れながら案労《あんろう》（＝心配）仕り居り申し候。此の度の一粒丸（＝従二位昇叙をもって久光の機嫌をとる策を指すか）も適中は覚束《おぼつか》なく御座候わんかと、御一左右（＝鹿児島からの知らせ）をのみ相待ち居り申し候。誠に事々に付き成されにくき御場合と、毎《いつ》もながら御無理千万、御互いに娑婆《しゃば》（＝現世）の難儀は引き受けに御座候わん。再生の時は、必ず美婦・美食をいたし、玉堂に安座致すべしと、只先の世を楽しみに相考え候外、更に余念御座なく候」。

西郷の強いストレスが感じられる文章である。そして、これは、もちろん、桂が相手であったがゆえに吐露しえた西郷の本音であった。なお、西郷の当時の心境はよほど絶望的なレベルに達していたらしく、本来なら口を利きたくないほど嫌っていた大隈重信に対してすら時に嘆きの言葉を洩らすこともあったようである（『大隈伯昔日譚』）。

かように、当時の西郷は、久光によって尋常ではない追いつめられた状態に陥ったが、久光の怒りと反発は容易に解消されなかった。九月晦日に行われた島津忠義の従三位昇進を祝う席でも、久光の官位受諾を求めた参政などに対し、「我等病身、何の功労もこれ無く候に付、ケ様の官位叙せられ候儀もこれ無し」と、誠につれない返答をした。それは周りの者の眼には、「西郷抔昇進自儘《じまま》の事に付、余程《よほど》嫌い立ち居られ候」姿と映った（「道島日記」〔『忠義』七〕）。そして最終的に、久光は西郷らの願いとは裏腹に明治四年十月辞表を上り、位記を奉還した。

西郷の憂慮

西郷が当時なによりも恐れたのは、こうした島津久光の廃藩置県に対する不満が世間一般に広まることであった。そして現に、これは西郷の恐れた通りになった。すなわち西郷は、明治四年十二月十一日付で桂久武に書簡（『全集』三）を送り、「副城公（＝島津久光）御不平論の儀、何となく世間中に響き渡り、尹宮（＝中川宮。朝彦親王）と並んで論じ候様子に御座候」と伝えた。中川宮は、一会桑勢力と深く結び付いた過去の扶幕的な姿勢が憎まれ、明治元年に徳川の再興を企てたとして親王の位を剝奪され、広島に幽閉された。そして、明治三年に至って、ようやく京都への帰住を許された。西郷が、こうした人物と久光とを世間では並列的に論じていると書いたことは、とりもなおさず、久光が下手をすると中川宮と同じような運命を辿りかねないと憂慮したのかもしれない。

それはさておき、西郷は、こういったことをまず記したうえで、国元（ただし、桂は前月の十四日、廃藩置県後に旧大隅国を中心に設置された都城県の参事に任命された）にあって、久光と側近グループの突出行動を抑え、鹿児島県に対する政府関係者や他府県人の不信感を払拭する課題に取り組んでいる桂に、次のように感謝の念を伝えた。「両高崎（＝高崎五六と高崎正風）を差し出され、いちぢ（＝伊地知貞馨）、奈良原（＝繁）を県庁へ御引き出し相成り候処、是は世間落胆《らくたん》いたし候次第と相窺われ、ケ様の公平を以て処置せられ候ては一言もなしと申して、不腹家（＝島津久光近臣の門閥派）も驚き入り候様子に相聞かれ申し候。……かくまで不平家の胆を抜かれ候御手涯《おてぎわ》、誠に好き機会に御座候。只今にては手差しも出来申す間敷と存じ奉り候」。

久光党の動向に神経を尖らせる

西郷がこのような感謝の念を桂に伝えたのには訳があった。前月（十一月）の三日付で、やはり桂久武に宛てた書簡（同前）で、廃藩を断行するに至った理由をかつて桂に報じた前掲書簡（七月十日付のもの）が世間に広く流布しているとして、このことをひどく気に病んでいたからである。そして、これを西郷は、桂が久光に報告したものを伊地知貞馨等が悪用した結果だと見ていた。そうした背景があったものだから、桂の手腕を誉め称えたのである。すなわち桂が廃藩置県や開化政策の実施に反発を示す久光側近を、官員として政府に差し出したり、県庁に取り込むなどして、その不平不満を緩和したことを大いに評価し、感謝した。しかし、このことは反面、西郷がいかに彼らの行為に傷つけられ、かつその動向に神経質になっていたかを、改めて我々に教えてくれる。そして、このことがより鮮明となるのが桂に宛てた書簡の後半部分であった。西郷は、「市来四郎抔《など》の山師」が東京での砂糖販売による利益の獲得をもくろんでいるとして、それを激しく批判したのである。

当時、鹿児島では、大島をはじめとする奄美諸島で行われていた黒砂糖の専売制をやめて、新たな殖産事業が起こされようとしていた。つまり、士族の商社をつくり、その商社に生産から販売まですべての権限を与え、そこから得られる利益でもって貧窮士族の救済を図ろうとした。そして、西郷の市来等に対する批判は、この点（販売網の拡大）に関わるものであった。もっとも市来は、西郷が批判するような「山師」などではなく幕末時は斉彬に仕えて集成館事業に関わり、ついで明治期に入ると、鹿児島県の発展を経済面から追い求めた世情に明るい実務家であった。が、しかし、西郷とはまったく肌合いを異にし、かつ久光の近臣であったため、西郷の敵意をかったのである。すなわち西郷は、本書簡において、「市来四郎儀は、此の節、段々不平の徒と相謀り、色々議論をいたし候趣にて、大いに邪魔を成し申し候」と、怒りを市来に対して集中的にぶつけた。さらに西郷は、本書簡で、「(西郷が)土州を退け候賦《つもり》抔と、全く虚言《きょげん》を以て人を煽動《せんどう》」しているとも桂に伝え、「実に耳痛く、毎《いつも》ながら悪事に候得ば私の名前出(で)候て迷惑此事に御座候」と嘆いた。西郷は東京にあって、依然として一時も心休まる暇がなかったのである。

久光の県令志願と西郷の批判

ついで、明治四年の十二月の初めに、島津久光が突如鹿児島県令への就任を志願したことを受けて発せられた明治五年一月四日付のやはり桂久武宛の書簡(『全集』三)で、「豈料《あにはか》らんや、意外の御望み在らせられ候段、驚き入り候仕合いに御座候、……御病気にて御上京御猶予中に県令の御望みは以ての外の御次第にて、あきれ居り候事共に御座候」との批判の文言が記されるに至る。この久光の県令志願については、廃藩によって知藩事世襲制が否定されたことへの露骨な抗議と見る説がある。だが、西郷は、自身の上京を要請する政府に対し、それを阻止するためのものだと受けとめた(二月十五日付大久保利通宛書簡(同前))。

これら諸説の当否はともかく、この問題は廃藩置県後の政府にとって大いに憂慮すべき懸案となった。廃藩置県後も相変わらず巨大な例外的存在であり続けた鹿児島県で、こうした特例(旧藩支配者が再び特権的地位に就く)が認められれば、他県から同様の要求が出された場合、阻止できなかったからである。事実、西郷はその可能性をかなりの確率で予想していた。そのため、西郷らは苦慮することになる。それが桂宛の先ほどの書簡中に、次のような文面が記されることに繋がった。「世間に」久光が県令を志願したことが「広まり候ては、人心動揺を引き起し申すべき事、眼前の仕合いに御座候。実に一大事の御場合に御座候(下略)」。

三条実美
（国立国会図書館蔵）

ストレスに満ちた年末年始

そこで西郷は、太政大臣の三条実美に詳しく内情を説明し、同人の力でもって、この件を不許可にもっていこうとした。ついで、西郷の申し出に同意した三条は、明治四年の末に久光に同意する旨の鹿児島県参事大山綱良の建白書を携えて上京して来た同県権大参事の大迫貞清《おおさこさだきよ》を説諭し、大迫に建白書の提出を断念させることになる（なお、この建白書が大迫によって東京にもたらされたのは、仕事納めを迎える段階にあたった。それゆえ、西郷にとっては、慶応三年末から同四年正月にかけての時を除けば、これほどストレスに満ち溢れた年末年始はなかったものと思われる）。そして、こうしたことが、大迫を帰県させたあとの明治五年一月十二日付で、再び桂久武に書簡（同前）を送り、「ケ様のとん卒（豚卒）出掛け候ては、天下の人も疑惑を生じ申すべき事にて、実にいたしにくき場合も御座候」との愚痴をこぼすことに、さらに繋がった。

怒りを鎮められなかった西郷

ここには、「天下の人も疑惑を生じ」云々とあるが、これは廃藩置県後の政府をともに支える立場となった山口・高知両県人をとくに意識してのものだったと見なせる。なぜなら、本書簡のわずか八日前に発せられた、やはり桂久武宛ての前掲書簡（同前）において、右の建白書が正式に提出されるような事態になれば、「長・土両県の人々へも内情（を）相説か」ねば、「一同の不審を生じ、一つの困難」を招くことになると、西郷が心配していたからである。それゆえ、西郷は三条の「御手許迄」で事態を収束しようと、大いに骨を折ったという次第であった。いずれにせよ、以上のような、久光に関わる問題への西郷の対応から、彼の目が常に天下の動向に対して向けられていたことが理解できる。彼にとって、久光問題は、たんに鹿児島一県にとどまるものではなく、日本全国の問題に即繋がる大問題だったのである。そして、どうにもこうにも西郷は怒りを鎮めることができなかったらしい。当時、後述するような理由で欧米に派遣されることになった岩倉使節団の副使としてアメリカに在った大久保に宛てて、明治五年二月十五日付で近況報告を兼ねた長文の前掲書簡を発したが、ここには久光の県令志願を「あきれ切りたる事」「何とも訳の分らぬ事共」「変なる事」と痛烈に批判する内容が記された。

本書簡では多くのスペースが久光の県令志願問題に割かれたが、それだけ西郷の怒りが抑えがたかったということであろう。岩倉使節団の不在中、西郷は留守政府の中心にあって、久光の投じる爆弾をかわしながら、その一方では久光に対する怒りを鎮めるのにかなりの努力を必要としたのである。当然、巨大なストレスが、いやがうえにも西郷の上にのしかかり、それが西郷をして救いがたい暗い気持ちにさせたであろうことが容易に想像できる。

4 留守政府時

岩倉使節団の派遣

西郷に対する久光および側近の攻撃については、後に改めて触れることにして、次にやはり西郷にとって大きなストレス源となった留守政府時のことに話題を転じることにしたい。廃藩置県後、現代の我々の眼からすれば、摩訶《まか》不思議な政策が実行に移される。岩倉使節団の派遣である。これは表面的な理解の仕方では、廃藩置県を断行したことで内政上の懸案事項に一区切りをつけ、名実ともに中央政権としての権力を手中に収めた太政官政府が、対外問題の解決に乗り出した結果だとされる。すなわち、当時至急解決を求められた対外問題は、ロシア人による樺太の占拠問題、李氏朝鮮（韓国）との修好問題、清国との琉球をめぐる帰属問題、不平等条約の改正問題であった。

その中でも最も解決が急がれたのが不平等条約の改正問題であった。というのは、幕末期に旧幕府と欧米諸国との間で結ばれた条約とその後の改訂によって、日本は慢性的な貿易の入超（大幅な赤字）に悩まされていたからである。そして、これは、関税自主権の喪失や治外法権の是認など、片務的な条約の規定によるとされた。しかも、条約改正に向けての準備期間が十分ではない中、旧幕府が安政期に欧米諸国との間で結んだ条約で、改正を求める発議ができるとされた期限が間近（明治五年七月）に迫っていた。そこで、とりあえず条約改正交渉の延期を欧米諸国に申し入れる（あわせて将来の条約改正に向けての下交渉も行う）ための使節団が彼の地に派遣されることになる。

不可解な点

ところが、きわめて不可解なのは、これが政府首脳の半分を動員する規模のものとなったことである。すなわち、政府は明治四年十月八日、右大臣兼外務卿の岩倉具視を特命全権大使とする使節団を欧米に派遣することを決定した。しかし、そこには副使に任命された参議の木戸孝允、大蔵卿の大久保利通、工部大輔の伊藤博文、外務少輔の山口尚芳の四人をはじめ大物や重要な人物が多数含まれた。条約改正交渉の下交渉をなすために派遣される使節団にしては、えらく豪華な顔触れとなった。もちろん、これは木戸らがかねてから欧米視察を希望していたこと等によった。しかし、それにしても、このメンバー構成は腑におちない。

最大の理由は、廃藩置県が断行されてから、あまりにも時日が経過していないことである。つまり、廃藩置県発令後、諸藩の間に目立った反発が生じなかったとはいえ、社会全体は混乱し、新しく設置された各県がどのような動きを示すかも予断を許さなかった。また、廃藩置県に即応した国家体制造りも、いまだ緒についたばかりであった。そのため、九月十日付の書簡でもって、三条実美から木戸孝允に対し、廃藩置県の「始末」がつき、「大勢（が）相定」まるまで洋行を思い止まってほしいとの切なる要望がなされる（『木戸孝允関係文書』四）。当然の懇請であったと言えよう。いずれにせよ、至急取り組まねばならない難題が山積みする中、これだけの重要人物が海外へ一斉に出かける（日本を留守にする）というのは、どう考えてもおかしなことであった。少なくとも、残された課題の大きさからみて、無責任きわまりないとの批判は免れることはできないだろう。

現に岩倉使節団の派遣前から使節団の出発を阻みかねない一大難事が勃発していた。たとえば廃藩置県後の官制改革で、民部省を併合し行政権の七割近くを占める巨大な官庁となっていた大蔵省に対する反発が高まり、収拾がつかなくなっていた。こうした中、大蔵卿の大久保が強引に使節団に参加する。割りを食ったのが西郷であった。彼は、太政大臣の座にあった三条を別にすれば、留守政府をあずかる参議中の筆頭格として責任ある立場を一方的に押しつけられる形になったからである。

割りを食った西郷

もっとも、岩倉や大久保は、欧米に旅立つ前、西郷らとの間で、「盟約書」を取り交わした。内地の事務は大使一行の帰国後に大いに改正するので、使節団が日本を留守にしている間は廃藩の後始末を主たる業務とし、なるべく新規の改正は行わないといった全部で十二カ条に及ぶ約定であった。また、勅任官・奏任官・判任官の別なく、官員の増員も行わないとした。こうした約定を交わしたうえで、大使一行は明治四年の十一月十二日、横浜からアメリカ合衆国に向けて出発することになる。

なぜ、このような約束事が交わされたのかについては諸説がある。外遊派が留守政府の独走をあらかじめ制約するためであったとか、大蔵大輔の井上馨や参議の大隈重信らが日本に残ることになった西郷や板垣らの独断専行を防止するためであったとする説である（大久保利謙編『岩倉使節の研究』）。そうした諸説のいずれが正しいかについては結論を下しえないが、とにかく西郷は、三条とともに、岩倉使節団が不在中の留守政府を取り仕切ることになった（もっとも、西郷が舵取り役を引き受けるにあたっては一悶着《ひともんちゃく》があった。これより前、他省からの猛攻撃に孤立気味となった井上馨が、大久保大蔵卿の使節団への参加に強く反対する事態が発生する。これに対し、大久保は西郷に大蔵卿を兼務させるというプランを井上に提示し、これによってなんとか井上の同意を取り付けた。ついで、西郷に強引に頼みこみ、この申し出を西郷が受諾して大久保の使節団への参加が実現をみる)。

西郷が舵取り役を引き受けた理由

つづいて、ここで新たに検討しなければならないのは、なぜ西郷が留守政府の舵取り役を引き受けたのかという問題である。岩倉使節団の洋行に関連した有名なエピソードが残されている。使節団の一行を乗せた船が横浜港を離れた後、帰京途中の汽車内で、西郷が板垣に向かって、今日出航した船が沈めば「誠に愉快」だと発言したとの逸話である（「土佐挙兵計画の真相」）。むろん、話の真偽は確かめようがないが、いかにも西郷なら口にしそうな言葉ではある。

西郷が留守政府の舵取り役を引き受けた理由はいくつか考えられる。その一は、岩倉使節団の派遣期間が短かったことである。当初予定されたのは十カ月半であった。そのため、井上馨なども、明治五年六月には使節団の一行が帰国するとみていた（明治四年九月二十二日付岩倉具視宛井上書簡〔『伊藤博文伝』上巻〕）。こうしたことが井上のみならず、西郷にも気楽な気分をいくぶんか生じさせ、それが承諾に繋がったと考えられる（ところが、アメリカでの条約改正交渉説が現地で突如持ち上がり、主権者の委任状を求めて大久保と伊藤の両者が日本に再度戻る〔明治五年三月から六月にかけて〕といった時間的ロス等があったため、予定は大幅に狂うことになった。すなわち、団長の岩倉具視が帰国するのは、出発から一年十カ月が経過した時点となった）。

その二は、使節団の派遣にあたって、西郷には自らが主人公となる形で留守政府内で各種の改革を遂行するつもりが、まったくなかったことである。つまりプレッシャーを受けないで済んだ。このことは、明治四年十一月三日付で郷里の桂久武に宛てた前掲書簡中に、次のように、いま現在の心境を綴っていることで判明する。「（使節団が帰国するまでの間は）まず廃藩の始末を付け候のみにて、外に手を出さざる賦《つもり》に御治定《じじょう》（＝約束）相成り申し候。夫迄《それまで》の処、難渋の留守番にて、苦心此の事に御座候。御悲察下さるべく候」。すなわち西郷の認識では、約定を守り、ただひたすら使節団一行が留守中の政府を預かるといった気持ちだった。もちろん、これはこれで厄介で「難渋」な役回りではあったが、全精力を注ぎこんでの活動を求められたわけではなかった点で、西郷としても割合気楽な気分で引き受けられたのであろう。

留守政府時の改革

以上の二点が、西郷が留守政府の舵取り役を引き受けた理由と考えられるが、次に大問題となってくるのが、留守政府時に行われた政策に西郷がどのように関わったのかということである。広く知られているように「盟約書」への署名によって、極力なにごとも新規に手をつけないはずであった留守政府内の指導者は、使節団の出発後、競うように改革に着手することになった。また、実際問題として、廃藩置県がなされた後の大変革期に何もしないわけにはいかなかった。それゆえ、使節団が日本を留守にしていた二年弱（明治四年十一月～明治六年九月）の間に、近代化に向けての改革が相次いでなされることになる。

主なものだけに限っても、司法省所属の府県裁判所の設置（明治四年十二月）、田畑永代売買の解禁（明治五年二月）、地租改正の布告（明治五年七月）、学制の頒布（明治五年八月）、新橋・横浜間の鉄道の開業（明治五年九月）、国立銀行条例の公布（明治五年十一月）、太陽暦の採用（明治五年十二月）、徴兵令の発布（明治六年一月）、キリスト教の解禁（明治六年二月）、秩禄処分（明治六年以降）等がなされた。これらは、いずれも政府主導でなされたものだったが、さらに民間でも社会の改良を図る動きが一斉に出てくる。たとえば、東京日日、郵便報知といった新聞が発刊されるのは明治五年のことであった。また、福沢諭吉の『学問のすゝめ』が出版されるのも同じく明治五年であり、森有礼らの知識人によって明六社《めいろくしゃ》が設立されるのが翌明治六年のことであった。

リーダーシップが認められるか否か

さて、これら政府のみならず民間でも目立つようになる、近代化に向けての政策や動向に、西郷がどう関わったか。この点に関しては、西郷の果たした役割を高く評価する（彼のリーダーシップを認める）説と、それを否定もしくは軽視する説が拮抗している。研究者の説に関しては、このあと触れることにして、まず取り上げておきたいのは、この点に関わる最初の発言をしたのが福沢諭吉だったことである。福沢はその生涯を通じて西郷と会うことはなかったが、彼は西郷が城山で死んだ後、いち早く西郷を擁護する著述（『丁丑公論』）を執筆した。ただし、何事においても慎重であった福沢は、明治政府による弾圧を恐れてか、長らく発表することはせず、自身が死を迎える頃になってようやく公にした。

福沢諭吉の高い評価

これは、征韓論政変で西郷を政府外に追放したあとに成立した、いわゆる大久保政権が讒謗律《ざんぼうりつ》と新聞紙条例によって言論を抑圧したことに、そもそも反発したことによった。すなわち福沢は、留守政府が後の大久保政権とは違って、民間の言論活動に対し寛大であったと高く評価した。そして、それを可能にしたのは西郷が留守政府の中心に座り、近代化政策の推進に積極的な承認を与えたからだとみた。そして、この、いわば同時代人としての福沢の証言を尊重して、留守政府時の西郷らの人気が高く、かつ当時の西郷がしばしば強調されがちな保守反動（士族の棟梁であったとする）的な人物でなく、むしろ反封建的で民権を重視した人物であったと高く評価する研究者が、その後、登場することになる（坂元盛秋『西郷隆盛——福沢諭吉の証言』）。そして、このような立場にたてば、西郷は衆議公論を尊重することを高らかに宣言した王政復古時の精神を受け継ぐ政治家であり、地租改正や秩禄処分、それに徴兵令等に積極的に関わり、重要な役割を果たしたというこ

福沢諭吉
（国立国会図書館蔵）

とになる。

そのような立場にたつ代表的な論者が遠山茂樹と原口清の両氏であった。両氏は、いずれも西郷を首班とする留守政府が積極的に地租改正や秩禄処分・徴兵令・学制等の近代化政策を推進し、また国会の開設に同意したとして、西郷が果たした役割を高く評価した。これに対し、西郷の留守政府内におけるリーダーシップの発揮はおろか、その存在すらほとんど無視する見解もみられる。たとえば、笠原英彦氏などは、留守政府は「矢継ぎ早に近代化政策を断行」した「改革政権」ではあるが、こと西郷隆盛は「島津久光の新政批判に翻弄され」て、留守政府を指導するまでには至らなかったとする。また、その西郷を含め、留守政府内の政治的リーダーシップの弱さが、大蔵省と司法省に代表される諸省との予算等をめぐる深刻な対立を招き、結果的に行政面での近代化が促進されたとみた(『明治留守政府』)。

以上、留守政府が積極的に近代化政策を推進したことには異議はないものの、西郷の果たした役割については諸氏の見解は大きく分かれる。だが、この点の解明は西郷隆盛伝の核心の一つをなすと思われるので、ここで自説をごく簡単に記すことにしたい。まず最初に確認しておきたいのは、前掲の十一月三日付桂久武宛ての書簡中にあったように、西郷自身は、少なくとも当初は、約定書で取り交わした約束を守り、新規の事業を行う気持ちはなかっただろうということである。したがって、留守政府が推進した近代化政策は、おそらく西郷の指令の下に開始されたわけではなかったのではとの推測がつく。

ついで確認しておきたいのは、一見、この点と相矛盾するようだが、参議筆頭格の西郷が近代化政策に反対すれば、一連の改革は容易に実行に移されなかったことである。つまり、西郷には近代化政策を推進すること自体に反対する考えはなかっただろうということである。なお、西郷は往々にして誤解されがちだが、決してがちがちの国家主義者でもなければ、反欧米論者でもなかった。このことは、彼が明治二年にイギリス人医師のウィリアム・ウィルスを鹿児島に招き、それが日本の医学教育の発展に繋がったこと、長男の菊次郎と甥の市来宗介（妹琴の子）を明治初年段階でアメリカに留学させたこと等でもわかる（西郷は明治五年に、彼らに農学を勉強させるべくアメリカに留学させた）。また同年の十一月には、旧庄内藩主酒井忠篤に弟忠宝《ただみち》のドイツへの留学を勧めた（『全集』三）。

国会開設を支持

こうした点で西郷は実に柔軟な考え方の持ち主であり、かつ欧米諸国の文明そのものは高く評価していた。そして、このような姿勢が近代化に向けての改革の遂行そのものの必要性を十分に認め、それに御墨付を与えることに繋がったことは明らかである。さらに補筆すれば、当時、左院の小議官として日本帝国憲法の制定に向けての作業に関わっていた宮島誠一郎の証言（『国憲編纂起原』）によると、西郷は、板垣退助とともに帝国憲法の編纂に理解を示し、かつ国会の開設を支持するに至っていたという。福沢の著作なども密かに読み、欧米の政体にも関心を寄せていたらしい西郷は、かなり早い段階で日本の将来の政体を立憲制に基づくものにすべきだと考えたことが、こうしたことから朧《おぼろげ》気ながらもわかる。

ただ、こういったレベルに達していた西郷ではあったが、留守政府内にあってリーダーシップを充分発揮しえたかといえば大いに疑問が残る。彼が留守政府内にあって自ら手をあげて主体的に取り組んだのは、士族（とくに鹿児島士族）の救済活動と天皇の補導《ほどう》（教育）・宮中改革ぐらいのものであった。前者に関して書けば、先述したように、西郷は士族の救済および不平士族の不満解消の観点から、ポリスの増員に熱心に取り組み、それを実現させた。

天皇教育と宮中改革

また西郷は、岩倉と大久保の両者がそれまで進めていた宮中改革の路線を受けつぎ、廃藩置県後、天皇を質実剛健な君主に育てるべく、その教育に意をそそぎ、そのために宮中の改革に熱心に取り組んだ。まず少年天皇を取り囲んでいた堂上華族や女官たちから天皇を引き離すために、宮内大丞（現在の局長職）に吉井友実と村田新八、侍従に高島鞆之助《たかしまとものすけ》や山岡鉄舟ら、旧武士で自分の信頼できる剛毅《ごうき》かつ清廉《せいれん》な人物を据えた。

そして、これは、西郷が叔父の椎原与三次に宛てた明治四年十二月十一日付の書簡（『全集』三）中で自慢したように、かなりの成果をあげたようである。若き明治天皇は生来馬好きであったが、危険だとの理由で止められていた乗馬を本格的に始めるようになり、正院のみならず諸省への視察も行った。さらにそのうえで、「一ケ月に三度ずつ」面前に各省の長官を含む政府要路を呼び、「御政治の得失」を「討論」するまでになる。そして、明治五年に入ると、二十歳の明治天皇は、西郷が望んだように、武士を原型とした「大元帥」として、近衛兵を指揮する練習を積極的に始めることになった（伊藤之雄『明治天皇』）。

もっとも、西郷の思惑とは異なり、典侍広橋静子《さだこ》・高野房子《たかのふさこ》をはじめとする女官も執拗に抵抗し、同年の四月に女官三十六人を罷免せざるをえなくなる（『御一新とジェンダー』）。また、その一方で、士族出身の侍従の多くが明治六年までに辞職ないしは他に転任することになった。

これに比し、公家出身の侍従は長期間にわたって変わることはなかった。これは、宮中の慣習に精通した公家華族でないと、実際のところ侍従の職務を担えないことが少なからず起きたためであったと考えられる（刑部芳則「宮中勤番制度と華族」）。そうした点で西郷の思いは一時的な成果しか上げえなかったが、たとえ短期間であったにせよ、西郷のリーダーシップが発揮された痕跡はこうした方面以外には見出せない。

独自の人材活用論

では、どうして、こうなったのか。これには後半生の西郷の生き方が大いに関係した。すなわち明治期の彼は、自分に各方面から寄せられた高い人望を背景（武器）に、先頭に立って自分の思う方向に政治状況を引っ張っていくといったことはせず、もっぱら担がれる形で政局に関わろうとした。そして、これは明治期に入って西郷が自分の置かれた新たな立場を見つめる過程で確立された、彼のリーダーシップ論によったと考えられる。つまり戊辰戦争後、藩政の実権を事実上掌握した西郷は、指導者の理想的な在り方を自分の中で問いつめた。それが然るべき人材に個別問題の対処を全面的に任し、自分は高みからゆるやかに統率する（ただし、責任は取る）という独自の手法への到達となる。

このことが鮮烈に表明されたのが、明治三年八月に酒井忠篤が鹿児島に派遣した庄内藩の使者（犬塚盛巍）に対してであった。この時、政府関係者を使う要諦《ようてい》を尋ねられた西郷は、次のように答えたという。「一切《いっさい》、人に御委任と申す事は、御布告面ばかりに御座候。少しく丈夫の人物揚げ候共、皆腰縄を御付け成され候（＝自由を制限しているさま）故、十分の職掌は上り兼ね候。斯《かく》御不安心の御心が先に立て人を使われ候ものや」（『全集』四）。

むろん、これは、当時、鹿児島にいた西郷が、中央政府要路（なかでも太政大臣の三条実美ら）の人材活用ぶりを批判したものだが、裏返せば彼の指導者論ともなろう。本書で、これまでしつこく述べてきたように、西郷は本来、部下に対して細やかな指示を出さないと気のすまないタイプの人物であった。しかし、明治期に入って、否応なしに指導者の列に祭り上げられる中で、自分のこれからの在り方を深く考える機会があったのであろう。それが、こうした指導者論となった。そして、これ以後の西郷は、このような自分の考える理想的な指導者像を演じていくことになる。

そうしたことを中央政府内で試す最初の機会が留守政府時に訪れた。そして当初は、この目論見は、かなりの程度成功したと評せる。西郷は、余人では絶対に真似することのできない、その重量感（重厚さ）でもって、近代化政策の遂行に異を唱える動きを抑える役目を果たした。そして、岩倉使節団が当初の予定通り十カ月半で帰国しておれば、西郷の目論見は成功したと思われる。ところが、使節団の帰国が大幅に遅れ、その間、西郷が業務委託した人材による改革が、それぞれ、てんでばらばらになされるようになると、西郷の委任主義は政府内の対立を招くことになる。そして、当の西郷自身は次々と変化する状況に流され続けることになった。

もっとも、政府内の対立（混乱）を招いたより根本的な原因はほかにあった。先述した廃藩置県後に行われた官制改革（太政官三院制）である。つまり、三院制では、国家の最高機関である正院に、行政を実際に責任をもって担当する各省の長官が加わることができなかった。そのため、正院で各省の長官が話し合って各省が立案した政策を調整したうえで決定を下せなかった。結果、正院は各省を統制しえず、各省の政策を追認する存在にすぎなくなる（勝田政治『〈政事家〉大久保利通』）。だが、それでも当初はいまだそうした矛盾は顕在化しなくて済んだ。やはり使節団の帰国が大幅に遅れたことが致命傷となったのである。

当初は平穏であった政治状況

しかし、その問題に関わる記述に入る前に、順を追って、これから、しばらく留守政府時に生じた政治状況の変化について簡単に説明しておくことにしたい。いま先ほど挙げたように、岩倉使節団出発後の国内の政治状況は、多くの関係者が意外だと受けとめたように、比較的平穏に推移した。たとえば、その一人に井上馨がいた。彼は、他省や地域住民から、いわば集中的に憎まれる立場にあった大蔵省の事実上のトップであっただけに、使節団の出発にあたっては相当な覚悟を強いられることに当然なった。

ところが、事態は、その井上をして拍子抜けさせるくらい大きなトラブルも生じず、穏やかなものとなる。このことを率直に語っているのが、明治五年二月十四日付で、木戸孝允と伊藤博文の両者に宛てて送られた井上の書簡（『木戸孝允関係文書』二）であった。すなわち、本書簡で井上はまず次のように現状がきわめて好ましいものであると伝えた。「当節は（大蔵省は）正院と異論を生じず、事の運びは至って宜敷《よろしく》、官員中、互いに嫌疑多くこれ有り候従来の風習相改り、就而は誹謗《ひぼう》も少（な）く相成候而、

（大蔵省の）所業を行い易く候而、仕合（＝幸せ）（に）申（し）候」。

このように記した井上は、続けて農民騒擾も士族反乱も発生してはいるが、たいしたことはないと報じた後、注目すべきことを書き足した。それは旧幕臣の赦免に関わるものであった。この年（明治五年）の一月から二月にかけて、旧幕関係者への相次ぐ赦免措置がなされる。たとえば、徳川慶喜は一月六日に従四位に叙せられ、それまでの無位無官の身から解き放たれた。また、かつて朝敵とされた松平容保や永井尚志ら三十余人の罪が許され、榎本武揚の監禁も解かれた（家近良樹『その後の慶喜』）。そして井上は、「此（の）施行」をもって、「静岡藩の士卒族等」が「余り（にも）寛大」なのに「驚愕《きょうがく》」したと伝えた。

言うまでもなく、元将軍や旧幕臣らに対する寛大な措置が講じられたのには、西郷の指図が大いに関係したであろうことは疑いない。こうしたやり方は、西郷の手法そのものだったからである。そして、このことも含め、岩倉使節団が欧米に向かって旅立ったあとの西郷が、ほとんど唯一の例外を除いていわば得意な気分に満たされただろうことは確かであった。このことは、西郷が再帰国する前でいまだアメリカにいた僚友の大久保に対し、自慢話を発していることで証明される。すなわち西郷は、明治五年二月十五日付の大久保宛の前掲書簡で、「当地に於いては何《いず》れも無事にて、……当分にては格別の事もこれなく、手持（ち）不沙汰《ぶさた》の次第に御座候」と、余裕綽々とした姿をライバルの大久保に見せつけた。

こうした平穏な状況は明治五年の五月頃まではなんとか続いたようである。このことは、同年五月十三日付で在米中の木戸に宛てて発せられた宍戸璣《たまき》書簡（『木戸孝允関係文書』四）中に、「御留守中、御国内少々小変動はこれ有り候得共、……別段御気遣いに相成り候程の事はこれ無く候」とあることで知られる。

雲行きが怪しくなる

そのような中、唯一の例外となったのが先述したように島津久光の県令志願問題であった。しかし、このほかには厄介な問題は発生せず、西郷の留守政府時の門出は、まずは順調であった。ところが、明治五年も半ば近くなった頃から雲行きが、にわかに怪しくなってくる。その象徴が大蔵省にまつわる問題ならびに近衛兵の問題であった。

大蔵省問題

前者は、岩倉使節団の出発後まもなくして目立つようになってくる、各省が競うように展開した開化のための新規事業を国力（経済力）にとうてい沿《そ》わないものだとして、大蔵省がそれを予算面で抑制したことによった。先述したように、廃藩置県後、巨大な官庁となった大蔵省の大輔を務めた井上馨と、その部下であった渋沢栄一は、均衡財政論の立場から各省から出された予算要求に対して大幅な削減を加えた。これに対し、司法省や文部省・工部省は、成果をいち早く出そうとして巨額の予算を大蔵省に請求した。そこで激しいぶつかり合いが生じる。もっとも、当初は、明治五年六月十日付で井上が木戸に送った書簡（『木戸孝允関係文書』一）中にあったように、井上の認識では、もっぱら大蔵省への攻撃を行ったのは、諸省以外では「左院あるいは正院辺《あたり》」であった。そして井上は、根本的な打開策は、「何分正院に威権これ無く候故、なるだけ正院へ威権を附し候の外、策これ無く候」だとした。つまり井上は、三条や西郷らが、先述したような背景もあって、左院や各省の暴走を抑えられない、もしくは抑えようともしないことが事態の混乱を招いている根本的な要因だと批判し、正院が然るべき指導力を発揮して無茶な開化路線に歯止めをかけてくれなければ、問題は解決しないと木戸に訴えた。

さて、井上は、このように、事実上の大蔵省トップとして受け止めねばならなくなった自分の苦衷を木戸を相手に漏らしたが、このことは取りも直さず、西郷のリーダーシップが、井上の眼からすればきわめて不十分であったことを、白日の下にさらけだしたに等しかった。そして、これには、先に説明した明治期の西郷の指導者としての在り方が深く関わった。

近衛兵をめぐるトラブル

後者の問題は、鹿児島出身の近衛兵（明治五年三月九日に親兵から改編されて成立）と陸軍大輔《たいふ》兼近衛都督であった山県有朋（一八三八〜一九二二）の双方にまつわるトラブルであった。すなわち、明治五年の七月、鹿児島出身の近衛兵が山県の進める兵制改革に反対し、近衛兵の司令官である山県の排斥運動を起こした。こうした騒動が発生したそもそもの要因は、薩摩藩の出身ではない長州藩出の山県が、フランス式の階級制を軍隊に導入しようとしたことにあった。つまり山県は、将校と下士・兵卒間に階級差と給与差をつけることで近代的なピラミッド型の軍隊組織に改めようとした。これに薩摩藩出身の近衛兵が猛反発した。

さらに悪いことに、これに前月に表面化した山城屋和助事件に代表される山県にまつわる疑惑（陸軍省公金の不正流用疑惑）が大きく関わった。そして、この問題は明治天皇の西国巡幸時に一気に表面化する。ちょうどこの時、天皇は、全国の不平士族（なかでも鹿児島士族および島津久光）の廃藩への不満を解消するために、明治五年の五月下旬に東京を出発した後であった。そして、伊勢神宮や京都、下関などを経て、六月下旬に鹿児島に到着し、島津久光の上京を求めた後、七月十二日に還幸する。

この巡幸には西郷も同行したが、彼は四国の多度津で近衛兵が山県への不満を爆発させたことを知らされ、朝命により急遽一行から離れ、東京へ帰ることになる。以後、西郷は東京に在って、この近衛兵をめぐる紛議の解決に、実弟の従道とともにあたり、なんとか小康状態へと導いていった。「当分破裂弾中に昼寝いたし居り申し候」という、大久保に宛てた書簡（八月十二日付のもの）中に見られる西郷の有名な言葉は、この時のものであった（なお、この問題は、天皇が行幸から戻って一週間後の七月十九日に、山県の近衛都督辞職を認めたうえで、西郷を陸軍元帥兼参議兼近衛都督とすることで、ひとまず収拾された）。

ところで、この間、西郷をして悪夢の再現としか表しようのない事態が出来《しゅったい》していた。またしても、島津久光をはじめとする国元の反西郷派の動きに関わるものであった。すなわち明治天皇は、先ほど記したように、明治五年の六月下旬に鹿児島を訪問したが、これはそもそもは西郷の希望によった。だが、この天皇の鹿児島訪問時に、島津久光は西郷がそこまでするとは考えていなかった行動に突如打って出る。

久光は、天候不順により天皇の鹿児島出発が伸びた六月二十六日、明治天皇の行在所《あんざいしょ》を訪れ、政府の推進していた新政（急進的な開化政策）に疑問を表明する十四カ条に及ぶ建白書を提出するとともに、西郷・大久保両人に対する批判を宮内卿兼侍従長の徳大寺実則《さねつね》（一八三九～一九一九）に向かって吐き、徳大寺と論争になる。批判で第一の標的にされたのが西郷であった。すなわち、明治五年八月十二日付で当時ロンドンに滞在中の大久保に宛てた前掲書簡中に、「貴兄を初め私共の事、余程御申し立て相成り、殊に私儀一番重罪の事にて、是非此の者共御退去在らせられたく、左なく候わでは（自身の）御上京は遊ばされずとの」主旨の激しい調子での批判を、久光は宮内卿に対して述べた。

もっとも、西郷にも非（礼儀を欠く行為）はあった。天皇が臨時に宿泊した御座所《ござしょ》（本丸）は、久光の住居のあった二之丸と同じく鹿児島城内にあったにもかかわらず、西郷のみでなく、薩摩藩出身で中央政府に出仕していた者（西郷従道や川村純義・吉井友実ら）は、十日間の滞在中、誰も久光に面会をしなかった（『島津久光と明治維新』）。なお、西郷に関わる美談としてよく語られる借金の返済がなされたのは、この時のことであった。すなわち西郷は、かねてから念頭を離れなかったとされる亡父が弘化四年と翌嘉永元年の両度にわたって水引郷（現・川内市）五代の豪商板垣家から借りた借財（二百両）を、弟の従道をして、この鹿児島滞在時に返済させた。したがって、多忙であったとはいえ、こうした配慮をなすだけの時間がとれた以上、久光のさらなる怒りを招くことになったのも無理はなかった。

西郷が久光の自分に対する猛烈な批判がなされたのを聞いたのは、東京に帰ってからのことであったらしい。そして、さすがの西郷もこの攻撃には「兵隊の破裂（＝先述した山県をめぐる近衛兵の紛議）は恐ろしくもこれなく飛び込み候得共、副城（＝島津久光）の着発弾には何とも力及ばず、大よわりにて御座候」と弱音を吐かざるをえなかった。西郷を困（弱）らせたのは、「是迄外へ相顕われざる様、包み置き候得共、世間へ響き高く相成」ったことであった（前掲八月十二日付大久保宛書簡中に見られる言葉）。久光の不満が世間に漏れないように、これまで努めてきたのが、久光の放った爆弾が炸裂し、すべて吹き飛んだのである。他府県人の目を気にした（人心の動向に絶えず目を配っていた）西郷にとって、これは殊の外こたえたと思われる。

弱音を吐く

そして、こうしたことが大きく関係したためか、西郷は明治五年五月の時点で下議院（地方官会議）の設立に同意したらしいが、熱意をすっかり失い、そのため下議院の設立を推し進め、国の根幹を確定しようとする左院関係者の運動は一時頓挫を余儀なくされることになる（『未完の国家構想』）。久光の攻撃によって西郷の国事行為にも支障がでたのである。

それはさておき、久光は、右の大久保宛ての西郷書簡中にもあったように、西郷や大久保（なかでも西郷）を罷免しなければ、中央政府が求めてきた自身の上京は承諾しないと宣言した。ついで久光は、ちょうど辞職し帰国していた海江田信義を上京させて、天皇一行の在鹿中に行った建言に対して、中央政府がどのような対応を講じるかを探らせた。また久光の意見がいくらかでも採用されるように画策させた。そして、この時、西郷は、逆に海江田を久光から切り離すべく、彼を左院四等議官に採用する。併せて、旧幕臣三名（大久保忠寛・勝海舟・山岡鉄舟）に依頼して海江田を説得し、ついで久光の建言が採用される可能性のあることを伝え、このことを久光に報告させるために、いったん海江田を帰国させた。

反西郷グループ

しかし久光は、その後、太政大臣の三条実美に西郷を非難する書簡を出すことになる。そして、三条からこの書簡を見せられた西郷が大いに驚き、それが彼の帰国へと繋がった。言うまでもなく、久光にお詫びを申し上げるためであった。さらに、このような情況下にあった西郷を追いつめることになったのが、久光の背後に控えていた反西郷グループであった。グループの中核を占めたのは、中山中左衛門・伊地知貞馨・高崎正風・奈良原繁らであった。なかでも、明治期の西郷を最も忌み嫌ったのは中山であった。彼は、明治八年（一八七五）十一月段階で佐佐木高行の許にもたらされた情報（明治八年十一月佐佐木高行宛清水源蔵書簡〔『岩倉具視関係文書』六〕）中に、次のようにあったほど西郷を激しく憎んだ。

> 中山忠《ママ》左衛門は西郷と従来旧怨あり、かつ天下の大勢名望の老公（＝久光）に帰せずして独り西郷に奪わるるを慮り、大いに異議を以て其論を拒むと聞けり、中山の言に曰く、西郷の人と為り甚だ狡黠《こうかつ》にして、先年よりの為す所皆衷情誠より出でず、唯我れ独り天下の名望己《おの》れに帰するを謀り、後来の栄誉を貪《むさぼ》るの私情に非ざるはなし、……憎む可し云々、老公も頗る此《この》説を容れたりとの評あり、……

中山の西郷に対する旧怨がいつ以来のものかはともかく、「狡黠」つまり悪賢いとの評は西郷が策略家であったという点ではあたっている。また西郷も、中山を、文久二年の時点から「此の中山と申すもの、我意強く只《ただ》無暗《むやみ》のものに御座候が（久光の）一番寵《ちょう》を得」と、ひどく嫌っていた（同年の七月末頃に、木場伝内に宛てた書簡中に見られる言葉〔『全集』一〕）。西郷にとっては、生理的に最も苦手なタイプだったようである。

そして、このような久光の近臣グループが巨大な敵対勢力と化し、廃藩置県と開化政策に露骨な反感を示した。しかも、その彼らが、ひと纏まりの政治勢力として廃藩置県後の鹿児島県政を牛耳ることになる。つまり、鹿児島県内にあっては、あくまで彼らが主流的な位置を占めた。ついで彼らの中のいく人かは、久光の指令を受けて上京し、西郷らの退職と帰郷を求める運動にも従事する（なお、こうなるに至った一因としては、西郷の盟友であった桂久武が、先述したように、明治四年十一月に都城県参事に任ぜられ、鹿児島の城下を離れたことが挙げられる）。そうした活動を展開した人物の一人が海江田信義であった。だが、海江田の活動は、既述したように、旧幕臣三名の説得工作にあって不首尾に終わる。しかし、久光および近臣グループは、その後も西郷追い落としの手を緩めることはなかった。そして、こうしたことが、最終的には西郷の帰国に繋がったのである。

鹿児島への気の重い帰国

西郷が東京を出発し、鹿児島に戻ったのは、明治五年十一月であった。時あたかも、この頃は、予算の配分をめぐって、政府内で大蔵省と他省との間で対立が激化した時期にあたった。したがって、留守政府の首脳としての立場（しかも大蔵省の後見人役でもあった）からいえば、西郷は東京を離れるべきではなかった。けれども彼は、中央政府の官僚としての立場よりも、旧薩摩藩士としての立場を結果として優先する形となった。

ここには、現在の日本地域に住む民を、君主である天皇の下、国家と国民とのシンプルな関係に編成替えしていこうとした近代天皇制の理念とは相容れない西郷の姿があった。すなわち西郷は、名目上は天皇を国家君主として尊重しながらも、実質的には領主を支配のトップに戴く幕藩体制に特有な編成原理をより重んじるかのような姿を、世間にさらけだすことになった。

もっとも、幕末維新期の日本の実態は、後世の我々が安易に考えがちな天皇（朝廷）上位では必ずしもなかった。天皇（朝廷）と領主（藩）を並存（立）的な関係として捉える藩も個人も少なくはなかった。

その際たる存在が薩摩藩であり島津久光であった。そして、ほかならぬ西郷もそのような見解の持ち主であった。したがって、西郷の行動を一概に批判しえないが、大久保とは違って、西郷が近代国家にふさわしい官僚には、とうとうなりえなかった（藩士から近代官僚に転じえなかった）ことは事実であろう。

さらに加筆すれば、廃藩置県後の鹿児島が、依然として実質面で中央政府の統轄下に編入されなかった理由のいくぶんかは、こうした西郷の在り方と関係した。

相変わらず独立国

廃藩後の鹿児島が他県とは違って、一種独立国のような姿を呈したことは明らかであった。たとえば、当時、山口県の参事であった中野梧一の日記の明治五年五月一日の条には、この日、鹿児島に遊学し、帰途山口に立ち寄った石川県の士族から、中野が次のような情報を入手したことが記されている。「薩相替わらず、大山格之助（＝大山綱良）全権変更後、新県の規則相立たず、旧のごとく分割の旧国にも、参事は薩人なれば是も旧習を一洗せし様子なし。会計向きなども合一との事、既に其《その》官員より承りしよし。又兵隊も実に解除という場合に至らず」。

ここに記されているように、廃藩置県後も、鹿児島県政は相変わらず同県人の手に掌握され、目だった変更はなされなかった。いや、それどころか、大山綱良が明治六年に大参事から県令に転じ、西南戦争が勃発するまで、同人が県政トップの座に君臨したことで、旧士族が手厚い保護の下に温存されることになる。そして、このことが西郷の征韓論的発言に、ついで西南戦争にも繋がることになった。

もっとも、そうした話に入る前に西郷の帰鹿後の動向について記さねばならない。鹿児島に帰るにあたって、西郷がひどく心を重くしたであろうことは、前述のような事情で彼が帰鹿を余儀なくされたことからいって、容易に想像しうる。事実、明治六年一月六日付で在欧中の岩倉具視に宛てて発せられた三条実美の書簡（『岩倉具視関係文書』五）中に、「西郷参議十一月十日より御暇相い願い帰省仕り候。右は彼是《かれこれ》従二位（＝久光）と同人の間に内情もこれ有り、同人においても頗《すこぶ》る心痛」とあったように、これは西郷の身心を極度に痛めつけるであろう帰国となった。そのため、西郷の帰県にあたっては、東京在住の鹿児島出身者が「西郷の安否」を「掛《け》（懸）念《ねん》」せざるをえなくなった（明治五年十一月十二日付木戸孝允宛河瀬真孝書簡〔『木戸孝允関係文書』三〕）。

謝罪状の提出

こうした中、鹿児島に帰った西郷は、久光の側近を介して、半ば強引に久光宛ての謝罪状（『玉里』六）を提出させられた。謝罪の中心をなしたのは、先述したように行幸中に一度も久光の所を表敬のために訪れなかったことを、朝臣身分に甘えた忘恩の行為だと詫びるものであった。そして、その際、久光から全部で一四カ条に及ぶ詰問を突きつけられることになる（『全集』五）。それは、剃《てい》（散）髪や廃刀令の実施に代表される風俗の改変や欧米を手本とする改革への批判をなす一方で、西郷個人に対し、「主人持（ち）」の身でありながら、「高位高官」つまり正三位の位階を受け、参議に就任したこと等を厳しく咎めるものであった。とにかく、西郷（ひいては新政）への久光の強い不満が一気に吐き出されたかの感があるもの凄い攻撃力に富む批判だったと評せる。

謝罪状を提出したものの、西郷が納得していなかったことは、この後、明治五年の十二月一日付で鹿児島から東京の黒田清隆に宛てて送られた書簡（『全集』三）によって判明する。それは、西郷が「（鹿児島に帰ると、書面にして詫び状を出せとのことなので）罪を拵《こしら》え書き調え候処、翌日……大山（＝大山綱良）同伴にて（久光の許に詫びに）出懸け候えば、豈《あに》図らんや、私の罪状書御認め相成り居り候間、御詰問の次第、何共《なんとも》言語に申し述べ難き事にて、むちゃの御論あきれ果て候事に御座候」との憤懣を黒田に伝えたものであった。そして謝罪状を提出した後、結局、西郷は明治六年四月まで半年近く東京に戻ることはなかった。

鹿児島に長く留まった理由

ついで、ここに新たに問題としなければならないのは、なぜ半年近くも西郷は郷里に留まったのか、その理由である。この点に関して近年有力なのが、西郷は東京で深刻な様相を呈しだした大蔵省をめぐる問題を煩わしく感じ、久光問題を口実として鹿児島に逃げ込んだとみる説である。根拠とされるのが、先ほど挙げた岩倉宛の三条書簡中に、次のようにあったことである。「（西郷は鹿児島への）帰国後、従二位（＝島津久光）にも面会、段々談話もこれ有り、余程意外に氷解相成り、すこぶる好都合に相成り、当春は一同上京との事に内々相定り候趣に候間、大いに安心仕候」。すなわち、この箇所をもって、久光と西郷の間に遅くとも十二月段階で了解がついたとみる（『島津久光と明治維新』）。

帰国した西郷と久光との間で、折り合いがついたとする情報は、他の史料にも見られる。たとえば、明治六年一月二十一日付で、長州藩の出身で後に外交官となった（駐英公使）河瀬《かわせ》真孝《まさたか》が木戸に宛てた書簡（『木戸孝允関係文書』三）中に、「当度西郷参議帰国の上、（久光の「頑論」を）論破の末、事了解に及び、同伴にて出京の都合に相成り申し候」とあることなどがそうである。多分、情報の出所《でどころ》は同じであろう。

たしかに、西郷が謝罪状を提出したこと等で久光の面子《めんつ》がたち、若干でも久光の機嫌が戻った可能性は否定しえない。また、留守政府時の西郷が、明治五年の四月から五月頃の時点で、茶屋遊びを行っていた三条らに批判的で、かつ大隈重信を詐欺師呼ばわりしていた（『全集』三）ことなどから考えて、東京へ帰るのを嫌がったことはありえるだろう。なかでも大隈などの豪奢《ごうしゃ》な生活ぶりに対しては嫌悪感を隠せなかった（大隈は後に「大名生活」と呼ばれるほど裕福な生活を送ったことで知られる〔「大隈家の大名生活」『東京朝日新聞』大正三年四月十五日「雑報」欄〕）ので、こうした見解も一概に否定しえない。さらに年次は特定しえないが、留守政府時に西郷と会話した板垣退助の証言（『全集』六）によると、西郷は、「私は我（が）事一（つ）も行われず、むしろ北海道に引（き）込（ん）で、鍬《くわ》を提げて（人生を）終らんかと思う」といった弱音を吐いたこともあったという。

これらのことから薄々とだが浮かび上がってくるのは、留守政府内にあって西郷が孤立感を次第に深め、やる気を失っていた（少なくともやる気に溢れていたとは、とうてい思えない）姿である。事実、このあと再び上京した後の西郷は辞職を考えていた。したがって、逃避説も十分に成り立つであろう。しかし、一方で大きな疑問も生じる。その最たるものは、いくらなんでも、謝罪状を提出したぐらいで、久光・西郷両者の長年にわたる確執が収まったとは考えられないことである。そこで、ほかの要因を考えると、まず挙げられるのは、旧主の久光に対する忠誠を示すためには、それなりの期間、鹿児島に留まることが必要だっただろうということである。すなわち西郷は、藩臣としての立場を尊重していることを久光にしっかりと見せるために、長期にわたる在鹿を余儀なくされただろうということである。また、これ以外に考えられるのは、やはり家族とともに過ごす時間を必要としたのではということである。当時の西郷家には、庶長子の菊次郎のほか、妻の糸との間に、嫡子の寅太郎とその弟の午次郎《うまじろう》が誕生していた。それゆえ、家族とともに過ごす時間を西郷は望んだであろう。さらに西郷の在鹿が長期に及んだ理由としては、体調の一段の悪化が考えられる。

激しい胸の痛み

これより前の西郷の体調に関して目につくのは、胸の痛みが激しくなっていたことである。すなわち、明治四年の六月二日付で三条に宛てた西郷の書簡（『全集』三）によると、この日の朝の来邸を求められた西郷は、「胸痛甚敷」ことを理由に断っている。ついで、同様の条件での要請がなされたのを、やはり同様の理由で断ったのが、ちょうど二年後にあたる明治六年六月二日付で出された三条宛ての西郷書簡（同前）であった。ということは、この間、西郷は激しい胸の痛みに継続して苦しめられ続けていたであろうことを、我々に教えてくれる。したがって、こうしたことも西郷の即時帰京を阻む一因になったと想像できる。

ようやく帰京

いずれにせよ、諸々の要因が重なって、西郷の鹿児島滞在が殊の外、長引くことになった。が、中央政府としても、当時はまだ政府の基礎が固まっていなかったので、筆頭参議格の西郷の不在はもちろん望ましくなかった。そこで彼の帰京が促されることになる。使者として鹿児島に派遣されたのが、西郷ともごく親しかった勝海舟であった。勝は太政大臣の三条実美の要請を受けて明治六年三月に勅使として鹿児島に行き、その後、西郷と久光の上京をともに実現させた。すなわち西郷が東京に帰着した後、久光は勅使に従って四月十七日に鹿児島を出発し、同月二十三日に東京に着いた。

ついで、西郷が帰京してから政府内の動きが急に慌しくなる。まず四月十九日に新たに参議の数が増やされる。左院議長後藤象二郎・司法卿江藤新平《えとうしんぺい》・文部卿大木喬任《おおきたかとう》の参議起用であった。彼らが起用されたのには理由があった。この時点になると、予算問題をめぐる大蔵省と他省の対立によって、大蔵省と工部省のそれぞれ次官であった井上馨と山尾庸三《やまおようぞう》、それに司法卿の江藤新平が出仕しなくなっていた。さらに参議の板垣退助も辞意を洩らすに至る。こうした中、三条から使節団に参加していた大久保と木戸両名の帰国が強く求められたが、彼らとて、すぐに帰国できるわけではなかった。そこで、とりあえず応急措置として参議の増員が図られた。それが新任参議三名の登用となった。

後藤象二郎
（国立国会図書館蔵）

江藤新平
（国立国会図書館蔵）

板垣退助
（個人蔵，高知市立自由民権記念館提供）

また、参議の登用には各省の長官を参議とすることで正院を強化する狙いがあった。このことは、五月二日に太政官制を改めて、参議を「内閣」の議官とし、この議官が国政の決定権を全面的に握るという改革となって表れる。ところが、この改革によって大蔵省の権限が縮小されることになったため、これに抗議して五月五日に井上馨が部下の渋沢栄一とともに辞職することになる（代わって、参議の大隈が大蔵省の事務総裁に就任した〔『〈政事家〉大久保利通』〕）。さらに、参議の増員によって、政府要路の勢力図に大きな変化が生じることになる。江藤と大木の両名がともに旧佐賀藩士だったことからも明らかなように、佐賀藩の勢力が一気に拡大し、そのぶん、薩長の占めるウェイトは下がることになった。

つづいて、ようやく東京に戻ってきた西郷が中央政府の要人として、どのように以上の問題に関わったのか、この点の検討に移ることにしたい。が、不思議なことに、西郷の帰京を待って実施されたかのようにみえる政府内の新たな動向に西郷が関わった痕跡は見出せない。ただ、そうした中、明らかとなるのは、明治六年の五月末から六月頃にかけての段階で西郷が辞職を考えていたらしいことである。そして、これには、五月二十六日に大久保が帰朝し、彼へのバトンタッチが可能となったことと、西郷の体調不良以外に、当時の西郷を深く包み込んでいた絶望感が大きく関わった。

深い絶望感

たとえば、井上・渋沢両名の辞職願が提出される前日（五月四日）付で、西郷が当時ドイツに留学中の寺田弘に宛てた書簡（『全集』三）の冒頭部には次のようにあった。「私には又々忌み嫌われ、今に初《はじ》めん事ながら、中々のし申さず（＝たえがたい）、大いに呵《しか》（叱）られ込《こま》（困）り入り候次第に御座候」。これだけでは何のことか文意が読み取りづらいが、西郷が、このあと少し間を空けて、以下のように綴っていることと考え合わせるとわかる。「当地（＝東京）も何ぞ相変わり候儀これなく候得共、鹿児島県より老先生方東京へ出掛け、是非本《もと》の娑婆《しゃば》に引き戻すとの論に御座候。弐百五拾人、其の外門閥方一同、副城公（＝島津久光）御供にて刀大小を帯び、半髪大評判に御座候。

川畑伊右衛門殿抔大先生にて、奇妙な人物能く揃ったものに御座候。御笑察下さるべく候」。

すなわち西郷は、東京で実施に移された大改革や大蔵省をめぐる紛議にまったく関心を払わず、ひたすら久光に伴って上京してきた反西郷党の存在（敵意）に苦しめられている現時の心境を、ごく手短かに書簡の中に記した。

明治六年四月、久光は前年に提出した建言書の採用を求めて古武士然とした（結髪帯刀の）数百名を引き連れ上京してくる。そして、この久光の上京には、各地に大勢いた不平士族の期待が集まり、九州諸県や高知・石川両県などから、次々と不平士族が上京してくることになる。

また、当時、学制や徴兵令など、政府の推し進める急進的な近代化政策を拒否する民衆の一揆が各地で急増していた。西郷は、こうしたことに、さしたる関心を払わず、ひたすら久光一行の動向を注視していた。相手が若い学生であったぶん、案外、西郷の偽りのない心情はこの書簡中にこそ吐露されたと見てよいかもしれない。

そして、翌月になると、西郷の本音はより自分の心を吐き出しやすい相手に向かって表明されることになる。六月二十九日付で叔父の椎原国幹に宛てて発せられた書簡（『全集』三）においてであった。すなわち、当時、鹿児島県の権令職を務めていた大山綱良に対して、金銀のことばかり言う「全くの商人肌合い」の人間に成り下がっているとの批判を下した後、久光党の御機嫌取りをしている「盗犬」ようだと西郷は痛罵した。

大山は、元来、西郷のごく少ない同年輩（大山が二歳上）の話し相手であった。しかも、なかなかの人物であった。たとえば市来四郎などは、その著作である「丁丑擾乱記」の中で、彼のことを「頗《すこぶ》る仁慈に深く……正直廉潔……旧好恩義を忘れず、衆望あり、尊大の風なく、人に交るに信を以てす、……酒を好んで乱れず、色に沈ることなし」と、手放しに近い誉《ほ》め方をしている。

しかし、当時、西郷の許にもたらされた情報では、権令である自分の下に西郷の忌み嫌う久光党の奈良原繁を参事に起用しようと画策した人物であった（五月十七日付桂久武宛西郷書簡〔同前〕）。もし、これが事実だとすれば、おそらく久光との良好な関係の維持を考えてのことだったと思われる。だが、そのため、西郷から以上のような悪態をつかれることになったのである。しかし、それにしても、この大山に対する西郷の批判には、かなりの異常性が感じられるほどひどいものがある。それゆえ、いま一度前掲の問題に戻るが、こうしたことを考慮すると、西郷が鹿児島に在った時（帰省した時）、はたして久光および側近グループと折り合いをつけられたのか、疑問が再び涌く。

辞意を表明

とにかく、西郷を支配していた、このような深い絶望感が大いに関係したのであろう、彼は、この後、辞意を周囲に洩らすことになる。そして、これには、先ほども少し指摘したように、大久保が帰朝した（三月下旬に帰朝命令をベルリンで受けとった大久保は、五月下旬に横浜に着いた）ことが関係した。すなわち西郷は、大久保の帰朝後すぐに大久保と三条に辞意を伝えた。自分に代わりうる存在であった大久保が帰朝したことで、大久保にバトンタッチして、自らは退く覚悟を固めたことは明らかだった。もっとも、その際、公の理由とされたのは自身の健康問題であった。

なお、後年、市来四郎とともに幕末維新期の薩摩藩に関わる事蹟の調査にあたった寺師宗徳《てらしむねのり》（市来四郎の甥でもあった）が、明治二十六年（一八九三）五月に勝海舟を訪問して聞き取った話によると、岩倉使節団一行が帰国したら西郷が帰郷するとの約束が、使節団の派遣前に大久保らとの間で交わされていたという。すると、西郷にすれば、ようやく難局から解き放たれる時が到来したので、辞意を表明したということでもあった。だが、西郷とともに富国強兵策（日本の近代化政策）を実施に移そうと考えていた大久保や吉井が、西郷がいま少し政府内に留まることを望み、その斡旋役を勝海舟に依頼し、海舟がその線で動いたため、結局、西郷は東京に暫時留まることになる（松浦玲『明治の海舟とアジア』）。

大久保が西郷の残留を望んだのは、おそらく彼が欧米の地に派遣されていた間に考えた近代化策をこれから実施に移すうえで、西郷の協力が不可欠だと見なしたからであろう。現に大久保は、帰朝命令が出た直後の明治六年三月二十一日付で西郷と吉井の両者に向けて発した書簡（『大久保利通史料』二）で、これからベルリンを出発し帰国する旨を報じた。当然、この裏には、自分が帰国した後の西郷らの協力を求める気持ちが隠されていたと言える。

陸軍大将兼参議

だが、実際に大久保が帰国した後の両者の関係は、ぎこちないものとなった。大久保が帰国する直前の五月十日に、西郷は陸軍大将兼参議に任命される。したがって、帰国後の大久保は、改めて軍事・行政両面での最高指導者の座についた西郷と会い、今後のことをじっくり話し合ったはずだが、このあと両者が歩みをともにすることはなかった。これは、どうしてそうなったのか十分に解明しえないが、大久保の帰国前に、前述のような参議三名の任命や太政官の職制改正などが留守政府の独断でなされたことに、大久保が反発したためかもしれない。あるいは、大久保と西郷両者の将来プランが、この時点で一致をみなかったのかもしれない。それとも、当時深い絶望感に支配されつつあった西郷が、大久保の語る近代化政策に興味を示さなかったためかもしれない。そういったことは、現存の史料からは解明しえないが、とにかく両者の間に溝めいたものができ、関係が疎遠になったことは事実であった。

それと、岩倉使節団参加者全員の帰国を待って、念願の殖産興業に取り組もうとしたためもあってか、大久保は、西郷との会見後、さっさと東京を離れる。彼は政局に関わろうとはせず、まもなく東京を離れて関西方面に避暑を名目に出かけた。ところが、この後、大久保の不在中に、西郷個人の人生においても、黎明《れいめい》期の近代日本にとっても、真に重要な意味を持つ事態が生じる。西郷が突然、朝鮮使節への就任を希望（志願）したのである。

第八章　明治六年の政変

1　征韓論が登場するに至る背景

謎の最たるもの

西郷が朝鮮使節を志願したのは、史料面から見る限り、明治六年七月二十九日付で同僚（参議）であった板垣退助に宛てて発せられた彼の書簡（『全集』三）中での意思表示が最初であった。ただ、ここでいきなり本書簡の内実を紹介することから始めても混乱が生じるだけなので、その前に論点を簡単に整理しておくことにしたい。西郷の突然の朝鮮使節志願は、いまでも明治期の西郷に関する謎の最たるものとして、論争の対象となっている。ついで、この西郷の朝鮮使節志願は、俗に「征韓論政変」と称されることになる近代日本史上最大の政変を招来することになる。すなわち、西郷の希望に対して大久保らが強く反対し、やがて後述するような、擦《す》った揉《も》んだの挙句に、自分の望みが叶えられそうにないと判断した西郷が下野する事態となる。

直後、西郷の朝鮮への派遣に閣議で同意した副島種臣・板垣退助・江藤新平といった有力者（ともに参議）が相次いで政府を去り、明治政府が分裂する状況が到来する。つまり、ここに明治初年以来、紆余曲折を経て築かれた支配体制（それは薩長土肥〔なかでも薩長〕が中心に位置した）が一気に吹き飛ばされることになった。

ついで、この政変後、広く知られているように、西郷を除く下野参議らが、明治七年（一八七四）一月に「民撰議院設立建白書」を左院に提出する。そして彼らは、有司専制体制の打倒を唱えて、政変後に新政府の中心に居座ることになった大久保らと深刻な対立状況に陥る。これは、政府の外に、将来政権を担当することが可能な政治集団が形成されたことを意味した。以後、政府対在野勢力の対決という形で、あるべき国家体制をめぐって対立が展開されることになる。そして、この対立に伴って、それまで発言を封じられていた豪農等広範な層の民衆が、政治活動に参加する新たな事態が生まれる。憲法の制定と国会の開設を求める自由民権運動がそれであった。

他方、西郷らの下野によって、朝鮮問題が政府内の問題から日本国全体に関わるナショナルな問題へと昇格する。木戸孝允の言葉（明治六年〔推測〕十一月八日付で井上馨に宛てて出された書簡〔『木戸孝允文書』五〕中に見られる）を借りれば、それまで政府内の問題に止まっていたのが、西郷や板垣らが征韓論を提唱して敗れ、政府外に追放されたとの情報と認識が世間に一気に広まり、その結果、「一般の征韓論、なかなか盛んにて、諸方に蔓延《まんえん》」することとなった。そのため、大久保政権は朝鮮問題の解決を急がねばならなくなり、それがひいては明治八年（一八七五）の江華島《こうかとう》事件を引き起こすことにも繫がった。これほど大きな影響を、西郷の朝鮮使節志願は、その後の近代日本に及ぼすことになった。

さて、これから順を追って、論点をそのつど整理しながら、西郷が朝鮮使節を志願した当初から、政変が発生するに至る間、ついでその後の政局の動向などについて、できるだけ簡潔に記述することにしたい。まず最初に検討しなければならないのは、西郷がそもそも朝鮮問題に関心を持ちだしたのは何時《いつ》かという問題と、なぜ朝鮮使節を志願するに至ったのかという問題である。

明治五年段階説と新説

前者から見ていく。西郷が朝鮮問題に関心を抱くようになった時期としては二説ある。通説的な位置を占めるのは明治五年段階説である。これは、明治五年八月八日、鹿児島出身で外務省十等出仕の池上四郎《いけのうえしろう》らに対し、清国への派遣命令が告げられたことと、同月二十七日に、同じく鹿児島出身の陸軍少佐別府晋介《べっぷしんすけ》（桐野利秋の従弟）と土佐出身の陸軍中佐北村重頼《しげより》に対し、朝鮮の探索が命ぜられたことを重視するものである。これらは、いずれも、中国・朝鮮・ロシアの形勢を探る意図をもった命令であり、当時、外務卿であった副島と西郷・板垣両者の指示に基づくものであった。こうした外交官や武官の派遣をもって、西郷がこの明治五年の時点で征韓のための準備に着手したとみなすのである。

これに対し、ごく近年、西郷が早い段階から征韓構想を抱いたとする通説は、旧来の歴史書や歴史家が固定観念ないしは先入観から創り上げた虚構だと批判する著作が上梓された。川道麟太郎著『西郷「征韓論」の真相』がそれである。この刺激に富む著作の成果などを時に参照して、課題の解明に取り組むことにしたい。が、その前に、順序として、征韓論的な発想が登場した背景についても振り返っておく必要があろう。

西郷が朝鮮使節を志願したのは明治六年七月時点のことだったが、これは、そもそもは徳川政権が瓦解して外交権が将軍（徳川政権）から天皇（朝廷）へ移行したことによった。すなわち、新しく成立した維新政府は、李氏朝鮮に対し天皇の政府が樹立されたことを告げ承認を求めた。また鎖国政策を採っていた朝鮮に対し開国を勧めた。

こうした日本側の要求と行為は、二百六十年間続いた江戸期の日本と朝鮮の交隣外交の在り方（形式と内容）を一方的に変更しようとしたものであった。そのため、朝鮮側からは、その意図を疑われることになる。また、朝鮮側には、「西洋化」した日本に対する警戒心が強かった。さらに、朝鮮政府は、誕生したばかりの日本の新政権を「不安定な政権」と捉え、いつ倒れるかわからない政権と真面目に交渉するのを愚かだと考えたふしがある（高大勝『西郷隆盛と〈東アジアの共生〉』）。

それはともかく、天皇政府からの国交樹立を求める使節役を務めたのが対馬（府中）藩であった。同藩は、鎌倉時代以来、対馬に定住して朝鮮貿易を独占し、江戸期にあっては朝鮮王朝との外交を担った。江戸幕府初代の将軍徳川家康は、宗義智《よしとし》（初代）に対朝鮮外交の特役を与え、同国とのパイプ役を務めさせた。以後、対馬藩は鎖国体制下において朝鮮との貿易を管掌し、日朝間の橋渡しをして幕末期を迎える。

対馬藩士の征韓論

もっとも、皮肉なことに、明治期に入り、体系だった征韓論を最初に提唱したのは対馬藩関係者であった。そして、これには同藩の深刻な財政危機が大きく関わった。対馬藩の対朝鮮交易は、十八世紀半ば以来、幕府による銀・銅の輸出規制や朝鮮からの輸入産物の国産化の成功等によって次第に不振となった。そして、これに伴って藩財政は極度の窮乏状況を迎えることになる。そのため、対馬藩士の大島友之允《おおしまとものじょう》（正朝）は、この苦境を脱するために、釜山の倭館のみで行われ、かつ規制も厳しかった交易の在り方を変え、貿易の拡大を図ろうと画策しだす。それが旧来の日朝通交システムを改変し、武力を行使してでも朝鮮へ進出しようとする論となった。いってみれば萌芽《ほうが》的な征韓論の提唱であった。ついで大島は、この考えでもって対馬藩と姻戚関係にあった長州藩のリーダー木戸孝允との接触を深め、かつ江戸幕府の支援を求めることになる（『西郷隆盛と幕末維新の政局』）。そして、徳川政権の倒壊後は、木戸が三条と岩倉の両人に大島を紹介する一方で、彼自身が政府内にあって熱心に征韓論を唱えることになる。

王政復古を通告

木戸のことはともかく、同年の十二月に対馬藩の使者が釜山に渡り、日本における政権交代（すなわち王政復古）を通告し、さらに国交（修好）関係樹立の希望を朝鮮側に申し入れる。だが朝鮮王朝は、天皇政府を欧米諸国と結託した革命政権だとして承認そのものを拒んだ。そして、朝鮮側がこのような行動に出たのは、当時、朝鮮王朝の実権を掌握していた大院君《テウォングン》（国王の実父）の攘夷鎖国主義に基づく、開化日本への反発が大きく関係した。

対朝鮮交渉が頓挫をきたしたことで、日本政府内部に二つの相反する意見（路線）が登場することになる。一つは皇使（天皇の出す国書を携えた正式な使節）を派遣せよというものであり、いま一つは宗氏ルートによる交渉の継続を主張するものであった。言うまでもなく、新生日本の国家としての面子のかかった前者の論は、もし朝鮮側が再度国交樹立（自由貿易認可）の要求を拒んだ場合には開戦に直結しかねないものであった。これに対し、後者のそれは開戦の危険を現時点ではとにかく避けようとする色合いの濃いものであった。

再度征韓論を提唱した木戸

こうした中、朝鮮に対し一貫して強硬な姿勢で臨むことを主張したのが木戸であった。彼は、明治二年一月の時点で再度征韓論を提唱する。すなわち、兵力でもって、ぜひとも釜山を開港させたいとの希望を、盟友の大村益次郎に対して表明した。そして、木戸がこのような主張を行ったのには、維新の変革が思うような方向に行っていない現状を、対外強硬論を唱えることで根本的に打破しようとする狙いがあったとされる。つまり、征韓そのものが目的だったのではなく、あくまで主たる目的は国内変革の実現にあった。

明治二年当時の政府が「維新の精神」を忘れている（政府高官が驕《おご》りをきわめ賄賂にまみれている）との認識は、西郷なども共有するところであった。したがって、世界の強国に伍して近代天皇制国家の独立を確保し、さらに国家の発展を図るためには、人心を覚醒《かくせい》させる（国家の進むべき方向を明示する）必要があるとして征韓論を提唱した木戸の思惑は、当時にあっては、それなりの意味をもったといえる。

樺太問題の浮上

ついで、朝鮮問題の解決を自らの任とした木戸に対して、明治二年十二月、中国・朝鮮への明治三年春時点での派遣が内々で命ぜられる（明治二年十二月二日付広沢真臣宛木戸孝允書簡〔『木戸孝允文書』三〕）。だが、この直後、外務省官員をロシア兵が捕縛する事件が発生し、それ以前の樺太在住日本人に対するロシア人の暴行事件もあって、樺太問題が朝鮮問題と並ぶ懸案事項に浮上してくる。そして、これを受けて明治三年四月十三、十四の両日、樺太・朝鮮両問題についての評議が明治天皇の面前でなされる。ここに両問題の解決がともに急がれることになるが、予期せぬ事態がまもなく生じる。中国で民衆騒擾が発生したため、これを主たる理由に、木戸が中国・朝鮮への自分の早急な派遣が難しいと判断して、欧米行きを志願したのである。その結果、樺太問題の解決が全面的に急がれることになった。

朝鮮問題をめぐる政府内の動き

もっとも、そうはいっても、朝鮮問題が国家にとって解決を要する最重要課題の一つであったことに変わりはなく、そのため明治三年の十月に吉岡弘毅《よしおかこうき》（外務権少丞）ら外務省の役人が朝鮮に派遣されることになる。この使節団は政府の使節ではあったものの「皇使」ではなく、朝鮮側となんとか妥協点を見出そうとしたが、やはり朝鮮側の抵抗に遭って事態は進展をみなかった。ついで、この後、翌明治四年に入ると樺太問題の解決が急がれたことと廃藩置県が実施に移されたために、朝鮮政府との交渉はひとまず休止状態となる。そして岩倉使節団が欧米各国に派遣されることになり、その出発直前の十一月九日、朝鮮政策についての話し合いが政府首脳の間でなされた。「この会議では『皇使』の即時派遣を主張する板垣退助らの強硬論とそれに反対する岩倉具視らの『穏健』論が対立」した。岩倉らが穏健な主張を行ったのは、彼らが「当面国内改革に集中し対外戦にさけるべきという内治優先論」の立場を持していたからであった（高橋秀直「征韓論政変と朝鮮政策」）。そして結局、穏健論者が勝利を収め、この問題は使節団の帰国後までひとまず凍結することで合意をみた。

岩倉使節団が出発するまでの朝鮮問題をめぐる政府内の動きは、以上のようなものであった。そして、ここまでの経緯から明らかになるのは、いまだ西郷がこの問題に関わってはいない（少なくとも深くは）ことである。このことを確認して先に進みたい。岩倉使節団が欧米に向かって旅立った後の朝鮮問題に関する動きとして注目したいのは、明治五年の一月に、宗氏の家臣相良正樹が使節として朝鮮に派遣されたことである。ついで、交渉にゆきづまった相良らは、「禁を破り倭館を出て朝鮮側の役所（東萊府）におしかける」という強硬策に出たうえで釜山より引き揚げた（同前）。

つづいて同年の八月に、外務大丞の花房義質《はなぶさよしもと》が釜山に渡ることになる。これは、廃藩置県によって対馬藩が消滅したことに伴う措置として、従来の宗氏をもってする交渉方式から外務省主導に切り換えることを朝鮮側に明示するためであった。しかし、朝鮮側と十分に応接するまでには至らず、花房は、草《チョ》梁《リャン》和館（旧倭館）を宗氏の手から離し、外務省の管轄下に移したぐらいで、すごすご帰国せざるをえなかった。

台湾問題の発生

時あたかも、この間、明治五年の六月に、前年の十一月（西暦では一八七一年十二月）に台湾の南端に漂着した琉球の漁民六十六名（宮古島民）のうち、難を免れた十二名が那覇に帰還する（残る五十四名は、先住民〔当時「生蕃《せいばん》」といわれた〕に殺された）。そして、この情報が鹿児島にもたらされると、鹿児島県参事の大山綱良が翌七月、報復のため台湾への出兵を政府に建議する。また、鹿児島県官の伊地知貞馨と鎮西鎮台第二分営長で陸軍少佐の樺山資紀《かばやますけのり》が上京し、政府に問罪のための出兵許可と軍艦の借用を要請する事態となる。ついで、こうしたことを受けて、外務卿の副島種臣が台湾出兵の実施に向けて動き出す。

西郷が樺山から台湾事件の報告を受けたのは八月九日であった。そして彼は、同月十五日に調査隊を台湾現地へ派遣することに同意する。しかし西郷は、この問題でとくに騒ぎ立てはしなかったようである。というのは、本問題が政府中枢の者および鹿児島県関係者以外に知れわたるのは、このあと二カ月ほどが経過した時点になってのことだったからである。すなわち、渋沢栄一が明治七年五月七日付で木戸孝允に宛てた書簡（『木戸孝允関係文書』四）によると、明治五年十月十三日、三条邸において渋沢は初めてこの問題が急を要する大問題になっているのを知ったという。そこで渋沢は、この日以来、「切に其《その》（=問罪のために出兵すること）不可を上申」することになる。ついで同月下旬には、渋沢の大蔵省における上司であった井上馨から三条に対し、やはり「不可」とする建白書が提出される。そして、こうした大蔵省トップの反対が表明されたこともあってか、渋沢の理解では、この問題は「一時御見合の様子」となった。ついで、この問題をめぐって事態が大きく動き出すのは、後述するように、外務卿の副島が明治六年（一八七三）三月末に渡清して以降のことであった。

いまだ征韓論とは縁遠かった西郷

以上の経緯から明らかとなるのは、明治五年の下期に入っても、西郷は対外問題にさしたる熱意を有してはいなかったのではということである。そして、先ほど取り上げた池上四郎の渡清にしても、九月五日付で中国の地から西郷に宛てて送られた池上の書簡（『全集』五）中に、自分の此の度の「志願」に対してなされた西郷の「御尽力」への謝意が記されていることから判断すると、西郷の一方的な希望に基づいてなされたものではなかったらしい。むろん、留守政府内の筆頭参議としての立場からいって、西郷がロシア問題を含む東アジア問題への関心を持っていたことは言うまでもない。しかし、それが通説が強調するように征韓をも視野に入れてのものであったかといえば、大いに疑問である。

この時点の西郷は、いまだ征韓論的な立場からは縁遠かったとみなければなるまい。いや、むしろ反対ではなかったかとすら思わされる出来事も、わずか一例だがある。明治五年の八月に、横山安武《やすたけ》（正太郎）の諫死《かんし》を称《たた》える顕彰碑に西郷が揮毫《きごう》していることである。横山は薩摩藩の出身で、初代文部大臣森有礼《ありのり》の実兄として知られる人物である。その彼は、明治三年の七月二十六日夜、集議院の門前に、中央政府を痛烈に批判する時弊十カ条を記した建白書の別紙（『忠義』六）を竹頭に挟んで掲げ、割腹諫死を遂げた。西郷は、そうした行為に出た横山を称賛して揮毫に及んだわけだが、問題は横山が批判した事項の一つに征韓論の非を鳴らした条が含まれたことである。したがって、もし西郷が横山の批判のすべてに賛同したとしたら、この時点の彼は反征韓論の立場にあったということになる。ただ、史料面での制約が大きく、これ以上は踏み込めないが、気にはとめておく必要があろう。

そうした中、眼に留まるのは、大陸に渡った池上から報告書が送られて来ると、西郷がさっそく反応したことである。すなわち、十月二十五日付で外務卿の副島種臣に宛てた書簡（『全集』三）で、西郷は、池上が九月二十五日付で山東半島にあった港の煙台《えんだい》から出した書簡中に、「封中に朝鮮地図」を入れたとあるが見当たらないとして、この件を問い合わせた。このことは、その度合いはともかく、西郷が当時、朝鮮に対する関心をそれなりに深めつつあったことを示していよう。

もっとも、この段階では、朝鮮問題は政府要路にとって緊急に解決を要する問題とはいまだ認識されてはいなかったらしい。明治六年一月六日付でヨーロッパの地にあった岩倉具視に宛てた、国内状況の報告を兼ねた三条実美の書簡（『岩倉具視関係文書』五）中に、「朝鮮の形勢も相変わり候義承らず、先頃花房外務丞出張、総《すべ》て無事に取り計らい帰朝仕り候」とあるからである。それゆえ、こうした三条の認識を受けて、岩倉大使一行も朝鮮問題をそれほど重大視しなかった。このことは、たとえば、明治六年一月十八日付で大山巌《おおやまいわお》に宛てた書簡（『大久保利通文書』四）で、大久保が「朝鮮事件も左《さ》までの事もなしと見えたり」と記していること一つとってもいえた。そして、この間、西郷は、先述したように、明治五年十一月、島津久光に詫びを入れるために帰鹿し、約半年間にわたって東京を留守にすることにな

副島種臣
（国立国会図書館蔵）

る。いってみれば、征韓論を唱えるどころの話ではなくなった。

朝鮮問題も含め事態が大きく動くのは、明治六年に入ってからのことであった。そして、これには副島外務卿の動向が深く関わった。副島は、それまで外務卿を務めていた岩倉具視が使節団の代表となったため、代わりに明治四年十一月に外務卿の職に就いた。その副島は、明治六年の三月に特命全権大使として清国に渡ることになる。

副島外務卿の渡清

副島の渡清は、表向きは、清国同治帝の執政開始を祝賀し、日清修好条規（一八七一年七月調印）の批准書を交換するためであった。だが、裏面では台湾問題の解決が視野に入れられていた。すなわち、清国が琉球人殺害事件の責任を認め謝罪するようにもっていくことが副島に期待された。そのため、三月十三日に横浜を出航した副島は、当時帰省中であった西郷と今後のことを打ち合わせておく必要もあって、途次鹿児島に立ち寄る。そして、島津久光や西郷と会ったうえで、三月二十一日朝に同地を発し、長崎を経て三十一日に上海港に到着する（なお、副島は、たんなる報復ではなく、台湾の占領・領有をも意図していたとされる〔『〈政事家〉大久保利通』〕）。

ついで西郷がようやく東京に戻ってきた後、朝鮮から重要な報告が到来する。釜山の草梁倭館に駐在していた外務省七等出仕の広津《ひろつ》弘信《ひろのぶ》からもたらされた五月三十一日付の報告書（『日本外交文書』六）であった。この報告書には、日本商人の貿易（ただし密貿易）活動が朝鮮政府の厳しい取り締まりで困難となっていること、および草梁倭館の門壁に日本を「無法の国」だと侮辱する語が記された掲示のあったことが書かれていた。

そして、この報告を受けて開かれた閣議の席で、どうやら板垣退助あたりが最も強硬な意見を唱えたらしい。居留民保護のため軍艦数隻を派遣し、朝鮮側に軍事的圧力をかけたうえで、国交樹立を迫るとの意見であった。そして、これに対し、西郷が軍艦の派遣に強く反対し、非武装での使節の派遣を主張したという。ついで、そうこうしている内に、七月二十六日に副島が日本に帰ってくる。

渡清中の副島外務卿の活動

さて、ここで問題となってくるのが、副島の中国での動向だったが、実は渡清中の副島の活動の詳細はいまでも十分に明らかにしえない。ただ当時中国にいた樺山資紀の日記から、ある程度は察しがつく。それによると、(1)上海に到着したあと天津に移動した副島は、この地で李鴻章との間で日清修好条規の批准と交換を済ませたこと、(2)ついで五月七日に北京入りした後は、台湾と朝鮮をめぐる問題において、かなりの成果を上げたらしいことがわかる。とくに重要なのは(2)であった。すなわち、ハッキリと言質《げんち》をとったわけではないが、副島は清国側から台湾に住む先住民（「生蕃」）は中国文化の及ばない「化外の民」であるとの答えを受けとったという。つまり、これは「問罪」を目的として日本が出兵しても、清国に対する敵対的行為（領土侵犯）にはあたらないとする口実となりえた。その二は、清国は朝鮮の内治・外交ともにその自主・自治に任せているので、朝鮮が日本とトラブルを生じても清国は責任を負わないとの意思表明を引き出したとするものである。

いずれにせよ、樺山の日記からは、副島が中国で相当な成果を上げたらしいことが窺われる。現に樺山は、七月十二日付で西郷隆盛・従道の両者に宛てた書簡（『全集』六）において、副島大使の活躍ぶりが凄いことを伝えた。もっとも、樺山の副島に対する高い評価は、副島が自らに都合の良い解釈を樺山に伝えた結果である可能性もあり、客観的に見れば、はたしてその通りであったかどうかは疑わしい。

2　西郷の朝鮮使節志願

しかし、大事なことは、政府関係者の多くが副島が成果を上げて帰国したと受けとめたことである。そして、その一人がほかならぬ西郷であった。ついで副島は、帰国後、中国で得た大いなる自信を背景に、朝鮮問題の解決に自らがあたりたいと願い出たようである。そして、この段階で西郷の朝鮮使節への志願が突如なされるに至る。そうした意思表示がなされたことを、史料面で証明する最初のものが、先に少し触れたように、明治六年七月二十九日付板垣退助宛西郷書簡であった。いささか長くなるが、重要なので関係する箇所を抄録する。

突然の朝鮮使節志願

扨《さて》朝鮮の一条、副島氏も帰着相成り候て御決議相成り候や。若《も》し、いまだ御評議これなく候わば、何日には押して参朝致すべき旨御達し相成り候わば、病を侵し罷り出で候様仕るべく候間、御含み下されたく願い奉り候。弥《いよいよ》御評決相成り候わば、兵隊を先に御遣わし相成り候儀は如何に御座候や。兵隊を御繰り込み相成り候わば、必ず彼方よりは引き揚げ候様申し立て候には相違これなく、其の節は此方より引き取らざる旨答え候わば、此より兵端を開き候わん。……断然使節を先に差し立てられ候方宜敷《よろしく》はこれ有る間敷や。左候得ば、決って彼より暴挙の事は差し見得候に付き、討つべきの名も慥《たし》かに相立ち候事と存じ奉り候。……公然と使節を差し向けられ候わば、暴殺は致すべき儀と相察せられ候に付き、何卒《なにとぞ》私を御遣わし下され候処、伏して願い奉り候。副島君の如き立派の使節は出来申さず候得共、死する位の事は相調い申すべきかと存じ奉り候間、宜敷《よろしく》希い奉り候。（中略）

追啓、御評議の節、御呼び立て下され候節は何卒前日に御達し下されたく、瀉《しゃ》薬（＝下剤）を相用い候えば、決して他出相調い申さず候間、是又《これまた》御含み置き下さるべく候。

使節を志願した動機

本書簡には、西郷が朝鮮使節を志願した動機（背景）が、すでにかなりの程度鮮明に記されている。その一は、西郷の朝鮮使節志願が、副島によってもたらされたとされる成果に強い刺激を受けてなされただろうということである。「副島君の如き」云々の箇所から、それがわかる。さらに、いま少しこの点に関連して加筆すると、西郷は副島が兵庫に着いた日（七月二十一日）の日付で弟の従道に書簡（『全集』三）を送ったが、そこには別府晋介から台湾へ出兵することになれば、「鹿児島の兵一大隊」を召集したいとの要望があることが記された。そして自分も、この要望を「至極宜しかるべきと相考え」ていること、および副島の帰京までにこの件を実現したいとの希望も併せて記された。西郷は台湾への出兵（なかでも鹿児島兵のそれ）にすこぶる乗り気だった。このことから、西郷は別府らに台湾問題の解決を任せる一方で、自身は大陸に渡ることを急に思い立ったようである。

ついで注目したいのは、自らの丸腰（兵隊を伴わない）での渡鮮は、平和的交渉を見据えてのものではなく、朝鮮との兵端を開くためだと明記されていることである。すなわち、こういう方式（ほぼ単身で西郷が朝鮮に乗りこむ）を採用しなければ、朝鮮を討つ名目（開戦するための大義名分）を獲得しえないとの認識がすでにここで示されている。

その三は、西郷が渡鮮後、自分が死ぬことを高い確率で想定していたことである。そして、この前提には、自らの渡鮮と、その後の「暴殺」、ついでそれを名目とする開戦という西郷の描くシナリオがあった。

その四は、当時の西郷の体調がひどく悪かったと想像されることである。このことは、体調不良によって当時留守政府をあずかる筆頭参議の立場にあった西郷が対朝鮮政策を決定する評議が開かれたかどうかすら知りえない状況にあったことで裏づけられる。

なぜ突然なされたか

さて、本書簡からは、こうしたことが直ちに読みとれるが、ここでまず最初に確認しておかねばならないのは、西郷の朝鮮使節志願が突如なされたということである。これまで見てきたところからも明らかなように、本書簡が発せられる以前の西郷には、朝鮮問題の解決に向けての強い熱意は感じられなかった。少なくとも、自らが先頭に立って問題の解決を図ろうとする積極的な姿勢はみられない。また、既述したように、五月末から六月時点の西郷は、三条や大久保に対して辞意を漏らしていた。したがって、第三者からすれば、突然の志願表明ということになった。そのため、西郷の周辺にいた同時代人からすれば、なぜ西郷が突如このような行動に出たのか、その真意がさっぱりわからなかった。

たとえば、その内のいくつかを挙げると、佐佐木高行などは、その日記中に、「西郷が自ら朝鮮に立越し、談判を遂げ時宜によりては征討する事を主張せるは、其の深意は判《わか》らざれども」と記した（津田茂麿編『明治聖上と臣高行』）。また西郷から書簡を受けとった対手である板垣なども、後年「西郷の征韓論を主張せる真意は那辺にありしや当時頗る不明なりし」云々と正直に告白している（『全集』六）。

すなわち、突如、朝鮮使節を志願した西郷の真意は、当時にあっても不可解だとされた。そして、これには明治期の西郷にことさら顕著にみられるようになった彼の姿勢が大きく関わった。西郷のことをよく知る大久保は、西南戦争が勃発した直後の明治十年二月七日付で伊藤博文に宛てた書簡（『大久保利通史料』一）中に、「かねて御承知これ有るとおりの気質故、丁寧反覆《ていねいはんぷく》説諭する流儀にこれ無く、一握に方向を捻《ね》ぢ廻わさせ候」云々と記したが、こうした明治期の西郷に際立つ、相手に自分の考えを丁寧に伝えるといったことをしない在り方が、西郷の真意をより不鮮明なものとしたことは否めない。

こうした諸々のことを受けて、明治期以来このかた、西郷が朝鮮使節を志願するに至った動機（背景）に関する諸説が林立することになる。その際、最も主要な論点となったのが、広く知られているように、西郷が征韓論者か否かという問題であった。すなわち西郷は、近い将来における征韓を視野に入れて朝鮮使節を志願したとする説と、いやそうではなく朝鮮の開国と同国との修好関係の実現を平和的交渉によって自ら成し遂げようとしたのだとする非征韓論者説の双方が真っ向からぶつかり合って近年に至った。

主要な論点

そして、この問題に重要な一石を投じることになったのが毛利敏彦著『明治六年政変の研究』『明治六年政変』であった。ついで、両書の公刊が呼び水となって、明治六年に発生した政変に関する研究が、一九八〇年代の日本近代史研究の主要テーマの一つとなった。もっとも、近年では、一九九〇年代に入って深められた研究の進化によって、政変が発生するに至るまでの基本過程にまつわる史実はほぼ解明された。その結果、西郷非征韓論者説は、はなはだ旗色が悪くなったと総括しうる。

なお、西郷が突如朝鮮使節を志願するに至った個別的な理由に関しては、これまた諸説がある。まず征韓論との関わりから見ていくと、西郷がなぜ征韓論的な主張を急に唱えるようになったのかについては、代表的なものとしては、内政を改革する（国内の人心を一変する）ためであったとする見解がある。

西郷が、西洋文明の普遍性は十分に理解していた（西洋の軍事科学技術等に高い評価を与えていた）ものの、軽佻浮薄《けいちょうふはく》な時代状況（いわゆる文明開化といわれた）をひどく嫌っていたことは事実であった。政変後のことになるが、西郷が明治六年九月二十二日付でドイツに留学中の寺田弘に宛てた書簡（『全集』三）中には次のようにあった。「西洋の風は日々盛んに行われ候得共、皆皮膚の間のみにて髄脳に至らず、口には文明を唱え候得共、所業は全く懶惰《らんだ》（＝なまけること）にて、歎息の次第に御座候。人気は漸々弱く相成り、此の末如何相成り行き候ものやと、帰する所を知らず候」。

これは、当時の西郷を根本的に悩ませたものが、いかなる辺《あたり》にあったかを知りうる点で、興味深い記述である。彼は、旧武士の内面を厳しく律していた剛直な精神などが急激に喪われつつある現状と、それと裏表の関係にあった上辺《うわべ》だけの文明開化の風潮に強い苛立ちと不安を覚えていたのである。それが、こうした若い寺田への発信となった。

ところで、このような大きな悩みを抱えこむことになった西郷が、征韓を決行することで彼が維新を遂行するうえで不可欠だと考えた「戦いの精神」を復活させようと目論んだとしても不思議ではなかった。もっとも、西郷が征韓論的な言を吐いたとしても、それは後年の軍国主義者が唱えた征韓論などとは、かなり様相を異にするものであったことは、ここで押さえておく必要があろう。すなわち、この時点の西郷は、後年の軍国主義者のように、朝鮮を植民地として確保し、同地を足掛かりに大陸への進出を図るといったレベル（侵略主義そのもの）の構想はとうてい持ちえていなかったと判断せざるをえない。あくまで、彼は朝鮮を開国させることに主眼を置いて、それとの絡《かつ》みで征韓論を主張したと思われる。その点で、西郷がはたして本当に征韓そのもの（内実の伴う征韓）を希望したのかどうかも怪しい。後述するように、征韓に向けての具体的な準備はなんらしようとはしなかったからである。いずれにせよ、西郷が国内状況との関連で征韓論的な言を吐いた可能性は十分にある。

ロシアの存在

また、当時の西郷は、ロシアの動向に大きな関心を払っていたので、彼の征韓論的な発言は、対ロシア問題を視野に入れてのものだったことが想像される。言うまでもなく、ロシアの存在は、江戸期の後半から日本にとって重大な脅威となった。なにしろ、イギリスやフランスなどとは違って、国境を接する（より正確に書けば国境がいまだ確定しえない関係にあった）隣国であり、しかも並外れた大国であっただけに、その脅威は半端《はんぱ》なものではなかった。現に、慶応三年六月二十五日付で松平慶永に宛てて出された幕臣の大久保一翁の書簡（『続再夢紀事』六）には、「仏は頼みがたし、

である。

英（は）依《よ》るべく、魯は恐るべき哉」とあった。ロシアはまさに恐るべき存在として意識されていたのである。

そして、ほかならぬ西郷が幕末期以来、南進を続けるロシアの存在を強く意識し、警戒感を露わにしていたことは、西郷が明治四、五年段階で、ごく親しい仲間に向かって発した書簡によって明らかである。また西郷は、ロシアから北海道を守るために桐野利秋を同地に派遣し、調査に当たらせた。こうしたことから朝鮮の開国を実現した後に、自分の生死にかかわらず、西郷が見据えていたのは、朝鮮とも国境を接するロシアとの今後の関係の在り方（場合によってはロシアとの戦争）であったことは疑いない。

ついで、西郷が朝鮮使節を志願した理由として、よく語られるのが、島津久光との関係である。そして、これは主として大隈重信の証言（『大隈伯昔日譚』他）によっている。すなわち大隈は、西郷の死後、彼が久光の自分への攻撃（なかでも西郷が旧主に対して不忠であるとの批判）にひどく心を痛め、それが征韓論の主張に繫がったとみた。つまり朝鮮を死に場所として求めたとした。そして、この大隈の見方は、これまで本書中で取り上げてきた久光と西郷両者の関係の在り方を振り返れば、十分に首肯しうる説であったといえる。

大隈重信の証言

現に、中央政府からの再三の要請に応じて上京してきた久光は、明治六年の四月に上京したあと自説の採用を執拗に政府に求めた。が、西郷を重要な構成メンバーとする政府としても、服制の復古など容易に受け入れがたい内容を多く含むものであったため、おいそれと応じることはできなかった。そこで、苦慮した太政大臣の三条から六月二十八日付で、ようやく帰国した大久保に対し、「（久光の）建言の事に付て面談」したいとの要望がなされるに至る（『大久保利通関係文書』四）。しかし、それでも事態は膠《こう》着《ちゃく》状態が続くことになり、その結果、とうとう八月に入ると、上京したものの、なんら意見が容れられないとして、久光から帰国願いが出されるまでになる。西郷が突如朝鮮使節を志願したのは、ちょうどこの間のことであった。したがって、こうした背景を考慮すると、西郷の朝鮮使節志願には、この久光をめぐる問題が大きく影響を及ぼしたと見る方が、むしろ自然なことであろう。

戦死願望

第三のそれは、いま挙げた第二説とも密接に関わる、死への願望によるとする説である。

西郷が、島津斉彬の没後、中央政局で活動する過程で、死に場所や死に時を常に探っているような側面が色濃くあったことについては先述した。そして、こうした有り様が、戊辰戦争時の、彼の戦場に常時身を置こうとする志向に繫がったこともすでに指摘したところである。したがって、この延長線上に、西郷が朝鮮の地で死のうと思い至ったとしても、なんら不思議ではない。さらに、この自身の死への関わり方に関して押さえておかねばならないポイントは、西郷はたんに死ぬことだけを望んだわけではなかったことである。彼にとって、死は「戦死」でなければならなかった。

ではどうして西郷はたんなる死ではなく戦死にこだわったのか。この秘密を解く鍵になる言葉が『南洲翁遺訓』中に残されている。それは次のような一連の発言である。「正道を踏み国を以て斃《たお》るるの精神無くば、外国交際は全《まった》かるべからず、彼の強大に畏縮《いしゅく》し、円滑を主として、曲《ま》げて彼の意に従順するときは軽侮《けいぶ》を招き、好親却《かえ》って破れ、終に彼の制を受くるに至らん」「国の凌辱《りょうじょく》せらるる（＝はずかしめられる）に当りては、縦令《たとえ》国を以て斃るるとも正道を践《ふ》み、義を尽くすは政府の本務なり」「戦の一字を恐れ、政府の本務を墜《おと》しなば、商法支配所と申すものにて、更に政府には非ざるなり」。

これらは、いずれも国家および国政担当者のあるべき姿についての言及であった。そして、こうした西郷の一連の言葉を貫いていたのは、「太平に馴れる」ことを拒否する精神であり、国としてのあるべき姿を国政担当者としてひたすら追い求め、国家の体面を損なわないためには、場合によっては、国家の滅亡と自身の死も辞さないとする「戦いの精神」であった。そして、この精神が、小にしては彼をして常に戦場に在らしめんとし、大にしては王道外交の信奉（提唱）者とさせたのである。とにかく西郷には、国のあるべき在り方を、自らが率先して周りに示そうとする（いわゆる「範を垂れる」）気持ちが強かった。

もっとも、そうはいっても、複雑で常に妥協を余儀なくされる現実の外交世界においては、実際のところ西郷の精神（理念）はものの役には立たないであろう。しかし、西郷はこうした純な精神の下に生きた。そして、西郷がこのような精神を形成するに至ったのには、やはり彼が倒幕（旧体制の打倒）に成功したという、稀有な経験の持ち主であったことが大きく関わった。換言すれば、この精神は西郷でしか持ちえなかった大局観であったといえる。いずれにせよ、こうした精神の持ち主であった西郷が、久光との関係などで苦慮するあまり、朝鮮に渡り、正義正論に基づく交渉を重ね、その末に暴殺という名の「戦死」を遂げようと望んだとしても、いっこうに不思議ではなかった。

3　朝鮮使節を志願した理由（背景）

板垣にまず協力を求めた理由

つづいて、以上のことを念頭において、これから政変が発生するに至るまでの間の西郷の動向について見ていくことにしたい。先述したように、西郷の突然の朝鮮使節志願は、七月二十九日付で板垣退助に宛てて発せられた書簡で初めて表明された。そして以後、西郷は板垣に対し、多くの書簡（全部で計九通が残されている）を送って、自分の考えや希望を伝え、かつ板垣の協力を求めることになる。したがって、当然のことながら、ではなぜ西郷がこうした行動に出たのか、その理由を問わねばならない。この点に関しては、西郷の真意は朝鮮側との平和的な話し合いを行うことにあったが、対朝鮮強硬論（征韓論）者の板垣を味方につけるために、あえて、このような主旨の書簡を板垣に送り続けたと解釈する見方がある。そして、その根拠としては、使節の暴殺と、それを口実とする開戦論は、板垣に宛てた書簡にのみ見られるといったことが挙げられた。なかなかうがった興味深い説（憶測）だが、この説に対しては反論も可能である。

その一は、板垣以外にも、鳥尾小弥太（長州藩出身の陸軍少尉であった）など、当時の西郷から征韓論的発言を直接聴いた人物が存在することである。また、西郷が自身の朝鮮使節に関して発言を行った閣議に列席した関係者の多くは、西郷が征韓論を主張したと受けとっている。そうした人物の代表的な存在が太政大臣の三条実美であった。すなわち、西郷の征韓論的な発言はなにも板垣のみに向かって示されたわけではなかった。明治六年七月下旬以降の西郷が、征韓論的な発言を少なくとも何人かの関係者に対して発したことは、史実であったと受けとめねばなるまい。そして、西郷が自身の朝鮮使節としての派遣を実現するうえで板垣の協力を求めたのは、やはりなんといっても、板垣のかねてからの主張（すなわち征韓論）と、その留守政府内での立場に大きくよったと考えられる。

西郷が朝鮮使節を志願した当時、彼とともに参議だったのは、板垣と大隈重信・後藤象二郎・大木喬任・江藤新平（ただし後藤以下の三名は、明治六年の四月に増員となった新参者）であった。そのため、左院議官の宮島誠一郎が「正院は太政大臣一人（＝三条実美）の外、唯《ただ》西郷・大隈・板垣三参議にて、日々諸省百般の事務を親判する」と記したように（「国憲編纂起原」）、実権は事実上、西郷・板垣・大隈の三名が掌握していた。ところが、よく知られているように大隈と西郷は反《そ》りが合わなかった。才子肌で豪奢な生活を好んだとされる大隈を西郷は嫌い、大隈も西郷を国家構想のない豪傑肌の武人とさげすむ傾向があった。そこで勢い、留守政府内にあって西郷が頼みとせざるをえなかったのが板垣だった。

こうしたことを考えれば、西郷がまず板垣に書簡を送って自分の考えと希望を伝え、板垣の同意と協力を求めたのは、至極自然なことであった。もちろん、西郷が板垣に宛てて書簡を発した真意に関しては、非征韓論的な思惑が隠されていた可能性はある。ただ、ごく常識的に考えれば、幕末期以来の付き合いがあり、留守政府内では相対的に近しい関係にあった板垣に対して、むしろ率直な気持ちを伝えたのが七月二十九日付の西郷書簡（および、これからおいおい紹介することになる書簡）であったと見なせるのではなかろうか。

さらに、この点に関連して若干補筆すると、板垣の手元に多数の西郷書簡が残され、結果的に西郷の意図を忖度《そんたく》するのが可能になったことについては興味深い見解がある。姜範錫《カンボムソク》氏の説である。氏は、「板垣が一定期間に西郷から受け取った書簡だけを秘匿《ひとく》したのは」「たまたま難を免れ」たからでなく、「特別な理由があったはず」だと推理する。それが、「西郷のいわば遺書と受け取ったから」格別大事に手元に残したとする推論であった（『征韓論政変』）。この見解は、西郷が板垣宛ての書簡中で、自身の死の問題についてたびたび触れていることから判断しても、十分に首肯できると思われる。

三条に使節就任の希望を伝える

さて、そうしたことはともかく、西郷は、七月末から八月初めの時点で、板垣に続いて三条実美にも使節就任の希望を伝えた。三条への意思表明は、彼が太政大臣のポストにあった以上、当然のことであった。ついでこのあと八月上旬に至って、ようやく副島と会うことになる。そして西郷は、副島に自身の使節就任実現への協力を懇願し、論争はあったものの（副島は外務卿の自分が問題の解決にあたりたいと表明）、最終的には副島の同意を得る。

ここに事態は台湾への出兵と西郷の朝鮮への派遣に向けて動き出す。そして、こうした動きに対し反応を示したのが、大久保の帰国に遅れること二カ月後の七月二十三日に日本に戻っていた木戸孝允であった。彼は、八月三日、西郷から自身の朝鮮への大使としての派遣を願い出る書簡を受け取った直後の三条から、「台湾朝鮮」の件について「御下問」を受ける（なお、西郷が三条に宛てて送った書簡は、朝鮮に対して強硬な姿勢で臨《のぞ》むことを求めるもので、決して友好的な内容のものではなかった）。

これに対し、木戸は「皇国今日の形勢を想廻し驚嘆に堪えず存じ奉り候に付、口を極め御直諫（を）

申」し上げた（明治六年十月二十日付大隈宛木戸書簡〔『木戸孝允文書』八〕）。つまり木戸は、日本の現状を考えれば、とんでもないことだと驚き、西郷の申し出を受け入れないように三条に勧告した。ついで、大いに心配した木戸は、四日後の八月七日、板垣、大久保、大木、江藤をそれぞれ訪問し、大久保とのみ会えた。

閣議で初めて自分の考えを主張

こうした経緯を経て、問題の閣議が八月十三日に開かれる。翌八月十四日付で板垣に宛てた西郷の書簡（『全集』三）中に、「昨日建言いたし置き候朝鮮使節の儀、何卒此《なにとぞ》の上の処、偏《ひとえ》に御尽力成し下されたく祈り奉り候」とあることから、閣議の席で西郷はやっと自分の考えを正式に主張できたと思われる。ただ、自身の意見を開陳したものの、板垣をも含む三条以下列席者の反応に手ごたえを感じとれなかったようである。そこで、この件が先送りされかねないことを恐れた西郷が、板垣の積極的な協力（援護）を求めて出したのが、本書簡であったと見なせる。

切羽詰まった依頼

もっとも、客観的に見れば、三条以下が逡巡《しゅんじゅん》したのも無理はなかった。西郷のような国家にとって最重要人物を朝鮮に派遣し、もし殺害でもされたら深刻な事態が生じることになるからである。また朝鮮へ西郷のような超大物を使節として派遣しなければならないほど、朝鮮問題が緊迫化していたわけでもなかった。それに第一、使節を派遣するとしたら、当該官庁の長である外務卿の副島種臣を充てるのが一番自然な選択肢であったし、副島にもいま先ほど記したように自らの手で朝鮮問題を解決したいとの熱意があった。こうしたことを考え合わせれば、西郷の突然の志願は、留守政府内要路の支持を容易に得られるものでは到底なかった。とにかく、このような背景があって西郷は板垣の協力を必要とした。ところが、焦りを覚《おぼ》えたためか、八月十四日付で板垣に送られた書簡には、それまでの西郷には見られなかった切羽詰まった心情が吐露されることになる。それが次の文面であった。

是非、此の処を以て戦いに持ち込み申さず候わでは迚《とて》も出来候だけに御座なく候に付き、此の温順の論を以てはめ込み候えば、必ず戦うべき機会を引き起こし申すべく候に付き、只此の一挙に先き立ち、（西郷を）死なせ候ては不便《ふびん》（＝不憫）抔と、若《も》しや姑息《こそく》の心を御起こし下され候ては、何も相叶い申さず候間、只前後の差別あるのみに御座候間、是迄の御厚情を以て御尽力成し下され候えば、死後迄の御厚意有（り）難き事に御座候間、偏《ひとえ》に願い奉り候。最早八分通りは参り掛け居り候に付き、今少（し）の処に御座候故、何卒希《ねが》い奉り候（下略）。

死に急ぐかのような姿

ここに見られるのは、まるで死神に取り憑かれたかのように死に急ごうとしている西郷の姿である。現にこの当時の西郷は、かなりの程度、死を覚悟していたようである。いや、より正確に書けば、朝鮮で死ぬことをもはや自身の内では決定していたようである。このことは、「只前後の差別あるのみ」「死後迄の御厚意」と西郷が書いていることからも明らかである。なお、本書簡に関して、『西郷隆盛全集』第三巻の担当者は、「西郷は長州征伐や江戸城の明け渡しの成功から、（朝鮮側との）交渉成立にひそかに自信をもっていたに相違ない」と「解説」中に記したが、これはまったく説得力に欠ける推測である。西郷の書簡を素直に読み解けば、当時の西郷は死に急いでいたとしか解釈できない。

そして、こうした西郷のいわば余裕の感じられない切羽詰《せっぱつ》まった依頼に対して、板垣も心配になったのだろう。書簡を受け取ってまもない八月十六日、彼は実弟西郷従道の別邸（現在の渋谷区渋谷三丁目附近にあった）で養生を兼ねた療養生活を送っていた西郷を訪問した。もっとも、この訪問は、西郷のことを心配したというだけでなく、この日の夕方に行われる西郷と太政大臣三条実美との会見についての打ち合わせを兼ねたものであった可能性もある。そして、このような経緯もあってか、翌八月十七日付で西郷から板垣に宛てて出された書簡（同前）中には、前日に行われた西郷と三条との会見の内実が詳しく報じられることになった。かなり長い文面なので、西郷の文章を一部活用しながら、要点のみを箇条書きにして掲げることにしたい。

(1)昨夕、三条邸を訪問し、実美に詳細に自分の考えを伝えたが、先生（＝板垣）らの事前の働きかけが功を奏したようで、八月十三日の閣議の席での三条の様子とは「余程」違った。

(2)ただ昨日の三条の返答は、岩倉大使の帰朝まで待ちたいとのことなので、「何分安心いたし兼ね」、三条に今回は「戦いを直様《すぐさま》相始め候訳」でなく、「戦いは二段」になると伝えた。そのうえで、三条には「内乱を冀《こいねが》う心を外に移して国を興すの遠略は勿論」、旧幕府がひたすら「無事を計って終に天下を失」なうに至った「所以（＝根拠）」を挙げて「論じ候処」、三条も納得した。

(3)その結果、今日参議各位と相談したうえで「何分返答」に及ぶとのことなので、「何卒今日」正院へ出勤して、私の朝鮮への派遣を決定していただきたい。そうすれば、「弥《いよいよ》戦いに持ち込」むので、あとは先生に任せます。

注目すべき点　この書簡には、注目すべき点がいくつか含まれている。その一は、西郷が自分が渡鮮することで朝鮮を討つ口実をこしらえる（万人が納得する朝鮮を討伐するに足る名目・道理を獲得する）としながら、肝心の征韓そのものは板垣に委《ゆだ》ねていることである。これでは、征韓に向けての西郷の「真剣度ないしは真意が問われ……西郷がほんとうに征韓を期していたのか」（『西郷「征韓論」の真相』）すら疑わしくなる。

その二は、板垣に対して初めて朝鮮使節就任の希望を伝えた七月段階では不明だった点が明らかとなったことである。そして、これは、彼がなぜ戦いを二段構成にしなければならなかったのかという問題と密接に関わるものであった。西郷が何事においても、道義（人のふみ行うべき正しい道）や道理（物事の筋道）を重視したことはよく知られている。すなわち西郷が、重大な決定を下し、そのあと行動を起こすうえで、なによりも重視したのは、万人が納得するだけの正当な理由があるか、誰もが異議を唱えられない正当な手続きをふんでいるかといったことであった。しかし、今回はそういうわけにはいかなかった。まず「天下の人」が朝鮮問題にそれほど関心を抱いていない現実が目の前にあった。したがって、「天下の人、皆挙げて（朝鮮を）討つべきの罪を知」るような状況にもっていく必要があった。そこで西郷が思いついたのが自分が殺されることで朝鮮を討伐する理由を作為的に作り出すということであった。

いうなれば、西郷は本来ならば征韓するほどの理由がなかったにもかかわらず、強引にそれを作り出そうとした。そして西郷が、後に改めて触れることになるが、とうとう、最後の最後まで自身の朝鮮使節志願の理由を説明しなかった（できなかった）理由の一斑は、この点に存した。こうした作為は、これまでの西郷が重視した「名分条理」上、望ましいものでは、到底《とうてい》なかったからである。

その三は、西郷が自身の征韓プランを「内乱を冀う心を外に移して国を興すの遠略」に基づくと表明したことである。これは通説的な理解の仕方では、不平士族などの不満をそらすためのものだというふうに従来解釈されてきたものである。もちろん、そうした面もあったであろうが、旧士族に活躍の場を提供することで、丈夫《ますらお》精神に溢れる国家を創建する狙いが西郷にはあったものと思われる。

その四は、彼がなぜ渡鮮を決心したのか、その究極の理由を「旧政府の機会を失し、無事を計って終に天下を失」った反省のうえに立つものだと主張したことである。これはきわめて重要な意味を持つ理由であったといえる。なぜなら、ここには、当時、政府の中枢にいた西郷の心中に、旧幕府が欧米諸国に対し毅然《きぜん》とした態度をとらず屈辱的であったがゆえに滅びたこと、現時の政府もそれに等しい状況に置かれているとの認識が痛切にあったことを指し示しているからである。

また西郷は、第一次長州戦争時に、幕府が出兵を拒否した薩摩藩に対して力でもって出兵させることができなかったのを見て、幕府が有した「武威」への恐れを大きく減少させるという経験もした。そして、これらは、すべて西郷にすれば、幕府が平穏無事をひたすら願ったため、体制を立て直すチャンスをみすみす失った結果でもあった。ついで、こうした思いが徳川慶喜による政権の返上がなされた後、王政復古政府の成立にあたって、クーデター方式をあえて選択することに繋がった。先述したように、なあなあ（馴れ合い）精神の蔓延《まんえん》する中、新しい政府が発足すれば、旧幕時と変わらない旧態依然とした状態が継続・温存され、それが新しく成立する政府にとって危険なことだと見抜いたがためであった。

事実、明治政府は、倒幕後わずか数年を経ただけで西郷が恐れたような状況（「名分条理」に基づいて国家を運営し、外交を展開するどころか、「維新の精神（理念）」を喪失し、賄賂政治が横行していた）に陥っていた。そこで西郷は、改めて悪しき先例の存在を三条に思い起こさせ、三条の危機感を煽《あお》ることで自身の朝鮮使節就任を実現しようと図ったのである。そして、このことを念頭において読めば興味深い西郷の言葉が『南洲翁遺訓』中に見られる。それは、自分の許に身を寄せた庄内藩士から「何を以て国家を維持すべ」きかと問われた際の彼の発言であった。西郷は次のように語ったのである。「徳川氏は将士の猛《たけ》き心を殺《そ》ぎて世を治めしかども、今は昔時《せきじ》戦国の猛士より猶一層猛き心を振い起さずば、万国対峙《たいじ》はなるまじき也」。

その五は、西郷がひどく余裕をなくしていたことである。このことは、彼が三条と面談した当日、本日中に自身の朝鮮使節への就任を決定するように三条に強く迫ったことで明らかとなる。むろん、これは性急すぎる要求であった。なぜなら、遣外使節団の代表だった岩倉具視の帰国が間近に迫っていたからである。既述したように、これより前、使節団に参加していた大物たちが、相次いで日本に帰国していた。あとは大使岩倉具視本人の帰国を待つばかりであった。また、この八月は、官吏に対して初めての暑中休暇が認められ、彼らの多くは職務から離れていた。

したがって、ごく常識的に考えれば、西郷は、ほんの少し待って、岩倉使節団参加者全員が揃った時点で、彼らの同意を得て自身の使節就任を実現するのが物事の筋であったといえよう。現に、留守政府を預かる立場にあった太政大臣の三条実美は、そのように西郷に要請した。だが彼は、あえてその提案を受け入れようとはしなかった。さらに西郷は、三条と会談した際、岩倉大使の帰朝前に外務卿に朝鮮側へ渡す「文案の草稿」を取り調べるように命じてほしいとの要求を突きつけた。ここには、余裕を失っている、それまでの西郷とはまったく異なる別人の姿がみられる。西郷はひどく急《せ》いていたのである。

4　西郷の派遣を「内決」

早急な決定

八月十七日付で板垣に宛てて発せられた西郷書簡からは、以上のようなことが判明するが、ついで西郷の切なる要請を受けた板垣の斡旋（三条に対する説得）がなされたこともあってか、事態はすぐに西郷にとって好ましい展開を辿ることになった。三条が十七日に閣議を召集し、その席で西郷を朝鮮に使節として派遣することが「内決」をみたのである（ただ、三条も多少の抵抗を試み、岩倉具視の帰国後、再評議を行うことも併せて決定した。なお、この閣議には自分の問題が評議されることを考慮したためか、西郷自身は出席せず、彼は翌十八日の朝、三条邸を訪問し、前日の閣議の結果を知らされた）。しかし、それにしても、西郷が突如朝鮮使節を志願してから、三週間経つか経たないかの、ごく短い時日での慌《あわただ》しい決定であった。本問題が近代日本にとって頗《すこぶ》る大きな問題だったことを考えると、慎重な姿勢を欠く、あまりにも軽率で早急な決定であったと批判せざるをえない。

それはさておき、ここで確認しておきたいことがある。西郷の朝鮮への派遣を「内決」した、この十七日の閣議は、従来の朝鮮政策に大きな修正を加えたことである。第一点は、明治四年十一月九日の会議で決定をみた、岩倉使節団の帰国までは朝鮮問題を棚上げするとの方針を修正したことであった。第二点は、明治二年以来、一貫して抑えられてきた対朝鮮強硬論が採用されたことであった。そして、十七日にこのような大修正を行ったうえで決定をみた新方針は、このあと八月三日に皇后春子《はるこ》とともに東京を離れ、箱根宮ノ下の行在所に避暑中の天皇に十九日に上奏され、天皇の裁可を得る。ここに、西郷の派遣は実施に向けて大きく前進した。そして、もちろん、こうした流れは西郷にとって大いに満足のいくものであった。そのため西郷は、「内決」をみた翌八月十八日に礼を述べるため板垣邸を訪問することになる。が、あいにく板垣が外出中だったので目的を達することができなかった。そこで西郷は、翌十九日付で板垣に書簡（『全集』三）を送り、改めて感謝の言葉を伝えた。

異常なほどのはしゃぎぶり

それは、西郷には珍しく、喜びに満ち溢れた内容の書簡となった。「実に先生の御蔭を以て快然たる心持ち始めて生じ申し候。病気も頓《とみ》に平癒《へいゆ》、条公（＝三条実美）の御殿より先生の御宅迄飛んで参り候仕合い、足も軽く覚え申し候。もうは（＝もはや）横棒《よこぼう》の憂いもこれある間敷、生涯の愉快、此の事に御座候」。こんなに弾んだ調子の西郷書簡は珍しく、一種の躁状態に西郷は陥ったといってよい。とにかく西郷は、心底、自らの使節としての派遣が決定した（ただし「内決」に止まる）ことを喜んだ。それは、「西郷が長く背負ってきた重荷」（『西郷「征韓論」の真相』）から、ようやく解き放たれたかのような手放しに近い喜び方であった。

また、本書簡では西郷が「病気」であった事実が語られている。西郷は、この年の五月初旬以来、持病である激しい胸痛に苦しめられていた。そのため明治天皇が派遣した大学東校雇いのドイツ人医師テオドール・ホフマンらの治療を六月上旬に受けることになる。治療は肥満解消のための瀉薬の投与と食事制限を柱とするものであった。

数十度の下痢

だが、この年の夏が特別に暑かったことなどもあって、なかなか快方には向かわなかったようである。たとえば、西郷は八月三日に三条に会って、初めて自身の朝鮮への遣使について願い出る予定であったが、下剤を服用していたこともあって、「数十度の瀉《くだ》し方にて、甚だ以て疲労」を覚え、それを断念せざるをえなくなる（八月三日付板垣宛西郷書簡〔『全集』三〕）。三条ときわめて重要な案件で会う約束がなされていたのだから、当然、何日か前には西郷は下剤の服用を中止するか、もしくは飲む量を少な目にしていたはずである。それが、この有様であった。西郷の体調が相当深刻なレベルに達していたことが想像できる。したがって、先ほどの西郷書簡には、にわかに「平癒」つまり治ったとあるが、これはもちろん、そのように思えたという意味であった。

さらに不可思議なのは、西郷が傍目にも異常なほどはしゃいでいることである。朝鮮問題を重大な外交問題と受け止め、解決を真剣に模索していたとしたら、このような喜び方を、人はするであろうか。むしろ、これからのこと（前途）を考え、暗澹《あんたん》たる気持ちにすらなってもおかしくはない。「朝鮮との関係は当時誰が担当しても容易に打開できなかったことはあきらかだった」からである（牧原憲夫『明治七年の大論争』）。

こうしたことを考えると、西郷がようやく「死に場所」を見つけ、その安堵感から、はしゃいだとしか思えない。現に、西郷が「朝鮮国に使《つかい》するの命を蒙《こうむ》」った際に作られた漢詩（『全集』四）には、そうした彼の心境が鮮明に窺われる。それは、先述した（一三五頁）顔真卿《がんしんけい》に、再度自らをなぞらえて（自身の死と顔真卿の死を重ね合わせて）詠んだものであった。西郷は死ぬ気満々だったのである。

木戸孝允の異論

もっとも、さすがに、こうした精神の高揚は、そうそう幾日も続くものではなかったらしい。そして、これには、八月二十一日に木戸が訪ねて来て、数時間にわたって話し合ったことがどうやら影響したらしい。木戸は先述したように、征台にも征韓にもともに反対で、この八月にはその旨を記した意見書を政府に提出した（明治六年八月「征韓・征台速行の反対意見書」『木戸孝允文書』八））。したがって、木戸は西郷と会い話し合った際には、そうした自分の考えを伝えたと思われる。そして、これを受けて、死に場所を見つけてはしゃいでいた西郷の高揚した気分に、ブレーキがかかることになったと想像される。

ついで同じ頃、板垣が弟の別荘にいた西郷を訪問し、西郷に向かって死に急ぐことはないと懇々と忠告に及んだらしい。そのようなことが重なってか、八月二十三日付で板垣に宛てて発せられた書簡（『全集』三）では、冷静な心がいくぶんかは戻っている。すなわち西郷は、本書簡で「死を見る事は帰する（が）如く、決しておしみ申さず候得共、過激に出でて死を急ぎ候儀は致さず候間、此の儀は御安《あん》堵《ど》成し下されたく希い奉り候」と板垣に伝えた。

そして、さらに、主上（明治天皇）から医師が自分の許に派遣され、その後「医師の命ずる通りいたし来り候処、最早治養処《どころ》にてはこれなく候得共、有（り）難き御沙汰を以て加養いたし候に付いては、死する前日迄は治養決して怠らずと申し居り候位に御座候間、死を六ヶ敷（＝難しく）思うものは狂死でなくては出来申さず候故、皆々左様のものかと相考え申すべく候得共、夫等《それら》の儀は兼《かね》て落着いたし居り候間、申し上げ候も余計の事とは存じ奉り候得共、先生の御厚志忘却致し難く、御安心迄に卒度《そっと》申し上げ置き候」とも伝えた。後半部分は文面の意味がとりがたいが、要するに自分の死についてはすでに心の整理がついていることを板垣に伝えたものであろう。そして西郷は、そのうえで別に死に急ぐようなことはしないとも伝えたということである。

以上、岩倉大使本人が帰朝する前に留守政府内で「内決」をみるに至った西郷の朝鮮使節派遣問題について、主として西郷書簡を分析の対象に内実を振り返ってみた。いずれにせよ、ここまでは西郷の思惑（希望）通りに事が運んだといってよい。表立った反対はあまり見られず、木戸が異論を唱え始めたぐらいであった。それゆえ、こうした状況の到来を受けて、十七日の閣議から二週間が経過した九月一日付で、太政大臣の三条実美は西郷に書簡（『岩倉公実記』下巻）を送り、改めて使節を朝鮮に派遣するにあたって、当然求められる「手順応接の目的等」を外務卿とも協議して「予《あらかじ》め」確立しておく必要を西郷に再度伝えた。

準備を全くしなかった西郷

だが、八月に続いて再び三条によってなされたこの要請に、西郷が応じることはなかった。もし彼が朝鮮の開国を目指し、自分がその交渉役を真剣に務めるつもりであったなら、こうした対応は考えられなかった。また反対に征韓を目論んでいたとしたら、早急に軍事方面の準備をしたはず（本書中でもみてきたように、西郷は本来事前に周到な準備をなす男であった）なのに、そうしたことも行ってはいない。このようなことから判断すると、自分は朝鮮で死ぬのだと決めた以上、もはやなにもする気にはならなかったということであろう。

もっとも、これは西郷が征韓そのものを他人に任せた結果だとの解釈も可能かもしれない。こういう解釈に立てば興味深いのは、土佐側の史料（「土佐挙兵計画ノ真相」）や桐野利秋の談話（田村貞雄「桐野利秋談話について」）に、どうやらこの頃、西郷を囲む話し合いの場が持たれたと記されていることである。参加者は、西郷・副島・板垣・伊地知正治の四名であった。

そして、ここに注目すべきは、この「謀議の席」で、「西郷氏はいっさいの戦略を挙げて、之《これ》を板垣・伊地知二氏に委するの考」えを表明したとされたことである。具体的には、自分が朝鮮に渡ったあと殺害されれば、「政府は堂々征韓の軍を派遣すべく、其《その》進軍の戦略に就ては、一に板垣・伊地知の二氏に委任すべし」と西郷は発言したという。

真偽のほどは確かめようがないが、板垣と伊地知の両者は、西郷にすれば、ともに戊辰戦争で軍略家として名を馳《は》せた人物なので、こうした発言も十分にありえたかと思う。現に、政変後のことになるが、明治六年十二月十五日付で西郷に送られた伊地知の書簡（『玉里』七）によれば、政変前、伊地知が西郷の依頼を受けて、「朝鮮征伐」に向けての調査研究を行ったことは確かなことであった。

5 事態の停滞と西郷の異常な精神状態

黒田清隆の建議

したがって西郷は、戦略を板垣と伊地知に全面的に託した可能性はあると思われるが、とにかく彼自身は朝鮮に渡って死ぬ覚悟を固めたらしい。しかし、こうした心理状況にあった西郷にとって、このあと事態は停滞的なものとなる。きっかけを作ったのは、当時開拓使次官として北海道の開拓に当っていた黒田清隆であった。黒田は、九月二日になって、樺太（ロシア人と日本人がともに住んでいたため紛争が絶えなかった）在住の日本人保護のため、同地への出兵の必要を三条に建議した。これは、この年（明治六年）の二月に、樺太母子泊《クシュンコタン》（大泊）に居住していた日本人の番屋をロシア人が襲い、放火・暴行を加えた事件への対応として、樺太統治の責任者でもあった黒田が同地への出兵を建議したものだった。黒田がどうして、この時期にこのような建議を行ったのか、その理由は必ずしも文面通りに受け取れない。もし、居留民保護のための出兵が必要だと判断したならば、事件が発生してから半年以上が経過した九月の時点ではなく、もっと以前に建議がなされて然るべきだったからである。

また黒田は、七月上旬の時点では、樺太駐在の官員からの出兵要請に応じなかった。ということは、黒田の建議には西郷の問題が少なからず影を落とした可能性があることを示している。すなわち、西郷を渡鮮によって死なせたくないとの黒田の配慮が、このような建議を行わせたとも考えられる。黒田は西郷と個人的にごく親しく、「大西君（＝西郷隆盛）とは兼ねて死は一緒と」心に固く期していた間柄であった（明治六年十月二十二日付大久保宛黒田書簡〔『大久保利通関係文書』三〕）。ただ、その一方で、黒田は、その職責との関係からいって、朝鮮問題よりも樺太（ロシア）問題をより重視しなければならない立場にはあった。したがって、黒田が九月に入って突然このような建議をなした意図については簡単に断定しえないが、黒田が国益を優先して西郷の渡鮮をとりあえず阻止する行動に出た可能性はもちろん十分にある。

建議に賛同

黒田の建議にさっそく反応したのは西郷であった。彼は、黒田の建議がなされた九月二日、当の黒田が、おそらく西郷に事情を直接自身で説明するためにであったろう、訪ねてくれたにもかかわらず会えなかったために、即日、黒田に書簡（『全集』三）を送った。そこには、黒田の建議に大いに賛同し、戦争に繋がる事態の到来を歓迎する西郷の姿があった。

西郷は、樺太で戦争が始まれば直ちに自分も戦場に駆けつけることを表明した。そして、ここに注目すべきは、西郷が「貴兄の御持ち場に事始まり候得ば朝鮮処《どころ》にてはこれなく、直様《すぐさま》振り替え候心底に御座候。……（黒田とは）兼て死は一所と相考え居る次第に御座候間、応援処にてはこれなく、主と相成り、……相手は好し、此れ位の楽しみはこれなき事と相考え居り申し候」と記したことである。ここには、図らずも、西郷が死に場所はなにも朝鮮ではなく樺太でもよいと考えたらしいことがわかる。

また当時の西郷が、他の国事問題より朝鮮問題の解決をなにがなんでも優先したわけではどうやらなかったらしいことも窺われる。いずれにせよ、この段階の西郷はひどく好戦的であった。相変わらず躁に近い状態が続いていたとも受け取れる。また西郷の精神高揚には、大量に服用していたであろう薬物の副作用の可能性も想定しうる。

進展しなくなった事態

もっとも、黒田の建議があったものの、樺太への出兵をめぐる政府内の討議が、この後、なしのつぶて状態になると、西郷の態度が変わってくる。そして、これには木戸の動向が関係したようである。黒田の建議がなされた翌日（九月三日）、三条から西郷のことを聞かされた木戸は、征台にも征韓にもともに大反対だとの自分の考えを改めて太政大臣の三条に伝えた。そして、このことが、どうやら岩倉具視の帰国を待って開催される閣議の席でこの問題に最終的な決着をつければいいと楽観していたらしい三条に事態を深刻に受け止めさせることになったようである。その結果、この段階に至って、事態はまったく進展しなくなった。そのため、こうしたことを受けて西郷もひどく焦りだす。それが、九月十一日付でやはり黒田に宛てて発せられた西郷書簡（『全集』三）の中身となった。

彼は、黒田に対し、このままでは、どっちつかずになるとして、樺太問題からの撤退を宣告したのである。そして翌九月十二日、腹心の陸軍少佐別府晋介に書簡（同前）を送り、その中で、今日岩倉使節が「帰着」の予定だとしたうえで（実際に岩倉が横浜に帰着したのは翌十三日朝だった）、「是非二十日迄には出帆の賦《つもり》」だと自身の心づもりを告げた。また併せて北村重頼《きたむらしげより》（別府とともに前年朝鮮視察を行った旧土佐藩出身の陸軍中佐）が先日やって来て、西郷に同行したいと願い出たこと、「土州人も一人は死なせ置き候わば跡が宜しかるべくと相考え」ていること、「此の節は第一憤発の種蒔きに御座候故」、北村に色よい「返答」をしたこと等を伝えたうえで、別府の意見を問うた。そして、さらに、「出立前に風邪共御煩いにては、少しは娑婆《しゃば》が名残り有りげに相見得申し候。呵々大笑」と書き足した。

尋常ではない精神状態

この別府に宛てた書簡は、気をまわす必要のないにもかかわらず格下の相手に対して発せられたものだったためか、当時の西郷の尋常とは思われない精神状態を、むしろ率直に我々に教えてくれる。まずその一は、西郷が岩倉大使の帰朝後一週間ぐらいで渡鮮できるとふんでいたことである。もちろん、これは、この間に、岩倉具視を含む遣外使節団の参加者を交えた閣議の席で、いとも簡単に自身の大使としての渡鮮が正式に承認されると西郷が楽観視していたことを意味する。なんとも形容しがたいほどの能天気《のうてんき》ぶりである。

その二は、本書簡の末尾に別府をからかったあと「呵々《かか》大笑」と記されていることである。西郷は本来こうした俗っぽい表現をする人物ではなかった。彼が、これまで自分の気持ちや感情を相手に察してもらうことを願う際には、「御笑察下さるべく候」「心中御察し下さるべく候」「御遙察成し下さるべく候」「御高察成し下さるべく候」「御苦察下さるべく候」といった控えめな表現に終始した。それが、この「呵々大笑」である。むろん、西郷とて「呵々大笑」という表現を用いることが、それまでまったくなかったわけではない。だが、このような局面では記されることはなかった。当時の西郷は、少し精神に変調をきたしかけていた（小さな、もしくは無自覚な形で狂気の世界に入りかけていた）と判断せざるをえない。

なお、いま一つ、これは改めて指摘するまでもないことだが、「土州人も一人は死なせ置き候わば」云々とか「此の節は第一憤発の種蒔きに御座候」といった言葉を西郷が書き連ねている以上、彼が李氏朝鮮との平和的交渉などを想定していなかったことは明らかである。西郷は、自分や別府・北村が朝鮮の地で死ぬことで、開戦（征韓）の口実をつくろうと考えたとしか見なせない。「憤発の種蒔き」云々とは当然そういう意味であろう。

さて、このように、自身の渡鮮に関してえらく楽観的な見通しを示した西郷だったが、このあとも彼の思い通りにはことは運ばなかった。西郷を支持する声は拡がらず、逆に西郷の朝鮮使節を阻止しようとする声や動きが高まることになった。こうした動きの先頭に位置することになったのは、やはり木戸であった。木戸は岩倉具視帰国の翌日にあたる九月十四日付で、三条に対し、「過日（九月三日）」、三条の「御下問」に応じて提出した「台湾・朝鮮」問題に関わる自分の意見書の主旨を受け容れ、政策に反映させてくれるように依頼する書簡（『木戸孝允文書』五）を送った。

つづいて、岩倉具視の帰朝をほかの誰よりも待ち焦がれていた三条と岩倉両者の会談が、翌十五日に行われる。すなわち、この日、岩倉は三条を訪問し帰朝報告をするとともに、これから先のことを話し合った。ところが、不思議なことに、当時、両人の間で西郷の問題が徹底的に話し合われた痕跡はない。これは政府の懸案事項が数多《あまた》あって、西郷の問題にじっくりと取り組む余裕がなかったこと、既述したように三条が西郷の問題をことさら深刻に受け止めていなかったこと等によろう。現に、九月十九日付で岩倉が駐仏公使の鮫島尚信《さめじまなおのぶ》に送った私信（『岩倉具視関係文書』五）には、「朝鮮征伐、御互いに兼ねて承知の通り、真に御評議これ有り候得共、是以《これもって》、即時の事にてはこれ無き哉と存じ候」と記されていた。

至急解決を要したのは樺太問題

岩倉は、パリに滞在していた当時から、朝鮮問題が政府の懸案事項の一つだと認識はしていたものの、三条と話し合った結果、とくにこれが至急解決を要する喫《きっ》緊《きん》の課題だと受け取らなかったということである。つまり三条の説明を受けた岩倉は、西郷がこの問題でこれほど必死になっていたとは思わなかった。それが前記のような鮫島宛書簡の内容となった。これに対し、岩倉が鮫島宛の書簡で政府内で真剣に討議されている問題だと報じたのは、「樺太魯国住民、追々暴動の件」であった。すなわち、樺太でのロシア人による日本人への暴行事件こそ、留守政府内では至急解決を要する最重要課題だと認識されていた。

内なる敵

さらに、西郷の足を引っ張る（それも大きく）存在となったのが「内なる敵」の存在であった。西郷の弟である従道および旧薩摩藩出身の陸軍少将野津鎮雄《しずお》・同少佐野津道貫《みちつら》兄弟らが、西郷の渡鮮を阻む行動に出たのである。彼らが会合を持ったのは九月二十一日のことであった。そして、この日の会合では、どうやら西郷の朝鮮への派遣が戦争に繋がること、軍備（とくに海軍のそれ）不足の現状では西郷の派遣に反対せざるをえないといったことが話し合われたらしい。

ところで、この点に関連することで軽視しえないのは、後年（明治十年）、西南戦争が勃発した後の四月十六日に、イギリス公使のパークスおよびアーネスト・サトウとの会食の席で、西郷従道が語った談話である。すなわち、この日、従道は、明治六年時に、朝鮮と戦争になれば、「清国がおとなしく傍観しようとは思わなかったので征韓に反対した」と語った（広瀬靖子「西南戦争雑抄（下）」）。すると、西郷従道らが「征韓」によって清国との問題が派生することを恐れ、それが彼らの反対に繫がったということになる。

それはともかく、西郷によって突然提議された要求に、本来ならば一《いち》も二《に》もなく同意するはずの存在であった陸軍省のトップクラスの武官すら同意しなかった。ここには、川道氏の適切な言葉を借りれば、「突如朝鮮問題に熱中して、独善かつ独断的になるばかりで、周りにいる者たちの気持ちさえ読み取れなくなっていた」西郷の姿が見受けられる。反対に、「かつて、人望を集め人心を掌握して采配《さいはい》を取った、武将・西郷の姿をそこに見ることはできな」い（『西郷「征韓論」の真相』）。

ついで、実弟らの会合の次第を知った西郷は怒り狂うことになる。そして、怒りを黒田にもろに伝え、彼の協力を求めた。すなわち西郷は、おそらく会合がなされた翌日にあたる九月二十二日に、弟の従道から彼らが話し合った会合の内実を聞き出し、これら鹿児島出身の武官に時間を与えれば邪魔をするのは明らかなので、「速やかに軍局の論を定め、正院へ申し立て候処、御責め付け下されたく御頼み申し上げ候」と黒田に要請した（九月二十二日付黒田宛書簡〔『全集』三〕）。そして、さらに西郷は、「此の度又々（＝方針が）相変わり候ては、私にも諸君へ対し面目これなく、実に痛心いたし居り候間、幾重にも宜敷御汲み取り下され、急に埒《らち》明き候（＝かたがつく）処、希《ねが》い奉り候」と書き足した。

なお川道氏は、右の西郷書簡中にある「諸君」を西郷従道や野津兄弟ら「薩摩出身の軍の高官」のことと解したが、これは正確な理解の仕方ではない。ここで西郷のいう「諸君」とは、当時、西郷の周りにいて、彼の使節志願のことを知りうる立場にあった陸軍トップ（桐野利秋や篠原国幹ら）および西郷配下の鹿児島出身の兵士やポリス構成員のことを指した。このことを理解するうえで参照すべきは、政変後の明治六年十月二十八日に伊藤博文が木戸孝允に語った「薩の兵隊士官、其始より朝鮮論を主張し東西奔走、今日に至る」との言葉（『木戸孝允日記』二）である。あるいは、これも政変後の書簡（ただし、筆者不明）になるが、「頃日、ポリス不平を起し、朝鮮打つのことより事起り申し、副《ママ》ると大いにポリス輩をだて、事を謀るの聞えあり」との記述（明治七年一月の書簡〔『五代友厚伝記資料』一〕）も参考になる。同様に、政変直後に記された「征韓論派探偵書」（『玉里』七）中に、「征韓の論起りしは、当七月以来の事にして、もっぱら西郷・桐野（＝利秋）奮発せしに陸軍大尉已下悉《ことごと》く同論せり」とあるのも参考になる。

「諸君」の正体

こうした一連の史料から明らかになるのは、いま挙げたような一群の存在が西郷のいう「諸君」に該当するらしいこと、彼ら（少なくともその多く）が征韓論者だったらしいということである。そして西郷は、彼らにどうやら「征韓」の実行を約束していたらしいことも、ボンヤリとだが浮かび上がってくる。そうでなければ、西郷が黒田に「諸君へ」云々といった言葉を発するはずはないからである。さらに加筆すると、このことから西郷の朝鮮使節志願が、遅くとも九月下旬段階になると、もはや彼一人の問題ではなくなったことも明白となる。西郷および彼の配下（同志）の問題すなわち鹿児島士族全体の問題となったのである。

ところで、右の西郷書簡は、この時点の西郷が、すっかり神経を尖らせ、心の余裕を完全に失っていることをも我々に教えてくれる。西郷は黒田宛の書簡で、「心腑《しんぷ》を吐露《とろ》」つまり心の中で思っていることを包み隠さずに述べて依頼すると書いたが、ここまで真剣な姿は、それまでの西郷には見られないものであった。彼は泰然自若とした姿勢を演技としてもはや示しえなくなっていたのである。そして、彼に余裕を失わせた要因の一つが、いま挙げた西郷のいう「諸君」すなわち鹿児島士族への約束であったことは言うまでもない。

独走

ことここに至って西郷の独走が始まる。この後、まもなく、三条が岩倉に宛てた書簡（九月二十八日付書簡〔『大久保利通文書』五〕）中に、「朝鮮事件、西郷頗る切迫」と記したように、西郷は自身の渡鮮を速やかに実現するため閣議の開催を三条に強く要求した。さらに西郷は、自分の要求が認められない場合は、辞職するとも言明したらしい。すなわち、明治六年十月二十五日、後述するような理由で突如病床に伏すことになった三条実美を見舞った宮島誠一郎が、三条と親しい侍従の森寺常徳から聞きだした話の中に、「専《もっぱ》ら西郷参議征韓の議を発し、板垣同調なり。西郷もし此《この》議行われずば、職を辞すると云」（「国憲編纂起原」）とあった。三条と親しい人物が直々に語った話だけに、信憑《しんぴょう》性《せい》は高いと判断せざるをえない。

6　事態の急展開と政変の発生

急展開

ここから、またまた事態は急展開を遂げていくことになる。そして最終的には、西郷にとって、まさかの結果をもたらすことになる。西郷の朝鮮使節が葬られ、彼が下野することになったのである。この間の経緯について、以下できるだけ簡潔に史実を繋ぐことで説明したい。西郷の切羽詰まった気持ちを受けて周旋に乗り出したのが、留守政府内でともに政務を担当していた仲間であった。まず、外務卿の副島種臣が優柔不断な三条実美への働きかけを強めることになる。副島は九月二十七日付で三条に書簡を送り、征台問題と朝鮮問題のともに早急な決定を求めた。つづいて、問題の早期解決を図るための閣議開催を求める声は他の参議にも拡がった（勝田政治『内務省と明治国家形成』）。

これに対し、西郷の渡鮮を阻止しようとする動きも秘かに始まることになる。そして、この活動は、西郷を支持（支援）する参議たちの動きに先行した。中心となったのは、木戸孝允や伊藤博文らであった。九月二十四日、木戸が長州グループの伊藤、鳥尾小弥太および大久保利通・陸奥宗光らと会う。そして伊藤らは、大久保へ参議就任を懇願する。これは、「朝鮮一条等」を見据えて、「大久保ならでは迚《とて》も目的御座無く候」と伊藤やその仲間が判断しての要請であった（九月二十七日付岩倉宛伊藤書簡〔『大久保利通文書』五〕）。ついで、この後、三条・岩倉・木戸・大久保の「共闘」（四者による指導体制の構築）を目指す伊藤らの画策にいっそう熱が入りだす。そして、これは、明治六年の四月に新たに参議に起用された後藤象二郎や江藤新平らを政府外に追放しようとする狙いを有するものでもあった。

大久保の参議就任

もっとも大久保は、こうした要請に対し、西郷との全面衝突を回避しようとして、当初は参議への就任を頑なに拒んだ。しかし、伊藤、井上（馨）、木戸、黒田、岩倉らの、大久保を参議に引っ張り出し、「即今重大切迫の事件」に当たらせようとする思いは揺るがなかった（明治六年九月二十七日付岩倉宛伊藤書簡〔『岩倉具視関係文書』五〕）。そのため十月八日には、とうとう大久保が参議就任を受諾（就任は十二日）し、ついで翌九日、閣議が十二日開催と決まる。ここに大久保は、十二日の閣議に出席し、西郷と対決する状況に追いこまれた。そこで大久保は、西郷および鹿児島出身の軍人・ポリスと闘う覚悟をこの時点で最終的に固めることになった。このことは、彼が当時アメリカに留学中であった長男利和《としかず》と次男伸熊（後の伯爵牧野伸顕《のぶあき》）に宛てた「遺書」（『大久保利通史料』一）を残したことで明らかとなる。すなわち大久保は、一命を賭して西郷の即時渡鮮を阻止する覚悟をここに固めた。その結果、この段階で、西郷の朝鮮への派遣問題が西郷対大久保の問題となる。それはまた、征韓論対内治優先論の対立の構図が確立した瞬間でもあった。

自殺をほのめかす

ついで、この後、木戸の意見によって副島を参議にしようとする問題が持ち上がったことなどもあって、当初十月十二日に開催が予定された閣議が十四日に延期となる（副島の参議就任は十三日）。この通知を受けて、西郷が自身の使節問題で太政大臣の三条実美に返書（『全集』三）を送りつけるのは、前日（十一日）のことであった。返書で西郷は、まず明日に開催される予定であった閣議が十四日に遷延されたことを残念がった。そして、このあと自身の渡鮮問題に話を及ぼした。文面の要旨は、自身の渡鮮はすでに閣議で決定済みであり、かつ明治天皇への上奏を経て許可されているので、もし今に至り、それを取り消すようなこと（「御《ご》沙《さ》汰《た》替《がわ》り」）になれば、「勅命軽き場に相成り候」つまり勅命を軽視することになるというものであった。むろん、これは、西郷独特の言い回しで三条に脅しをかけたものであった。そして、いま一つ、この書簡で重要なのは、もし自分の渡鮮が中止となれば、「実に致し方なく、死を以て国友へ謝し候」ほかないと、これまた三条に脅しをかけたことである。つまり西郷は、鹿児島士族との約束を楯に自殺をほのめかした。これが、いかに三条にとって強烈なプレッシャーとなったかは想像に難くない。そして、ここに、このあと生じる、三条の人事不省問題の根本的な要因が存した。

三条・西郷両者の認識の相違

なお、この三条に宛てて出された西郷書簡によって、図らずも、西郷の朝鮮への派遣を「内決」した八月十七日の閣議決定をめぐって、三条と西郷の認識が大きくかけ離れていたことが露見した。すなわち三条は、「内決」をそれほど（少なくとも西郷ほどは）重大視していなかった。岩倉具視ら遣外使節団に参加した有力者の帰国を待って開かれる総評議で、最終的な決定を行うのを当然としていたからである。これに対し西郷は、「内決」を事実上最終的な決定と受け止め、岩倉らを交えた総評議を形だけのものと理解した。

この認識の相違は、西郷にははなはだ分《ぶ》が悪い。なぜなら、岩倉遣外使節団の派遣前に、留守政府首脳との間に、国家の命運を変えかねないような決定を単独ではしないとの約束がなされていたからである。したがって、岩倉や大久保・木戸らを交えた総評議で最終的な決定を下すのではなく、いわばそれを公然と無視する形で自身の渡鮮を強行しようというのだから、どだい西郷の要求には無理があった。また、本書簡中に記された自殺表明も、よくよく考えれば異様であった。いかに自分の希望を通すためだとはいえ、西郷のような立場にあった人物が最もとってはいけない脅迫手段だったからである。それに、自殺意思を文章にしたこと自体、当時の西郷が冷静さを欠いていたことを物語っている。「自殺を筆にするまでになっている西郷の極度に思いつめた心理」がこうした行動をとらせたのである（高橋秀直「征韓論政変の政治過程」）。とにかく、当時の西郷は心身ともに極度に追いつめられ、それがなりふりかまわない三条への脅迫に繋がった。

三条の姑息な提案

もっとも、これは先ほども少し記したように、三条を一種の恐慌状態に陥らせるには効果的な脅迫であったとはいえる。現に、西郷から返書が送られてくると、三条は早速、岩倉に対し、西郷の派遣そのものはすでに「御内決」をみているので「決して変動すべからず」との考えを伝える。これは、西郷の脅迫もさることながら、三条が「兵隊の動静も此《この》一挙の都合に依り候ては殆《ほと》（ん）ど駕御《がぎょ》の策六ケ敷これ有るべくと、他日の変言」を「懸念」したからであった（十月十二日付岩倉宛三条書簡〔『大久保利通文書』五〕）。このような恐怖感に囚われた三条にとって、もし西郷が使節派遣の中止もしくは延期を理由に自死するようなことがあれば、鹿児島士族がどのような行動に出るか予断を許さなかった点で、ことはきわめて深刻であった。そこで三条は、岩倉に対し姑息な提案を行う。西郷の派遣を先延ばしにしようとの提案であった。言うまでもなく、これはいま一度原点に戻って、西郷の派遣そのものの是非を検討するのではなく、西郷の派遣は既定事実として認め、たんに時期を遅らせることで、とりあえず危機的な状況をひとまず回避しようとするものであった。

十月十四日の閣議　こうした経緯を経て、いよいよ問題の閣議（正院での評議）が十月十四日に開催されることになる。その前々日の夜、岩倉と対策を話し合った大久保は、翌十三日、板垣退助と副島種臣の両人が西郷を事前に訪問し、西郷の説得に努めるとのプランを示されると、それに反対した。大久保は、今までいろいろと自分に対して内談はあったが、表向き自分はこの問題を知らない形なので明日の閣議で決定すべきであること、すなわち明日の閣議で全員で評議をして「定論」を立てたうえで西郷と相談することを主張した（十月十三日付岩倉宛大久保書簡〔『大久保利通文書』五〕）。

西郷の性格を知悉《ちしつ》していた大久保は、変な小細工を弄《ろう》せず、十四日の閣議で一気に問題を解決しようとしたのである（そして、これは、岩倉遣外使節団参加者と留守政府首脳との「約定」が結ばれた経緯からいっても正論であった）。その結果、十四日の閣議では、遣使の即行か延期かを議題に、真正面からの討議がなされることになる。この日、閣議の席に連なったのは、太政大臣の三条実美、右大臣の岩倉具視と八名の参議（西郷、板垣、大久保、副島、大隈、後藤、江藤、大木）であった（木戸孝允は、この年の八月に馬車から落ちて頭と肩を痛打し、以後の閣議を欠席していた）。

ところで、この十四日と翌十五日に開かれた閣議については、参加者の発言内容を逐一正確に伝える類の公式記録は残されていない。それどころか、十五日の閣議に西郷が出席したのか欠席したのかすら判然としていない（本書では、西郷は前日の閣議で自分の考えを言いつくしたとして、十五日の閣議には欠席したとの通説的見解を採用する）。かように閣議の詳細はハッキリとしないが、十月二十三日に天皇に対してなされた岩倉具視の上奏（「口演ノ大要」〔『岩倉公実記』下巻〕）によれば、十四日の閣議では次のような討論がなされたらしい。まず三条と岩倉の両者が西郷の即時派遣に反対の意を表明（遣使延期を主張）し、いったんは西郷を除く全員がこれに同意する。板垣のような開戦論者にとっても、戦争をするには準備不足は明らかだったので、延期論に同意せざるをえなかったのである。ところが、西郷がただ一人納得せず、自身の朝鮮への即時派遣をあくまでも主張したため、事態が紛糾することになる。大久保、大隈、大木以外の参議が、西郷の発言を受けて動揺したためであった。

この日、西郷の前に立ちはだかったのは、岩倉と大久保の両者であった。岩倉は、三条とともに、樺太での紛争解決を優先すべきだとする立場から西郷の即時派遣に反対した。また大久保は、西郷の派遣が朝鮮との戦争に直結し、財政・内政・外交上の困難をもたらすので、即時派遣はやはりすべきではないと主張した。西郷が即時派遣を強硬に閣議で主張したため、岩倉・大久保の両者は、やむなく閣議では延期論を主張することとなったが、彼らの本音を言えば内治優先論の立場から西郷の派遣そのものを中止したかったと思われる。

大久保の反対意見

それはさておき、両人の反対意見の中でも重要な意味をもったのは、大久保のそれであった。残念ながら、閣議の席で、この通りの発言があったのかどうかは確認しえないが、前記の「遺書」ならびに当時記されたと思われる大久保の意見書（『大久保利通文書』五）が残されている。これらから明らかとなるのは、大久保が西郷の主張を二つの点から大いに問題だとし、彼の派遣に反対したことである（『〈政事家〉大久保利通』）。第一点は、即時遣使論は「深慮遠謀」に欠けるとしたことである。大久保によれば、国家を運営し、国土と国民を守るには「深慮遠謀」が必要だった。その点で、西郷の東洋流の道義的国家（道義外交）論は、「恥」や「義」の重要性を強調するだけで、「時勢」をかんがみず、かつ「深慮遠謀」に基づいて国家や国民の将来を見据えようとしないものだとみえた。

大久保の大局的な観点からする西郷批判は以上の点にあったが、いま一つ西郷批判の柱となったのが、西郷の派遣は戦争に繋がるというものであった。そして、この点に関わる批判は、大久保の性格を反映して精緻なものとなった。すなわち大久保は、まず西郷を朝鮮に派遣すれば、近年の「彼の我国に接し、また米国の使節に対したる所為」（朝鮮王朝は、慶応二年と明治四年に、それぞれ軍事挑発を仕掛けてきたフランスおよびアメリカの艦隊と戦い、撃退することに成功した）から考えれば、「其《その》接遇の好《よしみ》を期す」ことはできず、同国との開戦に繋がるとみた。そして、朝鮮と戦端を開いた場合、ロシアに「漁夫の利」を得られること、戦争遂行のためにはイギリスに外債を頼らざるをえず、その結果、同国による内政介入を招く恐れがあること、などを指摘した。

その他、大久保は、戦争がもたらす弊害として、士族反乱や民衆騒擾を招くこと、膨大な額にのぼる軍事費が深刻な財政危機を招来することなどを挙げた。さらに、大久保のひときわ秀れたところは、朝鮮との戦争に勝利を収め、同国を植民地として領有するようなことになっても、得策ではないとしたことであった。すなわち、植民地化によって朝鮮民族の抵抗運動を招くのは必至だとし、かつ朝鮮を領有することでロシア・清両国と国境を接するという厄介なことになる点を指摘し、いずれも日本にとって得策ではないと主張した。

副島外務卿に対する批判

大久保は、実によく将来を見据えて反対論（「征韓」の非）を展開したといってよい。後年の韓国併合とその後の歴史を思い起こせば興味深いものがある。そして、こうした大久保の挙げた問題点の検討こそ、本来は西郷の遣使問題が持ち上がった際になされておらねばならなかったことであった。また、ここで留意しておきたいのは、大久保の西郷批判の背後に外務卿の副島種臣に対する批判が隠されていたことである。大久保は意見書の中で、ロシアと清両国の「一・二朝臣」が、日本側が朝鮮へ出兵しても「関（干）渉」しないと言明もしくは日本の行動を黙認したとするが、それは確かな証拠とはならないと疑問を呈した。

この大久保の意見は、明らかに清から帰国した副島外務卿のもたらした情報を念頭においてのものであった。つまり大久保は、副島→西郷ラインの外交政策（姿勢）を、はっきりとした確証を握ったうえでなされたものではなく、あやふやなものだと批判したのである。そして、これは、両者の外交政策を「名分条理」に基づくだけの時代遅れの外交政策（姿勢）だと痛烈に批判するものであった。

さて、十四日の閣議では西郷の朝鮮への即時派遣をめぐって激論が闘わされたが、ここでひとまず取り上げておきたい検討課題がある。西郷が、やはり、この日もこれまでと同様に、自身の渡鮮後について、なにも語らなかったのか否かという問題である。西郷が自身の死を心中で決定したためか、渡鮮に向けての準備をした痕跡がなんら見られないことに関しては先述した。また西郷が、自身の渡鮮後についての具体的な見通しを、三条の再度にわたる懇請があったにもかかわらず、まったく語らなかったこともすでに取り上げた。

しかし、さすがに、閣議の席では、それは許されなかったと思われる。なぜなら、この日よりちょうど十日前の十月四日、太政大臣の三条は、朝鮮問題についての意見書（『岩倉公実記』下巻）を岩倉の許に送り、これから開催される閣議の「議案に供すべき」具体的な事項を挙げているからである。朝鮮の保護国化を狙うのか否か、開戦を期するのか否か、朝鮮との開戦は日本にとってはたして有利なのか否か、等々がそれであった。そして三条は、これらの事項について西郷からも意見を出させるように望んだ。至極妥当な提案であり、要求であったといえる。それゆえ、十四日の閣議で西郷は、こうした点について質問され、回答を求められたはずだが、残存史料からは、西郷がそうしたことに答えた痕跡は見受けられない。つまり、この点に関しては現時点では永遠に不明ということになる。

西郷本来の戦略論

ところで、改めて何度も確認することになるが、このような西郷の対応の仕方は、これまでの西郷の性癖・個性と相反するという点で興味深い。西郷は、本書中たびたび指摘したように、何らかの行動を起こす場合、周到に情報を分析し対策を講ずるのが常であった。また敵対勢力と対峙した際は、談判を有利に導くために、まず軍事的威圧を相手に加えて委縮させ、そのうえで交渉を進めることを常套手段とした。そうした西郷本来の発想が凝縮された言葉が、明治三年の十二月頃に書かれたと思われる意見書（『全集』三）中の、「攻める勢い有りて、漸《ようや》く守らるるものなり」である。これは、まさに西郷の戦略論のエッセンスが凝縮された言葉であった。

さらに、いま一つ挙げると、明治七年（一八七四）八月三十一日付で陸軍少将の篠原国幹に宛てた西郷の書簡（同前）中には、次のような文章が見られる。「（台湾生蕃の問題で、清国政府から賠償金をとる）賦《つもり》なれば、今一層兵力を増し、十分戦いと決し、勢い相付け候わば、金（＝賠償金）にも成り申すべく候得共、……。武官の方にて兵勢を張り立て、今二、三大隊を取り寄せ、十分兵威を厳重に致すべき（が「戦斗の事機を知る」ということだ）」。このような発想もしくは姿勢が西郷本来の在り方（戦略論）だった。その点で、朝鮮へ兵隊を先に派遣することに強く反対し、いわば丸腰での自身の派遣を訴え続けた朝鮮使節を志願した際の西郷は、明らかに通常の彼とは様相を異にした。

とにかく、この時点の西郷は異例づくめであった。それになにより無責任そのものであった。先述したように、自分は朝鮮で死ぬから、あとは板垣と伊地知に任すというのでは、筆頭参議の立場にある者としては、あまりにも無責任極まりない。どういう事情（背景）があったにせよ、西郷には自分の考えを少なくとも政府関係者に対して公にする義務があった。

ところが、西郷は自分の考えや目的（戦略・政策等）を公にする（少なくとも積極的には）ことはなかった。むろん、これは自らの志願が鹿児島士族の処遇という藩閥的な問題と結び付いていたことが一因であった。つまり、西郷にとっては口外したくないことであった。それとともに、朝鮮使節を志願した際の西郷の身心が尋常ではなかったことも大いに関係したと思われる。身心の耗弱が、彼に十分な説明を果たす根気を失わせ、投げ槍（無責任）な対応を採らせた面があったかと見なせる。しかし、どのような理由があったにせよ、西郷のこうした不誠実な態度は到底許されるものではなかった。

十月十五日の閣議

西郷への批判は、これぐらいに留めて、先に進むことにしよう。十四日時点の西郷と大久保両者等の激論を経て、翌日、再度閣議が開催される。言うまでもなく、前日の閣議で、大臣・参議間の意見が分かれ、西郷の遣使問題に結論を下せなかったからであった。だが、どうやら、西郷はこの日（十五日）の閣議には出席しなかったらしい。彼は、前日の閣議で自分なりに主張すべきことはもはや主張したと判断したのであろう（あるいは彼の体調が連日にわたる閣議への出席を阻んだのかもしれない）。とにかく、西郷抜きで十月十五日に大詰め（運命）の閣議が開かれることになったようである。

もっとも、この日の閣議に先立って、前日の閣議終了後、三条は岩倉に書簡を送り、次のように西郷の即時派遣の阻止に努めることを誓った。「小生に於いては決して変説仕らず、死生相決し候所存に御坐候、一西郷をもって国家には替え難し」。が、このように宣言した三条は、その一方で不安の念をも岩倉に洩らした。「去りながら不測の変を生じ候哉も計り難く、是のみ苦慮仕る事に候」（高橋秀直「征韓論政変の政治過程」）。ここで三条が記す「不測の変」が鹿児島兵やポリスの暴走行為であることは、改めて指摘するまでもない。三条は西郷の早い段階での遣使の阻止に努めるとしながら、他方では相変わらず西郷の派遣が延期もしくは中止となった際の近衛兵を中心とする軍・ポリス（西郷のいう「諸君」「国友」）の暴走に強烈な恐怖感を抱き続けていたのである。そして、三条がこのような恐怖感にあえいでいた状況下、十五日、閣議が開かれる。

西郷の即時派遣を決定

この日の閣議では、まず参議一同に対し各人の意見陳述が求められた。その結果、「大久保利通日記」の同日条によれば、大久保を除く参議一同が西郷を支持する意思を表明した。なかでも副島と板垣の両名が、西郷派遣に向けて「断然決定」を求める態度を持した。これに対し大久保は、猛烈に前日に主張した派遣延期論を主張し、副島や板垣と激論を闘わせることになる。このように、もっぱら西郷使節の即時派遣阻止に向けて奮闘したのは大久保であった。すなわち、この日、大久保が舌鋒《ぜっぽう》を控えておれば政変は発生しなかった可能性が大いにあった。ついで、この後、閣議が紛糾したため、最終決定を三条と岩倉の両人に任せることになる。そして、両人が対策を話し合った協議の席で三条が西郷の即時派遣に賛成する側に廻り、その結果、西郷の朝鮮への即時派遣が決定をみ、参議全員へこのことが通知される。三条は前日の誓いを自ら破ったのである。三条の恐怖心がすべてに勝《まさ》ったということであろう。いずれにせよ、ここに西郷の朝鮮への派遣が本決まりとなり、あとは、手続き上、再度明治天皇に上奏し、天皇の裁可を待つだけとなった。

だが、ここから反対派の巻き返しによって、事態は想定外の経過を辿ることになる。幕開き役を、本人の意向とは別に、結果として果たすことになったのが岩倉であった。彼は、十五日の閣議が終了した後、伊藤と大隈の両人に宛てて書簡（『伊藤博文伝』上巻）を発し、彼らの翌朝の来宅を求めた。これを受けて、十六日朝、岩倉と伊藤らの間で今後の活動についての話し合いがなされたものと思われる。もっとも、この日の会合で西郷の派遣阻止に向けての話し合いがなされ、それを決定したとは見なし難い。十月十六日付で大久保に宛てた岩倉の書簡（『大久保利通文書』五）中に、「此上《このうえ》は条公御見込（み）通り然るべく御所置これ有り候様と存じ候。就ては、かねて西郷氏いよいよ使節奉命候わば前途御方略懇々御評議これ無くては相済まざる事と存じ候」と記されているからである。岩倉は、十五日の閣議終了後、さんざん考えて閣議決定通り西郷派遣の線でやっていこうとし、そのために対朝鮮政策の方針を煮詰め確定しようと図ったと考えられる。

このように、西郷派遣に向けて政府がいよいよ動き出そうとしたこの時、待ったをかけたのが大久保だった。翌十七日、本来ならば閣議が開催されるはずであったが、この日の早朝、大久保が三条邸に参上し、参議の辞表を提出する。そして、この申し出は、大久保によれば相当なショックを三条に及ぼすことになった。「今朝の（三条の）御様子よほど御周章の御様子に候」とは、当日の大久保利通の日記中の記載であった。つづいて、この日、木戸孝允と岩倉具視の両名も、大久保に追随する形で、それぞれ辞表を提出もしくは辞意を表明する。岩倉は、いったん西郷に妥協的な動きを見せたが、最後の最後になって、幕末以来、唯一無二の同志であった大久保に歩調を合わせたというべきであろう。

大久保の辞意表明

三条実美の錯乱

新たな事態の到来を受けて、この日の夕方と夜、三条が二度にわたって岩倉を訪問するが、両者の会談は物別れに終わった。ついで、三条は帰邸後、西郷を呼び、十五日の閣議決定を再検討する意向を示したが、今度は西郷の拒絶に遭った。そして西郷が引き払った後、十八日未明に三条は極度の重圧に耐えられずに異常をきたし、政務不能状態に陥る。そして、この時点から、まもなくして、岩倉・伊藤・木戸・大木・大隈の間で、形勢逆転に向けての策動が始まる。そして、これに、大久保や黒田清隆の動きも絡まって、事態は急転することになった。まず十月十八日に伊藤が木戸を訪問し、これまでの朝廷内の紛紜について報告を行う。相前後して伊藤は、流れを変えるべく大久保にも接触する。これを受けてか、それとも独自の判断によってか、その辺《あたり》は定かではないが、大久保も積極的に動き出す。

「一の秘策」

大久保は、十月十九日、三条がこの日辞表を提出すると、黒田に形勢「挽回の策」として「一の秘策」を授けた（「大久保利通日記」同日の条）。これは二度の閣議を経て正式に決定された西郷の即時派遣を阻止するための宮中工作の指示であった。具体的には、黒田や宮内少輔の吉井友実を介して宮内卿の徳大寺実則へ働きかけ、徳大寺に秘密裡に明治天皇へ遣使延期の上奏を行わせ、天皇を延期論で拘束しようとするものであった。そして、この計画は、岩倉が太政大臣の職務を三条に代わって務めるように、天皇から命じられたことで、ほぼ成功を約束された。すなわち、ここに短時日の間に、形勢逆転のための条件が整うことになった。

三条の錯乱後、如上のような工作活動が秘かに展開される中、では当事者であった西郷および彼の支援者はどう動いたか。三条の錯乱という想定外の事態に突如直面した副島種臣らは、妥協的な対応をとりあえずとることになった。樺太問題や台湾問題とともに、朝鮮問題についても再評議を行うことを同僚の参議と「決議」したのである。副島は、このことを十月二十日付岩倉宛の書簡でもって伝える。つづいて翌二十一日朝、副島は西郷を訪れ、朝鮮問題を再評議するための閣議への出席を求め、西郷の了承を得る（『内務省と明治国家形成』）。なお、大久保らによってなされた裏面での工作についてなんら知ることのなかった西郷は、副島から岩倉の太政大臣代理就任の件を知らされると、むしろそれを「大幸」だと捉えた。翌日に予定された閣議に自分が出席すれば、副島等の協力を得て、一気に派遣が決まると楽観したためであった（十月二十一日付桐野利秋・別府晋介宛西郷書簡〔『全集』三〕）。

だが、翌日に予定された閣議は結局開かれなかった。この間、岩倉が天皇に上奏する文章の原案を作成し、大久保がこれに手を入れる（修正する）ための時間が必要だったからである。ついで、十月二十三日に岩倉は天皇に拝謁《はいえつ》し、閣議の内容を奏上するとともに、自ら書いた「奏問書」を天皇に提出する。この時提出された「奏問書」は、大久保の考えを反映して今は民力を養成して国家の富強に務める時期であるとする（したがって、朝鮮との開戦に繋がりかねない西郷の派遣には反対する）ものであった。

勝敗が決す

しかし、こうした背景を知る術《すべ》もなかった西郷は、十月二十二日、板垣・副島・江藤の三参議とともに岩倉邸を訪れ、十五日の閣議決定通り、自分の朝鮮への派遣許可を天皇に求める手続きをとることを岩倉に要請した。そして、この西郷らの要求は、本来、閣議で決定された事項は、即日、天皇へ上奏しなければならないと定めた「正院事務章程」の規定からすれば妥当なものであった。だが、大久保とタッグを組んでいた岩倉は、閣議での決定と自分の意見を同時に天皇に上奏すると応え、一歩もひかない態度を持した。ことここに及んで、岩倉の説得を断念した西郷は、同人宅を引き上げることになる。そして、岩倉の頑張りと西郷らがこれ以上の行動にこのあと出なかった（たとえば、参内し直接天皇に訴えるなど）ことによって勝敗は決した。翌二十三日、岩倉は参内して朝議の内容と自身の考えをともに天皇に伝える。そして、この上奏に対して、翌日（二十四日）、これを「嘉納」するとの勅書が下る（『岩倉公実記』下巻）。

西郷らの辞表提出と受理

この一連の過程中において、二十三日、西郷から、いまだ天皇の裁可が下りていないにもかかわらず、辞職願（『全集』三）が提出される。西郷は、岩倉の参内と天皇への上奏でもはや自分の希望が通らないと見切ったためか、病気（胸痛）を理由に陸軍大将近衛都督兼参議の辞職と位記の返上を願い出たのである。そして、これを受けて、追認という形になったが、翌二十四日、太政官から願いの通り参議の辞職を認める（ただし陸軍大将は故《もと》の如し。位記返上は御沙汰に及ばないとの辞令が下る。また同日付で近衛都督の辞職も許可になった。これらはいずれも大久保の意見に基づくものであった）。ついで、この二十四日には板垣・後藤・江藤・副島の各参議もそれぞれ辞表を提出することになる。そして、これに対しては、翌日、四参議の辞表を受理するとの天皇の勅答が下った。また西郷以下の辞職に併せて、大久保・木戸両人の辞表が却下される。ここに、いわゆる内治優先派が勝利を収め、以後、内務卿に就任した大久保に主導される新体制の下、勧業政策と警察制度の整備充実に代表される改革が推進されていくことになる。

なお、この間の大久保の心中を知るうえで興味深いのは、十月二十三日付で黒田に宛てて送られた大久保書簡（『大久保利通文書』五）である。本書簡で大久保は「辞表は今日西郷一人差し出し相成りたる由に御坐候。実に意外の事に御坐候」と記した。ここには図らずも大久保の本音が窺える。彼は、西郷もろとも副島以下の参議が同時に辞表を提出すると予想（期待？）していたのに、それが外れたことにショックを隠せなかったのである。そして、このことは、大久保が策謀を講じた理由が留守政府の打倒にあったことを自ずから明らかにした。彼は、在欧米中から明治国家の将来の発展のためには殖産興業策の採用が不可欠だとの思いを強めていた。そのため、平和の確保と障害となる対外強硬派の政府外への追放の必要性を他の誰よりも感じていた。そうした大久保が、三条の錯乱という未曾有のワン・チャンスを活かして仕組んだのが政変だった。そして、これには、江藤新平らの政府外への追放を強く望んだ木戸や伊藤らの思惑が一致した。とにかく、こうした点に大久保や伊藤らの演出になる政治ドラマ（熾烈《しれつ》な権力闘争）が上演されるに至った最も大きな理由があった。

西郷の不可思議な対応

ところで、これから政変の影響について話が及ぶ前に取り上げておきたいのは、辞表提出直前の西郷の動向である。というのは、どうにも不思議でならないのは、あれだけ自身の渡鮮にこだわっていた西郷が、岩倉の返答を聴いて、ごくあっさりと引き下がったことである。苦境に立てば立つほど、あれこれと対策を講じるのが常であった西郷には、形勢を挽回できるチャンスは十分にあった。たとえば、先程も少し記したように、西郷が自ら参内して天皇に従来の経緯を直奏すれば、西郷と天皇のこれまでの親密な関係からいって、朝鮮への即時派遣が認められる（つまり形勢が逆転する）可能性も少なからずあったと思われる。だが、西郷はこうした行動には出なかった。それゆえ、あまりにも往生際が良すぎるとの印象すら残る。西郷の朝鮮使節就任問題をめぐっては不可思議なことが多いが、これもそうしたことの一つに数えられよう。

7　政変の影響

新しい政治状況の到来

さて、政変の結果、西郷らは政府外に去ることになった。むろん、この政変の影響は巨大であった。本節の冒頭部でも触れたように、薩長土肥（なかでも薩長）出身者によって構成された支配体制が一気に崩壊し、そのあと西郷を除く他の下野参議が執拗な政府（大久保政権）批判を展開したことで、大久保政権イコール「公議公論」を抑えつける有司専制政権であるとのイメージが広く定着する。そして、下野参議以下、当時誕生しつつあった新聞等が大久保政権の専制的な体質を大いに問題としたことで、民撰議院を早急に創らねばならないとの世論が次第に形成されるに至る。むろん、これはそれまで見られなかった新しい政治状況（政府と在野勢力の対立）が到来したことを意味した。

また、一代の英雄であった西郷が突如下野したために、国民一般の注目を大いに浴びることにもなった。その結果、政府内の問題にとどまっていた朝鮮問題が、世間一般に広く知られるようになり、ついで征韓論の是非について国民各層（とくに旧士族層）の論議を呼び起こすことになる。そして実際、このあと佐賀征韓党による。政府に「征韓」の決行を求める動きを招来《しょうらい》することになる。さらにこうした動きにつれて、西郷らが征韓論を主張したものの、内治優先論の立場にたつ大久保らの策謀の前に敗れ去ったといったことが喧伝《けんでん》され、つづいて、征韓派対内治派といった対立の図式がこれまた定着していくことになる。

より独立国の様相を呈するようになった鹿児島

これ以外に、政変の影響としてまず挙げねばならないのは、まもなく内務卿となった大久保の主導下、緩《ゆる》やかに民力を養成して富国を図るという国家目標が確定し、その達成が目指されたことである。また政変の影響としては、廃藩置県後も、いわば独立国として振る舞っていた鹿児島県をして、いっそうそのような様相を呈させるようになったことも指摘できる。廃藩置県後、維新政府は租税権を諸藩から取り上げ、そこからの収入でもって旧藩債の処理や殖産興業策の推進を行ったが、唯一の例外となったのが鹿児島県であった。同県では、廃藩置県後も藩の自主性は保たれ、「県官は一名も他県人を用いず」（『丁丑擾乱記』）、旧領主の領有権も実質的にはほぼ保全された。そうした中、後述するように、西郷の辞職に伴って鹿児島出身の多くの兵士（なかでも近衛兵）が病気だと称して国元に帰った。そのため、世間を大いに驚かすと同時に、彼らを迎え入れたことで鹿児島では相変わらず兵士中心の旧態依然とした状態が継続されることになる。そして、このような状態は西南戦争時まで続いた。

第九章　西南戦争

1　帰郷と鹿児島での平穏な日々

岩倉邸を引き上げた後の西郷は、まもなく日本橋小網町にあった家を引き払った。ついで、隅田川の枕橋近くにあった越後屋喜右衛門の別荘に身を隠した。同人は庄内藩主であった酒井家の用達を務めた人物で、当時西郷家の面倒をみていた。そこで、この別荘で数日間、西郷はもっぱら釣りや詩作あるいは揮毫《きごう》をして過ごしたといわれる。そして十月二十八日に大久保と会い、ごく簡単な別れの言葉を交わした後、慌《あわただ》しく横浜港を発して鹿児島へと向かうことになる（十一月上旬に鹿児島着）。

大久保との別れの言葉

なお、この二十八日が、西郷・大久保の両人が、この世で会った最後の日になったが、エピソードが残されている。この場にたまたま居合わせた伊藤博文の証言（『全集』六他）によると、「後《あ》とを頼む」と言った西郷に対し、大久保は「己《おい》ら知るもんか」といったニュアンスの発言をしたらしい。そのため、西郷が珍しく烈しい調子で、「知らんとは何《ど》ういうこつか」と怒りを露わにし、そのままふいと出て行ったという。それは傍《かたわ》らで聴いていた伊藤が「アンナ場合にアンナ挨拶は善くない」と、西郷が去ったあと大久保に申し入れたほどだったという。

伊藤は、さらに後年、ハルビンで亡くなる直前に、汽車の中で新聞記者にこの時の思い出を語ったとされる（「土佐挙兵計画ノ真相」）。それによると、挨拶に訪れた西郷は、「我れは帰鹿するぞ」とたった「一言」を発しただけだったという。そして、これに対し、大久保も伊藤の眼には「至極冷淡」な返辞をしただけだったらしい。他方、明治十一年（一八七八）の四月に、大久保が近代郵便制度の祖として知られる前島密《まえじまひそか》に語った話（『鴻爪痕』）では、大久保が一生懸命に西郷の西帰を止めたのに対し、西郷が「ただ嫌だの一言」をもって拒否したことになっている。そして、頭にきた大久保が「然らば勝手にせよ」と応じたとされる。もちろん、今となっては、どのような会話が両人の間で実際に交わされたのか確かめようがないが、九州の地に在って、西郷は以後、大久保に向けて書簡を発することは一度もなかった。文字通り、この日が完全な別離（絶縁）の日となったのである。

西郷の辞職と鹿児島への帰国は、中央政府の脆弱《ぜいじゃく》さをさらけ出すことになった。西郷は、結果的に桐野利秋以下、数百名の将校や兵卒あるいは諸院省の役人とともに帰国した形となったが、彼らの多くは正式の手続きをふんで除隊・除職となったわけではなかった。西郷の辞表提出後、政府は朝命でもって陸軍の将兵および兵卒に東京に留まることを命じた（なかでも近衛局長官で陸軍少将であった篠原国幹ら近衛の幹部将校十数名は天皇に呼ばれ、直々に在職を要請された）が、彼らはそれを無視して鹿児島に帰った。そして政府はこれを黙認せざるをえなかった。また、陸軍大将職を西郷が固辞したにもかかわらず、政府は陸軍大将としての月給をその後も支給し続けた。すなわち政府は、西郷の威望と鹿児島兵の軍事的圧力の前に卑屈な姿をさらけ出すことになった。

湯治と狩猟

つづいて、帰鹿後の西郷の動向に話を及ぼすが、これはむろん一私人としての生活を送ることが中心となった。武村の自宅に戻った西郷の日々は、西別府の畑で農作業に勤《いそ》しむことなどが、その柱となった。そのような中、健康面での不安を抱えていた西郷にとって課題となったのは、長年にわたる体調不良を癒し回復させることであった。そのため、彼は以前にも増して湯治に出かけ、また愛犬を伴っての狩猟（兎や猪狩りなど）にも取り組むことになる。そして、後者の狩猟には、もちろん足腰を鍛え、きたるべき対外戦争に備えるという目的以外に、ストレスを散じる役割が求められた。西郷が詠んだ漢詩中に、「犬を携え、山を捜《さぐ》りて、百事忘る」（『全集』四）との文言が含まれるものがあるが、まさにこの通りであった。ついで、駕籠に乗らず徒歩で山野を縦横に駆けめぐったことで、彼の狙いは達成されることになる。

大変な犬好きであった西郷には、この方面にまつわる逸話が多い。西郷は、広く知られているように、明治の顕官の中にあって、ひときわ目立つ質素な生活を送った。だが、唯一といってもよい例外は、犬関係の支出は惜しまず、犬を大事に扱ったことである。明治六年に政府を去って帰鹿した後、その死の直前まで、西郷の狩猟に同行した村人たちが共通して証言するのは、買い求めた卵や魚肉などを米飯に混ぜて犬に与える西郷の姿である。それは、しばしば「度に過ぐ」と評されるほどで、なかにはあまりに厚遇されたために肥満し、狩りに適さなくなった犬も出たという（『南洲翁逸話』）。とにかく、西郷がよほどの犬好きだったことは確かである。

西郷が狩場《かりば》としたのは概して山岳地帯で、朝、天気が良ければ猟に出て、そのあと夕方に宿に戻ると温泉に入る（雨の日は習字をしたり自宅から持ってきた書物を読む）といった生活を、相当長期間にわたって暇を見つけては繰り返したようである。一番多く訪れた温泉場は、鹿児島の城下から比較的近かった霧島《きりしま》の日当山温泉だったが、時には霧島山の支峰である白鳥山の山腹にあった白鳥温泉の湯などにも浸かった。また、指宿の鰻《うなぎ》温泉等で湯治生活を送った際には、地元の有力者宅に泊まり、やはり朝方に起きて狩猟に出かけ、そのあと入湯して茶をすすり、芹《せり》などを肴に焼酎を少々飲むといったことが多かったらしい。さらに書き足せば、息子の寅太郎の証言（『全集』六）によると、西郷は川での漁も好んだ

私学校跡（鹿児島市城山町）
（鹿児島市提供）

らしい。当時、市中を流れる甲突川は清流で、鯉以外にも鮎がたくさんいたので、鮎が遡上する季節ともなれば、よく鮎漁に息子と行ったという。その時の西郷の服装はまるで漁夫同然で、もっぱら投網専門であったらしい。

その一方で、帰鹿後の西郷が熱心に取り組んだのは教育と農業であった。そして、これには大勢の将兵（旧近衛隊中の将校や下士卒）の教育と彼らがこれから自力で生きていける生活基盤の確立という課題が大いに関係した。なかでも急がれたのが教育であった。西郷とともに、あるいは西郷に続いて帰鹿した将兵の多くは、時勢を慷慨するばかりで無為に日を過ごす者が大半だったとされる。そのため、このままでは不測の事態も起こりかねないと心配されて、彼らを教育するための学校の建設が急がれることになる。

私学校等の設置

そこで西郷は配下と相談して、やがて私学校・賞典学校の設置（明治七年六月）と寺山開墾社の創立（明治八年四月）を成し遂げる。私学校は、鶴丸城わきの旧厩跡《うまやあと》に本校が置かれた。ついで、城下の十一カ所と百二の各郷に分校が置かれた。また本校の東隣に砲隊学校と銃隊学校が設置され、それぞれ旧藩の砲隊出身者と旧近衛歩兵を収容し、銃・砲術や戦術が授けられた。賞典学校（幼年学校）は、明治六年四月頃に東京で創設された集議塾の後身で、西郷ら戊辰の戦役で功をたてた諸士に対し、国から与えられた賞典禄を財源にして建てられた学校であった。すなわち、西郷の二千石、大山綱良の八百石、桐野利秋の二百石などが、これに充てられた。この学校が西郷らの下野後、鹿児島に移され賞典学校と呼ばれることになる。この学校は鶴嶺社《つるがねしゃ》外（現・照国《てるくに》神社境内）に建てられ、漢学が教えられたほか、仏語科と英語科が置かれ、そのため外国人教師二名（コップスとシケーペル）が招かれた。ついで、この学校で学んだ生徒の中から、明治八年と同九年に計五名がフランスに留学生として派遣されることになった。

私学校の教育方針　私学校・賞典学校の設置にあたっては、西郷の信任が篤い二人の人物が監督者に選ばれた。すなわち、篠原国幹が私学校と銃隊学校それに賞典学校の、村田新八が砲隊学校の、それぞれ監督者を務めることになった。私学校の教育方針は、西郷自身が纏め、同校の壁に掲げられた次の言葉がなによりもよく語っている。

第一　道を同うし義相協《かな》うを以て暗に聚（集）合せり。故に此理を研窮し、道義においては一身を顧みず必ず踏み行うべき事

第二　王を尊び民を憐むは学問の本旨、然らば此天理を極め、人民の義務に臨みては一向《ひたすら》難に当り、一同の義を立つべき事

要は、戊辰の戦いで多くの死傷者を出した現実を受けとめ、彼らの後継者として道義・尊王・愛民の心を持つ優秀な士官を育てることを目的として設立されたものであった。そこで軍事訓練を行う一方、一日おきぐらいの間隔で、古代中国の歴史注釈書である『春秋左氏伝』などの講義がなされることになった（「丁丑野乗」「戦塵録」）。また、私学校が設立された理由の一つとしては、近い将来に発生するであろう対外危機（その中心はロシアとの軍事衝突）に備えての面があったことが挙げられる。このことは、明治十年の二月十七日の未明、西郷が鹿児島を出発する直前に、県令の大山綱良に対し、これまで「人数をまとめて居」ったのは、「近年の内に外難の興《おこ》ると見」込んでいたがゆえであったと語っているこ

とでわかる（「鹿児島一件書類」）。

もっとも、私学校に対して批判的であった市来四郎によれば、私学校は「学校の名ありと雖《いえど》も、其《その》実」はなかったとされる。すなわち、私学校生の中でも、「壮年の輩は、日々出校」はすれども、「勤学の過程」もなかったこともあって、「空談・雑説・茶烟を喫するのみ」であったという。そのため、向学心に燃える優秀な者は満足できずに退校して、「他府県に遊学」する者も少なくなかったという（「丁丑擾乱記」）。

吉野開墾社

さて、西郷が力を注いだいま一つの方面（農業）であったが、これは現在の鹿児島市の北部に位置する台地である吉野町の寺山に創立された開墾社での活動が中核をなした（吉野開墾社の建物が完成したのは、明治八年四月のこととされる）。そして、ここには元陸軍教導団の生徒だった百四、五十人ほどの若者が集められ、彼らは昼間は開墾に従事し夜は勉学に励んだ。ついで開墾をし終わった農地には桑や茶の木のほか、米や粟《あわ》、薩摩芋などが植えられ、彼らの食糧に充てられた。

そして西郷は、この地や他の地で農耕に従事する際には、自から鍬《くわ》をふるい肥料を運び、大工道具を持っていたので、木を割って下駄造りもしたとされる（『南洲翁逸話』）。また、そうした西郷の在り方は、七百人から千人近くに達したといわれる私学校生にも大きな影響を及ぼしたようである。やはり市来によれば、何事においても西郷を崇拝していた彼らの多くに、「常に隆盛」の「動作に倣《なら》い」、西郷が「鈎（糸）を垂れ（れ）ば……之《これ》に倣い、桑茶を植えればただちに之に倣」って同一の行動をとり、これにはさすがに西郷も「憂《うれ》い」の色を見せたという（「丁丑擾乱記」）。

いかに西郷の影響力が凄まじかったかを示すエピソードである。それはともかく、西郷は寺山での開墾が成功したら、引き続き、私学校生をも動員して、出水《いずみ》郡の大野原の開墾に着手する予定だったといわれる。出水郡の大野原は、現在の鹿児島市から直線距離でも優に七十キロを超す遠隔地にあった。同地は、県政を担っていた大山綱良に対し、帰鹿した兵卒のための開墾地の払い下げを求めた際に紹介された場所であったが、あまりにも広い地所だったので、この時点では先送りされた。

とにかく帰鹿後の西郷は、大規模な農場の経営に携わろうとしたらしい。そして、これには、どうやら西郷の他府県の動向への注視が関係したようである。廃藩置県後、政府は生活の糧を失った旧武士たちに授産の道を講ずることを奨励した。したがって、これを受けて各府県に授産場が設けられることになる。加えて、西郷の試みは、この方面で他府県に遅れをとるまいとするものであったと解せる。これに加えて、西郷には国家の一大事（いわゆる「内憂外患」）が到来した際に、奮然《ふんぜん》として国難に立ち向かえる人材となるべき、質実剛健な気分に満ち溢れた青年子弟を養成しようとの意図の下、まずは開墾によって心身を錬磨させようとの目的があったと思われる。

体調の回復

そうしたことはともかく、自らも開墾（農業）に従事し、節食を心がけたことで、西郷の体調は驚くほど回復したようである。そして、これにはやはりなんといっても規則正しい生活を送れるようになったことが要因としては大きかった。それと、彼がなによりも嫌った窮屈な役人生活から離れたことも、その心身双方における体調の回復に役立ったことは間違いない。また、大好きな狩猟や詩作に取り組み、付き合いで飲酒する機会がめっきりと減ったらしいことも、西郷の体調回復には寄与したようである。ただ、そのような中、ほとんど唯一の例外（悪因）となったのが煙草を相変わらず喫い続けたことであった。だが、これは嗜好品《しこう》ということもあって、悪い影響をのみ西郷に及ぼしたわけではなかったかもしれない。

いずれにせよ、西郷の体調はかなりの回復ぶりをみせた。そして、このことが彼に相当程度の余裕をもたらしたようである。こうしたことがよく窺えるのが、明治八年四月五日付で従弟の大山巌に宛てた前掲書簡中の西郷の次の言葉である。「当今はまったく農人と成り切り、一向（＝ひたすら）勉強いたし居り候。初めの程は余程難儀に御座候え共、只今は一日二つか（＝約一アール）位は安楽に鋤《す》き調え申し候。もう今は、きらす（＝豆腐のから）の汁に芋飯《いもめし》食い馴れ候処、難渋にもこれなく、落着はどの様にも出来安きものに御座候。御一笑下さるべく候」。

留守政府時の西郷には感じられなかった余裕のある姿が垣間見える。おそらく、西郷の人生で、この明治七・八年頃が最も幸せな時点であったかと思わされる。新体制の創出という、自分に与えられた人生最大の課題をなんとか乗り越え、かつ郷里に在って家族と一家団欒《だんらん》の生活や気に入った温泉での入湯生活をやっと送れるようになったからである。

農業に全力で取り組む

なお、西郷の農夫生活との関わりで興味深いのは、いったん農業をこれからの天職にすると決めると、それにほぼ全力で取り組む姿勢を見せたことである。たとえば、このことは大根の栽培一つとってもいえた。彼は国分大根にこだわり国分（現・霧島市国分）在住の知人に種子《たね》の購入を依頼している。研究熱心な西郷が、日頃から、その土地に合い、味もよく、収穫量の多い品種は何かといったことに関心を寄せていたのが、こうした依頼となったのであろう。そして大事なことは、中央政府において一度は参議筆頭格にまでなった西郷が、政変後に自分が突然置かれることになった状況に、なんら腐ってはいなかったことである。いわゆる落魄《らくはく》の身をかこつといった姿はそこにはなかった。そして、このような生き方がごく自然にできたのが西郷の特色であり、彼に大きな人間的魅力をもたらしたものであったといえよう。

さらに、いま一つ、帰鹿後の西郷の体調回復に貢献したのではと思われるのが、島津久光が西郷と入れ替わる形で東京に出たことである。すなわち久光は、明治六年十一月、西郷が去ったあとの新政府だったら、自分のかねてからの持論が採用されるかもしれないと期待したこともあってか、ようやく上京する。そして久光には、反西郷の筆頭格ともいうべき川畑伊右衛門らが随行した。この久光および久光側近の鹿児島不在という事態が、西郷の心を一段と穏やかなものにしたであろうことは想像に難くない。

2 西郷の動静への注目

以上、西郷の体調回復に大いに役立ったと思われる諸々のことを列挙したが、その一方では、西郷が農夫としての生活を楽しもうとしても、それを許してはくれない状況も存在した。なにしろ、西郷の存在は、一鹿児島人にとどまるものではなく、全国的にみてもひときわ大きなもの（全国民の注目を一身に浴びる存在）にすでになっていたからである。ということは、西郷の今後の動向の如何《いかん》によって天下の形勢がどう変わるか計りがたかったことを意味した。それだけに、鹿児島に引っ込んだ西郷の動向に、多くの人間の関心（注目）が集まった。

なかでも最も神経質な対応をみせたのが政府関係者であった。政変後に成立した大久保政権が、多くの将兵が鹿児島に帰ったことに神経を尖らし、西郷が征韓論を旗印に反政府行動に出ることを警戒したからである。また西郷の帰鹿によって島津久光と全面衝突する可能（危険）性が急浮上してきた同政権にとって、久光と西郷がともに反政府という立場で結び付くのではないかとの不安が強まった。そして、こうした警戒や不安が政府内に生じたのはきわめて自然なことであった。

探索書

現に、政府が放った密偵等から送られてくる報告書には、鹿児島の不穏な状況が綴られていた。たとえば、西郷が帰国した直後の「探索報告」（明治六年十二月十一日付のもの〔『玉里』七〕）には、きたる明治七年の三月迄に西郷グループが岩倉らを「押し倒し、朝廷の瓦解に乗じ」て旧土佐藩関係者と示し併せて「大挙」する計画があるらしいとあった。そして、西郷が自ら足利尊氏たろうとしているとの憶測が付された。そして実際、西郷グループによるものではなかったが、明治七年の一月十四日には岩倉具視が東京の赤坂喰違《あかさかくいちがい》で高知県人を首領とする征韓派の壮士に襲われた。

さらに明治七年一月十七日付の「探索書」（同前）では、西郷が「帰県の節、横浜に於て板垣と面会」し、筆談で「機密の事」を図ったらしいこと、そのあと十二月に、高知県人の北村重頼などが鹿児島に行き、桐野利秋を訪問したらしいといったことが記載された。そして、明治六年末頃に作成されたと思われる「探索書」（『玉里』八）では、「土佐・庄内・水戸辺より」征韓派の人物が西郷に会うために来鹿しているといった情報が盛りこまれた。

こうした情報が続々と東京に届く中、政府関係者は西郷およびその配下らの動きに警戒せざるをえなかったのである。そして、このことがよくわかるのが、先ほどほんの少し登場した川畑が、郷里の知人に宛てた明治七年一月五日付の書簡（『玉里』七）であった。本書簡によると、新年（明治七年）早々の一月三日の夕方には、「板垣・西郷一味同心の徒党」が「大挙して上京」し、「朝鮮征討拒絶の姦徒を除」くといった「風評」が、東京では「もっぱら」だったという。

他方、ほぼ同じ頃、岩倉の許にもたらされた情報によると、薩摩側から旧庄内藩関係者に対し、協力を求める動きがあり、岩倉は「万一」旧庄内藩関係者が同調して立ち上がれば、「東北一体の御手煩《わずら》（い）」となると心配していた（『大久保利通関係文書』一）。このように、西郷の帰鹿後、東京の政府関係者は戦々兢々《せんせんきょうきょう》とならざるをえなかった。

もっとも、その一方で、政府関係者の多くが、西郷が鹿児島にいる限り大丈夫だといった式の妙な安心感に包まれたことも事実であった。そして、これには鹿児島に帰った大山巌が西郷の肉声を伝えたことなどが大きく関わった。すなわち西郷は、明治七年に帰鹿した大山に対し、鹿児島士族が決して暴動等を起こさないことだけは責任をもって引き受けると語り、こうした情報が政府関係者の間で共有された（明治七年十一月十五日付木戸宛伊藤博文書簡〔『木戸孝允関係文書』一〕）。そして、こうした政府関係者の安心感が、明治十年に西南戦争が勃発した際、西郷は暴挙には不同意で参加していないとの、彼らの判断に繫がった。

なお、このような大久保政権側の自分たちに向ける目をことさら意識していたのは、ほかならぬ西郷であった。彼は、明治七年八月十一日付で篠原国幹に宛てた書簡（『全集』三）において、東京からもたらされた情報中に、政府が自分の動向を警戒して、いろいろと「探索」に努めているようだが、これは幼年学校（私学校）の生徒がなにか議論したぐらいのこと（「小事」）を大袈裟に受けとめてのことだと思えると、笑い飛ばした。

面会希望者の鹿児島入り

しかし、この間も、この後も政府関係者をして西郷らの動向を注視せざるをえない状況が出来《しゅったい》した。天下に並ぶ者のいない名望の持ち主であった西郷に一目でも会うため、全国各地から、その徳を慕って、あるいは彼を擁して反政府的な行動に立ち上がろうと目論む者たちが、続々と鹿児島入りしていたからである。もちろん、全員に西郷が会うことはなかった（より正確に書けば、会ったのは、その中のごく少人数だった）が、来訪者の数が多くなったことは、西郷自身も認めるところであった。

西郷が会ったとされる数少ない人物の中で注目されるのは林有造《はやしゆうぞう》（一八四一〜一九二一）である。林は元土佐藩士で、兄に西南戦争勃発後、鹿児島県令となった後述の岩村通俊《いわむらみちとし》がいる。その林は、政変後、外務省を辞め、板垣に従って帰郷した後、高知に立志社を設立した。この林が鹿児島の様子を探るためにやって来た時、西郷と会えたらしい。すると、西郷は林に向かい、木戸が長年にわたって自分を悪《にく》んでいると告げ、林が土佐に帰国後、板垣を説いて木戸を「煽動」して自分を「征討」する（「討薩の軍を興」すようにもっていく）ことを依頼したという。ついで、そうなれば、自分たちも政府軍に対して「防戦」につとめるが、その戦略はすでに定まっているとも告げたという。さらに西郷は、林に対し戦端が開かれたら、自分につくも善し、政府軍につくも善しと放言したとされる。そして、これに対し、頭にきた林が「先生の言、傲慢《ごうまん》に過ぐるに似たり」と批判したところ、西郷は、「敢えて答」えなかったという（坂崎斌「林有造氏旧夢談」。「土佐挙兵計画ノ真相」）。

はたして、このような応答が実際に両人の間でなされたのか、いまとなっては例によって確かめようがないが、当時、政府内の旧長州藩出身者の中に鹿児島の討伐を主張する者がいるとの風評があった。したがって、西郷がこのような発言をしてもいっこうに不思議ではなかったが、もし実際にこのような言が西郷の口から発せられたとしたら、西郷の真意から出たものか、それとも林をからかってのものか、を含めて興味深いことではある（なお林は、のち西南戦争が勃発すると、明治十年の八月、片岡健吉ら立志社の仲間十数人とともに、政府打倒の陰謀を計画したとして逮捕・投獄されることになる）。

3 西郷の再出仕を求める動き

各方面からの復職の要望

閑話休題。元のラインに戻ることにしよう。こうした中、政府関係者を中心に、広い層の間から、西郷の復職を求める動きが出てくる。そうした動きの最初のものとしては、「政変」の責任をどうやら痛感したらしい三条実美のそれが挙げられる。三条は、「政変」直後といってよい明治六年十二月時点から、西郷の政府への復帰を図り、西郷ともごく親しかった吉井友実や大山巌の手を借りての工作活動を展開する。

他方、三条以外の政府関係者の動きとして目にとまるのは、意外なことに島津久光のそれであった。久光は、明治七年の二月に、江藤新平がリーダーとなる形で征韓論を唱える不平士族が佐賀で決起すると、西郷も同調するとの噂が流れたこともあって、西郷を慰撫《いぶ》するとの名目の下、ただちに帰鹿した。

ついで指宿郡の山川郷にあった鰻温泉にいた西郷を呼んで、乱を平定するための出馬を勧めたとされる。さらに併せて、ともに上京して国家に尽くすことをも説いたという。

三月二十八日付で大久保に宛てて発せられた岩倉具視の書簡（『大久保利通関係文書』一）によると、この時の話し合いで、「双方（のわだかまりが）氷解」したとされるが、これは多分に一方的な解釈であった。なぜなら、西郷は佐賀への出馬も断ったし、それになにより肝心要《かなめ》の自身の上京は承諾せず、これも断っているからである。また、鹿児島県令の大山綱良が、東京の大久保に宛てた二月二十三日付の書簡（『大久保利通関係文書』二）には、久光が帰国直後にしばしば西郷と「討論」し、「依頼」にも及んだが、結局「寸分も応じ申さず候」とあった。おそらく、こちらの方が実情にそうものであったといえる。すなわち、久光サイドの働きかけは、失敗に終わった（補足すると、久光と西郷の両者がこの世で面晤《めんご》したのは、これが最後となった）。

つづいて、西郷を東京に呼び戻すための使者となったのが大山巌であった。大山は砲術等を学ぶため、明治四年十一月に日本を旅立って以来、再度ヨーロッパに在ったが、西郷を説得する役目を果たすことを求められ、帰国を余儀なくされた。そして、帰国後の明治七年十月に鹿児島へ行き、約一カ月滞在して西郷の説得にあたった（政府への再出仕を勧める）が、うまくいかなかった。

大山巌
（国立国会図書館蔵）

なお、後年、大山が牧野伸顕に語った話（『全集』六）によると、この時（実際は明治八年）大山から西郷に対し手紙でもって洋行が勧められ、西郷も「大分気が動いたらしかった」という。これは、とにかく「西郷を鹿児島から引（き）出」すために、大山がプロシアとフランスの間で再度戦争になりそうだとの情報を伝えたことを受けてのものであった。言うまでもなく、「戦好き」の西郷の性分を見越しての誘いの言葉であった。もし西郷がこの提言にのって渡欧していれば、その後の日本の歴史がどうなったであろうかとの想いを呼び起こさせる点で、興味深いエピソードではある。

ついで、この後、明治八年（一八七五）に入ると、明治天皇も西郷の再出仕を求めるまでに至る。すなわち天皇は、四月時点で、太政大臣の三条に「内勅」を下し、西郷の再出仕を実現するように命じた。そして、これを受けて、三条は五月七日付の書簡を侍従の森寺常徳に持たせて鹿児島に派遣し西郷の上京出仕を促した（『明治天皇紀』三）。だが、西郷はやはり首を縦にふらなかった。そして、この後、再度久光サイドから西郷の上京出仕が要請されることになる。すなわち、久光側近の内田政風が明治九年の二月に帰鹿し、久光と協力して政府の改革にあたることを西郷に説いたものの、またしても失敗した。

木戸・板垣両人の政界復帰

他方、こうした西郷の再出仕を求める一連の動きとは別に、明治八年には、この機会に鹿児島の勢力を抑え、政府の威権を回復しようと考えた井上馨らの斡旋で、木戸と板垣の政界復帰が図られ、これは同年三月の木戸・板垣両名の参議就任という形で決着をみる。そして、翌四月に有名な漸次《ぜんじ》立憲政体樹立の詔が出されることになる（ここに立憲制度を導入することが確定し、以後、立憲政体の内容をめぐっての討議が重ねられることになる。また、これより前、民情を知るために導入することで合意をみていた地方官会議の開催や立法府としての元老院・大審院の設置も併せて発表される）。したがって、いま先ほど記した天皇の動きも、このような新たな事態の出現に副《そ》うものであったと理解しうる。

さて、このように、鹿児島に戻った西郷に対して再出仕を求める働きかけがなされたが、結局、西郷は鹿児島の地を離れることはなかった。また、この間、政変後、一段と西洋風の近代化政策を推進することになった大久保政権に反発する個人もしくは政治勢力から、西郷に対し、久光と縒《よ》りをもどし、一体となって政府にあたることを求める要請もなされる。たとえば、そうした人物の一人が、安政期に将軍継嗣運動で西郷と共闘し、かつ西郷自身が尊信しただけでなく、配下や末弟の小兵衛をその門に学ばせたこともある京都の陽明学者春日潜庵《かすがせんあん》（一八一一〜七八）であった。

潜庵は、明治七年の五月と八月にいずれも西郷に宛てた書簡（『全集』五）を発し、久光との関係を修復して、「尊王安民」および「士風の振起」に努めてほしいとの依頼を行った。しかし、西郷がこうした声に応えることはなかった。彼は鹿児島に在って、ひたすら農業に精を出し、青年子弟の教育に心をくだいたのである。さらに、いま一つ重要な活動は、私学校生徒に活躍の場を見つけてやることであった。そして、これには県令の大山綱良が積極的に協力した。すなわち大山は、東京の大久保にせっせと鹿児島の状況を報告する一方、私学校の生徒らが反旗をひるがえさないための抑止活動にも従事した。

大山県令からの協力要請

大山は、先述したように、西郷より二歳年長で、寺田屋事件では久光の命を受けて上意討ちにあたるなど勇者であった。ついで戊辰戦争でも活躍する。ただ、鹿児島に在って、久光とも折り合いを良くしなければならなかった彼の立場も関係して、西郷とは次第に距離を置くようにもなっていた。しかし、私学校の存在（勢力）が次第に巨大なものとなるにつれ、西郷および私学校関係者と手を組んだ方が施策を進めるうえで好都合だと判断したらしく、西郷らに接近する。

そうした大山の姿勢がなによりも顕著に現れたのが、地租改正事業であった。鹿児島における地租改正の動きは、他府県に比べ遅れ、ようやく明治九年に入って地租算定の基準になる土地の測量が始まった。作業の開始が遅れたのは、中世以来、地方知行制を採用し、家禄として所有した農地を農民に耕作させていた旧鹿児島士族にとって、耕作農民の土地所有権を認める地租改正は死活に関わる大問題だったからである。そのため、大山はこれより前から西郷に協力を求めることになる。そして大山は、地租改正作業の順調を期して、直接自分が指示する立場となる県下大区の区長・副区長の人選を西郷らに依頼した。ついで、この依頼を受けて、西郷は私学校関係者と相談したうえで候補者を推薦することになる。もっとも、その全員が採用されたわけではなかったが、明治九年（一八七六）頃になると、大区区戸長の過半が私学校関係者で占められるようになった。

さらに、それに止まらず、県庁の役人や警察官にも私学校関係者が多く登用され、これに伴って私学校が政治集団としての性格を帯びることになる（猪飼隆明『西南戦争』）。また、県下の青年にとっては、私学校に入校しなければ、村八分にされかねない状況が生じた。そして重要だったのは、こうしたことによって、もともと独立国の様相が濃かった鹿児島県が、一層その感を深くするに至ったことであった。いわば西郷（私学校）王国の観を呈するようになり、これは西南戦争の終結時まで続くことになる。

4　西郷と中央政局の動向

つづいて鹿児島に引っ込んだ西郷と中央政局との関わりについて若干触れることにしたい。根っからの政治好きでもあった西郷が、鹿児島の地にあっても、中央政局の動向や海外の情勢に対して、関心を失ったわけでなかったことは言うまでもない。また、彼が放っておかれる立場でもなかったことは、いままで見てきた通りである。そして、こうした西郷の許には、鹿児島出身の海老原穆《えびはらぼく》の創刊になる『評論新聞』関係者などから、さかんに政府および東京の情報が届けられた。

佐賀の乱

そうした中、帰鹿後の西郷にとって、まず大きな意味を持ったのは、明治七年の二月に勃発した佐賀の乱であった。周知のように、この乱は、朝鮮への出兵を唱える佐賀県の士族輩に、帰郷した江藤新平が与《くみ》して起こされた。しかし、岩村高俊佐賀県権令の率いる軍隊と戦って敗れた江藤は鹿児島に逃れ、西郷とも何度か会って救護を求めたものの断られ、その後、土佐に逃れて三月末に同地で捕縛されることになる。

ついで、西郷が中央政局と関わりを持つことになるのが、台湾への出兵問題であった。この問題に関しては先にも少し触れたが、西郷は弟の従道との絡みで本問題に関係することになる。すなわち、政変の発生によって、台湾問題の解決が、政府関係者によって、樺太問題や朝鮮問題などのそれとともに急がれることになる。大久保政権にとって、政変の後始末を速やかに完了し、自派政権の基盤を確固たるものにするためには、これら諸問題のいち早い解決が求められたからである。

台湾への問罪使派遣を決定

そこで明治七年一月二十六日、大久保利通と大隈重信の両人が、三条実美より台湾と朝鮮両問題の調査を命ぜられ、引き受けることになる。ついで、二月六日に大久保・大隈の連名で台湾問題についての解決方針が示されたが、それは琉球人民らに危害を加えた台湾先住民の罪を問う使節の派遣を主張したものであった。そして、ここには大久保政権の対アジア政策の基本的な姿勢がにじみ出ていたといってよい。台湾へ問罪使を派遣することで、政変によって下野した近衛兵や邏卒および全国の不平士族等の反政府的気運を和らげると同時に、欧米諸国の干渉を招かないために近隣諸国との軍事的衝突をできるだけ回避し、かつ衝突するに至った場合は、それを小規模なものにとどめようとする一貫した姿勢である。

とにかく大久保は、大隈と協力して、このような台湾出兵方針を固めた。そして、このあと大久保は台湾問題からいったん離れる。すなわち大久保は、佐賀の乱が発生すると、すぐにこの件を自らの手で解決したいと手を挙げ、許可されると二月十四日に横浜港から現地に向かい、四月二十四日に帰京するまで台湾問題に直接関わりをもたないことになる。

方針転換と長州派の猛反発

だが、この間に、英米両国公使から自国籍の傭船提供に反対するとの考えが表明され、政府関係者は出兵中止を一時検討せざるをえなくなる。しかし、二月二十五日に琉球人民に危害を加えた台湾先住民の処分についての取り調べを命じられた陸軍少将（四月に中将に昇進）の西郷従道は、四月に台湾蕃地事務都督に就任すると、台湾問題の解決方針を問罪使の派遣から台湾の割地および植民地化にまで拡大し、ついで台湾への出兵を強行した。そして、こうした西郷都督の方針転換によって、薩摩派と長州派との間に深刻な対立が生じることになる。台湾への出兵を強行し、あわよくば台湾の領有をも願う薩摩派に対し、長州派は内治優先論の立場から、それを断固阻止しようとした。

ここに、両派の対立は救いようがないほどの様相をみせることになるが、木戸や伊藤・井上といった長州派の人士が、台湾出兵に異議を唱えた最大の理由は、台湾の領有と植民地化を目指す新方策が、薩派不平士族の動向と密接に結び付く形で登場してきたことに対する藩閥的な反感によった。そして、このことは、自分が留守中になされた西郷従道らによる強引な台湾への出兵強行の決定を、大久保が追認（事後承諾）せざるをえなかったことによって決定的となった。すなわち五月に入り、台湾へ向け総勢三千六百五十八名の兵士を乗せた艦船が長崎港を出航したが、この中に徴集隊二百九十五名が含まれていたことを長州側が大いに問題とした。

徴集隊は、西郷従道が、兄の許に使いを派遣し、協力を依頼したことで誕生したものであった。そして、この依頼を隆盛は喜び、積極的に斡旋に乗り出すことになる。西郷は、元司法省警保助《けいほすけ》・大警視《だいけいし》の坂元純熈《すみひろ》（坂元は、妹が西郷夫人糸の実家である岩山家に嫁いだことで、西郷と縁戚関係にあった。そして、西郷が下野すると、三条や岩倉に西郷の参議復帰を働きかけるとともに、やがて辞表を提出した多くの警察官とともに鹿児島に帰った）を指揮長とする部隊を編成して、乗船地の長崎に送った。もっとも、従道は兄に依頼をする形をとったものの、これはそもそもは西郷からの要請に応えたものであった。既述したように、西郷は前年（明治六年）七月二十一日付の弟宛の書簡でもって、台湾への出兵が行われるならば、別府晋介が「鹿児島の兵一大隊（を）召集」して参加したいと希望しているのでよろしく頼むと依頼していたからである。したがって、こうした兄からの要請が前年になされていたからこそ、従道がこの時点で兄に協力を依頼をしたことは明らかであった。

なお、坂元は明治六年末から七年初めにかけて、征韓の断行を三条実美に働きかけ、三条から征韓断行の代わりに、台湾出兵の約束を取りつけていた。また、台湾への出兵は、西郷従道も坂元に約束したといわれる。それゆえ、坂元ら征韓派に属する鹿児島士族の圧力が今回の台湾出兵に繋がったのは確かなことであった（『〈政事家〉大久保利通』）。その点で、今回の征台は征韓論の落し子といえた。

相矛盾する情報

ところで、この台湾への出兵に関しては、なんとも理解に苦しむ情報が他方に存する。明治七年十月二日付で大久保に宛てて発せられた黒田清隆の書簡（『大久保利通関係文書』三）中に含まれる情報である。本書簡で、黒田は昨日（十月一日）鹿児島から帰京した伊集院兼寛にさっそく会って、「西郷大将以下の定論」を聞いたところ、西郷らの考えは、次のようなものだと大久保に報じた。「此度《このたび》、台湾御問罪の挙たる、とうてい我に条理ある所以を知らず、廟議《びょうぎ》何の目的ありて、此《この》挙に及びたる歟《か》、およそ事、道義によらざれば成す能わず、……（それゆえ、清国と戦争となっても自分たちは協力しない）」。この伊集院が東京にもたらした情報が、仮に真実を伝えるものだとしたら、なぜ西郷が従道に協力したのか、サッパリその意図が解せない。しかし、無視できないので、ここに付記しておきたい。

こうした、相矛盾する情報が並存するが、西郷が従道の依頼に積極的に応じたとの前提のもと筆を進めると、征台の役に参加した政府軍兵士の中に多数の鹿児島兵が加わったために、長州側のさらなる反発を招くことになった。長州出身の陸軍少将であった三浦梧楼《みうらごろう》の後年の回顧談（『観樹将軍回顧録』）によると、三浦は、兵士の中に鹿児島兵が多数参加していることに反発し、遠征軍に武器を供給することを拒んだ。三浦が拒絶した理由は次のようなものであった。「公然と政府の兵を以って、台湾を征討すると云うことであれば、利害はともかくもとして、名義も立ち理由も立つ。此れに対して武器を供給するは当然である。なれども私学校（＝鹿児島兵）の者を以て、蕃族を討伐すると云うは、……無法の戦である。自分としては、此れに対して一挺の鉄砲も渡すことは出来ぬ」。

出兵を強行した西郷従道の将来構想

改めて強調するまでもなく、これは台湾出兵に藩閥色が色濃く反映されるようになったことへの長州サイドの反発であった。しかし、こうしたトラブルを背に、西郷従道は兄の協力を得て台湾出兵を強行した。そして、この段階の従道の将来構想を知るうえで参考になりうる書簡が存在する。明治七年七月二十一日付で西郷隆盛に宛てて送られた樺山資紀の書簡（『玉里』七）である。この中に「若《も》し事（＝清国との話し合いが）破るる日は、直ちに北京に突っ込み、台地（＝台湾）全島は勿論、厦門《アモイ》辺に突き入る尊弟様（＝西郷従道）の御見込みにて御座候」とあった。これによると、従道は対清国との戦争を視野に入れて行動を起こしたことになる。

さらに、これは、あくまで憶測の域を出ないが、仮にこの時点で日清戦争が勃発したとしたら、西郷の運命も、ひいては日本国そのものの運命も、ともに大きく変わった可能性がある。なぜなら、当時の岩倉具視には、「いよいよ（清国と）戦に決するの日、西郷、木戸、板垣等召さるの事」とのメモ書きが残されているからである（「岩倉右府見込書」〔『玉里』八〕）。帰鹿後の西郷が、外国との紛争（「外患」）等が生じた際には立ち上がると公言していたことと考え合わせると、西郷が対清戦争に参戦した可能性は限りなく高かったといえる。

大久保の渡清と西郷の予想

とにかく西郷従道は強引に台湾への出兵を強行した。そして、ことの重大性を認識した大久保は、東京に戻った後、清国との交渉に自ら当たりたいと、またしても志願し、政府がこれを了承し、彼が全権弁理大臣として清国へ渡ることになる（八月六日に東京を出発）。渡清前に大久保が伊藤博文に語ったところによると、彼は「あくまでも」清国との戦争は避けたいとの考え

（＝内意）であったが、清国の出方次第では「戦争」は避けがたいとして、「軍備」に「取り懸《かか》る」決意を固めたらしい（明治七年八月十三日付木戸宛伊藤書簡〔『木戸孝允関係文書』一〕）。ついで渡清した後、大久保は粘り強い交渉を清国側と九月十四日から北京で展開するが、当然のことながら、以上の経緯からいって、西郷は渡清後の大久保の動向に目を光らせることになる。そこで、つづいて西郷のこの問題への関わり方についても簡単に見ておくことにしたい。

西郷のこの問題への関心の在り方には、いかにも西郷らしさが滲み出ることになった。すなわち彼は、中国に公使として派遣された柳原前光の報告書を篠原国幹から送られ、かつこれからなされるであろう大久保の北京での談判に関する情報を大山県令を介して知らされると、滞在先の白鳥温泉から篠原に答書（八月三十一日付書簡〔『全集』三〕）を送った。そこには、(1)清国の置かれた現状から考えて同国との戦争にはならないだろう、(2)しかし大久保が清国から賠償金を獲得するのは難しいだろうとの予想が、それぞれ記された。

この西郷の予想は、前者の戦争にはなるまいとのそれは見事に適中する。西郷が戦争にならないと判断した「支那（＝中国）の景況」が、ではいったい、具体的にはどのような内実を指すのかはわからない。しかし、答書の発せられた前後、日本国内に残された政府指導者のほぼ全員が、清国との開戦を予想し、その準備に追われたことを考慮すれば、さすがだと思わされるものがある。

ただ、後者の賠償金の件は予想が外れた。日清両国は、十月三十一日に「互換条約」に調印し、日本側は少額とはいえ中国から賠償金を獲得することに成功した（これによって、台湾出兵が「義挙」であると清国が認めた形となり、台湾からの撤兵が可能となった）のである。これを受けて西郷は、十二月十四日付のやはり篠原宛の書簡（同前）で、それこそ不審に堪えぬといった文言を認《したた》めた。「彼より償金を出し候都合、案外の仕合い、奇妙の事に御座候。……此《かく》の如き時機不思議の角力《すもう》に御座候。何か手づま（＝

からくり。策略）のありそうな事に御座候」というのがそれであった。

そして西郷は、よくよく解しかねたのであろう、さらに「追って啓上、始より戦いには迚《とて》も相成り申さざる事とは相考え居り候得共、奇妙な都合に成り行き申し候」と書き足した。大久保の粘り強い対清交渉は、西郷のこれまでの経験知では測りえなかった結果をもたらしたのである（賠償金を獲得しえたのは、駐清イギリス公使ウェードの積極的な仲裁によった）。もっとも、西郷に好意的な見方をすれば、西郷の予想が外れたのも無理はなかった。「僥倖《ぎょうこう》」に類する結果だと受け止める関係者は多かったからである（明治七年十二月二日付木戸宛河瀬真孝書簡〔『木戸孝允関係文書』三〕他）。

大久保に対して連敗

なお、この点との関連でここに注目すべきは、こうした結果が西郷の大久保に対する個人的な関係レベルでの連敗となったことである。すなわち、誰もが清国との戦争になると恐れおののく中、大久保が戦争を回避した（賠償金の額が少ないなど不満な点が多く残ったとしても、とにかく開戦には至らずに済んだ）ことは、とりわけ大きな成果であった。また、このあと十月三十一日に結ばれた「日清両国間互換条款《じょうかん》（協定）」によって、清国が琉球人を「日本国属民」と認めたことは、その後の琉球併合をやりやすくさせた。これも渡清によって大久保が獲得した大きな成果の一つとなった。いずれにせよ、大久保は渡清によってその評価を格段に上げることになる。たとえば、このことは、伊藤博文などが、十一月十五日付で木戸に宛てた書簡（『木戸孝允関係文書』一）中に、「実に意外の事にて、此上《このうえ》なき国家の大幸と存じ奉り候。……実に（大久保の）大功」と手放しで喜んだこと一つとっても明らかであった。伊藤の評価を待つまでもなく、大久保が日本史上において果たした功績の最たるものは、今回の一件にあったと評しても過言ではあるまい。

また、その一方で、大久保は今回の功績で権力の基盤を固めることにも成功する。ただ西郷との関係でいえば、これは西郷にとって、前年の政変での敗北に続く連敗となった。その点で、このことは、鹿児島に在った西郷には個人の感情レベルでは面白くない事態の出現になったと想像される。

江華島事件を批判

ついで、西郷の中央政局との関わり、および大久保との関係で無視しえないのは江華島事件である。明治八年（一八七五）九月、日本の軍艦雲揚が朝鮮漢江河口の江華島付近で測量中に朝鮮側から砲撃される事件が発生すると、西郷は十月八日付の篠原国幹宛の書簡（『全集』三）で辛辣《しんらつ》な政府批判を行った。その要旨は、李氏朝鮮は、ここ五・六年、談判を重ねてきた相手なのに、まったく交際のない国と同様に見なして砲火を交えたのは「誠に遺憾千万」だとするものであった。さらに西郷は、たとえ開戦になるにせよ、測量の承諾を得て、そのうえで相手が発砲に及べば開戦となるのは当然だ（仕方がない）とした。つまり西郷は、ちゃんとした手続きを踏んだうえで相手側が発砲したのであれば、そのあと抗議のための使節を朝鮮に派遣し、なぜ発砲に及んだのかを問いつめることがまず大事だとした。そして、相手側から納得できる回答が得られない段階に至って、初めて「天下の悪《にく》む処に」なる（公然と開戦できる大義名分が獲得できる）とした。ここには前々年に朝鮮使節を志願した際と同様の発想が見てとれる。

したがって、この時点の西郷は、朝鮮側との開戦そのものを否定したのではなく、使節の派遣→朝鮮側の拒否→開戦という自分の描くシナリオのうえに立って、政府の手順を「道理」に合わないものだと批判したのである。その点では政変前の西郷となんら変わりがなかった。そして、ここに注目すべきは、こうした西郷の政府批判を重く受けとめ、自らが先頭に立って問題の解決にあたろうとしたのが黒田清隆だったことである。

黒田は西郷の批判に即応する形で、十一月下旬に入ると朝鮮使節を志願した。まず大久保に相談し、同人の承諾を得たうえで、十一月二十七日、太政大臣の三条に対し、書簡（『岩倉具視関係文書』六）を送り、改めて朝鮮使節を志願する。ついで、この後、十二月九日に、黒田は希望がかなって全権弁理大臣に任じられるが、興味深いのは西郷のやり方を踏襲しようとしたことである。黒田は、使節への就任が決定した後、十二月十三日、正院において「保護兵」を伴っての渡鮮を拒否する姿勢を「頻《しき》りに……申し立て」た（十二月十三日付黒田宛大久保書簡〔『大久保利通文書』六〕）。こうしたことから、黒田がいかに西郷の存在を強く意識していたかがわかる。

ついで、旧薩長両藩出身者が、この問題で協力し合っている姿勢を示す必要があると判断した大久保の推挙もあって、長州藩出身の井上馨が副使に任命される。そして黒田と井上の両人が翌明治九年（一八七六）の一月に渡鮮することになるが、案の定、朝鮮側の対応に大いにてこずり、同国との開戦すら覚悟せざるをえない状況にまで追いこまれる。そこで黒田は、内地に向かって二大隊の派兵を要請するに至る。このような大騒動を経て、ようやく朝鮮との間に修好条規が結ばれるのは、二月二十六日のことであった。言うまでもなく、これは日本側が領事裁判権や無関税特権を獲得した（外国に対し初めて不平等条約を強制し、獲得した）ことで知られる条約となった。

また、この条約締結は、政変後に残された課題中の最たるものが大久保政権によって解決されたことを意味した。戦争に至らずに、明治初年以来の懸案事項であった日朝間の国交が樹立されたからである。そして、むろん、それは征韓論をスローガンに掲げることで大久保政権を追いつめようとした反政府運動から、批判の口実を奪っただけでなく、個人レベルにおいては、西郷に対する大久保のさらなる勝利ともなった。

5 戦争前の西郷の動向

つづいて西南戦争が勃発する以前の西郷の動向に話を及ぼすことにしたい。戦争が勃発する前年にあたる明治九年時点の西郷に関してまず言えるのは、相変わらず農作業に従事していたことである。この年の三月二十八日付で大山巌に宛てた西郷書簡（『全集』三）によると、西郷家では蚕を飼い、夫人の糸が手ずから製糸に取り組み、その結果、なかなか立派な羽二重なども作れるようになっていたという。

安逸でかつ幸せな気分

また、やはり大山に宛てた同年十月十四日付の書簡（『全集』五）からは、これより前、西郷が「カボチャの種」を大山に所望《しょもう》したことが判明する。このように、西郷は多品種に及ぶ農作物の栽培に意欲を示していた。そして、この間、暇を見つけては新しく探し出した温泉場も含め、いくつかの温泉場を訪れ、湯治に励んだ。さらにこの年には、奄美から呼び寄せていた娘の菊草と大山巌の弟で西郷の従兄弟にあたる大山誠之助との婚約が整った。

そうした諸々のことを考え合わせれば、この年（明治九年）も、西郷にとっては、明治七・八年段階と同様、依然として人生で一番幸せな時節だったと評することができる。そして、このような安逸な気分が濃厚に漂った文面が見られるのが、四月十五日付で池上四郎に宛てた書簡（『全集』三）においてであった。すなわち、この書簡で、西郷は初めて訪れた栗野岳温泉（霧島山中にあり、人里離れた鄙《ひな》びた温泉場であった）が景色も好く、そのうえ湯治客が「皆、田舎人のみにて、少しも気に障《さわ》り候事も」なく、「まったく仙境」にいる気分だと報じた。そして、「日々遊山《ゆさん》（＝気晴らしに外出する）にて相暮らし申し候」と、たおやかな気分でいることを相手に伝えた。まさに西郷は、人生の最晩年にあって、桃源郷の入口に踏みこもうとしていた。

島津久光の東京での言動

ただ、こうした中、西郷の気分を鬱陶しくさせただろうものとして挙げられるのは、久光サイドからの働きかけであったと想像される。先述したように、これまで長年にわたって西郷を苦しめ続けた存在だった島津久光は、西郷と入れ替わる形で東京へ旅立ち、中央政府入りを果たした。これは、もちろん、鹿児島にいて、それまで強烈な政府批判を行っていた久光に、帰県した西郷および西郷グループが合流すれば、鹿児島が巨大な反政府基地（一大拠点）となることを恐れた政府関係者の働きかけを受けた結果であった。そのため、ようやく上京してきた久光には当初から特別待遇がなされた。明治六年の十二月末に新設の「内閣顧問」に任命し、ついで翌明治七年の四月には左大臣に任じる。

しかし久光は、維新後の政府の政策や在り方に対する強い不満もあって、政府首脳からすれば過激な言動に打って出る。政府が明治五年の十一月に洋式の文官大礼服などを定めたことを批判し、また併せて、地租改正・徴兵制・積極財政をも批判し、それらをいずれも旧制に戻すことを主張した。そして、さらに、久光の眼には不行跡そのものと映った参議兼大蔵卿大隈重信の罷免および西郷・板垣両者の復職を求めた。ついで、そうした自分の主張や要求が受け入れられそうもないとみてとるや引きこもり、明治八年十月には左大臣の職を辞することになる。

左大臣職に就いていた時の久光に関して注目すべきは、明治八年段階で、この年参議に復帰した板垣と組んで参議と諸省長官の兼任を速やかに止める（内閣諸省の分離）ように求めたことである。これは政変後の政府が機構改革に取り組み、参議をして各省の長官を兼任させたことを念頭においての要求であった（「久光の草案」〔『玉里』八〕）。具体的には参議兼外務卿に副島種臣、内務卿に津田真道、大蔵卿に伊地知正治、統計寮長官に内田政風もしくは中島信行、といった人物の登用が求められた。内務卿のポストから大久保が外《はず》されていることからも明らかなように、これは大久保政権を否定する意向を有するものであった。さらに、この明治八年には、統治能力（指導力）がないといったことを理由に、三条実美と岩倉具視両者（なかでも前者）の政府外への追放が、久光から明治天皇に対して求められた（同前）。

そして、こうした主張には現状に強い不満を抱く熾仁親王などの宮や朝臣（かつて久光とも親しい関係にあった大原重徳・嵯峨実愛・中山忠能らを含む）と多くの民間人（なかでも不平士族）の支持が寄せらせた。

なお、この久光への期待には、本来ならば西郷に寄せられて然るべきものが、同人に向けられた側面があった。いわば西郷の代替者として選ばれたのが久光だったといえる。そして、こうしたことを久光サイドも理解したらしく、従来敵対関係にあった久光サイドから西郷に対しての働きかけがなされるに至る。

久光サイドからの接近の動き

おそらく現政権に対して強い不信ないしは不満を有する者として協力しあえるとの判断に基づくものだったと思われる。そうした事例の一つが、明治八年に石川県令を辞して東京にいた内田政風（のち請われて島津家の家令となる）によってなされた働きかけであった。内田は久光の意向を伺ったうえで、明治九年の二月に帰県し、長文の意見書（『全集』五）を持参して西郷と会った。その際、西郷が再度上京し、そのあと久光を補佐して政府を改革することを促した（内田が持参した意見書には、東京の現状分析ならびに態勢を建て直す〔挽回する〕ための久光側近グループの構想が記されていた）。

これを受けて、やむなく出された西郷の内田宛の返書（『全集』三）が残されている。これは、いかにも西郷らしい回答を付したものであった。すなわち彼は、「明公大臣（＝島津久光）」が左大臣の職にあって「十分御尽力これあり候ても、其の実効（が）相立た」ないといった状況下、「不肖短才」の自分に建て直せるわけがないのは「明瞭」だと回答したのである。ほとんど「にべもない」返辞といってもよいものであった。

ただ、この決して長いとはいえない返書において注目すべきは、西郷が次のように書き足していることである。「畢竟《ひっきょう》、私共素志においては、唯《ただ》国難に斃《たお》るるのみの覚悟に御座候えば、別に思慮これなく、今更《いまさら》勿論退去（＝政変後、東京を引き払った）の節、今日の弊害を醸《かも》し来り申すべきは見居《す》え候事にて、驚くべく歎くべき次第にこれなく候得共、其の辺は厚く御汲《く》み取り下さるべく候」。実に興味深い書き足しだと思われる。これによると、西郷は下野した時点で、遅かれ早かれ新政権が行き詰まり、反政府運動が高揚するとみたらしい。事実、明治七年段階で、西郷の許には、政府の「腰」が「弱く」、「殆んど瓦解の勢い」だとの情報が寄せられていた（西郷宛樺山資親書簡〔『玉里』七〕）。

それはさておき、右の文面中にある「国難」は明らかに対外危機を指す。したがって、西郷の回答は、「維新の精神」を見失った新政権では軟弱な外交しか展開しえず、そのため国民各層の間のより大きな反発を招くのは必至だとみなしたうえで、その時が到来すれば、自分たちは「国難」に立ち向かい、そのことで死を迎える覚悟だと宣言したことになる。

現に、大久保政権は、前年（明治八年）の五月にロシアとの間で樺太・千島交換条約を締結したが、この情報が国内に伝わると軟弱外交だとの批判が集中して寄せられることになった。したがって、西郷書簡中の「国難」云々の記述は、当然のことながら、こうした問題を視野に入れてのものであったといえる。

とにかく、西郷は取り付く島もない形で久光サイドからの接近の動きを撥《は》ね除《の》けた。そして、このような中、明治九年の四月に久光が鹿児島に帰着する（なお、久光は、大久保の日記によると、四月四日、暇乞いに訪れた大久保への面会を拒絶したうえで、東京を出発した）。これが、西郷にとって精神的にひどく楽しくない事態の出現となったであろうことは想像に難くない。

熊本神風連の乱・秋月の乱・萩の乱

さて、つづいて、この明治九年中に生じた西南戦争を誘引することになる出来事を取り上げることにしたい。すなわち、明治九年に入ると、外国に関わる懸案事項をとりあえず片づけた大久保政権は、最後まで残されていた問題に決断を下した。三月の廃刀令と八月の金禄公債証書発行条例の相次ぐ公布であった。前者は、目に見える形で、武士が旧幕藩体制下で保持していた社会的地位の象徴を奪う、士族にとってはとうてい受け入れ難い措置であった。後者は、明治十年から士族に五年ないし十数年分の家禄にあたる金禄公債証書を与えて、家禄をすべて廃止する（公債の利子を受けとる）というものであった。

これは、そうでもしないと、政府歳出の三割以上を占めたとされる家禄や賞典禄によって、国家財政が破綻しかねなかったからである（また、政府が推し進めようとする殖産興業策や富国強兵策を阻止する要因でもあった）。ただ、その利子の額は、大半を占めた貧乏士族にとって、生活できないほどの少額にとどまった。そのため、この年の十月下旬に士族（神官も含む）による反乱が一斉に勃発することになる。いわずとしれた熊本神風連の乱・秋月の乱・萩の乱であった。

もちろん、鹿児島でも、自分たちの生活設計を根本から揺るがす、この挑発的な施策に対しては、とまどいと猛反発が寄せられることになった。だが、鹿児島が他県と大きく違ったのは、県令の大山綱良が七月に上京して、大久保との個別交渉にもちこんだことである。その結果、鹿児島県は、他県に比べて有利な扱いを受けることになる。

他府県の旧士族に比べ、公債化した家禄の利息を多く支給されることになったのである（他府県では五～八パーセントとされたのが、旧鹿児島藩士族の場合はそれ以上の利息〔一割〕を支給されることになった。これは、明らかに私学校党に対する優遇措置だった）。しかし、こうした特別扱いにもかかわらず、私学校党の大久保政権に対する不平不満は根強く、この年（明治九年）の九月頃以降、彼らの間で「刀剣を修繕《しゆうぜん》」したり、銃器を購入し、「各所に於て操練に等《ひと》しきこと」がなされ出すに至る（『丁丑擾乱記』）。

このような中、熊本県の警部が自ら乗り込んで探索した鹿児島県下の状況は、明治九年の十二月段階になると、私学校党員の中に「平穏無事に倦《う》み」挙兵論を唱える者が出てきたというものであった。そして、西郷が「有志輩を率いて上京」するので、「随行」したい者は早急に申し出るようにとの呼びかけも、時になされるに至る（『西南戦争』一）。すなわち、すでにこの段階で、西南戦争が勃発する方向に事態は向かいつつあった。

士族反乱の発生を面白がる

　そして、ほかならぬ西郷も、この時点で、ごく近い将来か否かはともかくとして、なんらかの行動を起こす気持ちを固めつつあったようである。このことが端的に窺われるのが、明治九年十一月段階で、最も心を許した友だった桂久武に対して発せられた書簡（『全集』三）であった。この中で、西郷は、「陳《のぶ》れば、両三日珍しく愉快の報を得申し候」として、萩で発生した士族反乱の件を報じた。すなわち西郷は、前月末に萩で発生した乱を取り上げ、それに徳山・柳川・熊本の士族らが同調したらしいとの情報を確かなものとしてまず桂に伝えた。ついで、「最早《もはや》、大坂辺は手に入れ候わんかと相察せられ申し候」と記した。さらに西郷は、この反乱に鳥取県や岡山県の士族ら、あるいは東京の人士が応じるのは間違いないとの自分の見通しも併せて伝えた。

　そして注目すべきは、この後、西郷が次のように書き足したことである。「前原の手は余程手広く仕掛け居り候故、此の末、四方に蜂起致すべしと相楽しみ居り申し候。此の報を得候え共、只今迄も（自分は日当山温泉に）滞在仕り居り申し候。相急ぎ罷り帰り候ては、壮士輩騒ぎ立て候わんかと推慮いたし、決して此の方の挙動は人に見せ申さず、今日に至り候ては、尚更《なおさら》の事に御座候。一度《ひとたび》相動き候わば、天下驚くべきの事をなし候わんと、相含み罷り在り申し候」。

　ここに見られるのは、依然として体調不良（＝不快）で湯治生活を送らねばならない中、久し振りに興奮を隠せないでいる西郷の姿である。そして彼が、大久保政権に対して批判的だったこともわかる。また、これは政府が放った密偵が聞き込んだ情報なので、真偽は確かめられないが、十二月四日に桐野利秋の別宅で開らかれた私学校幹部による集会の席で、西郷は大久保を罵倒《ばとう》する過激な発言をしたという。それは、自分の「志」が「伸び」ないのは「大久保一蔵あるを以て也」とする批判であった。もっとも、この席では、こうした発言をしながら、西郷は予想外に早く各地での士族反乱が鎮定されたのを受けて、別府晋介らの即時決起論を「機を待つべし」と諭し、抑えたという（落合弘樹『西南戦争と西郷隆盛』）。

いずれにせよ、明治九年下四半期段階になると、西郷は相当程度、将来における自身の決起を想定しだしたようである。そして、こうした判断には、むろん、この年（明治九年）に、全国各地でいわゆる「地租改正一揆」が頻発したことも関係していよう。しかし、それはそれとして、客観的に見て、西郷をやがて失敗に導くことになる要因となったのは、彼および側近の後塵《こうじん》を拝することを極度に嫌った在り方であった。これより前、萩の乱の首謀者だった前原一誠《まえばらいっせい》（一八三四〜七六）から、使者がどうやら鹿児島に派遣され、なんらかの相談がなされた（明治九年三月二十三日付木戸孝允宛伊藤博文書簡〔『木戸孝允関係文書』一〕）際には、同調しなかった。後世の我々からすれば、この時点で、鹿児島にいた西郷が私学校生（彼らの多くも挙兵を望んでいた）を率いて、前原らに呼応すれば、その後の日本の歴史は随分変わったのではないかと、つい想像したくなるが、この段階の西郷はそうした選択はしなかった。

「天下驚くべきの事」とは何か

そうしたことはさておき、先ほどの書簡でやはり目につくのは、西郷が「一度相動き候わば」云々と記していることであろう。この「天下驚くべきの事」とは、いったい具体的にはどのようなことを指すのか。西郷にまつわる多くの謎の中でも、これは最大級のものに属するが、例によって完全なる解説をなすことはできない。

普通に考えれば、当時の西郷が、対外問題に起因する「国難」が発生した場合には、私学校生を率いて立ち上がると明言していたので、そういう方面での行動となる。しかし、この当時、差し迫った「国難」が見当たらない以上、これは常識的に考えれば、大久保政権の推し進める軟弱な近代（欧風）化路線に待ったをかけ、不十分なままで終わった革命を、内実の伴うものにするための決起（現体制の打倒とそれに引き続く対外戦に耐えうる日本国への一大改造）の意思を表明したものと受けとれる。

なお、士族反乱の勃発を面白がったのは、なにも西郷に限ったことではなかった。彼の叔父であった椎原国幹が十一月六日付で西郷に送った書簡（『全集』五）中にも同様の感想が記されているので、鹿児島士族（なかでも私学校党）の間にごく普通にみられた感想であったと思われる。そして、こうした鹿児島士族の不平不満はまず熊本をはじめとする九州内に、ついで全国各地に伝わることになる。たとえば、明治九年末の時点で、当時東京にいた杉田定一が国元の父（仙十郎）に宛てた書簡（明治十年一月二十五日付のもの〔『杉田定一関係文書』二〕）中には次のように記された。「旧歳晩以来、鹿児島県がなにか騒擾する様子にて、近来は西郷・桐野氏等が数千の兵隊を引率して上京する等の風説（下略）」。在東京の一政治青年の書簡中にこのように書かれたほど、世間は西郷の率兵上京の噂で明治九年末にはもちきりとなったのである。そして、これは西郷らを批判するものではなく、反対に西郷らに言論を抑圧する大久保政権の打倒を期待する声でもあった。

6　戦争の発生と自滅

西郷の暗殺計画

いよいよ西郷の人生は最後の章に入る。先ほど挙げた桂久武宛の書簡からもわかるように、遅くとも明治九年下四半期に入った頃の西郷は、近い将来に大きな賭《かけ》に打って出ようとの決心を固めたようである。ただ、この時点の西郷は私学校生の決起を許さず、全力でもって彼らを抑えにかかった（「川上親平上申書」〔『西南戦争』二〕）。しかし、いまだこのような立場に止まった西郷に、否応なしに引導をわたすことになる事件が出来《しゅったい》する。西郷の暗殺計画であった。

事件の発端は、警視庁二等少警部の中原尚雄《なかはらひさお》ら二十名ほどの警視官や書生が、帰省や墓参あるいは母親の看病などの名目で、明治十年の一月上・中旬に相次いで鹿児島に帰って来たことによった。ところが、これより前の明治九年の八月・九月頃より、鹿児島では西郷を暗殺しようとする者が国元に入り込んでいるとの風評があり、そのため十二月の初めから大隅半島の小根占《こねじめ》（現・南大隅市）に兎狩りに出かけていた西郷の警護に数名が秘かにあたることになる（『西南戦争』）。

こうした最中《さなか》での中原らの帰国であったため、私学校関係者が不審の眼で中原らの動静を日常的に窺うことになる。ついで、私学校関係者は、スパイを中原らに接近させ、彼らの真の帰郷目的を探索する行動に出る。スパイ役を務めることになったのが、谷口登（藤）太と児玉軍治の両名であった。彼らは、ともに私学校に籍を置く者ではなかったが、中原とは面識があり、なかでも谷口は中原とは懇意であったされる。そして、私学校に与《くみ》しないと圧倒的に不利となった状況下、私学校への入学許可の条件として中原の動静を探索することを命じられた谷口から重要な情報がもたらされる。それは、西郷が挙兵の動きをみせれば会って議論に及び、聞き入れなければ、「刺し違えるより外ない」と中原が述べたとの情報であった。そして、この後、中原らの捕縛と彼らへの拷問が行われる中、主として私学校党員から任用された地元の警部や巡査たちによって拡大解釈がなされたようである。すなわち、中原らの帰国は、大警視川路利良（一八三四〜七九）の内命で、(1)帰郷して鹿児島情勢の探索にあたること、(2)私学校党の離間および瓦解工作の任にあたること、(3)場合によっては西郷以下の暗殺を実行することを指令されたとするものであった。

そして、この直後、鹿児島に帰って来た野村綱が二月十一日の午後に、大久保の命を受けて帰県した旨を自訴し、さらに大久保から帰県する警視官等の名前と「暗号書と思われる」ものが渡されたと表明した（後藤正義『西南戦争警視隊戦記』）ことで西郷の暗殺計画に内務卿の大久保も介在したとされた（「鹿児島一件書類」）。そして、この件について問い質すという名目のもと、鹿児島勢が一路東京を目指して進軍することになる。中原らの帰国に関しては、鹿児島城下の不穏な形勢を伝える情報に接した彼らが、熊本や萩の二の舞を演じかねない事態の到来を憂慮して、朋友らを説得するために帰国したとの証言が残されている（『西南戦争警視隊戦記』）。たしかに、中原らが国元の動静を探るために鹿児島に帰国したこと自体は、彼らの職務からいって至極当たり前のことであった。そして、東京の大久保内務卿や川路大警視が、彼らを探索のため、あるいは「説得」工作に従事させるために国元に派遣したのも、ごく当然のことであった。

暗殺計画が実在したのか否か

そこで、つづいて新たに問題となってくるのが、西郷らの暗殺計画がはたして実際にあったのか否かである。この点に関しては、中原らが「視察」のために帰国したのを「刺殺」とあえて読みかえて挙兵の名義としたとの理解の仕方が昔からある。すなわち、私学校党によるでっち上げだったとする（現に、政府関係者は反乱が発生すると、外国人に対し、そのように説明した）。この点に関しては、むろん、ことの性格上、全貌を明らかにしえないが、ただ一概に全否定しえない側面もある。それは、ポリスと私学校生との関係からくる。

私学校生の多くは、元近衛兵で西郷と同じく城下士の出身であった。ところが、警察に奉職した者の多くは外城士（郷士）の出身であった。そして、長年にわたって、鹿児島では城下士が外城士を軽蔑し、その結果、後者が前者に激しく反発するという忌わしい傾向がみられた。こうした中、西郷の配慮は外城士にも及んだが、いかんせん城下士へのそれに比べれば一段落ちた。そして、このような城下士と外城士間の差別、両者への西郷の関わり方の厚薄が、伊集院郷の出身であった中原らへの私学校生の疑惑と繋がったことは否めない。

また、川路が西郷の多大な恩顧を受けて出世したにもかかわらず下野せず、警察官僚として大久保政権を支える立場となったことへの反発も大きかった。さらに、明治七年の一月、警視庁が大久保内務卿の管轄下に入ったことも、大久保や川路に対する疑いを増幅させたことであろう。いずれにせよ、こうしたことを考慮すれば、西郷の暗殺計画がまったく存在しなかったとまでは断定しえない。

それはともかく、この西郷の暗殺計画を事実と受けとめ政府に尋問するというのが、後述するように、西郷軍が鹿児島を出発するにあたって、唯一の理由（口実）とされた。しかし、ここで、正確な史実としてまず押さえておかねばならないのは、この問題が大問題として登場してくる前に、すでに挙兵に繋がる動きがみられたことである。それが私学校生による弾薬庫襲撃事件であった。以下、できうる限り、各種の史料や関連本を参考にして、簡潔に事実経過を記すことにしたい。

弾薬庫襲撃事件

西郷らの暗殺事件が持ち上がる直前、政府内では鹿児島の不穏な動向が伝えられたのを受けて、木戸孝允あたりが中心となって、同地の陸海軍省管轄下にある兵器・弾薬を大阪に搬送しようとする動きが出てくる。むろん、これは鹿児島での反乱の発生を視野に入れての緊急措置であった。だが、こうした政府側の動きに刺激された私学校生ら二十数名が、一月二十九日夜に草牟田《そうむた》に在った陸軍の弾薬庫を襲撃し、銃砲と弾薬を奪取する行為に出る。ついでこの日から二月二日の夜にかけて、千名を超えるといわれる私学校生が草牟田の陸軍火薬庫と磯海軍造船所内にあった弾薬庫をそれぞれ襲撃し、小銃や弾薬を掠奪する行動が続くことになる。したがって、谷口が初めて中原と接触したのが襲撃事件発生前の一月三十日のことであり（『西南戦争警視隊戦記』）、ついで中原が捕縛されたのが二月三日だったことからも明らかなように、西郷の暗殺云々の問題が戦争を呼び起こした第一の要因ではなく、この私学校党による一連の暴挙こそ戦争に至る直接の導火線となったといえる。言い換えれば、私学校党の暴発を抑止できなかったのが、西南戦争が勃発した第一の要因であった。

挙兵に決定

つづいて、私学校生による襲撃事件の報を聞いた桐野利秋と別府晋介が、それぞれの在所から篠原国幹の居宅に駆けつけ、善後策を協議した後、この情報が大隅半島最南端の小根占で猟を楽しんでいた西郷の許に知らされる。すると西郷は大層驚き、「しまった」と呟《つぶや》いたという。ついで、二月三日に鹿児島に戻った西郷を交え、私学校内で今後の対策が話し合われたのは二月五日とされる。そして、会議の席では挙兵論と自重論の双方の立場から激論が闘わされ、最終的に挙兵に決定をみる。

さて、ここでひとまず検討を加えねばならないのは、西郷がこの決定にどう関わったのかという問題である。この点に関しては、広く知られている有名な西郷の発言がある。「自分は今回の暴挙に賛成しないが、いまさら出来《しゅったい》したことは致し方がない。出兵と決まった以上、自分の身体は皆に預ける（あげる）」との発言だった。例によって確かめようがないが、いかにも西郷らしい発言の内容であった。

もっとも、この段階では西郷の対応は受け身だったように感じられるが、このあと自身の暗殺計画について生々しい報告がなされると、心境にかなりの変化が生じたようである。この点に関して参考になるのは、政府と私学校の間にあって中立的であろうとした島津久光の許にもたらされた情報である。すなわち久光は、戦争勃発後、朝廷に対して「奉答書」（『玉里』八）を提出したが、その中には、(1)私学校生らが弾薬を強奪した件を湯治先で聞かされた際に、西郷が「大いに憤怒し、（私学校生の）麁暴《そぼう》の挙動を譴責《けんせき》」したこと、(2)しかし、「捕縛人の事（が）露顕《ろけん》」すると、「意を決して、衆と訊問の事を議定」したとある。おそらく、これが史実に最も近かったと想像される。

暗殺計画を事実だと受け止めたらしい西郷

とにかく西郷は、暗殺問題の登場によって大久保政権との対決を決意したと考えられる。そして、これには、どうやら西郷が大久保らによるとされた自身の暗殺計画を真実だと受け止めたらしいことが大いに関係したと思われる。このことは、二月十七日、鹿児島を出立する直前に、県令の大山綱良に対し、西郷が次のように語ったことで裏付けられる。「中原始のことも、川路一人の了見《りょうけん》にてはあるまいと存ずる、内務卿が野村綱へ談じたるに、火薬も取りに遣わしたりと云う、以てすれば内務卿も承知のことと考う」。

すなわち西郷は、たんに中原らの供述だけで判断したのではなく、野村綱に大久保が語った話の内容と合わせ考え、自身の暗殺計画をかなりの程度真実だと受け止めたようである。つまり本来内務卿の職務ではない武器弾薬の鹿児島外への搬送問題について大久保が口を挟んだことをもって、西郷は大久保も今回の件に関与したと見なした。それが、大山への「今度は中原始めのことについて上京、大久保始めを詰問せんと欲す」とのさらなる発言に繋がった（「鹿児島一件書類」）。

なお、西郷が大久保らによる自身の暗殺計画を真実だと判断したらしい背景には、西郷にしか理解しえない大久保の在り方（本質）への認識が関係したものと思われる。幕末時以来、西郷が盟友（ただし、あくまでも後輩）として身近で眺めてきた大久保の姿は、目的のためには手段を選ばない「非情」な男のそれであった。客観的に眺めれば、とうてい「理」があるとは周りにはみえない中、政権を返上した徳川慶喜に難癖をつけ、結果的に敗者（日本一の悪役〈ヒール〉）の立場に追いやった座元は大久保であった。また、明治期に入り、自分が熱望した朝鮮使節就任を、閣議決定がなされたにもかかわらず、不法な手段で覆したのは大久保だった。

こうした男なら、欧米流の近代国家を創設していくためには、理念レベルで異を唱え、真に鬱陶しく邪魔な存在そのものとなっていた自分（＝西郷）を始末する決心を抱いたと、西郷が解釈しても、いっこうにおかしくはなかった。すなわち西郷は、大久保なら、自派の政権（ひいては国家運営）を安泰なものとし、さらにそのうえで富国強兵策を推進するためには、自分を暗殺という形で抹殺することすら実行しかねないと理解しえた数少ない人物の一人だった。そして、むろん、これは大久保に対する憎しみの情レベルで導き出されたものではなく、大久保の傑出した政治家としての能力を見据えての結論であったと思われる（なお、ここに少々興味深いのは、三月三十一日に、久し振りに自分を訪ねて来たアーネスト・サトウに対し、勝海舟が、西郷暗殺の陰謀は川路が主犯で、大久保が共犯であることは間違いないと言い放ったことである（広瀬靖子「西南戦争雑抄（下）」）。西郷の良き理解者であることを自認していた勝にとっても、暗殺計画は十分にありえたのである）。

いずれにせよ、西郷らは暗殺計画を口実（理由）として決起することになった。すなわち、この件で大久保と川路に「尋問」するために東京に向かうと宣言した。そして、二月七日朝、西郷（薩）から「尋問」のために上京する決意を直接聞かされると、県令の大山は西郷に対し、沿道の府県・鎮台へ西郷軍がなぜ上京するのか、その主旨を通知しておかねば不都合だと告げた。ついでこれを受けて、西郷から、政府への届け、沿道の鎮台・府県への通知を県庁で取り計らってほしいとの依頼がなされ、その結果、大山の名前でもって「尋問」のために西郷軍が上京する旨の通知書が、大山県令が派遣した「専使」によって、沿道の県庁や鎮台へ届けられる方向となる（ただし、熊本以外への送達は未遂に終わった）。

西郷軍の鹿児島出発

そして、二月十四日、斥候《せっこう》として三百名の兵士が伊集院道（西目《にしめ》街道）を通って熊本に向かったことで、西郷軍の東上が開始される。ついで、翌十五日から十七日にかけて、西郷軍の本体が五十年に一度といわれた大雪の中、鹿児島を発ち、出水《いずみ》街道と大口街道の二道に分かれて行軍を開始する。そして、陸軍大将の正服姿で数匹の猟犬を伴った西郷本人が鹿児島から鹿児島湾に沿った東目《ひがしめ》街道を北上し、加治木《かじき》（現・始良《あいら》市）へと向かったのは、十二日から降り続いた雪がようやく止んだ二月十七日のことであった。

出軍するにあたって、西郷軍はごく短時日の間に七大隊を編成し、篠原国幹や村田新八、それに桐野利秋らを「指揮」に任じた。そして各大隊は十小隊で構成され、諸郷から区長や戸長の強制的な働きかけ（半ば強要）を受けて嫌々ながら集まった兵士（郷士）も含め、総勢は一万三千人を超えたとされる。

ところで、ここでいくつか検討もしくは確認しておきたいことがある。まず検討を加えたいのは、西郷が負けいくさを承知で立ち上がったとする通説的な見解がはたして正しいか否かの問題である。西郷軍の決起に関しては、西郷は初めから勝利を収めるつもりはなく、若い青年たちに自分の身体を預けた（子弟と「情死」しようとした）との解釈が昔から根強くある。そして、根拠の一つとしてよく挙げられるのが、三月十二日付で、熊本から鹿児島の大山県令に宛てて発せられた書簡（「鹿児島征討始末　別録一」）中に、次のようにあったことである。「最初より我事共（等）においては勝敗を以て論じ候訳にてはこれなく、本々《もともと》（元々）一つに条理に斃《たお》れ候見込みの事に付き、能々《よくよく》其の辺は御汲《く》み取り下さるべく候様、偏《ひとえ》に企望致し候也」。しかし、これは熊本での戦況が、有利ではなくなった時点で出されたものであった。すなわち、これをもって、決起した当初の西郷の認識を即反映したものとはいえない。

また、明治九年下四半期の西郷が、既述したように、近い内に世間を驚かすことを考えていたのが事実だった以上、西郷にはかねてからそれなりの戦略が用意されていたと考える方がむしろ自然であろう。もっとも、その一方で、西郷には初めから勝つ気がはたしてあったのかを疑わせる点がないわけではない。その最たるものが、本営に在って全軍の総指揮にあたる立場にありながら、自ら先頭に立って指揮を執るといったことが、戦争中ほとんどなかったことである。軍略に関しては、桐野利秋らに任せて自分はもっぱら担がれる役に徹した。しかし、これも見方を変えれば、西郷の自惚《うぬぼ》れの結果であったと言えるかもしれない。

すなわち、大変な人気者で日本全国にまたがる人望のある（また支持してくれる有志が各地に存在する）自分が東上をひとたび開始すれば、風がなびくように追随者が各地で生まれ、それがやがて巨大な渦となって敵方をやっつけ、自分たちの進軍を援護してくれるだろうとの目論見であった。事実、実際に西郷が立ち上がると、熊本の池辺吉十郎《きちじゅうろう》や宮崎八郎《みやざきはちろう》、あるいは高鍋《たかなべ》の秋月種事《たねこと》など、民権党を含む権力から排除された者がすぐに呼応し、西郷軍に加わった。佐土原隊・飫肥《おび》隊・延岡隊・高鍋隊・人吉隊・熊本隊・協同隊・中津隊といった党薩隊といわれた諸隊がこれに該当した（「戦塵録」）。

甘かった見通し

以上、西郷個人がどこまで戦闘意欲に満ち溢れていたか判断しがたい面があるが、彼が十分に勝利を収めうるとの見通しの下に立ち上がったであろうことはほぼ間違いなかろう。ただ、その見通しはきわめて甘かったと評さざるをえない。たとえば、このことは、私学校生の引き起こした一連の事件の直後に来鹿した政府官員に対する西郷の反応の仕方によっても判明する。二月九日、西郷と島津久光の決起への参加を阻止すべく、説得のために派遣された勅使柳原前光を乗せた高雄丸が鹿児島に入港する。そして、この艦船には、副使格として黒田清隆と海軍大輔の川村純義ならびに内務少輔の林友幸の両名が同乗していた。

ついで川村と船中で面会した大山県令の報告に対し、西郷が発した言葉が「丁丑擾乱記」に収載されている。それは、大山が川村をだまして、自分たちの味方につけたとの報告に対する西郷の発言であった。すなわち西郷は、大山発言を受けて、川村が味方につく可能性が四、五十パーセントあること、熊本には鎮台参謀長の樺山資紀がいるので、西郷軍が熊本県境に進軍すれば、鎮台兵のうち、一、二大隊は味方となるだろうといった見通しを語ったものであった。川村は夫人が西郷の叔父である椎原国幹の長女という関係で、西郷の親戚にあたった。また樺山は、西郷の抜擢によって陸軍内で頭角を現した人物だった。さらに、熊本鎮台にはやはり西郷の世話になった大勢の士官がいた。こうしたことが、西郷の見通しの甘さに繋がったと考えられる。

とにもかくにも、この自分にとって真に都合の良い希望的観測に基づく、ごく甘の戦略論が、実際に西郷の口から発せられたとすれば、鹿児島を出発する直前段階の西郷が、勝利を収める気分でいたことは明らかであろう。西郷が県令の大山に対し、「二月下旬か三月初旬頃」に「大阪迄」到着する予定だと語ったらしい（「鹿児島一件書類」）ことと考え合わせると西郷はあくまで自分たちが勝利を収めうるとの展望を胸に秘めて決起したとやはり考えられる。

大義名分を欠いた挙兵

このことを確認して先に進むことにしたい。つづいて確認しておきたいのは、西郷らが自分たちが決起した理由を川路―大久保ラインによる暗殺計画への「尋問」にのみ絞ったために、結果として大敗北を招いたことである。このような個人的な恨みつらみのレベルに止まる進軍理由では、とうてい広い層の支持を得られるものではなかった。すなわち、これによって、西郷らの決起は薩摩内の大物同士（西郷と大久保）の私的な怨《うら》み・憤《いきどお》りを晴らすための、取るに足りない些々《ささ》たる喧嘩レベルのものだと受けとめられてしまった。

こうした観点からの批判は、戦争が勃発すると、すぐに寄せられることになる。第三者的な立場によるものとしては、『東京曙《あけぼの》新聞』の一連の「社説」が挙げられる（『鹿児島県史料　西南戦争』二）。たとえば、四月十四日の「社説」には、今回の挙兵は「（西郷）一己の身上《しんしょう》に関係する」もので「名義なく条理なきの暴発」だとされた。これより前の同新聞の「社説」（三月一日のもの）に、「人民のために権利を保護するにも非ず、自由を伸暢《しんちょう》するにも非ず」とあったように、西郷らの決起は広い層の支持を獲得できるような「大義名分」をもちえない、ひたすら私憤を晴らそうとする「暴発」だとされたのである。

西郷らの決起を、同じく「私怨」「私憤」に基づくもので、取るに足りないとする批判は、薩摩内にもあった。西郷・大久保両者から、ともに距離を置く立場にあった島津久光も、二月五日六日頃に、「ある人」に対して、「刺客云々は私憤を洩らすと云う者にして、（決起の）名義とすることに足らず」との批判の弁を吐いたとされる（「丁丑擾乱記」）。

以上の批判は、もし西郷らが「私怨」「私憤」レベルではなく、当時世間一般の人々が広く問題にしていた大久保政権の在り方を問う形で決起しておれば、その後の事態が大きく変わった可能性を示唆している。大久保政権は、当時、天皇の考え（「聖旨」）や知識人・民衆の意見（「公議」）を抑圧して、数人の政府高官による臆断と専決によって政治を行っているとの批判を浴びていた。そして現に、各地でそれに反発する民衆の蜂起が発生していた。

そうした中、暗殺問題だけを取り上げて進軍を開始したことは、挙兵の「名義」としては、いかにも貧弱だったと評価せざるをえない。専制的・独裁的だとされた大久保政権の在り方そのものを問うて（批判して）やはり立ち上がるべきであったろう。また、実際のところ、そうしなければ、とうてい勝ち目はなかった。反乱勃発後、イギリス公使のパークスが、ダービィ外相に宛てた報告書中に、「反徒は資力に関しても組織に関しても政府軍よりずっと劣っているから、他の地方の士族が参加するか民衆の同情によって勢づけられるのでなければ、勝算はとても覚束ないように思われる」と記したように、大久保政権に批判的な他府県の士族や民衆を味方につけるためには、それ相当の具体的な口実（理由）が不可欠であった（「西南戦争雑抄（下）」）。したがって、根源的なレベルでの戦略ミスを西郷軍は初めから犯したといえる。

戦略ミス

戦略ミスに話題が及んだついでに、いま一つ西郷らの敗因に繋がった選択肢の問題を取り上げておくことにしたい。それは、西郷軍が陸路で九州を北上する選択をしたことが敗北の一因になったと考えられることである。むろん、これは、あくまでも結果論であるが、もし仮に西郷が単身もしくは桐野以下ごく一部の幹部を伴って汽船に乗りこみ、当時天皇の滞在していた京都か東京に行き、今回の件を訴え出れば、その後の展開は実際のそれとは随分、異なったものになったのは間違いない。そして多分、このような方式をとられて一番困ったのは大久保政権側であったと思われる。あるいはまた、文久時以降の薩摩藩がとった、汽船をもってする将兵の上阪もしくは上京という手段を講ずれば、大久保政権側にとっては、これ以上ないほどの軍事面での圧力をも有した有効な戦略となったことであろう。そして現に、二月五日の軍議の席でこのような主張を行った私学校幹部もいたようである。ところが、西郷は多くの兵士を率いての東上という選択をした。

これは、一つには、おそらく、先ほど記したようなシナリオが西郷の頭の中に描かれたからであろう。しかし、多くの将兵を伴っての東上となったため、東京へ到達するであろうスピードが格段に遅くなった。そして、西郷らがとったこの選択肢は、筆者の眼には、ほんの十年ほど前に、徳川慶喜が単身で京都に入ることをせずに、旧幕臣や会桑両藩兵らの先発上洛を認めたことによって鳥羽・伏見で大敗北を喫した経緯と重なる点で、興味深いものが感じられる。西郷軍と旧幕軍ともに、その前提にあったのは、西郷と慶喜が単身で乗り込めば、相手側がどのような行動に出るか予測できないとの不信感であったが、西郷は生涯の最終段階において、巨大な難敵がかつて犯した取り返しのつかないミスを、自身でも演じてしまったのである。歴史から学ぶことがいかに難しいかを痛感させられる。

政府がとった対応策

さて、以上、西郷軍が鹿児島の地を出発する前後の段階における、検討ないしは確認しておかねばならない点をいくつか取り上げた。つづいて、これから、できるだけ簡潔に、西南戦争そのものに関わる史実を順を追って辿ることにしたい。西郷軍の東上が開始されると、大久保政権側はすぐに対応策をとった。鹿児島により近い京都と大阪を拠点とすることを決定し、大久保も東京から京阪地域に移動する（この時、明治天皇は父である孝明天皇の十一年式年祭の挙行、および京都・大阪間の鉄道開業式に臨席するため一月二十八日から京都に行幸中であった。そのため政府高官の多くも京都にいた）。ついで、二月十七日、前日に京都入りした大久保を交えた会議の席で有栖川宮熾仁親王を勅使として鹿児島に派遣することが内定する。これは、いまだ西郷が決起に加わったとの情報が伝わっていなかったことで西郷の説得と、久光父子がこれから反乱軍に与しないように説諭するためであった（明治十年二月九日付大久保宛岩倉書簡〔『大久保利通関係文書』一〕）。

大久保の非情なまでの冷徹さ

もっとも、以前から、自分の出身藩を「彼《か》（の）県」とか「同県」「該県」などと突き放す形で呼称していた大久保は、冷静（クール）であった。彼は、西南戦争が勃発する直前の二月七日付で、出身藩を超えて自分の後継者だと見なした伊藤博文に宛てた書簡（『大久保利通史料』一）中に、「仮令《たとい》西郷（が暴挙に）不同意にて説諭を加ゆるにしても、到底此度《このたび》は破れに相違なく候」とみていた。大久保は西郷が軽々しく暴挙には与しないとしたうえで、過激輩（私学校党）から西郷を切り離して、彼らを追討できれば、むしろ喜ばしいとの考えを伊藤に伝えた。それが「此節《このせつ》、事端を此事《このこと》に発き《ママ》しは誠に朝廷不幸の幸と、窃《ひそ》かに心中には笑いを生じ候くらいにこれ有り候」という表現になった。これまで中央政府の命令に服さず、とかく独立国のように振る舞う苦々しい存在であった鹿児島県を、国内の治安維持にあたる最高責任者の内務卿として改造するチャンスが到来したと捉えたのである。非情なまでの冷徹さという点では、大久保の方が西郷より役者が上だったということであろう。

そうしたことはともかく、西郷は、先述したように、彼に残されていた唯一の資格であった陸軍大将名の下、多くの将兵を率いて鹿児島を出発した。そして、この西郷を県令の大山綱良が全面的に支援し、援護活動を行うことになる。すなわち大山は、三条太政大臣と岩倉右大臣に宛てて書面（『鹿児島征討始末』一）を発し、「（西郷らはこれまで静かにしていたのに）なんらの御嫌疑あって（大久保・川路）より私怨を以て……暗殺の内諭を下し」たのかと問いつめ、これを「政府上の御失体」だとした。そして、さらに三条と岩倉の両人に対し、「西郷大将の趣意」が「貫徹」するように「御処分」を下されたいと依頼した。

西郷の陸軍大将職と官位を剝奪

もちろん、こうした県令の依頼が聞き届けられることはなく、西郷軍の大挙北上の報を受けた政府は、二月十九日に征討令を出し、有栖川宮熾仁親王を征討総督

熊本城（熊本市中央区本丸）（熊本市提供）

に任じる。と同時に、征長参軍には陸軍中将の山県有朋と海軍中将の川村純義が、第一と第二の旅団司令長官にはともに陸軍少将の野津鎮雄と三好重臣が、それぞれ任命される。そして、ここに、国民一般は、初めて西郷が決起に加担した事実を知ることになる。ついで総督の本営が当初は大阪に置かれたが、総督の九州入り（二月二十六日に博多着）とともに福岡・久留米・熊本等へと移されていくことになる。また、この間、二月二十五日には、西郷の陸軍大将職と正三位の官位が剝奪された（桐野や篠原らの官位も同時に剝奪となった）。

ところで、東上を開始した西郷軍のその後であったが、これは連日の雪のため、はなはだ難行を極めた。とくに熊本との県境では腰まで没する大雪のため、疲労と寒さが合わさって死者が出るほどだったといわれる。そして、熊本城下に到着した二月二十一日の夜に軍議が開かれ、全軍でもって城を攻撃するか、一部の兵が攻撃にあたり残りの兵は北上するか、をめぐっての話し合いがなされ、前者のプランが採用される。その結果、翌二十二日、熊本城の攻撃に早朝から西郷軍は鋭意取りかかった。

熊本城をめぐる攻防

だが、熊本鎮台司令長官で陸軍少将の谷干《たにたて》城《き》が、三千名を超える兵士と籠城し、かつ要所に地雷を埋めて西郷軍が容易に城に近づけないようにしたため、西郷軍は熊本城の攻防をめぐって想定外の時間をとられることになる。そして、二月二十二日以降、三日間にわたった攻撃に失敗した西郷軍は、結局、方針転換を迫られ、一部の兵士を攻城戦に残し、本隊が南下してくる政府軍と対戦するため、熊本の北にあった高瀬《たかせ》方面に向かうことになった（猪飼隆明『西南戦争』）。そして、この高瀬の地で、二月二十七日に薩軍の一番大隊一番小隊長であった末弟の西郷小兵衛が戦死を遂げることになる。ついで西南戦争中、最も激しい戦闘が展開されたことで知られる田原坂《たばるざか》での戦いの初日である三月四日に、一番大隊長であった篠原国幹が戦死する。

このように、西郷軍は戦闘を開始してから想定外の事態に苦しめられることになった。そのため、西郷軍の戦闘能力や意欲は高かったものの、長期戦に備えて十分な準備をしたうえで鹿児島を出発したわけではなかったので、やがて増援部隊と弾薬等が次々に到着した政府軍の反撃に遭って行く手をさえぎられ、じり貧状態に追いやられることになる。また艦船面で圧倒的に優位な立場にあった政府軍は、沿岸の西郷軍陣地を砲撃するとともに、海上を封鎖した。その結果、補給路を断たれた西郷軍は兵士や軍資金（士民から集められた献金など）の輸送や確保がままならなくなり、守勢に立たされることになる。

田原坂（熊本市北区植木町豊岡）
（時事通信フォト提供）

田原坂での激闘

このことが明らかになるのが、田原坂での戦いであった。これより前、高瀬での戦闘の後、西郷軍は山鹿・田原・木留方面にそれぞれ兵を配して政府軍を迎え討つ態勢を整えていたのが、田原坂での激戦に繋がった。同地は、高瀬から熊本に向かう通路にあたったが、三月上旬から、晴天の日の少ない、ほとんど雨と霧という悪天候の中、西郷軍と政府軍の間で死闘が展開された。

西郷軍は、当初、農民階層などから徴集された政府軍兵士（実際は「巡査」というかたちで徴募《ちょうぼ》された多くの壮兵（士族の志願兵）を含んでいた）を馬鹿にしていたが、最新式のスナイドル銃（後装施条銃で一分間に六発発射できた）を配備され、上官の指示にもよく従った政府軍兵士に対して、それほど優位にたてなかった（ただ、そうした中、政府軍兵士に多大な恐怖感を与え大混乱に陥れたのは、西郷軍兵士による抜刀しての斬り込みだった。が、これも、政府軍が警視隊からなる抜刀隊を組織し投入したことで、効果をなくすことになる）。

とにかく、この地での闘いは三月下旬まで続いた。政府軍と西郷軍の双方はともに多くの死傷者を出したことに変わりがなかったが、いかんせん兵員や弾薬の欠乏に悩まされた西郷軍は持久戦に耐えられず、日増しに形勢が悪くなっていった。そこで、桂久武や辺見十郎太《へんみじゅうろうた》らが急遽《きゅうきょ》鹿児島に帰り、兵員の募集と弾薬等の製造にあたることになる。

なお、この間、勅使の柳原前光および参議の黒田清隆らを乗せた軍艦が三月八日に鹿児島に入港し、勅書を島津久光・忠義父子に下付する（「磯《いそ》島津家日記」）。言うまでもなく、久光父子を政府側に繋ぎとめるための行為であった。そして、このあと勅使一行は、大山県令を拘束し、弾薬製造工場や備蓄されていた武器類を焼き払った後、鹿児島を去る。そして代わりに土佐人の岩村通俊（一八四〇～一九一五）が鹿児島令に任じられた（岩村は、内務卿の大久保が、鹿児島県政を抜本的に改造するために送りこんだ人物であった。また、大山は、九月三十日に長崎において除族のうえ斬罪となった。西郷軍の出発に際し便宜を図り、県費の内から多額の官金を軍費として供与したこと等が罪状とされた）。

軍略家としての西郷の能力

ところで、勅使一行の来鹿との絡みで取り上げるが、軍略家としての西郷の能力について、少々首を傾《かし》げさせる書簡がある。当然のことながら、大山拉致《らち》の件を知らなかった西郷が、大山が連行された当日にあたる三月十二日付で熊本から大山に送った前掲書簡である。これは大山から勅使一行の来鹿情報を知らされたことを受けて出された返書だったが、この書簡で注目すべきは、西郷が自分にとって都合のいい解釈をしていることである。すなわち西郷は、柳原勅使の鹿児島派遣を「敵方（が）策も尽き果て候て調和（＝和睦）の論に落ち候」とも考えられるとした。さらに、敵は熊本城が落城ともなれば、「各県」で「蜂起」が発生するのは確実なので「全力を熊本に相尽し」てはいるが、戦局は西郷軍に有利だと報じた。だが、西郷軍が熊本城をめぐる攻防および田原坂での戦闘で苦戦していたことは、この時点でもはや明らかだったので、いま挙げた解釈には、客観的で冷静な判断力を欠いているとしか評しえない指揮官としての西郷の姿が見受けられる。

西郷軍にとって不利となった戦局

いずれにせよ、この大山宛ての西郷書簡が発せられたあたりから、戦局は目に見えて西郷軍にとっては思わしくなくなる。三月十九日には政府軍の別働軍が熊本の約三十キロ南にあたる日奈久《ひなぐ》・八代《やつしろ》方面に上陸し、その日のうちに八代を占領する。ここに西郷軍は熊本と鹿児島との連絡を断たれることになった。また、この翌日（三月二十日）には田原坂の西郷軍の堅塁が政府軍の総攻撃を受けて奪われ、陥落する。以後、西郷軍は八代や田原坂で敗北したことを受けて、退却を重ねていくことになる。すなわち、西郷軍の本営は、四月以降、神瀬《こおのせ》→木山《きやま》を経て、もともと薩摩国に接し、薩摩の影響の強い人吉《ひとよし》へと移された。そして、人吉において、西郷は負傷した別府晋介を鹿児島に戻し、先に熊本から兵員の募集等に従事するために鹿児島に帰っていた桂久武を助けさせることにした。

もっとも、四月二十七日に川村参軍らが率いる汽船が鹿児島港に入り、翌日巡査等からなる兵士が上陸したため、対策をなんら講じていなかった桂らは、同地を脱出せざるをえなかった。こうした新たな状況下、鹿児島県令として五月三日に上陸した岩村通俊から、すでに戦いの決着がついたとしたうえで、これ以上の犠牲者を出さないために、西郷に対し投降を呼びかける「告諭書」（「鹿児島県庁日誌」）が出されるのは、西郷が人吉にいた同月七日のことであった。しかし、数日前から、鹿児島では奪還を目指す西郷軍の攻撃が開始され、五月末に至る戦闘で、城下の大半は焼け野が原となった。そして、鹿児島に住む庶民の多くが居宅を失い、飢餓に直面したのは、この段階のことであった（「鹿児島県庁日誌」）。

さて、ここからは、主として西郷の動向に焦点を絞って、西南戦争が終結に向かう過程を簡略に記述することにしたい。西郷軍の本営は人吉に移されたが、この段階になると、西郷軍の置かれた状況がまた一段と悪化する。そのことを最も象徴したのが、武器・弾薬・食糧の極度の欠乏であった。西郷軍は転戦先を含め各地に弾薬や銃丸等の製造所を設置したが、寺の梵鐘《ぼんしょう》などを接収するだけでなく、民衆に彼らが所有する銅器・鉄器・錫器（農具も含む）の供出を求め、それを弾丸の材料とした。また、資金不足を補うために、軍票（いわゆる西郷札と呼ばれたもの）を発行した（口絵参照）。種類は、十円、五円、一円、五十銭、二十銭、十銭の六種からなり、八月中旬までに製造した額は十四万円を上回るとされる（『西郷隆盛伝』）。

西郷の処罰をめぐる噂話

西郷軍がこのような状況に追いやられるのは、五月に入って以降のことだが、もはやこの段階になると、西郷軍の敗北は誰の眼にも明らかとなってくる。そして、こうしたことを受けて、世間の関心は西郷の処罰問題に向けられるようになる。すなわち、西郷を法に則って厳罰に処すのか否かの問題をめぐって、激論が闘わされるようになる。

そうした中、少々興味深いのは、世間に流れた噂話の一つに、投降者の話として、西郷と桐野の両人は「縦容《しょうよう》」として「縛に就く……決心」だとするものがあったことである。さらに、それは、敗戦後いったんセントヘレナ島に流され、その後、復活を目論んだナポレオンの先例にならうものかもしれないとされた（八月二十九日付五代友厚宛北畠治房書簡〔『五代友厚伝記資料』一〕）。

むろん、これは、西郷にまつわる多くの噂話の一つにすぎず、平生《へいぜい》、西郷がナポレオンに大いに私淑《ししゅく》していたとされることからくる以上の根拠を有するものではなかった。しかし、こうした噂話が民衆の間で交わされた背後には、西郷の死を望まない多くの人々の思いがあったと想像される。それはさておき、西郷軍の本営は人吉に移されたものの、ここも政府軍の攻撃によって、六月一日に陥落する。そのため西郷軍は、新たな拠点として都城《みやこのじょう》を経て宮崎の延岡に本営をさらに移すことになる。そして、この地で江代《えじろ》にいた桐野が西郷らと再び合流することになった。

なお、当時、政府軍の第一旅団会計部長として従軍していた川口武定の日記の六月七日条によると、人吉で政府軍に投降した薩軍関係者は千人近くに及んだ。そのため、彼らを収容する場所を確保しえず、全員縄でもって縛し、軍夫が各人の口に握り飯をあてがうことで、とりあえず乗り切らざるをえない有様となる。

ついで、このあと七月二十四日に都城が、同三十一日に宮崎が、政府軍の手に帰し、さらに八月十四日に政府軍が延岡に入ったため、西郷らはまたしても延岡の北方にあった長井村へと逃げざるをえなくなる。そして八月十五日、この長井村近辺で西南戦争中最後の激戦が展開されることになるが、この時、それまで指揮を桐野利秋のほか、村田新八や池上四郎らに任せ、自らは兎狩りや揮毫《きごう》等に明け暮れていたとされる西郷が、ようやく一時《いっとき》にせよ指揮を執ることになる。それは、丘陵の中央に位置した和田越《ごえ》の頂上から指令を出すといったもので、弾丸が雨のように降り注ぐ中での指揮であった。そして、この時の西郷は、配下の者が危険だから高台から降りるようにといくら勧めても、なかなか応じなかったという。西郷は、西郷軍の敗色が濃厚となる中、この地で「戦死」しようと決めこんだのであろう。

脱出

そして、この後、長井村からの脱出を図る有名な作戦が実行に移されることになる。士気の低下を受けて投降者が相次ぐ中（その中には、熊本隊以下の党薩隊が含まれた）、西郷は全軍を解放（各人の行動の自由を認める）し、自身も本営となった児玉家前庭の一隅で諸帳簿類や陸軍大将の軍服を焼却するなど身辺の整理を行った（『西郷隆盛伝』）。しかし、自身の政府軍への投降はせず、配下からの進言を受けて、とりあえず長井村からの脱出を図る決断を下した。

つづいて、残余の兵の内から精兵を選び（四百名から六百名といわれた）、可愛嶽《えのだけ》（七二七メートル）のふもとにあった長井村から、漁師や樵夫《きこり》を先導役にして同嶽の絶壁をよじのぼり、官軍の重囲を打ち破って脱出することに成功した。突破が決行されたのは、相手の不意を突くことを狙ったため、八月十七日午後十時頃のことだったとされる。なお、長井村在住時から、可愛嶽突破後にかけての西郷に関しては、印象深いエピソードが残されている。長井村で初めて西郷の姿を目撃した（それまでの西郷は、護衛に取り囲まれ一般兵士の前に姿を見せることが滅多になかった）私学校種子島分校出身の兵士の眼に飛びこんできた西郷は、次のような様子であった。

西郷の微笑

それは、「巨大」な「体軀」の持ち主で、「眼光」が「炯々《けいけい》」つまり鋭く光る、威圧的な外見でありながら、一同が「敬礼をなし」た際に、「微笑しつつ答礼」を返す人物だった（『戦塵録』）。西郷にとっては、おのれの人生の中でも最も苦難の段階であったはずだが、それでも「微笑」は欠かさなかったのである。

「微笑」にまつわる同様の話は、このあとにも残されている。長井村からの脱出には成功したものの、当然のことながら、西郷一行の帰鹿は難航を極めた。彼らは兵糧が続かなかったため、十分な食事にありつけず、この間、「泉水を汲」んで飲み、「草根を堀」って「かじり、ようやく餓死を免れ」たという。こうした中、高千穂において、空腹に耐えかねた兵士が、ある民家に入り、「早熟の柿をとった」際に、たまたま目撃した西郷が「両手を拡げて間に立ち塞がり、微笑しつつ……仮令餓死するとも人の物を盗むべきものではない」との訓戒をたれたという（同前）。やはり、西郷には「微笑」が付きものだったのである。

鹿児島への帰還

西郷らは、九州の中央を貫く山脈の屋根づたいに、百里（四百キロ）余りの険しい道を辿って九月一日夜にようやくにして出発時以来百九十九日ぶりの帰還を果たし

西郷隆盛洞窟（鹿児島市城山町）
（鹿児島市提供）

た。この時、出発時に一万数千人の多きを数えた西郷軍兵士の数は、四百名を切るまでに減少していた。

ところで、ごく少人数となった西郷軍がなぜ鹿児島に辿り着けたのか。その理由の一斑《いっぱん》をここで説明しておきたい。これはひとえに政府軍には西郷らが長井村脱出後どこへ向かうか予測がつかなかったことによった。後世の我々は、つい西郷らが初めから郷里の鹿児島を目指して出発したと見なしがちだが、実際はそうではなかった（当初、豊後路を衝くプランが有力だった。ついで、西郷が鹿児島への帰還の決意を周りに伝えるのは、八月二十一日のことであった）。したがって、政府軍側としても、西郷一行が四国方面も含めて、どこに向かうのか予測できず、それが対応の遅れとなって、西郷らの帰鹿を許すことになった（『西南戦争と西郷隆盛』）。

鹿児島に戻った西郷は、九月一日夜は田中七之丞宅に泊まり、翌日、城山の岩崎谷（洞窟）へ移動する。そして、ここを根拠として、西郷軍は奪回した私学校と県庁・旧二の丸および城山に立て籠り抗戦を続けた。そのため、七月十二日に難を避けて疎開していた桜島から帰邸していた島津久光父子は、再び桜島に避難することになる（「磯島津家日記」）。そして、九月一日から再開された戦闘で鹿児島の街は全面焼土と化した。

死に急ぐ様子を見せなかった西郷

ついで、広く知られているように、西郷軍は城山一カ所に押し込められ、政府軍の総攻撃を受けることになる。そして西郷の城山での最後の日々だったが、注目されるのは、彼が敗北が決定的となったにもかかわらず、別段死に急ぐような姿勢を示さなかったことである。すなわち西郷は、鹿児島への帰還後、死に急ぐ素振りを、いっこうに見せなかった。いや、それどころか、鹿児島への帰還後も彼の戦闘意欲はいまだ強かった。西郷は、政府軍が錦江湾に集結させた艦船から猛烈な砲撃を続ける中、川内《せんだい》方面に兵員募集の可能性があると聞くと、すぐに九月二日付で同地方で募兵業務に従事していた深見有常に対し、速やかに募兵に応じた人員を引率して来援するように求める書簡（『全集』三）を送った。

こうした西郷の行為は、何事においても見極めが早く、かつ自身の死について恬淡とした心境に達していたと思われる、これまでの西郷の在り方と照らし合わせれば腑《ふ》におちない。もちろん、これは西郷が自身の死を恐れたり、厭ったからではなかろう。

では、どうして、このような姿勢を西郷はとったのだろうか。これは、おそらく最後の最後まで、自分たちが立ち上がった大義名分（川路や大久保らの暗殺計画を糾弾する）を大久保政権に突きつけたいとの強い思いが、こうした西郷の振る舞いになったと想像される。そして、このことは、九月二十二日に、いよいよ最後の時を迎えるにあたって、彼が生き残った各隊の隊長を集めて示した書面（兵士一同に伝えさせようとしたもの〔同前〕）中に、次のようにあることで判明する。

今般河野主一郎《こうのしゅいちろう》・山野田一輔《やまのだいっぽ》の両士を敵陣に遣わし候儀、全く味方の決死を知らしめ且つ義挙の趣意を以て大義名分を貫徹し、法廷において斃《たお》れ候賦《つもり》に候間、一統安堵し、此の城を枕にして決戦致すべく候に付き、今一層奮発し後世に恥辱を残さざる様に覚悟肝要にこれあるべく候也。

これには説明が必要となろう。この訓示が発せられる直前、西郷軍の一番隊隊長を務めていた河野主一郎から、西郷の側近に対し、(1)西郷の生命を救いたいこと、(2)挙兵した目的を政府軍に伝えたいとの希望が出され、彼らの同意を得たうえで河野から直接西郷にその旨が語られた（ただし、⑴の件にはふれず、⑵の件のみを言上した）らしい。これに対し、西郷の返答は河野に任すというものであった。そこで、九月二十三日に河野といま一人、三番隊隊長の山野田一輔の両名が下山し、彼らは陸軍少将高島鞆之助のいる本営に行き、川村参軍と面会することになる。そして、川村からは一同が前非を悔い降伏することが通告され、その旨を伝えるために山野田一人が城山に帰されることになる（川村は、先述したように、西郷と親戚関係にあったが、彼のそうした立場がこのような突き放した対応を余儀なくさせたのであろう）。これに、西郷が回答の必要なしと答え、ここに二十四日の最終的な戦いが決定をみた。先の書面は、こうした決定に応じて出されたものであった。

ところで、先の書面は、一見しただけでは、西郷が生命を惜しみ法廷闘争に持ち込もうとしたかのように受けとれる。しかし、むろん、そうではなかった。西郷は、政府軍側に派遣した使者両名を通して、「義挙の趣意」を伝え、その後の法廷での闘争によって、自分たちの意図を公にしようと図ったのである。反面、「城を枕にして」云々の文章からは、ごく近い内での自身の戦死と仲間（部下）との別離をともに告げたことが明らかである。

西郷の死

いずれにせよ、このような経緯を経て、九月二十四日早朝に政府軍の城山への総攻撃が始まり、流れ弾を肩より股にかけて受け、歩行できなくなった西郷が、城山の岩崎谷で別府晋介の介錯によって死去することになる（享年五十。ただし桐野が西郷を射殺したとの説もある。また、西郷の死亡した場所や首級の発見場所に関しても諸説ある）。ここに西郷隆盛の波乱万丈としか評せない生涯に幕が下りた。西郷の漢詩に、「盛名終りを令《よ》くするは少（な）く、功遂げて竟《つい》に淪亡《りんぼう》（しずみほろびる）す」との一句があるが（『全集』四）、まさにこれを地《じ》で行く人生の終わり方であった。

なお、西郷の死は、配下に介錯されてのそれであった以上、厳密に言えば戦死とはみなせない。だが、西郷の死去翌月にあたる十月二十日付で、本書中にたびたび登場した川口雪篷が「親類」として戸長に宛てて提出した「取調書」（同前）には、西郷が「城山に於て戦死（仕）り候」と記された。むろん、これは戦場での死であったという意味では間違いではないが、現代人の我々からすれば多少の違和感が残る。先述したように、西郷がかねてから戦いに加わるにあたって、「戦死を第一の功」とすることを兄弟間で誓いあうような人物であったがゆえに、川口が西郷の意を汲んで、このように記した面もあっただろう。

西郷軍が敗北した理由

つづいて、本章の最後に、西郷軍がなぜ西南戦争で敗北したのか。その理由と、戦争（とくに西郷軍の敗北）の及ぼした影響等についても、以下、簡潔に記すことにしたい。

西郷軍の敗北に関しては、(1)艦船を多数有し、かつ国費から戦費をまかなえた政府軍とは違って、艦船も利用できず、戦費の調達にも大いに苦しんだ（小銃が一分間に一発しか発射できない旧式のエンピール銃や火縄銃であったこと、および兵員・弾薬の供給量が西郷軍のそれを政府軍が大きく上回った）こと、(2)徴兵制軍隊を中核とする鎮台兵を西郷軍が蔑視して熊本城の攻撃にこだわり過ぎたこと、(3)国民軍としての訓練を受けた政府軍の志気や規律が高く厳格であった（そのぶん、統率が容易であった）こと、(4)政府軍兵士の大半が最新式のスナイドル銃を配備されたのに対し、西郷軍は連射ができず、そのうえ雨天の場合、火薬が濡れて発射が不可能となる前込式のミニエー銃などにも頼らざるをえなかったこと、(5)有線電信や電報の活用等情報戦で政府軍が西郷軍を圧倒したこと、(6)薩摩人が起

西郷隆盛終焉の地（鹿児島市城山町）
（時事通信フォト提供）

こした反乱だったために、鹿児島出身の政府要路は、自分たちの政府内での立場を守るためにも、他府県人に先がけて同胞を打ち倒さねばならなかったことなどが、従来から指摘されている。

むろん、こうしたことが、西郷軍が敗北を喫するうえで要因になったであろうことは間違いない。そこで本書では、これ以外の要因についても若干取り上げることにしたい。西郷らが立ち上がった理由が川路—大久保ラインの暗殺計画への「尋問」のためだとされた結果、幅広い層の支持を獲得できなかったこと、艦船を使ってただちに上京する途を選ばず、陸路東上を開始したこと、西郷以下の鹿児島兵が、自負心が強い（独立独歩の気性を大事にした）あまり、他府県人と共同歩調をとれず、数の力で政府軍と対抗できなかったこと等が、敗因に繋がったと考えられる点については先述した。これ以外に、西郷軍が敗北した理由として挙げられるのは、次の諸点である。

(1)民衆への対応が政府軍に比して良くなかったこと。西郷軍および党薩隊は、当然のことながら、戦争を遂行するうえで、武器・弾薬や食糧を移送するための人（軍）夫や馬の確保に努めねばならなかった。ところが、戦争の当初はともかく、戦いが進むにつれて、転戦先の村民を脅迫して、米穀や味噌・草鞋《わらじ》などの物品を提供させるケースが目立つことになる。さらに、こうした際に金銭を支払わないことも次第に多くなった。また人夫にも賃銭を支払わないケースがやはり目立つことになった。

もちろん、政府軍も同様に武器・弾薬等を移送するための人夫や馬の確保に努めたが、おおむね賃銭を十分に支給したようである。また、こと鹿児島に限れば、新たに県令となった岩村通俊は、赴任後、窮民のために救恤《きゅうじゅつ》所や病院を設けた。こうした面での両者の差が、初めは西郷軍に傾いていた民衆の支持を徐々に失わせ、ひいては西郷軍敗北の一因となったであろうことは争えない。

(2)島津久光・忠義父子が中立的な立場を守ったこと。西郷（私学校）と久光（島津家）との関係が悪くなく、久光サイドに属する守旧的な政治勢力が西郷軍に同調していれば、たとえ勅使が派遣され、父子へ勅書が授けられたとはいえ、戦局が大きく変わった可能性はある。現に久光らが同調する可能性がまったくなかったわけではなかった。久光および側近グループが、政府に対して概して批判的であったことは既述した。したがって、久光らが中立的立場を放棄して、もし西郷らとともに決起しておれば、久光に大いなる期待を寄せていた新政へ不満を持つ者が、それこそ全国各地で反政府運動に立ち上がる可能性もないではなかった。

それが久光サイドから明治九年段階で協調の申し込みがなされたにもかかわらず、西郷のにべもない拒否によって一気に吹っ飛んだ。また、私学校生の平素の傲慢無礼《ごうまんぶれい》な挙動が島津家関係者を憤慨させていた。こうしたことが重なって、第五銀行を所有し、貯金も多かった島津家から、西郷軍が軍用金を借りようとした際、家令の内田政風の拒絶にあって、それが不可能となる。また島津家には、「五千余名の壮兵」が「付従」していたとされるが（「丁丑擾乱記」）、これら多くの兵士を味方に取りこむこともできなくなった（もっとも、視点を変えれば、久光党が同調しなかったことで、鹿児島は県としての全滅を免れたといえる）。

(3)明治十年一月四日に地価の軽減を告げる詔勅が下ったこと。すなわち、地価がそれまでの三パーセントから二・五パーセントに大きく下げられ、これによって全国各地に広がっていた農民騒擾が下火となった。苦境下にあった大久保政権が戦争直前にとった、この天皇の力を借りて民衆の不満を和らげるという方策が功を奏した面は否めない。

戦争の及ぼした影響

つづいて、戦争の及ぼした影響についての話に移りたい。この点に関しても、やはり従来から様々なことが指摘されている。

(1)士族による政府への抵抗運動が最終的に打破されたために、封建制を廃止して郡県制を樹立しようとした、廃藩置県で目指された方向性が確立したこと。さらに武力（軍事力）をもってする抵抗が不可能となったことで、以後、言論でもって政府に抵抗する自由民権運動が全国を席巻するようになったこと。すなわち、民権運動の高揚を背景に、憲法の制定と国会の開設が目指され、それらはいずれも明治二十年代に入って実現する。

(2)戦争に勝利を収めたことで、大久保の政府内における地位がますます確固たるものとなったこと。そして、これに伴い、大久保政権による富国策（殖産興業政策）の推進にいっそう拍車がかかったこと。このことは、西南戦争終結後、明治十年十二月二十四日付で大久保が岩村通俊に宛てて発した書簡（『大久保利通文書』八）中に、次のように記されたこと一つとっても明らかであった。「西南事件に付ては莫大の御入費（に）相成り、会計上実に困難……此上《このうえ》の着目は、固有の物産を繁殖し、海陸の便を起し候義急務（下略）」。大久保は、西南戦争で蒙った巨大な損失（膨大な額にのぼった征討費や焦土と化した農山村の疲弊など）をいち早く回復するためにも、岩倉使節団に参加中から固く胸に秘めていた殖産興業策の推進による近代日本の建設という目標に向かって邁進《まいしん》する決意を改めて表明したということである。

(3)しかし、その一方で、西南戦争中、軍費を賄《まかな》うために政府と西郷軍の双方が発行した紙幣の影響で戦後にインフレーションが発生し、大きな社会的混乱を招いたこと。すなわち、戦争を契機に米価をはじめとする農作物価格の急激な上昇と、輸入の急増・輸出の停滞による大幅な入超という事態が招来される。これは、当然のことながら、資本家的企業が発展する可能性を摘みとるとともに、政府財政を極度に圧迫する事態の出現となった。ついで、このあと大蔵卿に就任した松方正義によって強引な紙幣整理策が推進され、その後のデフレ期を経て、輸出の急増（輸入の減少）がもたらされたことで、一八八〇年代の後半に、日本資本主義が発展する基盤が築かれることになる（佐々木寛司『明治維新史論へのアプローチ』）。

(4)西南戦争の終結によって、琉球を除く全国的規模での廃藩置県が完了する見通しが立ったこと。鹿児島県は廃藩置県後も、その強大な軍事力でもって、木戸孝允が「一種独立国のごとき有様あり、実に王政のため憤慨に堪えず」と批判した（日記の明治十年四月十八日の条）ような様相を呈し続けた。現に明治六年に制定された地租改正条例に基づく農地の測量も、鹿児島県では明治九年にずれこんだ。それが西南戦争での西郷軍の敗北によって、ようやく他県と同様に政府主導での改革がなされるに至る。そして、これこそ東京に留まった大久保および松方正義以下の鹿児島出身の官僚（とくに大蔵官僚）の目指したところであった。

(5)桐野や村田といった大物だけでなく、多くの有為な青年子弟の生命を失わせたことで、鹿児島のみならず、日本の近代化にとっても大きなマイナス要因（後遺症）となったこと。この点で西郷の責任はやはり免れないであろう。皮肉なことに、西郷が並外れた人間的魅力の持ち主であったからこそ、これだけの人員を動員しえ、そのぶん、犠牲者の数もすこぶる多くなった。この点が同じように士族反乱の舞台となりながら、鹿児島と山口・佐賀両県の犠牲者数に大きく差をつけることになった。

なお、維新に関してよく話題にのぼることがある。それは近代に入って世界各地で発生した大革命に比して、日本の明治維新での犠牲者数が著しく少ないことである。ロシア革命や中国革命での犠牲者数が、その後の余波での犠牲者数も含めて一千万人は下らないとされる中、明治維新の犠牲者は、ペリー来航時から西南戦争時までの間、多く見積もっても三万人を上回ることはない（フランス革命でも、ナポレオン戦争を含めると、犠牲者の数は優に百万人を超えるといわれる）。つまり、トータルとして見れば数的に極端に少ないといわれる明治維新での犠牲者の中で、飛び抜けて大きな比重を占めるのが、戦死者数が政府軍と西郷軍の双方を合わせると一万三千人を超えるといわれる西南戦争での犠牲者であった。

(6)長州派に内政の主導権を譲るきっかけとなったこと。多くの青少年および中堅クラスの生命が失われたということは、薩摩藩にとっては次代を担う人材がそれだけ著しく減少したことを意味した。それは、むろん、維新後、新政府を支える二大藩閥となった薩長両藩の力関係にも巨大な影響を及ぼした。俗に薩長と並び称される両藩であるが、維新期にあっては、西郷と大久保の両者がいたために、むしろ薩摩の存在が突出していた。このことは、三条実美と木戸孝允の両者に宛てて発せられた岩倉具視の書簡（明治十年三月十一日付のもの。『岩倉具視関係文書』七）中に、「天下は薩の天下也」とあったように、政府指導者間では、共通の認識であった。

ところが、西南戦争によって薩摩側が一気に人材を失ったことで、薩摩勢力の凋落《ちょうらく》と長州閥台頭の方向に事態が進むことになる。従前の薩長から長薩への逆転であった。そして、これには西郷に代わって政権の中枢に据わることになった大久保の鹿児島ならびに全国各地での不人気が大きく関わった。大久保の地元での不人気はつとに知られているところである。大久保の人気・人望は、もともと西郷と比べればはるかに劣っていたが、それが西郷の死後、格段に低下する。言うまでもなく、西郷らの暗殺計画に大久保が関わり、それが西南戦争の勃発に繋がったと広く信じられたことが大きかった。いずれにせよ、そうした立場に追い込まれた大久保は、自身の後継者に山口県人の伊藤博文を指名することになる。

これより前、木戸の没後（明治十年五月二十六日死去）、長州閥における後継者は伊藤博文に比較的すんなりと決まった。が、薩摩閥の場合はそうはいかなかった。普通なら大久保以外に考えられなかったが、叙上の経緯がそれを強く押しとどめたのである。このことを伝えるのが、明治十年九月二十九日付で岩倉に宛てて発せられた三条実美の書簡（『岩倉具視関係文書』上）であった。この中で、三条は長州藩にあっては、伊藤が当然後継者の位置を占めて然るべきだとの考えを語った（「木戸没し候ては、長州人にては同人（＝木戸）の後位を占め候は伊藤にこれ有るべし」）。

問題となったのは、薩摩閥のリーダーとなるべき人物であった。三条はこの点に関して率直に自分の考えを岩倉に伝えた。「大久保を進ぜられ候方は実は（自分の）第一の望みにこれ有り候。ただ世上の瞻《せん》望《ぼう》（＝仰ぎ慕う）、時勢如何と猶予仕り候而已《のみ》にこれ有り。彼是《かれこれ》此の御処置頗《すこぶ》る重大の事と、一両日来、不安、寝食配念に仕り居り候事に候」。

三条は、あれこれと思案し、ひどく思いつめるに至っていたのである。しかも、三条書簡中に「世上」云々とあったように、三条の認識では反大久保感情はたんに鹿児島県内のみに止まるものでなく、世間一般に広く存在した。このような中、大久保は、自身の後継者として伊藤博文を指名することになる。もっとも、大久保から、このことが伊藤に対して直接告げられるのは、西南戦争前のことであった。すなわち大久保は、明治九年十二月二十六日付の伊藤宛ての書簡（『大久保利通文書』七）において、「かねて小子が心中を知るは賢台（＝伊藤博文）と自ら信じ候より、言い難きも申し上げ候訳（に）候」云々と、事実上、伊藤が自分の後継者であることを伝えていた。したがって、こうした背景もあって、大久保の死後、それなりの歳月を要したものの、やがて伊藤中心に近代日本の建設が急がれることになる。

(7)戦争終結の翌年に、大久保内務卿が暗殺される直接的な要因となったこと。大久保は、周知のように、明治十一年（一八七八）の五月十四日朝、出仕の途中、赤坂の紀尾井坂近くで、石川県士族の島田一郎ら六名によって斬殺されるが、これは、つまるところ、征韓論政変後、西南戦争終結に至る間の政治過程が、西郷と大久保両者の対立抗争の過程だと一般的に受けとめられ、大久保が「西郷の敵」と見なされたた結果でもあった。そして、この大久保の暗殺によって、前年に死没した木戸と西郷の両人を併せ、俗に「維新の三傑」といわれた三人が、いっせいにこの世から去ることになった。ここにハッキリと眼に見える形で、一つの時代が終了したことを世人に知らしめることになる。

西郷家の人々のその後

以上、西南戦争で西郷軍が敗北した理由、および西南戦争の影響の問題を取り上げたが、戦争の及ぼした影響の最後のものとして、次に西郷家の人々のその後についても若干記しておきたい。むろん、当主隆盛の死去は西郷家にも巨大な変化を強いることになった。隆盛のみならず、末弟の小兵衛や甥の大山辰之助（妹安の子供）や市来宗介（妹琴の夫となった市来正之丞の子供）が戦死したため、西郷家には女性と子供ばかりが残されることになった。すなわち、戦争終結後の西郷家は、未亡人の糸《いと》（三十五歳）の下、嫡子の寅太郎（十二歳）、その弟の午次郎《うまじろう》（八歳）と酉三《とりぞう》（五歳）、庶長子の菊次郎（十七歳）、菊草（十六歳）、それに吉二郎と小兵衛のそれぞれ未亡人二名と子供たち（三名）プラス川口雪篷の計十二名で構成されることになった。

この中で、ぜひ取り上げておきたいのは菊次郎と菊草の両人である。菊次郎は、先述したように、若き（幼き）日に、父の勧めもあって、アメリカに農学の勉強のために留学した経歴の持ち主であった（同地では、大久保の次男で、明治期から昭和前期にかけての政治家として知られる牧野伸顕とも交流があった）。ついで帰鹿後、西南戦争が勃発すると、西郷の子供の中で一番の年長で、当時十代半ばにすでに達していたため、従軍することになる（西郷の偉いところは、普通なら自分の子供を危険な場所に伴うことを避けるが、菊次郎の参戦を阻止したといった話は聴かない。おそらく夫人の糸との間に誕生した三名の息子が兵役に就きうる年齢に達しておれば、参戦を拒まなかったと思われる）。そして、西郷の末弟である小兵衛が戦死した二月二十七日の熊本県下高瀬での戦闘で銃疵による深手を負い、その後、片方の脚の膝より下を切断することになる。

ついで、回復した後の明治十七年（一八八四）に、西郷従道や大山巌、それに伊地知正治や勝海舟らの尽力によって外務省に奉職することになった。そして最終的には第二代目の京都市長となる。この菊次郎に関してさらに補筆すると、彼が弟妹に比して父隆盛と接した時間が一番多かったためか、父の影響を最も強く受けたようである。このことは、菊次郎が明治十一年と同十二年の時点で、依然として奄美大島にいた実母の愛加那に宛てて送った書簡（『全集』五）中に、次のように決意を綴っていることとなどから判明する。「私共《ども》は世に名高き父上様の子なれば、是非成るべき丈《だけ》は学問でもして、父上様の志を継ぐという者なければ、一は天下の人に、一は父上様に相済まぬ事《こと》と相考え、故に偏《ひとえ》に学問に勉学致したき事に御座候」。

なお、この母宛の菊次郎書簡によると、彼の妹であった菊草は戦争後は糸の下で健気《けなげ》に家事労働に励んだらしい。ついで、戦争に従軍したあと帰郷を許された婚約者の大山誠之助（大山巌の弟。西南戦争に参加し、負傷し捕らえられたあと懲役三年の刑に処せられた）と明治十三年（一八八〇）になって所帯を持つことになる。そして、いかなる事情があったのかは不明だが、のち京都市長となった兄を頼って上洛し、同地で死去したといわれる。さらに彼らの母であった愛加那の最後についても触れると、彼女は明治三十五年（一九〇二）の八月に六十六歳でこの世を去ったとされる（『南洲翁逸話』）。

終章　死後の神格化、そして「西郷さん」誕生

西郷の生涯を、その誕生から死に至るまで、時に深入りしながら、ここまで辿ってきた。その結果、改めて密度の濃い面白味に富む生涯（ただし本人にとっては多くの苦難を伴う人生）であったと感じさせられる。相当程度、空想力が豊かな小説家でも、これほどの物語を紡《つむ》ぐことはできないのではなかろうか。西郷の一生を振り返ると、神に選ばれ、しかもこれでもかこれでもかと面白い物語の主役をはることを求められ、そのつど、自分に与えられた役を誠実に演じ続けてきたように思われてならない。

死後も抜群の影響力を保持

さらに、西郷の生涯は、彼の首と胴体が分離した段階で終わったわけではなかった。彼は死後の世界においても、形こそ違え、抜群の影響力を保持し続けた。こうした人物は世界中広しといえども、きわめて稀な存在であろう。もちろん、西南戦争終結後しばらくの間は、西郷を擁護する声は公然とは挙げにくかった。西郷は政府に武力でもって反抗した国賊（賊臣）そのものとされたからである。だが、政府（国）が、そうした評価を国民各層に押しつけるのには限度があった。西郷の存在感と人気があまりにも巨大だったからである。

しかも死後、いわゆる判官贔屓《ほうがんびいき》も手伝って、むしろそれはより大きなものとなっていった。すなわち、政府高官の奢侈《しゃし》に流れた生活ぶりが人々の言の葉にのぼることが多くなる中、西郷の衣食住全般にわた

る慎ましやかな生活が思い起こされる機会が増えてくる。そして、西郷と接触したことのある関係者の心中に強く残っていた彼の印象が、好感をもって語られ出し、それが国民の間にいわば「遺産」として「記憶」され「定着」していくことになる。

そうなるに至る第一の転機となったのが、明治二十年代であった。明治二十年代に入ると、維新からもはや二十年以上が経過し、それまで不安定であった近代天皇制国家も、憲法の制定や国会の開設が視野に入り（現にまもなく実現した）、その基盤が鞏固《きょうこ》なものとなってくる。こうした（政府が余裕を持てるようになった）ことを受けて、旧幕府関係者や薩長両藩以外のいわゆる朝敵藩に属した関係者の間から、薩長両藩のみを特別視する（一方的に勝者とする）王政復古史観に対抗するような歴史観が提出され出す（田中彰『明治維新観の研究』）。そうしたものの一つが、『自由党史』であった。同書を紐解《ひもと》くと、明治十年代の西郷には、逆賊とみる説と、圧制への抵抗者と好意的にみる説の双方が併存していたこと、明治二十年代に入ると抵抗のシンボル一辺倒となること、明治三十年代から四十年代にかけては大陸進出の「先駆」者としての側面が大々的に喧伝され、定着していくことが判明する（中元崇智「『土佐派』の『明治維新観』形成と『自由党史』」）。

そして、この点との関連で軽視しえないのは、明治二十四年（一八九一）にロシアの皇太子であったニコライが来日したことであった。すなわち、この時、城山で死なず、朝鮮に逃れていた西郷が、皇太子とともに帰ってくるとの噂が流れ、彼の存在とその考えが改めて日本全土に爆発的に伝わっていく。ついで、大陸への関心がより高まった時代の気運も手伝って、西郷が征韓論者だったことやロシアとの抗争も辞さない大陸への雄飛論者だったことなどが強調され出し、それがこれまた広く受け入れられていくようになる。

復権

西郷の復権がなされたのは、こうした諸々の動きが出てくる当初（明治二十年代初頭）のことであった。明治二十二年二月十一日に大日本帝国憲法の発布式が挙行されると、戊辰戦争で朝敵とされた多くの関係者の罪が特赦をもって許される。対象となった人物の一人がほかならぬ西郷であった。この時、西郷の汚名が除かれ、贈位（正三位）の恩典に浴することになる。そして、このことが西郷が国民的英雄の座に就くうえで、やはり大きな意味を持った。ついで明治二十七年（一八九四）には、鹿児島出身の歴史家で維新史料編纂官を務めた勝田孫弥の筆によって、西郷の初めての本格的な伝記である『西郷隆盛伝』が刊行される。

西郷の復権をまず歓迎したのは、鹿児島関係者であった。明治二十年代に入り、維新がなったのは旧幕府関係者の功績が大きかったとの声が高くなってくると、政権の中枢を担っていた、旧薩長両藩（なかでも薩）出身の政治家もうかうかしておれなくなる。ニコライがやって来た年の十一月二十一日に召集された予算委員会（第二議会〔松方内閣時〕の劈頭《へきとう》）において、海軍大臣となっていた樺山資紀は次のように発言した。「そもそも、維新以来、内外の多難にかち得て、帝国をして今日《こんにち》あらしめたるものは、これ誰の力であるか。一にこれ、世に所謂る薩長政府の力ではないか」（雑賀博愛『杉田鶉翁』）。ここには、きわめて率直な物言いで薩長の力を誇示（自負）する人物の姿が露わになっている。そして、この樺山らの師匠格にあたったのが、言うまでもなく西郷であった。西郷の復権と顕賞が、この明治二十年代に入って始まったのには、それなりの理由があったのである。

ついで、西郷を国民的英雄に祭り上げる過程で、薩長同盟史観が国民の頭に擦り込まれていくことになる。すなわち、薩摩と長州の両藩が藩の軍事力を行使して、江戸幕府に対し英雄的な闘いを展開した結果が、近代天皇制の成立に繋がったとする見方である。そして、その際、薩摩藩の西郷隆盛らと長州藩の木戸孝允との間で、慶応二年一月に盟約が結ばれたことの歴史的意義が強く叫ばれることになった。

海舟談話の影響

いずれにせよ、明治二十年代前半を潮目《しおめ》に西郷を取り巻く流れが大きく変わった。そして西郷が一段と英雄視されるうえで影響を及ぼしたのは、勝海舟の談話と『南洲翁遺訓』の刊行であった。勝は、西郷の名誉が回復されて以降、自身の死の直前に至るまで、西郷についての憶い出を周囲（海舟の崇拝者）に語り続け、それが相次いで活字化されることになる。

たとえば、そうしたものの一つが『氷川清話』であった。そして、この書物中で、西郷の真に魅力的な姿が海舟独特の言い回しでもって語られた。「おれは、今迄に天下で怖ろしいものを二人見た。それは横井小楠と西郷南洲とだ」「（初めて西郷と会った際の印象は）なかなか立派な風采だったよ」「江戸城受け渡しも、……立談の間に済んだ」「西郷は、どうも人にわからない所があったよ。……常人と違って、よほど大きく出来ていた」といった語り口がそれであった。

もっとも、海舟ファンには嫌われるかもしれないが、海舟には西郷の大きさを語る（強調する）ことで、その西郷と対等に渡り合った自分を大きく見せるかのようなところがある。むろん、海舟が西郷の良き理解者だったことは間違いない。また、西郷と海舟の両人がいなければ、江戸城の無血開城、ひいては江戸百万の民の生命と財産が保たれなかった可能性は大であったろう。しかし、そうしたことを割り引いても、海舟の西郷談には、本人がどこまで自覚していたかは別として、ある種の思惑が隠されていたように感じられる。

それはともかく、海舟談話の柱である「西郷は大胆識と大誠意」を併せ持つ「豪傑」だったとの評価が後世の我々に与えた影響にはきわめて大きなものがあった。さらに加筆すると、例の坂本龍馬の「少しく叩けば少しく響き、大きく叩けば大きく響く。もし馬鹿なら大きな馬鹿で、利口なら大きな利口だろう」との西郷評も、『氷川清話』の中で海舟が紹介したものである。

そして、こうした勝海舟が紹介した西郷のエピソードが広く世間に伝わり、西郷ファンが急増することにもなった。たとえば、大逆事件で刑死することになる幸徳秋水が伝えた証言（『全集』六）によると、彼の師であった中江兆民などは、「海舟翁の談話を通じて、西郷南洲翁の風采を想像して、その人物にほれこんでしまい、同じ時期に活動できなかったことをひどく残念がっていた」という。それほど海舟談話の影響力には図り知れないほど大きなものがあった。

『南洲翁遺訓』

ついで、『南洲翁遺訓』の話に移る。この書物の刊行は、先述したように、そもそもは明治三年十一月、旧庄内藩主の酒井忠篤が藩士七十余名を引き連れて鹿児島の地を訪れ、西郷の許で学ぶようになったことに起因した。そして、このあと明治七年から同八年にかけて計十数名の庄内人士が何回かに分かれて来鹿した。そうした中の一人であった赤沢源弥《あかざわげんや》が、後年、まず「南洲翁遺訓」を編集し、明治八年の五月に来鹿した過去を持つ菅実秀がそれに添削修正をほどこしてなったのが本書であった。

これは西郷が彼ら庄内藩関係者に語った言葉を纏めて編纂したものだったが、この書物の存在が広く世に知られるようになったのには、やはり西郷の復権がなったことが関係した。すなわち前記の二名が、西郷の賊名が解かれたのを受けて、かつて自分たちに向かって発せられた西郷の言葉を教訓として、後世の人間に伝えるべく一冊の書物（ただし小冊子）とし、明治二十三年（一八九〇）一月十八日に『南洲翁遺訓』の名の下、初版（千部）を摺った。そして、この後、全国を行脚した庄内人の手によって各地の有志にこの小冊子が頒布《はんぷ》され、広くその存在が知られることになった。

ところで、この小冊子に関して最初に確認しておかねばならないのは、庄内人士による聞き書きであって、西郷の筆になるものではないことである。また西郷の死後に刊行されたことでも明らかなように、西郷の校閲を得たものでもなかった。したがって、実際に西郷がこの通りの発言をしたのかどうかは保証の限りではない。

さらに加筆すると、西郷の周りに警護を兼ねて多くの若者がいたであろう中での発言だった以上、庄内（鶴岡）関係者に対しての、思い切り自由な立場からの発言のみだったとは考えられない。普段から自分の周りにいる若者をも聞き手として語られた可能性が大である限り、そのぶん、普遍的な話（人間や社会はこうあるべきだといった類の話）とならざるをえなかった面があったと想像される。つまり、即百パーセント西郷の実態を反映した発言だったとは受けとれない。また西郷にとっても自戒をこめた言葉が含まれていよう（この点とも関係するが、西郷のことを知る中井弘が、征韓論政変によって帰鹿したあと西郷が武村に購入した広大な土地を例に挙げて、後述の「児孫の為に美田を買わず」云々の漢詩が、他人の戯作に相違ないと語ったとの逸話が残されている〔『全集』六〕）。

そうしたことはともかく、この『南洲翁遺訓』を素直に読めば、西郷がきわめて真面目かつ禁欲的で、しかし馥郁《ふくいく》とした人間味に溢れる人物だったことが浮き彫りとなる内実になっている。すなわち、本書中に登場する西郷は、新政府の要路を、「家屋を飾《かざ》り、衣服を文《かざ》り、美妾《びしょう》を抱え、蓄財を謀《はか》」っていると激しく批判する人物であった。そして、こうした現実に対し、「今となりては戊辰の義戦も、（国のためではなくて）偏《ひとえ》に私を営《いとな》みたる姿になり行き、天下に対し、戦死者に対して面目なきぞとて、頻《しき》りに涙を」流す男でもあった。また、その一方で、西郷は西洋諸国の在り方をも次のように批判した。「西洋は野蛮じゃ……文明（国）ならば未開の国に対しなば慈愛を本とし、懇々《こんこん》と説諭して開明に導くべきに、左は無くして未開蒙昧《もうまい》の国に対するほどむごく残忍の事を致し、己《おのれ》を利するは野蛮じゃ」。西郷は、帝国主義段階に入りつつあった西洋諸国の侵略主義を「野蛮じゃ」と切って捨てたのである。

また、『南洲翁遺訓』には、西郷の口から発せられた名文句が随所にちりばめられていた。「幾たびか辛酸《しんさん》を歴《へ》て志始めて堅し」とか「児孫の為に美田を買わず」「人を相手にせず、天を相手にせよ。天を相手にして己を尽し人を咎《とが》めず、我が誠の足らざるを尋《たず》ぬべし」「命もいらず、名もいらず官位も金もいらぬ人は始末に困るものなり。此の始末に困る人ならでは、艱難を共にして国家の大業は成し得られぬなり」といった一連の言葉がこれに該当した。こうした西郷ならではのきわめてわかりやすい名文句（格言）が、広く人口に膾炙《かいしゃ》して、西郷隆盛という人物に対する国民のイメージが形成されることになる。清廉潔白（高潔）な人格者としての西郷のイメージである。

とにもかくにも、西郷のことを直接知る人々の手になる書物によって、西郷の途方もない器量と人間的魅力、それに人格者であることが世に知られ定着することになった。そして、つづいて、さらなる段階に移行する。西郷と面識のない人々による西郷の神格化がなされるに至るのである。すなわち、西郷を崇拝する人物が数多く現れ、彼らの間で西郷は完全無欠の模範とすべき人格者として、神に近い存在にまで祭り上げられていくことになる。

西郷の神格化

西郷をあるべき理想的な日本人として神格化した例は、一部の国士の間で西郷の再来と目された頭山《とうやま》満《みつる》をはじめとして、北一輝や内村鑑三等枚挙にいとまがない。しかし西郷は、本書中でこれまで指摘してきたように、本来、多情多感ともいえるほど情感の豊かな人物で、人の好き嫌いも激しく、しばしば敵と味方を峻別し、敵を非常に憎むこともある人物だった。つまり完全無欠な神のような人物ではなかった。そうした人間臭く親しみのもてる人物だったが、彼は人格円満、泰然自若とした大人物に一方的にされてしまったのである。西郷のことを少しは識る前述の三浦梧楼などは、「西郷だからって人間である以上、幾多の欠点もあり、そう完全無欠な神様のようなものではない」（『全集』六）と周囲に語ったが、こうしたごく当たり前のことが認められなくなった。

もっとも、西郷を超俗的な存在とみなす評価は、既述したように、現代の研究者の間にも往々にしてみられる。すなわち、大変包容力があり、東洋豪傑風の清濁併せ呑む人物だったといった式の評価である。しかし、これは西郷という人物を理解していない評であろう。また同人に関しては、「敬天愛人」

南洲墓地（鹿児島市上竜尾町）
（鹿児島市提供）

をモットーとしたことや、いま先ほど挙げたように、聖人・君子に近い人格者（仁者）であったことがしばしば強調されるが、それは彼が自分の置かれた立場上、仁者たらざるをえなくなった後年のことで、しかもその（演技の）対象は限られる。

なお、ここで西郷を若干弁護すると、これは西郷がそれだけ深く他人と関われたがゆえの反動でもあったといえる。性格がクールで他人と深く関わろうとしない人間は、頼られることもないし、また裏切られた際に激しく相手を怨んだりはしない。西郷と大久保の両者を性格面で大きく分けたのは、この点での違いだった。西郷は他人を激しく憎むことができるほど他人と深く関われたぶん、愛されることも多かった（とくに目下の者についてはそう言えた）。大久保は「政治的難局に慎重かつ合理的方策で対応する姿勢」（『西郷隆盛と士族』）を示しえたが、西郷と比べて愛されることは少なかった。

愛され親しまれる西郷へ

ついで、西郷が没してから歳月がどんどん経過すると、西郷に対するイメージもまた大きく様変わりするに至る。神格化され崇拝される巨大な精神性を有する大西郷から、愛され親しまれる隣人のような「西郷さん」への移行であった。そして、この点に関していえば、やはり上野公園内に明治三十一年（一八九八）に建立された西郷の銅像の影響は軽視しえないであろう（口絵参照）。

この高村光雲《たかむらこううん》作の西郷像は、第二次世界大戦前の東京で最も人気のあった銅像とされる（ついでに記すと、いま一つは日露戦争時に英雄的な死を遂げた広瀬武夫と部下の杉野軍曹両名の銅像であった）。それは、それだけ人々にとって、親しみの持てる存在であり続けたからである。たとえば、この西郷像には大正十二年（一九二三）に発生した関東大震災時には、行方不明者を探すビラが貼られたという。また第二次世界大戦後には、当時、「浮浪者」としての生活を余儀なくされた人々が、この銅像の周りで寝泊まりをした。そういった面でも、東京に住む市民にとっては馴染みのある銅像となった。

もっとも、そうした異常事態時を除いても、上野の西郷像は、毎年繰り返される春の花見シーズンや修学旅行などで親しまれる存在であった。とにかく、この愛犬ツンを連れた、きわめてラフな着流し姿の庶民的な西郷像は、国民の脳裏に大柄で、かつ健康的な明るいイメージの西郷像を視覚的に植えつけるうえで、大きな影響を及ぼしたことは間違いない。さらに記せば、西郷は、第二次世界大戦後、漫画やアニメの主人公となることで、多くの国民にとって少年少女時から親しまれる存在となった。いずれにせよ、ここに西郷は、いわゆる「西郷さん」として、国民に広く親しまれる存在となった。

だが、本書中で描写してきたように、本来の西郷隆盛はそうした人物ではなかった。たしかに豪傑肌で、これ以上ない大役を与えられても見事に演じきれるだけの力量があった千両役者だったが、反面律儀で繊細な神経の持ち主であった。そして、そのぶん、彼は苦悶に満ちた人生を歩みつづけ、最後は城山で悲惨な死を迎えざるをえなかった。すなわち西郷は、政治的には、これ以上ない形での敗者（朝敵）として生涯を閉じた。それは、彼が愛してやまなかった武士層による道義的な国家の建設を目指すという目標が未完に終わったことを意味した。我々は、このことを忘れてはなるまい。

主要参考文献

西郷隆盛（原則として刊行年順）

『大西郷全集』第一～三巻（平凡社、一九二六～二七年）
＊本書以前に刊行されたものに比べ、収載された書簡や詩文の量がはるかに多く、西郷研究を大きく進展させた史料集である。
渡辺盛衛編『大西郷書翰大成』第一～五巻（平凡社、一九四〇～四一年）
『西郷隆盛全集』第一～六巻（大和書房、一九七六～八〇年）
＊島津久光に対する西郷の批判が記されていたため封印されていた桂（久武）家所蔵の西郷書簡など新史料が含まれている。
勝田孫弥『西郷隆盛伝』（一八九四年。のち至言社によって一九七六年覆刻）
頭山満翁講評・小谷保太郎編『大西郷遺訓』（政教社、一九二五年）
雑賀博愛『大西郷全伝』第一巻（大西郷全伝刊行会、一九三七年）
石神今太編『南洲翁逸話』（鹿児島県教育会、一九三七年）
＊西郷に直に接した町村在住の故老からの聞き取り調査を纏めたものである。西郷に関する興味深いエピソードを多く含む。
田中惣五郎『西郷隆盛（人物叢書）』（吉川弘文館、一九五八年。一九八五年新版）
圭室諦成『西郷隆盛』（岩波書店（新書）、一九六〇年）
野中敬吾編『西郷隆盛関係文献解題目録稿――西郷隆盛観の変遷を追って』（私家版。一九七〇年。一九七八年改訂

増補。一九七九年、一九八一年、一九八五年、一九八九年）
＊主として明治十年以降に出版もしくは発表された西郷に関する文献を収録し、解説をほどこしたものである。西郷のことを知るうえで大変便利である。
井上清『西郷隆盛（上・下）』（中央公論社〈新書〉、一九七〇年）
坂元盛秋『西郷隆盛――福沢諭吉の証言』（新人物往来社、一九七一年）
南日本新聞社編『西郷隆盛伝――終わりなき命』（新人物往来社、一九七八年）
上田滋『西郷隆盛の悲劇』（中央公論社、一九八三年）
落合弘樹『西郷隆盛と士族』（吉川弘文館、二〇〇五年）
猪飼隆明『西郷隆盛「南洲翁遺訓」』（角川学芸出版、二〇〇七年）
高大勝『西郷隆盛と〈東アジアの共生〉』（社会評論社、二〇一〇年）
家近良樹『西郷隆盛と幕末維新の政局――体調不良問題から見た薩長同盟・征韓論政変』（ミネルヴァ書房、二〇一一年）
松浦玲『勝海舟と西郷隆盛』（岩波書店〈新書〉、二〇一一年）
落合弘樹『西南戦争と西郷隆盛』（吉川弘文館、二〇一三年）
川道麟太郎『西郷「征韓論」の真相――歴史家の虚構をただす』（勉誠出版、二〇一四年）

関連史料（原則として刊行年順）

東京大学史料編纂所所蔵『大日本維新史料　稿本』（マイクロ版集成）
「柏村日記」（山口県文書館所蔵毛利家文庫七一『藩臣日記』）
侯爵細川家編纂所編『改訂　肥後藩国事史料』巻五～七
鄭永寧編「副島大使適清概略」（一八七三年。のち『明治文化全集』第十一巻外交篇、日本評論社、一九二八年に収録）

川口武定『従征日記』上・下巻（一八七八年。のち青潮社によって一九八八年覆刻）
海南鏡水漁人（坂崎斌）編「林有造氏旧夢談」（嵩山堂、一八九一年。のち『明治文化全集』第二十五巻雑史篇、日本評論社、一九二九年に収録）
佐々友房『戦袍日記』（一八九一年、南江堂。のち青潮社によって一九八六年覆刻）
海江田信義述・西河称編述『維新前後　実歴史伝』巻之一～十（一八九二年）
園城寺清『大隈伯昔日譚』（一八九五年。のち早稲田大学出版部によって一九六九年覆刻）
土持政照述・鮫島宗幸記「西郷隆盛謫居事記」（一八九八年）
柴山川崎三郎『西南戦史』（博文館、一九〇〇年。のち大和学芸図書によって一九七七年覆刻）
宮島誠一郎編「国憲編纂起原」（一九〇五年。のち『明治文化全集』第一巻憲政編、日本評論社、一九二八年に収録）
多田好問編『岩倉公実記』上・下巻（皇后宮職蔵版・宮内省版、一九〇六年。のち書肆澤井によって一九九五年覆刻）
黒龍会本部編纂発行『西南記伝』上・中・下六巻（一九〇八～一一年。のち原書房によって一九六九年覆刻）
「桐野利秋の征韓論に関する実話」（同右『西南記伝』上巻一に収録）
勝田孫弥『大久保利通伝』中巻（一九一〇年、同文館。のち臨川書店によって一九七〇年覆刻）
末松謙澄『修訂　防長回天史』上・下巻（一九一一年。のち柏書房によって一九六七年覆刻）
前島密・市島謙吉編『鴻爪痕』（前島会、一九二〇年）
『観樹将軍回顧録』（政教社、一九二五年）
鳥尾小彌太「述懐論」（『明治文化全集』第二巻正史篇、日本評論社、一九二八年）
「春嶽私記」（太政官編『復古記』第一冊、一九三〇年。のち東京大学出版会によって二〇〇七年覆刻）
『樺山資紀日記（「台湾記事」）』（西郷都督樺山総督記念事業出版委員会『西郷都督と樺山総督』一九三六年）
佐々克堂先生遺稿刊行会編『克堂佐々先生遺稿』（改造社、一九三六年）
『橋本景岳全集』上巻（岩波書店、一九三九年）

春畝公追頌会編『伊藤博文伝』上巻（統正社、一九四〇年）
小笠原壹岐守長行編纂会編『小笠原壹岐守長行』（一九四三年）
『日本外交文書』第六巻（一九五五年）
アーネスト・サトウ（坂田精一訳）『一外交官の見た明治維新』上巻（岩波書店〔文庫〕、一九六〇年）
立教大学日本史研究会編纂『大久保利通関係文書』第一～五巻（吉川弘文館、一九六五～七一年）
小寺鉄之助編『西南の役薩軍口供書』（吉川弘文館、一九六七年）
公爵島津家編纂所編『薩藩海軍史』中巻（原書房、一九六八年）
勝海舟『亡友帖・清譚と逸話』（原書房、一九六八年）
「氷川清話」（『幕末維新史料叢書』2、人物往来社、一九六八年）
松平慶永『逸事史補』（『幕末維新史料叢書』4、人物往来社、一九六八年）
宮内庁編『明治天皇紀』第一・三巻（吉川弘文館、一九六八・一九六九年）
小河一敏「王政復古　義挙録」（『幕末維新史料叢書』5、新人物往来社、一九六九年）
『孝明天皇紀』第五巻（平安神宮、一九六九年）
財団法人日本経営史研究所編『五代友厚伝記資料』第一巻（東洋経済新報社、一九七一年）
『保古飛呂比――佐佐木高行日記』第五巻（東京大学出版会、一九七四年）
本田修理『越前藩幕末維新公用日記』（福井県郷土誌懇談会、一九七四年）
鹿児島県維新史料編纂所編『鹿児島県史料　忠義公史料』第一～七巻（鹿児島県、一九七四～八〇年）
＊長らく低迷していた幕末維新期の薩摩藩研究を大きく進展させることになった史料集である。
勝海舟全集刊行会編『幕末日記』（『勝海舟全集1』講談社、一九七六年）
『中根雪江先生』（中根雪江先生百年祭事業会、一九七七年）
鹿児島県維新史料編纂所編『鹿児島県史料　西南戦争』第一～三巻（鹿児島県、一九七八～八〇年）
横田達雄編『寺村左膳道成日記』（一）～（三）（県立青山文庫後援会、一九七八～八〇年）

市来四郎「丁丑擾乱記」(『鹿児島県史料　西南戦争』第一巻、一九七八年)
マウンジー(安岡昭男補註)『薩摩反乱記』(平凡社、一九七九年)
「鹿児島県庁日誌」「鹿児島一件書類」「磯島津家日記」「戦塵録」「丁丑野乗」「典獄日記」
「土佐挙兵計画ノ真相」(『鹿児島県史料　西南戦争』第三巻、一九八〇年)
鹿児島県史料刊行委員会編『鹿児島県史料集　小松帯刀伝』(鹿児島県立図書館、一九八〇年)
『山内家史料　幕末維新』第六編(山内神社宝物資料館、一九八四年)
『桂久武日記』(鹿児島県立図書館『鹿児島県史料集』第二六集、一九八六年)
「大久保利通日記」他(鹿児島県歴史資料センター黎明館編『鹿児島県史料　大久保利通史料一』一九八七年)
「登京日記」(『福井市史』資料編5・近世三、一九九〇年)
宮地佐一郎編『中岡慎太郎全集』(勁草書房、一九九一年)
伴五十嗣郎編『松平春嶽未公刊書簡集』(思文閣出版、一九九一年)
鹿児島県歴史資料センター黎明館編『鹿児島県史料　玉里島津家史料』第一〜十巻、一九九二〜二〇〇一年)
＊幕末維新期の島津久光の動向を分析するうえで不可欠の史料集である。
『中村平左衛門日記』第十巻(北九州市立歴史博物館編集発行、一九九三年)
田村貞雄校注『初代山口県令　中野梧一日記』(マツノ書店、一九九五年)
社団法人尚友倶楽部・山崎有恒編『伊集院兼寛関係文書』(芙蓉書房出版、一九九六年)
『小森承之助日記』第四・五巻(北九州市立歴史博物館編集発行、一九九八〜九九年)
並河徳子遺稿『父をかたる』(田中正弘「朝彦親王家臣並河靖之の生涯」『栃木史学』第一五号、二〇〇一年)
喜多平四郎『征西従軍日誌』(講談社〔学術文庫〕、二〇〇一年)
鹿児島県歴史資料センター黎明館編『鹿児島県史料　玉里島津家史料補遺　南部弥八郎報告書』第二巻(鹿児島県、二〇〇三年)
東京都江戸東京博物館都市歴史研究室編『勝海舟関係資料　海舟日記(三)』(二〇〇五年)

『木戸孝允関係文書』第一～四巻（東京大学出版会、二〇〇五～〇九年）
甲斐利雄編『一神官の西南戦争従軍記——熊本隊士安藤經俊「戦争概畧晴雨日誌」』（熊本出版文化会館、二〇〇七年）
家近良樹・飯塚一幸編『杉田定一関係文書史料集』第一巻（大阪経済大学日本経済史研究所、二〇一〇年）
福井県文書館編集・発行『越前松平家家譜　慶永4』（二〇一〇年）
史料叢書『幕末風聞集』（東海大学附属図書館所蔵史料翻刻、二〇一〇年）
伊藤隆他『こんな教科書で学びたい　新しい日本の歴史』（扶桑社・育鵬社、二〇一一年）
佐々木克・藤井譲治・三澤純・谷川穣編『岩倉具視関係史料』上・下巻（思文閣出版、二〇一二年）
『朝彦親王日記』第一巻（日本史籍協会叢書、東京大学出版会）
『岩倉具視関係文書』第五～七巻（同右）
『大久保利通文書』第一・二・三・四・七・八巻（同右）
『吉川経幹周旋記』第三～五巻（同右）
『木戸孝允文書』第三～八巻（同右）
『木戸孝允日記』第二・三巻（同右）
『熊本鎮台戦闘日記』第一・二巻（同右）
『再夢紀事・丁卯日記』（同右）
『島津久光公実紀』第一～三巻（同右）
『続再夢紀事』第二～六巻（同右）
『伊達宗城在京日記』（同右）
『徳川慶喜公伝』史料篇第二巻（同右）
『中山忠能日記』第四巻（同右）
「維新前後経歴談」（『維新史料編纂会講演速記録』第一巻、同右）

「薩長同盟実歴談」(『坂本龍馬関係文書』第二巻、同右)
「品川彌二郎日記」(『維新日乗纂輯』第二巻、同右)
「寺村左膳手記」(『維新日乗纂輯』第三巻、同右)

研究書・一般書(著者名順)

青山忠正『明治維新と国家形成』(吉川弘文館、二〇〇〇年)
青山忠正『明治維新の言語と史料』(清文堂出版、二〇〇六年)
青山忠正『日本近世の歴史6　明治維新』(吉川弘文館、二〇一二年)
家近良樹『幕末の朝廷──若き孝明帝と鷹司関白』(中央公論新社〔叢書〕、二〇〇七年)
家近良樹『江戸幕府崩壊──孝明天皇と「一会桑」』(講談社〔学術文庫〕、二〇一四年)
家近良樹『徳川慶喜〔人物叢書〕』(吉川弘文館、二〇一四年)
家近良樹『ある豪農一家の近代』(講談社〔選書メチエ〕、二〇一五年)
猪飼隆明『西南戦争──戦争の大義と動員される民衆』(吉川弘文館、二〇〇八年)
伊藤之雄『明治天皇』(ミネルヴァ書房、二〇〇六年)
犬塚孝明『明治維新対外関係史研究』(吉川弘文館、一九八七年)
井上勲『王政復古』(中央公論社〔新書〕、一九九一年)
鵜飼政志『明治維新の国際舞台』(有志舎、二〇一四年)
大久保利謙編『岩倉使節の研究』(宗高書房、一九七六年)
小川原正道『西南戦争──西郷隆盛と日本最後の内戦』(中央公論新社〔新書〕、二〇〇七年)
萩原延壽『遠い崖──アーネスト・サトウ日記抄一三──西南戦争』(朝日新聞社、二〇〇一年)
奥谷松治『品川弥二郎伝』(高陽書院、一九四〇年。のちマツノ書店によって二〇一四年覆刻)
刑部芳則『明治国家の服制と華族』(吉川弘文館、二〇一二年)

落合弘樹『明治国家と士族』（吉川弘文館、二〇〇一年）
笠原英彦『明治留守政府』（慶應義塾大学出版会、二〇一〇年）
加治木常樹『薩南血涙史』（一九一二年。のち青潮社から一九八八年に覆刻）
勝田政治『内務省と明治国家形成』（吉川弘文館、二〇〇二年）
勝田政治『〈政事家〉大久保利通――近代日本の設計者』（講談社〔選書メチエ〕、二〇〇三年）
紙屋敦之『東アジアのなかの琉球と薩摩藩』（校倉書房、二〇一三年）
芳即正『島津斉彬（人物叢書）』（吉川弘文館、一九九三年）
芳即正『坂本龍馬と薩長同盟』（高城書房、一九九八年）
芳即正『島津久光と明治維新――久光はなぜ討幕を決意したのか』（新人物往来社、二〇〇二年）
＊島津久光を本格的に取り上げた最初の著作である。以後、本書に刺激され、久光に関する著作や論文が相次いで発表されることになった。
姜範錫『征韓論政変（明治六年の権力闘争）』（サイマル出版会、一九九〇年）
京都市編『京都の歴史』第七巻（京都市史編纂所、一九七九年）
久住真也『長州戦争と徳川将軍』（岩田書院、二〇〇五年）
後藤正義『西南戦争警視隊戦記』（サンケイ新聞データシステム編集制作、一九八七年。のちマツノ書店によって二〇一六年覆刻）
雑賀博愛『杉田鶉山翁』（鶉山会、一九二八年）
佐々木克『幕末政治と薩摩藩』（吉川弘文館、二〇〇四年）
佐々木寛司『明治維新史論へのアプローチ――史学史・歴史理論の視点から』（有志舎、二〇一五年）
佐藤誠朗『幕末維新の民衆世界』（岩波書店〔新書〕、一九九四年）
佐藤隆一『幕末期の老中と情報――水野忠精による風聞探索活動を中心に』（思文閣出版、二〇一四年）
篠田達明『偉人たちのカルテ――病気が変えた日本の歴史』（朝日新聞出版〔文庫〕、二〇一三年）

菅良樹『近世京都・大坂の幕府支配機構――所司代・城代・定番・町奉行』(清文堂出版、二〇一四年)
鈴木暎一『藤田東湖(人物叢書)』(吉川弘文館、二〇〇五年)
関口すみ子『御一新とジェンダー――荻生徂徠から教育勅語まで』(東京大学出版会、二〇〇五年)
高木不二『日本近世社会と明治維新』(有志舎、二〇〇九年)
高橋秀直『幕末維新の政治と天皇』(吉川弘文館、二〇〇七年)
高村直助『小松帯刀(人物叢書)』(吉川弘文館、二〇一二年)
高村直助『永井尚志』(ミネルヴァ書房、二〇一五年)
田中彰『明治維新観の研究』(北海道大学図書刊行会、一九八七年)
知野文哉『「坂本龍馬」の誕生――船中八策と坂崎紫瀾』(人文書院、二〇一三年)
辻ミチ子『和宮』(ミネルヴァ書房、二〇〇八年)
津田茂麿『明治聖上と臣高行』(原書房、一九七〇年)
堤啓次郎『地方統治体制の形成と士族反乱』(九州大学出版会、二〇一〇年)
友田昌宏『戊辰雪冤――米沢藩士・宮島誠一郎の「明治」』(講談社〔現代新書〕、二〇〇九年)
友田昌宏『未完の国家機構――宮島誠一郎と近代日本』(岩田書院、二〇一一年)
中村武生『池田屋事件の研究』(講談社〔現代新書〕、二〇一一年)
奈良勝司『明治維新と世界認識体系――幕末の徳川政権　信義と征夷のあいだ』(有志舎、二〇一〇年)
布引敏雄『長州藩部落解放史研究』(三一書房、一九八〇年)
畑尚子『幕末の大奥――天璋院と薩摩藩』(岩波書店〔新書〕、二〇〇七年)
林吉彦『薩摩の教育と財政並軍備』(鹿児島市役所、一九三九年。のち第一書房によって一九八二年覆刻)
原口清『日本近代国家の形成』(岩波書店、一九六八年)
原口虎雄『幕末の薩摩』(中央公論社〔新書〕、一九六六年)
坂野潤治・宮地正人編『日本近代史における転換期の研究』(山川出版社、一九八五年)

藤野保『近世国家解体過程の研究——幕藩制と明治維新』後編（吉川弘文館、二〇〇六年）
保谷徹『戊辰戦争』（吉川弘文館、二〇〇七年）
牧原憲夫『明治七年の大論争——建白書から見た近代国家と民衆』（日本経済評論社、一九九〇年）
升味準之輔『日本政党史論』第一巻（東京大学出版会、一九六五年）
升味準之輔『日本政治史1　幕末維新、明治国家の成立』（東京大学出版会、一九八八年）
町田明弘『島津久光＝幕末政治の焦点』（講談社〔選書メチエ〕、二〇〇九年）
町田明弘『幕末文久期の国家政略と薩摩藩——島津久光と皇政回復』（岩田書院、二〇一〇年）
町田明弘『グローバル幕末史——幕末日本人は世界をどう見ていたか』（草思社、二〇一五年）
松浦玲『明治の海舟とアジア』（岩波書店、一九八七年）
松尾正人『木戸孝允』（吉川弘文館、二〇〇七年）
丸山幹治『副島種臣伯』（大日社、一九三六年。のち、みすず書房によって一九八七年覆刻）
三谷博『愛国・革命・民主——日本史から世界を考える』（筑摩書房〔選書〕、二〇一三年）
三宅紹宣『幕長戦争』（吉川弘文館、二〇一三年）
宮地正人『幕末維新期の社会的政治史研究』（岩波書店、一九九九年）
毛利敏彦『明治六年政変の研究』（有斐閣、一九七八年）
毛利敏彦『明治六年政変』（中央公論社〔新書〕、一九七九年）
＊両書の刊行をきっかけに明治六年政変の研究が格段に深められたという点で、画期的な位置を占める。
山内昌之『歴史の作法——人間・社会・国家』（文藝春秋〔新書〕、二〇〇三年）

論文他

青山忠正「薩長盟約の成立とその背景」（『歴史学研究』第五五七号、一九八六年）
青山忠正「龍馬と薩長盟約」（佛教大学歴史学部編『歴史学への招待』世界思想社、二〇一六年所収）

飛鳥井雅道「皇族の政治的登場――青蓮院宮活躍の背景」（佐々木克編『それぞれの明治維新』吉川弘文館、二〇〇〇年所収）
家近良樹「島津久光の政治構想について――武力倒幕を決断したか否か」（明治維新史学会編『幕末維新の政治と人物』有志舎、二〇一六年所収）
市村哲二「企画展『玉里島津家資料から見る島津久光と幕末維新』展示資料に関する調査報告」（『黎明館調査研究報告』第二九集、二〇一七年）
伊牟田比呂多「西郷下野に伴い辞職した警察官、明治中・後期に警察トップへ復活の背景」（『敬天愛人』第三十一号、二〇一三年）
刑部芳則「廃藩置県後の島津久光と麝香間祇候」（『日本歴史』第七一八号、二〇〇八年）
刑部芳則「宮中勤番制度と華族――近習・小番の再編」（『大倉山論集』第五七輯、財団法人大倉精神文化研究所、二〇一一年）
柏原宏紀「内治派政権考」（『日本歴史』第七八五号、二〇一三年）
芳即正「薩摩藩と薩長盟約の実行」（明治維新史学会編『明治維新の新視角――薩摩からの発信』高城書房、二〇〇一年所収）
芳即正「篤姫とその時代」（芳即正編『天璋院篤姫のすべて』新人物往来社、二〇〇七年）
久保正明「明治六年政変後の島津久光派」（『日本史研究』第六一一号、二〇一三年）
栗原伸一郎「米沢藩士宮島誠一郎『戊辰日記』に関する一考察――広沢兵助（真臣）との密談をめぐる諸史料」（『歴史』第九十八輯、二〇〇二年）
栗原伸一郎「米沢藩の諸藩連携構想と『奥羽越』列藩同盟」（『歴史』第一〇七輯、二〇〇六年）
古賀勝次郎「伊地知正治と立憲構想――安井息軒との関連で」（早稲田大学日本地域文化研究所編『薩摩の歴史と文化』行人社、二〇一三年所収）
佐々木克「大久保利通と囲碁の逸話」（前掲『明治維新の新視角』所収）

笹部昌利「薩摩藩島津家と近衛家の相互的『私』の関わり——文久二年島津久光『上京』を素材に」（『日本歴史』第六五七号、二〇〇三年）
鮫島吉廣「薩摩の焼酎と食文化」（前掲『薩摩の歴史と文化』所収）
清水善仁「文久二年閏八月の島津久光帰国と朝廷」（『明治維新史研究』第五号、二〇〇九年）
仙波ひとみ「幕末における議奏の政治的浮上について——所司代酒井と議奏『三卿』」（『文化史学』第五十七号、二〇〇一年）
仙波ひとみ「幕末における関白——『両役』と天皇—安政五年『外夷一件』をめぐる『朝議』を中心に」（『日本史研究』第四七三号、二〇〇二年）
平良聡弘「旧紀州藩の明治維新観——『南紀徳川史』を中心に」（『和歌山県立文書館　紀要』第一七号、二〇一五年）
高木不二「慶応期薩摩藩における経済・外交路線と国家構想」（前掲『明治維新の新視角』所収）
高久嶺之介「書評『西郷隆盛と幕末維新の政局』」（『経済史研究』第一六号、二〇一二年）
高橋秀直「廃藩置県における権力と社会——開化への競合」（山本四郎編『近代日本の政党と官僚』東京創元社、一九九一年）
高橋秀直「征韓論政変と朝鮮政策」（『史林』第七五巻第二号、一九九二年）
高橋秀直「廃藩政府論——クーデターから使節団へ」（『日本史研究』第三五六号、一九九二年）
高橋秀直「征韓論政変の政治過程」（『史林』第七六巻第五号、一九九三年）
高橋秀直「二都物語——首都大坂と離宮都市京都」（『京都市政史編さん通信』第一九号、二〇〇四年）
高橋裕文「武力倒幕方針をめぐる薩摩藩内反対派の動向」（家近良樹編『もうひとつの明治維新——幕末史の再検討』有志舎、二〇〇六年）
田村貞雄「『征韓論』政変の史料批判——毛利敏彦説批判」（『歴史学研究』第六一一号、一九九一年）
田村貞雄「桐野利秋談話〔一名『桐陰仙譚』について〕」（日本大学国際関係学部国際関係研究所『国際関係研究』第

二六巻一号、二〇〇五年）
田村省三「島津斉彬の集成館事業――薩摩藩の近代化とその背景」（前掲『薩摩の歴史と文化』所収）
辻ミチ子「近衛家老女・村岡――女の幕末社会史」（前掲『それぞれの明治維新』所収）
寺尾美保「晩年の篤姫」（前掲『天璋院篤姫のすべて』所収）
遠山茂樹「有司専制の成立」（遠山茂樹・堀江栄一編『自由民権期の研究』第一巻、有斐閣、一九五九年）
徳永和喜「将軍家と島津家との婚姻」（前掲『天璋院篤姫のすべて』所収）
中元崇智「『土佐派』の『明治維新観』形成と『自由党史』――西郷隆盛・江藤新平像の形成過程を中心に」（『明治維新史研究』第六号、二〇〇九年）
原口清「参預考」（『原口清著作集1　幕末中央政局の動向』岩田書院、二〇〇七年所収）
原口清「孝明天皇の死因について」（『原口清著作集2　王政復古への道』（同右）
原口清「廃藩置県政治過程の一考察」（『原口清著作集4　日本近代国家の成立』（同右、二〇〇八年）
原田良子・新出高久「薩長同盟締結の地『御花畑』発見」（『敬天愛人』第三四号、二〇一六年）
坂野潤治「明治政権の確立」（大久保利謙他編『日本歴史大系』4、山川出版社、一九八七年）
広瀬靖子「西南戦争雑抄」上・下（『日本歴史』第二六一・二六三号、一九七〇年）
福田賢治「薩摩と明治維新」（前掲『薩摩の歴史と文化』所収）
藤井貞文「解題」（『維新史料編纂会講演速記録』二、東京大学出版会、一九七七年）
真栄平房昭「異国船の琉球来航と薩摩藩――一九世紀の東アジア国際関係と地域」（明治維新史学会編『講座　明治維新1』有志舎、二〇一〇年所収）
町田明弘「第一次長州征伐における薩摩藩――西郷吉之助の動向を中心に」（『神田外語大学日本研究所紀要』第八号、二〇一六年）
真辺将之「青年期の板垣退助と大隈重信――政治姿勢の変化と持続」（『日本歴史』第七七六号、二〇一三年）
三谷博「維新における『変化』をどう『鳥瞰』するか――『複雑系』研究をヒントとして」（前掲『明治維新の新視

角』所収)
宮地正人「中津川国学者と薩長同盟——薩長盟約新史料の紹介を糸口として」(中山道歴史資料保存会『街道の歴史と文化』第五号、二〇〇三年)

あとがき

西郷隆盛の評伝を書くようになるとは、ほんの十年余ほど前までは、まったく想像すらしなかった。それが思いもかけない切っ掛けで、六年前に西郷の動向を軸に幕末維新期の中央政局を俯瞰した専門書を出版することになった。そして、つづいて今回の評伝の刊行となった。そのため、この評伝は、前作の成果を大いに取り入れて、それをさらに発展させた内実のものとなった。ただ、今回、改めて、西郷の誕生から、その死に至るまでの間を記述して、前作での西郷に関する自分の理解が不十分であったと思わされるところが少なくなかった。やはり個人の歴史過程を検討する場合、たとえ一時期をのみ主たる対象とするにしても、全生涯を視野に入れてから分析する必要があるかと考える。

さらに、今回初めて西郷の評伝に挑戦してみて、いつまでも完成しえないことに困惑させられた。反面、不思議なことに、今回の著作では、私のこれまでの著作に比べ、執筆期間もその分量も、ともに格段に増えたにもかかわらず、苛立ちを覚えることがまったく無かった。しかも、今回は、親族の介護に関わる時間等も含め、執筆をやむなく中断せざるをえないことが多かったにもかかわらず、である。

これは、一つには、洒落でなく、西郷（サイゴー）の評伝をもって自分の執筆活動の最後（サイゴ）としてもよいかと率直に思えたことに因るのかもしれない。また西郷は、私にとっても、研究者生活の最終段階で対象として格闘するには、充分すぎる相手だと思えたことも、要因としては大きかったかもしれない。だが、あまりにも巨大な存在だったので、稿を終え校正作業に入った今でも、完成したという気持ちには到底なれないでいる。現に加筆したい箇所が何カ所もある。

したがって、私にとっては、本書は未だ完成ならざる著作ということになる。正直に記せば、一生懸命に闘った(私のこれまでの勉学の成果と、情熱のすべてを注ぎ込んで取り組んだ)ものの、十二ラウンド、試合終了を告げるゴングが鳴り、やむなくリングを降りねばならなかったというのが実際のところである。

さて、それはおき、いまの私にとって西郷はごく身近な存在となった。その理由の一つに、祖父の存在が挙げられる。私の祖父は、明治十年二月に豊後国(現・大分県)に生を享けた。ということは、西郷がこの年の九月に城山で亡くなっているので、七カ月間ほど同じ九州の地で、同じ空気を吸ったことになる。そして私は、この祖父の七十三歳時の孫で、祖父は私の十歳の時に他界したので、祖父の風貌は辛うじてわが記憶の中にある。

今回の仕事を始めるにあたって、ふと気になって祖父の生誕日を確かめ、右の時日を知った。その時、西郷の存在がひどく身近なものに思えた。祖父を介して、ほんのわずかだが西郷と繋がった気がしたからである。すなわち西郷は、私にとって遠い過去の人間ではなくなった。

それといま一つ、西郷が身近な存在だと思えたのには、本書中でもしばしば取り上げたように、不器用で、そのぶん、失敗もけっして少なくはなかった人生を歩むなど、わが人生とも重なり合うものがあったからであろう。さらにそのうえ西郷には、どうにもこうにも、理解しがたい行動が随所に見られた。本書中にも記したように、なかでも最たるものは、西南戦争勃発後、西郷(薩)軍の敗北が明らかになった時点で、なぜ彼が死ななかったのだろうという疑問である。西郷が早い段階で亡くなっていれば、犠牲者の数が大きく減ったことは間違いない。

もっとも、長井村(現・宮崎県東臼杵郡北川町長井)に籠居《ろうきょ》していた時点で一度は自分が死ぬことで将兵の生命を助けようとしたとの記述も勝田孫弥『西郷隆盛伝』には見られる。しかし、これは城山での西郷の行動とはあい容れない。いずれにせよ、あれほど死に対して恬淡《てんたん》としていた（はずの）西郷が、城山まで部下を引きずり込み、結果として西郷軍兵士のみならず、政府軍兵士をも含め、多数の死傷者を出すことになった。その意図（気持ち）が、私にはよくわからなかった。しかし、それはそれとして、西郷の魅力は、案外こうした不可解さに因るのかもしれない。

なお、いささかしつこくなるが、本書の執筆中、私の心中で折に触れ、自問自答を繰り返した問題があった。それは、「人が生きるとか、死ぬるとかというのは、どういうことなのだろう」との問答であった。ここ十年ほどの間に、入院や手術を経験した私にとって、老・病・死の問題が、避けて通れない緊急に回答を求められる課題となっていたからである。

そして、この点に関しては、西郷が歩んだ人生を後追いする中で、ごく自然と納得できるものが見つかった。それは、西郷が、死後、ずっと多くの日本人の心の中で生き続けてきたという事実に、改めて気付かされた結果でもあった。もちろん、西郷の肉体的な死は城山で訪れたが、これほど死後も多くの日本人の胸奥に、しかも活き活きと生き続けた歴史上の人物は他にはいないであろう。人物評価に関しては、なかなか断言しえない私でも、この点は断言できる。

西郷ほど、生前はおろか、死後も、その独特の人間ぶりに魅せられ、ずっと深く彼のことを愛し、思い続ける多くの日本人を生み出した例は他にはない。つまり彼は、近年ぐっと減ったとはいえ、いまでも多くの日本人の心の中で生き続け、死んではいない。

そして、人が生きるとか死ぬるとかというのは、究極のところ、これに尽きるのではないかと考えさせられた。反対に、他人の心になんら愛を届けることもなく、ただ自分の利益（エゴ）のためだけに生きた人間は、生前からもはや死んでいると評してもよいのではなかろうか。それに比し、西郷はいまでも生きている。私は、こうした結論に最終的に辿り着いた。

最後に、少々釈明をしておきたいことがある。本書は、一目見てわかるように、すこぶる分量の多い著作となった。これにはいくつか理由がある。まずその第一に挙げねばならないのは、西郷の生涯をできうる限り正確に描くには、それなりの紙幅（枚数）が必要だったことである。本書を精読していただければわかるように、私は、極力、自分なりには、分量を少なくしようと努めたつもりである。だが、西郷の生涯の密度があまりにも濃く、それが不可能だということを執筆の途中で悟った。そこで脇道にそれず、本道をひたすら歩むように心掛けた。そのため、まったく取り上げることができなくなった問題や、もっと深めたいテーマも若干だが残った。しかし、そうした心積りにもかかわらず、その結果がこの分量となった。

ついで、その第二は、西郷を立ち上がらせ、躍動感を伴う形で彼の生涯を描くには、西郷の個性・持ち味が凝縮して反映されている彼の書簡をできるだけ活用したいと考えたことによる（ちなみに、西郷の同志でもあり、ライバルともなった大久保利通のことをよく理解するためには、その日記を見なければならないとされている）。そのため、殊の外、行数をとられることになった。

第三は、せっかくの機会を与えられたので、悔いのない西郷隆盛伝にしたいとの私の思いが強かったことによる。私は、出版にあたって、これまで我を張ったことはないが、今回だけは違った。変に短くして、西郷が持つ固有の人間的香りといったものが漂わない味気ない評伝となることは避けたいとの思いが日々強まった。その結果、編集を担当してもらった田引勝二さんには多大な迷惑をかけることになった。売れ行き（販売）を考えれば、もっと短縮しなければならないことは重々承知していたが、より良い評伝にしたいとの私の思いの方が勝ったため、このような分厚い評伝となったのである。それと田引さんには、とくに校正作業の段階で苦労をかけた。とにかく、自分でも想定外の分量となったので、校正に伴う疲れは生半可なものではなかったことは間違いない。このことは、私には実によくわかった。仕事といえばそれまでだが、つくづく有り難いことだと思う。

以上、最後は真に取り留めのない釈明および感謝の辞となったが、本書が一人でも多くの歴史好きの方にとって、ほんの少しでも参考になりうるものを含む内容となっていれば、筆者としては、これ以上の悦びはない。このことを末尾に記しておきたい。

二〇一七年五月吉日

家近良樹

西郷隆盛年譜

和暦	西暦	齢	関係事項	一般事項
文政一〇	一八二七	1	12・7鹿児島城下下加治屋町に生まれる。	側用人調所広郷、薩摩藩の財政改革に着手。
天保 四	一八三三	7	松本覚兵衛に入門し儒学を学び始める。次弟吉二郎誕生。	
八	一八三七	11		2・19大塩平八郎蜂起。
一〇	一八三九	13	造士館からの帰途、喧嘩を売られ、右肘を負傷。以後、武術ではなく読書と習字に励む。	
一一	一八四〇	14		アヘン戦争勃発。
一二	一八四一	15	元服。吉之助隆永となる。	閏1・7将軍徳川家斉死去。
一三	一八四二	16		
一四	一八四三	17		閏9月老中水野忠邦失脚。
弘化 元	一八四四	18	藩の郡方書役助となり、上司の郡奉行迫田太次右衛門から多大な影響を受ける。	6月水野忠邦老中再任。
二	一八四五	19		2月水野忠邦再度失脚。阿部正弘老中首座の地位に就く。

	三	一八四六	20	下加治屋町郷中の二才頭となる。	
	四	一八四七	21		9月孝明天皇即位。
嘉永	元	一八四八	22		12月調所広郷自殺。
	二	一八四九	23	12月お由羅騒動での処分が始まる。	
	三	一八五〇	24	3・4高崎崩れにより赤山靭負《ゆきえ》切腹。伊藤茂右衛門から陽明学を学び始める。	
	四	一八五一	25	大久保利通らと『近思録』を輪読。無参禅師につき禅学を修める。	2月島津斉彬襲封。
	五	一八五二	26	伊集院兼寛の姉と結婚。9・27父吉兵衛死去。9・29家督相続願を出す。11・29母マサ死去。	
	六	一八五三	27	2月隆盛の家督相続が正式に認められる。10月篤姫江戸の薩摩藩邸に入る。	6・3ペリー、浦賀に来航。
安政	元	一八五四	28	妻と離婚。1・21藩主島津斉彬の参勤に従って鹿児島を出発。3・6江戸着。4月庭方役となる。4・10初めて藤田東湖と戸田銀次郎に会い、以後強い影響を受けることになる。閏7・24世嗣虎寿丸急死。	3・3日米和親条約調印。
	二	一八五五	29	12・27橋本左内と初めて会う。	10・2江戸の大地震で藤田東湖と戸田銀次郎の両名死去。
	三	一八五六	30	2月阿部老中、篤姫の将軍家定への輿入れ決定を薩摩側に伝える。4・12初めて斉彬に召し出され密室で問答をかわす。7・9斉彬に召し出され、徳川斉昭への密書を水戸藩邸に持参することを命じられる。8月家	7・21アメリカ初代日本総領事タウンゼント・ハリス下田に到着。

			老島津豊後の更迭の必要性を斉彬に言上。	
四	一八五七	31	4・3斉彬に従って江戸発。5・24久し振りに帰国。10・1徒目付拝命。江戸詰となる。11・1鹿児島を出発し江戸へ向かう。12・6江戸着。	6・17老中阿部正弘急死。
五	一八五八	32	3月初旬上洛。月照・村岡らを通して慶喜の将軍継嗣を命じる朝命の降下を図る。3・20離京し、江戸に戻る。5・17江戸を出発し鹿児島へ向かう。6・7鹿児島着。直ちに斉彬に会って江戸と京都の形勢を報告。6・18鹿児島出発。7・16斉彬死去。7・27斉彬の訃報に接し、殉死をいったん決意したものの思い止まる。8・2戊午の密勅を携えて京都を出発。8・7江戸着。11・8月照、平野国臣とともに鹿児島に到着。11・16月照と投海（月照は死亡し、西郷は蘇生）。12月島津忠義襲封。	2・9老中の堀田正睦、通商条約の勅許を求めて上洛。4・23彦根藩主井伊直弼、大老職に就任。6・19日米修好通商条約調印。ついで慶福（のちの家茂）の継嗣決定を公表。7・5井伊政権、徳川慶勝・徳川斉昭・松平慶永らを処罰。9・7梅田雲浜逮捕される（安政の大獄が始まる）。
六	一八五九	33	1月初旬脱藩突出策の中止を同志に求める。1・13奄美大島の竜郷に着。大島での生活が始まる。9月島津斉興死去。11・8愛加那と結婚。12月鹿児島からの情報を得て、来春までに帰藩できるとの期待を抱く。	10・7橋本左内斬刑で死去。
万延元	一八六〇	34		3・3井伊直弼、桜田門外で殺害される。8・15徳川斉昭病没。
文久元	一八六一	35	1・2庶長子菊次郎誕生。4月島津久光「国父」として藩の最高実力者の座に就く。10月島津豊後退役。11	

			月帰藩命令が出る。12・20鹿児島より召還の使者が来島。	
二	一八六二	36	2・12鹿児島に帰着。3・16島津久光藩兵を率いて鹿児島を出発。3・22下関着。小河一敏や平野国臣らと話し合った後、夕方海路大坂に向かう。4・11村田新八・森山新蔵の両名とともに海路大坂より山川港に送られる。7・5長女菊草（菊子）誕生。7月初旬徳之島へ送られる。7・14沖永良部への遠島命令が出る。閏8・14沖永良部に移り、和泊の囲いに入る。	4・23寺田屋事件。5・8朝廷、久光の建議を採用し、勅使の江戸派遣を決定。6・10大原勅使、将軍に勅旨を伝達。7・6幕府、徳川慶喜を将軍後見職に任命。7・9幕府、松平慶永を政事総裁職に任命。8・21生麦事件。8月松平容保、新設の京都守護職に就任。12月松平容保上洛。
三	一八六三	37	9月以降、知人に薩英戦争に傍観者たらざるをえない苦衷を伝える。	3月徳川家茂上洛。4・20家茂、攘夷の期日を五月十日と奉答。5・10長州藩、下関海峡通過のアメリカ商船を砲撃。7・2薩英戦争勃発。8・18文久政変。12・24長崎丸事件発生。
元治元	一八六四	38	1月下旬島津忠義、西郷の赦免に同意。ついで久光が追認。2・20吉井友実ら来島し、召還の命を伝えられる。2・28村田新八とともに鹿児島に帰着。3・14上洛。3・18久光と会見。3・19軍賦役兼諸藩応接係に任命される。以後スピード出世を遂げる。7・19戦闘	1・13久光、朝議参預を命ぜられ、従四位下・左近衛権少将となる。3月参預会議解体。3月一橋慶喜、将軍後見職を辞任し、新設の禁裏御守衛総督に就任。

慶応 元	一八六五	39	で足を負傷。9・8藩探索方の南部弥八郎に対し軍艦の購入に関して詳細な指示を与える。9・15吉井友実らと大坂で初めて勝海舟と会い、勝の意見に感服する。10・2側役に昇進。10月上旬近衛忠房からの依頼を受けて、将軍の上洛を求める使者を江戸に派遣。10・24征長総督徳川慶勝と初めて面談し、自分の考えを述べる。長州問題での周旋を依頼される。10・26吉井友実と税所篤の両名を伴って大坂を出帆。11・2広島着。11・3岩国で吉川経幹と会い、三家老の処分等を申し入れ、同意を得る。11・16広島に到着した総督の慶勝と会い、状況を報告。ついで前以って自刃させた家老等の首実検がなされ処罰が完了。11・21広島を発つ。11・23小倉着。ただちに征長軍副総督の松平茂昭と会い、広島で決定をみた長州藩の処分方針への了解を求める。12・11下関訪問。ついで長州藩諸隊の幹部と会見し、征長軍の解兵後に五卿を福岡の地に移すことで妥協。12・12小倉に帰着し、副総督に報告。12・20岩国着。吉川経幹に経過を報告。12・22広島着。征長総督にこれまでのことを報告。12・28広島発。 1・1小倉着。征長副総督と薩摩藩先鋒隊に撤兵に至った事情を伝える。1・4小倉発。1・15帰藩。ついで藩主父子から感（謝）状が授けられる。1・28岩山	3月末藤田小四郎ら筑波山で挙兵。4・18久光、大久保利通を伴って離京。5・27長州藩、家老の国司信濃に上洛を命じる。6・5池田屋事件。6・24長州藩家老益田右衛門介に引率された一行が伏見に到着。7・18国司の率いる長州藩兵が会津藩兵の守る蛤御門への進撃を開始。7・23長州藩追討の朝命が慶喜に下る。9・1幕府、参勤交代・大名妻子在府制度を文久二年改正以前に戻すことを命じる。12・16高杉晋作ら下関に在る藩庁の支所を襲撃。12・27征長総督、征討諸藩に撤兵を命じる。 2・5幕府、名古屋藩に五卿の江戸護送を命じる。2月筑波挙兵組を処刑。3・22新納久脩ら、

八郎太（直温）の二女糸と結婚。2・2五卿の待遇改善を図るため、福岡への出張を命ぜられる。2・24太宰府着。3・11上洛。4・22坂本龍馬を同伴して小松とともに離京。5・1帰藩。5・9大番頭に昇進。閏5・15鹿児島発。閏5・23上洛。9・24坂本龍馬らを伴って京都を出発。10・4帰藩。京都の情勢を藩主父子に報告し、久光の上洛を求める。10・14小松と西郷の両者、鹿児島発。10・15上洛。

渡英留学生を率いて串木野の羽島発。3月下旬長州藩、幕府に対して恭順姿勢は崩さないものの、攻撃を受ければ戦うとの方針を確立。4・19幕府、諸藩に対し、長州藩に「容易ならざる企て」があるとの名目の下、将軍が五月十六日に「進発」することを布達。5・16家茂、江戸を出発。閏5・22家茂、京都着。閏5・25家茂大坂城に入る。6・17幕府の長州処分方針が朝廷の許可を獲得。8・23幕府、大坂滞陣中の諸藩に対し、九月二十七日を期限として山口に向かって進攻することを通知。9・16四カ国連合艦隊が兵庫沖に到着。10・3将軍、朝廷に征夷大将軍職の辞表を提出。のち撤回。10・5条約勅許ただし兵庫開港は不許可。12月在坂老中の板倉勝静ら、幕臣の柴田東五

二	一八六六	40	1・8黒田清隆の要請を受けて伏見まで木戸孝允を迎えに出向く。ついで木戸に対し幕府が近く下す長州処分令を受け入れるように勧め、話し合いがストップしたあと六カ条を提示。2・30離京。3・11鹿児島着。ついで藩の富国強兵をめざす藩政改革に取り組む。6・18来鹿したイギリス公使パークスとイギリス艦上で応接。7・15嫡子寅太郎誕生。10・15小松帯刀とともに鹿児島出帆。10・26上洛。	郎を介して、薩摩側の要求を受け入れる心積りでいることを伝える。 2・4老中の小笠原長行ら大坂を出発し広島へ向かう。4・14大久保、大坂城で老中の板倉と対面し、長州への出兵を藩として拒否する旨の上申書を提出。 6・7第二次長州戦争勃発。 7・20徳川家茂大坂城で死去。 8月徳川慶喜、自身の出陣を突如中止し、有力諸侯と話し合って、重要な案件を決定したいと表明。10・27山階宮らに対して蟄居・謹慎等の処分が下る。 12・5徳川慶喜への将軍宣下。 12・25孝明天皇崩御。
三	一八六七	41	1・22離京。2・1帰藩。2・16高知で山内容堂に謁し上洛を促がす。2・24宇和島で伊達宗城に謁し上洛を促がす。2・27鹿児島に帰着し、復命。3・25久光に従って鹿児島を出帆。4・12上洛。5月上旬〜中旬久光へ建言書を提出。6・22薩土盟約締結。7月・8	1・9明治天皇践祚。1・15九条尚忠以下十三名の公卿の処分が解除となる。1・23解兵令。 2・6慶喜、大坂城でフランス公使のロッシュと会見。3・5

月時点京都と国元の双方で激しい批判を浴び孤立。8・14上洛してきた長州藩士に過激な挙兵プランを告げる。8・15久光下坂。9・3大坂で後藤象二郎から土佐側が建白論でまとまったとの報告を受ける。9・7後藤に会い、京都の情勢が大いに変化したことを理由に、九月二十日までに挙兵する方針を伝える。9・15久光、大坂を出帆し、鹿児島へ向かう。9・29土佐藩の建白書提出を了承。10・8長州藩の広沢真臣や広島藩の辻将曹らと会合し、三藩が連合して王政復古の実現に尽くすことを決議。10・14「討幕の密勅」が下り、請書を提出。10・17小松・大久保とともに離京。10・22山口で毛利敬親父子に会う。10・26鹿児島着。11・13藩主に従い、軍艦三隻で鹿児島出航。11・17三田尻着。11・18島津忠義と毛利広封が会見。11・23上洛。11・25藩主の面前での評議でクーデター計画を樹立。12・2クーデター計画を後藤に伝える。12・9王政復古クーデター決行。12・12王政復古政府の参与となる。

慶喜、幕府単独で兵庫港の開港許可を願い出る。3・28〜4・1慶喜が各国の公使や領事を引見。4・15伊達宗城上洛。パークス一行、大坂を出発し、敦賀に向かう。4・16松平慶永上洛。4・17議奏三名と武家伝奏一名が解職となる。5・1山内容堂上洛。5・10四侯会議を薩摩藩邸で開く。5・14慶喜、四侯と二条城で対話。5・24兵庫開港勅許。5・25京都藩邸内で長州藩と共に「挙事」を決定。6・16久光、長州藩の山県有朋・品川弥二郎両名と会見。7・3後藤象二郎ら京都を出発し、土佐へ。8・6松平慶永離京。8・18伊達宗城離京。9・19薩長両藩間に出兵協定が結ばれる。9・21慶喜、二条城へ入る。10・3後藤ら、板倉老中に政権返上を求める土佐藩の建白書を

				提出。10・12~13慶喜、老中を介して、幕臣と諸藩士に、政権を返上する決意を表明。10・14幕府、政権返上を願い出る上表を朝廷に提出。10・15十万石以上の諸侯に対して上洛を命じる朝命が下る。10・24慶喜、征夷大将軍職の辞任を朝廷に申し入れる。11・15坂本龍馬暗殺。12・6松平慶永、中根雪江を二条城に派遣して慶喜にクーデター計画があることを伝える。12・25薩摩藩江戸藩邸焼き打ち事件発生。
明治元	一八六八	42	1・3鳥羽伏見戦争勃発。1・4嘉彰親王を征討大将軍に任命。1・5八幡での戦闘に関わる。2・14東征大総督の下参謀に任命される。3・9勝海舟の書簡を持参して来た山岡鉄舟と会見。七カ条にまたがる処分案を山岡に提示。3・13高輪の薩摩藩邸で勝海舟と会見。3・14勝と再度会見し、翌日に予定されていた江戸城総攻撃をひとまず見合わせる。3・15江戸発。3・20上洛。朝議で慶喜の寛大な処分決定。3・22離	1・6慶喜、老中の板倉や容保・定敬らを伴って大坂城を出る。ついで軍艦で江戸へ帰る。1・7慶喜追討令が発せられる。2・12慶喜、江戸城を出て上野寛永寺内で謹慎生活を始める。3・6大総督府、江戸総攻撃を三月十五日と決定。3・14五カ

			京。3・25駿府着。大総督府宮に復命。4・4江戸城に勅使とともに乗り込む。4・29江戸発。閏4・5上洛。閏4・11離京。閏4・23江戸着。5・15上野戦争で薩摩藩兵を指揮。5・24徳川家の処分方針を徳川家に伝える。5・28江戸発。6・9藩主島津忠義とともに離京。6・14鹿児島に帰着。7・23北陸出征軍総差引を命ぜられる。8・6鹿児島を出航。8・10越後柏崎に上陸。9・27庄内に入る。9・29庄内発。江戸(東京)に向かう。10月京都着。11月初旬鹿児島に凱旋。	条の誓文が出される。4・11江戸城開城。5・3奥羽越列藩同盟成立。8・19榎本武揚、開陽丸以下の軍艦を率いて品川を脱走。9・8明治と改元。10月榎本ら箱館に入る。10・28「藩治職制」の制定。
二	一八六九	43	2月久光から書面で藩政改革についての意見を問われる。2月下旬藩の参政に任ぜられ、一代寄合となる。5・1鹿児島を出航。5・25箱館着。6・2太政官から維新の功により賞典禄永世二千石を下賜される。6・15東京を発し帰国。7月鹿児島郊外の武村に家屋敷を買って移り住む。9・26正三位に叙せられる。	6月版籍奉還。
三	一八七〇	44	1・18参政辞任。2月長州諸隊にまつわる騒動の調査のために山口に行く。5・2位記返上が許される。	4月「職制」の改正。7・26夜鹿児島藩士の横山安武が、中央政府を痛烈に批判する建白書とともに割腹死。12・18岩倉勅使鹿児島着。
四	一八七一	45	1・3鹿児島出帆。2・2東京着。6・25木戸ととも	7・29太政官制が改正され、新

			に参議に就任。同日、正三位に叙される。7・14廃藩置県を断行。	たに正院・左院・右院が設置される。11・12岩倉使節団出航。12月初旬島津久光が突如鹿児島県令への就任を志願。
五	一八七二	46	2・15大久保へ宛てた書簡で久光の県令志願を批判。5・23明治天皇の西国巡幸が始まり、西郷も同行。6・22鹿児島着。7・2鹿児島出帆。7・19陸軍元帥兼参議兼近衛都督となる。11月帰鹿し、久光に謝罪状を提出。	1月～2月徳川慶喜をはじめとする旧幕府関係者をあいついで赦免。2月田畑永代売買の解禁。7月近衛兵をめぐるトラブル発生。7月地租改正布告。8月学制頒布。11月国立銀行条例公布。12月太陽暦採用。
六	一八七三	47	3・19清国へ向かう途中の副島外務卿と鹿児島で会う。4・5東京に帰着。5・10陸軍大将兼参議となる。5月初旬～激しい胸痛に苦しめられる。5月末～6月頃辞職を考える。6月上旬ドイツ人医師らの治療を受ける。7・26副島外務卿帰国。7・29付の板垣退助宛書簡で、朝鮮使節を志願。7月末～8月初め三条実美にも使節就任の希望を伝える。8・13閣議で初めて自分の考えを開陳。8・16板垣・西郷を訪問して話し合う。8・17閣議で西郷を朝鮮に使節として派遣することを「内決」。8・21木戸孝允の訪問を受け、話し合う。10・11三条実美に、閣議の開催延期を抗議。10・14閣	1月徴兵令発布。2月キリスト教解禁。3月勅使として勝海舟を鹿児島に派遣し、西郷と久光の上京を促がす。4・19参議を増員し、後藤象二郎・江藤新平・大木喬任を起用。4・23久光、東京着。以後、自説の採用を執拗に政府に求める。5・2太政官制を改めて、参議を「内閣」の議官とし、議官が国政の決定権を全面的に握ることにな

議で自身の朝鮮への即時派遣を強硬に主張。10・15閣議で西郷の即時派遣を決定。10・23西郷、辞表提出。10・24西郷の参議と近衛都督の辞職が認められる（ただし陸軍大将と正三位の位記はそのままとなる）。10・28大久保と別れの言葉を交わす。10・28横浜出帆。11・10帰鹿。

る。5・5皇居炎上。5・26大久保帰朝。8・19三条太政大臣から使節派遣のことが天皇に上奏され、天皇の裁可を得る。9・2黒田清隆、樺太への出兵の必要を三条に建議。9・13岩倉具視帰国。10・8大久保、参議就任を受諾。10・12大久保、参議に就任。10・14閣議で大久保と岩倉が、西郷の即時派遣に反対。10・17大久保・岩倉・木戸、辞意を表明。10・18三条、錯乱し政務不能状態に陥る。10・19大久保、黒田清隆に「一の秘策」を提示。10・23岩倉、天皇に拝謁し、閣議の内容を奏上するとともに、自説を記した「奏問書」を提出。10・24天皇、岩倉の上奏を容れ、朝鮮遣使を延期とする。10・25副島・後藤・板垣・江藤四参議の辞表が受理される。11・10内務省の設

				置。12・25島津久光、内閣顧問に任じられる。
七	一八七四	48	3・1江藤新平、山川鰻温泉に来訪、会談。6月私学校・賞典学校を設置。	1・14岩倉、赤坂で襲われ負傷。2・1佐賀の乱勃発。4月陸軍少将西郷従道、台湾蕃地事務都督に就任。4月久光、左大臣に就任。8・6大久保、全権弁理大臣として東京を出発し、清国に向かう。10・31日清互換条約調印。
八	一八七五	49	4月寺山開墾社を創立。	2・11木戸・大久保・板垣、大坂で会合し、政治改革について話し合う。3月木戸・板垣、参議就任。4・4漸次立憲政体樹立の詔が出される。5・7樺太・千島交換条約調印。5・17庄内の菅実秀ら来鹿。9・20江華島事件発生。10・19左大臣島津久光、三条太政大臣を弾劾上奏。11月下旬黒田清隆、朝鮮使節を志願。
九	一八七六	50	2月末～3月初旬帰鹿した島津家家令の内田政風から	1月下旬黒田ら渡鮮。2・26日

			再度上京を促がされたが拒絶。11月桂久武に対し、士族反乱を面白がり、将来「天下（が）驚く」ことをするつもりだとの考えを伝える。12月初旬～大隅半島で猟を楽しむ。	鮮修好条規締結。3・28廃刀令が出される。4月久光、鹿児島に帰着。8・5金禄公債証書発行条令の発令。10・24熊本神風連の乱発生。10・27秋月の乱発生。10・28萩の乱発生。
一〇	一八七七	51	2・3弾薬庫襲撃事件の報を得て鹿児島に戻る。2・7県令の大山綱良に対し、「尋問」のために上京する決意を伝える。2・17鹿児島を出立。2・25陸軍大将職と正三位の官位を剝奪される。8・17～18可愛嶽脱出作戦を決行。8・21鹿児島への帰還決意を周りに伝える。9・1鹿児島へ帰還。9・24城山で死去。	1・29～2・2私学校生らによる弾薬庫襲撃事件発生。1・28明治天皇、京都に入る。2・3中原尚雄らの捕縛と西郷以下の暗殺計画の供述。2・19征討令が出され、有栖川宮熾仁親王が征討総督に任じられる。2・22西郷軍、熊本城への攻撃を開始。2・27西郷小兵衛戦死。3・4田原坂での戦闘が始まり、篠原国幹が戦死。3・19政府軍の別働隊が八代占領。3・20田原坂陥落。5・26木戸孝允死去。6・1人吉陥落。9・30大山綱良、長崎で斬罪処分を受ける。
一一	一八七八			5・14大久保利通暗殺。

二二	一八八九		2・11憲法発布に伴う大赦で罪を許され、正三位を追贈される。	
二三				1・18『南洲翁遺訓』の初版（千部）が摺られる。
二五	一八九二		6・3嗣子寅太郎を華族に列し侯爵を授く。8月愛加那死去（年六六）。	
三一	一八九八		12・18上野公園内に設置された高村光雲作西郷隆盛の銅像の除幕式が挙行される。	
四五	一九一二		6・13未亡人の糸死去（年八〇）。	
昭和 二	一九二七		9・24没後五十年祭が挙行される。	
一二	一九三七		5・23城山麓の安藤照作銅像が竣工。	
五二	一九七七		9・24没後百年祭が挙行される。	

人名索引

※「西郷隆盛」は頻出するため省略した。

あ 行

か行

さ　行

た 行

な　行

は　行

ま　行

や　行

ら　行

事項索引

※「薩摩藩」「長州藩」「朝廷」「幕府」などは頻出するため省略した。

あ 行

か 行

さ　行

た　行

な　行

は　行

ま　行

や　行

ら・わ　行

《著者紹介》

家近良樹（いえちか・よしき）

1950年　大分県生まれ。

1973年　同志社大学文学部卒業。

1982年　同志社大学大学院文学研究科博士課程単位取得退学。中央大学博士。

現　在　大阪経済大学客員教授（幕末維新史）。

著　作　『幕末政治と討幕運動』吉川弘文館，1995年。

『浦上キリシタン流配事件』吉川弘文館，1998年。

『孝明天皇と「一会桑」』文春新書，2002年／講談社学術文庫（『江戸幕府崩壊』と解題），2014年。

『徳川慶喜（幕末維新の個性１）』吉川弘文館，2004年。

『その後の慶喜』講談社選書メチエ，2005年／ちくま文庫，2017年。

『幕末の朝廷』中公叢書，2007年。

『西郷隆盛と幕末維新の政局』ミネルヴァ書房，2011年。

『徳川慶喜（人物叢書）』吉川弘文館，2014年。

『老いと病でみる幕末維新』人文書院，2014年。

『ある豪農一家の近代』講談社選書メチエ，2015年，ほか。

ミネルヴァ日本評伝選

西《さい》郷《ごう》隆《たか》盛《もり》

――人を相手にせず，天を相手にせよ――

2017年８月10日　初版第１刷発行　〈検印省略〉

定価はカバーに
表示しています

著　者　家　近　良　樹

発行者　杉　田　啓　三

印刷者　江　戸　孝　典

発行所　株式会社　ミネルヴァ書房

607-8494　京都市山科区日ノ岡堤谷町１

電話代表（075）581-5191

振替口座 01020-0-8076

共同印刷工業・新生製本

ISBN978-4-623-08097-7

Printed in Japan

刊行のことば

歴史を動かすものは人間であり、興趣に富んだ人間の動きを通じて、世の移り変わりを考えるのは、歴史に接する醍醐味である。

しかし過去の歴史学を顧みるとき、人間不在という批判さえ見られたように、歴史における人間のすがたが、必ずしも十分に描かれてきたとはいえない。二十一世紀を迎えた今、歴史の中の人物像を蘇生させようとの要請はいよいよ強く、またそのための条件もしだいに熟してきている。

この「ミネルヴァ日本評伝選」は、正確な史実に基づいて書かれるのはいうまでもないが、単に経歴の羅列にとどまらず、歴史を動かしてきたすぐれた個性をいきいきとよみがえらせたいと考える。そのためには、対象とした人物とじっくりと対話し、ときにはきびしく対決していくことも必要になるだろう。

今日の歴史学が直面している困難の一つに、研究の過度の細分化、瑣末化が挙げられる。それは緻密さを求めるが故に陥った弊害といえるが、その結果として、歴史の大きな見通しが失われ、歴史学を通しての社会への働きかけの途が閉ざされ、人々の歴史への関心を弱める危険性がある。今こそ歴史が何のためにあるのかという、基本的な課題に応える必要があろう。評伝という興味ある方法を通じて、解決の手がかりを見出せないだろうかというのも、この企画の一つのねらいである。

狭義の歴史学の研究者だけでなく、多くの分野ですぐれた業績をあげている著者たちを迎えて、従来見られなかった規模の大きな人物史の叢書として、「ミネルヴァ日本評伝選」の刊行を開始したい。

平成十五年（二〇〇三）九月

ミネルヴァ書房

ミネルヴァ日本評伝選

企画推薦
梅原猛
ドナルド・キーン
佐伯彰一
角田文衞

監修委員
上横手雅敬
芳賀徹

編集委員
石川九楊
伊藤之雄
猪木武徳
今谷明
今橋映子
熊倉功夫
佐伯順子
坂本多加雄
武田佐知子
竹西寛子
西口順子
兵藤裕己
御厨貴

上代

*俾弥呼 古田武彦
日本武尊 西宮秀紀
*仁徳天皇 若井敏明
雄略天皇 吉村武彦
継体天皇 若井敏明
*蘇我氏四代 遠山美都男
推古天皇 義江明子
聖徳太子 仁藤敦史
斉明天皇 武田佐知子
小野妹子・毛人・毛野 大橋信弥
*額田王 梶川信行
弘文天皇 遠山美都男
天武天皇 新川登亀男
持統天皇 丸山裕美子
阿倍比羅夫 熊田亮介
*藤原四子 木本好信
*柿本人麿 古橋信孝
*元明天皇・元正天皇 渡部育子
聖武天皇 本郷真紹
光明皇后 寺崎保広
*孝謙・称徳天皇 勝浦令子
藤原不比等 荒木敏夫
橘諸兄・奈良麻呂 遠山美都男
吉備真備 今津勝紀
*藤原仲麻呂 木本好信
道鏡 吉川真司
*藤原種継 木本好信
大伴家持 和田萃
*行基 吉田靖雄

平安

*桓武天皇 井上満郎
嵯峨天皇 西別府元日
宇多天皇 古藤真平
醍醐天皇 石上英一
村上天皇 京樂真帆子
花山天皇 上島享
*三条天皇 倉本一宏
藤原薬子 中野渡俊治
*藤原良房・基経 瀧浪貞子
菅原道真 竹居明男
*紀貫之 神田龍身
源高明 所功
*安倍晴明 斎藤英喜
藤原実資 橋本義則
*藤原道長 朧谷寿
*藤原伊周・隆家 倉本一宏
藤原定子 山本淳子
藤原彰子 朧谷寿
清少納言 三田村雅子
紫式部 竹西寛子
和泉式部 ツベタナ・クリステワ
大江匡房 小峯和明
*阿弖流為 樋口知志
坂上田村麻呂 熊谷公男
*源満仲・頼光 元木泰雄
平将門 西山良平
藤原純友 寺内浩
最澄 吉田一彦
円珍 岡野浩二
*空也 石井義長
奝然 上川通夫
*源信 小原仁
慶滋保胤 吉原浩人
*後白河天皇 美川圭
式子内親王 奥野陽子
建礼門院 生形貴重
*藤原秀衡 入間田宣夫
平時子・時忠 元木泰雄
平維盛 根井浄
守覚法親王 阿部泰郎
藤原隆信・信実 山本陽子

鎌倉

源頼朝 川合康
*源義経 近藤好和
源実朝 神田龍身
*九条兼実 加納重文
九条道家 上横手雅敬
北条時政 野口実
熊谷直実 佐伯真一
*北条政子 関幸彦
北条義時 岡田清一
曾我十郎・五郎 杉橋隆夫
北条時頼 山本隆志
北条時宗 近藤成一
安達泰盛 山陰加春夫
平頼綱 細川重男
竹崎季長 堀本一繁
西行 光田和伸
鴨長明 浅見和彦
藤原定家 赤瀬信吾
*京極為兼 今谷明
*兼好 島内裕子
重源 横内裕人
*運慶 根立研介
快慶 井上一稔
法然 今堀太逸
栄西 中尾良信
慈円 大隅和雄
明恵 西山厚
*親鸞 末木文美士
恵信尼・覚信尼 西口順子
覚如 今井雅晴
*道元 船岡誠
叡尊 細川涼一
*忍性 松尾剛次
*日蓮 佐藤弘夫
一遍 蒲池勢至

夢窓疎石　原田正俊
*宗峰妙超　竹貫元勝

南北朝・室町

後醍醐天皇　上横手雅敬
*護良親王　新井孝重
*懐良親王　森　茂暁
*赤松氏五代　渡邊大門
*北畠親房　岡野友彦
楠正成　兵藤裕己
楠正行・正儀　生駒孝臣
*新田義貞　山本隆志
*光厳天皇　深津睦夫
足利尊氏　市沢　哲
*足利直義　亀田俊和
佐々木道誉　下坂　守
*細川頼之　亀田俊和
円観・文観　田中貴子
足利義詮　早島大祐
足利義満　川嶋將生
*足利義持　吉田賢司
足利義教　横井　清
足利義政　木下昌規
*大内義弘　平瀬直樹
伏見宮貞成親王　松薗　斉
*山名宗全　山本隆志
細川勝元・政元　古野　貢
畠山義就　呉座勇一
足利成氏　阿部能久

世阿弥　西野春雄
雪舟等楊　河合正朝
宗祇　鶴崎裕雄
*満済　森　茂暁
一休宗純　原田正俊
蓮如　岡村喜史

戦国・織豊

北条早雲　家永遵嗣
北条氏政　黒田基樹
大内義隆　藤井　崇
斎藤氏三代　木下　聡
*毛利元就　岸田裕之
*毛利輝元　光成準治
小早川隆景・秀秋　光成準治
*今川義元　小和田哲男
六角氏四代　村井祐樹
*武田信玄　笹本正治
*武田勝頼　笹本正治
*真田氏三代　笹本正治
*三好長慶　天野忠幸
松永久秀　天野忠幸
*宇喜多直家・秀家　渡邊大門
*上杉謙信　矢田俊文
大友宗麟　鹿毛敏夫
島津義久・義弘　福島金治
*長宗我部元親・盛親　平井上総
浅井長政　長谷川裕子
吉田兼倶　西山　克

山科言継　松薗　斉
*雪村周継　赤澤英二
正親町天皇・後陽成天皇　神田裕理
足利義輝・義昭　山田康弘
織田信長　三鬼清一郎
織田長益　八尾嘉男
豊臣秀吉　藤井讓治
豊臣秀次　矢部健太郎
*北政所おね　田端泰子
*淀殿　福田千鶴
蜂須賀正勝・家政　三宅正浩
前田利家　東四柳史明
山内一豊・忠義　長屋隆幸
*黒田如水　小和田哲男
*蒲生氏郷　藤田達生
石田三成　堀越祐一
*細川ガラシャ　田端泰子
伊達政宗　伊藤喜良
*支倉常長　田中英道
千利休　熊倉功夫
*長谷川等伯　宮島新一
顕如　神田千里
教如　安藤　弥

江戸

*徳川家康　笠谷和比古
本多忠勝　柴　裕之
*徳川家光　野村　玄

徳川吉宗　横田冬彦
*後水尾天皇　久保貴子
後桜町天皇　所　京子
光格天皇　藤田　覚
崇伝　杣田善雄
*春日局　福田千鶴
宮本武蔵　渡邊大門
*池田光政　倉地克直
保科正之　八木清治
シャクシャイン　岩崎奈緒子
*田沼意次　藤田　覚
細川重賢　安高啓明
*二宮尊徳　小林惟司
末次平蔵　岡美穂子
*高田屋嘉兵衛　生田美智子
*林羅山　鈴木健一
吉野太夫　渡辺憲司
中江藤樹　辻本雅史
熊沢蕃山　川口　浩
*山崎闇斎　澤井啓一
山鹿素行　前田　勉
*北村季吟　島内景二
伊藤仁斎　澤井啓一
貝原益軒　辻本雅史
松尾芭蕉　楠元六男
*ケンペル　B・M・ボダルト＝ベイリー
新井白石　大川　真
荻生徂徠　柴田　純
*雨森芳洲　上田正昭
石田梅岩　高野秀晴

白隠慧鶴　芳澤勝弘
前野良沢　松田　清
平賀源内　石上　敏
本居宣長　田尻祐一郎
杉田玄白　吉田　忠
木村蒹葭堂　有坂道子
*大田南畝　沓掛良彦
菅江真澄　赤坂憲雄
*鶴屋南北　諏訪春雄
良寛　阿部龍一
*山東京伝　佐藤至子
*滝沢馬琴　高田　衛
平田篤胤　山下久夫
国友一貫斎　太田浩司
シーボルト　宮坂正英
本阿弥光悦　岡　佳子
小堀遠州　中村利則
狩野探幽・山雪　山下善也
尾形光琳・乾山　河野元昭
*二代目市川團十郎　田口章子
伊藤若冲　狩野博幸
鈴木春信　小林　忠
浦上玉堂　高橋博巳
*佐竹曙山　成瀬不二雄
葛飾北斎　岸　文和
酒井抱一　玉蟲敏子
孝明天皇　青山忠正
*和宮　辻ミチ子
徳川慶喜　大庭邦彦
島津斉彬　原口　泉

横井小楠　沖田行司
＊古賀謹一郎　小野寺龍太
＊永井尚志　高村直助
岩瀬忠震　小野寺龍太
＊栗本鋤雲　小野寺龍太
大村益次郎　竹本知行
河井継之助　小川和也
＊西郷隆盛　家近良樹
由利公正　角鹿尚計
＊塚本明毅　塚本学
＊月性　海原徹
＊吉田松陰　海原徹
＊高杉晋作　海原徹
久坂玄瑞　一坂太郎
ペリー　遠藤泰生
ハリス　福岡万里子
オールコック　佐野真由子
アーネスト・サトウ　奈良岡聰智
緒方洪庵　米田該典

近代

＊明治天皇　伊藤之雄
＊大正天皇　F・R・ディキンソン
＊昭憲皇太后・貞明皇后　小田部雄次
大久保利通　三谷太一郎
山県有朋　鳥海靖
木戸孝允　落合弘樹

井上馨　伊藤之雄
＊松方正義　室山義正
北垣国道　小林丈広
板垣退助　小川原正道
長与専斎　笠原英彦
大隈重信　五百旗頭薫
伊藤博文　坂本一登
井上毅　大石眞
＊井上勝　老川慶喜
＊桂太郎　小林道彦
＊渡邉洪基　瀧井一博
＊乃木希典　佐々木英昭
星亨　小林道彦
林董　奈良岡聰智
＊児玉源太郎　小林道彦
＊高宗・閔妃　木村幹
山本権兵衛　室山義正
＊金子堅太郎　松村正義
高橋是清　鈴木俊夫
小村寿太郎　簑原俊洋
＊犬養毅　小林惟司
原敬　季武嘉也
＊加藤高明　櫻井良樹
牧野伸顕　小宮一夫
田中義一　黒沢文貴
内田康哉　高橋勝浩
石井菊次郎　廣部泉
平沼騏一郎　堀田慎一郎
＊鈴木貫太郎　小堀桂一郎
宇垣一成　北岡伸一
＊宮崎滔天　榎本泰子

＊浜口雄幸　川田稔
幣原喜重郎　西田敏宏
関一　玉井金五
水野広徳　片山慶隆
広田弘毅　井上寿一
安重根　上垣外憲一
＊グルー　廣部泉
＊永田鉄山　森靖夫
東條英機　牛村圭
今村均　前田雅之
蔣介石　劉岸偉
石原莞爾　山室信一
木戸幸一　波多野澄雄
近衛文麿　庄司潤一郎
＊岩崎弥太郎　武田晴人
伊藤忠兵衛　末永國紀
五代友厚　田付茉莉子
大倉喜八郎　村上勝彦
＊安田善次郎　由井常彦
渋沢栄一　武田晴人
中野武営　佐賀香織
益田孝　鈴木邦夫
山辺丈夫　宮本又郎
武藤山治　阿部武司・桑原哲也
池田成彬　松浦正孝
西原亀三　森川正則
小林一三　橋爪紳也
大倉恒吉　石川健次郎
大原孫三郎　猪木武徳
＊河竹黙阿弥　今尾哲也
イザベラ・バード　加納孝代

＊林忠正　木々康子
＊森鷗外　小堀桂一郎
＊二葉亭四迷　ヨコタ村上孝之
＊夏目漱石　佐々木英昭
徳冨蘆花　半藤英明
巌谷小波　千葉信胤
樋口一葉　佐伯順子
＊島崎藤村　十川信介
泉鏡花　東郷克美
上田敏　小林茂
＊有島武郎　亀井俊介
永井荷風　川本三郎
北原白秋　平石典子
菊池寛　山本芳明
芥川龍之介　高橋龍夫
＊宮沢賢治　千葉一幹
高浜虚子　坪内稔典
与謝野晶子　佐伯順子
＊種田山頭火　村上護
＊斎藤茂吉　品田悦一
＊高村光太郎　湯原かの子
石川啄木　先崎彰容
萩原朔太郎　エリス俊子
＊原阿佐緒　秋山佐和子
＊狩野芳崖・高橋由一　古田亮
川村清雄　落合則子
＊小堀鞆音　小堀桂一郎
竹内栖鳳　北澤憲昭
黒田清輝　高階秀爾

中村不折　石川九楊
横山大観　高階秀爾
＊橋本関雪　西原大輔
小出楢重　芳賀徹
土田麦僊　天野一夫
岸田劉生　北澤憲昭
濱田庄司　濱田琢司
＊山田耕筰　後藤暢子
松旭斎天勝　川添裕
中山みき　鎌田東二
佐田介石　谷川穣
＊ニコライ　中村健之介
出口なお・王仁三郎　川村邦光
島地黙雷　阪本是丸
＊新島襄　太田雄三
新島八重　佐伯順子
木下広次　冨岡勝
海老名弾正　西田毅
嘉納治五郎　クリストファー・スピルマン
柏木義円　片野真佐子
津田梅子　田中智子
＊澤柳政太郎　新田義之
河口慧海　高山龍三
山室軍平　室田保夫
大谷光瑞　白須淨眞
＊久米邦武　髙田誠二
フェノロサ　伊藤豊
井上哲次郎　井ノ口哲也
三宅雪嶺　長妻三佐雄
＊岡倉天心　木下長宏

志賀重昂　中野目徹
徳富蘇峰　杉原志啓
＊竹越与三郎　西田毅
内藤湖南・桑原隲蔵　礪波護
＊廣池千九郎　橋本富太郎
岩村透　今橋映子
＊西田幾多郎　大橋良介
＊金沢庄三郎　石川遼子
柳田国男　鶴見太郎
厨川白村　張競
村岡典嗣　水野雄司
大川周明　山内昌之
西田直二郎　林淳
折口信夫　斎藤英喜
シュタイン　瀧井一博
＊西周　清水多吉
＊福澤諭吉　平山洋
成島柳北　山田俊治
福地桜痴　山田俊治
村山龍平　早房長治
島田三郎　武藤秀太郎
田口卯吉　鈴木栄樹
＊陸羯南　松田宏一郎
黒岩涙香　奥武則
長谷川如是閑　織田健志
＊吉野作造　田澤晴子
山川均　米原謙
＊岩波茂雄　十重田裕一
＊北一輝　岡本幸治
＊穂積重遠　大村敦志

中野正剛　吉田則昭
＊満川亀太郎　福家崇洋
エドモンド・モレル　林田治男
＊北里柴三郎　福田眞人
高峰譲吉　木村昌人
田辺朔郎　秋元せき
＊南方熊楠　飯倉照平
石原純　金子務
＊辰野金吾　河上眞理・清水重敦
＊七代目小川治兵衛　尼崎博正
本多静六　岡本貴久子
ブルーノ・タウト　北村昌史

現代

昭和天皇　御厨貴
高松宮宣仁親王　後藤致人
＊李方子　小田部雄次
吉田茂　中西寛
マッカーサー　柴山太
鳩山一郎　楠綾子
＊石橋湛山　増田弘
重光葵　武田知己
市川房枝　村井良太
＊池田勇人　藤井信幸
高野実　篠田徹
和田博雄　庄司俊作
朴正熙　木村幹

田中角栄　新川敏光
宮沢喜一　村上友章
竹下登　真渕勝
＊松永安左ェ門　橘川武郎
鮎川義介　井口治夫
＊出光佐三　橘川武郎
松下幸之助　米倉誠一郎
渋沢敬三　井上潤
＊本田宗一郎　伊丹敬之
井深大　武田徹
＊佐治敬三　小玉武
幸田家の人々　金井景子
＊正宗白鳥　大嶋仁
大佛次郎　福島行一
＊川端康成　大久保喬樹
＊薩摩治郎八　小林茂
坂口安吾　千葉一幹
太宰治　安藤宏
松本清張　杉原志啓
安部公房　鳥羽耕史
＊三島由紀夫　島内景二
井上ひさし　成田龍一
R・H・ブライス　菅原克也
柳宗悦　熊倉功夫
バーナード・リーチ　鈴木禎宏
イサム・ノグチ　酒井忠康
熊谷守一　古川秀昭

川端龍子　岡部昌幸
藤田嗣治　林洋子
＊井上有一　海上雅臣
＊手塚治虫　竹内オサム
古賀政男　藍川由美
＊吉田正　金子勇
武満徹　船山隆
＊八代目坂東三津五郎　田口章子
＊力道山　岡村正史
＊西田天香　宮田昌明
安倍能成　中根隆行
サンソム夫妻　平川祐弘・牧野陽子
＊天野貞祐　貝塚茂樹
和辻哲郎　小坂国継
矢代幸雄　稲賀繁美
石田幹之助　岡本さえ
＊平泉澄　若井敏明
＊早川孝太郎　須藤功
安岡正篤　片山杜秀
青山二郎　田野勲
島田謹二　小林信行
田中美知太郎　川久保剛
前嶋信次　杉田英明
＊唐木順三　澤村修治
亀井勝一郎　山本直人
知里真志保　北原次郎太
保田與重郎　谷崎昭男
石母田正　磯前順一
＊福田恆存　川久保剛

井筒俊彦　安藤礼二
佐々木惣一　伊藤孝夫
小泉信三　都倉武之
＊瀧川幸辰　伊藤孝夫
矢内原忠雄　等松春夫
式場隆三郎　服部正
大宅壮一　有馬学
清水幾太郎　庄司武史
＊フランク・ロイド・ライト　大久保美春
＊中谷宇吉郎　杉山滋郎
今西錦司　山極寿一

＊は既刊
二〇一七年八月現在